MARIO SOARES

MÁRIO SOARES

Maria João Avillez

MÁRIO SOARES

Ditadura e Revolução

EDITORA RECORD
RIO DE JANEIRO • SÃO PAULO

CIP-Brasil. Catalogação-na-fonte
Sindicato Nacional dos Editores de Livros, RJ.

A972m Avillez, Maria João
Mario Soares: ditadura e revolução / Maria João Avillez. – Rio de Janeiro: Record, 1997.

Título original: Soares: ditadura e revolução
Inclui bibliografia e apêndice

1. Soares, Mario, 1924- – Entrevistas. 2. Portugal – História. 3. Presidentes – Portugal – Biografia. I. Título.

97-1779 CDD – 923.1469
CDU – 92(SOARES, M.)

Título original português
SOARES – DITADURA E REVOLUÇÃO

Direitos exclusivos de publicação em língua portuguesa para o Brasil adquiridos pela
DISTRIBUIDORA RECORD DE SERVIÇOS DE IMPRENSA S.A.
Rua Argentina 171 – Rio de Janeiro, RJ – 20921-380 – Tel.: 585-2000
que se reserva a propriedade literária desta tradução

Impresso no Brasil

ISBN 85-01-05062-8

PEDIDOS PELO REEMBOLSO POSTAL
Caixa Postal 23.052
Rio de Janeiro, RJ – 20922-970

A meus Pais

"Muitas vezes fui vencido em discussões dentro do meu próprio partido. Nunca dei uma excessiva importância aos debates ideológicos e sempre condicionei muito mais a minha ação pelas relações políticas e táticas no terreno, por forma a, pragmaticamente, levar a água ao meu moinho..."

Mário Soares

Entrevista a Mário Mesquita, *Diário de Notícias* de 24 de abril de 1984

"A política é quase tão empolgante e perigosa como a guerra. Na guerra só se morre uma vez, enquanto na política se morre muitas vezes."

Churchill

"Não se deve ajuizar um homem pelas suas qualidades, mas sim pela maneira como as usa."

F. de La Rochefoucauld

Sumário

Prefácio

Ao longo de mais de trinta anos de oposição ao anterior regime, Mário Soares teve alguns companheiros — ou rivais — célebres e impressivos. Mas nenhum deles foi presidente da República e nenhum deles conseguiu personificar um projeto nacional — no caso, a integração européia. Para o bem ou para o mal, os portugueses aceitaram, com o maior consenso, o projeto que Mário Soares lhes propôs.

O combate do lutador contra a tirania — viesse ela de onde viesse —, o protagonismo na fundação da democracia e a integração na Europa foram determinantes para que, em 1986, partindo de sondagens inquietantemente desfavoráveis, fosse capaz de vencer. Apesar de, aos olhos dos reacionários e dos revolucionários, ele ter sido incômodo ou mesmo nocivo, já que nunca deixou de se bater pelo respeito dos veredictos eleitorais, nem nunca pretendeu ensinar aos portugueses que eles eram — ou deveriam ser — infelizes.

Ao longo destes últimos vinte anos, acompanhei tudo, a par e passo, sentada na primeira fila. Não têm conta os encontros havidos, as visitas que lhe fiz, as viagens que fizemos, os locais onde trabalhamos, os pequenos almoços na sua casa do Campo Grande, as idas a Nafarros, as longas conversas na sua casa do Algarve. E as notícias, as manchetes, os telefonemas apressados, os depoimentos, as entrevistas, as discussões, a discordância, por vezes. E foram algumas vezes, graças a Deus...

Mas houve também a vida e as suas manifestações, porque nunca é possível separá-lo nem de uma coisa nem de outra: um banho de mar na Foz do Arelho, o cheiro do papel recém-impresso dos livros que constantemente lhe chegam à mão, um vinho, a rendida admiração perante um quadro, os apetites, o espírito e a graça do contador de histórias, a agitação alegre de um convívio de amigos, a curiosidade infinita pelo rolar de uma conversa até noite alta, o crepitar da polêmica, o fazer com gosto da política. A vida e a sua formidável energia para ela.

Iniciei este livro no dia 5 de outubro de 1994. Era um domingo e fui, depois de almoço, ao Palácio de Belém, onde começamos a conversar. De então para cá, seguiu-se um longuíssimo diálogo, ao longo de horas e horas de cassetes gravadas com a sua voz, ora leve ora grave, solta ou irritada, impaciente por vezes, colérica outras, mas sempre, em cada situação, afetiva e interessada. O meu gravador registou a memória de uma vida que valeu a pena.

Durante trinta anos, Mário Soares moveu-se pelo valor da liberdade com a consciência de que era aí que residia a diferença a partir da qual se constrói ou se aniquila. Depois, foi a democracia; depois, a Europa. O que não é pouco e pode definir um homem. Quantas vezes não me disse ele, ao longo destas páginas, a melhor das frases: "Mas eu estava a levar a água ao meu moinho!"...

Pelo meio houve erros, sobressaltos, lacunas e alguns vícios. Mas havia, houve sempre — às vezes *in extremis* — aquela sua capacidade inigualável de compreender de que lado se situava o essencial e por onde passava a última linha de demarcação. Por isso, outra vez para o bem e para o mal, se lhe perdoou quase sempre todo o resto.

Em fevereiro de 1986, foi eleito presidente da República e o país achou tão natural a sua magistratura que se reviu nela, reelegendo-o com muito mais votos ainda, cinco anos depois. Portugal percebeu que estava ali, passados os piores dias e muita resistência, o homem — e o político — que mais fizera pela concórdia nacional.

Termina agora o seu segundo mandato. Apesar de algumas polêmicas, deixa saudades. Fazia sentido registar o momento através deste olhar sobre o caminho que ele fez caminhando, como gosta de dizer.

Não são memórias, filhas de um diálogo consigo próprio que, depois, se transforma em monólogo.

Não é, de modo algum, mais uma entrevista.

É uma longuíssima conversa no tempo.

A maioria dos fatos, sobretudo os que vão da infância até ao final da campanha eleitoral do general Norton de Mattos, são inéditos. E muitos dos fatos políticos mais recentes, quer se trate já do 25 de Abril ou os que fazem parte do segundo volume, a editar ainda este ano, encontram explicações que ainda não tinham sido dadas — e uma arrumação que ainda não fora feita.

Não sei se foi uma conversa fácil, esta com o Dr. Mário Soares. As idéias de uma pessoa, as maneiras de falar e as escolhas de que fala, as atenções e as desatenções, a prudência ou a audácia, tudo isso depende do lugar que se desempenha e, porventura, não daquilo que se fez antes...

Mas era uma conversa necessária. O seu interesse parece-me indiscutível. O seu valor? Será aquele que os leitores lhe derem.

Lisboa, 23 de dezembro de 1995

P.S.: Pareceu-me que facilitaria a leitura haver no final do livro uma pequena nota biográfica referente às pessoas citadas. Adotou-se o critério de a elaborar apenas no caso das pessoas com quem o Dr. Mário Soares contatou diretamente. Os investigadores Júlia Leitão de Barros e João Brito Freire foram responsáveis pela pesquisa, segundo critérios previamente estabelecidos por Guilherme d'Oliveira Martins e a autora.

Nota explicativa

O livro que ora se apresenta, *Mário Soares — ditadura e revolução*, regista uma longa e estimulante conversa, várias vezes interrompida e recomeçada, ao longo de mais de um ano, com múltiplos afazeres e particulares preocupações, entre a jornalista Maria João Avillez, que para ela se preparou exaustivamente, e o desprevenido autor destas linhas, sujeito do mesmo.

Como se verá, tratou-se sempre de uma conversa muito aberta, de grande empatia, cordialíssima, seguramente interessante, para muitos leitores, sob diversos aspectos, com respostas diretas, não direi em absoluto espontâneas, embora o fossem, na maior parte dos casos, mas não especialmente elaboradas e aqui ou ali retocadas, quando não mesmo corrigidas, por recurso a notas pessoais ou à confrontação de outras fontes, para além da memória. As perguntas da Maria João Avillez, sempre pertinentes, foram cuidadosamente preparadas, segundo a sua peculiar sensibilidade e lógica, e depois formuladas, à queima-roupa, na base de um prévio e rigoroso trabalho de investigação. As respostas, quase sempre dadas no momento, em reação às perguntas ou em comentário a acontecimentos evocados e, alguns deles, conhecidos, porque respeitam à nossa história contemporânea, têm, sem dúvida, o picante das apreciações pessoais, portanto — diga-se — eminentemente subjetivas, sobre episódios intensamente vividos pelo próprio ou sobre pessoas que lhe foram próximas, muitas das quais figuras públicas notáveis dos últimos cinqüenta anos da vida política e cultural portuguesa.

Apesar de o título — *Mário Soares* — de algum modo inculcar nesse sentido, não se trata de uma biografia nem, menos ainda, de um livro de memórias. Trata-se de uma amplíssima entrevista sobre um longo percurso pessoal e político, mais ou menos conhecido, conduzida por uma hábil e experiente jornalista, em que o pobre do entrevistado, objeto de inquérito, procurou responder de imediato às curiosidades insaciáveis, sempre legítimas mas por vezes indiscretas, outras, ligeiramente impertinentes, como é de regra neste tipo de jogo, que lhe foram apresentadas pela Maria João Avillez, em consonância com o seu modo de ver e sentir a realidade e o seu enfoque particular de acontecimentos e pessoas, segundo critérios que lhe são próprios. Assim, a iniciativa das perguntas, a sua pertinência, o fio condutor do livro, o tom cortante ou afetivo, que ultrapassa a política, a curiosidade voraz, onívora, que visa abarcar tudo, pertencem em exclusivo à jornalista. A responsabilidade das respostas, a lembrança de amigos queridos e a evocação de tantos episódios, sérios ou divertidos, às vezes mesmo anedóticos, por ele vividos ou presenciados, pertencem ao confiado autor destas linhas. Resultam, portanto, do modo como viveu os eventos ou os apreciou, com a sua própria subjetividade, embora procurando sempre ser o mais justo e objetivo possível.

Como o itinerário de uma vida, quando é longa e pública, se entrelaça necessariamente e às vezes confunde, como não pode deixar de ser, com acontecimentos e pessoas memoráveis do país em que nasceu e viveu, resultam, do extenso diálogo, muitas histórias mais ou menos interessantes e porventura inéditas que constituem um inevitável contributo, ainda que modesto, para a nossa história contemporânea, à maneira daquela personagem de Anatole France que fazia prosa sem o saber... Mas, atenção, as apreciações, como a própria valorização de fatos e pessoas, são sempre, inevitavelmente, subjetivas e da responsabilidade do autor destas linhas, que, assim, aparece demasiadas vezes, para seu gosto, no centro ou mesmo como protagonista de acontecimentos em que participou, mas que realmente o transcendem. Tratase de uma deformação, porventura inevitável, a que o leitor benévolo deve dar o devido desconto, dada a natureza do livro: uma entrevista feita a uma pessoa concreta, relativa àquilo que a ela especialmente respeita, e não uma história analítica, objetiva e impessoal, de um período histórico tão rico e complexo.

Resta-me agradecer à Maria João Avillez a sua perseverança, interesse e devoradora curiosidade. A sua afetuosa amizade, igualmente. E até algumas perguntas que, no momento, me pareceram demasiado insistentes, mas que todavia acabaram por me dar a oportunidade de esclarecer fases menos conhecidas da minha vida pública e mais controversas ou incompreendidas... De resto, uma vida — que ainda não acabou, felizmente! — vale o que vale, que é sempre pouco ou muito, conforme os pontos de vista. Não tenho quaisquer ilusões quanto à relatividade das coisas, que são sempre efêmeras. E, afinal, o que mais conta é sempre o rasto de retidão moral e de afeto — mas por quanto tempo? — que deixamos na memória dos outros que conosco compartilham esta aventura única de viver...

Mário Soares

Lisboa, 13 de novembro de 1995

Agradecimentos

Adriano Moreira
Alberto Arons de Carvalho
Alfredo Barroso
André Gonçalves Pereira
António Alçada Baptista
António Almeida Santos
António Barreto
Bernardino Gomes
Carlos Gaspar
Diogo Freitas do Amaral
Eduardo Prado Coelho
Ernesto Melo Antunes
Francisco Pinto Balsemão
Frank Carlucci
Guilherme d'Oliveira Martins
Isabel Barroso Soares
Isabel do Carmo
Jaime Gama
João Almeida Bruno
João Bénard da Costa
João Goulão
Joaquim Magalhães Mota
Jorge de Mello
Jorge Sampaio
José Barreto
José Fernandes Fafe
José Luís Judas
José Manuel Galvão Teles
José Manuel dos Santos
José Medeiros Ferreira
José Miguel Ramos de Almeida
José Pedro Castanheira
José Tengarrinha
Luís Salgado Matos
Manuel Alegre
Manuel de Lucena
Manuel Monge
Manuel Tito de Morais
Maria Barroso Soares
Maria Emília Tito de Morais
Mário Mesquita
Mário Ruivo
Octávio Pato
Robert Bentley
Rui Vilar
Vasco Lourenço
Vasco Pinto Leite
Vasco Vieira de Almeida
Victor Cunha Rego
Vítor Alves
Xavier de Figueiredo

A autora agradece a todos os que, gentilmente, colaboraram na cessão de fotografias dos seus arquivos pessoais, em especial a Rui Ochôa e Luiz de Carvalho.

Agradeço ainda a
Bernardette Pinto Leite, Osita Eleutério, Maria José Ribeiro, ao Centro de Documentação do *Público*. E, sobretudo, a Sara Levy Lima, António Massano e Nuno Pacheco. Sem este apoio e colaboração, preciosos, nunca me teria sido possível levar este livro a bom porto.

DITADURA

1926 • 1974

I.

A Grande Ruptura

Morte do pai e exílio

Maria João Avillez — No dia 30 de julho de 1970, Mário Soares estava em Itália a escrever o *Portugal amordaçado* quando foi confrontado com a notícia da morte de seu pai. Veio a Lisboa por algumas horas sem saber que sorte o aguardava.

Mário Soares — Estava em Piedeluco, ao norte de Roma, junto a um lago paradisíaco. Após várias tentativas para acabar o *Portugal amordaçado* — com o meu editor e grande amigo Alain Oulman a pressionar-me para avançar! —, não progredia. Solicitado, em Paris, por isto e por aquilo, não trabalhava o suficiente. Alain Oulman sugeriu-me então que me refugiasse na Abadia de Royaumont, perto de Chantilly, mantida por diversos editores, com o objetivo de alojarem escritores e artistas. Era um sítio admirável, com um imenso parque e excelentes instalações. Mas as pessoas que lá encontrei eram tão interessantes que, também aí, trabalhei muito pouco. Entretanto, o meu amigo Mário Ruivo emprestou-me a sua casa de campo, em Piedeluco, onde fiquei totalmente isolado, escrevendo dia e noite, durante quase três meses. Estava a terminar justamente o livro, quando os meus filhos, que iam ter comigo para passar as férias, foram surpreendidos, em Roma, por um telefonema de Lisboa, da minha mulher: o meu pai, com 91 anos, acabava de morrer! Não hesitei um só minuto: achei que devia regressar, nesse mesmo dia, a Portugal.

Qual era, em França, a sua situação?

Eu estava provisoriamente refugiado depois das virulentas campanhas feitas contra mim em Portugal. Após uma viagem longa pelo Brasil, Venezuela e México, chegara aos Estados Unidos, nessa primavera, onde, conhecedor das prisões, em Portugal, dos meus companheiros Francisco Salgado Zenha e Jaime Gama, resolvi fazer uma conferência de imprensa, no Overseas Press Club, de Nova York, em que condenei a guerra colonial e denunciei a prisão daqueles meus amigos; no Conselho da Europa — dias depois —, denunciei a falta de liberdade existente e os atentados aos direitos humanos, em Portugal e nas colônias. Houve uma reação brutal da parte do governo de Marcello Caetano: chamaram-me "traidor", organizaram manifestações de protesto, em África, escreveram nas paredes frases ofensivas contra mim, ao mesmo tempo que em casa, em Lisboa, a minha mulher recebia balas pelo correio e telefonemas anônimos com ameaças de que eu ia ser morto. Uma atmosfera intimidativa, irrespirável.

Que o fez decidir-se pelo exílio?

Não estava ainda exilado formalmente; nada me impedia de voltar a Portugal. Sabia apenas que o clima criado contra mim era muito mau. Entretanto, tinham-me movido um processo — mais um — em que era acusado de crime contra a segurança exterior do Estado e de haver praticado atos lesivos do bom nome de Portugal no estrangeiro, punível com dois a oito anos de prisão maior celular. Contudo, quando soube que o meu pai falecera, percebi que nunca ficaria bem comigo próprio se não viesse a Portugal assistir ao funeral, quaisquer que fossem as conseqüências!

Tinha 45 anos quando morreu o seu pai. Que homem era Mário Soares no dia 30 de julho de 1970?

Um homem na força da vida, com o máximo de vigor, algum prestígio no país e uma certa experiência: estivera deportado em São Tomé, fora o líder da CEUD, viajara e conhecera políticos estrangeiros, era o secretário-geral da Ação Socialista Portuguesa, organização clandestina que precedeu o Partido Socialista. Reconhecido como um dos dirigentes da oposição portuguesa, tinha ganho certa notoriedade internacional como advogado do caso Delgado e também — diga-se — alguma respeitabilidade nos meios jurídicos. Tinha os pés na terra e sabia perfeitamente o que queria.

Que foi para o senhor o seu pai?

Constituiu sempre para mim, e acima de tudo, uma grande referência moral. Deu-me, em todas as circunstâncias, um apoio extraordinário e sem falhas. A minha mãe morrera 15 anos antes, em 1955; o meu pai, desde então, viveu sempre conosco. Era o centro da família, uma força moral, um fator insubstituível de estabilização. Por mim, sabia que podia meter-me em todas as complicações políticas porque contava sempre com a solidariedade do meu pai, que nunca falhou nem vacilou. Como com a minha mulher, aliás, também: é importante e de justiça que se diga. Nesse dia, ao tomar conhecimento do seu falecimento, vivi um dos momentos mais tristes da minha vida. Sofrera muito com a morte da minha mãe, mas fora uma morte anunciada — se assim se pode dizer —, sofrera uma trombose e um derrame cerebral, que se prolongou por várias semanas. A sua morte foi algo com que inevitavelmente contava, um desenlace quase natural, embora morresse bastante nova, com 67 anos.

Manteve com um e com outro a mesma relação? Ou perante o seu pai havia...

...A minha mãe era uma pessoa enérgica, psicologicamente muito forte, com um ponto fraco relativamente a mim. As nossas relações foram sempre muito afetivas, de grande carinho, embora, às vezes, conflituosas. Uma das minhas grandes sortes na vida — e tive várias — foi ter pais excepcionais, sempre muito preocupados comigo, posso mesmo dizer, centrados em mim. Nasci e cresci sempre envolvido por uma grande ternura familiar.

Mas eram relações de natureza diferente, com um e com outro?

Pelo pai havia a admiração intelectual, o respeito pelo homem de coerência e de ação, que tinha uma estrutura intelectual e moral muito sólida, uma generosidade e simpatia humana excepcionais, e que, para mim, constituiu, até ao fim, um exemplo. Quanto à minha mãe, acho que lhe devo muita da minha energia vital, pertinácia e bom senso. E um certo tipo de força interior. Era uma pessoa simples, de poucas letras, mas admirável. Dirigia tudo: o colégio, a casa, a família. O meu pai era um idealista, bastante desinteressado no que diz respeito aos dinheiros; a minha mãe, pelo contrário, era uma pessoa com os pés fincados na terra, com grande sentido prático e realismo. Não se deixava enganar por nada, nem por ninguém. Uma mulher sólida, enérgica, de trabalho, com quem se podia contar. Sem, no entanto, ter a formação intelectual do meu pai.

Há a idéia de que a sua mãe terá sido para o senhor uma figura secundária, em relação ao seu pai.

De maneira nenhuma! Nos dois, vi sempre uma complementaridade essencial. A minha mãe esteve sempre muito presente na minha vida, foi um grande e terno apoio para mim, quase único, durante parte da minha infância, quando o meu pai estava ausente, por estar preso ou na clandestinidade. A Maria de Jesus nunca teve relações fáceis com a minha mãe: sempre gostou muito mais do meu pai. A minha mulher tem um tipo de sensibilidade que não se casava com o falar franco, às vezes desabrido, da minha mãe, que em parte herdei. Dizia o que lhe vinha à cabeça, com o coração ao pé da boca, como se diz, era muito direta. De vez em quando, dizia coisas de que a minha mulher não gostava, intervinha — ou pretendia intervir — demasiado na educação dos nossos filhos. E sobretudo a Maria de Jesus, por vezes, sentia que eu tinha umas ternuras com a minha mãe — mesmo já depois de casado — que ela julgava excessivas... A notícia da morte do meu pai, agravada por estar longe, foi terrível. O meu pai estava relativamente bem — embora debilitado — mas lúcido, para a idade, 91 anos, escrevia-me, falávamos ao telefone, ia-se agüentando.

Falavam-se muitas vezes, escreviam-se?

Falávamo-nos pelo telefone, escrevíamo-nos. Recebi uma carta dele, que me chegou já depois de ele ter falecido — que, aliás, trago sempre comigo. Dizia-me: "Cá vou agüentando. Estou ao leme... Não te preocupes!" Quando me deram a triste notícia, não hesitei: "Vamos para Roma, vou hoje para Lisboa. Se for preso à entrada, serei. Mas vou. Não posso deixar de ir." A única precaução que tomei foi avisar alguma imprensa internacional. Tinha boas relações na Reuters, na France Presse, na Associated Press. Pedi-lhes que dessem a notícia de que ia entrar em Portugal e que me sujeitaria ao que pudesse acontecer. Tomei um avião, rumo à América, que fazia escala em Lisboa. Aterrei cerca das duas horas da madrugada. Um funcionário do aeroporto, meu conhecido, disse-me que não me iriam prender, mas pediu-me para não fazer declarações aos jornalistas estrangeiros que ali tinham acorrido. Limitei-me a perguntar-lhe com que direito me fazia tal pedido. Fui diretamente para a igreja de S. João de Brito, onde estava o meu pai. O padre Acácio, amigo dele e professor de moral do colégio, fazia parte da equipe dessa paróquia, e foi ele quem lhe fez o funeral. Passei a noite a velar o corpo. No dia seguinte, 31, fui até às Cortes, onde o meu pai deixou determinado que queria ficar sepultado, junto da mãe, numa campa muito modesta com uma lápide que dizia apenas: "Aqui jaz Cristina Soares, senhora de excelsas virtudes, e o seu filho João." Uma campa rasa em cuja lápide só foi preciso acrescentar "e o seu filho João". Aliás, deixou indicações muito estritas que a minha mulher e eu cumprimos religiosamente e que ele sabia que cumpriríamos: mandou que se rezassem missas em várias igrejas, que se dessem esmolas determinadas e se praticassem certos atos piedosos. Tudo se cumpriu escrupulosamente.

O seu pai tinha — e praticava — essa relação com o transcendente. Tendo sido padre, quando renunciou às ordens continuou a praticar a fé, foi um católico praticante até ao fim.

Foi em vida um exemplo — julgo — do que está descrito no livro notável de Roger Martin du Gard, *O drama de Jean Barois*. Um homem muito piedoso e crente, educado na mais estrita fé católica — que chegou a ser padre, como disse —, mas que esteve muito tempo fora da Igreja, embora nunca tivesse perdido a fé. Tanto que sentiu a necessidade de pôr um processo canônico na Rota Romana para anular as ordens, a fim de poder casar catolicamente com a minha mãe — coisa que nada o obrigaria a fazer, se tivesse rompido com a Igreja. É dos raríssimos casos que existem em Portugal. Durante muito tempo, julgo mesmo que foi caso único. Um dia, já depois de eu ser presidente, um padre franciscano entregou-me uma série de páginas de um diário íntimo do meu pai, redigidas num retiro espiritual feito justamente antes do seu casamento com a minha mãe. Já eu era nascido, teria uns sete anos...

Não casou então, logo, religiosamente com a sua mãe?

Quando eu nasci, o meu pai não era casado com a minha mãe. Apesar de ter deixado de ser padre, estava obrigado pelas ordens religiosas, apenas podendo casar pelo civil. Mas, como queria casar pela Igreja, precisava de obter a anulação das ordens religiosas — o que só mais tarde conseguiu. Antes de se casar, fez esse retiro. E certamente, discutindo esses problemas de consciência com o seu diretor espiritual, escreveu uma série de notas. Os textos do meu pai, escritos naquela sua letra muito firme e característica, abordando as suas preocupações espirituais em relação à fé, causaram-me uma viva impressão. Invocava as suas hesitações, antes de se ordenar, as razões por que o fez e que o levaram depois a abandonar o sacerdócio. Enfim, as suas dúvidas, inquietações, escrúpulos religiosos e éticos. Freqüentemente, nessas notas, surjo eu como um elemento fundamental das suas preocupações e decisões. Fui para o meu pai um filho muito importante. Por isso, talvez, fui sempre tratado de uma maneira muito especial. Mas, muito antes de eu nascer, o meu pai, quando ainda era padre, tivera outro filho, o meu irmão médico, Tertuliano, já falecido, que não era filho da minha mãe, embora ela o tivesse educado desde a idade dos oito anos.

Como e quando soube que seu pai fora padre?

Quase por acaso. O meu irmão, com mais 18 anos do que eu, nunca mo disse. O meu segundo irmão, Cândido, filho só da minha mãe e com mais 17 anos do que eu, também não. Vim a sabê-lo, um dia, subitamente, andava eu já no colégio, talvez mesmo pela minha mãe, para quem todas essas coisas eram muito naturais, e que ela assumia sem nenhuns complexos. Quando, mais tarde, pensava nisso, era levado a crer que a minha mãe não tinha preocupações religiosas: não ia à missa, nunca a vi rezar. Recordo-me até que quando morreu, em 1955, eu disse ao meu pai que não se devia fazer um enterro religioso, dado que a minha mãe não era crente, nem nunca nos fez qualquer recomendação nesse sentido.

Como reagiu o seu pai?

Disse-me que conhecia melhor a minha mãe do que eu, que sabia que era religiosa, embora não praticante, e que o enterro devia ser religioso. Tanto o meu irmão como eu aceitamos a decisão do meu pai. Mais tarde, lembrei-me que um dia a minha mãe, tinha eu aí uns 12 anos, era já espigadote, me levou a fazer uma coisa que na altura me desagradou profundamente: em criança eu estivera muito doente, prometendo a minha mãe — ao que me disse — que, se me curasse, ofereceria a Nossa Senhora de Fátima uma vela da minha altura. Curei-me, passaram os anos, mas a minha mãe, por uma razão ou por outra, não cumpria a promessa. Até que, um belo dia, resolveu cumpri-la. E lá fomos os dois a Fátima, eu já adolescente, com uma vela da minha altura. Achei-me ridículo, foi quase um vexame! Devo dizer-lhe que ter um pai ex-padre, ao princípio, fez-me uma grande impressão, parecia-me qualquer coisa de pouco nobilitante, porventura fiquei constrangido. Não falei com ninguém sobre isso...

Não foi capaz?

Foi qualquer coisa que escondi em mim próprio durante um tempo. Um choque psicológico, de certa maneira. Mas, curiosamente, não me deixou marcas, acabei por digerir bem o caso. Talvez porque, anos depois, a situação se me pôs de maneira consciente: em 1937/38, começou a publicar-se a *Enciclopédia luso-brasileira*, tendo algumas pessoas recebido umas fichas pedindo para nelas inscrever notas biográficas rigorosas. O meu pai recebeu uma dessas fichas. Mas, de início, não queria preenchê-las, porque entendia que o seu nome não devia figurar na *Enciclopédia*. Sugeri-lhe ser eu a redigir a ficha. E, então, disse-lhe: "Pai, disseram-me que foi padre." Com a maior naturalidade, contou-me a história. Educado numa família pobre, a mãe ficara viúva muito cedo e, como sucedia naquele tempo, enviou-o para o seminário. Sentia por ela uma grande ternura: a mãe era a personalidade dominante da sua vida. Pertencia a uma família pobre, gente modesta, muito religiosa, lavradores de poucos bens. Bom aluno, no seminário — e sobretudo a mãe — empurraram-no para padre. Na altura de tomar ordens, hesitou, não quis. Mas isso contristou de tal forma a minha avó que o meu pai não teve coragem de lhe dar esse desgosto. Há uma série de cartas nesse sentido, que estão na base da decisão da Santa Sé de lhe anular as ordens...

Cartas dele a quem?

À mãe e a uma irmã mais velha, em que explica que não se sentia com vocação, mas que não queria desgostar a mãe. Era o mais novo de uma série de oito irmãos, sendo ele o único varão de uma senhora já então de bastante idade. Foi ordenado padre, fez-se capelão do Exército, ao mesmo tempo que se meteu a fundo na conspiração republicana, o que o levou, inclusivamente, a ser deportado para Vila Viçosa. Tenho um livro que lhe foi oferecido pelo rei D. Carlos, em homenagem pelo trabalho desenvolvido como capelão do regimento de Alcobaça. O meu pai contava a história de ter recebido o livro quando já estava deportado, por ser republicano! Com a República, entra na política ativa, fazendo a sua vida fora da Igreja. Bastante mais tarde, encontrou a minha mãe, eu nasci. A partir daí, sentiu a necessidade — por minha causa, julgo — de legalizar a situação e de casar pela Igreja. Pediu então a anulação das ordens, mas só viria a obtê-la em 1930, em plena ditadura. Mas a Igreja sempre teve apreço pelo meu pai: apesar de republicano, nunca perdeu a fé. Quando ministro das Colônias, em 1919, reintroduziu as missões religiosas em África, banidas no advento da República. Lembro-me, por exemplo, do meu pai, sentado na minha cama, ensinando-me a rezar a ave-maria e o padre-nosso. Entretanto, envolvido em sucessivas tentativas revolucionárias, exilou-se em Madri, esteve na clandestinidade, foi várias vezes preso e deportado para a Madeira e, depois, para os Açores. Só venho, praticamente, a reencontrá-lo — salvo curtos intervalos — por volta dos meus 12 ou 13 anos, tendo, até aí, vivido sempre com a minha mãe, nunca se falando em religião. Os meus irmãos mais velhos, que viviam conosco, eram ambos ferozes anticlericais.

Nas páginas desse diário do seu pai, como é que ele se referia ao senhor?

Fundamentalmente, demonstrava muitos escrúpulos de natureza religiosa. Era um espírito não só devoto, como profundamente piedoso, com imensas preocupações espirituais. Creio que acreditava na "outra vida" e num "julgamento final". Todas as considerações são à volta disso. E, ao mesmo tempo, manifestava uma grande preocupação relativamente a mim, seu filho.

É batizado?

Não somente sou batizado pela Igreja Católica, como sou afilhado da Nossa Senhora da Conceição por voto expresso da minha madrinha e tia Júlia, irmã de meu pai. Nasci no dia 7 de dezembro, véspera da festa da Nossa Senhora.

Quando tinha 12 ou 13 anos, o meu pai quis que eu fizesse a comunhão e que fosse à catequese. Rebelei-me contra essa idéia e levei a minha avante. Nessa altura, tinha já amigos mais velhos, companheiros de colégio, que me incutiam outras idéias... O meu pai não insistiu. Católico progressista *avant la lettre*, tolerante, nunca violentou a minha consciência.

Pediu-lhe para batizar os seus filhos?

Pediu. Começou por falar nisso à minha mãe, que me disse que eu daria uma grande alegria ao meu pai se batizasse o meu filho João. Não podia fazê-lo, em consciência, seria um ato de hipocrisia. Nenhum dos meus filhos é batizado.

Que passou a ser irreversivelmente diferente após a morte de seu pai?

A perda das raízes. Um dos grandes momentos de viragem da vida, quando, perdendo os pais, se fica só, plenamente responsável. Senti um terrível sentimento de solidão, apesar da minha mulher e dos meus filhos... Algo de muito forte desaparecia, subitamente, do meu horizonte. Senti isso no avião, na viagem de regresso à pátria; na igreja, quando cheguei a Lisboa; depois, nas Cortes, onde fui acompanhar o funeral do meu pai.

Lembro-me de que estava um calor brutal. Regressei tarde, fui dormir a Nafarros. Passamos o dia seguinte — era um domingo — em casa, sem saber o que iria acontecer: prender-me-iam de novo? Deixar-me-iam em liberdade, apesar de me terem ameaçado com um processo?

Acabara de sofrer um tremendo desgosto. Virara-se uma página da sua vida. E ignorava o seu destino.

Sim. Um desgosto partilhado pela família e pelos amigos que me acompanharam nesse momento. Vim dormir a Lisboa, com a idéia de, no dia seguinte, ir ao escritório — era o início de agosto! — para recomeçar a vida, com normalidade. Seriam talvez dez horas quando me telefonou, para casa, o inspetor da PIDE, Pereira de Carvalho, um homem bem-falante, inteligente, com certa importância na polícia. Propôs-me que nos encontrássemos na Paulistana, um café ao Saldanha...

A PIDE e a oposição tomando umas e outras na Paulistana?

Eu podia até ter tido um deslize! Foi tão inesperado ouvir um inspetor da PIDE convidar-me para conversar num café, podia ter aceito! Mas, felizmente, tive o reflexo certo: recusei. "Podia prender-me ou convocar-me à PIDE", disse-lhe, "agora conversar livremente comigo num café, isso não podia!" Fui convocado à polícia para o meio-dia.

A minha mulher preveniu os amigos, para me esperarem no meu escritório da Rua do Ouro, para o caso de não ficar preso. Secamente, Pereira de Carvalho notificou-me: "O governo esgotou a paciência; encarregou-me de lhe comunicar que o senhor tem um processo em que é pedida contra o senhor uma pena de prisão de dois a oito anos, seguida de 'medidas de segurança'. Desta vez não vai para São Tomé, será muito pior. Não brincará mais conosco"...

Um ultimato?

Fora preso já 12 vezes, mas agora era um ultimato: "Se quiser, tem quatro horas para sair do território nacional. Ou, então, será preso e seguir-se-á o processo." Era, uma vez mais, uma deliberação verbal, que me era comunicada, sem papel, sem sentença prévia. Perguntei: "Neste preciso momento já estou preso ou em liberdade?" Respondeu-me que, se não abandonasse o país, seria preso. E deixou-me sair da PIDE.

Lembra-se desse momento?

Lembro, com total nitidez! Convencera-me — quando entrara — que ficaria preso. Cá fora estava uma manhã de agosto lindíssima. Desci o Chiado a pé, pela Rua Nova do Almada, até à Rua do Ouro. Não encontrei ninguém, as ruas estavam quase desertas... Desci a pensar como se fica irremediavelmente só nos momentos decisivos da vida. Completamente só.

Como encarou a sua própria decisão de partir?

Como uma decisão que só eu podia tomar: ir para o exílio ou ficar, mais uma vez, preso! Exilar-me, com o que isso implicava de incerteza e angústia, um salto no desconhecido, ainda por cima com todos os problemas abertos pela morte de meu pai. Ou ficar preso e ir para um sítio "pior do que São Tomé". O Tarrafal? No meu escritório estavam meia dúzia de amigos — o Gustavo Soromenho, o Raul Rêgo, o Zenha, o Magalhães Godinho, o Vasco da Gama Fernandes. À exceção do Zenha, todos se manifestaram no sentido de que me exilasse. Zenha disse-me que me destruiriam, totalmente, no exílio. Lembrou-me o exemplo de José Domingos dos Santos: um político da República, antigo presidente do Ministério, que esteve exilado em França muitos anos e que sempre se lamentara da amargura do expatriamento. Por outro lado, insistia que talvez não me mandassem para o Tarrafal e, mesmo que o fizessem, não me poderiam reter na cadeia muitos anos... Foi o único que me disse isto.

O que o fez decidir-se pelo contrário?

Fui para casa consultar a minha mulher, os meus filhos e alguns amigos que aí também se reuniram: o Catanho de Menezes e o Duarte Vidal, além de alguns dos já citados.

Por volta das três horas, decidi partir. Para a cadeia, viria quando quisesse. Se me sentisse mal no exílio, regressaria, sujeitando-me às conseqüências. Escolhendo o exílio, pelo menos acabava e publicava o livro que tinha em preparação — o que representaria, inegavelmente, um novo patamar. A minha mulher — apesar de não ficar comigo no exílio — concordou. Acompanhar-me-ia na primeira fase, indo e vindo sempre que pudesse. Fui de automóvel, não havia nenhum avião a essa hora. Telefonei para o inspetor Pereira de Carvalho e comuniquei-lhe que decidira partir com a família, no meu carro, pela fronteira do Caia.

Que retém hoje dessa viagem?

Foi extremamente angustiosa. Na fronteira não queriam deixar sair o João: estava em idade militar e não tinha autorização para sair. Após novo telefonema para a PIDE — ameaçando que, se o meu filho não saísse, eu também não sairia —, deixaram-nos partir! Compreendi que estavam interessados em que saísse. Por quê? Praticamente não paramos: fomos diretos a Paris e o pouco que dormimos foi no próprio carro, revezando-nos ao volante. Quase não falamos, o ambiente era de grande tristeza, pesava sobre nós a memória de meu pai. A minha mulher era-lhe muito afeiçoada. Foi um golpe muito grande para todos nós. Além disso, seis meses antes, ela havia também perdido os pais e estava ainda muito deprimida. Os meus filhos tinham vivido sempre com o meu pai e sentiam o irremediável da situação. Foi uma viagem muito triste! Por outro lado, todos nós — cada um à sua maneira — não nos podíamos impedir de pensar no que seria o futuro. Os meus filhos regressariam à universidade, a minha mulher ocupar-se-ia do colégio, e eu ficaria. Mas como? Em que condições?

II.

Infância e Adolescência

De Gigi a Mário

Na sua infância, em casa, chamavam-lhe Gigi. Como decorreu essa infância? Que menino foi?

O meu pai tinha o hábito de inventar nomes carinhosos ou alcunhas. Mesmo no colégio, arranjava *petits noms* para os alunos, era um jeito que lhe era próprio. Chamava-me Gigi, outras vezes tratava-me por Licas. Mais tarde comecei a chamar "Liquinhas" aos meus filhos e depois, por graça, também aos meus netos. A minha infância passou-se no número 153 da Rua Gomes Freire, onde nasci: vivíamos no segundo andar esquerdo, ainda hoje lá está a casa que, entretanto, foi reconstruída, mas as paredes são ainda as do meu tempo de criança. O prédio situava-se paredes-meias com o Rilhafoles: passei parte da minha infância a ver os malucos do muro do quintal. Fui uma criança despreocupada, feliz, embora sempre ultraprotegida pelos meus pais, os meus meios-irmãos, os amigos de meus *pais*. Convivia com muito poucos rapazes da minha idade, os meus primeiros amigos foram os meus vizinhos, o Mário e o Nuno Moniz Pereira, que moravam no andar de baixo.

E a primeira escola?

Andei em diversas escolas infantis. Comecei no Jardim-Escola João de Deus, lembro-me que nesse tempo — estamos em 27, 28 — a Avenida Álvares Cabral era um estreito caminho entre terras. A seguir, freqüentei uma escola no Campo de Santana, perto da faculdade onde o meu irmão Tertuliano estudava Medicina. Depois, mudei-me para outra, no Largo D. Estefânia. O meu pai mantinha ao tempo um colégio, onde o meu outro irmão, Cândido, era funcionário, chamava-se "Bairro Escolar do Estoril" e ficava no alto da Avenida de Sabóia; dirigia-o em colaboração com o Dr. João de Deus Ramos, em casa de quem também passei uns largos meses. Com sete anos, fui para esse colégio, em regime de internato. Foi na época em que o meu pai andava metido em constantes conspirações, pouco o víamos. Mais tarde, foi deportado para os Açores e nessa altura, como eu sofria muito de asma, a minha mãe decidiu alugar uma casa no Estoril, onde instalou um pensionato para os alunos mais velhos do colégio que não queriam permanecer internos. Quando o meu pai regressou da deportação, apesar de grande e íntimo amigo do Dr. João de Deus Ramos, veio a desentender-se com ele — discordavam sobre a orientação do colégio — e decidiu fundar uma nova instituição escolar. Foi o Colégio Nuno Álvares, na Venda do Pinheiro. Lembro-me de que eu estava na quarta classe e que os meus pais me mandaram para as Caldas da Rainha acabar esse ano letivo, para casa da família Maldonado Freitas, de quem éramos muito amigos. Foi o ano em que, pela primeira vez, se decidiu que haveria exame de admissão ao liceu; fi-lo em Leiria, no Liceu Rodrigues Lobo, nas Caldas só existia a escola pública primária.

Passou no exame de admissão ao liceu?

Reprovei. Era um péssimo aluno. Tinha pouca queda para o estudo, não me concentrava e, com tantos sobressaltos e tantas mudanças, ainda menos estudava. A minha mãe ralhava-me, dizia-me continuamente: "O teu pai numa situação tão difícil e tu sem juízo nenhum!" A notícia da reprovação amachucou-me, mas seguiu-se-lhe uma reviravolta que, pela primeira vez, me fez descobrir que iria ser um homem com alguma sorte: os exames de admissão tinham sido muito difíceis, houve uma esmagadora percentagem de chumbos. O Ministério da Educação decidiu então alterar o critério inicial. Oito dias depois, recebi um telegrama a dizer que fora admitido ao liceu!

Lembra-se do senhor em criança? Lembra-se do senhor a brincar?

Lembro-me, sobretudo, de ser uma criança preguiçosa. Era muito magro, enfermiço, tinha freqüentes ataques de asma, estava muitas vezes doente. Na escola chamavam-me o "Lingrinhas", mas, com isto tudo, jogava futebol e até tinha algum jeito, diziam. Mais tarde, passada a fase dos triciclos, o meu pai deu-me uma bicicleta, recordo-me de percorrer com ela todos os caminhos e azinhagas que rodeavam o Colégio Moderno.

E recorda-se do senhor a ler? Que leituras fazia em criança?

Tive uma infância preguiçosa, repito. Lia pouco, era sempre acusado pela minha mãe de "não me interessar por nada!". Nas leituras, comecei por pegar nos policiais, li o Sherlock Holmes de enfiada, pouco mais. Foi muito mais tarde, no final do liceu, que despertou a minha curiosidade pelos livros e descobri o fascínio da leitura.

Que relação tinha com os seus dois irmãos?

O Tertuliano, filho do meu pai, tinha mais 18 anos do que eu; o Cândido, irmão pelo lado da minha mãe, era mais velho 17 anos: eram dois homens, mantinham ambos uma relação quase paternal comigo. O Cândido era o "Teta", o Tertuliano tinha a alcunha do "Tucas". O meu pai, além das alcunhas, tinha também o costume de dar aos filhos e afilhados nomes romanos. Um dos seus afilhados, filho do Cândido, chama-se Flávio! Vivi a infância e a adolescência rodeado de gente adulta, observando-os, ouvindo as suas conversas. Lembro-me, com 12 anos, de estar em casa e de ouvir, com a mesma curiosidade e preocupação que eles, as notícias que nos trazia a Rádio Madri sobre a Guerra Civil Espanhola, que entretanto começara.

Um dia, deixou de ser uma criança e de se chamar Gigi. Entrou na adolescência, freqüentou o liceu, fez amigos. Como se deu esta passagem de uma idade para outra?

A passagem da infância para a adolescência é algo de que guardo uma recordação muito nítida: deixei de ser uma criança quando o meu pai esteve muito doente, entre a vida e a morte. Feriu-se numa perna, teve uma septicemia, tiveram de lhe cortar um pé e, logo a seguir, a perna. Esteve muito tempo no Hospital de S. Francisco da Ordem Terceira. Foi um terrível susto e foi, sobretudo, a primeira vez que experimentei o sofrimento. Lembro-me de um primo mais velho, um sobrinho do meu pai, João Lopes dos Santos, a quem ele chamava "João Preto"

— outra alcunha —, a chorar, no hospital, e a dizer que sempre "pensara que o tio João chegasse aos 90 anos e que afinal ia morrer ali". Eu ouvia-o e dizia baixinho, para mim próprio, que não, que o meu pai iria agüentar, que tinha de agüentar, que chegaria aos 90 anos! Como se a vontade própria pudesse ter alguma influência: "Há-de chegar aos 90 anos, há-de chegar!" Era uma espécie de prece. Lembro-me de estar no Jardim do Campo Grande e de não ser capaz de me entreter com os outros rapazes, porque o meu pai estava a morrer num hospital, longe dali. O meu pai curou-se. E eu percebi que tinha crescido.

E, em 1935, o seu pai fundou o Colégio Moderno?

Sim. Entretanto, eu entrara para o liceu e já não me chamava Gigi. Lembro-me, um dia — andava eu pelos meus 11 anos —, de ouvir o meu pai dizer: "Este rapaz já não é Gigi, a partir de agora chama-se Mário." E assim foi. Ainda estudei no Colégio Nuno Álvares, depois no Colégio D. Diniz. A minha vida estudantil só se estabilizou a partir do segundo ano liceal, quando entrei para o Colégio Moderno, onde me mantive até ao final do liceu. Aí, fui conhecendo e fazendo amigos, abri horizontes, comecei a ler. Os meus grandes amigos foram o Maurício de Vasconcelos, o Orlando Lindim Ramos, o meu primo António Nogueira Santos — filho do tal "João Preto" —, o Custódio Maldonado Freitas, o Augusto Simões — outro primo que, entretanto, foi viver para a Argentina, Nuno Nobre, e por lá ficou. Foram anos felizes e despreocupados.

Teve namoradas no liceu?

Tive. Uma paixão de caixão à cova. Tinha eu 15 anos e ela 13, mas era já uma mulherzinha. Chamava-se Judite. Como era aluna interna do colégio do meu pai, quando este namoro foi descoberto, criou alguns problemas. Meses depois, deu-se a separação com o regresso dela a Angola, onde os pais viviam. Foi o meu primeiro desgosto de amor. Não tive muitos outros, felizmente.

Com 17 anos, entrou para a universidade. Freqüentou o curso de Histórico-Filosóficas. Começava outra vida.

Foi uma viragem. Cortei o cordão umbilical que me ligava a casa, aos meus pais, ao colégio. Abria-se diante de mim um mundo novo no qual mergulhei com apetite. Comecei a fazer política, e o essencial do meu grupo de amigos nasceu nos corredores da faculdade.

Quem o influenciava decisivamente nessa época?

O Álvaro Salema, um professor de Filosofia do Colégio Moderno. Era muito próximo do Partido Comunista, um *compagnon de route*, embora nunca tivesse sido um marxista ortodoxo. Até quase ao final do liceu, eu fora, como referi, um aluno medíocre e desinteressado. A minha mãe, sempre preocupada, continuava a dizer: "Este rapaz parece sonâmbulo, não se interessa por coisa nenhuma!" O meu pai pediu então ao Álvaro Salema para me dar lições particulares de Filosofia: morava na Avenida da República, eu ia buscá-lo a casa, três vezes por semana, e vínhamos os dois a pé até ao Campo Grande, a conversar. O Agostinho da Silva foi a outra figura que muito me marcou no fim da adolescência e a quem o meu pai fez igual pedido: dávamos grandes passeios por Lisboa, ensinava-me Literatura, mas falávamos de tudo, sobretudo de livros. Eram ambos jovens — o Salema tinha mais dez anos do que eu, o Agostinho, 18 — e, mais do que professores, foram sobretudo amigos: tiveram uma influência determinante na minha formação. O Álvaro Salema regressava de uma longa deportação nos Açores, falava-me do comunismo, nutria admiração pelo Álvaro Cunhal — que era prefeito no colégio —, um homem que saíra da cadeia, um intelectual envolto numa aura romântica...

...que Mário Soares também admirava?

Suscitou também o meu interesse pela literatura e pelo movimento cultural do neo-realismo, que na época começava a ser pujante, afirmando-se nas letras, nas artes e na cultura. Álvaro Salema e Agostinho da Silva, embora com personalidades diferentes e percursos ideológicos distintos, tiveram sobre mim uma influência muito mais duradoura e profunda. Cunhal marcou-me num determinado momento: convidou-me para assistir a exposições, levou-me um dia a uma conferência sobre literatura, no salão de *O Século*, fiquei impressionado com o prestígio que o envolvia. Achava-o um homem coerente e fascinante, um idealista, um puro que sonhava com a Revolução e, ao mesmo tempo, um esteta: andava sempre bem vestido, trajava com gosto, embora modestamente. Tinha, porventura, mais preocupações estéticas do que os outros: o pai era escritor, o irmão — que morreu muito novo —

fora pintor. Era, para mim, o revolucionário típico, um homem que estivera na União Soviética, que, quando fora preso, não falara na polícia e que se sabia que era importante no Partido Comunista... Possuía um olhar penetrante, uma vontade de ferro, invulgar. Impressionou-me muito por ser diferente dos outros. Depois, em 41, entrei para a universidade, já ele tinha passado à clandestinidade para reorganizar o Partido Comunista. Durante algum tempo, não nos vimos.

Antes de sair do colégio, o Dr. Cunhal escrevera-lhe uma carta.

Conservo essa carta. Escreveu também ao meu pai, fazendo uma valoração de cada aluno. Considerava que, tendo sido regente de estudos no colégio, lhe cabia a responsabilidade de chamar a atenção sobre determinados aspectos referentes aos alunos. A mim, dizia-me que se ia embora — sem dizer para onde, nem o que ia fazer — mas, tendo verificado que eu possuía uma certa consciência social, esperava que eu viesse a amadurecê-la. Uma carta de incitamento a uma vida política orientada em determinado sentido.

Agostinho da Silva não era comunista, pelo contrário...

Tinha uma visão cultural mais lata, uma formação humanística muito sólida, era o homem do grego e do latim... Muito sedutor, comunicativo, aberto, curioso, era alguém totalmente desinteressado das coisas materiais, vivia num segundo andar modesto, onde me dava as aulas de Literatura. Na sua juventude tivera simpatias pelo integralismo lusitano e pela causa monárquica. Depois evoluiu e pertenceu ao grupo da *Seara Nova*. Fora proibido de lecionar no ensino oficial porque, nessa altura, era obrigatório, para os funcionários públicos, assinarem uma declaração em como não pertenciam a organizações clandestinas e subversivas, com ativo repúdio do comunismo e da maçonaria. Agostinho da Silva recusou-se a assinar — por uma questão de princípio — e foi demitido da função pública.

Dava lições num colégio privado, o Infante de Sagres. Quando o encontrei, ocupava-se de duas obras interessantes: os *Cadernos de iniciação* e a *Antologia*, onde publicava textos literários e filosóficos — em formato reduzido — com objetivos didáticos e apenas para suscitar o interesse das novas gerações pela cultura.

Existia uma rede de amigos que lhe assegurava a compra daquelas edições que surgiam com relativa periodicidade. Quando o António Sérgio se zangou com o Câmara Reys e saiu da *Seara Nova*, organizou um pequeno grupo intelectual ao qual pertenciam Agostinho da Silva e Álvaro Salema, bem como o crítico Castelo Branco Chaves. Mas Agostinho da Silva não era um alinhado, foi sempre ferozmente independente.

Que marcas lhe deixou Agostinho da Silva?

Ensinou-me o civismo, despertou-me para a cultura, orientou-me o espírito crítico, sempre com grande sentido de liberdade, avesso a todo o tipo de dogmatismo.

E que retrato faz hoje de Álvaro Salema?

Mais novo, fora um brilhante aluno da Faculdade de Letras, com uma grande vocação filosófica e uma profunda cultura. Sérgio considerava-o um dos seus melhores discípulos. Esteve preso dois anos nos Açores e, quando saiu, fecharam-lhe as portas da universidade. Sem trabalho, o meu pai convidou-o para o colégio, que sempre foi um refúgio para os perseguidos do regime. O Salema chegou ao colégio envolto, também ele, numa certa aura: estivera preso, vinha da deportação nos Açores, no Forte de S. João Baptista... Mas não era nada ortodoxo: havia nele um idealismo filosófico que se casava mal com o marxismo. Era um filósofo cujas influências predominantes, para além de Marx, sempre foram Nietzsche e Freud. Tentava fazer a síntese. Disse-me muitas vezes que Marx não era tudo... Um dia apaixonou-se pela aluna mais bonita do colégio, chamada Elisa Rio. Nesse tempo, ainda o regime permitia que o ensino fosse misto. A Elisa estava interna e era uma espécie de protegida do meu pai, que a adorava. Despertava paixões. Cunhal também teve um forte interesse — creio —, mas ela preferiu o Álvaro Salema, com quem veio a casar. O meu pai foi o padrinho desse casamento, que ocorreu no colégio. Nunca deixei de me dar com eles.

Por isso, Salema teve, porventura, uma influência mais decisiva sobre mim — Agostinho da Silva veio depois a exilar-se para o Brasil — e continuamos amigos próximos durante todo o meu curso de Letras e pela vida fora, até ele morrer. Fui padrinho do seu filho, Mário. Porém, foi sempre incapaz de cortar com o Partido Comunista, mesmo após o 25 de Abril. Tivemos diversas discussões a esse propósito: nunca se quis inscrever no Partido Socialista.

Que leituras lhe aconselharam? Quais os seus primeiros autores?

Os portugueses, comecei por eles. Fui um leitor apaixonado do Eça — e ainda sou — e muito curioso do Camilo. Li muito Oliveira Martins, Ramalho, Antero, que era um dos heróis do Álvaro Salema. Constantemente me falava dele. Foi lançada, nesse tempo, uma edição dos *Sonetos* anotada pelo António Sérgio, que eu li e discuti com o Salema, à saciedade. Fora dos citados, li muitos dos meus contemporâneos.

De quase todos, aliás, me tornaria amigo: o grande Raul Brandão, Aquilino, Ferreira de Castro, Régio, Torga, Gaspar Simões, Branquinho, Redol, Soeiro Pereira Gomes, Manuel Mendes, Namora, Carlos de Oliveira, Domingos Monteiro, que sei eu?... Além dos poetas e dos ensaístas — António Nobre, Cesário Verde, Camilo Pessanha, Pessoa, Sá-Carneiro, Almada, sem esquecer o Cortesão e o Raul Proença...

E Sérgio?

Obviamente, António Sérgio. Nesse tempo, o magistério intelectual decisivo foi exercido pelo Sérgio, uma figura dominante da vida intelectual portuguesa. E, noutro plano, foi também significativo o magistério cívico de um professor universitário, matemático, muito mais à esquerda do que Sérgio, próximo do Partido Comunista, Bento de Jesus Caraça, que tive o privilégio de conhecer mal entrei na faculdade. Mais tarde, não devo esquecer Mário de Azevedo Gomes, Vieira de Almeida, Rodrigues Lapa, Câmara Reys.

III.

Formação

1.
Entrada na política

A partir de certa altura, na universidade, o desejo de ação e a vontade de militância política foram canalizados para a organização comunista. Foi por onde começou?

Eu passava as férias na Foz do Arelho, onde o colégio tinha uma colônia de férias para os alunos internos. No verão de 42, um ano depois de ter entrado no curso de Histórico-Filosóficas, conheci Humberto Lopes, um estudante comunista de Direito. Fora um dos motores da luta contra as propinas, travada um ano antes, era um ativista que integrara um grupo composto por estudantes de diversas faculdades. Relacionei-me com ele, ficou impressionado por eu conhecer Cunhal e encontrou em mim terreno fértil para exercer o seu proselitismo... Eu entrara em Letras por influência de Álvaro Salema, Agostinho da Silva e do próprio Cunhal, que me haviam demovido de seguir a minha inclinação inicial — o curso de Direito — com o argumento de que se tratava de uma escola ultra-reacionária e burguesa. Empurraram-me para Letras, invocando o estudo da Filosofia, e acenaram-me com a possibilidade de poder vir a ser escritor. Eu escrevia, naquela época, artigos, diários, contos e poemas... Humberto Lopes apresentou-me a Jorge Borges de Macedo, também ele estudante de Letras, que passava as férias na Nazaré, perto da Foz do Arelho. Era um jovem um tanto excêntrico e brilhante, muito inteligente. Na época, era o responsável pelas Juventudes Comunistas na Faculdade de Letras, liderando um grupo muito pequeno, mas coeso.

Como foi vista em casa a troca do Direito pelas Letras?

O meu pai teria gostado mais que eu fosse para Direito. Sempre o ouvi dizer que estava convencido de que eu daria um bom advogado e achava, como pedagogo, que eu tinha uma certa facilidade de palavra. Julgo que teve pena. A minha mãe, pelo contrário, gostou da idéia: pensou no lado utilitário, via-me como o futuro diretor do colégio, o que não ocorreria se eu fosse advogado...

Como era a faculdade?

Estava instalada num convento que existia por baixo da Academia das Ciências, a Jesus. Eram instalações precárias, muito modestas, embora a biblioteca fosse, já nesse tempo, muitíssimo boa, graças a doações diversas. No passado, tivera mestres excelentes, de grande nomeada; quando entrei, vivia-se em plena decadência, devido ao afastamento de muitos professores proibidos de ensinar pelo regime, como Rodrigues Lapa. Havia dois únicos catedráticos de Filosofia, Matos Romão e Vieira de Almeida, e um de História, Manuel Heleno. Com exceção do professor Vieira de Almeida, excepcional, adorado pelos alunos — muito alegre, grande conversador, engraçadíssimo e ultra-simpático —, o resto era bastante medíocre. Com raras exceções. Mas o ambiente dos corredores era magnífico, bem como a camaradagem entre os estudantes. Na faculdade, conheci muita gente, relacionei-me com estudantes das Juventudes Comunistas, que eram poucos, sobretudo com o Joaquim Barradas de Carvalho — que tinha o encargo de distribuir o *Avante!* —, e de quem viria a ser, toda a vida, um grande amigo. Mas dei-me com muitos outros, praticamente com todos, mesmo com as meninas da JUC, bem simpáticas por sinal.

Quem lembra, dos seus colegas?

Lembro Joel Serrão, Rui Grácio, Lindley Cintra, Sebastião da Gama, Maria de Lourdes Belchior Pontes, Helena Cidade Moura, Eurico Lisboa, Julião de Azevedo, Noronha Gamito, José Manuel Duarte, Nataniel Costa, Freitas Ferraz, Maria de Lourdes Bártolo, Luísa Irene Dias Amado e tantos outros... A faculdade era particularmente interessante pela vida animada dos claustros: conversávamos, namorávamos, discutíamos política, falávamos da guerra, da liberdade, do que seria o pós-guerra e a nova organização social que se anunciava. A partir destas conversas, surgiam sugestões de leituras, de iniciativas, numa pequena e vibrante comunidade estudantil.

Entrou na faculdade, conheceu gente, fez amigos, descobriu autores. Mas o seu grupo essencial foi, desde o início, o das Juventudes Comunistas?

Foi. Onde eu ingressara após esse verão de 42.

Filho de um republicano convicto e de um homem de formação cristã que praticava a fé, era verosímil que houvesse no seu pai uma dupla rejeição ao comunismo e à sua filosofia. Mas Mário Soares integrava as Juventudes Comunistas. Como se compreendia esta opção, influenciado, como se supõe que estivesse, pela figura de seu pai?

É preciso situar as coisas. Até aos 10 anos, o meu pai quase não existiu para mim: estava preso, exilado, na clandestinidade. Via-o efemeramente. Em 35, funda o Colégio Moderno e, logo a seguir, tem uma longa doença na qual perde uma perna. A minha mãe tem aí um papel decisivo. Acompanhou-me sempre na infância e, depois, ficou a gerir o colégio durante a longa doença do meu pai, assumindo sozinha essas responsabilidades. O meu pai só começou a impor-se-me pelos meus 15, 16 anos. Nessa altura, o caldo de cultura que me envolvia era o do antifascismo: estava-se em plena Grande Guerra, nascia a grande frente contra o nazismo e o fascismo, entrava-se numa nova era, a da grande unidade antifascista, cultivava-se a convicção de que a União Soviética — a aurora dos novos tempos! — se democratizaria. Era o comunismo mitificado pela guerra. Stalin surgia-nos como o Zé dos Bigodes, o pai dos povos, um homem bom e fraterno. Quando me comecei a interessar por estas questões, nos anos finais do liceu, era esta a atmosfera, o ar do tempo...

A porta de entrada foi a Faculdade de Letras?

O que me possibilitou logo outros contatos com a Faculdade de Medicina, o Técnico, Ciências, Direito; através das Juventudes Comunistas, fui conhecendo bem o meio estudantil. Embora entusiasmado com a possibilidade de agir politicamente, logo de início pus em causa os métodos de ação. Lembro-me de ter dito ao Borges de Macedo e ao Barradas de Carvalho que distribuir meia dúzia de *Avante!* e fazer inscrições de protesto contra o fascismo, nas paredes, não servia para nada. E, apesar do ascendente que Borges de Macedo tinha sobre mim e da admiração cultural e política que então me merecia, comecei muito cedo a contestar aquele tipo de militância, irritavam-me as regras de disciplina, dita conspirativa, achava ridícula a agenda de trabalhos das reuniões, as discussões sobre o chamado "minuto conspirativo" — o tempo em que discutíamos o que dizer se, acaso, aparecesse a polícia! —, coisas assim... Tratávamo-nos, entre nós, pelos pseudônimos respectivos, quando todos sabíamos os nossos próprios nomes... Sentia que não era por aí que devíamos caminhar: o importante era virar a juventude contra o regime, organizar movimentos de massas. O grupo era simpático mas esotérico, aferrado à clandestinidade e ao secretismo, reunia-se semanalmente, líamos o *Avante!*, recitando as respectivas palavras de ordem. Não era isso o que me interessava. Sonhava com ações ofensivas contra o regime.

As coisas alteram-se quando, no verão de 44, Fernando Piteira Santos, já então dirigente comunista — que saíra da Faculdade de Letras para a clandestinidade e, depois, para a prisão —, numa reunião clandestina das diversas faculdades, na Costa da Caparica, o convidou para a direção acadêmica das Juventudes Comunistas. A escolha recaiu nele, a confiança da direção comunista dissipou-lhe dúvidas quanto aos métodos de ação. Escreveu os seus primeiros artigos no *República*, iniciou-se como orador em diversas coletividades de recreio...

Antes disso: em 43, por iniciativa dos comunistas, surgira o Munaf. Foram buscar o velho general Norton de Mattos para presidir, fora grão-mestre da maçonaria, era a grande figura do Partido Republicano Português. Convidaram o grupo de Magalhães Godinho, do António Macedo e do Lobo Vilela, a União Socialista; velhos republicanos, como Helder Ribeiro, Domingos Pereira, Utra Machado, Jacinto Simões, o meu pai; alguns homens da *Seara Nova*, Câmara Reys, Azevedo Gomes, Sérgio, Rodrigues Lapa; figuras como o Manuel Mendes, que, não sendo comunista, era simpatizante. Bento de Jesus Caraça e a gente da Universidade Popular, como Ferreira de Macedo. E até anarquistas, como Alberto Dias, Ferreira de Castro e Assis Esperança. De fora, ficaram apenas Cunha Leal e o seu pequeno grupo de amigos.

Voltando ao Munaf...

Pretendia-se atrair os não-comunistas para uma grande frente antifascista, embora o movimento fosse mais ou menos controlado pelo Partido Comunista. É neste contexto que se dá a reunião da Caparica, liderada pelo Piteira Santos, o controleiro — embora efemeramente — de toda a juventude comunista portuguesa e, ao mesmo tempo, representante do Partido Comunista no Executivo do Munaf. Era o camarada "André" ou "Frederico", conforme as ocasiões... O Borges de Macedo terminara o curso, era preciso render a guarda.

Com grande espanto meu, ouvi o Piteira Santos sugerir o meu nome — com Eduardo Luís Cortesão, Areosa Feio e o meu primo Nogueira Santos — para a direção acadêmica das Juventudes Comunistas...

Como olhava para Jorge Borges de Macedo e Barradas de Carvalho?

Durante o tempo de faculdade, dei-me muito com Borges de Macedo. Quando conversávamos, deparava sempre com um homem que tinha pontos de vista interessantes, originais. Mais velho, quando terminou o curso, como não tinha trabalho, veio para o colégio do meu pai dar aulas. Ficou muitos anos. Tinha-se, de resto, licenciado com nota baixíssima, por razões de perseguição política. Mas era já então evidente que todos o consideravam um historiador de futuro, excepcionalmente inteligente. Mas nunca criei com ele uma amizade íntima, como a que viria a ter, anos mais tarde, com Piteira Santos, por exemplo, ou com o Barradas de Carvalho.

Insisto: como encarava o seu pai a sua militância comunista? Um republicano que discutia em casa a sua discordância em relação ao Pacto Germano-Soviético assinado em 39, o assassinato de Trotski, no México, em 41; um pai que vivera intensamente a Guerra Civil de Espanha, ao lado dos republicanos, e a quem causaram horror as lutas travadas entre anarquistas e comunistas?

O meu pai era um homem ultratolerante e aberto: apreciava o meu empenhamento e o meu entusiasmo na luta antifascista, mas olhava de soslaio a minha militância comunista. Referia-se aos comunistas como os "teus camaradinhas". Afirmava-me que eles não sabiam o que era a liberdade, criticava-os e criticava-me. Dizia-me muitas coisas que me faziam pensar. Mas, por outro lado, não me dizia outras: de cada vez que se envolvia em conspirações, era incapaz de me fazer uma confidência, contar um segredo ou pôr-me ao corrente do que estava em curso. Sabia que eu estava no Partido Comunista e, talvez por isso, pouco me dizia. Concedia quando muito, em certas ocasiões, que eu acompanhasse as pessoas que o procuravam: abria-lhes a porta, recebia-as, nada mais. E os comunistas, pelo seu lado, perguntavam-me constantemente o que se passava em minha casa, o nome dos oficiais que lá iam e dos conspiradores.

Álvaro Cunhal era a exceção?

O meu pai apreciava Cunhal, reconhecia-lhe a fibra de lutador. Um dia, estávamos a jantar em família — vivíamos numa casa independente dentro do colégio —, apareceu um contínuo dizendo que estava à porta o Dr. Álvaro Cunhal. O meu pai ficou surpreso, bem como o meu primo Nogueira Santos e eu próprio. O Cunhal estava na clandestinidade há já algum tempo! Levantou-se para o receber no escritório, que era perto da casa de jantar. Estiveram lá uma hora, não sei do que falaram, imagino que do Munaf, que se formara meses antes, em dezembro de 43, e a que ambos pertenciam. E, de repente, o meu pai chamou-nos, ao meu primo e a mim. Cunhal manifestara o desejo de falar conosco: informar-se sobre o que fazíamos e qual o ambiente na universidade. Sobretudo, queria insistir para que prosseguíssemos o combate sem desfalecimentos. Mostrou-se muito otimista quanto ao futuro próximo.

Que argumentos — que "o fizessem pensar" — lhe dava o seu pai contra o comunismo, e que lhe respondia Mário Soares? Como era o diálogo entre um pai republicano liberal e anticomunista e o seu filho, a caminho de se transformar num revolucionário comunista? Ou tratava-se pura e simplesmente de uma vontade de emancipação — psicológica, intelectual, cultural e política — da sua figura?

Havia críticas feitas pelo meu pai contra o totalitarismo comunista que me pareciam irrespondíveis. Sobre os julgamentos de Moscou. Mas eu julgava que a fase totalitária tinha passado. Era impossível "engolir" o Pacto Germano-Soviético; mas, enfim, estávamos na época da "grande aliança" com as democracias... De resto, como as relações com o meu pai — que era um homem essencialmente tolerante — foram sempre muito afetuosas, tudo corria bem. Da minha parte, nunca houve qualquer desejo de emancipação prematura. Bem pelo contrário...

Em 8 de maio de 45, a Alemanha rendeu-se, o fim da guerra estava para breve. Mário Soares, com 20 anos, conseguiu interromper as aulas na Faculdade de Letras, repetiu esse gesto noutros liceus e faculdades e rumou ao Rossio, empunhando bandeiras dos países aliados e arrastando muitos jovens atrás de si. No dia seguinte, as manifestações prosseguiram, em Lisboa gritava-se "vitória" e "democracia". Numa janela do edifício da Faculdade de Ciências, fez a sua primeira intervenção pública, seguindo para as embaixadas de França, Inglaterra, Estados Unidos, onde entregou mensagens, recebidas friamente pelas chancelarias.

Nunca ninguém da oposição havia falado em público — enquanto tal — desde a Guerra de Espanha. Lisboa, nesse dia, era um mar de gente, foi a primeira grande manifestação, genuína e popular, nas ruas de Lisboa contra o fascismo. A minha missão — segundo o plano gizado pela direção acadêmica comunista — era sublevar a Faculdade de Letras, o Passos Manuel, a Escola Superior Colonial, terminando na Faculdade de Ciências. A Faculdade de Medicina e o Técnico tinham um plano semelhante. Todos os estudantes se encontrariam depois no Largo do Rato para subir, pela Álvares Cabral, até às embaixadas, na Lapa. Os professores estavam perplexos, ninguém compreendia o que se passava. No Passos Manuel, vejo um velhote, muito pequeno, aos gritos, ao fundo das escadas: "Quem é o energúmeno que está a revoltar-me o liceu?" Era o professor José Saraiva, então reitor do Passos Manuel, amigo do meu pai, pai do António José e do José Hermano Saraiva. Nas embaixadas, fomos recebidos com frieza absoluta: pediram-nos para não nos entusiasmarmos, a guerra ainda não terminara, a situação era delicada. Mas nós estávamos eufóricos. Julgávamos que era o fim de Salazar e do fascismo. Eu convenci-me, em absoluto, de que o regime tinha acabado...

A sua missão obedecera a um plano. Mas quem o incumbira dela?

Foi combinada entre nós e o nosso controleiro do partido. Até pouco tempo antes, quem nos controlava era o Fernando Piteira Santos. Depois — visto ter sido preso — foi substituído por Luís Guedes, o "Armando", a quem chamávamos, por brincadeira, o "soldado desconhecido", porque nos aparecia imprevistamente, a qualquer hora, nos sítios mais inesperados e, às vezes, impróprios. Era ativíssimo, de uma dedicação à causa sem limites, e assegurava a ligação entre a direção comunista e a juventude.

Não hesitou em cumprir?

Não só não hesitei, como me honrei: fiz aquilo a que me tinha comprometido. E fiz bem!

Em agosto de 45, saltou da Foz do Arelho para o Luso, o que lhe possibilitou testemunhar diretamente as atividades conspiratórias de seu pai, envolvido na preparação de um golpe militar encabeçado por Norton de Mattos, velho amigo dele e presidente do Munaf. Em setembro de 45, o golpe falhou. Um ano depois, deu-se a revolta da Mealhada, em outubro de 46, dirigida pelo capitão Fernando Queiroga, que foi preso. Em abril de 47, uma nova conjura, chefiada pelo almirante Cabeçadas e pelo general Marques Godinho, também não irá avante. O regime permanecia de pedra e cal. Como é que Mário Soares e os seus amigos comunistas olharam para este desfilar de insucessos? Que reflexão suscitava o regime ao jovem Mário Soares?

Desde o fim da Segunda Grande Guerra até 1949, data da criação da OTAN (de que Portugal foi, apesar da ditadura, membro fundador), sempre estive convencido da debilidade profunda do regime salazarista e da sua "inevitável" queda, a curto prazo. Como depois compreenderia, Salazar e Franco foram salvos pela traição das democracias ocidentais, que aceitaram e conferiram respeitabilidade às ditaduras ibéricas, por medo cego do comunismo. Foi só quando estive preso — e isolado — numa cela da Penitenciária de Lisboa, depois da campanha de Norton de Mattos, em 1949, que me apercebi disso com clareza. Antes, não, apesar dos fracassos "revolucionários" ou, melhor dito, "putchistas" — de outubro de 1946 e de abril de 1947, que efetivamente segui de perto, por causa da ação conspiratória do meu pai.

Conheceu Maria de Jesus Barroso no ano letivo de 44. Encontrou-a pela primeira vez na Faculdade de Letras, onde ela também estudava. Tempos depois, nas manifestações lisboetas de regozijo pelo fim da guerra, Mário Soares escolheu Maria de Jesus para o acompanhar na condução dessa manifestação. Por quê? O que o atraíra nela?

Na faculdade, a Maria de Jesus movia-se no grupo de Lindley Cintra, Sebastião da Gama e Maria de Lourdes Belchior. Eu conhecia-a mal. Sabia que era atriz, que trabalhava no Teatro Nacional e que tinha já algum prestígio nos meios artísticos e intelectuais. Lembro-me da primeira vez que a vi, achei-a interessante. Um dia, encontrei-a num dos claustros da faculdade, estava a chorar copiosamente por causa de um exame. Consolei-a, com alguma ironia, não dando importância ao caso. Logo de início, houve um pequeno choque entre nós: eu era um "menino família" a quem nada faltava, o meu pai tinha carro, acontecia mesmo, às vezes, ir com motorista para a faculdade, o que na época era invulgar e me envergonhava tanto que mandava parar o automóvel antes da faculdade e, depois, ia a pé; enquanto a Maria de Jesus trabalhava para ganhar a vida, vinha de uma família modesta, uma casa com muitos irmãos, onde se vivia com dificuldades. Sabia também que ela era uma grande declamadora, punha as platéias a fervilhar de entusiasmo e beneficiava, em certos meios, de grande simpatia popular. Mas, na altura, eu tinha outros derriços na faculdade, embora falasse com ela, pelos corredores. Julgo que o que a impressionou, em mim, foi a história da revolta do Liceu Passos Manuel: viu como liderei aquela movimentação. Assistiu ao tal primeiro discurso improvisado que eu fiz — da varanda da Faculdade de Ciências —, e parece que me achou alguma graça. Não pôde acompanhar-me até ao fim porque estava, nessa altura, a representar uma peça de teatro, no Nacional — um original português chamado *Vidas sem rumo*. Mas nessa época, porém, eu não pensava de modo algum vir a casar a curto ou, mesmo, médio prazo. Foi algo que ocorreu mais tarde.

Tinha outras namoradas. Como começou a olhar para as mulheres? O que de imediato o atraía nelas?

Lembro-me que, uma vez, ainda vivia na casa da Rua Gomes Freire, teria, talvez, seis anos, fiquei estranhamente seduzido pelas pernas de uma garota de 12 ou 13, filha da nossa diarista. Comecei subitamente a acariciar-lhe as pernas e levei logo uma bofetada. Foi, que me recorde, a primeira manifestação de um interesse que, mais tarde, se manifestaria com força. Sempre fui particularmente sensível aos encantos femininos: as pernas, os cabelos, a voz, os olhos... Às vezes, quando estava já em cheio metido na política, num bonde ou num cinema, via uma mulher que me agradava e perguntava a mim próprio: que ando eu a fazer nesta vida, a tentar salvar o mundo, desperdiçando oportunidades tão mais interessantes? Nesses anos finais da minha adolescência, nos começos da juventude, sentia-me singularmente atraído por mulheres mais velhas, maduras, no esplendor dos seus dotes...

Como era Lisboa nesse tempo?

Uma cidade pacata, com hábitos provincianos, poucos automóveis. Havia tempo para tudo: passávamos horas nos cafés, a discutir e a ler os jornais: *Diário de Notícias*, *O Século* e, sobretudo, o *Diário de Lisboa*, dirigido pelo velho Joaquim Manso, de quem Brito Camacho dizia ser "infinitamente padre e infinitamente manso". O *Diário de Lisboa* tinha um suplemento literário onde pontificava João Gaspar Simões, e que fazia opinião. Ia-se muito ao cinema: o S. Luís e o Tivoli eram os cinemas mais chiques, nesse tempo; depois apareceu o S. Jorge, a seguir abriram o Império e o Monumental. Mas eu freqüentava também o Éden, o Condes e pequenas salas, como o Chiado Terrasse, o Central — no Palácio Foz —, o Palácio, na Avenida Duque de Ávila. Fui nessa época um cinéfilo impenitente, via tudo, com pouco critério, estudava pouco — sempre estudei pouco! —, ia às matinês e, se não tinha reuniões conspiratórias, voltava à noite. Ao teatro, ia pouco: apenas às revistas do Parque Mayer, do Avenida ou do velho Teatro Apolo...

Uma vida fácil...

Não o nego. Fui um privilegiado — mas com consciência de o ser! Não me recordo de ter alguma vez pedido dinheiro aos meus pais, tinha um automóvel à minha disposição — naquele tempo, uma coisa fabulosa! Comprava os livros que queria, ia ao cinema quando me apetecia, almoçava ou jantava fora de casa... Havia indiscutivelmente uma retaguarda que olhava por mim — os meus pais — e que me facilitava a vida. Tinha muitas relações e amigos, era freqüentador assíduo das tertúlias que se reuniam nos cafés...

Quais?

Nessa altura, dois ou três cafés. O "Café Chiado" — onde fica hoje a Império —, um grande espaço, com duas salas, e, na de dentro, cadeiras de verga, era freqüentado pelo velho Gualdino Gomes, que tinha mesa certa e uma imensa aura de prestígio, embora sem obra publicada; por mestre Aquilino; pelo pai do Barradas, que tinha o pseudônimo literário de Noel Teles; por Ferreira de Lima, Mário Saa, Manuel Mendes, José Gomes Ferreira. No Chiado, reunia-se gente da Faculdade de Letras e das Belas-Artes, escritores, pintores, artistas. No fim das aulas, descíamos a pé o Chiado e, depois, ficávamos horas a conversar no café. E, se eu ia jantar a casa, descia até aos Restauradores e apanhava o bonde para o Campo Grande, tinha um passe, podia saltar de bonde para bonde. Para o meu pai, as horas das refeições eram sagradas: tinha de estar à hora ou telefonar a dizer que não ia. O Café Chiado era para quando vinha das aulas, ao fim da tarde. A tertúlia da noite era na Paulistana, ao Saldanha.

Mais politizada?

Era o café do "reviralho", uma tertúlia politizada, onde pontificavam: Moreira de Campos — um comandante da Marinha e grande conspirador contra a ditadura —, Magalhães Godinho, Lima Alves, Carlos Vilhena, Teófilo Carvalho dos Santos, gente toda mais velha do que eu. Mas havia também a mesa dos mais novos, do MUD Juvenil: Areosa Feio, Orlando Ramos, Maldonado Freitas, José Carlos Gonçalves, o "Vila Franca", Caldeira Rodrigues, às vezes, o Octávio Pato, Eduardo Luís Cortesão. Quando o regime proibiu Vitorino Magalhães Godinho de dar aulas — era professor da nossa faculdade —, juntamo-nos trinta alunos, pagamos do nosso bolso e fomos para o Ateneu Comercial seguir um curso de História ministrado por ele: faltávamos às aulas de História, na Faculdade de Letras, para ir às classes do Magalhães Godinho.

De outra geração, Manuel Mendes veio a ter uma enorme influência sobre o senhor, tornando-se um dos seus grandes amigos. Porventura um dos maiores?

Tinha mais 18 anos do que eu. Conhecemo-nos era eu muito jovem, ele, adulto, com uma vida cheia e aventurosa, digna de um romance. Compadre e amigo íntimo do Bento Caraça, foi ele quem me introduziu nesse grupo. Fez-me conhecer Pulido Valente, professor de Medicina e médico de renome, uma figura excepcional. Manuel Mendes era um homem informado, engraçadíssimo, culto, com acesso franco aos meios políticos, culturais e artísticos. Fiquei a dever-lhe o meu gosto pelas artes plásticas e, sobretudo, pela pintura, o meu conhecimento com artistas — Almada, Carlos Botelho, Bernardo Marques, Ofélia, Abel Manta, Estrela Faria e alguns outros —, da mesma maneira que o meu gosto pela boa comida e pelos petiscos, a alegria dos jantares bem regados em simpática companhia. O meu pai gostava de sopas espessas e de comida forte, da província e, sobretudo, gostava de comer ovos estrelados e grelos. Até aos vinte e tal anos, eu não sabia o que era comer bem, desconhecia o prazer da mesa. O Manuel Mendes descobria as velhas tascas dos galegos onde se comiam os melhores pratos e os bons petiscos — os joaquinzinhos, os mexilhões, os bons peixes e mariscos, as açordas, o arroz no forno, as iscas, a orelheira de porco... Arrastava-me para esses jantares e almoços, tinha o requinte da boa mesa. Quando jovem, foi uma espécie de "ajudante-conspirador" do meu pai, com quem criou uma relação íntima. Era muito moreno, de estatura mediana, olhos vivíssimos, o meu pai chamava-lhe o "meu cigano adorado". Essa amizade sofreu uma interrupção devido à deportação do meu pai nos Açores e, depois, à sua longa doença. Quando eu apareci no MUD Juvenil e, depois, no Café Chiado e ele percebeu de quem eu era filho, transformou-se numa espécie de protetor, de irmão mais velho. Voltou a freqüentar a nossa casa, não havia semana em que não viesse jantar conosco. Era uma espécie de conspirador profissional, dublê de escritor, jornalista e artista plástico. Entrara clandestinamente em Espanha, durante a Guerra Civil, onde fora como representante da Frente Popular Portuguesa. Grande contador de histórias, amigo da gente da *Presença*, do Régio, do Casais e do Gaspar Simões, atravessava várias gerações, porque se dava muito com os do *Novo Cancioneiro*, era amigo do Almada, conhecera o Pessoa e tinha uma veneração pelo Aquilino Ribeiro e pelo Raul Brandão, dos quais se considerava discípulo. "Seareiro", amigo de Raul Proença e do Câmara Reys, que fora seu professor no Gil Vicente, não adorava o Sérgio... Os seus companheiros de juventude foram José Rodrigues Miguéis, Gomes Ferreira e a boêmia artística e conspirativa da época. Conhecia como ninguém a vida lisboeta, tendo-nos deixado três volumes de *O bairro*, onde isso se documenta.

Descreve-me um homem invulgarmente dotado. Como se justifica que não deixasse a sua marca numa obra?

Foi um dos homens mais dotados que conheci. Irradiante de simpatia, arguto, pertinente, divertido, possuía uma inteligência crítica e um sentido satírico extraordinários. Infelizmente, não deixou a obra que dele se esperaria. Dispersou-se por inúmeras atividades: escrevia bem (deixou alguns excelentes livros de contos e impressões), esculpia, desenhava, convivia e, sobretudo, conspirava contra a ditadura. Foi casado com uma mulher também invulgar, a Bá, Berta Mendes de seu nome, muito bonita em jovem, grande professora (que trabalhou, também ela, no Colégio Moderno). O velho Abel Manta pintou um célebre quadro que a retrata maravilhosamente: *A Bá com o seu gato siamês*. O Manuel Mendes, em democracia, poderia ter sido tudo na política. Pertenceu à mais sacrificada das gerações: tinha 20 anos quando veio a ditadura, iniciou-se nas greves acadêmicas, em 1927, não chegou a formar-se, passou a vida a conspirar contra o regime... Nos anos finais, começou a beber muito, morreu com uma cirrose em 69.

Estou a ouvi-lo e registo a sua notável capacidade para a vida: um apetite, uma curiosidade, uma energia. Como se lhe fosse sempre impossível separar o lado lúdico do resto, de todo o resto! Tem a consciência de possuir esta capacidade?

Tenho. Sempre tive esse grande apetite pela vida e pelas maravilhosas surpresas que encerra e uma grande alegria de viver. Às vezes, a luminosidade de certas tardes em Lisboa, uma árvore em flor, como esses belos jacarandás do Parque Eduardo VII, um quadro, uma pessoa que observo e que, por qualquer razão, me desperta a atenção, bastam-me para me reconciliar com a vida e abrir diante de mim novos horizontes de esperança...

2.
O MUD e o MUD Juvenil

Salazar, num discurso feito após o final da guerra, descrevera o regime como uma "democracia orgânica", envolvera a vitória dos aliados "no vento da democracia" e anunciara eleições — convocadas para novembro de 45 — "tão livres como na livre Inglaterra". Com base nisto, 11 advogados, liderados por Mário Lima Alves, elaboraram um requerimento ao governador civil de Lisboa pedindo uma reunião pública da oposição, com a finalidade de preparar essas eleições. O requerimento foi deferido. O MUD nascerá no dia 8 de outubro desse mesmo ano de 45.

Apesar dos sucessivos fracassos das conspirações que ocorreram no imediato pós-guerra e do desânimo sentido nas hostes oposicionistas, a oposição pretendeu, pela primeira vez, contestar legalmente o regime. Esse requerimento, assinado por republicanos e socialistas — e sem a menor ligação com os comunistas —, deu então origem a uma reunião, presidida por Barbosa de Magalhães — ex-ministro da I República, professor de Direito demitido, grande jurisconsulto, mas um fraco orador —, no Centro Republicano Almirante Reis, uma casa modestíssima numa ruazinha acanhada, a Rua do Benformoso. Cerca de uma centena de pessoas — entre as quais eu próprio, que não tinha sequer 21 anos — assinaram uma série de reclamações ao governo, aprovadas nessa sessão e tidas como indispensáveis para a realização de eleições sérias. Ao contrário do que pensamos, o *Diário de Notícias* e *O Século* noticiaram, no dia seguinte, quer a reunião, quer as nossas reclamações. De muitas partes do país surgiram apoios e adesões espontâneas. Uma semana depois, havia 55 mil assinaturas — só em Lisboa — e comissões distritais a funcionar em todo o país. Uma bola de neve que deu origem à criação do Movimento de Unidade Democrática, o MUD.

De início, os comunistas não estavam no MUD, o que não acontecia no Munaf. Como se articularam, a partir daí, os dois movimentos?

Aí, começaram as dificuldades. Os comunistas assustaram-se: o MUD nascia de uma forma totalmente espontânea, sem participação comunista inicial, enquanto o Munaf resultou de um acordo entre forças políticas mais ou menos organizadas, com participação ativa do PCP, desde o princípio. Quando me apercebi do alcance que estava a ter a movimentação de adesões donde resultou o MUD, decidi integrar-me. Fui ao escritório do Lima Alves, na Rua do Ouro, para me inscrever, oferecendo-me para ajudar. Ninguém me conhecia, apresentei-me como estudante de Letras, sem dizer de quem era filho. Fui recebido pelo Afonso Costa (filho), pelo Soromenho e outros, disse-lhes que estivera na reunião do Centro Almirante Reis e propus-me "oferecer-lhes" um conjunto de jovens aderentes, dados os contatos que tinha em todas as faculdades. Ficaram entusiasmados, embora um tanto incrédulos. No dia seguinte, voltei acompanhado de uma dezena de alunos de várias faculdades, todos, claro, pertencentes ao Movimento Acadêmico Antifascista. Aconteceu assim, com esta simplicidade.

No Partido Comunista não se usavam essas "simplicidades". Mário Soares era membro do partido. Como é possível que tudo tenha ocorrido como diz?

Porque lhe conto a verdade. Mais: quando comuniquei ao meu "controleiro" a iniciativa que tinha tomado, ele não só aprovou, como resolveu, logo, tirar partido da situação criada, encarregando-me de "missões" dentro do MUD...

Mas, entretanto, o MUD começou por chamar-se MAUD...

Não. São coisas distintas. O MAUD, Movimento Acadêmico de Unidade Democrática, constituiu-se como movimento autônomo dentro do MUD. Quando deixou de ser exclusivamente "acadêmico" e se alargou a toda a juventude, com representantes de todos os seus setores, transformou-se no MUD Juvenil. Pouco tempo depois, realizou-se a sua primeira reunião alargada no Centro Republicano José Estêvão, ao Lumiar, onde se elegeu a primeira Comissão Central do MUD Juvenil: Salgado Zenha, Octávio Pato, "scar dos Reis, Júlio Pomar, José

Borrego, Rui Grácio, Maria Fernanda Silva, Mário Sacramento, António Abreu, Nuno Fidelino Figueiredo e eu próprio.

Tenho então que acreditar que agiu sozinho, por intuição e vontade, sem autorização superior?

Repito: não pedi autorização a ninguém, não esperei que o partido, por intermédio do meu controleiro, se manifestasse relativamente ao MUD em criação. Recordo que o Areosa Feio — um dos meus companheiros nas Juventudes Comunistas que foi comigo ao escritório do Lima Alves — me sugeriu que ponderasse: "Que iria dizer o P?" Entre nós, referíamo-nos ao Partido Comunista como "o P". Mas, depois de pormos o movimento em marcha, o Partido Comunista começou a tentar controlar os acontecimentos, tendo eu próprio participado ativamente nesse controle.

Como? Que fez?

O PC conseguiu que o Prof. Bento de Jesus Caraça — figura de grande prestígio nos meios intelectuais — e o escritor Alves Redol entrassem na primeira Comissão Central do MUD, ao lado de Manuel Mendes, Lima Alves, Teófilo e outros. Bento Caraça passa a assegurar a ligação entre os dois movimentos, Munaf e MUD, e o Redol era "oficialmente" representante do PCP.

Como lhe disse, Bento Caraça, professor de Econômicas, tinha um enorme ascendente na juventude do meu tempo, era um dos nossos mentores, um homem com uma cabeça linda, um estilo próprio, que tentávamos copiar. Mas cedo surgem no MUD as dificuldades e as divisões. O Mário Lima Alves — que estivera na origem da idéia e fora o único orador na reunião do Centro Republicano Almirante Reis — ganhou uma rápida popularidade e começou, contra a vontade do PC e dos seus *compagnons de route*, a querer subtrair o MUD ao controle do Munaf e dos comunistas. Mas não havia clima para isso. Estávamos no imediato pós-guerra, a opinião situava-se naturalmente à esquerda e a União Soviética vivia um grande momento de prestígio internacional. Inicia-se, então, uma campanha — na qual tomei parte — para anular a influência do Lima Alves no seio do MUD, que culminou com o seu afastamento.

E a seguir, em 46, criou-se uma nova Comissão Central.

Exato. Presidida pelo Prof. Mário de Azevedo Gomes, com Bento Caraça, Helder Ribeiro, Alberto Dias (operário anarquista), Lobo Vilela, Mayer Garção, Manuel Mendes, Tito de Morais, Luciano Serrão Moura — amigo íntimo e companheiro de estudos do Cunhal —, que substitui o Alves Redol, que o Partido Comunista, entretanto, fizera "adoecer" devido à sua ineficácia. Esta segunda Comissão tem já um representante da Juventude — eu próprio — e do Movimento Feminino, a Dr.ª Maria Isabel Aboim Inglês. Era eu o secretário dessa Comissão.

O MUD criou então uma Junta Consultiva com grandes nomes: Norton de Mattos (presidente), António Sérgio (vice-presidente), Prof. Ferreira de Macedo, Alexandre Vieira (operário gráfico, anarquista), Prof. Fernando Fonseca, João de Barros, José de Magalhães, Mário de Castro, Rocha Martins (monárquico e grande jornalista), almirante Tito de Morais (um dos "heróis" do 5 de Outubro). Era o alinhamento entre o Munaf e o MUD, com todos os setores da oposição comprometidos, incluindo os comunistas.

Entretanto, a militância política fizera-o descobrir Francisco Salgado Zenha. Nasceu uma amizade que o tempo, quase até ao fim, haveria de tornar sólida, íntima, cúmplice. Como era Zenha nesta época em que ambos descobriram a política como forma de vida e o comunismo como ideologia?

O Zenha apareceu como o primeiro presidente eleito da Associação Acadêmica de Coimbra. Tinha um enorme prestígio na academia, era um bom orador e um aluno muito classificado.

Foi no MUD Juvenil que nos conhecemos e nos tornamos amigos, tendo estado ambos presos, ao mesmo tempo, em 1947, 1949 e 1961...

Francisco Salgado Zenha era comunista?

Naturalmente que era. Durante os anos do MUD Juvenil e até à sua primeira prisão, sempre esteve ligado ao PC. Todos os jovens comunistas da época o sabem. Mais tarde veio a fazer uma evolução igual à minha, e esse foi um dos motivos que também nos uniu.

Lembra-se de como o conheceu?

Comecei por ouvir falar dele. Em Lisboa não existiam associações acadêmicas, não havia, ou havia pouca, ligação entre as faculdades. Em 44, Francisco Salgado Zenha, aproveitando a circunstância de haver um reitor um pouco mais liberal, Maximino Correia, propôs que se realizassem eleições. Até aí vivia-se na Associação Acadêmica da Universidade de Coimbra em regime de comissão administrativa, sem presidentes eleitos. Salgado Zenha possuía já nessa altura, na universidade, a reputação de ser um homem de esquerda, embora tivesse nascido e sido educado no seio de uma família tradicionalista de Braga. Adquiriu essa visão de esquerda nos primeiros anos do curso de Direito, não obstante nunca ter pertencido, de alma e coração, ao grupo que, nesses anos, mais marcava a velha universidade coimbrã: o grupo neo-realista, ao qual pertenciam Carlos de Oliveira, Joaquim Namorado, Fernando Namora, João José Cochofel, Arquimedes da Silva Santos, isto é: os que tinham feito o *Novo Cancioneiro* — os poetas dessa geração — e as pessoas mais conhecidas do meio literário. O Zenha era um bom aluno, de quem se dizia que poderia vir a ser lente. Dominava, pelo verbo, a universidade. Era de tal modo grande o seu ascendente sobre os colegas que muitos deles começaram a imitar aquela sua ligeira gaguez e a falar como ele. Em Lisboa eu sabia, assim, que existia um "Zenha", em Coimbra, que fora eleito presidente da associação e era dos nossos. Um dia, estava eu em casa do Professor Bento de Jesus Caraça, na Rua Almeida e Sousa, em Campo de Ourique, com outros amigos, quando um telefonema nos avisou que o Zenha conseguira que a Associação Acadêmica se recusasse a integrar a manifestação que entretanto se organizava, em homenagem a Salazar por ter livrado Portugal da guerra. Salgado Zenha submetera a votos a participação — ou não — na manifestação.

A Maximino Correia, o reitor, nunca lhe havia passado pela cabeça que o resultado fosse majoritariamente negativo e dera o seu consentimento. Seria esse gesto de Zenha que, mais tarde, originaria a sua longa prisão e todas as tremendas vicissitudes que depois se seguiram.

Mas, a partir daí, ele ficou o ídolo da Academia de Coimbra e uma referência para todos os estudantes do país.

Então só o conheceu pessoalmente mais tarde?

Um pouco mais tarde, na altura da formação do MUD Juvenil. Sabíamos em Lisboa que haviam surgido em Coimbra, Porto e diversos outros locais, núcleos de gente jovem favoráveis ao MUD Juvenil e que o Zenha era a figura central do núcleo de Coimbra. Fui lá, para me encontrar com ele e falarmos sobre tudo isso. Partimos os dois de Coimbra, a pé, a conversar por aí fora, e na antiga estrada nacional que subia por Santa Clara, em direção a Lisboa, tivemos um encontro com um dirigente do secretariado do PC, José Gregório, o "Alberto". Começou assim entre mim e o Zenha — ele era um ano mais velho — um relacionamento que foi imediatamente simpático, aberto, franco, eu com muita admiração por ele, ele, certamente, com amizade por mim.

Esta deslocação obrigou-me a passar dois dias em Coimbra, cidade que não conhecia. Comecei por me espantar com o espetáculo das capas e batinas, que nós em Lisboa não usávamos. Recordo-me de que achei essa praxe um pouco bizarra, não estávamos habituados.

Onde ficou em Coimbra?

Fiquei na "república" do Zenha e, mal lá entrei, senti-me aterrorizado! Eu, habituado ao conforto doméstico da casa de meus pais, tratado com os carinhos e os mimos de um filho de família, estranhei a maneira como viviam aqueles rapazes, a imundície, não havia quarto de banho, apenas uma coisa horrível, numa escada, onde não se podia tomar banho. Deitavam-se a altas horas da noite, bebiam vinho carrascão, comiam pessimamente e, no meio de tudo isto, estudavam com as sebentas pelo chão; enfim, um ambiente que me fez alguma confusão. E o Zenha, claro, ironizava e metia-se um pouco comigo, por eu estar tão pouco familiarizado com aquele tipo de atmosfera!

Um dia do ano de 47, fomos presos, justamente devido a um documento do MUD Juvenil. Mas, enquanto eu e os outros subscritores desse documento fomos para uma cela do Aljube relativamente simpática — era quase como uma "república"! —, o Zenha, com quem havia contas a ajustar, devido à célebre história da manifestação e a quem queriam acusar de estar ligado aos comunistas, foi levado para Caxias Puseram-no no segredo, sofreu sérias dificuldades e esteve muito doente, com um princípio de tuberculose. Logo depois, transferiram-nos do Aljube para Caxias e não se imagina o que era a prisão de Caxias nesse tempo! Uma coisa verdadeiramente indigna, horrorosa: a retrete era coletiva, sem separações, todos tínhamos de fazer as nossas necessidades à frente uns dos outros: a água que havia era gélida. Eu não estava habituado a tomar banho com água gelada. Depois de muito tempo, lá consegui — através de receita médica, eu sofria de asma — que me dessem um regador de onde caía uma água mais tépida, para cima de um alguidar; enfim, um horror! Conseguimos um sistema para comunicar com a cela onde estava o Zenha, por bilhetes, fornecendo-lhe informações.

Quando saíram da cadeia, reataram essa amizade?

Fomos julgados e condenados. Mas, enquanto o grupo e eu fomos condenados à prisão sofrida, o Zenha sofreu dois anos de cadeia: esteve seis meses em Caxias e dezoito em Peniche. E, entretanto, licenciou-se. Depois, fixou-se em Lisboa, foi estagiário do Palma Carlos e começou a advogar, estava eu ainda em Letras. Foi nessa época que nos começamos a relacionar intimamente. E, em 51, foi padrinho da minha filha Isabel.

Como é que ele olhava para o senhor, como reagia ao seu ambiente familiar?

Dizia-me que eu nascera com uma sorte muito grande! Lembro-me que eu ainda era solteiro, ele vinha ao colégio, de manhã, e ficava muito admirado porque o recebia de roupão de seda. Mas eu tinha também um casaco — daqueles que se usavam nessa altura —, o chamado "casaco de quarto", acolchoado, com bandas de seda e cordão também de seda. E o Zenha olhava para mim e dizia: "Tu és um burguês infecto!" Muitas vezes, ficava para almoçar e voltava para jantar. Vendo o carinho que a minha mãe tinha por mim, os seus mimos, não resistia a soltar a sua piada, a tecer remoques: "Que eu era um mimado, um menino estragado pela mamãe!" Mas tratava-se sempre de piadas ditas com simpatia e, até, com alguma ternura.

Ou com um certo sarcasmo?

Ele era um homem sarcástico, muito crítico e às vezes, raras vezes, azedo. Mas creio que tinha ternura por mim, que sempre teve. Tínhamos uma relação muito afetiva.

Salgado Zenha revia-se nas características que Mário Soares tinha e que ele não possuía?

Talvez, admito que isso possa ter acontecido. Era um grande jurista, um homem com um pensamento muito lúcido, mas eu tinha uma facilidade de comunicação que porventura lhe faltava e alguns dotes tribunícios que talvez ele também não possuísse. Era mais tímido, mais reservado, mais introvertido. Mas andamos muito juntos: íamos à praia nos meus primeiros tempos de casado, discutíamos, convivemos muitíssimo.

Sente que se complementavam? É isso?

Acho que sim. E, ao mesmo tempo que existia essa afetividade, havia também uma imensa solidariedade. Essa coisa do "Mário e Zenha, não há quem os detenha", que apareceu em 75 na luta contra o PC, foi algo que começou cedo e nos acompanhou pela vida fora, quase até ao fim. Julgo que as pessoas olhavam para nós e retinham no olhar os dois homens que, na nossa geração, mais se tinham distinguido na luta contra a ditadura. E que mais haviam combatido politicamente. Mas, a ele, olhavam-no mais como jurista, e, a mim, mais como político.

3.
Disciplina, pseudônimos e controleiros

Como encarava o stalinismo? Lendo o seu livro *Portugal amordaçado*, não parece que nesse tempo se questionasse muito. Pelo contrário: a sua militância ao serviço da oposição comunista levava-o mais depressa a um olhar maniqueísta sobre as coisas: o mundo era a preto e branco e estava dividido entre bons e maus.

Questionava-me um pouco. Tinha dúvidas quanto ao passado do movimento comunista internacional e não me coibia de as expressar. Mas respondiam-me que estávamos noutra fase, aberta, democrática; minimizavam os processos de Moscou e explicavam o Pacto Germano-Soviético (que, a mim, me custava a engolir) pela tibieza das democracias ocidentais e as necessidades de sobrevivência da URSS; não assumiam o assassinato de Trotski. Falavam-me na "grande aliança para a construção da democracia" entre Roosevelt, Stalin, Churchill e, obviamente, enalteciam Stalin, o grande homem que salvara a Europa do nazismo. O comunismo surgia no mundo — nesse imediato pós-guerra — como uma aurora de liberdade, associado à "grande aliança" a que o Churchill deu a sua bênção, com o presidente Roosevelt a beber em sua honra champanhe da Criméia. A realidade imediata, para mim, era a ditadura salazarista, que queria destruir com a ajuda dessa grande aliança democrática nascida da derrota do nazi-fascismo.

Os comunistas convenciam-no?

Quanto às grandes questões de princípio, não posso dizer, inteiramente, isso. Mas essas passavam a segundo plano, perante as exigências da luta contra a ditadura. Ora, aí, os comunistas eram únicos: combatiam sem medo e dedicadamente. Eram eficazes, ofereciam-me meios e canais para eu lutar contra a ditadura.

Tinha também um pseudônimo?

"Fontes". Um dia, houve uma reunião numa casa da Avenida Fontes Pereira de Melo, onde estavam o Octávio Pato, o José Gilberto de Oliveira e eu próprio, os três principais dirigentes do movimento juvenil comunista dessa época. Era preciso inventar pseudônimos, por causa da polícia. E, assim, escolhemos: eu seria o "Fontes", o Gilberto, o "Pereira" e o Octávio, o "Melo"...

Conhecia bem Octávio Pato?

Muito bem, e gostava muito dele. Fora caixeiro numa sapataria em Vila Franca, a terra onde nasceu. Por volta de 1946, não me lembro bem, tendo sido um dos organizadores de uma das grandes greves que houve na região, fora obrigado a fugir. Veio para Lisboa, tendo perdido os "contatos" partidários. Como não tinha onde ficar, alberguei-o, provisoriamente, no colégio do meu pai, onde ficou um tempo, como se fosse aluno...

Quem era o seu controleiro nessa época?

Era o "Armando". A partir de certo momento, o Partido Comunista quis estabelecer comigo um contato estreito. Foi através desse "Armando" — o Luís Guedes, que já referi —, um antigo estudante de Direito que não terminou o curso por ter ido para a clandestinidade. Julgo que era membro suplente do Comitê Central. Controlava os movimentos unitários, tanto o MUD como o Munaf, tendo sucedido ao Piteira Santos. O "Armando" compreendeu rapidamente a minha dedicação e disponibilidade, inclusivamente que eu era mais eficaz do que o próprio Serrão de Moura, representante oficial do PC na Comissão Central do MUD.

Mário de Azevedo Gomes, o presidente da Comissão Central do MUD, sabia que Mário Soares era comunista?

Embora eu tivesse a sua confiança total e ele gostasse imenso de mim, não sabia. Apesar das nossas longas conversas, do nosso bom entendimento, de todo um trabalho em conjunto. Cada reunião da Comissão Central do MUD era então, invariavelmente, precedida por outra da nossa gente — Serrão de Moura, Maria Isabel Aboim Inglês, Manuel Mendes, Tito de Morais, os três últimos apenas *compagnons de route*, e eu próprio — para podermos coordenar a nossa ação. Eu relatava depois o que se passava — e fora entretanto resolvido — ao "Armando", o qual reportava ao secretariado do Comitê Central do partido, composto, nessa altura, por Álvaro Cunhal, "Duarte", José Gregório, "Alberto", e Manuel Guedes, "Santos".

Como é que uma pessoa com as suas características suportava a idéia de ter um controleiro?

Não me fazia qualquer impressão. Sentia-me comunista e pensava, por isso, ter deveres para com o partido. Achava que o "Armando" estava ali para nos ajudar e nos ligar ao partido. Sobretudo, pensava que ter um controleiro fazia parte das regras do jogo. Funcionávamos, aliás, muito bem os dois. Penso que havia, entre nós, não só solidariedade como apreço recíproco. Mas, primeiro que ele chegasse ao Cunhal — visto que ambos estavam clandestinos —, demorava longos dias, por vezes semanas, mesmo. As "ordens" do Partido Comunista não eram tão fáceis, tão detalhadas, nem tão rápidas como isso...

Como comunicava com o seu controleiro?

Ele estava na clandestinidade e eu, na legalidade, embora sempre com a polícia atrás de mim. Eram precisos cuidados extremos, seguir à letra as indicações e tomar todas as precauções. Eu cumpria escrupulosamente, era o primeiro interessado nisso. Nunca fui apanhado com ele.

Onde se encontravam?

Nas ruas de Lisboa. Quase sempre encontros de rua, nos lugares mais estranhos. Por isso conheço Lisboa tão bem. Na Alameda, em Benfica, em Campo de Ourique, nas azinhagas próximo do Lumiar, em Algés. Nesse tempo, havia uma segurança total nas ruas, passeávamos até altas horas da noite. Ou então — mas era mais raro — falávamos em pequenas pastelarias de bairro ou em casa de colegas da faculdade.

Antes, tivera outros controleiros. Vamos recapitular os seus nomes?

Foram o Fernando Piteira Santos — o camarada "André" ou "Frederico"; o Soeiro Pereira Gomes, cujo pseudônimo não recordo; mais tarde, Luís Guedes — o "Armando" — também dito o "soldado desconhecido", pois, como já lhe contei, tinha aquela extraordinária capacidade de aparecer e desaparecer abruptamente nos sítios mais insólitos. Com menos regularidade, encontrei outros dirigentes clandestinos do PC justamente naqueles anos em que estava ligado à organização: José Gregório — "Alberto" —, então membro do secretariado; Manuel Domingues, o "Luís", mais tarde assassinado; o Octávio Pato — "Melo" —, o Dias Lourenço...

Qual era exatamente o seu grau de liberdade? Alguma vez lhe censuraram um comunicado, lhe cortaram um manifesto, por exemplo?

Dentro de grandes parâmetros, a liberdade de ação no MUD e no MUD Juvenil era quase total. Mas pediam-me para propor iniciativas ou tomar e defender determinadas posições, o que, normalmente, fazia. Poucas vezes, nesse período, tive discordâncias de fundo e, praticamente, o meu trabalho foi sempre elogiado. Para o primeiro congresso do MUD Juvenil, preparei um relatório de fundo, um texto extenso, que era quase um livro e me deu imenso trabalho. O meu controleiro de então — que era o Soeiro Pereira Gomes, do qual, aliás, gostava muito — quis lê-lo, antes de apresentado, e, talvez por deformação de escritor, emendou-o todo, mais no plano formal do que no das idéias.

Não gostei nada da graça. Tivemos, por causa disso, uma verdadeira batalha campal. Finalmente, chegamos a acordo: ele estava já muito doente. Esse texto que, por razões de segurança, dei a guardar ao meu camarada Afonso Howell, de Econômicas, foi por ele destruído por medo da PIDE, quando houve a primeira vaga de prisões no MUD Juvenil. Nunca me esqueço disso: foi o meu primeiro livro e tinha-lhe um amor de pai.

Em 46, recebeu uma proposta de seu pai para passar dois anos na Suíça. Aceitou. Entretanto, encontrou clandestinamente Cunhal, que o demoveu de partir. Ficou em Lisboa, permanecendo no PC: Álvaro Cunhal ganhara.

O meu pai afligia-se com a minha militância e pretendia, naturalmente, mas com inteligência e tato, afastar-me daquilo que mais temia: a prisão, a interrupção do curso, a passagem à clandestinidade. Tinha visitado, antes da guerra, a Suíça, apreciava muito a sua sociedade democrática, de um civismo invulgar e bem organizada. Muito sutilmente, convidou-me a passar dois anos na Suíça, propondo-me que seguisse um curso de preparação pedagógica no Instituto Jean-Jacques Rousseau, em Lausanne. Aconselhou-me vivamente a interromper o curso e a ir. Era um país que não sofrera a guerra, um meio estimulante, intelectualmente, com inúmeros refugiados de outros países, um *carrefour* de idéias, o ideal — dizia ele — para me abrir os horizontes. Acabei por lhe dizer que sim: também não me desagradava a idéia desta interrupção: era muito jovem, iria viajar, aprender línguas, estudar outras matérias, conhecer gente. Tinha lá amigos, de resto: o meu velho professor de Biologia, Germano Sacarrão, Alfredo Pereira Gomes, matemático, e Augusto Sá da Costa, assistente de Bento de Jesus Caraça. Informei o partido, naturalmente, desse projeto.

Estávamos, talvez, em fins de 1946 ou começos de 1947. Um dia, recebi uma mensagem dizendo que "alguém importante do PC queria avistar-se comigo". Parti de trem pela linha do Oeste — eram as indicações que tinha e cumpri-as disciplinadamente! —, apeei-me na Figueira da Foz, segui a pé até Buarcos, caminhando em direção à Serra da Boa Viagem. Sabia que, quando começasse a subir a serra, me apareceria alguém...

Viajou só?

Não, fui com a Maria Isabel Aboim Inglês. Tinham-me, aliás, pedido para ser eu a contatá-la, o que fiz. Era uma entusiasta pela causa, embora sempre tivesse resistido a filiar-se no Partido Comunista. Ficara viúva muito cedo, com cinco filhos, uma mulher com grande encanto mas muito austera, determinada, de uma grande inflexibilidade de caráter. Andamos muito tempo a pé — recordo que estava um dia lindo —, ultrapassamos as casas de Buarcos e numa curva, antes de começar a subida da serra, surgiu-nos o camarada "Duarte".

Álvaro Cunhal. Sozinho?

Sozinho.

Há quanto tempo o não via?

Julgo que desde aquele encontro no Colégio Moderno, estava ele já na clandestinidade. Fomos para a praia, sentamo-nos na areia, fazia muito calor, e começamos a conversar. A conversa iniciou-se sobre a importância decisiva do MUD: o papel que cabia à Juventude e ao Movimento das Mulheres e, sobretudo, a influência dessa atividade no êxito da luta contra a ditadura e pela transformação do país. O camarada "Duarte" falava, naturalmente, em nome do Partido Comunista. Tratava-me por "Fontes". Eu aceitei o tratamento, embora constrangido. Ele conhecia-me muito bem, desde o colégio, e queria, assim, vincar o aspecto impessoal do nosso relacionamento. Chamava "Rosa" à Maria Isabel, um nome que lhe tínhamos dado, entre nós, por razões de segurança, mas que ela ignorava. De cada vez que ele lhe chamava Rosa e a tratava por tu, ela interrompia-o dizendo que não era esse o seu nome e tratava-o por Dr. Álvaro Cunhal. Durante duas horas, ele chamou-lhe Rosa, tratando-a por tu e por "camarada"; e a Maria Isabel, imperturbável, nunca desistiu: embora num tom cordial, tratou-o sempre por "senhor doutor". Em determinado momento, Cunhal, voltando-se para mim, disse-me: "Sei que o camarada 'Fontes' tenciona ir para a Suíça. Nós entendemos que não deves ir: estás a desempenhar muito bem a tua missão, não há quem te possa substituir. Tens que ficar no país por dever de militância." Acrescentou que, se eu prosseguisse naquela intenção, o partido a consideraria altamente negativa. Não chegou a dizer "traição", mas faltou pouco... Falou-me em tom firme, convicto e convincente: "Assumiste responsabilidades, deves cumpri-las."

Convenceu-o?

Convenceu. Vim a refletir sobre o que se passara naquele singular encontro, no trem, conversando com a Maria Isabel, de quem era já muito amigo e que seria, depois, madrinha de minha filha Isabel. No dia seguinte, comuniquei ao meu pai que não iria para a Suíça.

Contou-lhe o encontro da Figueira da Foz?

Não. Ele sabia que Álvaro Cunhal era dos homens mais procurados nessa altura. Ter-se-ia afligido, inutilmente, com o risco que eu correra.

Cunhal convenceu-o porque lhe deu importância?

Deu-me, com efeito, importância, mais do que eu próprio me atribuía e da qual, seguramente, não estaria muito consciente na altura. Mas houve outro aspecto: Álvaro Cunhal era uma figura emblemática, representava qualquer coisa de muito importante, a meus olhos. Era a personificação do partido da "classe operária", principal dinamizador da luta antifascista. O fato de ser ele a dizer-me o que disse fez crescer o meu sentido de responsabilidade. Galvanizou-me! O meu pai aceitou a minha decisão, percebeu-a pensada, não insistiu. Este encontro com Cunhal foi decisivo para a minha vida: deu-lhe um certo rumo. Noutro sentido, ainda. Por essa época, eu tinha começado a namorar a Maria de Jesus. Se me tivesse ausentado, por dois anos, provavelmente teria interrompido o namoro e cortado a militância antifascista. A minha vida teria sido certamente outra. Tenho uma visão bastante cética em relação à predeterminação do destino. Mas, inegavelmente, há circunstâncias que são decisivas, que propiciam um caminho e excluem outros.

Conheceu também a família de Álvaro Cunhal?

Conheci sobretudo o pai — o Dr. Avelino Cunhal —, pertencia à comissão de juristas do MUD, era advogado e professor de História no Colégio Valsassina. Mais tarde, como advogado, vim a herdar alguns dos seus clientes. O Dr. Avelino Cunhal era um príncipe da Renascença, um homem de enorme cultura e encanto pessoal. Tinha uma cabeça tão bonita como a do filho, toda branca, mas era de estatura mais alta. Além de advogar — foi um bom jurista —, pintava, escrevia romances, contos, era um bom conversador. Em certa medida, o filho herdou a inclinação do pai para as artes plásticas. Mas a idéia que tenho dos desenhos de Álvaro Cunhal é que são um tanto amaneirados, sem garra nem grande chispa. O pai era seguramente melhor pintor. Mas não tinha a força interior do filho. Era, sobretudo, um homem muito afável, de uma grande distinção pessoal, modesto e acessível. A força do Cunhal vem, talvez, da mãe.

Como era a mãe de Álvaro Cunhal?

Só a vi bem uma vez. Pareceu-me uma senhora dura, pouco simpática, católica integrista, que abominava o comunismo e, creio, que sempre o disse abertamente ao filho. Tinha um outro filho, mais velho, também pintor, que, ao que dizem, era um pouco boêmio. Morreu cedo. O Francisco Ramos da Costa conheceu-o e falava-me dele. E havia uma filha, a Geni, também a conheci, quando jovem: achava-a lindíssima. Foi casada com um médico psiquiatra, de nome Medina, que foi do MUD Juvenil e que se suicidou. Fui uma vez a casa deles — ainda Cunhal estava no colégio —, moravam no fim da Avenida António Augusto de Aguiar, já perto da Gulbenkian. Mas conheci a mãe de Álvaro Cunhal por outra razão ainda: o médico onde eu fazia ginástica respiratória, o Dr. Costa Cabral, era o clínico da família Cunhal. Eu sofria de asma e, como tal, o meu pai entendeu que eu devia fazer ginástica respiratória. O consultório era na Avenida da Liberdade, onde eu ia três vezes por semana. O Dr. Costa Cabral era um velho republicano e um homem muito interessante. Conversávamos sempre os dois, depois da ginástica. Um dia, estava o Dr. Cunhal (pai) preso, recebo, através do "Armando", creio, uma carta do filho para entregar à mãe, com a indicação de que o deveria fazer por intermédio do Dr. Costa Cabral, de quem ela era doente. Pedi-lhe, pois, que a convocasse para o consultório num dia em que eu lá fosse. Combinou-se tudo sem qualquer dificuldade. No dia aprazado, vejo surgir uma senhora com um ar composto e severo, uma mãe de família, bem burguesa, acompanhada da filha, Geni. E quando imaginei que me iria receber de braços abertos, trazendo-lhe eu uma carta do filho, que estava na clandestinidade, ela enfrentou-me com um ar hostil, indisfarçável, alegando que ignorava a razão por que lhe havia sido pedido que fosse ao consultório. Não se eximiu mesmo a dizer-me o que pensava de mal sobre o caminho político do filho, fazendo-o com grande rispidez. Julgo que, mais tarde, nunca foi ver o filho à penitenciária, onde ele esteve preso 11 anos. O pai, sim, ia lá diariamente. Foi dela que Álvaro Cunhal herdou a dureza. Pelo Ramos da Costa soube que Cunhal, quando adolescente e depois estudante de Direito, manteve sempre boas relações com o pai, enquanto, com a mãe, eram mais tensas. Havia quem dissesse que ela não se refizera da morte do filho mais velho. Mas a mãe e o filho Álvaro eram parecidos, embora orientados em sentido inverso: nunca nenhum dos dois cedeu!

O PCP influenciava-o. Era o seu caminho. Mais: nessa época, determinava-lhe a vontade. Por que se recusou, então, a estar presente no IV Congresso do partido — o segundo na clandestinidade — na Lousã, em 46?

Queriam que eu fosse como representante da juventude; mas, de fato, recusei: envolveria isso um compromisso que eu não queria tomar, a eventualidade de "passar à clandestinidade"; propus que fosse, em meu lugar, o Octávio Pato, que já estava num regime de semiclandestinidade e sentia muita honra em ser delegado ao congresso. Eu tive a noção plena de que participar num congresso na clandestinidade era um risco que me poderia conduzir a um empenhamento sem regresso. Isso, sim, seria uma viragem, um corte total com o que pensava fazer na vida. Uma coisa era a luta à luz do dia, ser preso, voltar a sair, continuar a lutar, mas ir fazendo a minha vida pessoal; outra, a clandestinidade.

O "Armando" já lhe falara alguma vez na hipótese de passar à clandestinidade?

Não. Nem ele, nem ninguém. Mas, insensivelmente, sentia-me empurrado nessa direção...

A clandestinidade horrorizava-o?

Não aceitava escolher esse caminho. Não queria, nem tinha o desejo ou a vocação da clandestinidade. Desejava ter uma vida tanto quanto possível normal: viver, fazer conhecimentos, casar, ter filhos, ter uma profissão, viajar, contactar gente, falar com as pessoas. Por isso recusei ir ao congresso e empurrei — quanto pude! — o Octávio Pato, que acabou por ir. E fazer o percurso que hoje é conhecido.

No ano de 47, houve uma reunião clandestina no Estoril onde voltou a ver Cunhal. Passara algum tempo desde o último encontro. Que Cunhal reencontrou nessa primavera?

É exato, participei nesse encontro. Foi uma reunião de quadros do PC, ligados à juventude, para definir a política a seguir. Aí foram, julgo, extintas as chamadas "Juventudes Comunistas" enquanto tais e dado um grande impulso à política unitária paralegal do MUD Juvenil que, realmente, era controlado pelo Partido Comunista.

Essa reunião constituiu, para mim, uma experiência interessante, porque a organizei, sob a orientação de Manuel Domingues, o "Luís", vindo da URSS, e que, anos depois, acabaria por ser assassinado num pinhal de Belas. Essa reunião, que se realizou numa vivenda que alugamos, para o efeito, no Estoril, bem próximo do Casino, a que assistiu o Cunhal (o último a chegar, segundo as regras conspirativas), não atingiu o seu termo normal. Cunhal interrompeu-a, por se terem detectado deslocações que pareceram suspeitas ao redor da casa. Ele e outro membro do secretariado foram, aliás, os primeiros a sair; depois, por ordem, e em grupos de dois ou três, com largos intervalos, foram saindo todos os outros; no total, cerca de duas dezenas de militantes. O Zenha e eu fomos os segundos a sair, o que me confirmou a importância que então nos atribuíam...

Entre 46 e 48, o MUD era uma realidade, reunia semanalmente, o PCP estava satisfeito. Mário Soares agia com duplicidade dentro do MUD: à exceção do partido, ninguém sabia que era comunista.

Não diga duplicidade, diga a confidencialidade que a repressão policial impunha... O Munaf, à medida que o MUD ia crescendo e se afirmava, foi, naturalmente, declinando. Restava apenas a parte conspirativa, o setor putchista, como se dizia — ao qual o meu pai estava especialmente ligado —, que era justamente a que os comunistas menosprezavam, porque não controlavam. Entretanto, começaram a compreender as vantagens da minha posição, sobretudo pela facilidade com que me movimentava nos meios oposicionistas mais diversificados. O "Armando" foi dos primeiros a compreender isso. É verdade que poucos sabiam que eu pertencia ao partido. Era apenas um jovem de esquerda, simpático, com sangue na guelra, ativo, com quem todos se davam bem. O que eu dizia e fazia no MUD era ouvido e visto com atenção porque tinha, indiscutivelmente, a confiança do Azevedo Gomes, do Bento Caraça, do Helder Ribeiro e, em geral, de todos os outros, com os quais criei laços de verdadeira amizade, que, aliás, subsistiram ao longo do tempo. Mas é preciso também saber que o PC era minoritário no MUD: tinha dois pilares importantes, o movimento das mulheres e a juventude, mas já não teria o mesmo peso nas comissões distritais, profissionais etc. A maior parte dos ativistas de profissões liberais pertenciam à União Socialista e a outros grupos da oposição clássica.

Havia ainda os republicanos do velho PRP, gente da *Seara Nova* e sem partido, anarquistas e alguns socialistas da velha SPIO, com um certo peso no movimento operário. Mas, sobretudo, o MUD tinha uma lógica interna própria e uma dinâmica — que lhe foram conferidas pela figura ímpar do "nosso professor" Azevedo Gomes —, uma grande solidariedade interna e verdadeira credibilidade. Durante esses dois anos, funcionou impecavelmente.

Nesse período de tempo, entre 46 e 48, foi preso mais de uma vez.

Fui detido pela primeira vez em fins de 1944, à saída de uma conferência de Lopes-Graça na Casa do Alentejo. Depois, em agosto de 46, a Comissão Central do MUD elaborou um documento violento contra a entrada de Portugal na ONU. Voltei a ser detido, por pouco tempo, com toda a Comissão Central, tendo saído sob caução. Foram os meus primeiros contatos com a justiça salazarista. Logo a seguir, no outono, o MUD promoveu duas sessões na "Voz do Operário" — na primeira, comemorava-se a implantação da República; na outra, difundia-se um conjunto de soluções propostas pela oposição para resolução das principais questões nacionais. Fui orador em ambas. Isto passa-se quando no país se sucedem as tentativas de conspiração e se verificam diversas movimentações contra o regime.

O governo redobra a sua vigilância sobre nós, mas o MUD continua muito ativo, bem como o MUD Juvenil. Em 47, realiza o seu congresso, tendo eu elaborado e lido o relatório político. Nesse tempo, ainda acreditava que a questão do regime se poderia resolver através de um levantamento cívico por via legal, digamos assim, enquanto o meu pai — envolvido nas conspirações militares desses anos — me dizia que a luta legal servia para muito pouco, dada a irremediável natureza ditatorial do regime. Ele achava que perdíamos tempo... Depois, na seqüência de nova depuração na universidade, que levou à expulsão de diversos professores — Pulido Valente, Fernando da Fonseca, Ruy Luís Gomes, Manuel Valadares, Celestino da Costa, entre outros — acusados de simples "delito de opinião", explode uma revolta acadêmica e toda a Comissão Central do MUD Juvenil — à exceção de Octávio Pato — é presa. Passei cerca de seis meses no Aljube, na penitenciária e em Caxias. É-me instaurado um processo, pelo qual viria a ser julgado em Tribunal Plenário e condenado à pena sofrida. O meu advogado foi o Dr. Carlos Olavo. O processo só viria a ser julgado dois anos mais tarde. Quando saí da prisão, a aguardar julgamento, retomei as minhas atividades no MUD e no MUD Juvenil.

Por que é que Octávio Pato ficou de fora?

Porque estava numa semiclandestinidade, tendo, desde então, passado à clandestinidade. Depois de ter estado no colégio, viveu num quarto alugado na Rua dos Anjos, que só poucos conhecíamos. Entre esses anos de 42 e 48, conseguiu sempre iludir a polícia: em Vila Franca, chama-se Octávio Pato; em Lisboa, Octávio Rodrigues. O seu nome é Octávio Rodrigues Pato. Entretanto o meu pai, devido à conspiração de 10 de abril de 47, fora preso e condenado a uma pena de dois anos. Quando pela quarta vez sou preso, em 31 de janeiro de 48 — o MUD programara uma comemoração popular para assinalar essa data —, encontro-me com o meu pai na mesma sala, no Aljube. Lembro-me, depois, de a minha mãe — fora eu já transferido para Caxias — de manhã ir levar comida ao Aljube, ao meu pai, e à tarde, a Caxias, a mim. Foi uma época terrível: ela ficou totalmente só, o marido preso, o filho preso, as responsabilidades do colégio exclusivamente assentes sobre os seus ombros. Em março desse ano, o MUD é ilegalizado. Somos libertados nesse mesmo mês.

No verão desse ano, Mário Soares acompanhou ao cemitério um dos homens que mais admirara, o Prof. Bento de Jesus Caraça, falecido no dia 25 de junho. Que o atraíra na sua figura?

Era um homem extraordinário, um cientista de um grande humanismo e cultura — prova-o a sua célebre conferência "Cultura Integral do Indivíduo" — e uma enorme acessibilidade pessoal, adorado pelos alunos. Professor de Econômicas, diretor da "Biblioteca Cosmos", uma coleção de livros de grande divulgação e rigor científico, histórico e literário, ligado à Universidade Popular e à *Seara Nova*, surgiu como a grande referência democrática da geração do pós-guerra. Infelizmente, morreu muito cedo: com 47 anos!

4.
A candidatura de Norton de Mattos

Em 49, houve eleições presidenciais em Portugal. O MUD havia sido ilegalizado em 48, mas os membros da sua Comissão Distrital do Porto propuseram ao resto do movimento que a oposição apresentasse um candidato. E que, para isso, as estruturas nacionais do MUD se transformassem — automaticamente — no movimento de apoio a essa candidatura.

Houvera, antes disso, uma acesa discussão. Quando o MUD foi ilegalizado, surgiram duas teses: a que dizia que devíamos acatar e não prosseguir a luta para não cairmos em formas clandestinas de ação e sob a alçada da lei; e outra, subscrita pelos comunistas, pretendia que resistíssemos.

Foi lançado até um *slogan*: "O MUD é legal, a luta continua!" António Macedo, presidente da Comissão Distrital do Porto do MUD, avançou então com uma idéia de gênio: propôs que apresentássemos um candidato à Presidência — o general Norton de Mattos — e que as nossas estruturas se transformassem em movimento de apoio à candidatura.

A idéia esbarrou com um desacordo: o Porto propôs o nome do general Norton de Mattos, Mário Soares e os seus amigos da Comissão Central do MUD preferiram Mário de Azevedo Gomes...

Não chegou a ser um desacordo. Antes uma reticência... A fração comunista do MUD preferia Azevedo Gomes, era o "nosso homem", a grande figura moral, intelectual e política da Comissão Central, a nossa referência. Mas o Munaf, que ainda existia na altura, convocou uma reunião — onde estava representado o PC — e decidiu que o candidato fosse Norton de Mattos. Azevedo Gomes, que também integrava o Munaf, disse-nos que, contra Norton, não avançaria. Aceitamos o general, Azevedo Gomes ficou presidente da candidatura.

Conhecia Norton de Mattos?

Conhecia mal. Era o presidente da Comissão Consultiva do MUD e amigo do meu pai, conspirava com ele. Mais velho do que o meu pai, viera ao colégio algumas vezes, mas era o meu pai que habitualmente se deslocava a casa dele, ao Quelhas. Azevedo Gomes — diretor da campanha — escolheu-me para secretário, queria ter a seu lado alguém da sua confiança pessoal e gostava de mim como de um filho.

Que idade tinha?

Vinte e quatro anos.

Como é que o PC viu tudo isso?

Encantado! No Munaf, o PC votara pelo Norton. E mais encantado ficou quando informei o partido — através do "Armando" — que era o secretário da candidatura. O Norton morava no segundo andar de um prédio de uma pequena rua transversal à Rua do Quelhas e, no primeiro, ficaram instalados os serviços da candidatura. Eu despachava diretamente com o general: recebia-me de manhã, quase sempre na cama, recostado numa série de almofadas, tinha 83 anos. Tinha o hábito de dormir até tarde. Lia o *Times*, todos os dias, antes de eu chegar. Fora embaixador em Londres e guardara o costume de seguir a atualidade pelos jornais ingleses.

Como era Norton de Mattos?

Um ancião venerável, bem disposto, de caráter firme e imperioso, com uns olhos, por detrás dos óculos, lucidíssimos e divertidos, que denotavam uma imensa experiência de vida. Era um contador de histórias fabuloso, apreciador da boa mesa. Baixo, *trapu*, forte, sem ser gordo, tinha um rosto redondo e o andar difícil. Trajava sempre de negro. Uma das primeiras coisas que me disse foi que era preciso fazer um cartaz, com o seu rosto, para ser afixado em todo o país. E arranjar dinheiro para as despesas da candidatura: vivia preocupado com isso. Começamos pelo cartaz. Levei lá o meu amigo Júlio Pomar, que Norton de Mattos não conhecia. O Pomar era, na altura, um jovem muito magro, feio, com imensas borbulhas, usava aqueles óculos que ainda hoje usa. O Norton, quando o viu, ficou perplexo: "É este o pintor?" O

Pomar nem lhe pediu que posasse, não demorou meia hora a fazer o desenho: em três traços estava ali o Norton, em corpo e alma. Ficamos pasmados! Fez-se o cartaz com uma frase do Azevedo Gomes: "O representante de uma oposição indomada e provadamente indomável." O Norton mobilizou uma equipe brilhante e concitou apoios muito diversificados. Tinha grande experiência política e uma colossal massa de leitura, possuía uma visão própria do mundo do pós-guerra, que incluía África e a relação de forças geoestratégicas, coisas que nós, nesse tempo, não sabíamos. Falava-nos muito de Angola, onde estivera como alto comissário, nomeado, aliás, pelo meu pai quando ocupou a pasta das Colônias. Repetia-nos sempre que muito mais importante do que o que ocorria aqui, na metrópole, era o que começava a passar-se em África e que nós nem imaginávamos, nem nos interessava. África, em 1949, não nos dizia rigorosamente nada. O que nos interessava era derrubar Salazar, depois se veria... Mas ele não se cansava de nos falar de Angola! Fez, inclusivamente, absoluta questão que o tema figurasse no seu manifesto eleitoral. Falava de igual para igual com Salazar, ouvi-o, salvo erro duas vezes, pegar no telefone e ligar-lhe diretamente, protestando contra ações da polícia. Tratava-o por "Senhor Presidente do Conselho"; Salazar chamava-lhe "Senhor General" e respondia-lhe sempre que não estava informado, mas que iria informar-se.

Foi-se criando entre Mário Soares e Norton de Mattos uma relação de confiança?

Foi-se criando entre nós uma relação afetuosa, de alguma intimidade. Vivia com uma sobrinha, uma senhora solteira, alta, vistosa, muito dedicada ao tio e que também me manifestava grande simpatia. As portas do segundo andar estavam-me abertas todo o dia. Eu andava para baixo e para cima, ligando o general aos serviços da candidatura. Na secretaria da candidatura instalei o MUD Juvenil, isto é: datilógrafos, secretários, tarefeiros, eram todos jovens voluntários do MUD Juvenil que trabalhavam noite e dia sem qualquer remuneração.

Agiu, uma vez mais, por si ou recebeu ordens nesse sentido?

Não, agi por mim: eram os meus amigos e camaradas, a minha gente! Volto a referir-lhe que as "ordens" do PC demoravam a chegar, a comunicação não era fácil, nem, sobretudo, rápida. E de súbito, com a campanha em movimento, e após o êxito do seu lançamento, criou-se, entre os comunistas e eu próprio, um primeiro equívoco: recebi uma indicação segundo a qual o MUD Juvenil não devia extinguir-se, tinha de continuar em frente, apesar da ilegalização do MUD que eu tinha, com toda a Comissão Central, aceitado. Não concordei e disse-o, claramente, ao "Armando": "Como é que queres que, após ter aceito a extinção do MUD (adulto), possa defender que o MUD Juvenil é legal?" Em diversas reuniões, continuei sempre a dizer que a posição preconizada pelo PC, para o MUD Juvenil, não fazia sentido. E eles a insistirem. Contudo, o PC sabia bem que a minha presença e ação eram determinantes na campanha do Norton. Joguei um pouco com isso. Como não tinha tempo de ir às reuniões, deixei correr as coisas, persuadido de que os convenceria.

Não lhe causava problemas de consciência o fato de estar na candidatura de Norton de Mattos com uma dupla personalidade? De possuir junto do general — de quem tinha a inteira confiança — um estatuto dúplice?

Não tinha uma dupla personalidade! Já lhe expliquei que a clandestinidade impunha certas regras. E não lhe estava a ser infiel, pelo contrário: trabalhava para ele voluntária, apaixonada e desinteressadamente! Entretanto, enquanto prosseguiam as atividades eleitorais da campanha, os grandes comícios do Porto e de Lisboa e muitas outras ações em todo o país, apercebi-me de que elementos do PC começavam a minar a minha posição nos meios do MUD Juvenil: isso explica que se instalasse, claramente, um mal-estar. Um dia, o "Armando" comunicou-me que o secretariado do PC entendia que eu devia revelar ao Norton de Mattos a minha qualidade de filiado no partido. E mais: que lhe devia dizer que, a partir daquele momento, passaria a ser o representante do PC na candidatura.

Como reagiu?

Neguei-me a fazê-lo.

Que invocava o PCP?

O óbvio: para a estratégia global do PCP, em relação às outras oposições, era importante ter aquela bandeira, que se soubesse que um membro do PC, conhecido e prestigiado, detinha aquele lugar.

Norton de Mattos tinha na sua candidatura todas as oposições: monárquicos; republicanos históricos; figuras de grande prestígio político e cultural; socialistas — os da União Socialista que gravitavam à volta do Magalhães Godinho e do António Macedo — e todos os outros, sobreviventes da velha SPIO; anarquistas; dissidentes do regime, gente da maçonaria, amigos pessoais, como o Rodrigo de Abreu, um homem adorável, seu amigo íntimo, colaborador e conterrâneo, que fora seu secretário em África.

As comissões de apoio à candidatura regurgitavam de gente de todos os horizontes, mesmo católicos, como o Prof. Vieira da Luz. Havia alguns que se salientavam pelo seu anticomunismo, estávamos no início da "guerra fria": o comandante Prestes Salgueiro ou o comandante Moreira de Campos, por exemplo. Outros, como o António Pedro, dramaturgo, pintor, ligado ao surrealismo, homem de teatro, ceramista, que vinha da BBC de Londres, e Adolfo Casais Monteiro, grande poeta e escritor, ambos ligados a António Sérgio e, como ele, empenhados na reconstituição de um Partido Socialista autônomo, com o José de Sousa — um comunista regressado do Tarrafal e que entrara em ruptura com o partido.

Estava-se à beira de uma fratura?

Desenhava-se na Comissão Nacional, de forma muito nítida, uma fratura estratégica entre os comunistas e todos os outros, e a atmosfera adensava-se, cada dia mais.

Por essa época, em Itália, os comunistas começam a ter dificuldades; em França, um pouco antes, Ramadier expulsa-os do seu governo, discute-se o livro de Kravchenko, *Escolhi a liberdade*, e começa a falar-se de campos de concentração na União Soviética... Meses antes, dera-se o Golpe de Praga, com a morte de Benés e a defenestração de Masaryk...

E Mário Soares?

Tudo isso era — como hoje se sabe — indiscutivelmente verdadeiro. Mas eu não acreditava, ou não via as realidades dessa maneira. Quando me falavam de Kravchenko, reagia primariamente: "Kravchenko estava ao serviço da CIA!"

Leu o seu processo?

Só anos mais tarde, quando em 1951 fui pela primeira vez a França e a polêmica com as *Lettres Françaises* de Aragon estava no auge. Mas, mesmo então, tive dúvidas, como quase todas as pessoas sinceras da minha geração.

Voltando a Norton de Mattos...

A própria dinâmica da campanha ia-me afastando destas tensões. Vou resistindo quanto posso às insistências do "Armando" para que diga ao Norton que sou o representante do PC na candidatura. Quando a pressão se agudizou, reuni os meus amigos mais próximos, que vinham desde o MUD: o Manuel Mendes, a Maria Isabel Aboim Inglês, o Tito de Morais, o Gustavo Soromenho, que pertencia à União Socialista mas alinhava totalmente conosco... Juntamo-nos em casa do Manuel Mendes, na Rua Angelina Vidal. Expus-lhes o meu problema. E, de súbito, foi o Manuel Mendes que tornou tudo claro, mostrando-me aquilo em que nunca pensara: o PC queria forçar-me a ir para a clandestinidade!

De novo o fantasma da clandestinidade?

No dia em que eu confessasse ao Norton que era o representante do PCP na sua candidatura, com bastante probabilidade muita gente ficaria a saber que eu era membro do Partido Comunista. A polícia facilmente conseguiria provas contra mim; daí em diante, ou passava à clandestinidade, ou estaria perdido. Tinha para muitos anos de prisão, com o suplemento das "medidas de segurança" automaticamente renováveis. Foi como uma luz que atravessou o meu espírito: nunca se me pusera uma hipótese tão maquiavélica. Fiquei siderado!

Que fez?

Ainda estava sob choque, quando me comunicaram que tinha um encontro marcado com um dos três membros do secretariado, José Gregório, o "Alberto".

José Gregório estava na clandestinidade. Onde e como se encontraram?

Em Lisboa, numa casa de apoio do PC, num encontro muito bem preparado, conspirativamente, para iludir a vigilância policial a que eu estava sujeito, em plena campanha do Norton de Mattos. Foi um encontro cordial, porventura até afetuoso. Limitou-se a comunicar-me que eu devia cumprir a decisão do secretariado, eram os superiores interesses do partido que estavam em jogo. Usou argumentos de autoridade, mas não me convenceu. Jogou com o meu idealismo e generosidade e elogiou a minha coragem, o meu trabalho. Foi um teste à minha militância? Por isso aceitei. Mas percebi que se procurava, assim, esmagar a minha própria personalidade, amachucando-me. "*Perinde ac cadaver!*", diziam os jesuítas. Preveni-o que seria a última vez que faria alguma coisa contra a minha consciência.

Preveniu-o. Mas obedeceu-lhe?

Obedeci. Os meus citados amigos ainda tentaram dissuadir-me. Mas eu entendi que devia obedecer: tinha altas responsabilidades no MUD Juvenil e na candidatura, em virtude do apoio do PC. Não quis que uma questão que podia ser vista como sendo do meu interesse pessoal se sobrepusesse a uma decisão política que porventura me ultrapassava. Não falei nisto a ninguém. Só os meus amigos políticos, que vinham comigo desde o MUD, foram postos ao corrente.

E a sua noiva, Maria de Jesus Barroso?

Ela conhecia muito bem o "Armando". Um dos pontos de apoio dele, em Lisboa, era a casa de meus sogros. A Maria de Jesus, sem ser propriamente militante, era grande simpatizante do partido, trabalhava para eles, ajudava-os, levava e trazia mensagens. Pela sua própria natureza, era mais apaixonada do que eu. Acreditava no PC. Mas, acima de tudo, estava solidária comigo. Foi nessa altura que decidimos casar. Aceitou e compreendeu a minha decisão.

Como reagiu o general Norton de Mattos?

Preferi falar primeiro com o Prof. Azevedo Gomes. Foi muito compreensivo: não fora para ele uma surpresa. Percebera há muito que eu tinha essa inclinação e apreciava os comunistas, achava-os gente corajosa. Mas a formação dele era outra. Avisou-me logo que Norton iria reagir mal...

...Foi tremendo?

Foi tremendo. Não lhe disse a verdade total: comuniquei-lhe que tinha decidido ingressar no Partido Comunista. "Sabe, senhor general, nós na vida temos que tomar as nossas opções partidárias. Entendi que era chegado o momento e ser meu dever fazê-lo, e escolhi o Partido Comunista. Sucede que a direção do partido quer que eu o informe de que a partir de agora passo a ser, na candidatura, o representante do PCP." Olhou-me por detrás dos óculos, profundamente, procurando penetrar nos meus olhos, foi um olhar que jamais esquecerei: "Ah, sim?" Fez uma pausa e acrescentou, distanciando-se: "Não sabia que era essa a sua opção." Pedi-lhe que guardasse segredo, por causa da repressão policial, e protestei-lhe, de novo, a minha lealdade.

Norton de Mattos não lhe disse mais nada?

Disse-me que, depois, falaríamos. Saí dali convencido que, apesar de tudo, a conversa correra bem. Fui almoçar. No regresso, encontrei a secretária toda revolvida, papéis e dossiês haviam sido levados para o segundo andar. "Mas o que se passa?", inquiri. "Ordens do senhor general." Subi, bati à porta, abriu-me a sobrinha. Percebi pela cara dela que houvera uma mudança: "O meu tio está muito zangado com o senhor, deu-me ordens para não o deixar entrar. Hoje, não o quer receber!" Fiquei atônito. O Rodrigo de Abreu, com quem tinha excelentes relações, aconselhou-me a abandonar a candidatura, mas o Prof. Azevedo Gomes ofereceu-se logo para falar com o Norton. Tudo se complicou: na campanha, o desentendimento quanto à estratégia a adotar tornou-se patente. O PC não queria que o general fosse até às urnas: pelo contrário, Norton insistia em ir, porque entendia ser uma forma de legitimação, mesmo que não viesse a ganhar, o que não seria impossível. Eu próprio discutira a questão com o "Armando": havia vantagens e inconvenientes, mas, mesmo em caso de derrota, alguma coisa ficaria de pé, o movimento de adesões por todo o país era amplíssimo, teríamos seguramente um bom resultado e a oposição sairia legitimada. Em conseqüência da conversa com o general, o Prof. Azevedo Gomes apresentou-me uma espécie de compromisso: eu permaneceria na candidatura despachando diretamente com ele e com o Rodrigo de Abreu, mas nunca mais acompanharia o general a lugares públicos, nem iria ao segundo andar. Não mais voltei a falar com o Norton, nunca mais me recebeu. Quebrara-se irreversivelmente a nossa ligação, que fora, até aí, direta e fecunda. Proibiu-me de ir ao comício do Porto. E aos de Grândola e do Algarve, a que fui, mandou-me expressamente dizer que eu não estava como "seu representante"...

Ao mesmo tempo que o clima se adensava, também se agudizava a luta quanto à estratégia?

Agudizava-se cada vez mais. Na reunião final, presidida pelo próprio Norton de Mattos — onde estavam representantes de todo o país —, ocorrida no Centro António José de Almeida, alinhei, uma vez mais, ao lado dos comunistas, apesar de ter já fundas dúvidas quanto ao melhor caminho a seguir. O principal porta-voz da juventude, nessa reunião dramática, foi o Zenha. Foi, aliás, implacável, contrariando com veemência e lógica o próprio apelo feito pelo Norton de Mattos, no sentido de se apresentar ao escrutínio.

Recusara-se, contra a sua vontade, a ir para a Suíça por intervenção de Cunhal; violentara-se a confessar a Norton de Mattos que era comunista, ao ponto de recorrer a uma meia verdade; contra a sua vontade, defendera a estratégia dos comunistas na campanha do general. Até onde estava disposto a ir?

Tinha a idéia de que era necessário proceder, em política, com humildade: não possuía a verdade no bolso! Considerava os comunistas inteligentes e capazes e, nessa altura, ainda não me arrogava o direito de me opor individualmente a eles. Fazia parte de um grupo, tinha aderido voluntariamente, assumira compromissos: competia-me atuar em consonância com eles. Era o que pensava.

Ficou psicologicamente afetado?

Fiquei decepcionado e irritado: trabalhara dia e noite, não ganhara um tostão, como é óbvio, despendera tempo e energia, para não falar em dinheiro, e, no final, recebi um pontapé! Achei que Norton de Mattos exagerara na sua reação. Felizmente, o Prof. Azevedo Gomes fora muito mais equilibrado, mantendo todos os laços de amizade que nos uniam.

Pergunto se ficou afetado em relação ao Partido Comunista?

Cedi-lhes por uma questão de honradez, de humildade, mais, porventura, do que por disciplina. Afinal de contas, eu subira nas posições que assumi devido ao PC, ao apoio das estruturas do partido. Trabalhara empenhadamente, é certo, mas a verdade é que foram eles que conceberam a idéia de haver no MUD um representante do MUD Juvenil, destacando-me para esse cargo. Mas, por outro lado, senti as pressões que sobre mim se exerceram como uma violência. Fiquei afetado, oscilando entre a desilusão e a revolta: não seria fácil, a partir de então, continuar a trabalhar em termos de unidade democrática e, simultaneamente, pertencer a um partido que me apresentava agora uma fatura um tanto brutal.

Como reagiu o seu pai ao epílogo das suas desventuras com Norton de Mattos?

Não soube por mim. Veio a saber pelo próprio Norton que se lhe queixou por eu ser, afinal, um "comunista". No final da campanha — quando foi da desistência a que o obrigamos —, o general Norton de Mattos escreveu um manifesto ao país, deplorável de pessimismo e desânimo, que o Prof. Azevedo Gomes, com inúmeras emendas, tentou amenizar. Norton de Mattos aceitou a nova versão, mas três dias antes das eleições, realizadas a 12 de fevereiro, refugiou-se em Ponte de Lima, onde tinha a sua casa de família. Foi um final de feira desagradável: por fora, a sede da candidatura, dia e noite, cercada pela PIDE; lá dentro — onde estive até ao fim —, a comissão queimando todos os papéis que pudessem ser comprometedores... Na madrugada do dia 13, a polícia foi-me buscar a casa. Seria a minha quinta prisão e tinha acabado de fazer 24 anos.

5.
O casamento

"Fuja, menino! Está cá a PIDE!", disse-lhe a sua empregada nessa madrugada. Eram seis da manhã do dia 13 de fevereiro de 1949. Na véspera, o general Carmona fora reeleito presidente da República...

Vesti um sobretudo por cima do pijama, calcei uns sapatos e fugi pelas quintas, onde hoje é a Cidade Universitária. Naquela época só havia hortas em redor do colégio.

Fui a pé até à Rua da Beneficência, onde apanhei um táxi. Não tinha dinheiro comigo, nem podia andar pelas ruas de pijama. Bati à porta do Joaquim Barradas de Carvalho, que morava em casa do pai, perto da igreja de Fátima. Mais tarde, com todas as precauções, foi a minha casa buscar-me roupa e no regresso contou-me que Zenha, Tito de Morais, Manuel João da Palma Carlos, Manuel Mendes, Gustavo Soromenho e outros tinham sido presos. Quase todos haviam participado, em Coimbra, num comício eleitoral do Norton de Mattos que fora particularmente virulento. Nesse dia, deu-se a coincidência de eu estar convocado para o Tribunal Plenário da Boa-Hora por causa de um processo, que me tinha sido movido, relacionado com o MUD Juvenil. Almocei bem e resolvi ir ao julgamento. Fui imediatamente preso, à entrada, sendo depois levado para a PIDE e para o Aljube.

A sua detenção ocorreu quase em simultâneo com a de Álvaro Cunhal, preso — com Militão Ribeiro — numa casa do Luso, onde estavam ambos clandestinos.

Quase um mês antes. Entretanto, fora já transferido para Caxias, "a aguardar julgamento", como diziam. Voltei a ser longamente interrogado sobre uns pretensos documentos encontrados na posse de Cunhal. Um deles referia-se ao meu relatório sobre a campanha do Norton. À cautela, eu redigira-o na terceira pessoa, nele narrando diversos episódios, entre os quais o meu próprio desacordo sobre a estratégia seguida pelo PC, na campanha eleitoral, e a minha crítica pelo fato de me terem obrigado a confessar ao candidato que pertencia ao PC. Tudo com nomes de empréstimo, obviamente. Quando ouvi dizer que os criptólogos da polícia estavam a decifrar o relatório, passei alguns dias muito maus. Imaginava o pior! Se fosse apanhado, seriam, no mínimo, oito anos de prisão maior celular e medidas de segurança de internamento renováveis. Era a tabela do Plenário! Mas a polícia não obteve qualquer prova contra mim. Creio mesmo que não desconfiou. Cunhal não falou, claro; o próprio Norton de Mattos também nada dissera a meu respeito. A PIDE não obteve prova nenhuma.

Decidira-se a casar. O seu noivado com Maria de Jesus Barroso teria como epílogo, em 22 de fevereiro desse mesmo ano, o casamento numa cela do Aljube. O que o prendeu nela?

A sua pureza, a sua seriedade, a sua constância. Amávamo-nos, entendíamo-nos em todos os planos, decidimos casar. Penso que nasceu aí um sólido amor entre nós. Casei no Aljube, o Rogério de Araújo substituiu-me no registo civil, e o próprio padrinho de casamento, o Manuel Mendes, também estava preso.

Inquietou-se com a sua sorte, ficou algum tempo detido, estava dividido entre a sua fidelidade aos comunistas e a violentação de que fora alvo. Que refletia?

Refletia na necessidade de ter uma vida, digamos, normal. O momento era sombrio. Várias portas se fechavam diante de mim: o meu pai ainda estava preso, doente, e tinha, nessa altura, mais de 70 anos; eu acabara de casar na prisão, tinha 24 anos e dois processos políticos pendentes, em cima dos ombros; ainda não estava formado; a minha mulher fora despedida do Teatro Nacional — por imposição do regime —, vivíamos totalmente à custa dos meus pais. E o colégio estava em situação precária.

A sua vida, até aí, evoluíra sempre em dois tabuleiros: dentro de casa e "lá fora"?

É verdade: dois planos distintos e raramente em colisão. Por um lado, a militância política, as obrigações partidárias, os riscos, um certo sentimento de participação e de aventura; por outro, a minha vida de estudante: um privilegiado que estudava pouco e vivia em casa dos pais, rodeado de carinho e conforto, fazendo a vida um pouco estouvada dos filhos de família das classes abastadas do tempo.

Era preciso, agora, mudar alguma coisa?

Apesar do meu empenhamento, do entusiasmo com que lutara, do trabalho já feito e da reputação adquirida, era imprescindível assumir as minhas responsabilidades pessoais, pôr um termo ao modo de viver descuidado, aliciante, perigoso que levara até ali. Sentia claramente que se abria, para mim, um novo ciclo.

Nascera já, também nesse ano de 49, em 29 de agosto, o seu primeiro filho, um rapaz, João. Os padrinhos serão o seu grande amigo Amadeu Gaudêncio e a mulher, Claudina. Que mudou com a paternidade?

Justamente, a responsabilidade. A noção desse outro ciclo que agora se abria, de forma muito clara, diante de mim. Quase como uma outra vida.

Constituíra família. Mas continuava a residir com os seus pais?

Continuamos a morar com os meus pais. Só mais tarde aluguei uma pequena casa para nós. Foi melhor assim: como diz o povo, "quem casa quer casa". Houve sempre um relacionamento difícil entre a minha mãe e a Maria de Jesus: eram personalidades muito diferentes, tinham dificuldade em coabitar juntas. A situação agravou-se com o nascimento do João: a minha mãe queria ocupar-se dele, cobria-o com muita roupa; a minha mulher tinha outras idéias, recusava-se a fazê-lo. Era uma leoa em defesa do filho. Por outro lado, eu era "o menino da minha mãe", a Maria de Jesus não gostava disso... Nunca dizia nada, mas ficava a remoer, enquanto a minha mãe desabafava e, depois, esquecia. Nisso, sempre fomos muito parecidos, a minha mãe e eu. A Maria de Jesus adorava o meu pai, ele dava-lhe quase sempre razão. Um dia, o meu pai e eu decidimos fazer um pacto: eu dava normalmente razão à minha mãe; o meu pai dava-a à Maria de Jesus. Equilibrávamos, assim, um pouco as coisas.

E a política?

Salazar tinha agora as mãos livres para bater em toda a oposição. Com a "guerra fria", Franco e Salazar, considerados campeões da luta anticomunista, possuíam o aval das democracias ocidentais. Começava a surgir, de forma nítida, que de um lado se situavam os comunistas e, do outro, o mundo ocidental. As ditaduras ibéricas foram salvas pela hipocrisia dos países democráticos do Ocidente que, dizendo defender o chamado "mundo livre", fechavam os olhos e, às vezes, até abençoavam os ditadores ibéricos. Entretanto — estava eu na prisão —, cria-se o Movimento Nacional Democrático, uma iniciativa inspirada uma vez mais pelo PC, liderada pelo Prof. Ruy Luís Gomes e que teve dois grandes ativistas: José Morgado, em Lisboa, Virgínia Moura, no Porto. Nenhum dos meus amigos mais próximos, do tempo do MUD, quis embarcar no MND, nem Azevedo Gomes, nem Manuel Mendes ou Tito de Morais. E muito menos ainda os da União Socialista. Só havia comunistas e *compagnons de route*. Eu decidira também não voltar ao MUD Juvenil: com 25 anos e casado, já não me sentia nada juvenil. E recusei participar na direção do MND.

Como se sentia em relação ao PCP?

Ainda não me decidira a cortar definitivamente com o partido. Pensava que poderiam vir a compreender que enveredavam por uma luta irracional que, necessariamente, conduziria a novas derrotas... Acreditava ainda que o Partido Comunista tinha uma função positiva a desempenhar na sociedade portuguesa e pensava que, no plano mundial, se houvesse um agressor, seriam os Estados Unidos. Por isso aceitei ainda integrar, embora um pouco *à contrecoeur*, a Comissão de Lisboa do MND, recusando reuniões clandestinas, encontros secretos e o controle do partido. Restringi de resto, exclusivamente, a minha atividade política à área de Lisboa, sem responsabilidades de direção nacional. Na distrital de Lisboa figuravam também Jorge de Macedo e Fernando Piteira Santos, este depois de ter cumprido vários anos de prisão.

IV.

Travessia do Deserto

1.
O corte com o PC

Estamos em 1950. Creio que, nesse ano, terá sido oficialmente expulso do PCP. Acusaram-no de "oportunista" e chamaram-lhe "renegado". Como se processou tudo isso?

É que nunca se processou, precisamente. Ainda hoje lhe não posso dizer se fui eu que saí ou se foi o partido que me expulsou!

Peço-lhe que se explique melhor.

Nunca fui expulso de uma maneira formal. Lembro-me que fui constrangido a fazer um discurso numa sessão organizada pelo Movimento Nacional Democrático, o MND, no Centro Republicano António José de Almeida, em favor da paz, onde fui interrompido pela PIDE e, depois, preso. Tratava-se de corresponder ao célebre apelo de Helsinque em favor da paz, lançado por soviéticos e seus aliados. Mas como tinha conseguido introduzir, furtivamente, o discurso no bolso do Prof. Câmara Reys, a PIDE viu-se obrigada a libertar-me, por falta de prova: quase não tinha chegado a falar e o texto — ou seja, o "corpo de delito" — tinha desaparecido! Depois disso, não voltei nem ao MUD Juvenil, nem ao MND — em que, repito, só aceitara participar por brevíssimo espaço de tempo —, nem ao PC. Fiquei assim sem nenhuma ligação. Numa data que não sou capaz de identificar, mas por essa época, finais de 1950, inícios de 51, apareceu no *Avante!* um pequeno artigo em que, juntamente com outros intelectuais — Jorge de Macedo,

Piteira Santos, Ramos da Costa, Augusto Sá da Costa —, eu era acusado de "oportunista".

Esse *Avante!* era de fevereiro de 51, o artigo tinha por título "A luta contra os oportunistas é a base do fortalecimento da luta pela democracia e pela paz". E um dos "oportunistas" chamava-se Mário Soares. Mas, antes disso, alguém do PCP o procurara, alguém lhe falara em expulsão?

Nunca.

Esse artigo marcou como que o fim de um capítulo político e o princípio de outro? Foi uma fronteira?

Pode ser considerado assim. Mas a verdade é que a fronteira vinha já a desenhar-se. O artigo foi como que a oficialização de um estado de coisas. Todas as pessoas nele mencionadas — o Ramos da Costa, o Piteira Santos, o Borges de Macedo, o Sá da Costa e eu próprio — eram amigos, encontrávamo-nos, refletíamos em comum sobre a situação política e a evolução da sociedade portuguesa e do Mundo. Inquietava-nos o que ocorria. Apavorava-nos a visão dura do "comunismo de guerra", que julgávamos ultrapassada. Apesar de a imprensa portuguesa ser manipulada, sabíamos serem verdade algumas das acusações que começavam a ser feitas aos comunistas. Líamos o *Le Monde*, o Ramos da Costa lia habitualmente jornais ingleses como o *Guardian*. Aquele *intermezzo* do imediato final da guerra, o período da fraternidade da grande aliança antifascista, começava a esbater-se por todo o lado... Ressurgiam velhos conflitos e acusações. Tal como o meu Pai dizia, a imagem do comunismo duríssimo dada na Guerra da Espanha era, afinal, a verdadeira...

Mas o artigo do *Avante!* foi como que uma chancela?

Foi o sinal e a cobertura oficial do partido para a campanha de denegrimento que os meios comunistas fizeram contra os meus amigos e contra mim, a partir de então — e por alguns anos —, por forma continuada e persistente...

Foi o sinal deles, comunistas, em relação ao senhor. E o seu, qual foi? O seu sinal para o Partido Comunista?

O meu foi o do distanciamento gradual. Um distanciamento progressivo e cada vez mais crítico. Houve também um processo de degradação das relações dos comunistas comigo e de mim com eles. A certa altura as relações cessaram, percebemos que o diálogo já não tinha sentido. Era um diálogo de surdos. Só mais tarde compreendi que a estratégia do PC português era a estratégia do endurecimento do comunismo internacional: limitava-se a aplicar a Portugal as regras emanadas diretamente de Moscou, e que os outros partidos comunistas ocidentais também aplicavam nos respectivos países, dando lugar às cisões e denegrimentos conhecidos e que acompanhei muito de perto, sobretudo em relação ao PC francês. Também só mais tarde entendi que Moscou tinha um verdadeiro plano de conquista do mundo, o que, aliás, levei toda a década de 1940 a desmentir! Em 56, na altura do Relatório Kruschev, apercebi-me, finalmente, que as minhas mais secretas e íntimas suspeitas — nascidas no início dos anos 50 — se confirmavam plenamente: Kruschev dizia alto aquilo que eu pensava já em voz baixa...

Que se passava entretanto em nível ideológico, por essa altura, no comunismo português? Que clivagens no seio do Comitê Central e da direção? Ou que "desvios"? Cunhal e Militão tinham sido presos. Quem era a direção do Comitê Central?

Não tenho grande informação quanto a isso: a história objetiva do Partido Comunista está por fazer. Nessa altura, os reflexos da "guerra fria" e do regresso ao chamado "comunismo de guerra" fizeram duramente sentir-se também em Portugal. Houve expulsões, perseguições contra pessoas, inúmeros casos de sectarismo e de rigidez ideológica. Dava a impressão que a direção do partido — acossada pelas perseguições do regime — se refugiava num *bunker* ideológico e se fechava sobre si mesma.

Foi nessa época que avultaram, no partido, as figuras de Júlio Fogaça e de Pedro Soares, após a libertação de ambos, no Tarrafal, onde estiveram por alguns anos.

Foram libertados depois do MUD e da campanha feita por nós contra esse campo de "morte lenta". Após a segunda prisão de Fogaça, falou-se muito de "desvio de direita". Sinceramente, nunca compreendi em que consistia. Júlio Fogaça era um homem interessante, ficou completamente destroçado com essa segunda prisão. Foi expulso do partido, acusado de homossexualidade e humilhado ao ponto de, quando os seus companheiros de célula fugiram do Forte de Caxias, nos anos 60...

...no velho automóvel blindado que Hitler oferecera a Salazar...

...Exatamente. Júlio Fogaça foi obrigado, por eles, a permanecer na prisão! Após a libertação, vários anos depois, foi-se progressivamente afastando do partido. Curiosamente, era um homem rico, filho de um lavrador abastado da região do Cadaval. Quando morreu, deixou a biblioteca e os seus papéis à Academia das Ciências. Julgo que nunca ninguém os estudou.

Que disse Mário Soares a si próprio quando saiu do PC? Saiu vexado, humilhado?

Nem vexado, nem humilhado. Saí com a mesma convicção com que entrei. Foi um percurso gradual, de cerca de três anos, que situo entre o final da década de 1940 e o início dos anos 50, não uma resolução tomada de um dia para o outro. Apesar de muito criticado, de ter sido vítima de ataques injustos e injustificados, pessoalmente nunca me senti humilhado. Nunca tive problemas de consciência, mantive sempre a minha independência de julgamento, e penso que dei provas de alguma coragem.

Nem limbo, nem purgatório?

Claro que fui obrigado, de algum modo, a uma travessia no deserto, que não foi, contudo, um purgatório, porque nunca esperei coisa nenhuma, nem, muito menos, regressar.

Alguém cortou com o senhor devido a esse afastamento do PCP?

Houve amigos íntimos que o fizeram: o Custódio Maldonado Freitas, Orlando Ramos, o Jaime Pereira Gomes, o Areosa Feio, o António Abreu, o José Carlos Gonçalves, a quem chamávamos "Vila Franca", por exemplo; um ou dois que chegaram, por ordem do partido, a exercer pressões junto da minha mulher para que ela se separasse de mim. Sem qualquer êxito: o efeito foi o mais contraproducente possível! O maior número, em todo caso, afastou-se a pouco e pouco, na ponta dos pés, sem que a posição fosse assumida com clareza... Mas mantive amizades: o Barradas, o Zenha, o José Manuel Duarte, Manuel Mendes, Tito de Morais, Maria Isabel Aboim Inglês, Soromenho, Joaquim Jacobetty, Raul Rêgo, Álvaro Salema... Outras foram-se reforçando, havendo alguns amigos que percorreram um caminho semelhante ao meu: Ramos da Costa, Fernando Piteira Santos, Lyon de Castro, Augusto Sá da Costa. Também fortaleci amizades noutras áreas, na literatura, na arte: Carlos de Oliveira, Maria da Graça Amado da Cunha, João Cochofel, Fernando Namora, Keil do Amaral, Mário Dionísio, Fernandes Fafe, José Gomes Ferreira, Armindo Rodrigues, Manuel da Fonseca.

Os amigos sempre lhe foram vitais?

Sempre. Em todas as etapas, a cada passo da vida. Fui, assim, fazendo um percurso suficientemente almofadado de amizades e solidariedades para que me sentisse alguma vez num purgatório. Pelo contrário: senti-me sempre seguro da minha própria razão, orgulhoso das opções tomadas; a prazo, conduziram-me ao total afastamento do Partido Comunista. Sem esquecer, obviamente, a solidariedade sem mácula da Maria de Jesus.

De que era feita a sua relação com os comunistas quando abandonou o partido?

O PC foi para mim a assunção de uma ideologia, de um sistema coerente de explicações do mundo e das relações sociais, entre os meus 17 e os meus 25 anos. Uma certa idéia também de fraternidade conseguida na luta contra a ditadura — e do valor moral do sacrifício de posições de privilégio, de um certo conforto e facilidade de vida, por exemplo, dispondo-me a correr riscos eventuais e, com muita probabilidade, perseguições e prisões. Nesse sentido, o PC foi uma escola de solidariedade, de disciplina e de empenhamento em favor de uma maior justiça social. Estamos a falar dos anos 40, dos tempos heróicos da "grande aliança" da URSS com as democracias ocidentais, até aos primeiros reflexos da "guerra fria"... Note que, nessa época, logo a seguir à guerra, grande parte da intelectualidade européia e do pensamento universitário, dos dois lados do Atlântico, haviam sido ganhos pelo marxismo. De resto, a minha militância no PC foi sempre muito reduzida.

Disse reduzida?

Fui um quadro "legal", militante de movimentos unitários — o Munaf, o MUD, o MUD Juvenil —, mantendo contatos regulares com dirigentes clandestinos do PC que se limitavam a dar-me "grandes orientações" e a receber de mim grande manancial de informação e de apoios de todo o gênero. E nunca tive problemas com os meus controleiros, como se dizia.

Já frisou isso. Mas nunca sentiu dificuldades? Não é a mesma coisa!

Como lhe referi, durante os anos de militância comunista (1943-50), nunca tive especiais dificuldades com os "controleiros partidários". Pelo contrário: fui sempre ajudado e promovido. Era considerado — diziam eles — um "excelente quadro" e referido como "uma esperança". Repito: sem o apoio do PC, não tinha sido o que fui: nem no MUD Juvenil, nem no MUD, nem na candidatura de Norton de Mattos. As dificuldades só surgiram com as divergências quanto à linha política seguida, no rescaldo justamente da candidatura do general e no precipitar da "guerra fria".

Manuel Domingues, "Luís", foi assassinado por quem?

Não pela PIDE, certamente, como inicialmente pensamos. Os ajustes de contas chegaram a esse ponto dentro do PCP... O partido começou por fazer uma campanha a dizer que o Manuel Domingues era um "traidor". Depois, após ele ter sido assassinado, insistiu nela. Ora, não seria certamente a PIDE a matar um "traidor" ao Partido Comunista... E, se ainda hoje a questão permanece obscura, eu tenho a convicção — não a certeza, claro — de que ele não foi morto pela polícia. Acompanhei de perto este caso, porque o Manuel Domingues — que conheci bem, como lhe disse — era pai de um filho de uma colega e amiga minha, Maria Branco.

Falou em perseguições levadas a cabo pelo PC. Que fez nesse sentido? Preocupou-se em ajudar as pessoas perseguidas? Ou estava ainda com um pé numa realidade e um pé noutra?

Não, estava já totalmente crítico e de fora. Criticava o partido sem a menor má consciência, convencido de que quem tinha razão era eu. E tive mais coragem do que outros porque me mantive no "contra" e no isolamento que daí advinha. Mas é certo, também, que não queria passar para o campo do inimigo — o que sucedeu a alguns. Fui e sou antifascista e assim permaneci pela vida fora. Não foi por ter dificuldades com os comunistas que alguma vez poupei ou, sequer, contemporizei com o governo de Salazar!

Como ajudou os perseguidos do PCP?

Em relação à Maria Branco, por exemplo, o Fernando Piteira Santos e eu acolhemo-la com a maior simpatia e espírito de solidariedade quando ela foi escorraçada do partido e era mal recebida em certos meios. Estava na ilegalidade, foi deixada cair, demos-lhe apoio, ajudamo-la psicologicamente.

Mais ninguém?

Apoiamos outros dissidentes, mas o exemplo da Maria Branco foi o mais marcante.

2.
A herança comunista

Que influência teve a Maria de Jesus na sua saída do Partido Comunista? Que disseram um ao outro nessa altura? Como é que a Maria de Jesus olhava o PC? Com distância, benevolência, fé, expectativa?

Acompanhou solidariamente o meu percurso, não apenas por ser minha mulher, mas por ter feito uma evolução intelectual e política paralela à minha. A minha casa — e as casas dos meus amigos mais próximos — eram centros permanentes de acalorados debates. Politicamente, encontrávamo-nos para falar e trocar impressões sobre temas políticos e culturais. A Maria de Jesus teve sempre um temperamento apaixonado, foi sempre mais radical do que eu: nas crenças e nas descrenças, nas expectativas e nas desilusões. E, como tem muito boa memória, esquece com mais dificuldade do que eu... O Partido Comunista tentou inclusivamente aliciá-la contra mim, insinuando que ela tinha mais prestígio do que eu e que se prejudicava mantendo-se ligada a um "oportunista" que só pensava nos seus interesses pessoais.

Através de quem? Quem a aliciava?

Alguns "amigos" — era assim que designávamos os membros do PC — próximos de nós.

Quem?

Não vejo vantagem em mencionar os seus nomes. São "águas passadas" e alguns até evoluíram muito!

Que aprendera de fundamental com os comunistas?

Aprendi a fazer política. Nesse aspecto, o PC sempre foi uma boa escola: a disciplina, o rigor na definição dos objetivos — a estratégia — e dos meios e condições conjunturais — a tática. E mais: o apagamento de si próprio, o trabalho de equipe, o sentido do coletivo e da autocrítica, o espírito de sacrifício em relação a uma causa que nos transcende...

Quando saiu do PCP, saiu para quê? Para ser o quê, exatamente? Que vocação política era a sua?

Quando saí, continuei a pensar politicamente; em certo sentido, nunca deixei de fazer política, embora a passasse a fazer de outra forma, mais discretamente. Repito-lhe: a minha saída foi o resultado de uma opção política, de uma discordância progressiva, cada vez mais clara, em relação a uma certa linha política.

Durante algum tempo, pelo menos, pensei que a orientação que preconizava viesse a triunfar um dia, de tal modo a rigidez sectária do PC e da época me pareciam evidentes. Mas, nessa altura, não tinha uma perspectiva global, ou seja, verdadeiramente internacionalista da política, nem sabia, como já lhe sublinhei, o que era e como se passavam as coisas na União Soviética.

Mas que "orientação" diz, hoje, que "preconizava" nesse tempo? Mário Soares fora até aí um militante empenhado, entusiasta e obediente às orientações do PC! Não estará a cair na tentação de refazer a História? Ou estará a sobrepor as décadas?

Não estou a sobrepor coisa nenhuma! Digo-lhe rigorosamente a verdade: a linha que eu defendia não era a "oficial", ou seja, do partido, não havia coincidência! A minha e a dos meus amigos — o Tito de Morais, o Manuel Mendes, a Maria Isabel Aboim Inglês — era uma linha unitária ampla, a deles era sectária por injunção e em conseqüência das dificuldades resultantes da "guerra fria". O partido pretendia que eu imprimisse à minha ação na candidatura de Norton de Mattos uma linha sectária e hegemônica, tornando ostensiva a influência do Partido Comunista; eu sempre tentei fazer o contrário, pugnando por uma política de bom relacionamento com todas as forças políticas existentes. E a prova é que — até eu ser forçado a confessar a minha filiação — nunca ninguém na candidatura me via como comunista. A imagem que eu tinha era a de um jovem claramente de esquerda, mas aberto, unitário, flexível e de boa-fé. Nunca a de um comunista duro e sectário.

A morte do presidente Carmona, em 51, abriu um novo período eleitoral. O PC começou por apresentar Ruy Luís Gomes. Apesar de Mário Soares se dizer já "de fora" ou "muito crítico", ainda reagiu ao nome de Ruy Luís Gomes! Por quê?

O Movimento Nacional Democrático resolveu apresentar o Prof. Ruy Luís Gomes — era a escolha óbvia e a mais fácil, mas a menos eficaz. Tratava-se de um professor de grande prestígio, adorável de candura e humildade, mas com uma imagem muito vinculada ao Partido Comunista, o que desaconselhava essa candidatura: era um erro político. Escrevi uma carta aberta a Ruy Luís Gomes — difundida pelo MND, mas logo depois retirada de circulação, suponho que por ordem do PC. Essa candidatura, quanto a mim, iria servir apenas para fazer novas vítimas, mostrar as debilidades da oposição e atualizar os arquivos da PIDE... Eu queria algo de mais abrangente, politicamente útil e eficaz; eles queriam aumentar o número dos mártires!

Nessa altura conheceu Henrique Galvão e Cunha Leal, dois apoiantes do almirante Quintão Meyrelles. Mário Soares também apoiou o almirante?

Não. Fui acompanhando com os meus amigos essas movimentações, mas acabei por não participar nas eleições, nem apoiar ninguém. Conheci relativamente bem o almirante, era um dissidente do regime, sincero, modesto e simpático. No entanto, assumiu posições demasiado conservadoras para o meu gosto. Assisti, porém, ao grande comício que ele levou a cabo em Lisboa, numa garagem, ao Areeiro. Foi por essa altura que conheci, pessoalmente, Cunha Leal. Eu era, de resto, amigo do seu filho Artur, com quem viria a conviver mais tarde no Diretório Democrata-Social.

E Henrique Galvão?

Conhecera-o um pouco antes, em casa de uma colega da Faculdade de Letras, Margarida Brandão, filha da cantora e musicóloga Conchita Ulio, senhora muito amiga de Galvão. Ouvi falar dele, pela primeira vez, quando de um aviso prévio que ele fez na Assembléia Nacional sobre o "trabalho compulsivo" — digamos a palavra "escravo" — nas colônias, que tanto incomodou Salazar. Galvão era uma personalidade fascinante, homem de ação e de imaginação, aventureiro, arrojado, intelectual, de enorme cultura, escritor fabuloso de temas africanos, que iria ser destruído, literalmente, por Salazar. Quando o conheci, ainda era "deputado da nação", como se dizia, e considerado um homem do regime. A oposição atacava-o, criticando-o como organizador da Exposição Colonial. Mas a verdade é que, nessa altura, estava já em trânsito para a dissidência aberta. Foi defensor do coronel Carlos Selvagem, no Tribunal Militar Especial, no chamado julgamento do "10 de abril de 1947", onde o meu pai era também réu. Ouvi a sua brilhante defesa: foi aí que cortou com o salazarismo.

Mário Soares começou a década de 1950 essencialmente dominado ainda pela ideologia comunista. Como se posicionava, em face dessa influência, em relação ao mundo da cultura e das artes? Um universo que conhecia desde jovem e que sempre o atraíra?

Foi uma época de bloqueio, político e intelectual, em que não se descortinava, nem de um lado nem de outro, uma réstia de esperança. Mas não desisti de trabalhar politicamente, nem me rendi: nem no plano da política prática, nem no campo intelectual e ideológico. Fui, pela primeira vez, a França. Fiz-me assinante do *France-Observateur* — fundado em 1950 por Claude Bourdet e Gilles Martinet — que se manteve com esse nome até 64. Daria lugar ao *Nouvel Observateur*, dirigido pelo meu amigo Jean Daniel. Foram semanários que me marcaram pela coragem e singularidade das suas posições de esquerda. O *France-Observateur* assumia uma posição declaradamente "neutralista" — nem Washington, nem Moscou —, mas que se situava radicalmente à esquerda. Reconhecia-me em muitas das suas posições.

Quais eram essas posições?

Não se tratava tanto de encontrar uma "terceira via", mas de marcar uma fronteira clara entre a esquerda socialista e o totalitarismo comunista, por um lado; e o atlantismo anticomunista, *à outrance*, por outro. Foi, aliás, um percurso assumido também por alguns dos meus amigos mais próximos, embora talvez de forma menos ostensiva.

Insisto: essa "terceira via" era marxista, militava contra os partidos socialistas — acusados de anticomunismo atlantista

—, seguia uma linha neutralista e muitas vezes, no terreno político e social, era mais revolucionária que os partidos comunistas!

Não era bem assim. A expressão "terceira via" nunca foi do meu agrado. Um certo neutralismo pacifista, sim — entre Washington e Moscou — pró-europeu, dialogante com o terceiro mundo; anticolonialista, socialista "democrático", contra as concessões de Guy Mollet e tendo como referências Mendès-France, Aneurin Bevan e Pietro Nenni, na fase da abertura e da construção do "centro-esquerda". Não havia aí nenhuma orientação "revolucionária", "anti-revisionista", "violenta", no sentido que lhe viria a ser dada, nos anos finais de 60 e início de 70, pela chamada "extrema esquerda".

E nas artes, no mundo da cultura, como era?

O neo-realismo do pós-guerra começava a ser contestado na literatura, nas artes plásticas, no cinema. O simplismo maniqueísta dos anos 40 deu lugar a uma nova complexidade, em que o social deixou de ser tudo, e o subjetivismo individualista recuperou alguns direitos. Acompanhei esse movimento, em diálogo com os meus amigos mais próximos: Carlos de Oliveira, Fernando Namora, João Cochofel, Mário Dionísio e, no domínio da História, Vitorino Magalhães Godinho, Barradas de Carvalho, Jorge de Macedo, influenciados pela equipe dos *Annales* e por Fernand Braudel, em particular, que, aliás, só viria a conhecer muito mais tarde.

Como viu a evolução da revista *Seara Nova*, como olhou para a *Vértice*?

A *Seara Nova* deixou de ter interesse nos anos 50. Era uma sobrevivência, mantida graças à teimosia de Câmara Reys, professor de grande qualidade intelectual e gosto literário, mas sem envergadura doutrinária e sempre aflito pelas crises de dinheiro. Em certa época, quando Lopes-Graça exerceu a chefia da redação, sofreu mesmo uma forte influência comunista, nos antípodas do pensamento "seareiro" original, marcado por Proença, por Cortesão e por Sérgio. A *Vértice* foi sempre o órgão por excelência do neo-realismo, uma bandeira indiscutível de resistência à ditadura, mas sofrendo as vicissitudes do movimento ideológico que lhe deu origem.

Em 51 obteve, finalmente, a licenciatura em Histórico-Filosóficas, com uma tese sobre "Oliveira Martins e o fontismo", de que publicou posteriormente um excerto em *O Tempo e o Modo*. Mas antes apresentara uma outra sobre "Teófilo Braga e as origens do pensamento republicano". Por que Teófilo?

É verdade, uma tese sobre "As idéias políticas e sociais de Teófilo Braga". Mas, dado o mau acolhimento que recebeu do professor argüente, Délio Nobre Santos, desisti a meio das provas e não me licenciei nesse ano, tomando aliás, na expressão do Prof. Matos Romão, "a nuvem por Juno"... Escolhi o Teófilo, mas não o fiz nem pela sua "dogmática" defesa do positivismo — filosofia que sempre me pareceu de uma grande platitude —, nem sequer por Teófilo ser o maior sistematizador e divulgador da literatura portuguesa — atividade que sempre julguei altamente meritória.

Então?

Por ter sido o grande "teorizador" do movimento republicano, no qual entroncam as minhas raízes políticas e emocionais. Teófilo foi também um símbolo de homem político austero e virtuoso, cuja ação desinteressada foi feita de devoção cívica à *res publica* e de empenhamento patriótico, nos antípodas da prática dos homens do Estado Novo. Escolhi para a portada da tese — que publiquei em livro, com um prefácio de Vitorino Magalhães Godinho — uma bela frase de Teófilo: "A ordem que provém das baionetas, da polícia preventiva, do indiferentismo pela causa pública, é como a que se observa nos cemitérios."

Há-de concordar que isto, dito em 50, era todo um programa político e, simultaneamente, uma imensa acusação!

3.
A resistência republicana

Utilizou esses anos, entre 51 e 57, para "um fecundo trabalho de reflexão mental", conforme confessou no seu livro *Portugal amordaçado*. Fê-lo orientado por quem? Data desse tempo e desse trabalho de reflexão a sua aproximação — que haveria de ser determinante — com António Sérgio, Jaime Cortesão e Mário de Azevedo Gomes.

O que de essencial o aproximava destes três homens? E que o separava, apesar de tudo, de cada um deles?

Os anos 50, até à candidatura de Humberto Delgado, foram bastante calmos no plano da intervenção política, mas fecundos do ponto de vista da reflexão e da aprendizagem teórica. Aproveitei para fazer o curso de Direito como voluntário e, simultaneamente, li muito: Milovan Djilas, Arthur Koestler, Isaac Deutscher, Henri Lefèbvre, Pierre Hervé, entre outros. Comecei a refletir seriamente sobre o primado dos direitos humanos, sobre o valor insubstituível da liberdade e sobre a falência do comunismo como sistema totalitário e fechado. Nessa reflexão não tive, propriamente, orientadores. Fi-la abrindo o meu próprio caminho, mas sempre em diálogo, trocando impressões e discutindo até à saciedade com os meus amigos e companheiros da época. Reclamávamo-nos todos de uma clara inspiração marxista, com um maior ou menor sentido de heterodoxia, mas muito críticos sempre em relação à prática política do PCP e do stalinismo, ainda amplamente implantado, apesar das denúncias — insuficientes, quanto a nós — de Kruschev.

Foi nesse contexto — e da necessidade dessa reflexão — que em 1955 surgiu a Resistência Republicana. Ao princípio, pensou-se em lhe acrescentar também a palavra "socialista", o que só sucedeu mais tarde. Mas alguns dos seus amigos "embirravam" com este adjetivo. Mário Soares também embirrou?

Fui um dos entusiastas da formação deste grupo de reflexão e intervenção. Éramos um grupo de amigos íntimos com as mesmas preocupações. Elaboramos vários documentos difundidos clandestinamente, alguns com grande êxito, como o "Relatório secreto ao XX Congresso da União Nacional" feito, pretensamente, por Marcello Caetano, denunciando os crimes de Salazar. Um pastiche do Relatório Kruschev, aplicado à realidade portuguesa. Animávamos algumas ações de intervenção política, estivemos na origem de iniciativas diversas. É nessa época que se cria a Sociedade Portuguesa de Escritores, um pequeno baluarte de resistência. Foi ainda em nome deste grupo que mais tarde entrei no Diretório Democrata-Social onde reencontrei, politicamente, Sérgio, Cortesão e Azevedo Gomes. E foi essencialmente este grupo que assumiu a responsabilidade de elaborar o Programa para a Democratização da República, que apareceu em 1961 e nos levaria de novo à cadeia. Cortesão, Sérgio e Azevedo Gomes, todos convictos "seareiros", socialistas ou socializantes, eram personalidades muito distintas.

É-lhe possível, hoje, estabelecer uma ordem de preferência?

Jaime Cortesão terá sido, para mim, o maior de todos: o mais completo, o humanista no melhor sentido, cujo ascendente moral e político os outros, naturalmente, aceitavam. Quando a *Seara Nova* participou, creio, em 1923, num governo da I República presidido por Álvaro de Castro — grande amigo do meu pai —, Jaime Cortesão, curiosamente, ficou de fora. Sérgio ocupou a pasta da Instrução, e Azevedo Gomes, que era um ilustre professor de Agronomia, a da Agricultura. Azevedo Gomes, que presidira à Comissão Central do MUD e dirigira a campanha do general Norton de Mattos, conheceu-me muito jovem. António Sérgio, com quem tive sempre relações mais distantes, embora muito cordiais, exerceu sobre mim uma influência muito grande, no plano da formação intelectual, mas mais pela leitura dos seus *Ensaios* do que em termos políticos ou pessoais. Mas Cortesão, que conheci mais tarde, no regresso do seu exílio do Brasil, foi desde sempre uma referência — política, intelectual, humana e afetiva. Os três, com pequenas diferenças de idade, foram homens da geração do meu pai, o que significa que me separavam deles 40 a 50 anos.

Apesar disso, escutou-os e seguiu-os?

Vi-os sempre, escutei-os e segui-os, pela vida fora, como mestres da ação cívica, de uma moralidade sem mácula, um idealismo e desinteresse pessoal de exceção, humanistas e patriotas. Eram cidadãos do mundo, a política era para eles um ato cultural fundamentado em razões éticas, de genuína solidariedade para com os seus concidadãos, sobretudo os mais desfavorecidos. É verdade: mantive-os como referências, considerando-me sempre, em relação a todos, modestíssimo discípulo.

Justamente: Mário Soares era um benjamim num grupo de velhos... Por quê? Tinha a intenção — deliberada — de vir a ser o "herdeiro", era isso que queria? E pretendia pegar uma "carona" com eles?

Fui, com Piteira Santos, Manuel Mendes e Ramos da Costa, um dos fundadores desse grupo da Resistência Republicana. Não era propriamente um benjamim num "grupo de velhos": o Piteira tinha mais oito anos do que eu, o Zenha era da minha idade, o Catanho de Menezes, ligeiramente mais novo. Havia outros mais velhos, é certo, 18 ou 20 anos: Manuel Mendes, José Magalhães Godinho, Gustavo Soromenho, José Ribeiro dos Santos, António Macedo, Cal Brandão, Eurico Ferreira...

...perguntei: pretendia ser o herdeiro?

Nunca me considerei herdeiro de nada, nem de ninguém! Seguidor ou discípulo, com certeza. Mas essa idéia de carona foi-me sempre alheia: carona para quê? Para onde? Fiz sempre política por imperativo moral, nunca "como carreira". Que horror! O mais importante da nossa posição de resistentes residia no fato de, por definição, sermos desinteressados! Estando em absoluto convencidos de que a ditadura iria inevitavelmente cair um dia, estávamos, porém, psicologicamente preparados para viver toda a vida sob a ditadura... Se não fosse assim, entraríamos em depressão após cada fracasso! Ora, apesar de termos tido muitos, isso nunca sucedeu! Gostava que retivesse isto: sempre achei que poderia morrer sob a ditadura!

António Sérgio dividia as opiniões. Também dividiu a sua?

Para além das extraordinárias qualidades intelectuais e morais, tinha defeitos difíceis de contornar. Fez um percurso político que, de início, tornou delicada a sua aceitação pelos homens da República. O Sérgio começou por ser monárquico. Pertencia à família Sérgio de Sousa, uma gente tradicional, era filho de um almirante que foi governador da Índia. Oficial da Marinha, exilou-se para o Brasil para não servir a República e, como se dizia, "partiu a espada"... Quando regressa, no início dos anos 20, integra a *Seara Nova* —, passando a ser, aí, um dos seus doutrinadores. É lá que ele começa a desenvolver o seu pensamento socialista com muita clareza. Como toda a *Seara Nova*, António Sérgio integra também o coro de protestos contra a "ditadura do Partido Democrático". Quando veio a autêntica ditadura de 28 de maio, exila-se a seguir à revolução de 3 e 7 de fevereiro de 1927 e, com outros, vai para Paris — onde completa a sua formação intelectual e filosófica. Aí conhece Paul Langevin que, depois, viria a ter muita importância na física e na cultura francesas. Mas, no regresso a Portugal, os velhos republicanos, que no princípio da década de 1930 ainda marcavam, olham-no de soslaio. O meu pai contava sempre uma história, que depois vim a ouvir a outros republicanos, sobre um dos célebres ditos do Brito Camacho. O Brito Camacho pontificava no Chiado, na livraria Portugália, que existia na Rua do Carmo.

Um dia passou o Sérgio e alguém perguntou ao Camacho: "Vai ali o Sérgio. Conhece?" Resposta assassina: "Sim, é o parvinho mais inteligente que eu conheço..." O António Sérgio tinha de fato qualquer coisa de "parvinho", umas posições por vezes incompreensíveis, umas vaidades ridículas, sendo de uma superior inteligência crítica. Um dia, numa discussão à roda dos nomes de Azevedo Gomes e Jaime Cortesão como possíveis candidatos às eleições presidenciais de 58, o Tito de Morais, vendo as reticências avançadas pelo Sérgio, perguntou-lhe: "Como não quer nem um nem outro, se calhar é porque quer ser o senhor?" O argumento pareceu-nos excessivo, ficamos gelados. E o Sérgio, com um ar de São Sebastião, crivado de setas, respondeu em voz seráfica: "Meu amigo, que injustiça! Imagina então que um homem que escreveu os *Ensaios* pode ambicionar mais alguma coisa em Portugal?"...

Preferiu-lhe Cortesão?

António Sérgio nunca teve a dimensão de generosidade pessoal que possuíam Azevedo Gomes ou Jaime Cortesão. Nem tinha grande sensibilidade literária. Era um intelectual puro, de um racionalismo extremo, bastante frio, com uma sensibilidade artística com algumas falhas. Lembro-lhe que, quando apareceu o primeiro volume dos *Ensaios*, o Raul Proença escreveu uma crítica admirável, referindo que se tratava de um livro "de claridades e de sombras". E uma das críticas — negativas — que fez referia-se ao polêmico ensaio de Sérgio a propósito do "caprichismo romântico" de Guerra Junqueiro, que Sérgio não apreciava como poeta e achava, no plano das idéias, intelectualmente confuso e mesmo vazio. Admito que Junqueiro não era um filósofo, nem um pensador: não tinha a solidez filosófica de Antero, com certeza. Mas isso não o impediu de ser um grande poeta, dos mais lidos e recitados do princípio deste século e que mais influenciaram o seu tempo.

Mas os *Ensaios* influenciaram-no também ao senhor. Mencionou-me há pouco a importância que tiveram na sua formação. Por quê?

Justamente pelo racionalismo, pelo incentivo permanente ao pensamento crítico, à reflexão, à anti-retórica, à participação cívica, ao idealismo moral.

Por uma certa idéia de Portugal, de valorização prospectiva da nossa história — antipassadista e antinacionalista —, e pelo veio liberal, antidogmático e progressista da nossa cultura, em que nos inseriu, afirmando o humanismo universalista português.

4.
O regime em 50

Por duas vezes se aventou a restauração monárquica no país: após a morte do presidente Carmona, na revisão constitucional de 1951, Mário de Figueiredo, monárquico convicto e líder da União Nacional, na Assembléia Nacional, teve nisso papel determinante, contra a opinião do próprio Salazar, de Marcello Caetano e Albino dos Reis, entre outros. Mais tarde — em pleno conflito entre Santos Costa e Marcello Caetano —, em julho de 57, Salazar e Franco encontraram-se em Ciudad Rodrigo. Foi dado como certo que ambos conversaram longamente sobre a conveniência de restabelecer a monarquia em Portugal. Dias depois, a 26 de julho, Caetano afirmava à United Press que "não existia em Portugal um problema de regime". Salazar ordenou à censura que cortasse esta entrevista. Que noção tinham Mário Soares e os seus amigos disto mesmo? Curiosamente, um mês antes, o próprio jornal *Avante!* inserira nas suas páginas um artigo sob o título "República ou Monarquia?"...

A grande linha de clivagem, para mim, nunca foi entre monárquicos e republicanos (se bem que sempre tenha pensado que a República era um fato enraizado na consciência popular e, por isso, irreversível), mas sim entre ditadura e liberdade. Monárquicos ou pseudo-republicanos (de pura fórmula) eram todos partidários da ditadura e, nesse sentido, tanto me importavam Marcello Caetano ou Santos Costa como Albino dos Reis ou Mário de Figueiredo — todos eles eram apoiantes fiéis do ditador, era isso o que mais avultava. Monarquia ou República foi sempre uma falsa questão posta no interior do regime. E como os monárquicos, que se afirmavam como tais, eram — com a exceção dos integralistas da primeira hora e dos monárquicos liberais — acima de tudo salazaristas, a própria concepção monárquica ficou conspurcada e comprometida pelo salazarismo. Foi Salazar, porventura, quem mais contribuiu para destruir o ideal monárquico, o qual, com Paiva Couceiro, Rocha Martins ou Vieira de Almeida, era um ideal respeitável.

Mas, com Santos Costa, Fezas Vital ou Mário de Figueiredo, nunca passou de uma "variação" do salazarismo...

Em 1956-57, havia a convicção de que se afirmava no regime uma linha de fratura: de um lado, os "salazaristas" puros e duros, os conservadores, que gravitavam à roda de Santos Costa, ministro da Defesa. Do outro, em redor de Marcello Caetano e de Craveiro Lopes, juntava-se um grupo de homens que ambicionavam mudanças no seio do próprio regime. Tinha Mário Soares a noção clara desta linha divisória?

Nunca demos muita importância a esse tipo de divisão. Parecia-nos que era *bonnet blanc* e *blanc bonnet*. Essas divisões só eram vistas por nós na medida em que, de alguma maneira, enfraqueciam a frente comum do regime, separando monárquicos de republicanos. O resto não tinha importância, não gostávamos nem de uns nem de outros. A verdadeira linha de clivagem situava-se entre os que apoiavam a ditadura — com este ou aquele matiz, mais ou menos "liberalizante" — e aqueles que a combatiam e com ela não transigiam por serem democratas. Nunca consideramos Marcello Caetano como um liberal. Só o olhamos com algum interesse muito mais tarde, na crise acadêmica de 62, quando ele se demitiu de reitor da universidade, por discordar da proibição e da repressão que se seguiu à comemoração do Dia do Estudante. Mas na década de 1950 não fizera nenhuma evolução relevante: deixara de ser monárquico, mas permanecia fiel ao ditador. Era o homem do corporativismo — um intolerável colete de forças para a economia portuguesa —, o seu teórico puro e duro, tinha mesmo uma certa consistência ideológica fascistizante. Para nós, era insusceptível de aceitação. A remodelação que Salazar fez a seguir, com a intenção de libertar o governo, acabando com os conflitos dentro do regime entre marcelistas e santos-costistas, afastou-os aos dois de uma maneira que se diria simétrica. Foi uma operação de acalmação *intramuros* que não interessou a oposição.

Ainda em 1956, Portugal foi admitido na ONU. A oposição ficou surpresa.

Lembro-me muito bem; essa pretensão, no imediato pós-guerra, deu origem a um protesto nosso que viria a estar na base de um processo muito longo. Assinei — com outros — um manifesto que me mereceu a primeira acusação em forma de "traição à pátria". É verdade que, em 1956, não ficamos muito surpreendidos pela admissão de Portugal na ONU. Tenho de voltar atrás: em 46/47, Salazar tinha já proposto essa candidatura de Portugal. Recordo-me que o MUD reuniu imediatamente sob a presidência de Mário de Azevedo Gomes. Fez-se um documento explicando que o país não era livre, não vivíamos em democracia e, portanto, de acordo com a Carta das Nações Unidas, essa admissão era inaceitável. Então eu, jovem com pouco mais de vinte anos, fui designado pela Comissão Central do MUD para ir buscar o Prof. Bento de Jesus Caraça, que passava férias em Amarante, e levá-lo para o Porto.

Para quê?

Para reunir com a Comissão Distrital do Porto do MUD — presidida por Ruy Luís Gomes —, a que pertenciam, entre outros, Eduardo Santos Silva, Veiga Pires, Helder Ribeiro, António Macedo, Cal Brandão e Olívio França. Nessa reunião, cabia-me dar a conhecer a posição do MUD de Lisboa. Fui eu próprio que expliquei qual era essa posição e que apresentei o projeto de documento vindo de Lisboa. Bento Caraça exprimiu algumas dúvidas, de natureza jurídica, mas o documento foi aprovado, ficando assente que depois se acertariam os detalhes. Voltamos para Lisboa, o Prof. Bento Caraça, Ruy Luís Gomes e eu, e lembro-me de sentir que era para mim uma grande distinção a companhia daqueles dois ilustres mestres da universidade, que durante a viagem não pararam de me fazer perguntas! Em Lisboa, refez-se então o documento, o qual viria a motivar um processo e alguns meses de cadeia para muitos de nós. O texto defendia que a nossa admissão na ONU pressupunha profundas alterações políticas no país, o que, de resto, obrigou Salazar a fazer algumas pequenas adaptações.

Obrigou Salazar a quê, Dr. Mário Soares?

A fazer pseudo-eleições nos chamados períodos de "liberdade suficiente", o que jamais ocorrera antes. Uma operação de cosmética para afirmar que Portugal era uma democracia *sui generis*: não um regime fascista, mas uma "democracia orgânica". Acabou com o campo de concentração do Tarrafal, passou a permitir alguma respiração à oposição. Houve concessões, que seriam impensáveis antes de 45. Voltando a 56: a Resistência Republicana produziu um outro documento, onde se limitou a dizer que a ONU nos tinha traído. Por simples razões de *realpolitik*, abriu-nos as portas, esquecendo os princípios da Carta: as grandes potências temiam o comunismo na Península Ibérica. Abriu-se, assim, um período de aceitação ou mesmo de branqueamento das ditaduras ibéricas com a ativa cumplicidade das democracias ocidentais. Mas Salazar, revelando despeito por Portugal só ter conseguido entrar na ONU em 1956, num jogo de compensações dadas à URSS, afirmou num discurso célebre: "Afinal entramos devido a um complexo compromisso de trocos miúdos..." (cito de cor).

A 26 de maio de 56, realizaram-se na FIL os Congressos dos Economistas e da Indústria Portuguesa. Foi defendido um ritmo de crescimento econômico mais acelerado. O governo de Salazar parecia aceitar o repto e foi o próprio Marcello Caetano quem, na sessão de abertura, disse que, "sem uma inteligente industrialização", não era possível "acelerar o crescimento econômico português". A oposição tinha ou não uma política econômica alternativa ou, pelo contrário, persistia apenas na crítica de teor normalmente miserabilista?

Segui com bastante atenção o que se passou no Congresso da FIL. Representou, de algum modo, uma inversão na política financista e ruralista, de estagnação econômica tradicional, de Salazar. Ramos da Costa esteve presente e assinalou-nos o aparecimento de três jovens economistas, que surgiram então e que manifestaram concepções novas e um tanto heterodoxas: Teixeira Pinto (mais tarde ministro da Economia de Salazar), Francisco Pereira de Moura e Xavier Pintado. Acompanhei os trabalhos, ainda, graças a Álvaro Salema e Mário Neves, nessa época muito ligados profissionalmente à Associação Industrial. A carapaça do corporativismo não resistia ao "vento europeu" que começava a soprar sobre Portugal e Espanha, apesar do imobilismo das respectivas ditaduras. A Espanha aproveitou melhor do que nós a conjuntura para a transformação das suas retrógradas estruturas. Graças aos ministros da Opus, López Rodó e López Bravo.

Nas eleições de 57, de entre a habitual amálgama de democratas, republicanos históricos, liberais, monárquicos, que constituía a oposição, distinguiu-se Francisco Cunha Leal e um texto que assinou, "Considerações de um Abstencionista". Como olhou para isso?

Era uma pessoa de grande envergadura mental, uma grande inteligência. O meu amigo Eduardo Figueiredo — com manifesto exagero — chamava-lhe a maior "cerebração" que existia em Portugal. Escrevia muito, publicava quase um livro por ano, nas assembléias gerais de certas sociedades anônimas apresentava-se como um crítico contundente da política do regime. Era um dos pouquíssimos homens da oposição que o regime temia. Tinha a respeitabilidade dos meios econômicos e o acesso a eles. Ele e Nuno Simões, um advogado de Vila Nova de Famalicão, que fora colega do Salazar, homem de viva inteligência e um dos primeiros consultores econômicos que existiu em Portugal. Eram os únicos que conversavam e se sentavam à mesa com figuras eminentes do regime.

O que Mário Soares condenava?

Para mim, tratava-se de uma questão moral: as pessoas de bem não se sentavam à mesa com pessoas que toleravam ou pactuavam com torcionários!

Torcionários?

Sim, torcionários: os agentes da PIDE, a principal coluna de sustentação do salazarismo. O regime era torcionário porque dependia de homens que praticavam a tortura e a encobriam: não conversávamos nem nos sentávamos à mesa com quem nos prendia, espancava ou torturava... Perceba que a oposição inteira, durante aqueles longos anos, tinha o seu mundo próprio, com fronteiras bem demarcadas, recusando todos os contatos com o regime, numa oposição sem quebras a Salazar. Recusávamo-nos até a apertar a mão aos salazaristas, que considerávamos colaboracionistas com os métodos torcionários da PIDE.

E eles queriam apertar a sua?

Algumas vezes, imagino, gostariam de o ter feito. Tinham muito má consciência!

Foi torturado pela polícia?

Fui, várias vezes. A privação da liberdade é uma tortura, o ostracismo e a permanente discriminação, outra. Em certos anos retiraram-me, arbitrariamente, o passaporte. Demorei dois anos de luta para ter direito a possuir a carta de condução. Vários anos negaram-me o diploma de professor do ensino particular. E assim por diante... Fui sujeito, em 1962, à tortura do sono por dois períodos, sucessivos, de três dias e quatro noites, cada. Fui ameaçado inúmeras vezes na cadeia e fora dela. Estive nos "curros" do Aljube quase um mês, sem luz, sem comunicação com ninguém, sem livros nem jornais, a comer um rancho repelente, num espaço exíguo de sete palmos por vinte, com uma tábua para dormir e duas mantas esburacadas, tábua que se levantava, de dia, para dar três passos, não mais. Estive também fechado um mês e tal numa cela de isolamento, na penitenciária, um pouco maior do que os "curros" e com alguma luz, mas donde não saía nunca, com um balde para as dejeções... No Forte de Caxias, onde estive várias vezes preso, estive também isolado, com visitas da família uma vez por semana, entre duas redes e um polícia no meio a espiar as conversas.

Voltemos a Francisco Cunha Leal. Que retrato lhe merece ele?

No final da I República foi um homem muito truculento, interveniente, escrevia artigos muito polêmicos no *Século* — que a *Seara Nova* condenara de forma violenta — dizendo que era precisa uma "espada salvadora". Viviam-se os anos de degradação do sistema democrático, o partido dominante ganhava sempre as eleições, o Cunha Leal, do Partido Nacionalista, insurgia-se contra aquela forma de "ditadura da maioria". Mas, dois anos depois da implantação do 28 de maio, já ele estava exilado! Os republicanos é que não lhe perdoaram: houve sempre uma resistência ao seu nome, por parte da oposição clássica, cujo núcleo duro não era já o Partido Republicano, mas a gente da *Seara Nova* que encarnava o espírito da resistência: o Cortesão, o Sérgio, o Proença e, sobretudo, os jovens "seareiros". Quando surge o Munaf, englobando toda a oposição, só o Cunha Leal fica de fora, como já lhe contei. Escrevera um livro infeliz contra Norton de Mattos, presidente do Munaf, *Calígula em Angola*, que o impediu também, em 1949, de apoiar a sua candidatura à Presidência da República. Fez sempre um caminho autônomo, corajoso, solitário, acompanhado por poucos amigos. Mas agradava-nos o teor dos livros que ia publicando, a contundência das críticas ao governo e a Salazar. Isso foi-o aproximando de nós. É assim que acabamos por nos juntar no Diretório Democrata-Social

Devido a integrar a Resistência Republicana — e como representante desta —, Mário Soares entrou para o Diretório onde já estavam Cortesão, Sérgio e Azevedo Gomes. Para fazer o quê?

Foi uma opção polêmica que muitos dos meus companheiros da Resistência Republicana, ao princípio, não compreenderam muito bem. Achavam o Diretório uma coisa de "velhos", eram os "opositores do papel", como lhes chamaria mais tarde, depreciativamente, Humberto Delgado. A verdade é que não foi bem assim: com a minha entrada no Diretório, onde adquiri, por força do meu próprio trabalho, um certo peso, o grupo passou a ter uma influência, se não decisiva, pelo menos, já algo condicionante, acho eu, em toda a ampla faixa da oposição não-comunista. Reforçou-se aí, no meu próprio espírito, a necessidade de uma estratégia anti-regime, em absoluto autônoma do unitarismo de inspiração comunista. Foi importante para o futuro.

Nessa época, estamos ainda a falar de um marxista? Ou seja, essa estratégia de que fala era desejada, delineada por alguém que ainda se reclamava do marxismo?

Nunca fui marxista no sentido ortodoxo do termo, aceitando a "cartilha marxista" em sentido literal. Definia-me como um socialista de formação ou inspiração marxista.

Isto é...

Significa isso que os textos de Marx, a visão de Marx e do marxismo foram, para mim, motivo de reflexão e de ensinamento. Mas nunca fui ortodoxo no sentido de ser alheio a outras influências ou de crer no marxismo como uma verdade revelada...

Disse-me já que nos anos 40, quando pertenceu ao PC, lera Marx. Continuava a lê-lo?

Sim, moderadamente. Nunca li *O capital*, apesar de ter feito algumas tentativas. Li as *Páginas escolhidas*, *O 18 do brumário de Luís Bonaparte*, *A Guerra Civil em França* (*a Comuna de Paris*), o *Manifesto comunista*, obviamente, e *a Miséria da Filosofia*. Li também Engels: o *Anti-Duhring* e *A origem da família, da propriedade privada e do estado*.

E li, sobretudo, autores como: Lenin (*O Estado e a revolução*, por exemplo), Stalin (*As questões do leninismo*) e Trotski, um fabuloso escritor (*A minha vida, Lenin, Stalin, Da Noruega ao México*). E a monumental e apaixonante biografia de *Trotski*, de Isaac Deutcher. E outros comentadores, sobretudo Henri Lefèbvre, Georges Lukács e Herbert Marcuse.

Um socialista de inspiração marxista, fascinado com a descoberta de que era possível uma "terceira via", depois de a ter repudiado?

Você tem a obsessão da "terceira via"... Quando eu saí do Partido Comunista — pelas razões que já lhe referi longamente —, não tinha, politicamente, para onde ir. O velho Partido Socialista, que ainda subsistia, não servia para nada: não tinha linha teórica, nem consistência ideológica, nem apoio nos meios liberais, nem da classe operária. Não tinha nada! Eu queria fazer um caminho, mas era difícil... Como ensinou o poeta espanhol Antônio Machado e parafraseando-o: "Foi caminhando que fui abrindo caminho!"

Teve sempre a consciência da dificuldade desse caminho?

Tive. Fui-o fazendo através da Resistência Republicana, mais tarde na Ação Socialista, depois no Partido Socialista. Quanto à "terceira via", repito: nunca gostei da expressão. De início, surgia-me com uma conotação atlantista, inconveniente, que me afastava liminarmente dela. Era "apresentada" como uma "estratégia" dos americanos para diminuir o bloco soviético... Um pouco como viria a suceder, mais tarde, quando a União Soviética inventou o "Movimento para a Paz"... destinado a penetrar os meios pacifistas e a arranjar apoios para a área soviética. O que eu defendia era uma linha de autêntica independência entre as superpotências, essa mesma que começou a ser vislumbrada pelo *France-Observateur*, em França — o que tinha um caráter totalmente diferente da chamada "terceira via".

E qual era a articulação, a relação entre a Resistência Republicana e o Diretório?

Não havia qualquer relação aberta. A Resistência era um grupo clandestino e o Diretório Democrata-Social, um movimento paralegal. Os seus documentos eram sempre subscritos pelas personalidades que compunham o diretório e que, pontualmente, aderiam às suas posições. A única ligação era eu próprio que, simultaneamente, pertencia às duas organizações.

Acabou o curso de Direito, quis começar a advogar. Na sua formação jurídica, quem haveria de ter importância? Que mestres?

Devido ao fato de ter tido pouca intervenção política, nesses anos 50, consegui estar quase uma década sem ser preso. Acabei o curso de Histórico-Filosóficas, fiz Direito, arranjei banca de advogado e tornei-me, a pouco e pouco, economicamente independente. O curso de Direito foi importante: deu-me uma base concreta de conhecimentos jurídicos, de ciência política, administração pública e, mesmo, algum conhecimento econômico, de finanças, que me faltava. Até aí possuía apenas uma formação literária, filosófica e, fundamentalmente, histórica. Ao contrário do que sucedia, na quase generalidade, com os professores da Faculdade de Letras, os de Direito eram globalmente bons. Alguns, mesmo, excepcionais, como Marcello Caetano e Adelino da Palma Carlos. Marcello classificou-me com 13 e 14 valores, respectivamente, no 1.º e 2.º anos; e, apesar de eu ser aluno voluntário, quis puxar por mim.

Quis?

Então não quis?! Chamou-me, falou longamente comigo, quis publicar, na sua revista *O Direito*, um trabalho que lhe apresentara: "A justificação jurídica da Restauração e a teoria da origem popular do poder político" — que vim, de resto, a publicar no *Jornal do Foro*, do Abranches Ferrão, em 1954. Marcello chegou a insinuar-me que eu tinha condições para poder vir, um dia, a ser professor da Casa, se me dedicasse mais ao Direito e deixasse de perder o meu tempo, "ingloriosamente", em atividades políticas, que não conduziam a nada... Amavelmente, ofereceu-me alguns livros seus, com dedicatórias, que conservo.

Como reagiu a isso?

As palavras de Marcello soaram-me a música celestial: resultavam de uma ótica completamente fora dos meus propósitos e das minhas preocupações! O meu mundo situava-se nos antípodas do dele!

Como era Marcello Caetano? Só o conheceu como professor?

A primeira vez que o vi foi um puro acaso, era eu ainda estudante do liceu, em 1940. Encontrei-o no Algarve, quando ele, então comissário nacional da Mocidade Portuguesa, visitava Sagres, vestido com a farda da Mocidade. Com os meus pais e o meu irmão, eu estava de visita ao Algarve, aonde ia pela primeira vez. Era no tempo em que não havia carros a gasolina, viajávamos num gasogênio e conosco iam também o Amadeu Gaudêncio, a mulher e duas sobrinhas. Era no Carnaval e o nosso gasogênio, um Dodge, trabalhava um pouco melhor porque a lenha era de azinho. O Amadeu Gaudêncio, um grande construtor civil de imensa fortuna, um *self-made man*, tinha um grande Buick e senhas de gasolina. Fomos, nesse Carnaval, de um ao outro extremo do Algarve. E em Sagres estava Marcello Caetano. O meu pai, amigo do João de Barros — sogro do Marcello —, conhecia-o, acho que se cumprimentaram. Eu olhei-o com aquela animosidade com que na altura olhava toda a gente do Estado Novo. E anos depois, em Direito, apanhei o Marcello como professor, no primeiro ano. Eu era aluno voluntário, não freqüentava as aulas, limitava-me a ler as sebentas. Mas um dia, por curiosidade, fui: acheio um expositor claro, límpido, a sua sebenta — que, aliás, era um livro, nisso diferente dos outros — era objetiva e bem-feita. Deu-me Direito Constitucional e Ciência Política e também, no primeiro ano, História do Direito Português. Como eu tinha alguns conhecimentos de História, entreguei-lhe um trabalho que ele pedira e que fiz com grande facilidade. Então, chamou-me, falou comigo. Sabia tudo a meu respeito, achei-o interessante, sobretudo nunca ninguém me tratara tão simpaticamente na universidade. Marcello interessava-se pelos alunos, lia os pontos, o que nem todos faziam. Quando um aluno era bom, procurava captá-lo, agarrá-lo. No segundo ano, fui seu aluno numa cadeira mais enfadonha — Direito Administrativo —, que era, aliás, a sua especialidade, onde obtive a nota final de 14 valores. Nesse segundo ano, estive quase a desistir do curso — de tal maneira o Direito Administrativo me aborrecia —, a minha mulher é que não me deixou, teve nisso um papel determinante. Mas, como professor, guardo de Marcello Caetano a melhor das recordações: não me podia ter tratado melhor.

Não voltou a vê-lo?

Só voltamos a ter contatos — era eu já formado — num processo em que cada um de nós representava uma das partes. Correu bem, civilizadamente. Embora ele me dissesse sempre que eu não tinha razão e depois, no final, acabasse por desistir do processo quando lhe mostrei um parecer contrário à sua tese, assinado por um ilustre professor de Coimbra, Ferrer Correia. Desinteressou-se, entregou o processo ao meu colega de curso Serra Lopes, grande advogado e bom amigo, com quem acabaria por fazer um bom acordo.

Que processo foi esse?

Algo relacionado com a CUF, o Marcello fora o "arquiteto" da Sogefi, a *holding* financeira da Companhia União Fabril.

Começou logo a advogar quando finalizou o curso de Direito?

Terminei o curso com os mesmos 13 valores com que o iniciara. Mal o concluí, constituí escritório na Rua do Ouro, 87 — 2º, antes mesmo de completar o estágio, que fiz com o advogado Leopoldo Vale. No escritório, havia outros dois advogados, os meus amigos Gustavo Soromenho e Pimentel Saraiva. Comecei logo a ter clientes, a ganhar algum dinheiro. Para além dos meus companheiros de escritório — a que se juntaria, anos depois, Vasco da Gama Fernandes —, apoiava-me muito o meu querido amigo Fernando Abranches Ferrão e, além dele, os advogados Eduardo Figueiredo e Eurico Ferreira e, quase sempre, o Zenha, que era um jurista excepcional.

Abranches Ferrão, além de ter sido o mestre em Direito que Mário Soares admirava, foi um dos seus mais próximos e queridos amigos.

Foi um grande jurista, diretor do *Jornal do Foro* — a cuja redação pertenci — e grande e querido amigo. Ligou-me a diversas iniciativas internacionais da Ordem dos Advogados, esteve preso comigo várias vezes, mantivemos, ao longo dos anos, uma amizade muito afetuosa. Dava-lhe papéis para assinar, pedia-lhe que tomasse determinadas posições, ele acedia sempre e depois, por causa disso, foi algumas vezes preso! O Zenha também o empurrava muito. Ele tinha uma tão grande afeição por nós — éramos mais novos quase vinte anos — que nos chamava as suas "espanholas". Era um advogado com uma excelente clientela e perdia fortunas de cada vez que estava preso! O Abranches Ferrão está na galeria dos meus grandes amigos. Nunca quis nada da política, nem sequer após o 25 de Abril. Limitou-se a pertencer à Comissão Eleitoral e ao Conselho de Imprensa, para velar pela liberdade de informação — dois gestos cívicos. Um dia adoeceu com uma doença gravíssima, diabetes: cortaram-lhe um pé, depois a perna. Homem elegantíssimo, enfrentou esta adversidade com um estoicismo excepcional. Entretanto, ia piorando.

Um dia, o José Miguel Ramos de Almeida, seu enteado e também meu amigo, telefonou-me para S. Bento, era eu primeiro-ministro. Pediu-me para interromper tudo: "Mário, se você quer ver o Fernando vivo, venha já, ele vai morrer e quer despedir-se de você." Saí de S. Bento naquele minuto: o Abranches Ferrão estava internado na Cruz Vermelha. Encontrei-o lucidíssimo, como sempre. Falou comigo sobre o país, sobre a nossa amizade, recordou histórias engraçadas a propósito das nossas prisões. Estivemos quase uma hora a conversar. De repente, parou e disse-me: "Sabe, Mário, já me cortaram uma perna e o pé da outra perna. Não quero que me cortem mais nada. Peço-lhe agora o favor de se ir embora porque quero morrer."

Poucas horas depois, morreu!

O seu escritório foi um lugar de muitos encontros, conspirações, planos, histórias. Fale-me um pouco desse segundo andar da Rua do Ouro.

O meu escritório da Rua do Ouro, 87 — 2º, mereceria uma lápide, como a que pus no escritório do António Macedo e do Cal Brandão, na Rua Rodrigues Sampaio, no Porto, denominado "A toca"... Não por mim, mas por ter sido um lugar de resistência e um ponto de encontro e referência, por onde passou toda a oposição ao antigo regime: famílias de presos políticos, conspiradores, estudantes, operários, intelectuais e qualificadas personalidades das profissões liberais que, com maior ou menor intensidade, se opunham a Salazar e a Caetano. Sem esquecer, obviamente, os meus amigos políticos.

A quem pertencia o escritório?

Originariamente a dois advogados, com clientelas próprias e larga experiência profissional, que me abriram as portas, me ensinaram muito e agüentaram sem pestanejar — e com grande amizade — os contratempos policiais a que fui sujeito: prisões, buscas, vigilância policial permanente, a partir da pastelaria em frente, a Central da Baixa. Foram eles os meus amigos Gustavo Soromenho (velho companheiro de luta) e Pimentel Saraiva, grande fiscalista que, mais distante da política, nem por isso deixou de me manifestar, sempre, uma solidariedade sem falhas. Mais tarde, quando Vasco da Gama Fernandes, advogado em Leiria, se fixou em Lisboa, veio juntar-se-nos como companheiro de escritório, bem como o advogado Manuel Castilho, antigo juiz em África, monárquico, bisneto do velho Castilho, da célebre questão com Antero "Bom senso e bom gosto". Apesar de não ser da oposição, manifestou sempre por mim uma simpatia extrema. A alma do escritório era, porém, o nosso empregado comum, Raul Duarte, que, com uma devoção extraordinária, assegurava o expediente e atendia os clientes. Com paciência evangélica, sobretudo nas minhas forçadas ausências, quando ia de "férias" para o Aljube ou para Caxias. Chegou a ser preso — e muitas vezes ameaçado — pela PIDE, mas manteve-se sempre firme e nunca abriu a boca. E, entretanto, muitas coisas lhe passaram pela mão ou delas teve conhecimento, quase mesmo sem querer.

Julgo que a primeira reunião da ASP teve lugar na Rua do Ouro...

Sim. A primeira reunião formal para a constituição da ASP foi feita, num domingo de manhã, com assistência de umas dezenas de delegados de todo o país, na sala de espera do nosso escritório. Correspondentes estrangeiros, jornalistas que vinham a Portugal — e mesmo o correspondente clandestino do *Le Monde*, o diplomata e meu velho amigo Manuel Belo, que escrevia com o pseudônimo de Hugo Belver — habituaram-se a passar regularmente pelo meu escritório, em busca de notícias que, nessa época, não abundavam. Naquele tempo, a vida fazia-se muito na Baixa, centro nevrálgico de Lisboa. A Rua do Ouro era uma das suas artérias principais. Vinha para o escritório tarde, ao fim da manhã, quase sempre de metropolitano, que então chegava só até aos Restauradores e, depois, descia vagarosamente até ao meu escritório, parando a falar com uns e com outros, entrando nos cafés, indo à Havaneza do Rossio, em busca dos jornais estrangeiros, conspirando e dizendo mal do governo, no passeio do "reviralho", em frente ao Nicola. Quando almoçava na Baixa, subia o Chiado, a visitar as livrarias e as tertúlias e, depois, quando o descia, pela Rua Nova do Almada, atardava-me na Boa-Hora, a falar com os colegas ou a estudar os processos pendentes... Chegava tarde e, quase sempre, quando os clientes já me esperavam, impacientes. Despachava-os como podia e sabia, evitando magoá-los. Às sete horas, começavam a aparecer os amigos e os políticos, qualificações que muitas vezes eram coincidentes. Era sempre o último a sair. Muito depois dos meus colegas, com horários e hábitos mais regrados. Pelas nove horas, o Manuel Mendes assobiava da rua, com freqüência. A essa hora, a Baixa começava a estar deserta. Ele perguntava, com as mãos a fazer de megafone: "Mário, queres vir jantar a uma taberninha?" (carregava muito nos rr) E eu, normalmente, queria. Juntavam-se outros amigos, geralmente no Porto de Abrigo, em infindáveis discussões político-literárias, numa espécie de boêmia mansa. Foram assim os meus anos de escritório na Rua do Ouro: anos felizes e fecundos, apesar das perseguições da PIDE, que lhe deram um colorido especial...

5.
Um general e um bispo

Os comunistas pedem-lhe entretanto que volte, piscam-lhe o olho. Mário Soares não o fez.

Os comunistas nunca me pediram, propriamente, para regressar ao partido: sabiam que isso era impossível. O caminho intelectual e político que tinha percorrido era irreversível! Mas é verdade que mudaram em relação a mim.

Mudaram, como?

Deixaram de me atacar, procuravam colaborar comigo, por diferentes modos. Tive diversas aproximações: a primeira foi feita pelo escritor Alberto Ferreira, por exemplo, ainda eu era estudante de Direito. Depois, comecei, pelo meu lado, a defendê-los no Tribunal Plenário e a dialogar normalmente com eles, sem ressentimentos. O próprio Octávio Pato me pediu que fosse seu advogado. Ele seguira todo o meu processo de afastamento do partido — criticando-me, de resto, em termos duríssimos! — mas, quando foi preso em 1961, escolheu-me como advogado. Sabia a quem se dirigia. Portou-se, aliás, heroicamente na cadeia: durante os longos interrogatórios, nunca falou e depois, no Tribunal Plenário, foi expulso pelo célebre juiz Caldeira, a socos e a pontapés da PIDE... Uma vergonha que ainda hoje me vexa!

Nas eleições presidenciais de 1958, o PC, surpreendentemente, começou por apoiar Cunha Leal. O próprio jornal *Avante!*, na sua edição de janeiro de 58, dava conta de um grande banquete de homenagem a Cunha Leal. Como este viesse a recusar tal candidatura, os comunistas fixaram-se depois em Arlindo Vicente. O Diretório Democrata-Social colocou reservas a Humberto Delgado e preferiu Jaime Cortesão. Mas António Sérgio demoveu o Diretório, com o argumento de Delgado ser "militar" e "dissidente". Mário Soares apoiou

essa escolha com algumas reservas. Ou, mesmo, muitas reservas.

As eleições presidenciais de 1958 foram muito interessantes. Os comunistas, numa viragem de 180 graus, propuseram Cunha Leal, conhecido pelo seu anticomunismo. Mas este declarou só estar disponível para avançar se apoiado pelo Diretório Democrata-Social. Não foi o caso. Jaime Cortesão concitava a maioria dos sufrágios. Entretanto, o Grupo do Porto, com o arquiteto Artur Andrade e Artur Santos Silva (pai), apresentaram como candidato — um fato consumado! — o general Delgado, dissidente do regime, autor de um *Manual da Legião Portuguesa*, adido militar de Salazar em Washington. Delgado tinha contatado a oposição, no regresso dos Estados Unidos, tivera encontros conspiratórios com Eurico Ferreira e António Sérgio. Nessa altura, os comunistas, desconfiados como sempre, chamavam-lhe "general Coca-Cola"...

E foram desaguar em Arlindo Vicente...

Logo, não. Em virtude da recusa de Cunha Leal, voltaram-se, primeiro, para o Manuel João da Palma Carlos e, só depois, em terceira escolha, para Arlindo Vicente, de quem, aliás, fui amigo.

Conheceu-o bem?

Era um homem bom e generoso, politicamente ingênuo, mas que assumiu com grande galhardia uma candidatura votada ao fracasso. Bom pintor, foi amigo de Casais Monteiro, de Régio e da gente da *Presença* — na qual colaborou com vários desenhos. Inicialmente fui, obviamente, favorável à candidatura de Jaime Cortesão: era um cidadão extraordinário e ninguém resistia à sugestão, como escreveu o advogado Mário de Castro, "de o ver como primeiro magistrado de uma nova República"... Rendi-me, depois, a Delgado, que era um "gênio da agitação", a frase é de Salazar... Suscitou um verdadeiro levantamento cívico, que poria em causa, decisivamente, o salazarismo. Foi o "fenômeno Delgado", como escrevi no *Portugal amordaçado*...

Rendeu-se a Delgado. Uma longa história. Como começou tudo isso?

No nosso grupo quase ninguém o conhecia, mas o José Ribeiro dos Santos, redator principal do *Diário de Lisboa*, costumava falar nele, dizia-nos que era preciso ter em conta a figura do general. Quando a sua candidatura se tornou irreversível, aderimos todos a ela, com maior ou menor entusiasmo. Muitos de nós olhávamos para Delgado, a começo, de soslaio, pois era totalmente estranho aos meios oposicionistas. Delgado arranjou uma sede de candidatura num prédio na Avenida da Liberdade, ao lado do Teatro Avenida. Além de Vieira de Almeida, diretor da campanha, e de Sérgio, Cortesão e Azevedo Gomes — membros da Comissão Central —, o Diretório Democrata-Social designou duas pessoas para membros da Comissão Central de apoio à candidatura: Adão e Silva e eu próprio. Foi assim que fui conhecendo melhor o general. Era, como dizia o Manuel Mendes — que sempre achou que ele era o nosso homem — um "macaco num armário de vidro". Um agitador nato.

Os comunistas chamavam-lhe "o general fascista americanizado". E Mário Soares? Estava desconfiado? Renitente?

Desconfiadíssimo! Só o Manuel Mendes se mostrava entusiasmado. Fez-se então um documento-base da candidatura, redigido por várias pessoas e, a pouco e pouco, fomo-nos rendendo. O general tinha um semblante um pouco estranho, mas era simpático, comunicativo e aparecia-nos fardado, com as divisas, as condecorações, as faixas: era um general no ativo a desafiar Salazar! As pessoas começaram a achar que estava ali um homem de coragem, determinado, com força para derrubar o regime e, supunham, algumas pelo menos, que, se calhar, até tinha a força militar com ele. Mas não tinha nenhuma!

Mas achava que ele tinha? Achou alguma vez?

O país julgava que sim. E isso era decisivo. Lembro-me de que, numa reunião preparatória, o general, antes de ler o texto de apresentação da candidatura — a que o Aquilino tinha dado umas achegas naquela sua linguagem castigada —, pega na caneta, com tinta roxa, e risca umas linhas do Aquilino, que ficou petrificado, para morrer! Depois, a rir, disse: "Um general não tem divisas, tem estrelas..." A seguir, recordo que começamos a ensaiar o que se deveria dizer em seguida, na conferência de imprensa de apresentação do candidato, e aconselhamo-lo a nunca dizer que demitiria o Salazar, a ser ambíguo, se fosse interrogado sobre o assunto. Delgado ouviu com atenção e anuiu. E no primeiro andar do Café Chave de Ouro — onde foi a conferência de imprensa — ficou tudo atônito ao ouvir o "obviamente, demito-o!", o contrário do que havíamos combinado. Foi uma frase que eletrizou o país. A partir de então, foi um *raz de marée*...

Franco Nogueira, na sua biografia de Salazar, escreveu que este, referindo-se a Delgado, confidenciou a alguns próximos, no final da campanha eleitoral: "Mais um mês, e este homem ganhava as eleições."

Ganhou-as. Não havia jornais, nem televisão, nem rádio, e eram milhares e milhares de pessoas para receber ou aclamar Delgado! No Porto, onde começou a campanha, houve um comício colossal. No regresso do general Delgado a Lisboa, fui com o Piteira Santos e o Manuel Mendes esperá-lo a Santa Apolónia: não conseguimos passar da estação do Sul e Sueste, tal era a multidão! Ficamos deslumbrados, o Delgado era o nosso homem, aquele que tinha vindo na hora certa, com as qualidades e, até, os defeitos necessários. O regime não acabou nesse dia porque Delgado teve uma fraqueza: quando se apeou do trem do Porto, o chefe da polícia bateu-lhe uma continência, invocou motivos de segurança e pediu-lhe que se metesse num carro com ele, o que o general aceitou, ficando, assim, completamente cortado da população lisboeta, um mar de gente entusiasta e incontível. Se ele se tem posto à cabeça daquela manifestação e tem rumado a S. Bento, derrubava o Salazar!

Dr. Soares, naquele dia? Daquela maneira?

Não havia força humana que impedisse a multidão de entrar em S. Bento, o Salazar demitia-se. Foi assim que caiu o ditador Marcos, nas Filipinas, muitos anos mais tarde! O regime estava aterrado, nenhum militar daria ordem de fogo contra a multidão. Depois, o general reconheceu que fora um erro ter entrado no carro da polícia, teve um reflexo de militar e, com isso, deitou tudo a perder.

Como era a relação de Humberto Delgado com o senhor?

Era feita de alguma desconfiança da minha parte. Quanto a ele, acho que só começou a dar-me alguma atenção depois das eleições. Costumava dizer: "Este Soares não é meu, é dos 'barbas'!" Referia-se ao Cortesão e ao Azevedo Gomes que usavam barba, achava-os "a oposição dos papéis", dizia que só sabiam escrever comunicados e manifestos, que não saíam à rua. Não tive praticamente influência na sua campanha. Limitei-me a assistir a meia dúzia de reuniões como representante do Diretório, organização apenas tolerada por ele. Nunca olhou o Diretório com bons olhos. Sabia, por outro lado, que eu não fora um partidário seu da primeira hora. Nunca fui — como com Norton de Mattos — um homem da sua inteira confiança. Votei nele, como é óbvio, e considero — ainda hoje — que ganhou as eleições. Mas quando, depois, alguns, mais desanimados, se afastaram, no período do refluxo, eu permaneci.

Fazendo o quê?

O general Delgado sonhava em fazer a revolução, dizia que só pela força das armas se derrubava o regime. Convencemo-lo, porém, a fazer uma obra de desgaste, a explorar, por outra via, as possibilidades legais que se lhe abriam pelo fato de o governo ter reconhecido que ele obtivera 24% dos votos dos portugueses. Foi assim que resolvemos convidar o líder trabalhista britânico Aneurin Bevan para vir a Portugal, o que Salazar proibiu, em cima da hora. Ainda fizemos uma grande movimentação no dia 5 de outubro desse ano de 58, onde iludimos a PIDE, mudando a manifestação do cemitério do Alto de S. João para a estátua de António José de Almeida. Acabaram por nos dispersar e atirar para cima de nós bombas de gás lacrimogêneo... E, finalmente, depois das prisões de Vieira de Almeida, Jaime Cortesão e Azevedo Gomes, o general refugiou-se na embaixada do Brasil, sendo embaixador o Prof. Álvaro Lins, que lhe deu asilo, partindo mais tarde para o exílio, onde foi o tal "macaco num armário de vidro". E, sobretudo, onde fez muitas asneiras!

Logo a seguir às eleições de 58, houve novo sobressalto para o regime, um outro fato perturbou Salazar e a ordem estabelecida: o bispo do Porto, D. António Ferreira Gomes, em *julho* desse ano, escreveu uma carta a Salazar onde criticava abertamente o regime. Um grupo de 45 católicos tomou, entretanto, posição e exigiu, em carta aberta, uma averiguação às atividades da PIDE.

Ampliou-se a frente contra a ditadura. A oposição ia desde a extrema esquerda e os comunistas até aos católicos ditos progressistas. Mas eu só conheci o senhor D. António muito depois, quando ele se encontrava já no exílio, em Roma, a participar no Concílio Vaticano II. Depois, vim a encontrá-lo em Lourdes e, mais tarde, em Tormes, perto de Salamanca. Mas isto já no consulado de Marcello Caetano. Logo que apareceram os chamados "católicos progressistas", compreendi a sua enorme importância política para o combate a um regime que se reclamava do catolicismo e que, pelo menos na sua fase inicial, tivera a bênção da Igreja. Nessa época, tive grande contato com o Francisco Lino Neto, que conheci durante a campanha de Delgado. Antes, havia já conhecido o Francisco Sousa Tavares, a Sophia, o padre Felicidade Alves. O António Alçada Baptista, conheci-o quando era ainda proprietário da Livraria Morais, e tive contatos com ele desde os tempos em que era advogado.

Compreendeu logo a "enorme importância dos católicos". A sua perspectiva era a de que se tratava de mais uma brecha no regime. E, entretanto, a Igreja mudava: a partir de 58, entrou-se no Consulado do Papa João XXIII. E, em 59, iniciaram-se os trabalhos do Concílio Vaticano II. Como olhou para tudo isto?

Achei que o corte de setores significativos da Igreja portuguesa com o regime salazarista tinha uma enorme importância estratégica, porque retirava ao regime o seu principal argumento: dizer que a oposição democrática era constituída tão-só por comunistas e por velhos republicanos ultrapassados que, por despeito, faziam o jogo dos comunistas.

Também em 58 haviam ocorrido na Europa e no Norte de África dois fatos interessantes e não menos importantes: a guerra da Argélia e, em França, o fim da IV República. Mário Soares descobrira já a França, lia a sua imprensa, acompanhava a sua evolução política. Olhou para estes dois acontecimentos?

Vivi-os, como imagina, com imensa paixão: a guerra pela independência da Argélia mobilizou toda a esquerda européia. Era a época do teórico da descolonização Frantz Fanon, cujos livros devorei. O fim da IV República, com a hesitação vergonhosa de Guy Mollet, que se entendeu com De Gaulle, que nessa altura nos aparecia quase como um ditador, foi vivida por mim em direto porque estava em Paris quando se deu a revolta dos generais que estavam na Argélia e o começo da OAS.

Na noite de 10 para 11 de março de 59, deu-se a Revolta da Sé. Pela primeira vez, não se tratava já de conspirações de velhos republicanos, mas de algo com outros contornos e gerações. Pastor Fernandes conduziu os militares envolvidos, Manuel Serra liderou os civis que se concentrariam no Largo da Sé.

Segui com paixão essa tentativa, promovida — e estimulada — pelo entusiasmo do Manuel Serra, um jovem oficial da Marinha Mercante que aparecera a dar a cara na candidatura de Delgado. Não conhecia os militares envolvidos. Mas conhecia alguns civis — Ramos da Costa, Sousa Tavares, Jorge de Sena. Mais tarde, depois de presos e processados, defendi no Tribunal Militar um dos civis mais decididos e valentes dessa conspiração, que depois se transformaria num dos meus grandes amigos: Fernando Oneto, um tipo humano fabuloso, audacioso, imprevisível, aventureiro no bom sentido da palavra, que, a partir daí, se envolveu a fundo em todas as conspirações antiditadura, até ao 25 de Abril, transformando-se, como ele se classificava com orgulho, num verdadeiro "revolucionário civil".

A família, entretanto, crescera: em 9 de janeiro de 51, havia nascido a sua filha Isabel.

A Isabel nasceu, era ainda o João muito pequeno, tinha pouco mais de um ano. Foi outra grande alegria e queríamos os dois, a Maria de Jesus e eu, uma rapariga. Convidamos o Zenha para padrinho da minha filha, e a madrinha foi a nossa grande amiga Maria Isabel Aboim Inglês. Tratava-se de dois grandes amigos, da minha mulher e meus, e foi, de algum modo, uma maneira bonita de os homenagear a ambos.

Vivera todos esses anos num contato muito estreito com a sua mulher, os seus dois filhos. Como era a atmosfera e o ambiente da sua casa nesses tempos?

A seguir ao nosso casamento, em fevereiro de 49, ficamos a viver no colégio com os meus pais; depois, quando se fizeram obras, devido à necessidade de alargar o colégio, alugámos uma pequena casa no nº 4 da Rua de Malpique. Mais tarde, fomos viver para uma casa ao lado da igreja do Campo Grande. Era uma casa pequena, simpática, onde residimos algum tempo. E após a morte da minha mãe, que ocorreu em 55, a família regressou à Rua de Malpique — hoje Rua João Soares, o nome de meu pai — onde ainda vivo, no terceiro andar.

Como era a sua vida de família?

Éramos um verdadeiro clã, tínhamos uma vida de família muito intensa, a nossa casa foi sempre muito freqüentada pelos nossos amigos. Posso dizer que quase não havia um dia em que não aparecessem alguns deles para almoçar ou jantar. Era um hábito. Alguns, como o Manuel Mendes, o Ramos da Costa ou o Jacobetty, eram verdadeiros *habitués*.

Os meus filhos cresceram num ambiente de atenção e carinho, rodeados por nós — e pelo avô — de todas as atenções. Apesar da vida agitada que tive, foram sempre a primeira das prioridades. O João sempre foi fisicamente muito parecido comigo, ainda hoje é. E a minha filha Isabel, não sendo tão semelhante, no aspecto físico, possui um temperamento que se parece muito ao meu. Desde muito cedo, o João e a Isabel viram-se envolvidos nas discussões políticas e culturais que constituíam o centro dos nossos interesses. O meu pai, sobretudo, que velava sobre a família, como o velho Afonso de *Os Maias*, arbitrando as discussões mais vivas e ocupando-se muito dos netos, exerceu sobre eles uma influência profunda e marcou-os fortemente a ambos.

A sua mãe, como me disse, morrera em 1955. Uma morte esperada devido a longa doença. Tinham os dois uma relação de enorme ternura e cumplicidade. Mário Soares fora para ela — e incessantemente — o alvo de mimos e o centro de todas as atenções.

É verdade. A minha mãe era uma pessoa psicologicamente muito forte, nada de ternuras, em geral ríspida, pragmática, decidida, quase nunca a vi chorar. Mas tinha um ponto fraco, que era eu. Protegia-me e mimava-me. Tínhamos uma relação muito afetuosa, que perdurou pela vida fora, mesmo depois de eu casar, como lhe disse.

Mas a sua morte foi, em certo sentido, uma morte que eu já esperava, apesar da grande tristeza que me deixou.

Vivera esses anos da década de 1950 mais votado à reflexão do que à ação: estudou Direito, foi professor do Colégio Moderno, formou-se, abriu escritório, ganhou dinheiro. Entretanto lia, via amigos, refletia. Mas saiu pouco de Portugal nesses anos. Como era o país nos anos 50?

Viajei alguma coisa: mas só em Espanha, França, Itália, Suíça, Bélgica e pouco mais. O país era baço, completamente cinzento e triste, nesses anos 50. Foi a época dos planos de fomento e de algum desenvolvimento. Mas a juventude não tinha muitas perspectivas de futuro. Não havia horizontes. Tudo parecia cerrado. Por mim, sentia-me frustrado e algo invejoso dos países da Europa Ocidental. Sentia-me sem liberdade. Lia os jornais franceses e seguia a atualidade internacional através deles, como se vivesse por procuração. Em Portugal, nada se passava, nunca...

Para a oposição, porventura, passar-se-ia pouco. Lembro-lhe que no final da década, em julho de 59, foi criada a EFTA. Portugal foi membro fundador, conseguindo importantes privilégios para si. Do outro lado, a oposição insistia na tecla do isolamento internacional do país. Era possível insistir nisso com Portugal na ONU, na OTAN e, a partir de então, também na EFTA?

Nunca a oposição preconizou o isolamento internacional. Pelo contrário, condenou-o, responsabilizando Salazar por ele. Portugal entrou por favor na ONU, como disse Salazar, num jogo de "trocos miúdos" entre as grandes potências. E entrou na EFTA por não poder entrar, por falta de democracia interna, na Comunidade Européia, criada em 1957 pelo Tratado de Roma.

Voltando ao senhor: o fato de ter começado a advogar infletiu de algum modo as suas leituras?

Certamente. Obrigou-me a uma inflexão profunda nas minhas preocupações intelectuais, nos meus interesses e leituras. No princípio da década, até constituir escritório, em 1957, fui simultaneamente administrador do colégio e quando, finalmente, obtive o diploma do ensino secundário ensinei História, Filosofia e Organização Política e Administrativa.

Tive sempre a preocupação que as minhas aulas fossem atraentes e inovadoras: nunca segui a rotina, o que implicava um esforço de preparação, de leitura e mesmo de investigação. Estudei então, a sério, a História Universal — sobretudo certos períodos, como a Revolução Francesa, a História Contemporânea e a História de Portugal, do liberalismo até à atualidade. Alimentei o vago objetivo de vir, um dia, a escrever um livro, cujo modelo seria essa obra-prima que se chama *Portugal contemporâneo*, de Oliveira Martins.

O estudo do Direito cimentou a sua formação. Mas como o influenciou? Por qual Direito se interessou mais?

O Direito deu-me uma certa disciplina mental: interessei-me, particularmente, pelo Direito Político e Constitucional, pela História do Direito Português, pelo Direito Civil e pelo Penal. Para além dos professores já citados acima, refiro ainda Rocha Saraiva e Paulo Cunha, que não foram meus professores, mas cujas lições, claríssimas, tive o privilégio de estudar. Mas houve também a influência de dois professores de Coimbra, Paulo Mereia e Cabral Moncada.

Quando, por obrigação de funções, lecionei "Organização Política", pensei até em publicar um "Manual Político do Cidadão Português", a exemplo do que fez, no início do século, Trindade Coelho. Trabalhei para isso, embora a presença da censura fosse altamente dissuasora! Ainda não pus, de resto, a idéia completamente de parte. Mas também me apaixonou a História Contemporânea, a Sociologia, o Direito Público.

E, entretanto, que lia?

Sem deixar de me considerar um homem de formação marxista, interessei-me, nessa época, pelo existencialismo: Sartre, Merleau-Ponty, Gabriel Marcel, Camus. Como racionalista e humanista, li Joaquim de Carvalho, Sílvio Lima e António Sérgio, que me marcaram particularmente. Na Filosofia, li também Bertrand Russel, Teilhard de Chardin, Henri Lefèbvre; mais tarde, Edgar Morin, para citar alguns que me foram mais familiares.

Falando agora, especificamente, de literatura: que autores o seduziram mais nesse tempo?

Fui sempre lendo os livros que iam aparecendo, ou que estavam mais em moda. Fui lendo de tudo, desordenadamente, ao sabor das sugestões, portugueses e estrangeiros, e estes em traduções ou nas línguas originais, francês e espanhol. Tive sempre uma grave limitação: a falta de hábito ou, mesmo, a incapacidade de ler inglês, alemão, italiano, o que me fez ficar sempre bastante tributário da cultura e do pensamento francês, compensado por vezes pelo espanhol. Nesse tempo, sobretudo, o que lia em espanhol vinha da América Latina, México, Argentina, e muitas traduções em português oriundas do Brasil. Li contemporâneos e clássicos. Fui sempre — e continuo — um leitor insaciável, com a paixão dos livros, da leitura e da escrita. E também sempre devorei jornais e revistas!

Como é que tudo isso se foi sedimentando? Quem o deslumbrou, quem se tornou inesquecível?

Relativamente ao corte com o comunismo, foram importantes Sartre, com a peça *Les mains sales* ou o guião *L'engrenage*, Koestler, com *O zero e o infinito*, David Rousset, com a denúncia dos campos de concentração soviéticos, o Orwell, *1984*, e Huxley, com *Admirável mundo novo*. E, mais uma vez, lhe refiro o papel formador das revistas *L'Express e France-Observateur*, depois *Le Nouvel Observateur*, e do diário *Le Monde*.

V.

A Viragem

1.
As sementes na terra

Comecemos por aqui: no dia 7 de abril de 1964, Mário Soares, Tito de Morais e Francisco Ramos da Costa — à roda de uma mesa no Hotel Moderne, em Genebra — fundaram a ASP, Ação Socialista Portuguesa. De onde e de que partiu a ASP?

Tito de Morais, expulso de Angola, foi para o Brasil e, depois, para Argélia, onde representava a Resistência Republicana na Frente Patriótica de Libertação Nacional. O Francisco Ramos da Costa vivia em Paris, para onde se exilara por implicação no "Golpe de Beja", ocorrido em 1961, e eu vivia em Portugal. A ASP foi um passo mais num certo caminho iniciado já na década de 1950...

...e a verdade é que já dois anos antes, num dia da primavera de 1962, sentados no Café Coupole em Paris, Mário Soares, Piteira Santos e Tito de Morais ultimavam a declaração de princípios do movimento político que viria a concretizar-se na ASP em abril de 64.

É exato, reunimo-nos muitas vezes antes de termos podido concretizar esta nossa idéia, da qual o Ramos da Costa, o Tito de Morais e eu próprio éramos entusiásticos defensores. O Piteira nunca foi...

Voltando à ASP: foi como deitar uma semente à terra?

Foi. Um embrião. Os partidos estavam proibidos por lei, uma associação colocava-nos fora dessa alçada, mas, ao mesmo tempo, avançava-se no sentido de algo mais estruturado.

Em Genebra, no Hotel Moderne, assumi o compromisso de que, quando regressasse a Lisboa, convenceria os meus amigos da RRS.

Os advogados da Baixa?

E os do Porto e de vários outros pontos do país — os médicos, os profissionais liberais de vários sítios, alguns operários, que começavam a associar-se a nós.

Alguns quê, Dr. Soares?

Operários, sim. Tínhamos dois ou três na Lisnave, tínhamos um, aliás excelente e muito prestigiado, nos Caminhos-de-Ferro, Homem de Figueiredo, com ligações políticas com outros ferroviários, gente na construção civil, nas cooperativas e em diversas associações operárias.

Lembra-se de quem eram? Recorda-se se continuaram com o senhor, se se filiaram no PS?

Claro que sim. Serra, por exemplo, que não era o que você conhece, da Revolta da Sé: era um elemento de Almada; o Manuel Cabanas, do Barreiro, a gente dos Centros Republicanos, o Armando Castanheira e o António Lomelino. Não seriam muitos, mas constituíam uma pequena rede que entrou toda, depois, no PS. A muitos deles encontra-lhes os nomes e as profissões — carpinteiros, torneiros, eletricistas, agricultores, empregados de armazém, alfaiates, tipógrafos etc. — no "Manifesto à Nação" de 1968, que figura no meu livro, apreendido, *Escritos políticos*.

Como encarava a ação dos sindicatos? Conhecia, certamente, a estratégia do PC de infiltração dos sindicatos nacionais e do regime corporativo.

Obviamente. Mas reconheço que nós, socialistas, nesse tempo éramos quase nulos nos sindicatos. Só depois do 25 de Abril conseguimos êxitos apreciáveis nesse campo e com a ajuda de sindicalistas vindos da área católica, como esse extraordinário militante, António Janeiro.

Como se definia, quando subiu mais esse degrau da caminhada?

Como socialista. De formação marxista, claro, mas um socialista que tomava como referência as posições de Brandt, de Palme e do Nenni, principalmente. Nessa época, Pietro Nenni estava já contra os comunistas, acabara com as veleidades de uma frente de esquerda de tipo frente popular, veleidades que alimentara a seguir à guerra. Nenni percebera que tinha de se associar à Democracia Cristã e, por isso, era vice-presidente do governo de Aldo Moro. E havia também Pierre Mendès-France, um radical socialista que procurava um caminho de rigor dentro do socialismo democrático. E Aneurin Bevan, o trabalhista inglês. Eram estas as minhas referências. Sabia que, para vencer a ditadura, era necessária uma estratégia autônoma de luta contra o salazarismo, independente dos comunistas. Mas considerava que deveríamos ter, com eles, uma certa unidade na ação. Por isso estávamos ainda representados na Frente Patriótica. E fundamos a ASP.

Era um socialista. Mas, na sua "Declaração de Princípios", a ASP — embora se diga contra "os modelos burocratizados e concentracionários" — louvava a revolução socialista soviética chamando-lhe "um marco fundamental na história da humanidade"; citava "as revoluções sociais da China, Iugoslávia e Cuba" e não deixou de repudiar "o caminho daqueles movimentos que, dizendo-se socialistas ou socialdemocratas, acabam por servir deliberadamente os interesses do capitalismo internacional e do imperialismo". Quem se reclamava destes princípios era apenas "um socialista de formação marxista"?

Deve ter em conta as circunstâncias do tempo e as idéias que, nessa época, circulavam na esquerda européia. Pense que os comunistas nos queriam "arrumar" pura e simplesmente à direita, para nos tirar qualquer poder de atração sobre a juventude, que era então muito contestatária e esquerdista. Digamos que as expressões citadas têm um cunho bastante datado e conjuntural.

Peguemos nos nomes europeus que citou e clarifiquemos mais as coisas: como é que Mário Soares via, nessa altura, os caminhos trilhados pela socialdemocracia alemã ou as teses de Mendès-France? É que, por vezes, não coincidiam: nem com Mário Soares, nem entre si.

Cada uma das experiências referidas radica na história e nas vicissitudes dos respectivos movimentos operários nacionais. Nenhuma delas me satisfazia totalmente. Mas apontavam um caminho — uma direção — por onde entendia que Portugal, reconquistada a liberdade perdida, deveria seguir, com os inevitáveis reajustamentos que se impusessem. A tradição portuguesa, desde o século XIX, não era trabalhista nem socialdemocrata. Por isso nos reclamamos do socialismo democrático ou humanista, como dizia Léon Blum.

Piteira Santos desistiu a meio, Ramos da Costa, Tito de Morais e Mário Soares seguiram em diante. Acreditaram que tinham de dar esse "grande salto qualitativo"?

Ficamos três dias nesse modesto hotel suíço, fazendo uma apreciação global da situação da Europa e da situação portuguesa, dos apoios que tínhamos, da gente que poderia estar conosco. O Piteira Santos, quando lhe falamos em transformar a RRS na ASP, achou que não fazia sentido: era uma bizarria de uns tipos de quem se sentia amigo, mas que não desejava acompanhar na direção em que íamos. Insistia em privilegiar o trabalho na Frente Patriótica, o que não interessava nada: a frente estava já sob o controle, mais ou menos claro, do PCP e funcionava, cada vez mais, como um centro de potenciais conflitos com e por causa de Humberto Delgado.

Falemos justamente na Frente Patriótica de Libertação Nacional, criada no final da década de 1950. Acreditou nela?

A seguir às eleições de 58 e à tentativa falhada da Revolta da Sé, sentimos a necessidade de tentar coordenar a oposição democrática, de a erguer dos escombros desses fracassos. Humberto Delgado fora para o exílio, houvera alguma desmobilização, era preciso fazer alguma coisa. Criaram-se as Juntas Patrióticas, onde estava a mesma massa oposicionista do costume: antifascistas, socialdemocratas, comunistas, católicos, socialistas, maçons, mas onde os comunistas não eram majoritários.

Embora eu fosse crítico dos comunistas, querendo uma estratégia autônoma de luta contra o salazarismo, independente do PC, achava que tínhamos de manter a unidade na ação. Por isso integrei, representando de algum modo a Resistência Republicana, estas juntas. Recobrou-se algo da antiga chama antifascista — o pintor Nikias Skapinakis teve aqui um papel relevante, bem como o Zenha, o Manuel Sertório, o Manuel de Lucena, o Arlindo Vicente, o Lino Neto e o Dias Amado —, embora a experiência não tenha durado muito. E quando, tempos depois, vários oposicionistas se refugiaram em Argel, as juntas constituíram-se na Frente Patriótica de Libertação Nacional, que se estruturou já no exílio e, no começo, gravitou à roda de Humberto Delgado. Mas muito depressa começou a haver desentendimentos, querelas, dissidências. Não correu bem...

...foram quase sempre tão permanentes quanto veementes as suas lutas internas.

Essas lutas tiveram sobretudo lugar em Argel, o que quer dizer que não tive nunca nelas intervenção, nem mesmo conhecimento completo. Humberto Delgado, no estrangeiro, zangou-se praticamente com toda a gente — e isso começou logo que chegou ao Brasil.

Zangou-se com a oposição clássica, que o recebeu de braços abertos — o velho comandante Sarmento Pimentel, Casais Monteiro, Jorge de Sena, Jaime Morais, Paulo de Castro, Pedroso Marques, Queiroga. E, depois, com o seu amigo do peito, Henrique Galvão, uma zanga de morte... Veio depois para a Europa e, a seguir, para a Argélia. Quem lhe pagou o bilhete de avião foi a D. Maria Pia de Bragança, filha bastarda do rei D. Carlos.

Mas, na Argélia, quem recebeu Humberto Delgado como presidente da frente foi o próprio Ben Bella, dando-lhe honras de chefe de Estado! Mário Soares acreditou que alguma coisa se podia compor após os estragos do Brasil?

Quase imediatamente, Humberto Delgado entrou em luta com praticamente todos os membros da Junta Patriótica que o haviam recebido: Piteira Santos, Tito de Morais, Manuel Sertório. Mais tarde, incompatibilizou-se também com Manuel Alegre, Pedro Soares e Ramos de Almeida, representantes do PCP, ficando reduzido a um pequeno grupo de fiéis, entre os quais Adolfo Ayala e António Brotas.

O isolamento em que se encontrava, nos últimos tempos, empurrou-o para a criação fantástica da Frente Portuguesa de Libertação Nacional. E facilitou, finalmente, a armadilha tecida pela PIDE, de onde resultou o seu assassinato em Espanha, em 65.

A Frente não o interessava especialmente. Se assim era, por que é que lá continuava? E por que é que nunca compareceu a nenhuma das suas conferências? Pelo contrário, Tito de Morais e Ramos da Costa, embora fundadores da ASP, representavam a RRS na frente — e estiveram presentes nas suas três conferências — em Roma, em dezembro de 62; em Praga, em dezembro de 63; e em Argel, em setembro de 64. Como deve ser entendido o seu comportamento e qual a articulação entre a ASP e a frente?

Eu estava em Portugal, tinha uma vida legal, era advogado. Não tinha qualquer vantagem em participar nas conferências da frente, no estrangeiro. E tinha lá os meus amigos citados, que nos punham ao corrente do que ia ocorrendo.

Tito de Morais recorda hoje que Ramos da Costa lhe confidenciava que se sentia a cometer "adultério" por integrar a frente, sendo já membro fundador da ASP. A ASP começou por ser clandestina?

Claro! Em situação de ditadura, toda a atividade oposicionista, em Portugal, tinha sempre uma face mais ou menos clandestina. Embora procurássemos forçar — como dizíamos — a legalidade. Daí as diversas siglas utilizadas. Mas, quando Ramos da Costa falava em "adultério", suponho que se queria referir a outra coisa: a estratégia da Frente Patriótica era unitária, e a nossa, na ASP, propunha-se seguir um caminho autônomo, para ganharmos maior credibilidade e apoios nacionais e internacionais na luta contra a ditadura.

Após a formação da ASP, os seus fundadores escreveram uma carta a Humberto Delgado, datada de abril de 64, onde lhe reiteraram o seu apoio à frente, mas onde omitiram a fundação da ASP. Por quê? Delgado não podia saber que Mário Soares acabara de concretizar um movimento "autônomo"? Por quanto tempo, e perante que outras forças políticas, deveria a ASP manter-se num limbo?

Em Portugal, nessa época, eu era uma referência legal, visível, da luta da oposição democrática. O meu escritório de advogado era um baluarte, freqüentado por toda a oposição, pelas famílias dos presos políticos, pelos correspondentes da imprensa estrangeira que queriam saber notícias, mesmo por alguns secretários de certas embaixadas. Estava sujeito a uma vigilância policial constante. Se a PIDE me apanhasse em atividades claramente clandestinas, seria a morte definitiva do artista... Daí todos esses cuidados ou, se quiser, disfarces.

Sabe-se que alguns dos seus amigos mais próximos olharam de soslaio a formação da ASP. Tito de Morais retém ainda hoje o "ceticismo" ou, mesmo, o "desagrado" com que a ASP foi encarada em Lisboa.

É certo. Acabariam por concordar com a idéia, embora sem grande entusiasmo: Salgado Zenha, Magalhães Godinho, Gustavo Soromenho não percebiam bem por que é que eu queria mudar as coisas: tínhamos a Resistência Republicana e Socialista, para que mudar? Apostavam na luta interna e eram céticos em relação à importância dos apoios internacionais. O Manuel Mendes considerou a ASP como uma fantasia que iria necessariamente desembocar num partido socialista, idéia com que não simpatizava excessivamente. Acreditava mais numa frente ampla, unitária, mais capaz de dinamizar um *Putsch* militar. Ninguém morreu de entusiasmo pela ASP, no início. Foi preciso fazer um trabalho difícil e lento. Mas, enfim, eu forcei e consegui. Aquilo andou, sobretudo quando começaram, mais tarde, a surgir alguns jovens, como Jaime Gama, José Luís Nunes, Alberto Arons de Carvalho, Alfredo Barroso e outros.

Forçou?

Aqui em Portugal, não tenha a menor dúvida!

É curioso, já é a segunda ou a terceira vez que me diz que Salgado Zenha "não estava de acordo". Terá ele estado, afinal, menos vezes de acordo com o senhor do que aquilo que se tem como certo?

Esteve sempre, no fundamental, que era a luta quotidiana de desgaste da ditadura. Mas, nessas coisas de criação de um partido, é verdade que não me acompanhava tanto.

Mas o partido não viria a ser o fundamental?

Salgado Zenha nunca sentiu o partido como instrumento necessário de trabalho. E, por outro lado, nunca se sentiu um homem verdadeiramente de partido. Era muito individualista. Foi por isso, talvez, que, no seio do PS, só depois do 25 de Abril veio a ter a importância dominante que teve, durante um certo período e, mesmo assim, sempre muito empurrado por mim. Entretanto, eu tentava alargar a ASP a outra gente: à Lisnave, à CUF, aos meios operários, sindicais e cooperativos, e à juventude. No Porto, o escritório de António Macedo e de Cal Brandão desempenhava o mesmo papel do meu escritório, em Lisboa. Em Coimbra, apareceu o António Arnaut a ajudar o Dr. Fernando Vale e o António Campos.

Criaram-se as cooperativas, instalamos a ASP em diversos lugares do país. Em Lisboa, a Cooperativa de Estudos e Documentação, na Duque de Ávila, era a face legal da ASP; no Porto, criamos outra cooperativa, Coordenadas, e também, em Coimbra, chamada Encontro, que hoje é ainda a sede do PS.

Fala-me na CUF, na Lisnave. Ocorre-me uma questão: pretendia que a ASP se fosse desenvolvendo segundo a tradição dos partidos socialdemocratas ou trabalhistas do Norte da Europa — onde existia um grande peso das classes trabalhadoras e do sindicalismo —, ou pretendia uma ASP mais parecida com o Sul da Europa e mais vocacionada para se desenvolver à base das classes médias?

Queria conseguir uma base operária sólida, porque, nessa época, não se concebia um partido socialista forte sem essa base. Mas não tinha ilusões. Enquanto não houvesse liberdade, isto é, sem derrubar a ditadura, nesse campo, nunca poderíamos competir com o Partido Comunista. Depois, sim, como se provou na luta decisiva contra a unicidade sindical.

E quem, na sua associação, se encarregava dos contatos com a CUF ou a Lisnave? Como se processavam eles?

Já lhe falei no Manuel Serra e no Homem de Figueiredo.

Havia outros, cujo nome não recordo. Joaquim Catanho de Menezes tinha alguns contatos nessa área. Mas tudo era esporádico e improvisado, a partir das pseudocampanhas eleitorais. Nunca tivemos funcionários na ASP, nem gente na clandestinidade. Havia boas vontades e uma imensa generosidade.

Com que dinheiro faziam tudo isso?

Sem dinheiro nenhum! Com os nossos meios. Fazíamos a festa e deitávamos os foguetes com o dinheiro dos nossos próprios bolsos... Tito de Morais, por exemplo, quando se mudou de Argel para Roma, em 66, começou a trabalhar como funcionário na ADN — Cronos, uma agência noticiosa que pertencia ao Partido Socialista Italiano e que lhe pagava um modesto salário. A partir de 67, passou a receber uma determinada quantia para publicar o jornal que havíamos criado, o *Portugal Socialista*, cujo primeiro número saiu, justamente, no 1º de Maio desse ano. Tito era de uma persistência à prova de bala e muito engraçado. Lembro-me que, quando eu chegava a Roma — aonde ia bastante nessa altura —, fechava-me num quarto da casa onde vivia, na Via Catania, e mandava-me escrever dois ou três números do *Portugal Socialista*, de uma assentada! "Vá, escreve, escreve!" E eu redigia uma série de artigos que ele, depois, ia publicando...

Com o pseudônimo de "Carlos", de "Fontes" ou de "Carlos Fontes"...

...Sim, e outros não-assinados. Escrevia notícias diversas, umas inventadas, outras verdadeiras. E o Tito, enquanto eu escrevia, fumava incessantemente cigarros e passeava ao longo da sala. De vez em quando, dizia: "Lê lá!" Eu lia, ele pedia para meter mais isto ou aquilo. Foi assim durante alguns anos.

Por que ressuscitou o pseudônimo de "Fontes", o mesmo que utilizara nos tempos da militância comunista?

Não tinha, obviamente, qualquer ligação. Não quis multiplicar pseudônimos, o nome de "Fontes" servia perfeitamente. Mais tarde, já exilado em França, utilizei, para artigos que escrevia para o *República*, o de "Clain d'Estaing".

Ramos da Costa foi, para o senhor, alguém muito próximo. Conhecia-o havia muito, ficou seu amigo pela vida fora.

Vale a pena falar dele. Era um homem extraordinário, simpatiquíssimo, de rara qualidade humana. Alguém que se fizera a si próprio, veio de tamancos de Alfarelos para Lisboa, para ser paquete no restaurantc Leão de Ouro, onde um tio era empregado. Era um moço espertíssimo, de quem todos os clientes gostavam, mandavam-no comprar charutos, fazer recados, levar flores às senhoras: ao fim de dois anos, tinha uma pequena fortuna amealhada! Com esse dinheiro, pagou a professores para o prepararem para fazer o exame de admissão à Escola Comercial, onde fez o curso, entrando a seguir para o Instituto Comercial. Do Leão de Ouro passou para o Avenida Palace e, depois, para o Hotel Aviz, enquanto ia conhecendo a Lisboa noturna e boêmia da época, adquirindo um bom conhecimento da natureza humana, conhecendo muita gente importante de meios elegantes, artísticos, intelectuais, políticos. Ao mesmo tempo que fazia esta vida, licenciou-se em Econômicas e Financeiras e foi fazendo um caminho clandestino na luta política, no Partido Comunista, onde chegou a efêmero dirigente antes da reorganização de 1941, e foi próximo de Álvaro Cunhal.

Próximo?

Foi companheiro de juventude, freqüentou a casa do pai de Cunhal, na Avenida António Augusto de Aguiar, e conheceu o irmão que, como referi, morreu cedo. Entrou para o Partido Comunista, onde desenvolveu grande militância. No princípio dos anos 40, chegou a ter uma pequena tipografia clandestina no Avenida Palace, onde trabalhava. Teve grande atividade no período da reconstituição, em 41, em grande proximidade com Dias Lourenço e Cunhal, mantendo ao mesmo tempo uma forte ligação ao núcleo inicial do neo-realismo — Soeiro Pereira Gomes e Alves Redol — que viviam, nessa época, em Alhandra e em Vila Franca. Francisco Ramos da Costa foi também um homem de uma imensa generosidade pessoal, extrovertido, de uma alegria de viver extraordinária! Era, simultaneamente, um comunista clandestino e o "senhor doutor", diretor do Avenida Palace e, depois, do Hotel Aviz, onde ganhava muito dinheiro. Foi amante de senhoras muito chiques e conhecidas da sociedade lisboeta e, ao mesmo tempo, um homem que descia orgulhosamente o Chiado com a mãe, vestida de xaile e lenço, acabada de chegar de Alfarelos. No final da guerra, publicou um livro, que teve certo sucesso, *O Plano Beveridge criticado*. William Beveridge, um alto funcionário da administração pública britânica, presidira, no início dos anos 40, a uma comissão encarregada de reanalisar todo o sistema de segurança social. Esse relatório — conhecido como Plano B — veio a ser posto em prática, apesar da oposição de certos meios conservadores, o que levantou grande celeuma, dentro e fora da Grã-Bretanha. Claro que os comunistas criticavam ferozmente o Plano B por toda a parte.

Um homem assim não era certamente um comunista ortodoxo...

...Não. Nunca se deixou dominar totalmente pelo partido, era demasiado heterodoxo para isso.

Comecei por ter má impressão dele. Não gostei de um discurso que lhe ouvi um dia na Voz do Operário e que lhe correu francamente mal. Não tinha o verbo fácil. Mas, entretanto, quando fui preso com outros amigos do MUD Juvenil, no Aljube, encontrei-o na prisão, onde estava detido havia vários meses. Como oficial miliciano, envolvera-se numa conspiração e fora denunciado por um grupo de sargentos. Ficamos juntos na mesma cela. Francisco Ramos da Costa portou-se como um leão, negou tudo, mesmo nas diversas acareações a que foi sujeito. Estive mais de dois meses com ele, na cadeia. Éramos 22, numa sala enorme, no terceiro andar do Aljube. O Chico — como o tratávamos — era o "chefe de sala". Este convívio fez-me modificar por completo a minha opinião: tratava-se de um homem espontâneo, caloroso, apaixonado pela vida, alegre, que acertava com a minha maneira de ser.

Foi o princípio de uma bela amizade?

Uma grande amizade que perdurou pela vida inteira. Além de ser um homem de convicções, muito empenhado na luta política, era um *bon vivant*, gostava de mulheres, tinha um certo espírito aventureiro, no bom sentido, gostava de cinema, discutia coisas de arte, de que era grande conhecedor, tinha uma curiosidade insaciável. Mas cometia pequenas *gafes* e possuía certas lacunas de educação de que o meu pai não gostava. Por exemplo, tratava-o, com excessiva familiaridade, por "João Soares". Lembro-me que um dia, estávamos à mesa a almoçar, ele apareceu e com grande à-vontade começou a comer azeitonas e a pôr os caroços, distraidamente, no prato do meu pai! Claro que o meu pai, ao princípio, tinha algumas reticências, achava-o um pouco casca-grossa. Depois, compreendeu-o e apreciou-o.

Mas Mário Soares, porém, apreciou-lhe menos a sua obstinada faceta de economista...

...Tinha, é certo, essa única pretensão: julgava-se um grande economista. Foi o seu ponto fraco. Tirara notas elevadas no curso e não fora assistente porque, nessa altura, o seu currículo político impedira-lhe a realização dessa ambição. Podia-se dizer-lhe tudo, menos duvidar dos seus talentos de economista! Os meus filhos adoravam-no, tratavam-no por "Chico", acompanhava-nos para todo o lado, passava sempre alguns dias de férias conosco, na Foz do Arelho. E tinha a *coquetterie* de nos exibir sempre as suas novas amigas. A Maria de Jesus, ao princípio, irritava-se um pouco com isso: mas, depois, também se rendeu à calorosa amizade do Chico e ao contato humano que estabeleceu com os nossos filhos, então muito pequenos.

Ramos da Costa saiu do Partido Comunista com o senhor, ao mesmo tempo?

Abandonou, pelo menos, uma militância ativa na mesma altura, embora tenha mantido, julgo, alguma ligação com o partido até aos anos 60. Fomos ambos vilipendiados no artigo que lhe referi do jornal *Avante!*, em 1951. Em 64, foi um dos fundadores da ASP e mais tarde, obviamente, do PS. Entretanto em 1961, depois do Golpe de Beja, exilou-se em Paris. Sempre que eu lá ia, estávamos juntos. Voltou para Portugal comigo — no mesmo trem — no dia 28 de abril de 74. Presumo que teria gostado de ter sido ministro das Finanças, após a Revolução... Foi deputado, por Coimbra, na Constituinte; depois, embaixador na Iugoslávia e na Dinamarca.

E Tito de Morais? Um amigo e companheiro que também o tem acompanhado até hoje?

Conheci o Tito no MUD, em 1945. E desde aí estabeleceu-se entre nós uma grande amizade, um companheirismo total, apesar da diferença de idades, que resistiu a tudo e ainda perdura. O Tito é um homem de caráter, de uma persistência inquebrantável, voluntarista, determinado, às vezes um tanto radical e intransigente nas suas convicções. Nunca foi do Partido Comunista, mas sempre se considerou um *compagnon de route*. Por temperamento, como tantas vezes lhe disse, poderia ter sido comunista, pela sua tendência de ver as coisas em preto ou branco, amigo ou inimigo, avesso às gradações ou às *nuances*. Salvou-o, talvez, dessa tentação a sólida educação republicana que recebeu do pai, o almirante Tito de Morais, herói da República, um homem encantador. Aluno do Colégio Militar, onde foi colega de Spínola, engenheiro formado na Bélgica, Tito foi um grande resistente, totalmente devotado à luta contra a ditadura que, pelo menos a partir de 1945, foi a sua principal razão de ser, arrostando, com invulgar coragem, todos os perigos, ameaças e riscos que lhe foram inerentes.

Por essa época, por outro lado, fez, com os seus amigos, uma "operação" que considerou "importantíssima": dominar o jornal *República*. Como se processou isso?

O grande pacote das ações era detido pelo diretor, Carvalhão Duarte, um republicano da velha guarda, um tanto retórico, mas um grande homem de bem. O jornal havia-se tornado uma verdadeira carolice dos republicanos e dos oposicionistas, para manter o fogo sagrado. Mas tinha pouca eficácia, fora dos períodos pseudo-eleitorais. O vice-diretor, Alfredo Guisado, era poeta e comerciante, dono do Irmãos Unidos. Fora amigo de Fernando Pessoa e pertencera ao Grupo do Orpheu. Havia também Artur Inês, grande polemista, do tempo de António Ferro, mas, em contraponto com ele, um pouco envelhecido e decadente, quando o conheci. Tinham todos uma idade avançada e estavam muito cansados de décadas e décadas de ostracismo e censura. Nesta operação houve duas pessoas que tiveram um grande papel, tirando, obviamente, Raul Rêgo e Gustavo Soromenho: Dias Amado, na altura grão-mestre da maçonaria — embora, nessa época, a maçonaria tivesse, pela força das coisas, uma expressão pequena —, catedrático de Medicina e compadre de Carvalhão Duarte, que, aliás, sempre gostou muito de mim, desde os tempos do MUD. E Nuno Simões que, além de grande amigo do meu pai, era muito próximo do Raul Rêgo. Diga-se, num parênteses, que Raul Rêgo, quando abandonou o seminário, não tinha para onde ir, encontrava-se um pouco à deriva e aflito. O meu pai, a pedido do padre Alves Correia, meteu-o no colégio como professor. Deu-me até aulas de Latim no terceiro ou quarto ano. No colégio, dirigiu o jornal *Gente Moça*, no qual eu escrevia. Um belo dia, por causa de um artigo chocarreiro que ele deixou passar no jornal, o Ministério da Educação fez uma inspeção e exigiu que o responsável pelo *Gente Moça* saísse do colégio. Rêgo teve de abandonar o colégio por essa razão. Mas o meu pai conseguiu que ele fosse para bibliotecário e secretário do Dr. Nuno Simões, antigo ministro da I República e reputado conselheiro econômico de grandes empresas da época. Daí terem criado uma amizade sólida. Depois, foi vários anos jornalista da Reuters. Voltando ao *República*: com a ajuda de Dias Amado e de Nuno Simões, que também tinha ações do *República*, fomos ter com Carvalhão Duarte, que aceitou transferir, gratuitamente, as ações do *República* para o Raul Rêgo e para o Soromenho. Nominalmente, mas de fato para o nosso grupo socialista, porque ninguém as considerava propriedade individual. Gustavo Soromenho entrou como administrador, o Raul Rêgo como diretor. Para além das Cooperativas, do *República* e de alguns velhos "Centros Republicanos", tínhamos uma certa influência na Ordem dos Advogados, visto que alguns dos seus dirigentes pertenciam à ASP: António Macedo, presidente do conselho distrital do Porto da Ordem; Magalhães Godinho, de Lisboa. E o bastonário, um velho republicano, antigo ministro da I República, Pedro Pita, que era imensamente nosso amigo. Havia ainda o Abranches Ferrão, presidente da Comissão de Relações Internacionais da Ordem, em absoluto solidário conosco (e, em especial, comigo), embora se recusasse a vir às reuniões da ASP: dizia-me sempre que não estava para aturar aquelas reuniões tão palavrosas!

Embora sempre de uma forma simplista, quase redutora, alimentado-se de duas ou três boas idéias, o seu caminho iase clarificando: deixara os comunistas, definia-se agora como socialista. Que quis ao fundar a ASP? Afirmação? Credibilidade?

Protesto contra a qualificação de simplista. Por quê simplista? Pelo contrário, as condições eram complexas e difíceis, e nós, com determinação e coragem, sob uma ditadura feroz, recorde-se, fomos construindo uma organização. Houve também ensejo para criar uma certa credibilidade, através de duas vias: a dos correspondentes estrangeiros, a quem o Rêgo e eu dávamos toda a atenção e informação...

Quais correspondentes?

O Denis Redmont, da Associated Press; o Gabriel Lacombe, da France-Presse; a senhora Shercliff, da *Time*; o Bruce Lowdon, do *Daily Telegraph*; a Marvin Howe, do *New York Times*; o Alleco Joanides, da Reuters; além de outros, que vinham ver o que se passava, como o italiano Sandro Viola, Ted Szulkz, jornalista americano, ou Marcel Niedergang, do *Le Monde*... E, por outro lado, começamos, embora por forma incipiente, a contatar sistematicamente as embaixadas. Não através dos embaixadores — não se dignavam ainda receber-nos —, mas dos secretários ou dos conselheiros. Fernando Morán, cônsul-geral de Espanha, era abertamente nosso amigo. Outro dos que nos aparecia, era René Ala, da embaixada de França, falávamos muito. Um dia convidou-me para jantar e, como que por acaso, apareceu ao café o próprio embaixador, o Conde de Rose, que me submeteu a um inquérito certeiro. Encontrei-me também com um secretário da embaixada americana, Diego Asencio, e com outro, da mesma embaixada, cujo nome não recordo, que vi muito no final da década. Dávamos grandes passeios no jardim do Campo Grande, frente à minha casa, onde ele se colocava estrategicamente para me encontrar, como se fosse por acaso. Diego Asencio tornar-se-ia célebre quando, em meados dos anos 70, era ele embaixador na Colômbia, foi raptado por um grupo de guerrilheiros.

O que movia Mário Soares nesses encontros?

O que nos movia era projetar para o exterior a idéia de que, em Portugal, existia um grupo de pessoas responsáveis, não-comunistas, imunes mesmo ao Partido Comunista, com experiência política, dispostas a fazer frente a Salazar e que procuravam, desesperadamente, uma alternativa democrática à ditadura. Claro que tudo isto teve acidentes de percurso: nesta década de 1960, fui preso quase todos os anos! Esta nossa "organização", se bem que muito *souple*, começava a existir, embora não pudéssemos contar com pessoas a trabalhar a tempo inteiro, nem tivéssemos — como já lhe disse — gente na clandestinidade. Eu era dos poucos que quase trabalhava a tempo inteiro! Na minha atividade profissional, fazia o mínimo possível para manter o escritório e ganhar algum dinheiro.

E havia sempre uma retaguarda atrás do senhor: a protegê-lo e, simultaneamente, a permitir-lhe tudo!

É verdade, é justo reconhecê-lo: o meu pai, a minha mulher, o colégio.

2.
1961: o ano das crises

Vamos voltar um pouco atrás? 1961 foi um ano trágico para Salazar e para o regime. Em janeiro, houve o assalto ao navio *Santa Maria*, conduzido por Henrique Galvão na operação "Dulcinéia"; em 4 de fevereiro, deram-se os assaltos às prisões de Luanda; em 15 de março, desencadeou-se a vaga de terrorismo no Norte de Angola; em abril, houve a tentativa do golpe de Estado do general Botelho Moniz, ministro do Exército de Salazar; em novembro, um comando liderado por Hermínio da Palma Inácio desviara, em pleno vôo, um avião da TAP; em dezembro, o império português perdeu a sua jóia da coroa: os territórios de Goa, Damão e Diu, o chamado "Estado Português da Índia". E na noite do fim do ano deu-se a revolta de Beja, tendo Humberto Delgado entrado clandestinamente em Portugal. Gostaria de o ouvir sobre alguns destes acontecimentos. Por onde começamos?

Como quiser... Talvez pelo golpe de Botelho Moniz, que foi bastante sintomático da decomposição do regime, no qual pus, aliás, muitas esperanças... Abalou profundamente as estruturas de um regime que, desde 58, nós considerávamos moribundo. A tentativa de golpe de Estado do ministro Botelho Moniz, em 13 de abril de 61, fracassou por milagre: tinha todas as condições para triunfar, inclusivamente o compromisso explícito dos principais comandos militares. Foi uma lição para nós. As revoluções fazem-se com os capitães e com os sargentos, não com os generais. Foi a segunda oportunidade perdida, depois do Delgado. Ter-se-iam evitado as guerras coloniais, a descolonização não teria sido tão traumática, uma transformação política feita pacificamente teria evitado muitos sofrimentos e seria gradual e controlada. A continuidade de Salazar — e da sua ditadura, esgotada e desacreditada — comprometeu irremediavelmente o futuro do país.

Que papel teria sido o seu nesse cenário?

Numa primeira fase ficaria, naturalmente, de fora! Criada, porém, uma situação de democracia e de liberdade, poderia ter sido o líder de um partido de oposição — o Socialista —, possivelmente minoritário. Mas a primeira oportunidade que se perdeu foi, evidentemente, em 1958, com Delgado. Admito até que, pela personalidade do general, se tivesse logo aberto um período de alguma confusão e desentendimento. Delgado não teria sido muito diferente do que foi Gomes da Costa no 28 de maio: uma personalidade fatalmente efêmera, dada a sua instabilidade pessoal. Mas a partir dele, da sua vitória, tudo seria irreversivelmente diferente.

Falemos no golpe de Botelho Moniz de forma menos expedita: o regime português, na sua fundação em 1926, teve como base de instauração histórica as Forças Armadas. E até 1974 é nelas que encontra o seu suporte político-material. Que conclusões políticas retirou do fracasso desse golpe militar? A que atribuiu esse mesmo fracasso? Como o analisou?

A ditadura foi militar de 1926 a 1932, isto é, dirigida ao mais alto nível por militares: e foi um desastre! Depois, com a ascensão de Salazar, de ditador das Finanças a ditador *tout court* (presidente do conselho), passa a ser civil, com suporte militar mais ou menos explícito. Não creio, porém, que as Forças Armadas tenham constituído alguma vez um todo homogêneo. Estiveram sempre divididas: houve inúmeras tentativas de golpes e várias revoltas, todas frustradas, infelizmente, desde a mais séria de todas, de 3 e 7 de fevereiro de 1927. Muitos dos mais prestigiados militares — a começar pelas altas patentes da Marinha e do Exército — foram fiéis à República e demitidos por Carmona. Só durante a Guerra de Espanha e a Guerra Mundial as conspirações, no seio das Forças Armadas, acalmaram. Mas voltamos a elas logo a seguir à vitória das democracias, no pós-guerra, como comprovam a Revolta da Mealhada (outubro de 1946) e a tentativa frustrada do 10 de abril de 1947, comandada pelo general Godinho e pelo almirante Cabeçadas, em que, como já vimos, o meu pai esteve envolvido. Júlio Botelho Moniz, um dos cadetes de Sidónio, homem de direita, portanto, mas amigo de Cunha Leal, compreendeu, no final dos anos 50, dados os seus contatos com a OTAN e os americanos, como de resto Craveiro Lopes, antigo presidente da República, que a política de Salazar estava esgotada, que não fazia sentido envolver Portugal numa guerra colonial sem saída, que importava encontrar uma solução alternativa, mais ou menos democrática, substituindo Salazar. Tinha consigo todos os principais comandos militares e, seguramente, o apoio (discreto) dos americanos. Cometeu, porém, um erro fatal: confiou no almirante Thomaz a quem, em jeito de ultimato, exigiu que demitisse Salazar. Thomaz, matreiro, pediu-lhe um prazo de reflexão, que lhe foi concedido. Segundo erro fatal! Thomaz avisou Salazar e, com a ajuda da PIDE e da aviação (Kaúlza de Arriaga), decapitaram a conspiração, prendendo, em prisão domiciliária, Botelho Moniz e neutralizando os seus homens de confiança. Salazar remodelou o governo e falou ao país. Foi quando disse: "Para Angola, rapidamente e em força." Assim começaram os anos mais trágicos, inglórios e pesados, de nefastas conseqüências para o futuro, da fase final do salazarismo, que Marcello Caetano não teve coragem de inverter. Para nós, oposicionistas de Salazar, democratas e socialistas, o fracasso de Botelho Moniz foi uma desilusão mais, a juntar a outras. Mas não nos fez mudar de opinião. Entendemo-lo como um adiamento, que acabou por ser mais longo do que julgávamos...

Que contatos tinha o seu grupo, a Resistência Republicana e Socialista, com os setores militares, um meio para o qual Mário Soares sempre olhou com tanta desconfiança quanto desconforto?

Desconfiança, alguma; desconforto, talvez, por conhecer mal o meio militar. Mas sempre na convicção de que era indispensável penetrar politicamente o meio militar, estabelecer contatos e encontrar as clivagens possíveis, única forma, quanto a mim, de derrubar o regime. Por isso os comunistas me acusaram, algumas vezes, de putschista, suprema injúria no vocabulário que lhes é peculiar... O nosso grupo teve sempre muita informação e alguns bons contatos nos meios militares, que procurava influenciar. Teófilo Carvalho dos Santos, Vasco da Gama Fernandes, Manuel Mendes, Magalhães Godinho, Eurico Ferreira, Piteira Santos, o próprio José Ribeiro dos Santos não pensavam noutra coisa. Cada um tinha os seus contatos diversificados e a diversos níveis da instituição militar. Depois, trocávamos impressões, entre nós, nas nossas reuniões semanais e decidíamos o que mais importava fazer. O célebre documento clandestino, que tanto deu que falar no tempo, contra Santos Costa, "De alferes a coronel sem um dia de quartel", foi feito por nós. Foi por essa altura que conhecemos Varela Gomes e outros oficiais que ele nos apresentou. Eurico Ferreira mantinha contatos com os oficiais da Escola Prática de Cavalaria de Santarém. E o Teófilo, por intermédio do brigadeiro Troni, com oficiais da Brigada de Santa Margarida. Eu próprio, por volta de 64 ou 65, reuni com dois capitães que comandavam os carros de assalto de Santa Margarida — e que estavam na disposição de marchar sobre Lisboa — em casa do Teófilo e na presença do brigadeiro Troni. Um desses capitães era o atual brigadeiro Jesus da Silva, que foi assessor militar de Cavaco Silva quando primeiro-ministro.

A partir daí, de abril de 61, julgou útil manter uma maior relação com os meios militares?

Continuamos a desenvolver, obviamente, os contatos que tínhamos. Não esqueça que, meses depois do fracasso do golpe de Botelho Moniz, se deu o assalto ao quartel de Beja, a entrada clandestina do Delgado em Portugal e a sua saída, e a morte do secretário de Estado do Exército. Varela Gomes, o major Pestana e vários outros foram presos. Piteira Santos fugiu e foi para o exílio, e Ramos da Costa, igualmente comprometido na conspiração, ficou em Paris, também no exílio...

Conheceu Júlio Botelho Moniz?

Pessoalmente, não, embora tivesse tido o filho no colégio, o que não deixa de ser curioso. Júlio Botelho Moniz era um homem mais sólido e calmo do que o seu irmão Jorge, demasiado truculento. A partir de certa altura, eu soube que se preparava alguma coisa, que ele conspirava contra Salazar. Como sabe, conhecem-se muitas pessoas na cadeia. Numa das vezes em que estive preso, encontrei um homem divertido, delicioso contador de histórias, Carvalho da Silva, major do Exército, amigo íntimo dos irmãos Botelho Moniz. Fora um dos tenentes do 28 de maio, fizera a Guerra de Espanha ao lado dos nacionalistas. Em meados de 40, fez uma evolução em sentido inverso e entrou em ruptura com o regime. Amigo de Santos Costa, zangou-se, estabelecendo a seguir uma relação muito próxima com Botelho Moniz. E, quando este inicia a sua conspiração, Carvalho da Silva — que ficara também muito meu amigo desde a cadeia — habituou-se a passar pelo meu escritório, onde me contava o andamento da conspiração. Naquela noite de 12 para 13 de abril, lembro-me muito bem, estávamos certos de que o Salazar ia cair...

...uma vez mais?

Sim, uma vez mais, porque não conhecíamos a diligência feita à última hora pelo Botelho Moniz junto do presidente Thomaz. Havia a conivência de vastíssimos setores das Forças Armadas. Depois, entre a astúcia de Américo Thomaz, a decisão de Salazar e a ingenuidade do grupo do Botelho Moniz, perdeu-se tudo. Jantamos, como era nosso costume — o Manuel Mendes, o Abranches Ferrão, o Piteira, o Soromenho e eu —, no Porto de Abrigo, um pequeno restaurante de galegos no Cais do Sodré. E, depois, andamos de carro por Lisboa a ver se havia movimentações militares. Levamos toda a noite nisso! No passeio do Rossio, próximo do Café Nicola, encontramos uns oficiais reformados da oposição, o capitão Vilhena, o coronel Ribeiro de Carvalho e outros, todos "clássicos" do reviralho. Mas, à medida que o tempo passava, as informações — contraditórias, ao princípio — iam sendo cada vez mais desagradáveis. Tinha acabado tudo e mal.

Em Angola, neste mesmo ano, a guerra começava a sério...

...após várias tentativas feitas pelos movimentos nacionalistas africanos para dialogar, negociando uma transição pacífica com Salazar. Este, intransigente como sempre, recusou qualquer diálogo, assim constrangendo os africanos a atos de rebelião armada. Abriu-se, assim, uma nova fase, irreversivelmente, no historial do regime.

A perda de Goa foi o princípio do fim?

Nehru, penso eu, foi igualmente pressionado pelo movimento terceiro-mundista a agir contra o Estado Português da Índia, uma vez esgotadas todas as tentativas de negociação. Lembre-se de que a Índia, onde estava como embaixador americano John Kenneth Galbraith, era muito importante para os Estados Unidos. Kennedy, de acordo com o governo brasileiro, tinha tomado antes uma iniciativa diplomática, oferecendo a Salazar uma solução gradual e negociada para os territórios chamados então províncias ultramarinas. Salazar voltou a recusar o diálogo. Pensava que podia resistir. No fim, acabou afônico. O discurso que fez comentando os acontecimentos da Índia teve de ser lido pelo presidente da Assembléia Nacional, Mário de Figueiredo.

Entretanto, por entre esses acontecimentos houve outros, mais inabituais, na oposição. Refiro-me a Humberto Delgado, que veio a refugiar-se na embaixada do Brasil, a Henrique Galvão, que procurou abrigo na representação da Argentina... Não era habitual esse procedimento na oposição...

Após as eleições de 58, o general Humberto Delgado continuou a sua atividade de desgaste do regime ditatorial. Por sugestão do médico Veiga Pires, do Porto, lembramo-nos de convidar Aneurin Bevan para vir fazer uma conferência a Portugal. Seguir-se-iam Mendès-France e Pietro Nenni. Quando o governo soube da vinda de Bevan, proibiu-o de entrar em Portugal, já ele estava para embarcar no aeroporto de Londres. Fizemos um protesto. Mas os seus primeiros signatários, os professores Mário de Azevedo Gomes, Vieira de Almeida, Jaime Cortesão e António Sérgio, foram, apesar de todos terem mais de 70 anos, imediatamente presos. Humberto Delgado não o foi por ser ainda general no ativo, mas foi-lhe movido um processo disciplinar com a intenção de o demitir. Em seguimento de muitos rumores que circularam sobre um eventual atentado contra ele, Humberto Delgado, sem informar ninguém, refugiou-se na embaixada do Brasil, em Lisboa, onde pediu asilo político. O embaixador era o escritor Álvaro Lins que se portou com dignidade e coragem e a quem o governo, desde então, considerou *persona non grata* e condenou a um ostracismo diplomático total. A verdade é que o governo brasileiro levou a sua avante e Salazar teve de deixar partir Delgado para o Brasil. Quanto ao capitão Henrique Galvão, depois da sua audaciosa fuga do Hospital de Santa Maria — onde estava sob prisão — refugiou-se na embaixada da Argentina, e o governo português também, finalmente, se viu forçado a deixá-lo partir.

A propósito de Henrique Galvão: o assalto e o desvio do Santa Maria foi também um ato inabitual!

Foi a maior operação publicitária de desmascaramento do regime ditatorial que jamais se fez em nível internacional. Foi nessa época um acontecimento insólito, audacioso, que apaixonou a opinião pública mundial. Diverti-me muito nesses dias a percorrer os noticiários das rádios onde, em diferentes idiomas e sempre com vários sotaques, se falava em Santa Maria, em Portugal e em Salazar...

Álvaro Cunhal também fugiu...

Fugiu do Forte de Peniche com alguns dos companheiros que com ele estavam presos. Foi uma fuga diferente das outras: não só pelas cumplicidades organizadas no exterior, como pela ajuda, no interior do próprio forte, de um cabo que veio a morrer infeliz, abandonado e só, anos mais tarde, na Tchecoslováquia.

Soube destas fugas pelos jornais — como toda a gente — e causaram-me uma imensa alegria: era mais um contributo para o desprestígio do regime e da sua polícia política.

Finalmente: na última noite do ano, ocorreu o assalto ao quartel de Beja. Soube que ele iria ter lugar?

Soube. Vários amigos meus — Edmundo Pedro, Piteira Santos, Ramos da Costa, Manuel Serra, Pedroso Marques — estiveram totalmente envolvidos na preparação desse golpe. Foi uma ocasião perdida que, a ter resultado — e tinha todas as condições para resultar —, teria poupado ao país 13 anos de guerras coloniais, muitos sofrimentos inúteis e criado condições para uma descolonização feita pacificamente e sem traumas. Humberto Delgado entrou clandestinamente em Portugal para chefiar o golpe, mas, quando conseguiu chegar a Beja — o epicentro do movimento —, tudo estava já perdido: Varela Gomes estava gravemente ferido; no quartel houvera tiroteio e grande desorientação que levou à morte de dois revolucionários civis e do subsecretário do Exército, Jaime Filipe da Fonseca.

Por que diz que o golpe tinha todas as condições para resultar?

Porque havia muita gente comprometida em várias outras unidades e porque o subcomandante de Beja, major Pestana — que eu depois defendi em Tribunal Plenário — , estava disposto a marchar sobre Lisboa, de surpresa e tendo como bandeira Humberto Delgado. Seria o mesmo que, 13 anos depois, veio a fazer o capitão Salgueiro Maia...

Quando começou a guerra em África, Salazar reuniu as tropas e mobilizou uma grande parte — se não a totalidade — do país.

Salazar tentou mobilizar o país, tocando demagogicamente a nota patriótica. A oposição sentiu então algumas dificuldades...

Justamente: muitos oposicionistas de vulto manifestaram nessa altura o seu apoio a Salazar. Cunha Leal publicou nesse ano um livro onde defendia a tese da "luta sem hesitações".

Houve alguns, poucos, que tiveram dúvidas. Mas não Cunha Leal, está enganada. O Ramada Curto, sim. Indiscutivelmente uma personalidade da oposição e socialista, brilhante dramaturgo e intelectual, foi sempre um homem pouco corajoso no plano cívico. O meu próprio pai ficou um pouco perplexo. Sempre havia sido ministro das Colônias...

Não, houve outros. A generalidade dos republicanos da geração de seu pai era a favor de África. Alguns houve que fizeram chegar a Salazar o seu apoio ou solidariedade: Armando Cortesão, Helder Ribeiro, Hernâni Cidade.

Armando Cortesão e Hernâni Cidade, talvez. Não sei bem. Mas, quanto a Helder Ribeiro, também antigo ministro da I República, tenho a certeza de que não. É verdade que a República foi feita a partir do ultimato inglês. Os republicanos entraram em colisão absoluta com a Monarquia por considerarem que ela havia traído os interesses nacionais quando soçobrou perante o ultimato inglês. Todo o movimento republicano foi estruturado em torno da idéia de pátria. Portugal, de resto, entrou na guerra de 14-18 com a idéia central de preservar as colônias portuguesas de África. Mas os republicanos também foram ardentes partidários da evolução das colônias, no sentido de uma cada vez maior autonomia, tomando por modelo o Brasil. O meu pai, como Norton de Mattos, achava que Angola e Moçambique eram muito importantes para Portugal. Mas que, desde há muito, deviam ter amplos estatutos de autonomia, preparando as elites negras, mestiças e brancas para as inevitáveis independências.

Angola e Moçambique eram importantes como?

Eram colônias de Portugal, onde havia africanos e portugueses que deveriam evoluir para sociedades multirraciais e chegar um dia à independência, ligadas afetivamente e culturalmente à mãe-pátria, como ocorrera com o Brasil. Esta idéia não se confundia com a de Salazar — do Ato Colonial, ao estilo de Mussolini — nem com aquela espécie de ficção, que surgiu no fim, de um "Portugal uno e indivisível, do Minho a Timor". Aliás, Salazar mudou várias vezes de política em relação às colônias.

E Mário Soares, o que achava? Lembro-me de que quando falamos do Norton de Mattos, referindo-se ao ano de 1949, Mário Soares me disse que ele "só pensava em África", mas que, a si, essa questão não lhe "interessava nada na altura". Agora, neste início dos anos 60, com o deflagrar da guerra colonial, como evoluíra o seu pensamento?

Entretanto, evoluíra. Eclodira, em nível mundial, o movimento anticolonialista. Estudara Bandung, lera Frantz Fanon, seguira as guerras da Argélia e do Vietnã e o movimento das independências africanas. Sabia que quanto mais tardássemos a ter uma política realista em África, pior. Estava numa posição totalmente diferente da do meu pai. A filosofia que os velhos republicanos defendiam teria sido viável, talvez, se tivesse havido liberdade. Não houve. A partir de 61, tornou-se em absoluto irrealista. A luta que se instalou na África portuguesa tornou-se insanável. Só terminaria com o reconhecimento das independências.

No entanto, julgo que só muito mais tarde é que começou a haver para o senhor uma relação clara entre descolonização e democratização. Nessa altura, em face do que estava em causa e com a guerra iniciada, que advogava?

O fim da ditadura em Portugal e uma paz em África, negociada, em boas condições, com a ajuda da ONU e dos nossos aliados, principalmente dos americanos e do Brasil. Como quis, em certa altura, o presidente Kennedy. As duas questões — democratização e descolonização — tornaram-se indissociáveis. Precisávamos de reganhar prestígio externo e a confiança dos africanos, para podermos negociar em boas condições. Infelizmente, nem Salazar nem, depois, Caetano tiveram a visão patriótica de se afastar de cena — o seu tempo político tinha passado — para permitir uma tal negociação.

Salazar tinha ou não quase todo o país atrás dele — e com ele — quando disse "Para Angola, rapidamente e em força"?

Sinceramente, acho que não. O país nunca teve voz para livremente se pronunciar! Houve em certas pessoas e em certos lugares os reflexos de um patriotismo malcompreendido e malassimilado. Com que expressão? Ninguém o poderá afirmar. Nunca nos deixaram medir a opinião dos portugueses, nem sequer falar no assunto ou discutir o tema. Salazar era um homem que não conhecia as colônias, não conhecia o mundo. Era um provinciano, encerrado em S. Bento, dogmático, sem curiosidade pelo que era novo, indiferente à evolução dos tempos, hostil ao progresso e às idéias mais arejadas.

A questão não é essa: Mário Soares, quando defendeu a independência das colônias — e quando a assinou —, também nunca lá tinha ido!

Bem quis, mas não me deixaram! Impediram-me de lá ir, a PIDE proibiu-me, não podíamos ir às colônias. Fui para São Tomé, mas deportado!

Quando quis ir a África? Quem o proibiu e com que argumentos?

A pretexto de um recital da Maria de Jesus, o Almeida Santos tinha organizado uma viagem a Moçambique, para nós ambos, com passagem obrigatória por Angola. A PIDE não permitiu!

Em dezembro de 1960, realizara-se em Londres uma conferência de imprensa de alguns líderes nacionalistas de territórios africanos portugueses. E, em outubro de 61, Amílcar Cabral escreveu uma carta aberta a Salazar. Quem conhecia já dos dirigentes dos movimentos nacionalistas africanos? Sei que esteve preso — ao mesmo tempo e na mesma cadeia — com Agostinho Neto e Joaquim Pinto de Andrade, embora nessa ocasião não tivesse havido nenhum contato entre os três.

É exato. Pessoalmente, não cheguei a conhecer Amílcar Cabral, e os outros só os conheci mais tarde. Mas sabíamos da sua existência e conhecíamos as suas idéias. O Prof. Azevedo Gomes fora professor de Amílcar Cabral, em Agronomia, e elogiava-o muito. Disse-me sempre que era uma grande figura e muito amigo de Portugal. Não se esqueça que quase todos eles se formaram na Casa dos Estudantes do Império e que nós, na oposição, tínhamos múltiplos contatos, diretos e indiretos, com eles.

Considerou que, de início, a guerra colonial garantiu a duração do regime, isolando a oposição?

Poderá ter prolongado, por uns anos, a agonia do regime, inscrita na ordem das coisas. Mas desgraçou o país. Se Salazar, ao fazer a guerra, tinha essa intenção — garantir a sobrevivência do regime, indiferente ao futuro da pátria —, então agiu, conscientemente, como verdadeiro traidor aos interesses nacionais, porque pôs a sobrevivência do seu poder pessoal, aliás ilegítimo, acima dos interesses e do futuro de Portugal.

Pelo modo como desde o início se tem vindo a referir a Salazar, sou levada a crer que muito pouco conhecia do homem e do político, do Estado Novo, da sua ideologia, da sua evolução. Ou estarei enganada?

Não o conhecia pessoalmente, é certo. Mas combati-o, persistentemente, cerca de trinta longos anos, por saber o que representava para Portugal e como era nefasta a sua ação. Li as suas obras — os sete volumes dos *Discursos e notas políticas* — áridos, por vezes elípticos, completamente estranhos à revolução do mundo, embora escritos num português castigado e oitocentista. É por o conhecer bem e ter estudado o sistema que tentou criar, aliás sem êxito, que o combati com todas as minhas forças e hoje falo dele sem contemplações, mas com objetividade. Tinha uma visão ruralista e estática de Portugal e tudo fez para o parar no tempo. Salazar impediu o desenvolvimento e perpetuou o obscurantismo para que vivêssemos, isolados do movimento europeu, no "Reino Cadeveroso", de que falava o Cavaleiro de Oliveira no século XVIII. Relativamente a África — onde Salazar nunca pôs os pés — teve várias políticas completamente contraditórias: no final dos anos 20, foi partidário da "venda das colônias" como forma de resolver o problema financeiro português; nos anos 30, influenciado por Mussolini, promulgou o Ato Colonial e tentou criar uma ficção, "o império colonial português", baseado na discriminação entre portugueses de primeira, de segunda e indígenas e na exploração do trabalho escravo; após a Segunda Grande Guerra, adotou uma nova ficção, "Portugal uno e indivisível, do Minho a Timor", com as colônias transformadas à pressa em "províncias ultramarinas", sem autonomia e mantendo as discriminações. Salazar não tinha autoridade — nem era credível — quando falava de defesa do ultramar. Tentou apenas defender o regime, ou melhor, perpetuar-se no poder, sacrificando os interesses nacionais, desconhecendo em absoluto as condições reais em que viviam as populações que se abrigavam sob a nossa bandeira — nem isso lhe interessava — e sendo o verdadeiro responsável pela tragédia das guerras coloniais e por tudo o mais que se lhe seguiu.

Continuemos em 1961: no começo do ano, Mário Soares e o seu grupo de amigos redigem o Programa para a Democratização da República, que divulgariam publicamente em 11 de maio desse ano. A redação de um programa obedeceu a quê? Resultou da necessidade da elaboração de um pensamento político? De mostrar que o vosso grupo era portador de uma idéia e garante de um projeto para o país?

Dos nossos contatos com jornalistas estrangeiros, com as embaixadas, nascia sempre a mesma pergunta: o que queríamos? Que programa era o nosso? Em que baseávamos a nossa alternativa? Tínhamos algumas declarações de princípio, manifestos unitários eleitorais, mas a verdade é que não havia um conjunto de idéias suficientemente coerente e exeqüível que fundamentasse uma alternativa. Redigimos então um programa moderado que pudesse vir a ser assinado pela maior parte da oposição democrática, visto que só dois ou três comunistas o assinaram e, por isso, foram criticados pelo partido.

À volta de Jaime Cortesão e de Azevedo Gomes principalmente (António Sérgio foi também ouvido), elaboramos um texto laboriosamente escrito e intensamente discutido.

Por quem? Os do costume?

José Ribeiro dos Santos, que foi dos redatores mais assíduos, Raul Rêgo, Manuel Mendes, Gustavo Soromenho, Francisco Ramos da Costa, José Magalhães Godinho, eu próprio. António Sérgio deu uma colaboração distante, quase nunca ia às reuniões, que eram geralmente em casa do Dr. Jaime Cortesão, à Estrela. Também apareciam Fernando Piteira Santos, Acácio Gouveia, Salgado Zenha, Adão e Silva, que faziam parte do núcleo central. Esboçado o primeiro projeto, enviamos o texto para o Porto, para Coimbra e para outros pontos do país e, depois, voltou para Lisboa com as contribuições dos nossos amigos. O documento foi visto e, finalmente, assinado por muita gente das profissões liberais, intelectuais, como Álvaro Salema, Augusto Abelaira, Santiago Prezado, Fernandes Fafe, Urbano Tavares Rodrigues e o pintor Nikias Skapinakis, entre outros. As reuniões finais, já depois da morte de Cortesão, tiveram lugar no escritório do Acácio Gouveia, que era um homem inteligente, de caráter prático, com pouca cultura literária, mas uma grande formação jurídica. Além disso, era um homem riquíssimo. Foi no seu escritório da Rua do Ouro que fizemos a apresentação à imprensa nacional e estrangeira do Programa para a Democratização da República...

...apanhando a PIDE de surpresa?

...Completamente de surpresa. Era um dia lindíssimo de maio, a conferência de imprensa correra bem, o ambiente era eufórico, a PIDE, que ignorava tudo, não nos interrompera. Raul Rêgo e Ribeiro dos Santos haviam escolhido a dedo os jornalistas das rádios, dos jornais, da imprensa estrangeira: conseguira guardar-se o segredo! Resolvi ir com o Ramos da Costa à piscina do Atlântico tomar um banho, seguindo para Cascais almoçar num ótimo restaurante, mesmo no centro da vila. Passeamos depois até ao Guincho e, como estávamos espapaçados e com sono, lembramo-nos que o Pedro Monjardino tinha uma casa na Quinta da Marinha, com um bom jardim para dormir: deitamo-nos sob os pinheiros e dormimos uma boa sesta. Voltei a correr para Lisboa, eram já sete horas. Quando chego à Rua do Ouro, ao escritório, fui apanhado pela PIDE e enviado para Caxias! Fiquei lá seis meses! Fui o primeiro a ser preso e o último a sair. Seguiram-se todos os outros redatores do programa, um a um! Alguns estiveram detidos quatro a cinco dias, outros uma semana; o Ramos da Costa e o Acácio Gouveia, cinco meses.

A PIDE nunca se enganou a seu respeito...

...Talvez não. Mas nunca conseguiu provar nada de grave contra mim. Nunca me apanhou, como se diz, com a boca na botija, por forma a poder-me enviar a plenário e aplicar-me medidas de segurança.

Falemos agora das relações com a Igreja. O Programa para a Democratização da República propunha-se "descomprometer a Igreja dos métodos de governação totalitária" e atacava o ensino religioso quando afirmava que "o ensino oficial será laico", anunciando o propósito de rever a concordata. Por quê? Tratou-se de uma convicção anticlerical, de uma manobra política? De ambas as coisas? Como oposicionista — não comunista — que tentava afirmar a sua credibilidade, concordou com isto?

Tratava-se tão-só de procurar "descomprometer" a Igreja do regime, dando força à corrente do catolicismo progressista anti-salazarista, que começava a afirmar-se, na esteira das posições corajosas tomadas pelo bispo do Porto. Por outro lado, ao contrário do que parece supor, o laicismo não é anticatólico: é uma posição de separação entre o Estado e a Igreja que, desde o Concílio Vaticano II, os católicos aceitam muito bem.

Qual era exatamente a relação do seu grupo com a Igreja Católica? A vossa posição em face dela?

O grupo político em que me integrava era absolutamente laico, muito crítico do compromisso da Igreja com a ditadura. Era a herança republicana. Eu próprio, lembrando-me das vicissitudes da I República, sempre tive a idéia de ultrapassar a chamada questão clerical, que falseava os conflitos políticos e sociais essenciais da sociedade portuguesa. Daí os meus acenos, repetidos, de simpatia aos católicos progressistas.

O Programa para a Democratização da República era, contudo, moderadíssimo em relação às colônias...

Era. A guerra colonial em Angola estava no seu início. O programa tem a data simbólica de 31 de janeiro de 1961, embora só tenha sido divulgado em maio, depois de impresso e distribuído, mais ou menos clandestinamente, em março do mesmo ano. Por isso se escreve na última página: "O capítulo deste programa que se refere à política ultramarina ficou diretamente afetado pelos acontecimentos supervenientes." E acrescenta-se: "Problema essencialmente político como este é, torna-se forçoso reencontrar na paz — nunca na guerra — o caminho do diálogo entre as populações e o asseguramento de todos os direitos." E ainda: "Como povo que se honra de encaminhar outros povos para a vida de homens livres e estados superiores de civilização, a representação dos portugueses tem que ser confiada a um governo que acredite nas virtudes da democracia e delas saiba extrair as verdadeiras soluções nacionais."

Prudente...

Era prudente, mas representava um passo em frente. Sobretudo tendo em conta o clima de histeria patrioteira — e de chantagem — que o governo de Salazar e as máquinas de propaganda e repressão exerciam sobre a sociedade portuguesa de então...

3.
A crise acadêmica, os católicos, *O Tempo e o Modo*

O Programa para a Democratização da República ficou entalado entre duas realidades: de um lado, Salazar conseguira um outro fôlego e readquirira o controle da situação, enquanto o país real e o Portugal profundo pareciam suspensos da evolução dos acontecimentos em África, parecendo ter aceite a inevitabilidade da questão africana ou, mesmo, ter aderido a ela. Do outro, uma imensa juventude erguia-se em Lisboa, Porto e Coimbra: a proibição de comemorar o Dia do Estudante, em 23 de março de 62, projetara para o palco político outra geração, no cenário da crise acadêmica. Mário Soares e os seus amigos não estavam nem de um lado, nem do outro. Não tinham sequer "lado". Ou tinham?

Claro que tínhamos. Estivemos ativamente ao lado dos estudantes contestatários que refletiam o mal-estar social que se vivia na sociedade portuguesa da época e que nós, oposição democrática, nunca deixáramos de denunciar.

Como olhou a crise acadêmica de 62? Com surpresa?

A greve de 62 eclodiu como qualquer fenômeno sócio-político, sem ninguém esperar por ele. Nem nós próprios sabíamos. Mas saudamo-lo com grande satisfação: como um sintoma e um símbolo que nos serviam de justificação para as análises que fazíamos e para a longa luta que travávamos contra a ditadura.

Inquietou-se? Eram gente mais nova, outra energia, outros rostos, outra geração.

Não me inquietaram nada, pelo contrário. Satisfizeram-me, deram-me uma imensa alegria. Assim que começou a greve, quis conhecer os grevistas. Não foi difícil saber quem era Jorge Sampaio, conhecia o pai, Arnaldo Sampaio, da tertúlia do Café Portugal, por onde ele habitualmente passava. Era um médico de saúde pública, uma pessoa respeitável, amigo do Manuel Mendes.

Quando viu essa gente, mais nova dez, quinze anos, a agitar o país, há-de ter tido um sentimento!

O meu sentimento foi o da maior satisfação: era uma nova geração a continuar a luta que travara até aí — pelos mesmos imperativos morais que a minha geração conhecera vinte anos antes! Não houve qualquer antagonismo. Que idéia! Mais — fizemos tudo para os chamar ao diálogo conosco. Namoramos politicamente o Jorge Sampaio, o Mário Cardia, o Medeiros Ferreira e muitos outros. E propusemos-lhes que se juntassem a nós. Lembro-me que, já depois do rescaldo da crise acadêmica, tivemos uma conversa longa com o Jorge Sampaio. O Manuel Mendes e eu convidamo-lo para jantar, no Porto de Abrigo, um restaurante modesto aonde íamos muito...

...e onde Mário Soares, nessa época, era um comensal diário...

A D. Alice, uma das proprietárias, era tão nossa amiga que, quando me exilei em França, mandava-nos, ao Ramos da Costa e a mim, terrinas de joaquinzinhos fritos, que adorávamos! Depois do 25 de Abril, ela e o marido reformaram-se, foram para a terra, para Melgaço. Apareceram-me como socialistas em Melgaço, em manifestações e nas campanhas eleitorais... O Porto de Abrigo era divertido, tinha uma clientela boêmia e muito variada. Ia lá muito a Menez, por exemplo, quando vivia com o arquiteto Anahory. Era uma mulher muito bonita! No Porto de Abrigo, o Manuel Mendes, o Vasco Barros Queiroz e o Ramos da Costa eram quase comensais habituais. O Gustavo Soromenho e eu, companheiros de escritório, íamos lá muitas vezes. Nesse tempo, lembro-me, almoçava quase sempre em casa e jantava freqüentemente fora.

Como é que a Maria de Jesus olhava para tudo isso?

A Maria de Jesus sempre me acompanhou com compreensão e tolerância. Não direi com agrado, ela gostaria que eu fosse mais caseiro. A maneira mais inteligente de preservar o casamento é que cada um aceite o outro tal como é e não o queira à sua imagem e semelhança. O amor, quando não é apenas o puro egoísmo da satisfação dos sentidos, não é senão isso mesmo: uma forma superior de compreensão e de aceitação!

Voltando a Jorge Sampaio, sentado à mesa do Porto de Abrigo...

Queríamos que ele trabalhasse conosco, que viesse para a Resistência Republicana e Socialista. Dizia-nos que não: necessitava de independência política e, na sua geração, a luta acadêmica era outra coisa!

Está a dar-me razão: é Jorge Sampaio quem lhe fala no problema geracional!

Mas sem antagonismo nenhum; antes pelo contrário, com simpatia! Com solidariedade, complementaridade e admiração. Tinha, inclusivamente, a opinião do pai dele em relação a nós, que era, obviamente, lisonjeira.

Justamente: uma admiração que se esgotava em si própria e não pressupunha mais nada. O próprio Jorge Sampaio me disse, referindo-se a esses anos 60, que admirava no senhor o lutador incansável, o homem que sempre se portara bem na cadeia, mas que quase sempre o olhava como um "burguês socialdemocrata de quem alguma coisa o separava".

Olhava e muito bem. Não me importo nada que me olhasse assim: tenho mesmo muita honra nisso. No início do livro com Dominique Pouchin, *Portugal, quelle révolution?*, em pleno PREC, reivindiquei, orgulhosamente, a minha qualidade burguesa. Nunca procurei fazer passar "gato por lebre". E o chamado "obreirismo" dos intelectuais que se queriam fazer passar por operários sempre me pareceu um ato de pura hipocrisia, se não mesmo de oportunismo. Mas, voltando ao Jorge Sampaio, lembro-me do Manuel Mendes, que era engraçadíssimo, a dizer-lhe nesse jantar: "Olhe, Jorge, vai-lhe acontecer o mesmo que àquelas meninas muito prendadas, muito recatadas, mas que se fazem muito difíceis: passa o tempo e, depois, ficam para tias!" A Sampaio — e a alguns outros — quase lhes ia acontecendo isso. Muitos anos depois, quando quiseram entrar no Partido Socialista, em 1978 — e lhes abri as portas de par em par —, não deixei de lhe lembrar essa história do Manuel Mendes...

Essa espécie de fosso entre Mário Soares e a nova geração foi continuando. Como, por exemplo, em *O Tempo e o Modo*, fundado por António Alçada Baptista. No início de 63, acarinhou o aparecimento dessa revista. João Bénard da Costa e os demais católicos rezaram até uma ave-maria para melhor se inspirarem na votação sobre a abertura de *O Tempo e o Modo* aos não-católicos.
A decisão foi favorável, Mário Soares e Francisco Salgado Zenha passaram a integrar o seu Conselho Editorial. Pergunto: ao apoiar a revista, não estava, simultaneamente, a apoiar o nascimento de um partido democrata-cristão para que a direita da oposição passasse a estar "ocupada" por alguém que não Mário Soares? Isto é, a concretizar-se esse partido, Mário Soares preencheria o lugar da esquerda na oposição não-comunista, os democratas-cristãos seriam a direita dessa mesma oposição. É isto?

É, de algum modo, isso, mas não só isso. Por um lado, nunca me situei à direita da oposição. Por outro, não foi só no sentido do pluripartidarismo (que, aliás, nunca chegou a concretizar-se) que me agradou o aparecimento da revista. Foi, sobretudo, o abrir de mais uma frente — a dos católicos — no combate contra o regime. Até aí, considerava-se que Salazar e o regime eram o bastião do catolicismo, que não se distinguia então do que depois se chamou o "integrismo católico". E o catolicismo, ou melhor, a Igreja institucionalizada esteve, por ação e também por omissão, permanentemente ao lado e por detrás do regime, ativamente com Salazar. Em várias circunstâncias, foi de fato a Igreja o grande sustentáculo e o principal cimento do regime....

...mas aí houve uma viragem decisiva...

...Sim, no princípio dos anos 60, algo muda. Iniciam-se os trabalhos preparatórios do Concílio Vaticano II, sob o signo renovador do grande papa João XXIII. Entretanto, houvera já a carta do bispo do Porto a Salazar, condenando o regime no plano social e humano; haviam-se destacado alguns católicos, de que a figura emblemática era Francisco Lino Neto, de quem mais tarde me tornei muito amigo e companheiro de luta. Conheci Francisco Sousa Tavares — que participou na chamada Revolta da Sé com outro católico, Manuel Serra — e depois a sua mulher, Sophia de Mello Breyner, na Sociedade Portuguesa de Escritores. Procurei estimular e apoiar esse grupo um pouco heterogêneo. Cedo compreendi a sua importância. Entretanto, conheci António Alçada Baptista, quando fundou a Livraria Morais, de que me tornei freqüentador. Um dia, perguntou-me se eu queria participar numa revista de cultura, *O Tempo e o Modo*, que ele e alguns amigos tencionavam publicar. Não hesitei um momento, apesar da minha posição de "laico, republicano e socialista", que ele conhecia. Disse logo que sim.

Compreendeu a importância desse grupo, passou a colaborar com eles. Mas, subjacente à sua decisão, estava ou não, prioritariamente, a idéia de que eles se poderiam constituir em partido político?

Eu acarinhava essa idéia...

Ah...

...Sim, conversei com alguns deles, incitei-os nesse caminho, mostrei-lhes (o que bem sabiam!) como a democracia cristã era importante na Itália e na Alemanha. Tentei empurrá-los nesse sentido, sem êxito, reconheço. Procurei-lhes contatos; em Itália, por exemplo, falei com Giorgio La Pira e outros democrata-cristãos que me pareciam adequados a impulsionar aqui a formação de um partido com essas características. Alguns deles chegaram a vir a Lisboa contatar católicos portugueses. Sem resultado! A minha família política não era, obviamente, a mesma. Não podia fazer mais do que fiz. E foi pena não ter tido êxito. Fartei-me de informar os católicos que, do nosso lado, estávamos a penetrar o socialismo democrático europeu e que isso era de grande utilidade para voltar a Europa contra Salazar. Era tão simples quanto isto. Se os católicos tivessem ajudado pelo seu lado, teria sido muito mais rápido e fácil. Não quiseram, por razões de coerência ideológica, que, aliás, compreendo. E também pela mesma razão que o Zenha não queria, mais tarde, andar com o Partido Socialista para a frente: criar um partido, na clandestinidade, era subir um degrau na escala de responsabilidade política, meter a mão na massa, passar do domínio da opinião crítica à concretização política. E, por isso mesmo, incorrer na possibilidade de se ir parar à cadeia mais facilmente. Estavam mais interessados em assumir apenas posições e atitudes no plano cívico e moral.

António Alçada Baptista considerou que Mário Soares foi, na oposição, o "primeiro" a vislumbrar a importância dos católicos para a luta contra o regime. Recordando hoje esse período, disse-me que, como católico, esteve sempre mais interessado numa "postura ética"; considerou que um partido democrata-cristão estava "condenado" em Portugal; e, finalmente, não encontrou nenhuma "disponibilidade" nas pessoas para alinharem na concretização desse partido. Mas António Alçada considerava também que outras pessoas poderiam estar influenciadas pela má memória da experiência do Movimento Republicano Popular, ocorrida em França, entre 45 e 58? Concorda com este ponto de vista?

Não posso deixar de concordar. A aposta na criação de um partido comporta riscos, e o ambiente — em Portugal — não estava, porventura, maduro para tal. A Igreja de Roma, nos anos 60, já estava noutra posição: preparava a sua neutralidade perante os partidos democráticos, o que em democracia é perfeitamente correto. Mas naquele tempo, com Salazar vivo e dominante, se temos conseguido criar um partido democrata-cristão, clandestino, mas com a bênção dos seus congêneres italianos e alemães, que golpe seria contra a ditadura!

Nunca o saberemos. Mas, provavelmente, Francisco Sousa Tavares teria querido: "Entusiasmava-o a possibilidade da prática política." Mas não teve nem a possibilidade, nem o espaço de manobra.

Foi o único, talvez, que compreendeu melhor a estratégia que eu preconizava. Mas, nessa altura, era ainda monárquico, o que atrapalhava um pouco as coisas. Só depois aderiu à República. Entrei também em contato com o grupo de monárquicos democratas, desiludidos com o fracasso do integralismo lusitano, cujos melhores acabaram todos antisalazaristas confessos: Luís de Almeida Braga, Vasco de Carvalho, Hipólito Raposo, Pequito Rebelo, Vieira de Almeida... Fiz relações de grande amizade com Gonçalo Ribeiro Telles e conheci também Henrique Barrilaro Ruas e outros, nessa época. Pretendia que entre eles e a oposição democrática se estabelecesse um diálogo construtivo.

Que tipo de diálogo?

A questão do regime não se punha mais em Portugal. Os monárquicos constitucionalistas, sendo opositores ao regime ditatorial, pertenciam por direito próprio à oposição democrática e pressionavam a família de D. Duarte Nuno, algo enfeudada a Salazar, a cortar esse vínculo nefasto. Fui eu quem lhes apresentou a princesa Maria Pia de Bragança. Mas esse contato não teve qualquer resultado, dadas as características psicológicas de intratável instabilidade da senhora. Participaram nas eleições legislativas de 69, onde concorreram com uma lista autônoma. Compreenda, nisto tudo o meu objetivo era só um: queria contribuir, com todas as minhas forças, para derrubar o regime! E, ao mesmo tempo, dar consistência e credibilidade à oposição democrática, de modo a que a Europa a olhasse com respeito e se sentisse obrigada a ser solidária.

Os então jovens de *O Tempo e o Modo* olhavam-no com mais respeito que credibilidade. Falando hoje com alguns deles, retive que, nesse tempo, o consideravam ligado a um "grupo de velhos" — a Resistência Republicana e Socialista — e dividido entre o "reviralho da baixa" e a "socialdemocracia", como me disse Manuel de Lucena. E João Bénard da Costa recorda Mário Soares como alguém que, culturalmente, balançava entre o neo-realismo e o século XIX, entre Oliveira Martins e Teófilo Braga, para quem Bénard da Costa olhava com pouco interesse. O único que lhe achava graça era, segundo eles, o escritor Nuno Bragança.

Não duvido. Aliás, Nuno Bragança era o único romancista, portanto com uma percepção superior do conhecimento dos outros...

Mas era desta forma que o olhavam na época!

E será que eles não terão curiosidade em saber o que eu pensava deles? Eles pensariam isso de mim, mas não mo diziam diretamente. Pelo contrário, mostravam-se simpáticos e solidários: Manuel de Lucena, João Bénard da Costa, Alberto Vaz da Silva, Jorge Sampaio, Pedro Tamen... Sendo mais velho, reconheciam, obviamente, que tinha muito mais experiência do que eles. Politicamente, tinha já visto e vivido muito. Representava isso uma realidade incontornável. É curioso que, depois do 25 de Abril, quiseram de novo colar-me esse mesmo rótulo!

Mas eu pensava, mantendo-me em *O Tempo e o Modo*, levar a água ao meu moinho. Sentia-me satisfeito de lá estar: era uma janela aberta para outra geração e outra realidade. Por outro lado, curiosamente, alguns dos meus amigos — o Carlos de Oliveira, o Manuel Mendes, o Cochofel, o Mário Dionísio — interpelavam-me por eu estar "metido com os católicos" — e não os levavam a sério. Achavam que era uma perda de tempo. Eu insistia: "Não se preocupem! Sei o que quero e o que estou a fazer!" Salgado Zenha, nisso, acompanhou-me totalmente.

Nesse ano de 63, ocorreu uma violenta diatribe que opôs Mário Sottomayor Cardia — que integrava o Conselho Editorial de *O Tempo e o Modo* — ao conjunto da redação, levando-o inclusivamente a sair da revista, a trocá-la pela *Seara Nova* e a encetar aí uma polêmica violenta contra *O Tempo e o Modo*. Cardia saiu denunciando a "aliança encapotada" que ali se tentava fazer entre a democracia cristã — personificada nos católicos — e a socialdemocracia, protagonizada pelo senhor e Salgado Zenha. Parece que teve razão: era isso justamente o que estava em curso!

Não era assim de uma forma tão explícita. O diálogo foi sempre mais sutil. Houve virtualidades, nesse sentido, que não chegaram a ser concretizadas. Mário Cardia é muito inteligente, percebeu muito bem o que estava implícito. E como pertencia, nessa época, ao Partido Comunista, agiu um pouco em defesa dos interesses imediatistas do PC, que sempre temeu ficar isolado na oposição e perder um certo privilégio hegemônico que adquirira desde o Munaf... Por outro lado, é certo que acarinhei a idéia da formação de um partido com essas características e procurei influenciar para que ele se viesse a concretizar. No meu espírito, o interesse daquela experiência poderia também ser exatamente esse. Mas também percebi muito cedo que a corrente dominante não queria ir nesse sentido.

Conheceu António Alçada Baptista, manteve com ele permanentes contatos, nasceu uma amizade que perdura até hoje. Que retrato faz de Alçada Baptista?

É uma figura humana encantadora e um grande escritor. A política sempre o interessou secundariamente, como mero imperativo ético. Mas nem por isso deixou de ter uma ação decisiva como impulsionador do movimento do catolicismo progressista. Arruinou-se, alegremente, com a Livraria Morais, *O Tempo e o Modo* e a revista *Concilium*. Mas realizou uma obra extraordinária! Como é superliberal e, por temperamento, ultraconciliador, a partir de maio de 1968 deixou que *O Tempo e o Modo* perdesse um pouco o rumo e o sentido. A par de Lino Neto, de Teotónio Pereira e de Sousa Tavares, desempenhou um papel corajoso e importantíssimo na tentativa de separar a Igreja do salazarismo. Como, décadas antes, tinham ensaiado os irmãos Alves Correia, o grupo Metanoia, com Ferreira da Costa e João Sá da Costa e o professor Vieira da Luz, entre outros. Acreditou em Marcello Caetano e fez com ele um livro de entrevistas que foi, talvez, o seu único deslize político. Lembro-me de, quando eu já estava no exílio, ele me ter procurado, em Paris, e de eu lhe ter dito isso mesmo. Não foi grave, mas pagou-o caro, depois do 25 de Abril. Alguns apressados "revolucionários" voltaram-lhe então a cara, com muito mais oportunismo do que convicção. Sempre o estimei muito e tive ocasião, nessa época difícil, de lho demonstrar. Consolidamos então uma amizade muito grande, que perdura, e a que, pelo meu lado, se junta a admiração muito sincera pelo homem, pelo maravilhoso contador de histórias e pelo escritor.

4.
Em Praga com Cunhal

No verão de 64, viajou a Cuba, depois visitou Praga — onde se encontrou com Humberto Delgado e Álvaro Cunhal — e, nesse mesmo ano, descobriu a Iugoslávia. Falemos nisso. Por que foi a Cuba?

...Antes de Fidel Castro, o embaixador de Cuba em Lisboa, Francisco Calzadilla Nuñez, era um homem gordo e rico que jamais tinha pensado seriamente em política. Quando a guerrilha, iniciada por Fidel na Sierra Maestra, ameaçou tomar o poder, o embaixador sentiu-se ameaçado e resolveu entrar em contato com a oposição portuguesa. E fê-lo através do grupo reviralhista do Café Nacional, que o meu sogro, o velho capitão Barroso, demitido, freqüentava. Foi o meu sogro quem nos pôs em contato, levando o embaixador à Rua do Ouro, ao meu escritório. Com espanto, ouvi o embaixador dizer-me, aterrado: “Os revolucionários vão chegar ao poder, porque dentro de semanas entram em Havana, e eu preciso de poder dizer-lhes, para sobreviver, que colaborei com a oposição portuguesa. Peço-lhe que me ajude a salvar o meu lugar e a minha posição.” Como eu era um réprobo, permanentemente hostilizado pela ditadura, a situação, por insólita, divertiu-me. Passado tempo, voltou a contatar-me para me levar o novo embaixador que acabara de chegar, demonstrando-lhe assim, por meu intermédio, que tinha relações com a oposição. Foi deste modo que, um belo dia, os dois embaixadores, o velho e gordo, do ditador Batista, e o novo, por sinal uma grande figura, Amado Blanco, me apareceram no escritório, mesmo antes de este último ter apresentado as suas credenciais. Era um intelectual que pertencia à elite cubana, mas aderira à revolução castrista, desde o início, embora fosse católico moderado, não comunista. Tinha dois filhos, um deles viria a ser também embaixador em Lisboa e, depois, vice-governador do Banco Central de Cuba. O novo embaixador recomendou ao seu antecessor que esperasse na sala e falou a sós comigo, no meu gabinete.

E como olhava Mário Soares, ainda que de longe e sem conhecer a realidade, para a revolução que estava em curso em Cuba?

Nessa altura, com a maior esperança. A revolução cubana incendiara de entusiasmo toda a esquerda européia. Apareceu como um fenômeno insólito e original, que demonstrava a debilidade das ditaduras retrógradas, então apoiadas por Washington. Fidel e Che Guevara apareciam, aos nossos olhos, como heróis românticos e puros, de uma nova época!

E, nesse encontro no seu escritório, disse a verdade ao embaixador Amado Blanco sobre as pretensões do antigo embaixador de Cuba?

Disse-lhe, claro. Mas com *granus salis*. O velho embaixador não era um convicto democrata, nem, muito menos, um oposicionista às ditaduras. Mas disse-lhe que, desde havia meses, entrara em contato com a oposição através do meu sogro. Que me parecia um homem leal, aberto, tendo-lhe mesmo pedido que mantivesse com ele boas relações. O Amado Blanco assim fez. Entretanto, foi nascendo uma boa amizade entre o novo embaixador e nós. Pediu-me que o pusesse em contato com os meus amigos da oposição: queria oferecer-lhes uma grande recepção, o que fez, de resto. Foi um pequeno escândalo, para a época. Apresentei-lhe o Prof. Azevedo Gomes, António Sérgio, Cortesão, Acácio Gouveia, Abranches Ferrão, os advogados da Baixa, Arlindo Vicente, Palma Carlos, Zenha...

A amálgama do costume?

Mais os comunistas, os católicos, os que tinham estado com Delgado, toda a oposição. Amado Blanco, na própria tarde do dia em que apresentou as suas credenciais, deu-nos essa recepção, na embaixada de Cuba, perante o ar constrangido de alguns funcionários do Ministério dos Negócios Estrangeiros de Lisboa!

E, entretanto, o outro embaixador? Nunca mais o viu?

Vi, várias vezes. Tinha sido condecorado por Franco, o que complicou as coisas, e era um grande proprietário em Havana. As relações com Luis Amado Blanco foram-se, necessariamente, deteriorando à medida que a revolução cubana foi avançando. Acabou por pedir asilo político a Portugal. Mas ainda me procurou para eu o ajudar a recuperar os seus bens e para, eventualmente, ser seu advogado, o que, obviamente, nunca aceitei ser. Depois, por causa das minhas prisões, deixei de o ver. Acho que morreu em Espanha. Mas as minhas relações com o embaixador Amado Blanco foram-se cimentando: ficamos bons amigos.

Por isso foi a Cuba?

A seguir a Lisboa, Amado Blanco foi em posto para o Vaticano, onde o apresentamos a Mário Ruivo, que estava em Roma. E embora, nessa altura, os cubanos já pendessem bastante para o lado comunista, dadas as relações que mantivera sempre com a sua embaixada em Lisboa, recebi esse convite para passar um tempo em Cuba. O José Fernandes Fafe, um amigo de juventude, que conhecera na Faculdade de Letras, e eu. Depois do 25 de Abril, nomeei o José Fafe embaixador em Havana. Mas, naquela altura, a única maneira de chegar a Cuba era de avião, via Praga, Irlanda e Canadá. Já tinha começado o bloqueio americano.

Em Roma, aonde chegamos pelos nossos próprios meios, Amado Blanco deu-nos dois passaportes falsos — eu era espanhol, jornalista, e chamava-me Díaz! — e dois bilhetes que funcionavam a partir de Zurique. Mantivemo-nos sem sair do aeroporto suíço, em trânsito, à espera do avião para Praga. Estava um pouco amedrontado, foram muitas horas à espera do avião, nessa sala dos passageiros em trânsito. Já não me chamava Mário Soares, mas sim Díaz, enfim... contingências da clandestinidade. Em Praga, ficamos dois ou três dias quase sem sair do hotel — situado longe da cidade —; eram as instruções que tínhamos. Fomos uma vez de bonde até ao centro, mas sempre sem dar nas vistas, tínhamos ordens estritas de não sair. Mas um dia, estávamos os dois na rua a conversar, o Fafe e eu, em português, como é óbvio, e de súbito um homem olha para nós, um sujeito baixo, de bigode e pergunta: "Vocês são portugueses?" Ficamos aterrorizados, pensamos que era da PIDE. E insistia: "Que fazem aqui em Praga?" O Fafe balbuciou que "éramos comerciantes". Ele olhou-nos, com um olhar fixo, muito sério, e rematou: "Não parecem!" Identificou-se. Ficamos a saber que era comerciante de cortiça, de nome Granadeiro, e que fazia negócios em Praga. Pedimos-lhe que omitisse que nos conhecera e, sobretudo, que nos encontrara ali. Presumo que tenha cumprido a sua promessa, nada se passou depois de anormal.

E depois, em Cuba, como foi?

Os primeiros dois dias foram um verdadeiro *cauchemar*: houve uma confusão entre a "identidade" que nos haviam dado, enviaram-nos por isso para um hotel retirado, alegando "razões de segurança", quando o que queríamos era visitar Cuba, ter contatos.

As autoridades cubanas que nos atendiam não acreditavam quando lhes afirmava que me chamava Mário Soares e que era português. Persistiam em tratar-nos, ao Fafe e a mim — o Fafe estava furibundo! —, como se fôssemos de fato jornalistas, afetos do Partido Comunista. Nós queríamos andar livremente, visitar a ilha, ter contatos políticos e intelectuais, conhecer pessoas interessantes.

Um equívoco estranho, tratando-se do senhor. No fundo, ninguém sabia quem era Mário Soares!

Ninguém. Assim parecia. Mas ainda foi pior: mudaram-nos para uma pensão medonha, no centro de Havana, lembro-me de que havia uma ventoinha no teto, que fazia um calor insuportável e que comíamos mal!

Finalmente, conseguimos desfazer o engano graças ao José Tengarrinha, que encontramos por acaso no Ministério do Exterior. Transferiram-nos, então, para o magnífico Habana Libre, onde ele estava, sem que, evidentemente, nenhum de nós antes soubesse que ele também estava de visita a Cuba. Caímos das nuvens: "Ó Tengarrinha, explique a esta gente quem nós somos!" O equívoco desfez-se. Tínhamos ali uma testemunha da nossa identidade!

Que fazia José Tengarrinha em Cuba?

O mesmo que nós, visitava a ilha, como intelectual e simpatizante da revolução cubana. Só que eu, nessa altura, já era declaradamente socialista. Deram-nos um automóvel com um motorista, que insistia em nos fazer verdadeiras lavagens ao cérebro. Sem êxito, diga-se! Visitamos diversos pontos da ilha, fomos a Varadero e a muitos outros pontos interessantes.

Mas a realidade política e revolucionária cubana não me convenceu. Fiquei com mais dúvidas do que antes de lá ir...

Quem foram os seus interlocutores? Com quem se avistou na hierarquia do regime castrista?

Não vi praticamente ninguém de significativo. Não nos deram importância suficiente para nos pôr a falar com Fidel Castro. Chegamos — parece — a ter aprazada uma conversa com Che Guevara, que nunca se realizou todavia. Não me escandalizei com isso. Eu era, afinal e tão-só, um advogado oposicionista da Rua do Ouro, sem ter, portanto, direito de acesso às primeiras figuras. Os nossos interlocutores foram pessoas da *intelligentsia*, membros da Associação dos Escritores Cubanos.

Estivemos, sobretudo, com Nicolás Guillén, que conhecera em Paris, quando ele estivera exilado e fora companheiro de hotel de Jorge Amado e de Maria Lamas. No final dos anos 50, havia muitos cubanos em França, que gravitavam à roda do Hotel Saint-Michel, na Rue Cujas, onde eu estive hospedado, várias vezes, e depois ia avistar-me com a D. Maria Lamas, também ela exilada. A dona do hotel, Madame Sauvage, era simpática para os exilados que procuravam refúgio político em França, dava-lhes assistência, não se importando excessivamente quando, acaso, não havia imediatamente dinheiro para pagar as contas. Depois da vitória de Fidel Castro, os cubanos exilados em Paris convidaram a Madame Sauvage para, com todas as honras, visitar Cuba. Ela foi e detestou o que viu e ouviu, regressando horrorizada e dizendo, em voz alta, cobras e lagartos da revolução cubana.

E o Dr. Mário Soares, que fez? Também condenou em voz alta a revolução de Fidel?

Não. Em ditadura, não se podia falar claro. Os cubanos eram nossos aliados na luta contra o salazarismo. Mas cedo percebi que o caminho não era aquele. Viajara para ver em funcionamento uma experiência revolucionária, que então admirava, e que pensava ser original e diferente das chamadas "democracias populares", as quais, com a única exceção da Iugoslávia, haviam sido impostas aos respectivos povos pelos exércitos soviéticos. Vi as granjas coletivas, para cultivo da cana-de-açúcar, assisti a um comício monstro onde o Fidel fez um discurso *fleuve*, andei por muitos lugares: não fiquei particularmente impressionado. Pelo contrário: detectei as taras totalitárias do regime que procurava consolidar-se a seguir ao ataque da Baía dos Porcos. Alguns dos jantares que nos ofereceram não me agradaram nada, havia como que um poder totalitário que pairava sobre nós. Nostálgico, refugiei-me na maravilhosa Cuba do tempo do Hemingway: visitei a casa dele, andei pelos bairros antigos, alguns intelectuais levaram-nos às tabernas onde se bebia rum e se cantava e dançava, embora já pairasse nos locais e em tudo uma tristeza difusa. Existia ainda um resto de boêmia "autorizada" na velha Havana, um resto de charme, e isso foi, para mim, aliciante. Voltamos, de novo, por Praga. Quando chegamos a Zurique, respiramos: foi a grande euforia. Recuperamos as nossas identidades e mergulhamos nas delícias consumistas do mundo ocidental. Não vim nada convencido! Quando, no início dos anos 70, também a convite, fui à União Soviética, ainda foi pior!

Foi também à Iugoslávia por essa altura?

Fui em 64, convidado, já como secretário-geral da ASP. Viajei acompanhado pelo Tito de Morais. Ele recebera em Roma um convite formal endereçado à ASP pela Liga Socialista Iugoslava. Acolheram-nos com muita cordialidade, mas nunca nos deram qualquer apoio concreto. Não passaram das palavras de simpatia e de encorajamento.

A personalidade mais importante que vimos foi um velho companheiro do marechal Tito, ex-embaixador na ONU, na União Soviética e no Egito, um homem muito curioso, já de certa idade, de nome Djerja, com uma grande experiência da vida, do mundo e da política externa.

Como era ele?

Era um cético, com um falar franco que nos desarmava. Um dia, após um almoço que nos ofereceu, numa esplanada ao ar livre, numa praça no centro de Belgrado, lembro-me que lhe disse, a começar uma conversa, "Vocês, os comunistas...", para estabelecer uma diferença entre eles, comunistas, e nós, socialistas. Ficou indignado: "Nós quê?" E, quase rispidamente, atalhou: "Meta na cabeça, uma vez por todas, que aqui, nos países de Leste, não há comunistas: só há burocratas e anticomunistas!" Fiquei edificado!

A desilusão fazia o seu caminho?

Em relação ao Leste, foi fazendo, certamente. Mas as viagens que fiz, nos anos 60, a Paris, Roma, Madri ou, com menos freqüência, a Bruxelas, Genebra, Bonn ou Londres abriram-me horizontes, fizeram-me conhecer gente que me seria depois de grande utilidade: políticos, dirigentes partidários, governantes, jornalistas, sindicalistas. Em 67 fui, pela primeira vez, aos países escandinavos, onde fui recebido de forma muito amistosa pela socialdemocracia instalada. Ia confirmando a minha convicção de que, sem apoios externos, não se derrotaria Salazar... E o mais interessante é que isso me parecia muito fácil de obter: os socialistas europeus mostravam-se muito interessados em conhecer, de entre nós, os seus homólogos com um mínimo de credibilidade. Por isso me empenhei tanto, como já lhe referi, em empurrar os meus amigos católicos para a formação de um agrupamento democrata-cristão, para fazer o contraponto com a ASP...

Em 64, voltou a Praga: foi recebido por Pedro Ramos de Almeida, avistou-se com Humberto Delgado, encontrou Álvaro Cunhal. A caminho de Cuba, meses antes, ficara apenas com uma vaga impressão da cidade: que reteve desta vez?

Instalaram-me no Hotel Paris, no centro. Visitei a cidade, integrei-me em circuitos turísticos, andei a ver os principais monumentos. Visitei o cemitério dos judeus, vi alguns palácios. Praga é uma cidade lindíssima, as igrejas — admirei-me de as ver tão cheias, era já uma forma de resistência —, as pontes, todo aquele belíssimo patrimônio do centro histórico.

Descobriu uma cidade muito bela. E por detrás dela?

Gostei da cidade, mas, por detrás, existia um povo cinzento, fechado sobre si próprio e também uma grande tristeza. Fiquei extremamente impressionado com essa tristeza! E com a pobreza das pessoas, o modo como se vestiam, a falta de comércio, de vida, de iniciativa. Percebi, indiscutivelmente, a infelicidade daquele povo. Ramos de Almeida ainda pretendeu dar a volta à minha desilusão: falou-se muito de Eduardo Benés, uma figura da qual ele sabia que eu gostava, dizendo-me que ele fora "salvo" pelos comunistas...

Mas mantinha ainda, nessa altura, alguma ilusão sobre o que iria ver? Fala como se tudo constituísse para o senhor uma enorme surpresa!

Foram camadas sucessivas de desilusão: Cuba, a Iugoslávia, Praga... Julgava, apesar de tudo, que iria descobrir algo de melhor ou de menos mau. O que me marcou! A idéia de que estava num país dito socialista e que tudo era muito pior do que Portugal horrorizou-me! Era exatamente o contrário do que diziam... Dias depois, o Pedro Ramos de Almeida levou-me a um hotel onde encontrei Álvaro Cunhal, um homem muito diferente daquele que conhecera anos antes!

Por quê?

Porque o Cunhal que eu conhecia do Colégio Moderno, que encontrara, anos depois, numa reunião clandestina no Estoril, e mais tarde em Buarcos, ou mesmo no julgamento, no Plenário Criminal, era um Cunhal cheio de energia, de um olhar perfurante. Quando o voltei a ver, nessa altura, em Praga, tratava-se já de alguém parecido com o que é hoje: um homem policiado, ultracontrolado, porventura sem ilusões, com um olhar indefinido, coberto de uma película cinzenta, um daqueles olhares de quem está já para além da vida...

Que pensou perante esse Cunhal?

Fiquei com a convicção de que a mola — formidável — da confiança e do entusiasmo, alimentados por uma funda convicção, fora destruída pela sua longa prisão ou pelas experiências terrificantes vividas no exílio. Julguei compreender que permanecia ali, no seu posto, muito mais pela força da vontade e do dever do que pelo idealismo genuíno que lhe conhecera na juventude.

Quem provocou esse vosso encontro?

Ele, eu não pedi nada. Convocaram-me para esse encontro, sem se darem ao trabalho de me informarem com quem. Eu estava em Praga, a convite do PCP, para encontrar o general Delgado, operado em Praga, que se dizia estar às portas da morte, e com o objetivo de verificar, por mim próprio, que Humberto Delgado estava a ser o melhor tratado possível. Cunhal recebeu-me por entender, talvez, que seria útil falar comigo. Perguntou-me o que se passava em Portugal, como é que eu via a situação política. Mas fê-lo sempre com uma cordialidade fria e, sobretudo, com muita distância.

Espantou-o esse comportamento. Esperava outra coisa?

Fiquei surpreendido. O que de imediato me tocou foi ele ter-me feito compreender que achava que eu era "outra coisa". Que já não pertencia à família. Deu-me desde logo a entender isso: eu não era o homem "de antes", era agora um "socialdemocrata", sentado na frente dele. Um aliado com quem se podia contatar, mas de quem não se espera grande coisa. E — de toda a evidência — não queria nenhuma espécie de cumplicidade afetiva ou mesmo fraternidade antifascista. Lembro-me de lhe ter falado do pai que, entretanto, tinha falecido e de quem eu herdara alguns clientes, como advogado. Cortou, cerce, a conversa, impedindo que assumisse um cambiante mais pessoal ou simplesmente humano. De mim, queria apenas saber o que "um socialista", num caminho político diferente do seu, lhe poderia dar em termos de informação política. E, depois, falou-me de Delgado.

Antes disso: que raciocínio fez sobre Álvaro Cunhal? Que conclusão tirou?

Se tinha algum comprometimento afetivo relativamente a ele, nesse dia perdi-o. Apesar de, nessa altura, defender já uma estratégia de luta contra a ditadura diferente da sua, mantinha a idéia de que Álvaro Cunhal era um homem de fortíssimas convicções, genuíno, idealista, preso à força e à pureza de um ideal. Nesse dia, fiquei com a convicção de que a mola do idealismo se partira, que não havia, naquele homem, a sombra de um sentimento ou, pelo menos, que não permitiria que nada de afetivo transparecesse na nossa conversa. A conclusão que tirei foi que não havia relações humanas entre nós: só havia, a partir dali, lugar para relações políticas e de interesse. Foi, de resto, o que aconteceu, desde então e pela vida fora, até hoje.

Não tenho tanta certeza disso, mas não antecipemos. E, sobre Humberto Delgado, que lhe disse Álvaro Cunhal?

Que o estavam a tratar muito bem. Que os comunistas lhe tinham salvo a vida. Mas percebi, pelo tom da conversa, que tinha já compreendido quem era e de que massa era feito Humberto Delgado. Trata-se de um cavalo que os comunistas jamais poderiam montar. Recorde-se isto: na campanha, de início, para o PC, Delgado fora o "general Coca-Cola". Mais tarde, na Frente Patriótica, fizeram um enorme esforço para estabelecer uma ligação sólida com o general. Lançaram-no como chefe da oposição, convencidos de que o poderiam controlar, uma vez que Delgado já então se zangara com quase toda a gente da oposição. Mas na altura do meu encontro com Cunhal, apesar de o general estar doente, Cunhal sabia já que o entendimento era impossível: Delgado era intratável e, em termos políticos, inutilizável!

5.
O assassinato de Humberto Delgado

Como encontrou o general Humberto Delgado? Mário Soares escreveu no seu livro, *Portugal amordaçado*, que ele ficou eufórico quando o viu: pediu champanhe e prometeu para breve um golpe de Estado em Portugal! Mas numa carta escrita a Tito de Morais para Roma, em 7 de maio de 64, dias depois desse encontro com o senhor, Humberto Delgado refere a visita de Mário Soares como "uma tão agradável surpresa", embora sublinhe que lhe foi necessária muita "histamina para não se deixar morrer".

Quando entrei no quarto do hospital e o vi deitado na cama, pensei que estava diante de um moribundo! Estava magríssimo e inerte! Depois, a pouco e pouco, foi-se entusiasmando, fez-me uma grande festa, conversou imenso, fez perguntas, pediu champanhe.

Estava eufórico, de fato. Considerava que dentro em breve, pelo menos foi o que me disse, voltaria a Portugal para matar Salazar! No meio da euforia e do entusiasmo, teve porém alguns desabafos tristes. Confessou-me, com grande amargura, que era um homem tremendamente só, que não tinha dinheiro, nem amigos, nem família, que fracassara em tudo.

Mas logo surgia a idéia do regresso e da grande vitória. Saí de lá perplexo e impressionado.

Nunca mais voltou a vê-lo?

Voltei. No Natal desse mesmo ano de 1964. Foi em Paris, em casa do Prof. Emídio Guerreiro, que me convidou, com a D. Maria Lamas, para jantar, dizendo-nos que tinha uma "surpresa" para nós.

O Prof. Guerreiro morava num apartamento modesto, na Avenida de Versailles. Quando lá cheguei, reparei que estava inquieto, o jantar tardava, o ambiente era de nervosismo. De repente, estávamos já à mesa, tocam à porta, era o Delgado. Aparentemente estava bem, usou da sua habitual exuberância, invectivou-me, uma vez mais, por causa da minha dedicação aos "barbas", o grupo do Cortesão, do Azevedo Gomes e doutros amigos da oposição, de quem ele nunca gostara! "Isto não vai com papéis! Vocês não sabem dar tiros, não puxam o gatilho!" E repetiu-nos a tese de que a ação armada era, afinal, a única coisa que interessava. "Da próxima vez que nos encontrarmos, será em Lisboa", disse, "e serei já o dono de tudo!"

Como olhou para ele?

Como para alguém que está um pouco desvairado! Fiz-lhe ver que se estivesse, para breve, uma conspiração de militares, eu necessariamente estaria ao corrente. Retorquiu que não, que "tinha muita gente com ele", mas que tudo se passava "à nossa revelia". Estava excitadíssimo. De súbito, reparei numa enorme mancha de sangue que lhe manchava a camisa: na seqüência da intervenção cirúrgica que fizera em Praga, os pontos da operação não tinham ainda suturado!

Fiquei impressionadíssimo. Mas não houve maneira de o levarmos a um hospital para se tratar. Emídio Guerreiro insistiu, a D. Maria Lamas e eu também, mas sempre em vão.

Que fazia o general em Paris?

Na altura eu ainda não sabia, mas ele já havia cortado com a frente Patriótica de Libertação Nacional e tinha criado outra Frente fantasma — com a mesma sigla, para aumentar a confusão —, a frente Portuguesa de Libertação Nacional, que anunciaria dias depois. Fez sair no *Le Monde* um comunicado a denunciar a Frente Patriótica como comunista e a informar que passara a liderar um grupo diferente. Tratava-se de uma organização inventada por Mário de Carvalho, Ernesto Maria Bisogno, Henrique Cerqueira, Ernesto de Sousa Castro, Silva Martins e outros elementos da PIDE, que se apresentavam como conspiradores — falsos, obviamente — e que o haveriam de atrair à fronteira e depois à morte, naquela tremenda maquinação. Alguns faziamse passar por oficiais no ativo e falavam-lhe de uma organização militar que diziam ter criado em Portugal e da qual ele seria o chefe.

O general acreditou em tudo. Por outro lado, os membros da verdadeira Frente Patriótica clamavam que o general estava louco e verdadeiramente fora de si! Regressei a Portugal tristíssimo, extremamente pessimista.

Que fez?

Pouco tempo depois de chegar, ouvi dizer que o general "tinha desaparecido". Fiquei verdadeiramente inquieto, os jornais portugueses censurados referiam-se-lhe como o "homem dos mil disfarces". Foi então que, em fevereiro de 65, recebi um telefonema de Paris, do Emídio Guerreiro, a dizer-me que o Delgado deveria estar preso em Portugal. Ele propunha-se mandar a Lisboa — pagando as despesas do seu bolso — três juristas da Federação Internacional dos Direitos do Homem para averiguarem do paradeiro de Humberto Delgado, que desaparecera algures em Espanha: Ian MacDonald, britânico; Luigi Cavalieri, italiano e maçom; e Henri Leclerc, francês, hoje presidente da Liga dos Direitos Humanos, de França. Apareceram-me um dia no escritório — com a PIDE sempre encafuada na Central da Baixa, a vigiar e a fotografar quem entrava e quem saía! —, contando-me que haviam feito o mesmo percurso que o general Delgado.

Em Argel, encontraram toda a oposição dividida entre os fiéis ao general e os que lhe eram hostis, queixando-se da sua loucura e dizendo que ele fizera uma cirurgia plástica; em Marrocos, encontraram Henrique Cerqueira, um psicopata, que acompanhou o general até ao barco para Algeciras. E, finalmente, seguindo a traça deixada pelo general, através dos postais que ia mandando, foram dar a Badajoz, onde lhe perderam o rasto.

Chegando a que conclusão?

Quando falaram comigo, no meu escritório, estavam convencidos de que não se tratava de prisão, mas sim de um verdadeiro rapto ou mesmo de assassínio, hipótese que consideravam como a mais provável. Ajudei-os no que sabia, que era praticamente nada. O próprio capitão Vilhena, com quem Delgado sempre manteve os melhores contatos, também nada sabia: era como se o general se tivesse evaporado na estratosfera! E, subitamente, depois do regresso dos juristas, apareceram dois corpos em Vila Nueva del Fresno. Pensei logo que, se o anel de um dos mortos tinha as iniciais H.D. se trataria, seguramente, de Humberto Delgado. Mas era, em qualquer caso, uma coisa estranha, tétrica, sinistra. Achei que devia fazer qualquer coisa: fui à casa do general, acompanhado pelo Raul Rêgo e pelo Duarte Vidal, visto que ambos conheciam muito bem a família. E ofereci então os meus serviços à senhora D. Iva, sua viúva.

Oferecera-se para advogado de Humberto Delgado. A família, grata e comovida, aceitara. Pergunto: agiu assim porque esse gesto lhe permitiu um palco inesperado e bem-vindo? Um protagonismo e um salto para a notoriedade?

O meu primeiro objetivo não foi, obviamente, esse, aliás então imprevisível. Foi um gesto de solidariedade. A notoriedade veio *a posteriori* e um pouco à minha revelia. Eu queria realmente investigar, queria saber o que se passara, e achava que devia esse último ato de solidariedade ao "general sem medo", Humberto Delgado.

Mas também sabia que, nos dois últimos grandes acontecimentos políticos em Portugal — as eleições de 58 e a crise estudantil de 62 —, não tivera nenhum ou quase nenhum protagonismo político?

Tire essa idéia da cabeça. A mola que me movia nunca foi o protagonismo. Entenda bem o momento que se vivia então em Portugal! Eu não andava à procura de nenhum protagonismo! Seria insensato com as posições que tomava. Se o quisesse, só teria um caminho: fazer-me com o Estado Novo. Ora, nessa altura, eu já liderava a oposição não-comunista, todos o reconheciam.

Todos?

Era o secretário-geral da ASP, um dos rostos da Resistência Republicana e pertencia ao Diretório Democrata-Social.

Seria tudo isso, mas passou ao lado das eleições presidenciais de 58, não foi tido nem achado na crise estudantil de 62!

Não tanto como pensa. Em 1958, tive um certo apagamento voluntário, é verdade: em parte, por estar muito interessado em consolidar a minha advocacia, tinha já escritório, embora fosse ainda, apenas, estagiário...

...Dr. Soares, estou a falar-lhe na oposição, não na advocacia!

É preciso compreender que a minha vida foi construída por etapas! Necessitava de adquirir uma posição financeira e profissional sólida —

já lhe expliquei isto — para me poder lançar depois, com êxito, em outros vôos. Arranjei essa base. Pretendia ser um advogado conhecido, ganhar algum dinheiro, para me poder movimentar sem problemas, ter clientes. Em segundo lugar, havia a respeitabilidade que a advocacia conferia, mesmo em relação à PIDE.

Era-me necessária a cobertura da Ordem dos Advogados, a proteção do Bastonário Pedro Pita e a confiança dos grandes advogados, um Eduardo Figueiredo, um Palma Carlos, um Abranches Ferrão, um Adolfo Bravo, eu sei lá, de todos estes homens que tinham grande visibilidade na sociedade portuguesa e, por isso, eram respeitados.

E isso fora incompatível com o protagonismo nas eleições de Delgado?

Lembre-se que comecei por não apoiar a candidatura Delgado. Pertencia ao Diretório Democrata-Social e queria outro candidato, o Prof. Azevedo Gomes, primeiro, Jaime Cortesão, depois. Quando integrei a campanha do Delgado, nunca estive convencido de que ele era o "meu candidato". Pelo contrário, fi-lo por razões políticas conjunturais, sempre um pouco *à contrecoeur*... Mas, em 1962, entusiasmei-me com a crise acadêmica e recebi de braços abertos os seus principais intervenientes. Mas já não era um jovem. Fiz o que pude, procurei-os, falei com eles, iniciou-se a partir de então um certo diálogo entre nós. Depois, ajudei-os como advogado, defendi alguns deles em processos que lhes moveram, chamei-os a colaborar nas campanhas democráticas, ajudei alguns a fugir do país... Repito, eu estava a tentar construir na oposição democrática uma via autônoma estrategicamente independente em relação ao Partido Comunista. O que ainda se tornou mais claro, a seguir, após a morte inesperada, no final desse mesmo ano, do nosso querido Prof. Mário de Azevedo Gomes.

Por quê?

Para os meus amigos, para os que me estavam mais próximos, a morte do Prof. marcou um ponto de viragem: foi o momento que escolhemos para assumir as nossas responsabilidades na direção da oposição. Foi esse, aliás, o sentido do meu discurso no cemitério dos Prazeres. Daí em diante, não reconheceríamos mais nenhuma liderança que não saísse de nós próprios. E o grupo dos meus amigos políticos — onde se encontravam tantas figuras de uma geração anterior à minha — começou, insensivelmente, a empurrar-me para o primeiro lugar.

Começaram?

Sim, embora não de forma explícita. Fizeram-no com a naturalidade das coisas que acontecem pela força do que tem de ser...

O que não impediu que nas eleições legislativas, ocorridas a 3 de novembro desse ano, em cuja campanha — segundo conta no seu livro — "participou ativamente nos arranjos da política oposicionista", se registassem, uma vez mais, divisões e equívocos: havia a ASP; havia o Diretório Democrata-Social, dividido entre republicanos, liberais, socialistas, social-democratas; havia os comunistas. E no PC havia-se dado — em 64 — a cisão anti-revisionista pró-chinesa e a conseqüente fundação do Comitê Marxista-Leninista Português; havia-se criado a FAP — Frente de Ação Popular. E um grupo de 101 católicos divulgara, a 4 de outubro, um manifesto condenando a guerra colonial e criticando a cumplicidade entre a hierarquia da Igreja e o regime. Em resumo: a oposição não chegará às urnas, desistindo antes do encerramento da campanha eleitoral.

É exato. Em 1965, a ASP participa nas pseudo-eleições organizadas pelo regime, em cooperação com figuras do Diretório, com *compagnons de route* do PC, com jovens católicos ou não, saídos das lutas acadêmicas de 1962, como o Medeiros Ferreira e o Mário Cardia, por exemplo.

Porém, havia já, claramente, uma demarcação nítida da nossa linha estratégica: poucos anos depois, seria mesmo a ruptura. De um lado, a CEUD, do outro, a CDE.

Mas foi também no ano da formação da ASP, em 1964, que se deu essa primeira grande cisão no Partido Comunista, através da chamada crítica anti-revisionista do Comitê Marxista-Leninista Português, apoiado pelos chineses, e, depois, com a criação da Frente de Ação Popular, a FAP.

Ainda sobre as eleições de 65. A oposição democrática divulgou um manifesto, "Campanha Eleitoral de 1965", redigido, na sua quase totalidade, pelo punho de Mário Soares.

Nele, os signatários aceitam, no "plano das idéias", o "Programa para a Democratização da República" e tomam-no como "ponto de partida e referência principal". Na questão colonial, sustenta-se "sem demora" uma solução política "com base no princípio da autodeterminação". Este ponto foi consensual entre os signatários?

Foi, obviamente, visto que os documentos referidos — Prefácio, Manifesto ao País e Duas Representações ao Presidente da República —, embora redigidos por mim, na quase totalidade, eram da responsabilidade coletiva de todos os subscritores. No livrinho que refere, *Campanha eleitoral de 1965 — documentos de interesse para a pátria*, editado clandestinamente no Porto, figuram ainda outros textos, de outras proveniências e responsabilidades, mas todos insistindo no mesmo sentido: Carta Aberta ao Senhor Presidente da Comissão Provincial de Moçambique da União Nacional, subscrita por Almeida Santos, Adrião Rodrigues e outros; Manifesto dos Candidatos Oposicionistas de Braga, da responsabilidade dos advogados Aguiar Branco, José Alberto Rodrigues e outros; um testemunho de católicos, assinado por Alçada Baptista, Francisco Sousa Tavares, José Pedro Pinto Leite, Júlio Castro Caldas, Maria de Jesus Serra Lopes, Augusto Ferreira do Amaral, Domingos Megre e outros; e a Posição do Movimento Monárquico Independente, cujos signatários foram Fernando Amado, Gonçalo Ribeiro Telles, entre outros. Para além deste leque significativo e plural da oposição democrática — que traduz bem a ampla frente de oposição à ditadura —, esse pequeno livro transcreve ainda o discurso de Salazar de encerramento da campanha de 1965, que constituiu um modelo acabado de hipocrisia política...

Nessa época, o Ocidente acordava para a China. Que análise fazia da revolução chinesa e, sobretudo, das suas repercussões na juventude e no Partido Comunista?

Nunca fui um grande entusiasta da chamada via chinesa, anti-revisionista. A minha crítica aos pró-soviéticos partia de um pressuposto antagônico das posições pró-chinesas, era feita em nome da liberdade, do pluralismo e dos direitos do homem sacrificados pela chamada "ditadura do proletariado". Tinha já, então, uma posição claramente gradualista nas reformas sociais a empreender. No entanto, a cisão pró-chinesa enfraquecia o campo do dogmatismo comunista — e libertava os jovens do hegemonismo do PC —, o que segui com certa curiosidade e interesse...

Falou com alguém desse novo grupo?

Cheguei a encontrar o Martins Rodrigues, em Paris, num contato que me foi proporcionado pela D. Maria Lamas. Nessa altura, ela oscilava entre o PC e a FAP. Mas a conversa com ele foi decepcionante: revelou-se ainda mais dogmático do que os comunistas pró-soviéticos. Ao contrário do que viria a ocorrer com os católicos agrupados em volta desse "Manifesto dos 101", que referiu. Com eles pudemos ir estabelecendo um bom diálogo e mesmo uma cooperação que, com altos e baixos, nunca mais deixou de existir.

Entretanto, surgira um fato novo: Mário Soares era agora atacado à esquerda e à direita. Isto é, ocorrera uma mudança sutil que ia fazendo o seu caminho.

Naturalmente que, à medida que fui aparecendo a liderar um grupo consistente, a ASP, com uma estratégia própria e autônoma do PC e dos seus habituais companheiros, mas autônoma também da oposição mais conservadora — Cunha Leal, Carlos Ferrão, o chamado reviralho clássico —, comecei a ser contestado e mesmo combatido à esquerda e à direita. Sem que, ao mesmo tempo, o regime salazarista deixasse de me considerar um "inimigo a abater".

Falemos com mais demora da morte de Humberto Delgado e do que se lhe seguiu.

Nunca previ que esse caso me trouxesse tantas complicações. No dia seguinte àquele em que obtive a procuração da viúva de Humberto Delgado, meti-me no meu Volkswagen e fui, estrada fora, sozinho, em direção à fronteira. Nunca esquecerei essas horas, a guiar e a procurar refletir sobre o que se passaria: prender-me-iam? Deixar-me-iam seguir? Que encontraria? Não dispunha de qualquer proteção, a não ser dos meus amigos, que sabiam onde eu estava, e de alguns correspondentes estrangeiros — Dennis Redmont, da Associated Press, Aleco Joanides, da Reuters, Schercliff, do Times; e Marvine Howe, do *New York Times* — que previamente avisara e haviam decidido seguir a minha viagem. No Tribunal de Badajoz, pedi para falar com o juiz Crespo Márquez. A resposta foi seca: não me podia reconhecer como advogado, dado que o meu título não era reconhecido em Espanha. Para falar com o senhor — disse-me —, teria de o fazer através de um advogado espanhol. Não conhecia nenhum, muito menos em Badajoz. Lembrei-me do Tierno Galván. Sabia quem ele era, através do *Le Monde*. Antes de ir a Madri, hospedei-me no Hotel Simancas — onde o general dormira a sua última noite — e pedi os registos dos hóspedes. Mentiram-me, negando-me que ele lá tivesse estado. Mais tarde, apurou-se a verdade. Em seguida, dirigi-me ao local onde tinham sido descobertos os corpos, a vereda dos Malos Pasos, perto de Vila Nueva del Fresno.

Sempre sozinho?

Sozinho. Mas — claro — sempre com a polícia espanhola atrás de mim. Telefonei à Maria de Jesus, avisando-a de que seguia para Madri, onde procurei entrar em contato com Tierno Galván.

Mas não o conhecia pessoalmente?

De parte nenhuma! Em Madri, fui ajudado pelo correspondente do *Le Monde*, José António Novais. Era um jornalista, filho de uma espanhola e de um velho republicano português, Novais Teixeira, exilado em França desde a Guerra de Espanha. Era um homem simpático, corajoso, que bebia talvez demais, mas que se revelou preciosíssimo. Foi ele que me levou ao escritório do Tierno Galván, na Calle Marqués de Cubas, nº 6, onde tinha escritório também o Raul Morodo e era, ao nível espanhol, uma espécie de Rua do Ouro, 87! Expliquei-lhe o que se passava. Ouviu-me com atenção e muita simpatia. Contudo, como ele era sobretudo professor e constitucionalista, recomendou-me um advogado de barra, com prática de processos-crime, ex-franquista, Mariano Robles Romero de Robledo. Era um personagem! Gordo, expansivo, bem disposto, fumava charuto continuamente. Disse-lhe, desde logo, que o assunto era essencialmente político, que não lhe podia pagar nada, que era uma questão de solidariedade. Por meu lado, paguei sempre todas as despesas, deslocações incluídas, do meu próprio bolso. Pediu-me uma procuração e prometeu-me saber quem eram os advogados de Badajoz. Outros jornalistas, que fui conhecendo em Madri, disseram-me que Mariano Robles tinha fama de ter bons contatos com a polícia franquista — o que foi, aliás, útil — e recomendaram-me que procurasse outros advogados para, de algum modo, controlar qualquer desvio politicamente menos ortodoxo. Assim, nomeei dois outros: um conservador, Jaime Corteso Velázquez Duro; e uma socialista, Josefina Arrillaga, que se ocupava de questões trabalhistas e tinha bons contatos com a Fundação Erbert e com os socialdemocratas alemães.

Subestabeleceu então nesses três advogados?

Embora o tivesse feito, foi de fato Mariano Robles quem iniciou os contatos com o juiz Crespo Márquez e com a polícia espanhola e se ocupou de tudo, fornecendo-me elementos utilíssimos. Voltei várias vezes a Badajoz e a Madri e, de uma delas, quando íamos assistir ao funeral de Delgado, que, provisoriamente, ficou em Badajoz, fomos todos presos na fronteira: Abranches Ferrão, Raul Rêgo, Catanho de Menezes, Pires de Lima e eu. Ficaram com o automóvel do Ferrão — um Rover magnífico! —, meteram-nos numa carrinha blindada e trouxeram-nos para Caxias, aonde chegamos de madrugada.

Em Portugal, Salazar insistia na tese de que se tratara de um "ajuste de contas" entre as oposições. Mas, no Brasil, Henrique Galvão surpreendeu ao escrever, nessa altura, diversos artigos acentuando os seus ataques ao Partido Comunista Português. Mário Soares respeitava Henrique Galvão: teve, na altura, conhecimento do teor destes artigos?

Claro. Tratou-se de uma campanha bem orquestrada pela PIDE que despistou muita gente, sobretudo a que tinha contas a ajustar com o PCP. Não só no Brasil, como foi o caso de Galvão, mas também em Argel e Paris. Por meu lado, nunca tive dúvidas: sempre atribuí a máxima responsabilidade à PIDE e a Salazar, que, no discurso citado pela senhora, se revelou de uma hipocrisia intolerável!

Entretanto, Mário Soares viajou a Paris, a Itália, diversas vezes a Espanha, o processo foi-se arrastando e saltando dos tribunais de Espanha para a justiça italiana. Que pode dizer hoje sobre este caso que não tenha já sido dito?

A minha intervenção no caso Delgado só acaba depois de 25 de abril, pois continuei a ser o advogado da família até essa data, embora o processo tivesse sido bloqueado, tanto em Itália como em Espanha, para não falar de Portugal, onde nunca se chegou a iniciar. No meu livro *Portugal amordaçado* (que é de 1972, na edição francesa), no capítulo intitulado "História de um Crime", desmontei toda a conspiração e, com inúmeros detalhes, denunciei a PIDE como autora material do crime, atribuindo a Salazar a autoria moral. Quando, finalmente, foi possível abrir o processo, aqui em Lisboa, não pude acompanhar a instrução nem o julgamento porque, nessa altura, já era primeiro-ministro. Os advogados que se ocuparam do caso foram os meus amigos Abranches Ferrão, que esteve comigo desde a primeira hora, José Luís Nunes e Luís Saias. Convidaram-me, aliás, para assistir às alegações...

...vestido de toga...

...Foi a última vez que a vesti num julgamento. A acusação foi brilhante e arrasadora para a PIDE. Um dos réus, o inspetor Pereira de Carvalho — que tantas vezes me interrogara no 3° andar da PIDE —, estava na teia um pouco acabrunhado: era um dos intervenientes confessos de ter participado na emboscada, em Malos Pasos, ao general Delgado. Embora tivesse afirmado que não tinha responsabilidades na morte propriamente dita e alegado que o assassino terá sido um agente da PIDE, Casimiro Monteiro, que depois fugiu para a África do Sul e lá terá desaparecido, num dos intervalos não me contive e abordei-o: "Que o senhor tivesse conhecimento do crime, posso compreender; agora que, tendo sido um dos participantes, tivesse o desplante, durante horas a fio, de me interrogar, acusando-me a mim de cumplicidade com Argel, no crime que vocês premeditaram, conhecendo tudo o que se passara — e, mesmo assim, procurando extorquir-me uma 'confissão' —, isso é coisa, confesso, que excede a minha capacidade de compreensão." Pereira de Carvalho baixou os olhos e respondeu-me: "Coisas da vida, senhor doutor, coisas da vida..."

Os comunistas não lhe perdoariam esse diálogo!

Pois não: a propósito deste meu tão curto diálogo — tão insólito e extraordinário! —, acusaram-me, numa das suas publicações, de "confraternizar com a PIDE no julgamento de Humberto Delgado". Acrescente-se que, nessa época, eu me tornara o alvo principal de todos os seus ataques... Que posso dizer mais sobre o caso Delgado? Que se tratou de um duplo crime, horroroso e execrável. Que por si só representa a exautoração moral da ditadura e do ditador. Sem remissão!

Em maio de 67, o papa Paulo VI visitou Fátima. Esta visita — que encheu de alegria as oposições — desesperou Salazar, o poder, a situação. Lembra-se do que fez e disse nessa altura?

Segui-a com a maior atenção. Quando a visita foi anunciada, nós, oposição, ficamos inquietos, não alegres, como sugere. Poderia traduzir-se num apoio indireto à ditadura. Suscitou, por isso, algumas críticas nos meios do catolicismo progressista europeu e mesmo em Portugal. Lembro-me de alguns artigos, nesse sentido, que apareceram no *Le Monde*. Mas, finalmente, tudo correu bem: o papa não deu importância a Salazar e demarcou-se totalmente do regime. Recusou-se mesmo a vir a Lisboa. Sobre toda a história, recomendo-lhe algumas páginas saborosas — e picantíssimas! — de Franco Nogueira em *Um político confessa-se...*

Na sala da biblioteca de S. Bento, em 30 de novembro desse mesmo ano de 67, Salazar — a propósito da homenagem que lhe era dirigida pelos municípios de Moçambique — fez um discurso ao país, o que não sucedia desde abril de 66. Mário Soares, usando o pseudônimo de Carlos Fontes, escreveu, no *Portugal Socialista* de 1º de dezembro de 67, um longo texto sob o título de "A Propósito de um Discurso". Nele, comentava o "tom fastidioso de catedrático que dá lições ao mundo" e criticava Salazar, por "ignorar todos os problemas pendentes", acusando-o de "não dizer nada, rigorosamente nada". Pergunto: terá escrito isto porque Salazar — conforme recorda Franco Nogueira na sua biografia — "impressionara sobretudo pela afirmação da possibilidade de resistir indefinidamente"?

Não. Porque Salazar estava já, nessa altura, perfeitamente esgotado. O regime era um anacronismo e não tinha futuro. Já estava morto, sem que ele o soubesse. A teimosia de Salazar, agarrado ao poder como lapa, constituiu um "verdadeiro crime contra a pátria", para usar uma das suas expressões. Sem sentido nacional. Isolado do mundo, sem sombra de legitimidade política, apoiado na PIDE e na censura, fomentando o medo e a subserviência, o espectáculo dos anos finais da ditadura

— e da decrepitude do ditador — foi patético. Uma tragédia, sem remédio, para os portugueses!

Estivera, até aí, preso mais de dez vezes. Ao contrário do que sucedera com a maioria dos seus companheiros, a prisão nunca foi para o senhor fator de traumatismo, não parece tê-lo amachucado. É, uma vez mais, na sua natureza otimista e enérgica que podemos encontrar a resposta para este comportamento? Tito de Morais recorda que a sua preocupação, de cada vez que entrava na cadeia, era certificar-se de que levava dinheiro para poder ter acesso às celas de "primeira"! E a sua filha retém que a sua preocupação era poder ler os jornais. Como lhe negassem essa autorização, a sua família enviava-lhe a comida em panelas envoltas nas páginas dos jornais.

Sempre que fui preso, a minha principal preocupação foi "portar-me com dignidade", "não falar", "sair de cabeça tão alta e com tão boa consciência como tinha entrado". Muitos saberão que não é assim tão fácil. As prisões deram-me sempre uma sensação de exaltação de personalidade, que é o que resulta do dever cumprido. Tenho muito orgulho dos autos de interrogatório que me fizeram, nas 12 vezes que fui preso. Sempre disse só o que quis, sem concessões. E, acredite, não sou dos que se queixam, mas passei maus bocados, nem sempre nas celas de "primeira classe", onde estive realmente com o Tito; conheci os "curros" do Aljube, os longos interrogatórios, as celas imundas de Caxias, a incomunicabilidade na Penitenciária de Lisboa, a tortura do sono, a cela dos presos comuns, em Caxias...

Nos intervalos das prisões, viajava. Conhecia gente, revia outra, cimentava os seus contatos. Também em 67, foi a Estocolmo, a convite do governo sueco. Foi recebido por Tage Erlander, presidente do Partido Socialdemocrata Sueco e, na altura, primeiro-ministro, na presença do então ministro das Comunicações, Olof Palme. Em Roma, aonde fora três meses antes, também a convite do governo italiano, avistara-se com Pietro Nenni, vice-presidente do Executivo, e com De Martino, secretário-geral do Partido Socialista Italiano. Que tinham eles para lhe dizer? E que queriam ouvir do senhor?

Que queriam ouvir de mim os socialistas europeus? Sabiam que eu era socialista, como eles, que liderava um grupo de amigos que, todos, se reconheciam no socialismo democrático, que a Internacional Socialista via, já nesse tempo, como um embrião eventual de um futuro partido socialista português. Portanto, o que queriam eles? Queriam conhecer-me, avaliar das minhas possibilidades e posições e manifestar-me (ao princípio com todas as cautelas, discretamente) a sua solidariedade. Tão simples como isto! Numa palavra, faziam comigo o que eu viria a fazer a muitos socialistas latino-americanos, africanos e brasileiros, a partir da segunda metade dos anos 70.

Em 67, foi acusado de ter divulgado a um jornalista inglês, Barry O'Brien, do *Sunday Telegraph*, o escândalo dos "Ballet Rose". Levado para Caxias — onde permaneceu três meses "incomunicável" —, negou à polícia que o tivesse feito. O jornalista, no artigo que publicou, ilibou-o expressamente numa nota que então assinou. Mas o que passou a constar foi exatamente o oposto: na ânsia de ver publicitado um "Caso Profumo" em português, Mário Soares ter-se-á precipitado, confundindo alguns nomes e dando informações menos rigorosas.
Como surgiu o seu envolvimento neste caso?

Essa foi a acusação que a PIDE me fez, mas que não conseguiu provar por não corresponder à verdade. O jornalista Barry O'Brien visitou-me realmente no meu escritório da Rua do Ouro — nessa época um lugar de peregrinação quase obrigatória para os jornalistas estrangeiros em busca de novidades sobre Portugal! — e falou-me do escândalo dos "Ballet Rose", questão picante no Portugal hipócrita, falsamente puritano, de Salazar. Eu, que não sabia quase nada, tinha lido umas páginas do processo instruído na Judiciária e depois enviado ao Tribunal da Boa-Hora (onde, por pressão governamental, foi arquivado!), limitei-me a indicar-lhe o juízo onde o processo estava e o nome do escrivão que lho poderia mostrar. Fui preso, sob a falsa acusação de ter divulgado esse escândalo ao jornalista britânico. Três meses depois, integralmente passados em Caxias, requeri o *habeas corpus* através do meu advogado José Magalhães Godinho. Foram, então, obrigados a pôr-me em liberdade. Foi sol de pouca dura!

6.
A deportação

Quando saiu da prisão, no fim de fevereiro de 68, quis viajar até à Madeira. A PIDE impediu-o de embarcar. Foi para o Algarve na companhia de sua mulher, guiando o seu próprio Volkswagen. A estadia seria envenenada pela presença constante de uma brigada da PIDE que o seguiu a par e passo: os próprios funcionários dos hotéis onde se hospedou foram-no informando disso. Passou um dia com Francisco Sousa Tavares e Sophia de Mello Breyner, em Lagos, mas decidiu regressar a Lisboa, avisando os seus filhos. No regresso, as estradas desertas do Alentejo assustaram Mário Soares e Maria de Jesus.

No dia seguinte, conduzido pelo motorista de seu pai, dirigiu-se ao seu escritório. Continuava, porém, a ser seguido. No Rossio, parou o carro, atravessou o Café Nicola, saiu pela Rua 1º de Dezembro, entrou no barbeiro e sentou-se a cortar o cabelo. Enfim, a PIDE perdera-lhe o rasto. Ficou bem-disposto: almoçou no Rex, passeou pelas livrarias, subiu o Chiado a pé, foi às Belas-Artes ver uma exposição: o pesadelo terminara! Horas depois, ao entrar no seu escritório, a PIDE caiu-lhe em cima. Passou a noite na António Maria Cardoso, pediu que lhe levassem a Bíblia, *Os Maias* e lençóis. Mas, desta vez, não foi preciso. Horas depois, estava a caminho de São Tomé e Príncipe: Salazar acabava de o deportar para África.

Ir para São Tomé?! Eu nem sabia bem ao certo onde estava São Tomé no mapa! Na PIDE, disseram-me apenas: "A sua mulher virá despedir-se do senhor. Partimos às onze horas da noite." O inspetor Abílio Pires, um velho conhecido das minhas anteriores prisões e que representava, para mim, "o PIDE bom", parecia verdadeiramente contristado! E lamentava: "Eu bem o avisei, bem lhe disse..." Vim a saber que, horas antes, a Maria de Jesus fora chamada à António Maria Cardoso — sede da antiga PIDE, sita na rua do mesmo nome, no Chiado —, aonde foi acompanhada pelo João, para lhe comunicarem que eu seria deportado para São Tomé. Pediu para me ver, mas começaram por lhe negar autorização. De regresso a casa, foi ela que informou o meu pai, a Isabel e os amigos do que estava para acontecer. Nesse dia, 19 de março, comemorava-se o Dia do Pai, a Isabel tinha-me ido comprar um presente ao Delfim, uma loja que havia na Alexandre Herculano. Quando chegou a casa, viu, pelos semblantes do avô, da mãe e do irmão, que algo de muito grave se passava. No dia seguinte de manhã, a Maria de Jesus voltou à PIDE, agora na companhia do meu pai e dos meus filhos. Pediu de novo ao inspector Sachetti autorização para se despedirem de mim. E finalmente, ao fim da tarde desse dia, vi surgir a minha família, no terceiro andar da António Maria Cardoso. Estavam muito comovidos, mas esforçavam-se por não chorar. Antes de se encontrarem comigo, a minha mulher tinha-lhes dito: “Não se chora diante da PIDE nem uma lágrima!”

A sua filha, recordando hoje essa época, destaca-a como um dos piores momentos por que passou, se não mesmo o pior.

É natural! Era a insegurança total: não sabiam se me voltariam a ver! Faziam um esforço visível para não exteriorizar o que lhes ia no coração. Ficaram comigo breves momentos. Deixaram-me um embrulho de roupa e algum dinheiro. A despedida foi curta, muito emotiva mas contida, não houve lágrimas. Já no avião, colocaram-me num lugar em primeira classe (para que a grande maioria dos passageiros para Angola não desse por nada) e apercebi-me, pela janela, que havia distúrbios no aeroporto: a PIDE, naquele corredor que dava acesso à varanda do aeroporto, dispersava à bastonada, brutalmente, batendo nas centenas de pessoas que ali se encontravam, algumas, de fato, para se despedirem de mim, entre as quais a Maria de Jesus, os meus filhos, o meu sogro e muitos amigos, como o Zenha, o Catanho de Menezes, o Raul Rêgo e outros, dos quais muitos foram espancados. No avião, deram-me um jantar opíparo, como era costume naquele tempo, em primeira classe. Comi regalado, tanto mais que quase não tinha comido durante todo o dia, fumei um bom charuto e, depois, dormi até Luanda como um justo!

Ficou nove meses deportado na ilha de São Tomé, em regime de liberdade vigiada. Ao princípio, numa pousada; depois, em casa própria. Tentou arranjar trabalho, fazer advocacia, dar aulas. Sem grande êxito.

Logo no dia a seguir à chegada, resolvi visitar o governador, coronel Silva Sebastião, irmão do matemático da Faculdade de Ciências, Sebastião e Silva, um homem de esquerda que eu conhecia bem. Fui recebido com cortesia: "Não coexistiremos os dois nesta ilha mais de um mês. Ou o mandam para outro lado, ou eu me demito." Ninguém o ouviu em Lisboa, aonde veio, um mês depois, para tentar dar a volta à situação. Salazar recomendou-lhe que não se ocupasse de mim. Essa função competia exclusivamente à PIDE. O governador resignou-se. Nunca mais me chamou. Pedi-lhe um encontro, não o marcou. Mas como tinha o costume, às quintas-feiras, de receber livremente os africanos que lhe iam pedir pequenas coisas, meti-me na fila que se formava junto à sede do governo. Foi um escândalo: um branco na fila dos pretos! Recebeu-me, atrapalhadíssimo: "Estou proibido pelo Dr. Salazar de o receber... Não posso falar com o senhor!" Agradeci-lhe e fui-me embora. Nunca consegui arranjar qualquer trabalho: nem como advogado, nem como professor, nem no Tribunal, nem sequer em defesas oficiosas, havendo falta de advogados, nem no liceu, onde havia falta de professores licenciados.

Sabe-se que foi convidado para trabalhar pela família Mello, proprietária, em São Tomé e Príncipe, da Companhia da Ilha do Príncipe. Não o chegou a fazer. No entanto, ainda hoje se pensa que ganhou dinheiro do Grupo Mello enquanto esteve deportado em África. Que se passou?

Nunca trabalhei, nem ganhei um tostão! Antes pelo contrário. Eles sentiram o dever de me dar uma indenização — quiseram, aliás, dar-ma —, mas eu recusei.

Por que haveriam de o indenizar?

Porque me convidaram para advogado da roça Água Izé em São Tomé e, depois, por pressão governamental, retiraram o convite. Foi assim: um dia apareceu-me na pensão onde me alojava o engenheiro João Goulão, diretor da roça Água Izé — propriedade da família Mello. Convidou-me, em nome do grupo, para trabalhar como advogado da empresa, oferecendo-me uma avença mensal. Fiquei, naturalmente, encantado com essa possibilidade de poder ganhar a vida e também de ocupar o meu tempo. Mas, como era advogado, em Lisboa, da Maria Cristina de Mello, entendi que lhe devia comunicar o convite e, por razões deontológicas, perguntar-lhe se não via inconveniente em que o aceitasse.

Maria Cristina de Mello escolheu-o como advogado. Encarou este convite com naturalidade?

Cerca de um ano antes da minha deportação, fui procurado por ela: ia entrar em litígio com os irmãos, queria um advogado da oposição. Disse-me que necessitava de alguém com as minhas características: habituado à barra do tribunal, capaz de enfrentar a PIDE no Plenário; portanto, alguém, corajoso, que não fosse subserviente perante o poder. Temia que um advogado mais ou menos do regime não fosse capaz de resistir à pressão do grupo CUF, que, nessa época, aparecia quase como um Estado dentro do Estado. Para dizer a verdade, achei lógico que me convidasse e gostei. Voltando a São Tomé: uns dias depois de ter sido convidado para trabalhar com o Grupo Mello, apareceu-me de novo João Goulão, explicando-me que o convite ficara sem efeito. Tinha recebido ordens formais de Lisboa nesse sentido. O resultado foi que ninguém mais, em São Tomé, se atreveu a pensar em mim como advogado ou a convidar-me fosse para o que fosse! Fiquei, pois, sem trabalho, que, aliás, realmente nunca cheguei a ter.

E não recebeu dinheiro?

Não. Preferi ficar com aquele capital de queixa contra o capitalismo português, que, assim, mostrou estar em absoluto subserviente e subordinado às diretivas e pressões políticas de Salazar.

Jorge de Mello recorda hoje que não houve interferência de Salazar. A história que me contou é um pouco diferente. Por sugestão de alguém, Jorge de Mello tomou a iniciativa de propor a outros proprietários portugueses de roças em São Tomé que — em conjunto — lhe oferecessem uma avença, a troco de trabalho de advocacia nessas roças. Na altura, como nenhum dos três advogados da ilha estava disponível — um, por motivo de doença; outro, por suspensão de funções; e o terceiro, por ser africano — para exercer o trabalho, Mário Soares, como advogado, seria até bem-vindo. Mas a proposta foi liminarmente recusada: nenhum dos outros proprietários aceitou esta sugestão. Jorge de Mello, considerando "inconveniente para ambas as partes" que essa avença ficasse

a cargo exclusivo do Grupo Mello, desistiu do convite, dando, porém, indicações para São Tomé — ao seu administrador Almeida Barreiros — para que Mário Soares fosse devidamente indenizado. Que diz sobre esta outra versão?

É uma versão. Mas não me parece que tenha algo a ver com o que realmente se passou. Quando Goulão me contatou, queria mesmo que eu fosse advogado da Água Izé. Não me falou em nenhuma outra roça. O raciocínio que fez, como me explicou, foi: "Há um razoável advogado na ilha, vamos tê-lo do nosso lado, antes que a concorrência o agarre." Depois, sobrepuseram-se razões de discriminação política, que o transcendiam. É o que tem lógica e foi o que se passou.

Admitiu a possibilidade de fugir de São Tomé. O seu amigo Hermínio da Palma Inácio chegou a conceber um plano de fuga. Preferiu não o levar por diante. Por quê?

Achei sempre uma loucura essa idéia do Palma Inácio: teria de sair de noite, numa piroga, para apanhar um barco fora das águas territoriais de São Tomé. Embora o plano fosse factível — julgo que na ilha não havia nenhuma espécie de controle marítimo, nem sequer uma vedeta rápida da Marinha que me pudesse interceptar —, o mar estava infestado de tubarões, a piroga podia voltar-se, enfim, nunca encarei essa hipótese seriamente. Encarou-se depois a hipótese de fuga através de um helicóptero que pousaria no próprio aeroporto, mas, apesar dos esforços do Palma Inácio, nunca se arranjou o helicóptero!

Que tipo de informações recebia da metrópole? Chegavam-lhe jornais, notícias?

O médico Pedro Monjardino, meu amigo, tinha tratado uma senhora de São Tomé que lhe ficara muito grata. Era uma senhora bem relacionada na ilha, com bastante família, de modo que o Pedro Monjardino pediu-lhe que organizasse a maneira de me fazer chegar alguma correspondência. Durante alguns meses, foi uma espécie de mensageira benévola. O que fez com grande simpatia. Houve outras pessoas que, discretamente, também me ajudaram a iludir a vigilância da PIDE.

Em Itália, entretanto, Tito de Morais era infatigável na sua iniciativa de impulsionar um Conselho Internacional de Ju-

ristas e Advogados que apelasse para a sua libertação. Com o incentivo e a colaboração de dois juristas italianos — Nicolau Lombardi e Giuliano Vassalli, ambos advogados do caso Delgado —, constituiu-se esse conselho, que viria a integrar representantes de dezenas de países da Europa Ocidental e do Leste, dos Estados Unidos, da América Latina, de África. O conselho, para além de promover algumas conferências de imprensa, de obter em Portugal o apoio da Ordem dos Advogados, de angariar apoios junto dos meios universitários europeus, enviou — em 10 de outubro de 68 — um telegrama a Marcello Caetano. Mário Soares, em São Tomé, mantinha-se ao corrente de todas estas iniciativas?

Muito vagamente: às vezes, por forma indireta, sentia-lhe os efeitos, em regra por via das reações da PIDE... Só mais tarde, quando regressei a Portugal, me apercebi da extensão e eficácia dessa campanha de solidariedade internacional — que devo à solidariedade de Tito e de outros amigos — e que, aliás, está na base da minha libertação posterior.

A sua mulher foi ter com o senhor a África, os seus filhos passaram as férias desse verão de 68 na ilha. Como era a vossa vida de família em São Tomé?

A Maria de Jesus foi, uma primeira vez, logo a seguir à minha deportação: esteve 15 dias em São Tomé e regressou a Lisboa, a fim de organizar a nossa vida para poder ir ter comigo de vez e ficar. Não foi fácil: dirigia o colégio, o meu pai estava numa idade muito avançada, pouco a podia ajudar, com os seus 89 anos. A Maria de Jesus entregou essa responsabilidade ao nosso amigo Rogério de Araújo e a um primo meu, José Luís Mota Costa; eu passei uma procuração com plenos poderes à Maria de Jesus e outra ao meu cunhado José Manuel Duarte; o meu pai daria a ajuda que pudesse. E quando, meses depois, a Maria de Jesus aterrou, pela segunda vez, em São Tomé, fê-lo com a intenção de aí ficar a residir comigo, por tempo indeterminado, até ao meu regresso a Lisboa. A sua absoluta disponibilidade em me acompanhar na deportação, houvesse o que houvesse, foi, para mim, de um valor inestimável.

Voltando um pouco atrás: os seus filhos foram crescendo. Entre vós, formavam um clã sem brechas. E tão forte

que foi sempre capaz de emitir para o exterior o sinal da união e da concórdia, mesmo quando viveu — sobre si próprio e em surdina — tensões e maus bocados. Como fora a adolescência do João e da Isabel? Em que medida é que a vida que o pai levava influenciava a formação de ambos?

Ambos constituíram sempre, como já referi, a primeira das prioridades: todo o carinho, todas as atenções eram poucas. Mas o João teve uma adolescência difícil. É possível que isso tivesse a ver comigo e com a circunstância de não ter sido fácil ser meu filho. Quando ele foi para a universidade, eu era atacado por ser comunista, por um lado — o regime, a direita —, e vilipendiado, como se ser "socialdemocrata" fosse um crime, pela extrema-esquerda e pelos comunistas. O João sofreu um bocado com isso. Admito que tenha contribuído para ele ter uma adolescência mais prolongada, com algumas crises de crescimento até encontrar o seu próprio caminho. A vida dos meus filhos não foi fácil, no plano emotivo, devido à vida politicamente agitada que sempre tive. Embora, como vimos, na década de 1950 a nossa vida familiar tivesse sido mais serena e a tivéssemos podido desfrutar mais intimamente e com mais tempo, uns para os outros. Nunca me preocupei muito com os pequenos problemas do dia-a-dia, mas a Maria de Jesus vivia-os intensamente e afligia-se...

...era sobre ela que recaíam tarefas, problemas, dificuldades de toda a ordem...

É verdade! Entre as minhas prisões, a deportação e, mais tarde, o exílio, foi sempre sobre ela que recaíram as maiores responsabilidades. Tenho a noção exata do seu papel decisivo, permanente, junto dos meus filhos. Sempre lidou bem com eles e, mesmo nessas ocasiões mais delicadas da adolescência do João, soube cumprir o seu papel de mãe, procurando suprir a ausência do pai. Um dia, o meu filho foi expulso da universidade, passou quase um ano na Alemanha, como bolseiro da Fundação Ebert, e tudo se recompôs. Mas, através de todas as vicissitudes, sempre considerei que ele tinha um caminho muito claro à sua frente: desde criança que se revelou extremamente inteligente, com uma forte personalidade e caráter, boa capacidade de argumentação e de raciocínio.

Com quem se parecem?

O João, desde sempre foi mais parecido, psicologicamente, com a Maria de Jesus, com uma sensibilidade contida, mas à flor da pele, e um modo de ser mais complexo, embora fisicamente muito parecido comigo; a Isabel, mais expansiva e direta, dizendo sempre — e logo — o que pensa, mais extrovertida, por vezes também colérica, como eu sou, é, no entanto, muito parecida de feições com a mãe. Falo com ambos com total confiança e, ao mesmo tempo, com profunda ternura e respeito. São seres humanos muito bem formados, de grande qualidade intelectual e ética.

Quando lhe apetecia desabafar, quando tinha uma dúvida, uma aflição, ia mais depressa ter com um ou com outro?

Sempre falei com ambos da mesma maneira. Nunca fiz qualquer distinção entre os filhos. Mas claro que a Isabel sempre manifestou para comigo um tipo de ternura muito especial, que um filho se sente mais constrangido em evidenciar. Tem naturalmente um maior pudor nessa exteriorização. Mas a Isabel possui uma personalidade fortíssima e não menores inteligência e sensibilidade. Tive muita sorte com os meus filhos: embora distintos, têm ambos personalidades fortíssimas!

Com que sentido é que os foi educando a ambos? O que é que foi determinante?

Eduquei-os, sobretudo, pelo exemplo. E também através de conversas que não tinham, diretamente, nada a ver com eles. Julgo que se trata da melhor educação possível, uma influência que não se sente, mas se vai exercendo através do comportamento, das reações à vida de todos os dias, do estilo, das preocupações que se manifestam e dos interesses que realmente se têm, das relações com os outros, do ambiente que se cria em família e com os amigos. A cultura, as motivações éticas, as predileções estéticas, as amizades — por tudo isso, não tenho a menor dúvida de que os marquei. Da mesma forma que o meu pai me marcou a mim e os marcou a cada um deles. Têm ambos um código moral e uma maneira de ver as coisas e o mundo que é muito próxima da nossa, da Maria de Jesus e da minha...

Os seus filhos tinham 18 e 17 anos quando esteve em São Tomé. Como reagiram eles à sua deportação?

Os meus filhos foram, também, totalmente solidários. Nunca me disseram uma palavra que, de longe ou de perto, pudesse ser interpretada como uma crítica ou sequer uma lamentação pela situação difícil em que os havia colocado. Pelo contrário: consideraram sempre que eu fazia, em cada momento, aquilo que deveria fazer e sentiam-se orgulhosos do pai. Nas melhores e nas piores circunstâncias, foi sempre este, invariavelmente, o sentimento da minha família para comigo. Em São Tomé, a convicção de que estávamos a ser vítimas de uma flagrante injustiça deu-nos a todos um acréscimo de força interior e até — como é natural — de coesão familiar.

Viveram esses meses com a sensação de que o tempo da deportação se poderia eternizar?

Por um lado, havia essa incógnita que pesava sobre todos nós: a Isabel pensava pedir, no princípio do novo ano letivo, a transferência para o liceu de São Tomé. Mas, por outro, havia a esperança — que nunca nos abandonou — de que chegariam melhores dias. Não me recordo de termos tido, a esse propósito, qualquer crise ou, mesmo, hesitação. Houve momentos que chegaram a ser divertidos. Os meus filhos reagiram de maneira diferente. Muita gente na ilha tinha simpatia por mim — a começar, creio, pelo próprio governador —, mas as pessoas coibiam-se de a manifestar publicamente, tinham medo, preferindo fazê-lo através dos meus filhos: a Isabel e o João foram convidados para festas em casa de colonos e mesmo, uma vez, para a residência do governador, Silva Sebastião. A Isabel foi, mas o João, mais radical ou mais introvertido, não. A minha filha relacionou-se mais com a gente da ilha, com o próprio filho do governador, Manuel Sebastião. Era da sua idade, estabeleceram uma boa relação de amizade, que ainda hoje perdura. Freqüentavam também muito a casa do Aprígio Malveiro, um funcionário superior da Câmara Municipal, meu antigo colega de liceu e amigo, que foi sempre muito solidário conosco e, por isso, chegou a ser perseguido. Os filhos dele, da idade dos meus, tornaram-se amigos e estavam sempre a convidá-los.

Como se passavam os dias?

Na ilha, havia cinema, uma vez por semana, filmes velhos, incríveis, mas íamos sempre, com uns pides sentados na fila de trás, atentos ao que dizíamos. Houve ainda, para os meus filhos, a novidade de África:

os banhos de mar, as paisagens, os são-tomenses, a vegetação, os passeios na ilha. Acredito que, para eles, tenha sido menos penoso. Eu trabalhava em casa, lia, escrevia, tinha os movimentos muito vigiados, não podia circular, sem informar os polícias, fora de um determinado perímetro muito reduzido, entre a casa onde vivíamos e a pensão onde comíamos. Entretanto, em Lisboa, ambos os meus filhos foram sempre muito amparados, na nossa ausência. Para além do meu pai, todos os nossos amigos, o casal Jacobetty, Francisco Zenha, Raul Rêgo, Joaquim Catanho de Menezes, Gustavo Soromenho, passavam continuamente lá por casa, interessavam-se muito por eles. E a família, sobretudo a da minha mulher. O Manuel Mendes jantava no Campo Grande todas as quintas-feiras. Outros também sempre presentes: o meu cunhado José Manuel Duarte e sua mulher e, claro, a gente do colégio, o Rogério e a Cândida, o Dr. Martins, o José Luís, então diretor pedagógico da escola.

VI.

A Força do Destino

1.
A queda de Salazar e o marcelismo

No dia 8 de setembro, Mário Soares estava a cortar o cabelo numa barbearia da cidade de São Tomé (que era também capelista, papelaria e livraria) e ouviu pela rádio que Salazar fora operado a um hematoma craniano, devido a uma queda no Forte de Santo António do Estoril. Salazar governara Portugal durante os últimos 40 anos.

Em toda a minha vida, vi-o apenas uma vez, pessoalmente, na véspera da inauguração do estádio Nacional. Aluno do liceu, eu fazia parte de um imenso grupo de jovens que, no relvado do Estádio, ensaiava a cerimônia da inauguração. De repente, ouvimos dizer que “vinha aí o Salazar”. Chegou, de sobretudo pelos ombros, vestido de preto, chapéu debruado, e sentou-se numa cadeira, a alguns metros do local onde eu estava. Reparei que calçava botas com atilhos. Foi tudo o que fiquei a saber dele. Tinha 15 anos.

Já escreveu mais de uma vez sobre Salazar. Adjetivou-o mais do que o descreveu. Que quer desta vez que fique registado sobre ele?

Limitei-me a fazer um breve retrato de Salazar, que figura em *Intervenções* 7 e foi publicado no jornal *Público*. Um dia, talvez volte ao tema e desenvolva algumas pistas que aí deixei. Ao contrário do que diz, não se tratou de adjetivar Salazar: é um retrato que julgo isento e fidedigno. Que quer que lhe diga agora? Não simpatizo com o personagem, nem pelo seu modo de ser, nem pelo balanço que faço, francamente negativo, da sua longa e anacrônica ditadura. Esteve sempre contra a inteligência do seu tempo. No fim da vida, a sua política foi desautorizada pela Igreja, onde sempre disse ter ido buscar inspiração. Foi um homem intelectualmente limitado, apesar de conhecer os clássicos, sem curiosidade pelo novo e pelo diferente, ao arrepio do seu tempo, que não entendeu, teimoso, frio, hipócrita (lembre-se do caso Delgado), implacável.

Que fez quando, na barbearia da cidade de São Tomé, ouviu pela rádio a notícia da queda de Salazar?

Levantei-me de um salto: um homem com aquela idade!, pensei. Gritei: é o fim do salazarismo! Saí a correr, a minha mulher estava ao lado, na Farmácia Império. A partir daí, a notícia espalhou-se como um rastilho e houve como que um degelo por toda a ilha: as pessoas começaram a falar comigo, recebi alguns convites para jantar, fui chamado ao governador: queria discutir comigo notícias que iam chegando. Como a vigilância abrandou de imediato, ocupei-me em visitar a ilha, que não conhecia, visto estar proibido de sair da cidade. Descobri praias, tomei belos banhos de mar, conheci colonos e são-tomenses interessantes, visitei a magnífica ilha do Príncipe. E comecei a escrever o *Portugal amordaçado* a todo o vapor. De setembro a novembro, o tempo voou.

Em 26 de setembro, o presidente da República, Américo Thomaz, informou o país de que decidira, ouvido o Conselho de Estado, exonerar Salazar e nomear Marcello Caetano. No dia seguinte, o novo presidente do Conselho proferiu no Palácio de S. Bento o seu primeiro discurso, após a tomada de posse do governo. Ouviu esse discurso?

Ouvi, pela rádio, esse primeiro discurso — e gostei! Logo a seguir, o primeiro Conselho de Ministros fixou o prazo da minha deportação em um ano, contando a prisão sofrida, o que me desagradou: não havia cometido nenhum crime para sofrer um ano de deportação! Por sugestão do governador, feita junto do governo de Lisboa, o meu regresso — cuja preparação foi dirigida pelo governador, na quase ignorância da PIDE local — foi antecipado de algumas semanas. Mas deixe-me dizer-lhe que a minha partida de São Tomé, no dia 12 de novembro, foi sintomaticamente apoteótica: julgo que não houve ninguém de significativo na ilha que não viesse ao aeroporto despedir-se de mim! A Maria de Jesus regressou comigo a Lisboa, onde os meus filhos já estavam desde o começo das aulas. Estivemos umas horas em Luanda para mudar de avião e entramos em casa na madrugada seguinte. Meti a chave à porta e fiz-lhes, bem como ao meu pai, uma das mais agradáveis surpresas da nossa vida.

Comecemos pelo princípio: gostou tanto das palavras de Marcello Caetano que acreditasse nelas?

Houve uma parte da oposição que, quando o Marcello iniciou o governo, ficou cativada. Foi o caso de Abranches Ferrão ou de José Ribeiro dos Santos, diretor do *Diário de Lisboa*, entre outros, que acreditaram numa efetiva liberalização. Ou, talvez mesmo, o caso de Raul Rêgo ou de Vasco da Gama Fernandes e de alguns outros que gravitavam à volta do jornal *República*, porventura por sentirem uma certa descompressão da censura.

Mário Soares não?

Não. Nunca tive grandes ilusões sobre a "primavera caetanista". No fim de 68, houve de fato um clima de alguma abertura política, criado pelo discurso de posse. Mas verifiquei, ao chegar, que, no essencial, Caetano não tocara em nada: as estruturas do regime e o seu aparelho repressivo mantinham-se intatos, com ligeiras alterações formais: a PIDE passou a chamar-se DGS, a censura tomou o nome de exame prévio, e o partido único, a União Nacional, veio a chamar-se Ação Nacional Popular.

Esses amigos que mencionou, Fernando Abranches Ferrão e José Ribeiro dos Santos, sugeriram-lhe que agradecesse ao presidente do Conselho o fato de o ter feito regressar a Lisboa a tempo de festejar o aniversário natalício de seu pai. Mário Soares recusou.

Quem primeiro me sugeriu esse gesto foi o meu próprio pai, que festejou os seus 90 anos no dia 17 de novembro, cinco dias após o meu regresso. Quando eu cheguei, disse-me: "Mário, o Marcello Caetano fez um gesto simpático que foi mandar-te vir. Devias agradecer-lhe, porque, inclusivamente, antecipou a tua vinda para poderes assistir ao meu aniversário." Disse-lhe — bem como aos meus amigos que insistiram no mesmo sentido — que não o devia fazer. Julgava, em consciência, que nada tinha a agradecer-lhe: nem a justiça se agradece, nem ele me fizera propriamente justiça. Limitara-se a fixar o prazo de um ano para a minha deportação — um ato de puro arbítrio, visto que não fora precedido de julgamento — e a incluir nesse prazo o tempo da minha prévia detenção em Caxias. Não reconheceu que eu fora injustamente deportado. Mandou-me vir, mas não me fez justiça.

Mas o seu pai agradeceu a Marcello Caetano o seu regresso de São Tomé?

Agradeceu, nestes termos (cito de cor): "João Soares agradece a sensibilidade que teve em fazer vir o seu filho de São Tomé para poder assistir à comemoração dos seus 90 anos." Escreveu-lhe este cartão que, de resto, veio transcrito num volume de *Cartas* de Marcello Caetano. Obviamente que, se Marcello Caetano me tem convocado para falar com ele, eu teria ido. Não o fez. Nunca mais voltei a vê-lo ou a falar com ele. O Abranches Ferrão e o Ribeiro dos Santos não concordaram com a minha atitude, o próprio Marcello julgo que lhes disse estranhar o meu comportamento. Mas eu insisti: Marcello mandara-me vir no seu próprio interesse: para dar um sinal de liberalismo e poder proclamar no estrangeiro que Portugal estava a mudar.

Escrevera-lhe um dia de São Tomé?

Escrevi-lhe duas cartas: uma a pedir-lhe um parecer jurídico para juntar ao processo administrativo que movi contra o governo pelo fato de me ter deportado discricionariamente, sem julgamento prévio. Ele recusou, argumentando que eu não tinha razão, embora considerasse a deportação injusta. Chamei-lhe então a atenção, numa segunda carta, para o que poderia acontecer aos homens do regime, se essa interpretação vingasse, quando o sistema político viesse a mudar. Esta segunda carta foi-lhe enviada dias antes de Salazar cair da cadeira. O destino tem destas bizarrias.

Como encontrou Lisboa quando chegou?

Quando cheguei a Portugal, percebi que havia uma certa euforia geral e uma mentalidade difusa e diferente na juventude. Tinha ocorrido o

Maio de 68 em França. A essência e a profundidade desse movimento tinham impressionado toda uma geração, alterando-lhe os comportamentos, as mentalidades e os objetivos. Muitos, por outro lado, acreditavam agora que algo podia mudar em Portugal.

Seguira, a partir de São Tomé, toda essa movimentação?

Tinha um pequeno transistor que apanhava a Rádio Brazzaville, por onde acompanhei os acontecimentos do Maio de 68 em França. Compreendi, de imediato, o alcance da tremenda mudança que ocorria — pareceu-me logo mais cultural do que política — e percebi que tinha de me reciclar, sob pena de ficar sem discurso entendível pelos jovens. Assustei-me ao constatar — através das cartas que recebia de Lisboa — que os meus amigos não estavam a acompanhar essa evolução: pelo que me diziam, pelos livros que referiam, pelas preocupações que manifestavam e pelos interesses que mantinham. Quando regressei, percebi que, para a juventude, houvera, de fato, uma grande mudança. E compreendi que corria o risco — do meu ponto de vista, injustamente — de ser arrumado, definitivamente, noutra geração.

Assustou-se? Entrou em pânico?

Que idéia! Não entrei em pânico, nem sequer me irritei. Refleti por forma a poder dar a volta à nova situação. Foi o que sempre fiz, aliás, em situações análogas.

Como? Falando com os seus amigos? Dando-lhes parte dessa preocupação?

Falando com eles, sim: com Salgado Zenha, com Duarte Vidal, com Joaquim Catanho de Menezes, com outros. Mas, modéstia à parte, fui talvez aquele que melhor percebeu esse fenômeno.

Por que diz isso?

Porque, politicamente e intuitivamente, senti-o muito bem. Percebi logo que era necessário dar a volta a tudo isso, enquanto alguns dos meus companheiros resistiam aos sinais de mudança. Ultrapassei a geração a seguir à minha e comecei a dialogar diretamente com os mais novos. Em seguida, existiram, não o nego, alguns conflitos. Houve sobressaltos e acidentes de percurso. Mas, no tempo do meu exílio em França, para onde parti um ano depois, continuei esse trabalho de reflexão, tentando descobir a melhor maneira de tornear esses conflitos. Acabei por falar — e ser aceite — pelas gerações mais jovens, com quem me vim a entender muito bem: Jaime Gama, Arons de Carvalho, Pedro Coelho, Nuno Godinho de Matos, Mário Mesquita, José Luís Nunes, Alfredo Barroso, por exemplo.

Regressemos de novo a Lisboa, em 1968. Que fez quando chegou? Para onde se virou?

Menos de um mês após o meu regresso, dei uma entrevista ao *Diário de Lisboa* que foi integralmente cortada pela censura, então chamada exame prévio. Foi um primeiro teste. Seguiram-se outros: em dezembro de 68 elaborei, com alguns amigos, um "Manifesto à Nação", subscrito por duas ou três centenas de socialistas de todo o país, onde se reclamavam as condições básicas para uma participação política que não se confundisse com mero colaboracionismo. Também foi cortado quando o jornal *República* o tentou publicar (está transcrito no meu livro *Escritos políticos*, depois apreendido pela PIDE). Fiquei esclarecido quanto à essência do marcelismo, uma pura mistificação.

Esclarecido, mas talvez não convencido. Aceitou avistar-se com José Guilherme Melo e Castro, marcelista convicto e futuro líder da Ação Nacional Popular. E com homens que viriam a integrar a chamada Ala Liberal, que se concretizaria meses depois. O próprio tom do seu Manifesto à Nação, redigido logo após a sua chegada, é ultramoderado. Naquela altura — final do ano de 68 —, a sua atividade política emitiu alguns sinais que indicavam uma certa "disponibilidade" para colaborar!

Não é verdade. O tom do manifesto foi intencional: pretendi pôr Marcello à prova, possibilitando-lhe uma certa capacidade de manobra, se realmente quisesse mudar o sistema por dentro. Não quis. O marcelismo foi uma frustração, e foi-o para todos: para os democratas, para os ultras e mesmo para aqueles que nele acreditaram. A falta de coragem política de Marcello Caetano, a ambigüidade, a sua incapacidade de resistir aos chamados "ultras" do salazarismo perpetuaram um regime apodrecido e, internacionalmente, isolado. E foram responsáveis por mais cinco anos de guerra e de sofrimentos inúteis.

E na oposição? Em novembro de 68, quando chega a Lisboa, que se passa?

Quando cheguei, intuí que o Partido Comunista não estava nada satisfeito com o prestígio que eu adquirira no plano nacional, por ter sido, nessa época, o único deportado de Salazar.

Ou porque, como se dizia — e eles diziam —, havia a possibilidade de vir a colaborar com o regime, aceitando os convites dos "mensageiros" de Marcello Caetano?

Não. Se, por hipótese absurda, isso acontecesse, os comunistas até ficariam muito satisfeitos, porque seria a forma de me eliminarem definitivamente como dirigente da oposição. Algumas pessoas poderão ter pensado na probabilidade de eu colaborar com Caetano, avaliando por elas. Mas eu sempre estive certo de que tal nunca poderia ocorrer, a menos que o sistema fosse transformado numa democracia.

Algumas pessoas? Quem exatamente?

Pessoas da situação que queriam uma certa abertura, gente dos meios mais moderados, ou ligada aos católicos. E gente que até aí me olhava como um perigoso revolucionário, um comunista até, mas que via em mim alguém com capacidade de forçar uma liberalização efetiva do regime. Mas o pânico dos comunistas tinha outra razão de ser: foi, nessa altura, que comecei a ser reconhecido como uma referência democrática para o país. Até aí, era-o apenas nos meios da oposição e para o exterior, onde, como disse, começara a fazer amigos nas socialdemocracias européias. Cá dentro, fora do círculo dos meus amigos e da gente do "reviralho", poucos sabiam quem eu era. Mas, de súbito, toda a gente passou a saber que havia alguém que estivera deportado em São Tomé por razões políticas e que o Marcello Caetano havia sido obrigado a fazer regressar a Lisboa. A notícia veio em todos os jornais e foi amplamente comentada.

Semanas depois, em 31 de janeiro de 1969, foi contestadíssimo num comício no Porto, vaiado e apupado.

Fui vaiado pela extrema-esquerda, manipulada pelos comunistas. Ossos do ofício...

Alguns amigos seus, recordando hoje esses tempos, consideram que, mais do que o PC, quem o contestava era sobretudo a extrema-esquerda!

Havia de fato, no Coliseu do Porto, muitos esquerdistas aguerridos que me apuparam, mas por detrás estava inegavelmente o Partido Comunista, através de pessoas que eu conhecia bem, como, por exemplo, a Eng.ª Virgínia de Moura, de quem, aliás, fui companheiro desde o MUD. Para o PC, era difícil tolerar que eu me transformasse no líder da oposição. Essa foi, creio, uma batalha importante para eles. Houve uma conjugação objetiva entre a extrema-esquerda e os comunistas, mas com estes a incitarem os ânimos. Os acontecimentos do dia 31 de janeiro de 69, no Porto, foram seguramente dos que mais profundamente me irritaram e magoaram.

Por quê? Pela arrogância, pelo tom da extrema-esquerda em relação ao senhor?

Pela estupidez e pela má-fé que revelavam. Pela injustiça e também pela possibilidade de se vir a criar uma incomunicabilidade entre nós. Todo o ano que se seguiu foi marcado pelo azedume. Daí também a minha recusa e o meu cuidado em não ceder à menor solicitação vinda do lado do regime. Embora estivessem sempre do meu lado, alguns amigos faziam-me notar que a rigidez talvez não fosse o melhor caminho.

Expliquei-lhes que era preciso ter muito cuidado enquanto não estivéssemos completamente seguros da vontade política de Caetano de mudar o regime no sentido democrático. Ora, como ele usou sempre a ambigüidade, não tivemos alternativa senão a de ser intransigentes e implacáveis.

"Implacáveis", disse. Mas no discurso que fez no Coliseu do Porto, nesse dia 31 de janeiro de 69, afirmou textualmente "ter entendido, da parte do poder, um apelo inesperado e timorato ao diálogo e à coexistência cívica". Terá sido isto que tanto exaltou os ânimos da platéia do Coliseu? E, nessa "implacabilidade", como entender os seus encontros

com José Guilherme Melo e Castro. O que é que ele queria?

O que está a citar, aliás fora do contexto, tem apenas a ver com o discurso de posse de Caetano, quando disse não querer ver os portugueses divididos por ódios e malquerenças. Mas essa boa intenção não teve seguimento efetivo. Quanto a Melo e Castro, tivemos de fato duas ou três conversas, poucas semanas após o meu regresso de São Tomé, uma delas no decurso de um almoço longo.

Sozinhos, os dois?

De uma vez, esteve presente Ramón de la Feria; a outra, foi a sós. Da minha parte, o interesse residia em conhecer, através de um amigo próximo de Caetano, até onde estavam dispostos a ir. Melo e Castro, bem-intencionado, mas de forma vaga, explicou-me que ia haver uma "abertura", falou-me na "liberalização", tentou seduzir-me para ela e, sobretudo, convencer-me da sua concretização. Recordei-lhe que era radicalmente contra a ditadura, que sempre o fora e que, antes mesmo de discutir hipóteses, necessitava de provas palpáveis, reais, de que queriam acabar com o que estava.

Melo e Castro teria gostado de o ver integrar a Ala Liberal?

Ele queria que eu integrasse a Ala Liberal. A sua idéia era que eu pudesse candidatar-me a deputado, o que, sem eleições livres, eu jamais aceitaria. José Guilherme Melo e Castro era um homem franco, simpático, aberto: foi efetivamente um liberal que acreditou, sinceramente, na abertura de Marcello e no início de outra era política. Nessas conversas, pedia-me que eu percebesse que, sendo quem era, "podia vir a jogar um papel importantíssimo"! Mas eu nem acreditava, nem estava disposto a assumir qualquer compromisso com uma situação que considerava como não-esclarecida. Além disso, era dirigente da ASP e punha como condição prévia a legalização dos partidos políticos, sem exceção. Ele era sincero, bem-intencionado, e estou convencido de que queria ir mais longe do que foi Caetano. Não teve sorte, morreu pouco depois com um cancro.

Alguma vez esteve tentado a dizer-lhe que sim?

Obviamente que não! Era um dirigente da oposição, tinha um capital de quase 30 anos de permanente luta contra o regime e não queria — nem podia — perdê-lo. Disse a Melo e Castro e aos outros que nada faria para beliscar esse capital e muito menos nenhuma transigência com um regime que mantinha a PIDE e a censura, embora com outros nomes. Teria de ser uma coisa a sério.

O que era para o senhor uma coisa a sério?

Era a mudança do regime, a transição da ditadura para a democracia. Para começar, pus três condições imprescindíveis: acabar com a censura, libertar os presos políticos e fazer uma nova lei eleitoral. Para haver uma transição democrática, ainda que gradual, era preciso cumprir estas condições. Aí, eu, ainda que de fora, aplaudiria! Foi o que fiz em relação ao primeiro discurso de Marcello Caetano, que considerei positivo, visto que poderia abrir caminho a uma transição democrática a sério.

Ao fim de 30 anos, não se podia pedir menos!

Não se podia, de fato. Repare que não falei da guerra colonial, que necessariamente se teria de solucionar uma vez instaurada a democracia.

Falou com mais alguém do marcelismo?

Falei. Com o José Pedro Pinto Leite, que viria a integrar a Ala Liberal. Almocei um dia com ele no Grêmio Literário. Disse-me, como o Melo e Castro, que, apesar de eu ser da oposição, podia fazer a ponte com o Marcello. Mas, para isso, precisava de entrar no sistema. Ora, era isso, precisamente, o que eu recusava.

Melo e Castro e Pinto Leite estavam mandatados por Marcello Caetano? Que significava "fazer a ponte com Marcello Caetano, mas entrando no sistema"? Continua a ter-se por certo, hoje, que a linha que demarcava essa negociação passava exclusivamente pelo Ultramar. E que foi justamente essa a causa do fracasso de uma negociação que se arrastou nes-

ses meses tensos do final de 68 e durante todo o ano de 69, até às eleições do outono. Trinta anos depois, talvez valha a pena contar bem as coisas, Dr. Soares!

Nessa sua pergunta, há várias linhas confundidas. Não lhe posso garantir se Melo e Castro e Pinto Leite estavam ou não mandatados por Caetano. A minha convicção é que, embora sendo amigos próximos, iam muito além das reais intenções do presidente do Conselho. A verdade é que Marcello Caetano nunca deixou de se considerar o herdeiro de Salazar e sempre se identificou com um regime que servira e ajudara a criar. Queria, porventura, adoçar certas arestas. Nisso consistia o âmbito da liberalização prometida. Mas não fazer, efetivamente, uma transição a sério para a democracia. Nunca foi um democrata, nem nunca acreditou na democracia. As circunstâncias em que o país se encontrava — internacionalmente isolado, criticado pelos próprios aliados tradicionais, com uma economia exausta pelas necessidades da guerra, com umas Forças Armadas que ele sabia começarem a estar reticentes, e com a própria Igreja, no plano social e colonial, a dar inequívocos sinais de preocupação — obrigavam-no a cedências que ele considerou uma evolução. Mas nunca deixou de afirmar a continuidade salazarista. Incapaz de rupturas, sem coragem ou vontade política para as fazer, o consulado caetanista deixou arrastar os velhos problemas e criou ainda novos. Representou, todas as contas feitas, uma perda de tempo e uma oportunidade totalmente perdida.

Francisco Balsemão, outro elemento da Ala Liberal, recorda-se de ter, nessa altura, almoçado com o senhor num restaurante que então existia, o Vera Cruz, mas recorda também que esse encontro teve lugar a seu pedido.

É verdade. Explicaram-me quem ele era e o que fazia: administrava o *Diário Popular*, um jornal que se vendia muito. E, enquanto sobrinho do dono do jornal, era uma pessoa muito aberta, um bom jornalista, com bons contatos no meio, um liberal que se interessava pela política. Nessa altura, houve, aliás, pessoas de meios diferentes e não tendo nada a ver com a oposição que me procuraram para estabelecer contatos, me trouxeram recados e quiseram conhecer-me, criando relações cordiais.

E Francisco Sá Carneiro? Não teve curiosidade em conhecê-lo? Não o procurou?

Não. Nessa altura, Sá Carneiro vivia no Porto. Enviara-lhe o meu livro; ele, amavelmente, escreveu-me um cartão a agradecer. Ouvira, sim, falar do pai, um grande advogado que foi, aliás ligado ao regime por via do seu cunhado, João Lumbralles.

Vamos voltar à oposição, em 69. Com que linhas se cosia?

A oposição, nessa altura, na perspectiva de uma certa liberalização, começou a dividir-se. Carlos Ferrão, próximo do grupo dos amigos de Cunha Leal e que podemos genericamente considerar a direita republicana, deu abrigo, na revista *Vida Mundial*, a uns artigos escritos contra mim por Armando Bacelar, criticando aquilo que viria a ser um caminho autônomo que eu tentava abrir para o grupo dos socialistas democráticos. Os católicos, bem como alguns oposicionistas da geração de 62 — de que um dos mais visíveis era Jorge Sampaio —, também puseram, nas reuniões preparatórias do ato eleitoral que se avizinhava, bastantes reticências à minha linha estratégica. A expressão "socialismo totalitário", que se revelaria tão verdadeira, usada no Manifesto à Nação, que subscrevi com os meus amigos, indignou os comunistas e os seus habituais *compagnons de route*. Foi neste contexto confuso, em que a censura impedia que se dissesse tudo e o espectro da repressão nunca deixava de estar presente, que se chegou a uma situação de uma certa divisão, propiciando o lançamento da figura do Prof. Pereira de Moura, católico prestigiado, recém-vindo à oposição, como o contraponto ideal para opor à minha possível liderança.

Percebeu que estava sozinho?

Não, não estava sozinho. Estava com um numeroso grupo de amigos que se reclamavam claramente do socialismo democrático. Foi em conseqüência do que lhe disse antes que nasceu a CEUD.

Estamos a ir depressa demais. Voltando um pouco atrás: houve uma reunião em dezembro de 68, onde estavam o PC — representado por José Tengarrinha e Sottomayor Cardia; a ASP — por Mário Soares e Salgado Zenha; e um

grupo formado por José Manuel Galvão Teles, Jorge Sampaio, Teotónio Pereira, Vítor Wengorovius. Nesse encontro, onde se combinava a estratégia a seguir pela oposição após a morte de Salazar e o advento de Caetano, Mário Soares surpreendeu, sugerindo que a situação pressupunha a exigência de que cada um seguisse o seu caminho, dividiu a platéia que tinha diante de si entre os "democratas-cristãos", os "socialistas" e os "comunistas". De tal forma que Jorge Sampaio, não se sentindo representado em nenhuma destas formações, lhe perguntou: "E o meu papel, qual é? Se não se importa, eu também gostaria de fazer política!"

Não me lembro dessa reunião. Aliás, nas reuniões em que participei nessa época não havia representações explícitas nem do PC, nem da ASP, nem muito menos doutras organizações que só se viriam a constituir depois do 25 de Abril, como é o caso do MES.

Não me parece verosímil que não recorde uma reunião onde, pela primeira vez, insistiu que cada um, nas fileiras da oposição, seguisse o seu caminho. Mais: onde não só dividiu a oposição, como assumiu o corte com os comunistas. O que determinava Mário Soares nessa altura?

A sua pergunta pressupõe uma visão deturpada do que se passou. Nessa época, parecia-me fundamental estruturar e organizar uma força política, na perspectiva de que as outras correntes democráticas fizessem o mesmo, como aliás, já desde há muito, era o caso do PCP. Isto na convicção de que a democracia pluripartidária acabaria por chegar. É tão simples quanto isto.

Justamente, não me parece tão simples quanto isso: alguns dos presentes nessa reunião consideraram que ao senhor lhe convinha deixar as coisas um pouco entre parênteses, na esperança de que viesse um sinal positivo da parte de Marcello Caetano em relação às três "condições" que havia posto ao regime. Nega isso. Mas o que é certo é que, caso tivesse vindo esse sinal do "caetanismo", o seu grupo socialista, a ASP, teria beneficiado da "legalidade preferencial".

Nunca! Isso não passa de um processo de intenção que rejeito em absoluto. Como democrata, não concebia nem concebo o que seja isso de "legalidade preferencial". Chamar-lhe-ia colaboracionismo. Aliás, o que se provou depois foi que os socialistas da CEUD foram os mais combatidos. Marcello Caetano, nas eleições de outubro, privilegiou-nos como adversários principais: nos comícios, fomos espancados, foram presos alguns dos nossos candidatos; o governo apreendia sistematicamente os boletins que a CEUD emitia; apreendeu igualmente diversos livros publicados por elementos das nossas listas — Salgado Zenha, Duarte Vidal, Raul Rêgo, José Magalhães Godinho e eu próprio. E acabei por ser compelido para o exílio. Eu, que viera de São Tomé, fui obrigado a exilar-me, o Francisco Zenha e o Jaime Gama foram metidos na cadeia, e os meus amigos da Internacional Socialista — que tinham vindo a Portugal observar o processo eleitoral — foram expulsos do país.

Ainda não lhe estou a falar do "depois". Deixe-me perder algum tempo com o "antes": sabe-se que a oposição à sua esquerda não suportava a idéia da "legalidade preferencial". Mas Mário Soares teria ou não aceite a legalização da sua associação — a ASP —, mesmo contra a hostilidade dos comunistas e dos esquerdistas, se o regime lhe tivesse dado os sinais de que necessitava?

Meta na sua cabeça, de uma vez por todas, que a ASP foi sempre uma organização clandestina. Como lhe respondi antes, nenhum dos membros da ASP — e, por maioria de razões, eu próprio — aceitaríamos o que seria uma indignidade aos nossos próprios olhos e nos diminuiria, necessariamente, como oposicionistas de sempre. Recordo-lhe que, nessa época, homens como António Macedo, Magalhães Godinho, Vasco da Gama Fernandes, Álvaro Monteiro, Raul Rêgo e tantos outros tinham um passado de oposicionistas ativos à ditadura de 40 anos, e Zenha, Catanho e eu próprio tínhamos quase 30 anos de resistência ativa à ditadura!

Então por que é que perde tanto tempo e tantas páginas, no *Portugal amordaçado*, a refutar a acusação de que queria negociar uma "legalidade preferencial"?

Era a maneira que eu tinha, no exílio, de explicar a todos os setores da oposição que, de fato, não tivera nenhuma ilusão sobre a essência do governo de Marcello Caetano. As calúnias que contra mim propalaram, interessadamente, não passaram disso. E a verdade é que ninguém na oposição ousou desmentir o meu livro *Portugal amordaçado*.

2.
A solidão do combate

Entretanto os meses passaram, o clima deteriorou-se, mas as eleições estavam à vista.

Apesar de considerar indispensável a unidade de ação — nunca combati contra ela! —, achava igualmente indispensável que nos contássemos. E que se soubesse onde estavam os socialistas, onde estavam os comunistas e onde estavam os outros.

Nunca combateu contra ela? Foi o próprio Mário Soares quem tomou a iniciativa de dividir a oposição! De dizer: uns para um lado, outros para o outro. Que pretendia, afinal?

Coordenação ou mesmo "unidade na ação", mas com autonomia estratégica de cada grupo. O adversário era só um. O meu adversário nunca foi o PC, a não ser depois do 25 de abril, quando quase estava no poder. Em 1968 — e até abril de 74 —, o meu adversário foi sempre e só a ditadura.

Seguiram-se outras reuniões, a extrema-esquerda insistia nos ataques. Arnaldo de Matos — num célebre comício numa garagem no Campo Grande — entoou um estribilho que particularmente o irritou: "Sempre a mesma melodia, Mário Soares e a socialdemocracia!" O PC olhava-o com cada vez maior desconfiança. Tanta que, em agosto desse ano, um artigo do *Avante!* cobria os socialistas portugueses de diversas insinuações e acusações.
Este clima atingiu o seu clímax, nesse mesmo outono, numa reunião ocorrida no Palácio Fronteira. Consumou-se a ruptura. Qual foi a gota de água?

Pergunte-lhes a eles! O Sottomayor Cardia ainda tentou que não houvesse rompimento. Ia discutindo comigo, mas falava, sobretudo, com o Zenha. Como eu era o centro da polêmica e toda a gente me acusava de tudo, não quis estar presente no Palácio Fronteira, achei melhor ser o Francisco Zenha — que lá foi, acompanhado pela minha mulher — a prosseguir a negociação das listas de candidatos. Não foi possível: a extrema-esquerda e os comunistas instalaram à minha roda um clima opressivo de desconfiança, faziam-me censuras permanentes, cada dia pretendiam isolar-me mais e mais, a mim e ao grupo a que pertencia. À beira da ruptura, o PC, através do Sottomayor Cardia, ainda hesitou. Mas a geração de 62, talvez inconscientemente, queria essa ruptura. Estavam imbuídos do espírito de Maio de 68 e, para eles, eu era o anti-Maio de 68, estava na posição de Mitterrand ou de Mendès-France, apupados na Sorbonne. Hoje talvez expliquem essa situação com razões teóricas...

As razões não eram teóricas mas muito concretas, segundo eles: por um lado, pugnavam por uma democracia onde houvesse lugar para uma "maior e mais ativa participação"; pretendiam "dar voz às bases", batiam-se contra aquilo que consideravam uma idéia feita com a qual queriam romper — a determinação das bases pelas cúpulas. Por outro lado, acusavam-no de querer abrir as listas de candidatos a diversos nomes conotados com a "direita", a gente dita "moderada".

Eles talvez contestassem, nessa época, a democracia representativa. Pessoalmente, nunca fui contra a participação, mas entendo que esta não pode pôr em causa a democracia representativa, que é o cerne da própria democracia. O que pus em questão, principalmente, foi que o excesso de democracia basista viesse a subverter a democracia representativa.

Corria-se esse risco?

Não se esqueça que tinha havido o Maio de 68 e esse era o espírito do tempo. O grupo do Jorge Sampaio — com o João Bénard da Costa, José Manuel Galvão Teles, Vítor Wengorovius e alguns outros — estava influenciadíssimo pelos acontecimentos franceses. Tudo o que ocorrera marcara-os muito. A mim também, note, mas de outro modo: as teses de Marcuse, do poder estudantil, os novos poderes — e o direito à diferença — e novos conceitos sobre a sociedade e os próprios costumes. Isto era uma primeira razão, a mesma pela qual os esquerdistas franceses tinham feito a vida difícil a Mitterrand ou a Mendès-France naquela altura. Ora, isso transplantou-se para aqui: em Portugal, era com esses dois políticos que eu era conotado. Mas a sociedade portuguesa e, portanto, a política eram diferentes: havia um regime ditatorial e colonialista que era preciso abater, sem dispersar forças. Essa era, para mim, a prioridade das prioridades.

Considera que era com Mitterrand e Mendès-France que o conotavam em Portugal?

Eles achavam que eu, Mário Soares, era um socialdemocrata, embora sempre me tivesse dito socialista. Se bem que "socialismo democrático" e "socialdemocracia" sejam a mesma coisa em todo o mundo, os partidos socialistas tomaram diferentes nomes, de acordo com a tradição dos respectivos movimentos operários. Aqui, essa tradição era socialista, nascera com o velho partido de Antero de Quental, só por isso nunca me apelidei de socialdemocrata. Na Alemanha, na Suécia e na Rússia, sempre se chamaram socialdemocratas. Aqui, esses jovens chamavam-me, pejorativamente, "socialdemocrata" e olhavam-me como uma espécie de Guy Mollet: um homem fraco, pronto a abdicarem face do capitalismo ou a transigir com a guerra colonial.

Enganaram-se? É isso que diz hoje?

É óbvio. Subavaliaram-me: não contaram com o meu temperamento de resistente, nem com a sólida estrutura democrática e socialista que tinha. A verdade é que demonstrei uma coragem e uma coerência — modéstia à parte — a que muitos deles, mais tarde, tiveram de se render.

E quanto à sua luta homérica para integrar, nas listas de candidatos, nomes mais "moderados", como os de Sousa Tavares ou Ribeiro Telles? Ao lado de Francisco Salgado Zenha foi tentando negociar, até ao fim, diante de um Sottomayor Cardia e de um Pereira de Moura, cada vez mais hostis. Por que não foi possível concretizar tal negociação?

Entenda essas dificuldades no quadro das explicações que acabo de lhe dar. Ribeiro Telles, democrata e monárquico, e Sousa Tavares, vindo da monarquia e afirmando-se socialdemocrata, não eram ainda facilmente aceitáveis nos meios da oposição. Como mais tarde se demonstrou, pelo seu comportamento no imediatamente antes e no pós-25 de Abril, eu estava certo quando os queria ao nosso lado...

Antes de a ruptura se tornar inevitável, realizara-se, porém, em maio desse ano, o II Congresso da Oposição, em Aveiro. E em 15 de junho, em S. Pedro de Muel, teve lugar uma reunião de toda a oposição. Apesar do mau clima e mal-estar, a oposição, com os socialistas incluídos, aprovou a Plataforma de Ação Comum da Oposição Democrática. As coisas, embora aos solavancos, lá iam andando.

O Congresso de Aveiro foi ainda uma iniciativa unitária de toda a oposição. Uma das últimas, visto que não foi possível compatibilizar mais as nossas discordâncias, que passavam pela estratégia a adotar e pela tática que, quanto a nós, socialistas, deveria ser seguida. Tudo isto se traduziu na impossibilidade da concretização de listas unitárias para candidatos a deputados. A recusa dos socialistas, quanto ao acordo negociado em S. Pedro de Muel — onde também não estive presente, tendo os socialistas sido representados por Salgado Zenha —, começou a marcar a nossa clara autonomia estratégica relativamente ao PC. Conseguimos mobilizar a opinião de esquerda e de centro-esquerda no país e pudemos contar com o apoio, pela primeira vez explícito, da socialdemocracia européia.

Justamente: que disse aos seus pares europeus, no Congresso da Internacional Socialista — reunido em Eastbourne, no mês de julho —, onde, pela primeira vez, Mário Soares esteve presente com uma delegação da ASP? Que disse quando o secretário-geral da IS, Albert Carthy, o convidou a dirigir-se ao congresso?

Eastbourne foi, efetivamente, a primeira vez em que participei num congresso da IS. A delegação portuguesa era composta por Tito de Morais, Ramos da Costa (e só esses se reclamavam da ASP, porque estavam no exílio, e a ASP, volto a dizer-lhe, era clandestina), Gustavo Soromenho e por mim (que não estávamos no exílio e, portanto, nos afirmávamos apenas, genericamente, como socialistas). O meu discurso foi a denúncia da situação que se vivia em Portugal, incluindo as guerras coloniais e a afirmação de que, em Portugal, existia uma ampla corrente que se reclamava das idéias do socialismo democrático. Curiosamente, nesse congresso falou também, como representante dos socialistas gregos no exílio, o atual primeiro-ministro, Andreas Papandreu.

Em Lisboa, o então "número um" da seção política da embaixada dos Estados Unidos, Diego Asencio — a quem, aliás, já se referiu —, tinha freqüentes contatos com o senhor, quando regressou da sua deportação em São Tomé. Na altura, Asencio estava incumbido de seguir a "oposição democrática", cabendo-lhe, especificamente, contatar com Mário Soares e Salgado Zenha. Nesta tarefa era acompanhado por Robert Bentley, segundo-secretário da mesma embaixada, encarregue, por seu turno, de se avistar com outros oposicionistas de vulto. Robert Bentley retém hoje os contatos que manteve, entre 67 e 70, com Jorge Sampaio, Vítor Wengorovius, Francisco Balsemão, Francisco Sá Carneiro. Mas lembra-se também muito bem do senhor. Reportando-se a esse período, Bentley diz hoje que os Estados Unidos viam em Mário Soares "o líder natural" dessa "oposição democrática". Consideravam que "as suas qualidades eram evidentes", que se tratava de "um homem com uma visão para o país", um político "credível e mobilizador", alguém que constituía uma real ameaça ao regime por ser "capaz". Pergunto-lhe: tinha, na época, a noção de que era tão bem visto pelos americanos?

Nessa época, estabeleci muitos contatos com os meios diplomáticos ocidentais creditados em Portugal. Não só com americanos — os que refere e outros — como com franceses, ingleses, italianos, dinamarqueses. Procuravam-me e recebiam-me com progressivo e evidente interesse. A idéia que de mim faziam só podia pressenti-la pela consideração com que me distinguiam.

De que falava nos seus encontros com estes funcionários diplomáticos? Que lhes prometia, que lhes pedia, que lhes garantia?

Não lhes pedia nada, nem lhes garantia nada. Apenas procurava traçar, com verdade, o quadro da situação real que se vivia no país, muito diferente do que lhes era transmitido pelo Ministério dos Negócios Estrangeiros e pelos serviços de propaganda do regime ou, mesmo, pela leitura dos jornais, sujeitos a uma rigorosa censura.

Robert Bentley recordou-me ainda que Mário Soares era referido como o "socialista moderado do sul da Europa" perante o olhar — nessa altura — ainda desconfiado dos republicanos norte-americanos, que não vislumbravam diferenças entre os "socialistas" e tinham como único modelo os socialistas do leste da Europa. E que em Portugal, na oposição, Mário Soares era, aos olhos dos americanos, a "pessoa com quem se devia tratar". Com que sentimento me ouve, hoje, recordar-lhe estas coisas?

Sem qualquer estranheza e tendo, na época, percebido muito bem que era assim. Aliás, os mais lúcidos do regime não me veriam com olhos diferentes. Por que julga você que Marcello Caetano disse a André Gonçalves Pereira, quando este lhe pedia para se candidatar à presidência da República — em eleições livres e diretas —, que o não fazia para não se correr o risco de o eleito ser Mário Soares? Foi no seu livro de entrevistas sobre o 25 de Abril que eu tive conhecimento desta novidade.

Voltando às suas vicissitudes na corrida para as eleições de 69, recordo-lhe que nem sequer os católicos tinha com o senhor: como viu as opções desse grupo que, majoritariamente, não preferiu estar ao seu lado?

Não é perfeitamente exato: alguns católicos estavam ativamente do meu lado. Recordo-lhe Sophia de Mello Breyner, José Megre, Sousa Tavares, Ruy Belo e outros.

Os membros da ASP de Lisboa abrigaram-se num terceiro andar da Rua dos Fanqueiros. Mário Soares deu-lhe uma máscara legal e transformou-a, no dia 29 de setembro, em Comissão Eleitoral de Unidade Democrática (CEUD), para disputar as eleições contra a Comissão Democrática Eleitoral (CDE), onde estava o resto da oposição. Mas a CEUD só existiu em três distritos, justamente onde o acordo entre as oposições não fora possível: Lisboa, Porto e Braga.

Avançamos sozinhos. *A posteriori*, viu-se que fizemos bem.

Foi uma decisão difícil?

Foi.

Uma das piores e mais arriscadas da sua vida política?

Talvez. Mas o nosso grupo estava muito coeso...

O seu minúsculo grupo.

Eram umas centenas de pessoas em todo o país. Nestes três distritos, não houve acordo para a feitura das listas, no resto do país o acordo foi possível.

A minha própria mulher concorreu por Santarém, integrada em listas unitárias, designadas pela sigla CED.

O seu resultado foi, também ele, minúsculo: 5 ou 6% dos votos, perante a outra oposição, triunfante, com cerca de 20% dos votos.

Não esqueçamos que a CED existia no país inteiro — em Lisboa, chamava-se CDE — e que só em três distritos é que houve CEUD. No restante do país, conseguiram-se listas unitárias sob a sigla CED. Simplesmente, CDE e CED eram facilmente confundíveis... Mas o importante estava feito: tínhamo-nos contado, marcou-se a afirmação do projeto socialista.

Na hierarquia das decisões que tomou e das escolhas políticas que fez, a CEUD foi determinante?

Foi. Pela primeira vez, num momento eleitoral, eu surgia como o líder dessa corrente socialista autônoma. Todo o país percebeu que aquele homem que ali estava, um advogado chamado Mário Soares, era o líder da CEUD.

Era. Mas a CEUD foi um pequeno poder. E Mário Soares foi o próprio a reconhecer — nalguns dos seus escritos — que as eleições de outubro de 69 foram as "mais livres" dos últimos 43 anos.

Não é exato. Não me atribua expressões que nunca utilizei. Foram talvez menos fraudulentas do que as anteriores, mas nem sequer foi possível fiscalizar todas as mesas eleitorais e o recenseamento! O que reconheci foi apenas que foram mais participadas, que muito mais gente concorreu. Mas não duvido que foram falseadas e sempre protestei por não termos total liberdade de propaganda.

Seja: o eleitorado pode ter confundido as siglas, as eleições foram truncadas. Em qualquer caso, o seu resultado foi, no mínimo, modestíssimo. Como acordou Mário Soares no dia seguinte, com apenas meia dúzia de votos na algibeira?

Estava francamente pessimista....

Ah...

O fim da festa da CEUD foi desagradável, entrou-se numa *dégringolade* de desânimo. Percebi que diante de mim estava uma travessia do deserto e que, no país, o horizonte se fechara; que seria fácil ao regime destruir a CDE, por causa da presença dos comunistas; que nós, socialistas, talvez viéssemos a ter pouca audição internacional, porque os meus amigos da Internacional Socialista — que haviam sido expulsos — poderiam concluir que não tínhamos, afinal, o peso que eles julgavam (não foi o caso, aliás!); e que Marcello iria tirar todo o partido que pudesse destes desaires. Foi depois de refletir sobre isto que pensei que teria de hibernar um tempo e decidi partir para uma longa viagem.

Sentia a solidão do seu combate?

Percebi que, à minha frente, se abriam uns largos anos de travessia do deserto.

VII.

O Exílio

1.
Aprendizagem do exílio

Como me disse no princípio deste livro, o regime deu-lhe a escolher entre a prisão e o exílio. Por que acha que Marcello Caetano e o governo queriam que saísse de Portugal no verão de 1970?

Marcello Caetano sabia que, se eu ficasse preso, me transformaria numa espécie de mártir. Com as minhas relações no mundo universitário, e sobretudo jurídico, e nos meios da imprensa internacional, não tinha dúvidas: ele sabia o que acontecera com a campanha feita pela Associação Internacional dos Advogados e a Anistia Internacional, quando eu estivera deportado em São Tomé. Uma situação difícil de gerir. Por outro lado, mandando-me para o estrangeiro, supunha que, sendo eu uma pessoa polêmica nos meios da oposição — como demonstravam as lutas travadas, um ano antes, entre a CEUD e a CDE —, iria, no estrangeiro, ser um segundo Delgado, um grande divisor dos meios oposicionistas no exílio. Caetano pensou ganhar duplamente: em Portugal, eu não seria um mártir; no estrangeiro, iria ser um "macaco num armário de vidro", destruindo o meu próprio prestígio.

Intuiu isso claramente?

Percebi que a intenção dele era dar-me um presente envenenado. Em Blois, onde paramos para comer na nossa viagem de automóvel de Lisboa para Paris, comprei o *Le Monde* e vi, numa página interior, três linhas que diziam: "*Maître* Mário Soares foi compelido a partir para o exílio..." Li aquela pequena notícia e achei que era a glória. Três linhas no *Le Monde* significavam que eu existia politicamente, equivaliam a algum apoio. Nessa altura, eu estava determinado a ser um fator de congregação e de unidade no exílio, e não o contrário. E na realidade, entre 1970 e 1974, nunca suscitei grandes polêmicas no seio da oposição. O meu próprio livro, *Portugal amordaçado* — que deve ser lido a essa luz —, é um livro congregador. Não foi um livro polêmico.

Que quis para si no exílio? Crédito? Reconhecimento? Relações? Garantias?

Tudo isso... Aproveitar esse tempo para me tornar um político com credibilidade, força e com relações para poder vir a derrotar Caetano, no futuro. Olhei para o exílio nessa perspectiva, com a convicção de que tinha de ser assim.

Mas não foi, de um ponto de vista familiar, uma opção fácil: a família iria, a partir daí, viver separada, havia que cuidar do Colégio Moderno.

Sim. Depois de uns dias passados em Paris, em família, a minha mulher e os meus filhos voltaram para Portugal. Os problemas do colégio eram de fato, nessa altura, bastante complicados. Havia internato — que dava bastante prejuízo —, era preciso tomar uma decisão. Além disso, como advogado, eu tinha de passar os meus clientes para os meus colegas e arranjar uma profissão e alguma estabilidade financeira em França. Não era nada fácil.

O dinheiro era também uma preocupação?

Obviamente. Se não trabalhasse, durante um ano, se não conseguisse que o colégio singrasse, ficaria em muito má situação. Tive então uma inspiração extraordinária para a questão das partilhas: como as partilhas já haviam sido feitas com o meu irmão materno, Cândido, após a morte de minha mãe, eu era dono de metade do colégio e o meu pai da outra metade. Por morte dele, havia agora essa metade a dividir entre mim e o meu outro irmão, Tertuliano. Ele achava que eu era um louco obcecado por essa coisa da política, que tinha uma vida toda ao contrário do que ele pensava ser o "bom senso". Entendíamo-nos bem no plano pessoal, mas no que era essencial — quanto à posição perante a vida — tínhamos pontos de vista diferentes, antagônicos mesmo. Esse meu irmão era genro do Amadeu Gaudêncio, de quem já lhe falei. Grande amigo do meu pai, tinha por mim muita simpatia. Para evitar uma questão de herança com o meu irmão, propus-lhe que o sogro dele procedesse a uma avaliação das coisas e que definisse quanto havia a partilhar. Tinha-o na conta de um homem justo e experiente. E foi, de fato, não obstante ser sogro desse meu irmão. Mas, para poder ficar com o colégio, tinha de dar ao meu irmão Tertuliano, em torna, o valor correspondente em dinheiro. E não possuía o suficiente. Sem que a minha mulher ou eu tivéssemos pedido nada — ou sequer sugerido! —, o Francisco Salgado Zenha foi um dia ter com a Maria de Jesus e propôs-lhe emprestar-nos quinhentos contos, na época uma pequena fortuna, sem juros, sem um papel! Quis que tudo ficasse entre nós, acrescentando que, se morresse, a dívida prescreveria: ficaria como uma dádiva para a sua afilhada, a minha filha Isabel. De Paris, escrevi-lhe uma carta a agradecer, não sei se a guardou. Mais tarde, evidentemente, saldamos a dívida. Nunca esqueci esta generosidade, verdadeiramente fraterna, do Zenha.

E o trabalho, em Paris, como o arranjou?

O José Terra, um companheiro meu da Faculdade de Letras, professor em Vincennes, arranjou-me aí um pequeno lugar, ganhava 600 ou 800 francos por mês. Depois, por intermédio do Prof. Massa, arranjei um lugar de professor associado na Universidade de Rennes. Nunca o vira, apresentou-se como um francês que se ocupava do ensino de Português, que soubera, por intermédio do escritor Liberto Cruz, da minha presença em França. Soubera que eu estava no exílio, que era advogado, que escrevia com facilidade e, por isso, propôs-me que ensinasse Português na Universidade de Rennes. Aceitei. Fui contratado como professor de Português para ensinar Literatura e Cultura Portuguesa e Brasileira. Encarei as duas solicitações com alegria, fundamentalmente por razões financeiras: ao fim de poucos meses, já me autobastava.

Nessa época, trabalhou também com Manuel Boullosa. Como surgiu essa oportunidade?

Um editor meu amigo, António Ramos, da Bertrand, apresentou-me ao Boullosa, que eu não conhecia. Ele disse-me que não percebia nada de política, sabia que eu era da oposição, mas, como possuía fama de bom advogado, propôs-me que trabalhasse com ele na Banque Franco-Portugaise, que lhe pertencia. Aceitei, claro, com gosto.

Com que idéia ficou de Manuel Boullosa?

Pareceu-me um homem inteligente, arguto, seguro de si. Deu-me uma avença pequena — 1.000 francos por mês, chegava para a renda da casa —, mas a verdade é que havia pouco trabalho, embora lhe tenha resolvido alguns problemas importantes. Um dia, Marcello Caetano mandou o Moreira Baptista a Paris perguntar ao Boullosa como é que tinha dado trabalho a alguém considerado *persona non grata* pelo Estado português. Boullosa respondeu-lhe que, se alguma vez as coisas dessem uma volta em Portugal, lhe faria, a ele, Moreira Baptista, o mesmo que estava a fazer ao Mário Soares. Mas avisou-o de que não voltava atrás no convite que me havia feito. E não recuou. O mais extraordinário é que, depois de 1974, Boullosa deu mesmo trabalho ao Moreira Baptista...

Continuava um homem de sorte: pôde exilar-se, dar aulas, arranjar trabalho, conhecer gente.

É verdade. Uma ocasião, houve um conflito entre o Banco Português do Atlântico e a Banque Franco-Portugaise, de Manuel Boullosa. O advogado do Português do Atlântico era o Alberto Luís, que, quando viu quem eu era, me disse que a mulher gostaria muito de me conhecer! Eu não fazia idéia de quem era a mulher dele...

Não sabia quem era a escritora Agustina Bessa-Luís?

...Não fazia a ligação entre os dois, foi uma surpresa, convidei-os logo para almoçar. Agustina fez-me muitas perguntas: quis saber por que estava no exílio, como é que vivia, interessou-se pelas questões da oposição. Falamos muito, recordo que o almoço foi muito simpático. Mas o mais curioso é que a Agustina me pediu que eu arranjasse um restaurante em que houvesse uma lareira, com lenha a arder, e que fosse um pouco penumbroso. Achei estranho, estava frio mas um dia radioso, cheio de luz. A lareira era compreensível, agora o penumbroso ainda hoje não compreendo...

Vê-se que, de fato, não conhecia Agustina... Que livros lera dela?

A sibila, creio que só... Procurei então um restaurante com aquelas características, pois desejava criar uma boa relação para resolvermos o assunto por acordo. Sugeriram-me um lugar, perto do Panthéon — onde depois o Mitterrand também me levou —, com um excelente ambiente, onde a lareira estava acesa! No final, fizemos um ótimo acordo para os dois bancos, com facilidade e bom senso.

A opção pelo exílio englobava mais que uma decisão: a de a sua mulher ficar em Portugal, com todos os problemas inerentes ao colégio e à educação dos filhos; a de acabar o seu livro. E, politicamente, tomou a decisão de alterar a sua estratégia política.

Não confunda estratégia com tática... A estratégia foi sempre a mesma, adaptada, todavia, às novas circunstâncias — ou seja: ao que se chama tática. Bem, eu tinha o livro quase pronto e, a partir de então, andei depressa. Só saiu em 1972, porque a tradução foi uma tragédia, o texto surgido em francês correspondia a um terço do que escrevera. Estou a ver o Alain Oulman com o seu lápis vermelho: "Isto é para cortar!" "Mas por quê?" "Porque ninguém sabe quem é o Sérgio, em França." Cortado o Sérgio! Cortado o Cortesão! E outras coisas que ele achava que não interessavam... O livro ficou pronto em 1972, teve boa imprensa, houve um ou outro debate em torno dele, umas páginas no *L'Express* — "*L'Express* va plus loin avec Mário Soares" —, um convite para ir à televisão francesa...

Fala-me no êxito da versão francesa. Hoje, teria escrito a mesma versão portuguesa?

Escrevi-o com determinação, sempre de jato e de memória, embora com grandes interrupções. Sempre fui visceralmente incompatível com a ditadura, sentindo o dever moral, irrecusável, de a combater por todos os meios ao meu alcance. Os desaires — e foram muitos e graves — nunca quebraram essa determinação. Mas nunca tive ilusões acerca da dificuldade do caminho. Para dizer a verdade, até pensava que o governo de Salazar era bem mais sólido do que, finalmente, se revelou *a posteriori*. Por isso procurei não dar, inutilmente, com a cabeça na parede e defendi-me quanto pude. Repare que a PIDE nunca me apanhou em flagrante, nem com documentos comprometedores.

Por alguma razão isso aconteceu! Hoje, naturalmente, tenho uma visão diferente e mais enriquecida da realidade. Por isso teria escrito um livro diferente, corrigindo eventuais erros e apreciações sobre certos fatos e pessoas. Mas a tessitura do livro seria fundamentalmente a mesma, embora tivesse contado algumas histórias e referido fatos que tenho por verdadeiros, mas cuja veracidade não posso garantir em absoluto.

Ah, quais?

Lembro-me de ter contado uma história que se passou com o Adriano Moreira quando eu estive preso com ele, no Aljube, em 1948. Quando voltamos a encontrar-nos, já depois do 25 de Abril, a primeira coisa que ele me disse foi que aquilo não era bem assim. É possível que tenha razão. Hoje, sobre alguns pontos, seria porventura levado a retificar ou a esclarecer melhor.

Menciona-me fatos, eu referia-me às idéias.

As idéias estão certas. São as mesmas de sempre e estão certas. O livro dá uma larga panorâmica da oposição durante o tempo de Salazar e de Caetano. O contraponto da propaganda oficial. Surgiram, entretanto, muitos trabalhos sobre esse período, e a historiografia contemporânea enriqueceu-se com muitos documentos inéditos e alguma investigação que veio a revelar fatos que não se conheciam. Quero um dia reeditá-lo, tal qual, mas fazendo notas de pé de página e introduzindo uma ou outra correção e referências relativamente a dúvidas sobre determinados fatos controversos. Sem mudar a visão de fundo. Quando fizer um livro sobre o período de 74-96, idêntico ao que fiz sobre o passado, publicarei os dois, reeditando o *Portugal amordaçado*. Mas, modéstia à parte, é um livro que constituiu um marco.

Modéstia à parte? Já utilizou, por diversas vezes, essa expressão ao longo destas páginas. Tem a tentação da vaidade?

Não lhe posso dizer que, como toda a gente, não sinta por vezes o impulso da vaidade. Mas, sinceramente, penso que ela não é o meu principal defeito. Tenho, isso sim, pequenas vaidades: usar uma linda gravata, vestir um fato com um corte especial, ouvir os meus amigos dizerem-me certas coisas simpáticas. Mas suponho que não tenho aquele tipo de vaidade impositiva e incômoda para os outros: nunca me tomei excessivamente a sério, nem nunca me vi como alguém de excepcional.

Instalou-se em Paris, encontrou trabalho com Manuel Boullosa e como professor em duas universidades. Pôde partir em boas condições para a luta política. Lembra-se de qual foi o seu primeiro passo?
Virou-se para quem?

Comecei por restabelecer um diálogo tranqüilo com a oposição no exterior e, em especial, com o Partido Comunista.

Como o fez?

Através de diversos amigos: o Francisco Ramos da Costa, que conhecia bem todos os meios da oposição, incluindo os comunistas. O Barradas de Carvalho, que vivia em Paris, era meu amigo íntimo desde a faculdade e, além disso, membro do Partido Comunista.

O seu primeiro contato com o Partido Comunista, em Paris, foi através de Barradas de Carvalho?

Foi. Disse aos comunistas que era escusado agredirmo-nos, estávamos no exílio, tínhamos de manter uma política de unidade de ação vantajosa para ambos os lados. Comecei por me avistar com o José Vitoriano — dirigente do Partido Comunista em França —, que me marcava encontros em estações de metropolitano, no fim das linhas, sempre a horas mortas... Vi muito o Sérgio Vilarigues, tive dois ou três encontros com o Octávio Pato. E com o Cunhal, claro.

Os comunistas acreditaram no senhor?

Eles conheciam-me todos desde rapaz, nos meus méritos e deméritos.

Quantas vezes viu Cunhal?

Tivemos duas reuniões formais: uma, numa casa arranjada pelo PC francês; outra, numa casa emprestada por uma organização próxima do PS francês, Léo Lagrange. Quem nos acolheu foi o meu amigo Antoine Blanca, depois embaixador de França na ONU.

Encontros de que natureza?

Sempre muito formais. Cunhal falava comigo como dirigente da ASP, depois como secretário-geral do Partido Socialista, isto é, como homólogo e eventual parceiro. Nessa altura, Álvaro Cunhal dizia acreditar numa democracia parlamentar para Portugal, defendia o pluralismo político para depois do derrube da ditadura...

Pode afirmar hoje, 30 anos depois, que Álvaro Cunhal defendia, no início de 70, uma democracia pluralista para Portugal?

Absolutamente. Era o mais longe que ele considerava que se podia ir. Foi apenas quando viu, depois de abril de 74, o regime a desabarlhe diante dos olhos, sobretudo quando viu o próprio desenrolar do 28 de setembro, que Cunhal começou a pensar seriamente em tomar o poder.

Que combinavam Mário Soares e Álvaro Cunhal? Ou, no fundo, consideravam ambos, nessas reuniões formais, que o regime estava para lavar e durar?

Tratava-se de coordenar ações para preparar a queda do regime, de explorar as oportunidades que se abriam no próprio regime: o PC tinha o apoio do comunismo internacional, de Moscou, das democracias populares; os socialistas portugueses começavam a ter o apoio da socialdemocracia e das democracias ocidentais, o que constituía uma grande frente de unidade contra o regime e a ditadura. Mas, nessa altura, o PC só falava em democracia. Não lhes passava pela cabeça outra coisa. Internacionalmente, a União Soviética queria criar um *modus vivendi* pacífico entre o Leste e a Europa Ocidental. Vivia-se em plena *détente*, uma revolução comunista em Portugal iria ao arrepio desta estratégia. Não, posso afirmar-lhe que o Cunhal, nas conversas que comigo teve, nunca avançou um milímetro para lá dessa barreira. A preocupação dele, na altura, era a da legalização do seu partido, quando caísse a ditadura! Os nossos encontros eram formais, de trabalho, nunca houve neles nada de pessoal... A última vez que lhe ouvira um comentário mais humano e pessoal fora na década de 1940, no Estoril, numa reunião clandestina, que já lhe referi, quando de súbito se virou para mim e disse: "Fizeste um belo caminho, desde os tempos do Colégio Moderno!" Naquela altura, eu nem sabia onde ele vivia quando aparecia em Paris! Ao contrário do seu homólogo espanhol, Santiago Carrillo.

Certo: a plataforma apresentada pelo PCP era mínima. Mas, com o tempo — o período compreendido entre os anos de 1971 e 1974 —, as estratégias foram-se certamente afinando. Mário Soares tinha instintivamente a preocupação tática de não fechar portas, perturbava-o o fantasma de Delgado e o seu comportamento no exílio — polêmico e divisionista — em relação às oposições. Pergunto-lhe: qual foi a fronteira, o alcance, desse acordo? Em março de 74, data do último encontro formal entre a delegação do PS e a do PCP, por onde passsava a linha divisória?

Repito-lhe: pela afirmação da autonomia socialista em relação aos comunistas, integrada numa ação, coordenada ou comum, que visasse ao derrube do regime. Era todavia impensável uma frente popular, uma "união de esquerda"...

Impensável? Em março de 74, estava já assinado — desde 73 — o Programa Comum entre o PS e o PC franceses.

Fizeram-no, é certo — foi por isso que o Mitterrand ganhou —, mas eu não avancei nesse sentido. Para mim, socialista, partidário de uma afirmação clara da minha corrente partidária, com perfeita autonomia, essa estratégia era impensável. Repito: impensável fazer "uma unidade de esquerda", à francesa. A França era, na época, um caso singular na Europa. Ninguém, na Internacional Socialista, pensava em "unidade de esquerda". Nem os ingleses, nem os alemães, nem mesmo os nórdicos. Muito menos os portugueses ou os espanhóis. Mas eu não queria crispações entre os dois partidos, nem lutas internas.

Queria o quê?

Queria boas relações, pontes, diálogo: a minha preocupação fundamental era essa: ganhar forças e apoios de toda a ordem para bater e derrubar o fascismo — um regime gasto, serôdio e de traição nacional aos interesses de Portugal.

2.
A estratégia da aranha

Resumamos a sua posição para poder seguir em diante: a partir de 1970 e da sua partida para França, tratou-se não de uma mudança estratégica, mas de uma alteração tática? Era isto?

Não alterei a estratégia política, já lhe disse, no sentido do longo prazo. Alterei, ou melhor, afinei a tática: quando vim para o exílio, fiz uma inflexão tática por forma a quebrar o isolamento, reconhecendo que só tinha inimigos à direita: à esquerda não os poderia ter. Era fundamental que nos unissemos para combater o inimigo comum. Fiz essa inflexão tática sem, contudo, deixar de ter um pensamento estratégico de afirmação progressiva da minha corrente de oposição, uma autonomia estratégica em relação ao PCP, por parte daquilo que viria a ser o PS. O PS nasceria três anos depois.

Qual era a sua idéia?

Portugal estava bloqueado por uma ditadura obsoleta, retrógrada e imobilista. Era preciso derrubá-la. Convenci-me que não podíamos fazê-lo por via pacífica. Quando a necessidade de uma mudança é impossibilitada pela via constitucional e legal, só há uma maneira: a via revolucionária através do empenhamento dos militares e dos civis, de uma conspiração, mais ou menos, militar. O regime só cairia assim. De tal maneira tinha isto por inevitável que o escrevi no relatório do congresso que daria origem à formação do Partido Socialista, em abril de 1973. Essa idéia já havia muito se tornara clara, para mim, embora a leitura do *Portugal amordaçado* possa não ser totalmente nítida a este propósito: quando o escrevi, pensava sempre que podia vir a responder por ele em Portugal, mas a idéia está lá, embora em filigrana. Compreendi fundamentalmente que uma das motivações que podia levar ao derrube do regime era demonstrar que havia uma estratégia autônoma em relação ao Partido Comunista que pudesse ser apoiada sem qualquer constrangimento pelas democracias ocidentais e, em especial, pela socialdemocracia européia, então no poder na Inglaterra e na Alemanha. Com isto presente, não queria ser um fator de divisão, tinha demasiado presente no meu espírito o comportamento de Humberto Delgado para cair nessa armadilha...

Afirmava que o regime só cairia por "via militar". O regime tinha mais de 40 anos, houvera diversas tentativas militares de derrube da ditadura, todas logradas. O que o fez acreditar — e escrever — que o regime cairia por via militar?

Nunca acreditei no levantamento nacional antifascista (tese dos comunistas) como forma de derrubar o regime, embora acreditasse na eficácia da luta de massas como método de desgaste do salazarismo. Também sempre pensei que ações violentas pontuais poderiam ser úteis para chamar a atenção internacional para a ditadura — e para forçar o isolamento do regime —, mas que, por si próprias, não resolveriam o problema. Assim, só uma revolta militar nos podia conduzir à democracia, como sucedeu. E, com o agudizar das guerras coloniais, convenci-me que não era impossível provocar a necessária clivagem nos meios militares...

Percebeu que devia usar o poder e o alcance da mídia: começava a ter alguma notoriedade internacional — iniciada com o caso Delgado, em 65, e um pouco aumentada na deportação para São Tomé, em 68. Entrou nalguns noticiários internacionais, começou a aparecer nos jornais, escrevia artigos, deu entrevistas. Era jovem, tinha um passado e tentava afirmar-se como um oposicionista não-comunista. Criou um espaço e estava a distinguir-se nele.

De início, essa notoriedade foi um fator de defesa própria. Mais tarde, foi um elemento essencial para afirmação do grupo e do partido a que vim a pertencer: uma oposição socialista tão claramente demarcada dos comunistas que pudesse vir a ser apoiada pelas democracias ocidentais e pelos americanos. Mas isso ia de par com duas outras coisas de suma importância para mim: a aprendizagem da vivência num país democrático — como funcionava um parlamento, como se devia atuar em relação a uma comunicação social livre, como se articulava e desenvolvia uma democracia participativa, como trabalhavam os partidos, os sindicatos, as confederações patronais; em segundo lugar, criei uma rede de importantes contatos junto dos meus eventuais parceiros e aliados europeus e nos meios de comunicação social. Ambas viriam a revelar-se decisivas para o futuro.

Começou por onde e por quem?

Pelo próprio Partido Socialista Francês. Apesar de, nessa altura — no fim do ano de 70 —, ele viver o máximo da sua decadência: eram os últimos tempos da liderança de Guy Mollet, e depois de Alain Savary, não se tinha realizado ainda o Congresso de Epinay, onde Mitterrand veio a ganhar o partido e ao qual eu assisti, como convidado, na primeira fila. Depois, virei-me para alguns países da Europa Ocidental, sem nunca descurar, ao mesmo tempo, a importância dos Estados Unidos — onde já estivera e fizera alguns contatos —, dos seus movimentos democráticos, da sua imprensa, sobretudo a que me apoiou, o *New York Times*, o *Washington Post*, a *Time Magazine*.

Que importância teve para o senhor a descoberta dos Estados Unidos? Quando partiu, tinha uma idéia sobre o capitalismo, era um crítico feroz do sistema, conforme se inferia de alguns escritos seus da época. E quando regressou?

A minha crítica do capitalismo não se alterou com o fato de ter conhecido os Estados Unidos. Mas conheci outras realidades que me impressionaram: o pluralismo dos centros do poder, a importância do Congresso e do Supremo Tribunal, o dinamismo da comunicação social, a liberdade efetiva de pensamento que encontrei nas universidades que visitei, o idealismo, o pioneirismo e a genuína boa-fé de alguns americanos que conheci.

A partir de 70, com que políticos e com que apoios contou na Europa?

Em primeiro lugar, Willy Brandt, vice-presidente da Internacional Socialista e, conseqüentemente, a gente da Fundação Friedrich Ebert, criada pelo SPD para apoiar os movimentos simpatizantes da social-democracia européia e mundial. Brandt foi uma figura que me impressionou muito, olhava para ele como para um gigante incontornável. Fora o homem de Berlim, tinha sido ministro, depois chanceler, era um grande orador que empolgava as platéias a quem se dirigia. E, ao mesmo tempo, um homem simples, contava anedotas no final das reuniões, bebia o seu vinho, um ser humano da maior simpatia, que gostava de fazer o seu comentário brejeiro, com uma vivência fraterna e acessível a toda a gente. Em segundo lugar, Harold Wilson e James Callaghan, ambos curiosos de Portugal e muito abertos, mas, devido às suas tarefas governamentais — um era primeiro-ministro e o outro, ministro dos Negócios Estrangeiros —, não tive nunca com eles tanta intimidade como com Willy Brandt.

E Olof Palme?

Ah, era muito mais caloroso do que o comum dos suecos! Parecia um latino, um homem sempre cordial, de reações rápidas, possuidor de grande inteligência, tinha um estilo francês no modo de raciocinar: era a figura dominante dos países nórdicos, ainda que eu tenha tido excelentes relações com o norueguês Brateli, com o finlandês Sorsa, ou com o dinamarquês Jorgensen.

Já conhecia Palme, estivera na Suécia no final da década de 1960...

...Sim, já lhe mencionei isso. Eu era muito amigo de um adjunto dele, Pierre Schori, que um dia me convidou para ir à Suécia. Vi com ele uma peça de teatro que então fazia muito sucesso, *O espantalho lusitano*, de Peter Weiss, montada com o intuito de denunciar o colonialismo português... A peça não tinha grande interesse — pareceu-me —, mas serviu como pretexto para que os jornais em Portugal me acusassem de "traidor à Pátria" por ter ido vê-la. No final do espetáculo, o Palme e o Schori convidaram-nos, ao Tito de Morais, ao Ramos da Costa e a mim, para irmos a um sauna, antes do jantar. Em Portugal, nessa época, ainda não havia sauna. Foi uma coisa algo insólita — para um português — estarmos ali os cinco completamente nus, envoltos naqueles vapores, a conversar tranqüilamente. Fez um pouco de confusão aos meus parâmetros culturais da época, mas, enfim, lá estive... E tomei no fim, numa piscina, um banho quase gelado.

Detestou a sauna!

Não gostei muito... Depois, houve também o Bruno Kreisky, na Áustria, e, sobretudo, Pietro Nenni, líder dos socialistas italianos, e, depois, De Martino, que muito ajudaram a ASP, e particularmente o Tito de Morais, quando ele vivia em Roma e editava o *Portugal Socialista*, como já lhe contei. Pietro Nenni era um homem muito interessado pelas questões da Península Ibérica, conhecia bem a Espanha, tinha participado na Guerra Civil. A partir dos anos 70-71, relacionei-me igualmente com De Martino, que lhe sucedeu na liderança do Partido Socialista Italiano, e a quem visitei em Roma várias vezes. E o Mitterrand, claro... A partir de Paris, passei a ir aos congressos dos partidos socialistas ou socialdemocratas: a Inglaterra, à Suécia, à Alemanha, a Itália, à Áustria. Entretanto, aprendia e fiquei a saber como era. Foi uma experiência única.

Cada um deles teve importância junto do senhor, sabe-se que a Itália, a Suécia e, sobretudo, a Alemanha foram países decisivos nos auxílios que lhe deram. Mas qual desses homens o seduziu mais? Quem o inspirou melhor?

Dessa época, de todo aquele mosaico europeu com o qual eu começava a relacionar-me, as duas grandes figuras, as que mais me impressionaram, foram Willy Brandt e François Mitterrand, quando este tomou conta do PS francês. Foi notável o modo como agiu e conduziu o seu combate até à vitória... Guardo ainda hoje intacta a recordação do seu discurso de Epinay, em 1971. No meu íntimo, olhava para o que se jogava no Congresso com algumas dúvidas, com um misto de humildade e de curiosidade, e interrogava-me sobre se seria aquele o melhor caminho... Mas tive de lhe tirar o chapéu: não só conseguiu uma vitória histórica, como veio a destruir o Partido Comunista... O Mitterrand foi — e é — uma figura. O único homem de esquerda que tomou o poder em França, uma personagem misteriosa e florentina. Acho-o um político excepcionalmente brilhante.

E, no entanto, Mitterrand não pertencia à "velha casa socialista". Vinha da direita...

É exato, fez o seu caminho da direita para a esquerda — o que só o honra. E embora não pertencesse, como diz, à "velha casa" da Cité

Mallerbes, foi ele que levou o PS francês à vitória e o arrancou de uma longa decadência em que a SFIO esteve mergulhada.

Nesse mosaico de que temos vindo a falar, a Alemanha Federal teve o papel determinante?

Apoiaram-me sobretudo através da Fundação Ebert. Discretamente. Patrocinaram-me viagens à América Latina: interessava-lhes penetrar nesses países, criando núcleos de apoio socialista, e viram em mim um elemento útil para lhes possibilitar a tarefa. No Brasil, conheci então Fernando Henrique Cardoso, Darcy Ribeiro, Fernando Gasparian, Almino Afonso e outros que não mais deixaria de encontrar no meu caminho. Fernando Henrique Cardoso era um sociólogo que vinha de uma família tradicional, onde avultavam militares e políticos; o Fernando Gasparian, um industrial e editor. E, sobretudo, conheci os intelectuais de São Paulo que gravitavam à volta do CEBRAP, um centro de estudos sociológicos da Universidade de São Paulo, que englobava inúmeros cientistas sociais e políticos, mais tarde exilados... Era gente de esquerda, empenhada na luta contra a ditadura, com quem mantive contatos que a Internacional Socialista, mais tarde, aproveitaria. Comecei a escrever para uma revista, *Nueva Sociedad*, que se destinava justamente à América Latina. Foi importante para mim: através dela, divulguei as posições dos socialistas portugueses.

Que tipo de "missões" lhe pediam que fizesse na América Latina? E onde, na América Latina?

No Brasil, no Peru, no Equador, na Colômbia, na Venezuela. Fiz conferências, conheci pessoas e procurei falar da socialdemocracia européia e da sua utilidade como aliada natural na luta contra as retrógradas ditaduras militares latino-americanas, apoiadas pela escola de Chicago.

Na RFA, era recebido em que nível? Com que estatuto? Por um chefe de gabinete, um secretário, o próprio Brandt?

Raramente pelo próprio Brandt. Algumas vezes por ministros e, normalmente, pelo presidente da Fundação Ebert, Grunwald, e pelo secretário internacional do PSD, Dingels, com quem iniciei uma frutífera colaboração, e que viria a ser grande amigo de Portugal. Recebiam-me como secretário-geral da ASP e, a partir de 73, como secretário-geral do PS. Eu aparecia como o principal interlocutor deles em Portugal.

Como é que olhavam para o senhor?

Penso que me achavam simpático, corajoso e eficiente. Nunca ninguém me achou arrogante... Sabiam que eu era um lutador e um otimista e, ao mesmo tempo, profundamente determinado. Era esse o meu cartão de visita.

O ser otimista e lutador?

Não, o saberem que eu não desistiria, que não vergava, acontecesse o que acontecesse. Que combatia havia 30 anos sem desfalecimentos. Julgo que me respeitavam. Tinham boas relações comigo.

De igual para igual?

Enfim... Eram ministros, deputados, alguns primeiros-ministros, e eu nunca fora nada. Mas julgo que havia simpatia e respeito recíproco.

O que lhe ensinaram?

A democracia. Ensinaram-me que o poder deve ser exercido sem que nos embriaguemos com ele ou nos tornemos diferentes pelo fato de o exercermos. Que hoje se é poder e, amanhã, oposição. Ensinaram-me essas regras da democracia dos países nórdicos, da Alemanha Federal, da Inglaterra... Era algo que tinham aprendido no berço e praticavam desde pequenos, talvez desde a escola.

O SPD e a Fundação Ebert ajudaram Mário Soares. Mas nem sempre Willy Brandt esteve de acordo com o senhor: saltando agora um pouco no tempo, no XIII Congresso do Partido Socialista Operário Espanhol, ocorrido em Suresnes, em 74, Brandt apoiou Felipe González para a liderança do partido, Mário Soares permaneceu junto de Rodolfo Llopis, o líder do PSOE no exílio. Felipe González representava o partido do "interior", Llopis, o do "exterior". González, Alfonso Guerra, Enrique Mújica, conseguiram — com o apoio explícito de Brandt, de quem González era o preferido — pôr o

"exterior" em minoria. Mário Soares não o apoiou. Os seus amigos eram Llopis e o grupo de Tierno Galván — Raul Morodo, Fernando Morán —, também eles advogados e pertencentes ao Partido Socialista Popular Espanhol...

Não é bem assim: eu não estive no Congresso de Suresnes, não tomei, portanto, partido nessa contenda. Mas sei do que fala. Durante os meus anos de exílio, testemunhei de fato que havia uma competição no Partido Socialista Operário Espanhol, entre o PSOE, do "exterior", dirigido pelo velho e astuto Rodolfo Llopis, e o chamado grupo dos "andaluzes", de Felipe e Alfonso Guerra (apoiado pelo basco Mújica), do "interior". González ganhou — com o apoio de Brandt, é certo — a Rodolfo Llopis, o chefe histórico do partido no exílio, mas com poucos quadros em Espanha.

Que Mário Soares apoiou?

A minha relação em Paris e Toulouse era com ele, apoiei-o. Mas os meus amigos, desde o tempo do meu trabalho como advogado no caso Delgado, eram, de fato, Tierno Galván, Raul Morodo e Fernando Morán. Mal conhecia González, foi-me apresentado no Congresso de Viena de Áustria, em 1972, por Rodolfo Llopis, como "Isidoro", o seu nome na clandestinidade. Mas pensava, de fato, que os outros — Galván e o seu grupo — teriam mais peso...

Era um problema de geração? Ou simplesmente, uma vez mais, esteve ao lado dos "seus amigos"?

Talvez fosse... É verdade que tive algumas discussões com o Brandt a esse propósito.

Apenas vira Felipe González uma vez, nesse Congresso em Viena, quando a ASP entrou para a Internacional com o estatuto de membro de pleno direito.

Mas lembro-me de diversas discussões ocorridas em Paris, nesses anos, sobretudo com a Carmen Blois, ativista do PSOE em Paris, que defendia González e me acusava sempre de preferir Tierno...

Qual o alcance dessas "discussões" com Willy Brandt? Deixaram marcas?

Nenhumas. Mais tarde, dado o êxito de González, logo nas primeiras eleições, reconheci que Brandt tivera razão. Felipe González revelou-se um grande líder e viria a transformar-se também num grande amigo. Como Alfonso Guerra, Mújica e alguns outros.

Circulou muito — e bem — nos meios espanhóis, fez amizades, teceu com esse meio uma rede de cumplicidades. Por quê a Espanha? Era-lhe mais fácil virar-se para aí? As ditaduras na Península Ibérica uniam-os?

Com os espanhóis e com os gregos (Someritis, por exemplo), chegamos a ter um comitê, em Paris, contra as ditaduras na Europa Ocidental.

Os espanhóis antifranquistas eram os nossos naturais aliados na luta contra as ditaduras ibéricas. Discutíamos, entre nós, qual seria a que cairia primeiro, numa fraternidade de luta total. Veio a verificar-se, contra as expectativas de muitos, que eu teria razão: foi a portuguesa. A Revolução de Abril teve uma enorme repercussão em Espanha e contribuiria muito positivamente para a "transição democrática" espanhola, que se daria dois anos mais tarde, em 1976, após a morte de Franco. Mas não fiz só amigos nos meios da oposição espanhola — socialistas, comunistas, republicanos, democrata-cristãos, monárquicos e até dissidentes do franquismo, como Dionisio Ridruego ou Calvo Serrer. Conheci muita gente em França, Jorge Semprún, por exemplo, e Fernando Claudín, ou Santiago Carrillo. Em Inglaterra, Salvador de Madariaga; na América, Victoria Kent.

Fez esse trabalho político e diplomático junto dos que viriam a ser os seus parceiros europeus, para dar garantias a Portugal, à Europa e ao mundo sobre a credibilidade da oposição portuguesa. Uma credibilidade assente na verosimilhança de uma alternativa socialista em Portugal. Mas, antes do senhor, já vimos como Ramos da Costa e, sobretudo, Manuel Tito de Morais tinham sido duas "toupeiras" no terreno, desenvolvendo no exílio — em Argel, em Roma, em França — contatos, trabalho, iniciativas. Até aí, os socialistas portugueses eram praticamente clandestinos.

Nunca é demais enaltecer o trabalho realizado por Francisco Ramos da Costa e por Manuel Tito de Morais: um autêntico trabalho pioneiro, de verdadeiros cabouqueiros do socialismo democrático português. Foi Ramos da Costa quem entrou, primeiro, em contato com a Internacional Socialista e, designadamente, com Willy Brandt e com Olof Palme. E Tito de Morais, primeiro na Argélia e depois em Roma, estabeleceu uma rede preciosa de relações com os movimentos de libertação africanos, com Ben Bella e os membros do governo argelino e, mais tarde, com os socialistas italianos e com os iugoslavos. Abriram-me as portas dos contatos internacionais, antes de eu chegar ao exílio, foram eles que me levaram ao Congresso de Eastbourne, em 1969, e depois de me fixar em Paris, a partir do verão de 1970.

Conheceu no exílio aquele que é hoje um dos seus maiores amigos, Manuel Alegre. Como foi o vosso primeiro encontro?

Era de uma geração posterior à minha, de Coimbra, mas já ouvira falar muito dele. Tínhamos um amigo comum, o Alain Oulman, o meu editor do *Portugal amordaçado*, que era músico e costumava musicar os poemas de Manuel Alegre para a Amália Rodrigues. Dizia-me o Alain, muitas vezes: "Tem de conhecer o Manuel. Vocês estão fadados para se entenderem, têm uma maneira de ser muito semelhante." Conhecemo-nos, ficamos amigos. Nasceu uma amizade que se manteve intacta até hoje. Mais tarde foi-me imprescindível no PS, em todos os combates travados pelo Partido Socialista. Sobretudo no "verão quente". Manuel Alegre fora do Partido Comunista, era muito ligado ao Piteira, viveram ambos muitos anos em Argel. O Piteira Santos foi sempre — nunca deixou de ser — um *compagnon de route* do PC, uma personalidade interessantíssima, um conspirador permanente, mas que nunca deu um passo para quebrar a estratégia unitarista da oposição. Ora se zangava, ora ironizava por eu querer fazer o Partido Socialista... Quando ia a França, visitava-me sempre. Um dia apareceu-me no Hotel Saint-Pierre, onde eu vivia, com o Manuel Alegre. Eram ambos da Frente Patriótica. Percebi que o Alain tinha razão...

Esteve para ir mais de uma vez a Argel. Por que nunca o fez?

É um fato, estive para ir mais de uma vez. Mas nunca fui. Não ignorava que Argel era um vespeiro onde se cruzavam, de forma evidente e muito acesa, diversas tensões motivadas pela luta em torno de Humberto Delgado. Havia o grupo do Adolfo Ayala, do António Brotas, um núcleo muito próximo da figura do general e, por sua vez, inimigos figadais do Piteira Santos e do seu grupo da Frente Patriótica. Era um ambiente complicado, uma atmosfera de suspeições e rancores em que nunca me quis meter. Quis sempre preservar o papel equilibrado que tivera no caso Delgado.

Por esses anos, falava muitas vezes em nacionalizações, defendia a "planificação democrática da economia", a autogestão. Parecia, numa palavra, estar mais próximo de um modelo iugoslavo ou mesmo cubano. Defendia a "ruptura com o capitalismo", acusando os capitalistas portugueses de serem "parasitários", "estúpidos" e "oportunistas". Não cortara com o marxismo, os escritos dessa época demonstram isso.

A linguagem da época... Na altura, o próprio Mitterrand também falava da necessidade dessa ruptura com o capitalismo...

Justamente, tenho de insistir: Mário Soares estava influenciado pelo Programa Comum assinado em França, no início de 73, pelos partidos Socialista e Comunista franceses e recebeu em cheio essa inspiração que ia contra a corrente da época: na RFA, Helmut Schmidt era claramente um moderado que seguia uma orientação social-liberal; na Grã-Bretanha, com Callaghan — também ele um moderado — e os trabalhistas, a maior influência provinha do movimento sindical; na Suécia, desde 69, o socialdemocrata Olof Palme era primeiro-ministro. Mário Soares deixou-se seduzir pelo debate em torno da possibilidade de um novo socialismo. autogestionário...

Helmut Schmidt só será primeiro-ministro em 74, Callaghan também substituiu Harold Wilson já depois do 25 de Abril. Foi preciso eu também chegar ao poder, foi preciso assistir às nacionalizações, à destruição da economia portuguesa, à fuga dos quadros para fora de Portugal, para começar a perceber, de forma muito clara, o que entrevira já no processo chileno, quando estivera no Chile, no final do governo de Allende: o caminho não era aquele, mas sim o da economia de mercado. Simplesmente, depois de 1974, eu tinha já responsabilidades de Estado; nos anos do exílio, não: pertencia à oposição e tinha um concorrente e competidor à minha esquerda, o Partido Comunista, que me empurrava para a direita e não me reconhecia credibilidade e com o qual tinha de competir, quisesse ou não. Hoje, confesso-lhe que, quando afirmava essas posições radicais que refere, tinha dúvidas, sacrificava-me um pouco ao estilo da época, ao gosto da juventude que se havia radicalizado muito com as guerras coloniais...

Tinha dúvidas?

Tinha, tinha... Embora, é verdade, também hesitasse: seria uma via possível? Era o que se dizia em França, mas, sobretudo — nunca é demais sublinhar esta *nuance* —, eu estava entalado pelo PC e pela extrema-esquerda e tinha de me fazer ouvir pela juventude. Era esse o caldo de esquerda que eu achava que me permitiria ganhar eleições. Quanto ao Programa Comum e à influência que posso ter sofrido com o debate que entretanto se travava em França, devo dizer-lhe que não me fez grande mossa... Nunca tomei muito a sério essas célebres frases da "ruptura com o capitalismo" ou das diferenças entre o socialismo francês e as socialdemocracias européias...

A partir da década de 1960, enquanto os trabalhadores portugueses procuram melhores dias na Europa, desenvolve-se, por outro lado, uma outra corrente emigratória motivada por razões políticas: são jovens que se haviam notabilizado nas lutas acadêmicas e que, estando contra a guerra colonial, se exilam ou emigram para a Suíça, Bélgica, França, Alemanha, ou para os países nórdicos. A partir de quando é que compreende que tem de deitar a mão a esses jovens? Uma juventude que tivera a sua iniciação política na greve acadêmica de 62, que assumia posições radicais e o olhava como a um tio mais velho, *encombrant*, burguês e socialdemocrata?

Eu sabia — como já lhe disse — que fora o benjamim dos grupos políticos oposicionistas que me precederam. Quando, em 65, morreu o Prof. Azevedo Gomes, nas cerimônias fúnebres do seu funeral no cemitério apenas duas pessoas usaram da palavra: Francisco Cunha Leal e eu próprio. Disse claramente que era chegada a vez de a nossa geração dar o seu testemunho... E quando, diante do Cunha Leal, afirmei isso, senti que tive a imediata concordância do Manuel Mendes, do Zenha, do Magalhães Godinho, do Soromenho, do Raul Rêgo: olharam, nesse dia, para mim como uma espécie de "sucessor" e julgo que, mais do que isso, olharam-me como o "líder". Mas na minha geração — os outros ou eram do PC, ou ficaram pelo caminho — contavam-se muito poucos. E os que tinham 50 ou 60 anos e estavam conosco também não seriam eternos. Era preciso — e urgente —, por isso, recrutar gente jovem.

No exílio apercebeu-se de que essa necessidade de recrutamento de gente mais jovem passou a ser imprescindível?

Iniciara já alguns contatos nas eleições de 65; em São Tomé, em 68, continuara essa reflexão. No exílio, percebi que necessitava de jovens e de recrutar uma base operária, duas coisas que não tínhamos. Eu, jovem burguês, progressista, sem dificuldades materiais, sem experiência operária nem sindical, colocado frente aos partidos socialistas de toda a Europa, todos eles de grande base sindical... Visitei algumas universidades européias — onde estudavam jovens que haviam fugido à guerra colonial —, tentando ganhá-los para a nossa causa. Em França, conheci Jorge Campinos, que aderiu à ASP; na Suécia, Rui Mateus; e, em Lovaina, Bernardino Gomes — todos eles fundadores do PS —, que me puseram em contato com mais gente e me proporcionaram fazer algumas conferências, em meios estudantis, em Gand, Lovaina, Bruxelas, Genebra. Na Suíça e depois em Bruxelas, fiz contatos através do Fernando Loureiro, que também se juntou a nós; em Genebra, falei com Medeiros Ferreira, António Barreto, Eurico de Figueiredo. Este grupo fazia desde 70, em Genebra, uma revista interessante, que eu conhecia, chamada *Polêmica*. Convidei o José Medeiros Ferreira, porta-voz do grupo, para ingressar no PS, em 73. Na altura, recusou. Tinham um posicionamento muito mais radical, mas foram mantendo um diálogo comigo. Houve algumas aproximações — cautelosas e graduais —, com respeito pelos percursos ideológicos de cada um. Mas, quando fui fazer uma conferência a Genebra — já depois de 16 de março de 74 —, estavam lá todos. Em Londres, acabei por ter um pequeno grupo, animado pelo José Neves, a Áurea Rego, o Seruca Salgado. Em França, o Coimbra Martins, o Liberto Cruz, o Rodolfo Crespo, o Augusto Roseira. As coisas foram caminhando...

Esses jovens extremistas e politizados olhavam para o senhor com desconfiança? Displicência? Agressividade?

Alguns estavam mais à esquerda, achavam-se mais eficazes. Consideravam que o caminho que eu defendia não era o indicado, que eu estava metido com a socialdemocracia, olhavam-me como um burguês. Menosprezaram-me um pouco. Mas outros não, aderiram. Fui, assim, formando pequenos grupos e, quando nasceu o Partido Socialista, em abril de 73, já tínhamos representantes de núcleos na Bélgica, Suíça, Alemanha, Inglaterra, França, Suécia, Brasil, Marrocos, Itália. Montou-se uma pequena rede, embora nem todos aqueles com quem ia sucessivamente contatando tivessem acedido a ser fundadores do PS e aos convites que lhes formulei. A luta foi perseverante, sistemática e difícil.

Em França, também: era vulgar ser insultado pela extrema-esquerda portuguesa, que vivia em Paris. Teve mesmo alguns debates homéricos nas universidades com alguns desses elementos.

Em Vincennes, principalmente. Recordo um caso: alguém da embaixada portuguesa fez um dia distribuir panfletos com uma caricatura minha e do Marcello Caetano, a cavalo em mim, apontando-me como um socialdemocrata, lacaio do marcelismo. Entretanto, eu havia feito uma referência, numa aula, ao general De Gaulle. Tanto bastou para incitar os ânimos daquela rapaziada, afeta ao Maio de 68 e ao esquerdismo mais irresponsável...

Não sei se os terá convencido. Mas sei que lhes leu um elogio de De Gaulle feito por Mao Tsé-tung, sem citar o seu nome. E quando, no final, confrontou essa platéia irada com o autor do texto, a sala ficou desarmada!

Mais importante do que isso foi que lhes fiz frente e cara a cara. E, quando consegui explicar quem eu era e qual o meu percurso, a contestação terminou. Eu tinha provas a apresentar: cadeia por diversas vezes, deportação em África, exílio, um caminho de resistência efetiva — de décadas — e de sacrifício. Eles eram revolucionários de café, na maior parte dos casos...

3.
O PS

Entretanto, tentou fazer um doutoramento em História. Para tal, pediu uma bolsa à Gulbenkian, que lhe foi recusada...

Pedi-a através do José Ribeiro dos Santos, meu íntimo amigo e funcionário superior da Gulbenkian. Isso soube-se e julgo que o Marcello Caetano mencionou o caso ao Azeredo Perdigão, fazendo a mesma coisa que mandara o Moreira Baptista fazer junto do Manuel Boullosa.

O Azeredo Perdigão arranjou-se para que o assunto só fosse a discussão num Conselho de Administração em que ele não estava. Recebi uma carta do Prof. Ferrer Correia dizendo que eu era um bom jurista, um advogado de mérito, mas que, não tendo ainda dado provas como investigador de História, não parecia oportuno à fundação a concessão de tal bolsa. Respondi-lhe que, sem me querer comparar a Herculano, o que a fundação me dizia era como se o célebre escritor, quando esteve também ele no exílio, antes de ter obra feita de historiador, tivesse pedido uma bolsa e lha recusassem com idêntico argumento. Quem tem já uma reputação firmada, em regra, não precisa de bolsas. Do meu dossiê, aliás, constavam cartas abonatórias do Prof. Vitorino Magalhães Godinho e do Prof. Albert Silbert — com quem preparava o doutoramento —, um especialista no século XVIII português, bem conhecido, aliás, da Fundação Gulbenkian.

Tentava também aprofundar os seus contatos com os meios universitários, acadêmicos, ao mesmo tempo que ia alargando, cada vez mais, a rede dos seus conhecimentos. Uma preocupação e, simultaneamente, uma estratégia que se ia tecendo?

Sim, isso. Fui-me entretanto relacionando cada vez mais com os meios universitários ligados à História: inscrevi-me no Instituto de Ciências Políticas, onde fui aluno do Prof. René Remond; o Prof. Duroselle ajudou-me também muito. Foram anos enriquecedores. Mas o meu relacionamento — sempre muito estimulante — foi simultaneamente acadêmico, político, intelectual e cultural. Conheci gente muito interessante e também muito diversa: Fernando Claudín, um espanhol exilado em Paris, bom especialista das questões comunistas, com uma obra interessantíssima e que, mais tarde, veio a aderir ao Partido Socialista Operário Espanhol; o Jorge Semprún, que quis fazer um filme a partir do que eu escrevera no *Portugal Baillonné* sobre Humberto Delgado. Conhecemo-nos, começamos a contatar, um dia almoçamos em Saint-Germain para falar do filme. Mas o cineasta Costa Gavras comprometera-se já a filmar a história do Ben Barka, cujo rapto e morte ocorreram nessa altura... Conheci o Celso Cunha, um brasileiro carioca, especialista de Lingüística, e muitos outros brasileiros, também exilados, como Márcio Moreira Alves, Oscar Niemeyer, Anita Novinsky, Darcy Ribeiro, eu sei lá... Em Paris, por essa época, havia muitos brasileiros devido à ditadura militar no Brasil. E gregos, argentinos, chilenos, marroquinos e, sobretudo, muitos espanhóis à roda do Rodolfo Llopis... Circulei muito nos meios literários, políticos, universitários e jornalísticos — tanto em Paris como em Rennes. E, se alguma coisa me aconteceu, foi o ter-me dispersado demasiado.

Quem o marcou intelectualmente nesses anos? Que autores e pensadores conheceu? Qual o contributo essencial desses anos, de um ponto de vista teórico?

Li o Marcuse, que aparecia como o profeta da extrema-esquerda, do poder estudantil. Comecei a ler os primeiros dissidentes: Roy Medvedev, Soljenitsin, cujo *Arquipélago Gulag* saiu em França, em 1974, as primeiras publicações de Sakarov, Milovan Djilas, K. S. Karol, e os dissidentes do PC francês: Pierre Daix, Annie Kriegel, Jean Elleinstein. Além destes, também alguns teóricos do socialismo e heterodoxos, como: André Gorz, Gilles Martinet, de quem viria a ser amigo; René Dumont, muito importante para mim, sobretudo com os seus livros: *L'Afrique noire est mal partie* e *Cuba est-il socialiste?*. Li também o que ia saindo e suscitava polêmica: Jean-Jacques Servan-Schreiber e Jean-François Revel, os quais viria a conhecer bem; Pierre Rosanvallon, Claude Julien. Durante este período, li ainda muita literatura, sobretudo francesa e latino-americana: Mauriac, Malraux, Sartre, Simone de Beauvoir, Vercors, Kafka, Elias Canetti, Sciascia, Claude Roy, Henry Miller, Durrell, Borges, Vargas Llosa, Gabriel García Márquez, Octavio Paz, Guimarães Rosa, Jorge Amado.

Visitei exposições e museus, assisti a conferências e a grandes debates; enfim, vivi intensamente num meio cultural e político altamente estimulante, onde pulsavam todas as inquietações do mundo.

O que lhe trazia todo esse universo cultural e político, esse mundo de leituras e conhecimentos? Que se ia sedimentando no senhor?

Amadureci. Acho que, durante o exílio, me tornei maduro e bastante mais seguro de mim próprio. Comparava-me com muita gente que ia conhecendo e não me achava tão mal assim.

Mas havia outra coisa: vivia em Paris, longe do meio acanhado de Lisboa, das fronteiras modestas dos meios oposicionistas. Saltara do "reviralho" para a Europa, democrática e civilizada. Como é que tudo isso — Paris, as relações que ia fazendo nos diversos meios — lhe abria os olhos? O que foi determinante?

Só o viver em Paris foi, desde logo, um privilégio. Repito-lhe: as exposições, os espectáculos, a rua, os jornais, as universidades, a televisão, as livrarias, os encontros. Tudo isso me abriu novos horizontes e me deu, julgo, outra consistência intelectual. Era de fato uma estratégia que, dia a dia, se ia tecendo. E, sobretudo, amadurecendo.

O mundo mudava: embora já digerido no final da década de 1960, permanecia ainda o rasto do Concílio Vaticano II; na Alemanha, em Itália, viviam-se os "anos de chumbo", o fenômeno do terrorismo tornava-se cada dia mais inquietante; movimentos feministas eclodem com estrépito nos Estados Unidos e na Europa; a guerra do Vietnã divide os Estados Unidos; e em França vivia-se ainda o rescaldo de Maio de 68. As sociedades alteravam-se: a questão política torna-se indissociável da questão social e da questão cultural.
Como olhou para tudo isto? Que reflexão fazia? Em que é que estes fenômenos influenciaram — e como — o seu modo de olhar a política?

Assimilei, penso, muito do que refere. Aprendi muito em França, sem nunca deixar de pensar em Portugal. O mundo estava em acelerada transformação e eu aprendi a acompanhar o ritmo das mudanças —

do vocabulário às preocupações. Julgo que retive a lição dessas mudanças.

Disse-me já que conheceu Santiago Carrillo, que o apreciou. É sempre melhor o comunista do vizinho?

Conheci-o bem, apreciei-o, é verdade. Fui um dia a um comício seu nos arredores de Paris, onde encontrei o Semprún e o Fernando Claudín. Viemos a pé a conversar, eles tinham cortado com o comunismo, sabiam que eu o fizera quase vinte anos antes, que era socialista, falaram-me com grande à-vontade, trocamos as nossas experiências e críticas. Criei boas relações com o Carrillo, ao contrário de Cunhal. Os encontros com Cunhal revestiam-se sempre de grandes mistérios, de uma clandestinidade extrema, rigorosíssima. Com o Carrillo, não: tinha uma casa, convidou-me para lá, apresentou-me à mulher, aos filhos, tinha uma vida normal, um ambiente caseiro, uma família.

Não sabia de fato onde vivia Cunhal quando estava em Paris?

Não. Nem eu nem ninguém, suponho. Era sempre uma coisa ultramisteriosa, nunca se sabia onde vivia quando estava em Paris. Nem tampouco se sabia se vivia em Praga, ou em qualquer outra cidade...

Isso não o impediu de combinar com Álvaro Cunhal uma visita à URSS. Viajou por iniciativa de Cunhal ou a seu pedido?

Fui convidado — como secretário-geral da ASP — em 1972 pela União das Associações de Amizade e Laços Culturais com os Países Estrangeiros. Foi o Joaquim Barradas quem se encarregou de me transmitir o convite. Nunca falei com Cunhal sobre isso, nem o encontrei na URSS, nem recebi quaisquer "apoios financeiros". No avião, encontrei Óscar Lopes, Alexandre Babo e Augusto Abelaira, vindos de Portugal. Em Moscou, quiseram separar-nos, preparando-nos programas diferentes, visto que eu era dirigente político e eles, escritores. Mas convencemos o diretor da associação a deixar-nos viajar juntos, o que veio a acontecer. A minha guia era professora de Português numa universidade, muito mais tarde viajaria várias vezes a Portugal. Logo na noite em que cheguei, quando fui para o hotel

— um edifício horrível, do tempo de Stalin, parecia um imenso bolo de noiva! —, ela queria por força jantar. Eu não tinha fome, jantara no avião. A senhora insistiu de tal forma que, quando nos sentamos à mesa, compreendi que tinha diante de mim uma pessoa esfomeada; o que ela queria, realmente, era comer! Quando se foi embora, sozinho, aventurei-me a dar uma volta. Tentei meter conversa com uns tipos que me pareceram estrangeiros, ninguém percebia nada do que eu dizia! Estava uma noite bonita, comecei a andar devagarinho — para não me perder — e fui dar a uma praça onde havia uma grande estação ferroviária, muita gente, uma grande movimentação, apesar de já ser noite. Mas, quando entrei na estação, foi como se entrasse num filme de Fellini sobre a Idade Média: miseráveis a dormir pelos cantos, bêbados encostados às paredes, velhos arrastando-se pelo chão, um espetáculo dantesco...

...era a primeira vez que visitava Moscou?

Nunca fora a Moscou, o aeroporto parecera-me normal, o hotel, apesar de medonho, era sofrível. E, de repente, com o meu fatinho de flanela cinzenta, muito bem cortado, caio ali, toda a gente a olhar para mim. Fugi, horrorizado... No hotel, a água quente chegava com dificuldade, o elevador demorava para subir ao vigésimo quinto andar, nada funcionava. No dia seguinte, encontro o diretor da tal associação, um homem com um *blazer* azul, as unhas polidas, falando um francês perfeito: "O senhor chegou à pátria do socialismo, à terra onde não há desigualdades sociais, onde todos os homens são iguais." Percebi tudo!

Só ali?

...Nunca lá fora antes! Fui e percebi. "Ver para descrer", como diria, anos mais tarde, Júlio Pomar. O choque repetiu-se, dia após dia. Encontrei-me com os outros e iniciamos a viagem juntos. O Babo não veio, ficou em Moscou, tinha medo de andar de avião. O Augusto Abelaira e eu criticávamos o que víamos — não se podia fazer outra coisa! —, enquanto o Óscar Lopes interpretava tudo ao contrário, de modo a poder sempre louvar e elogiar! Visitamos Leningrado, fomos à cidade de Stalin — Tiblisi —, na Geórgia, e a Samarcanda, no Usbequistão. A nossa guia começou, pouco a pouco, a revelar-se, vindo a confessar que, à noite, copiava páginas inteiras do livro do Soljenitsin para dar a outras pessoas. Ao princípio, o Abelaira e eu desconfiamos: "E se fosse um ardil?" Não era, o que afligiu ainda mais o Óscar Lopes: viajava com três descrentes do sistema!

E Mário Soares?

Retive a lição. Abri mais os olhos. E foi o eu ter ido à URSS, depois do Chile, da Iugoslávia e de Cuba, o ter conhecido a América, o ter viajado, ter podido fazer comparações e ter aprendido que me foi abrindo novas perspectivas. Aprendi. Abri os olhos do entendimento. E quando, dois anos depois, cheguei a Portugal e vi as multidões a cantarem hosanas ao sistema soviético, nem queria acreditar. Estava vacinado...

Com quem se avistou, politicamente, na URSS? Que contatos teve e em que nível?

Com ninguém de especial. Apenas o delegado da Associação dos Amigos da URSS e as pessoas que me iam recebendo nos locais que visitava, mas gente de terceiríssima ordem...

Mencionou-me o efeito que teve no senhor a experiência de Salvador Allende, no Chile. Que disse a si próprio no termo dessa viagem?

Não havia dúvidas. Allende estava, infelizmente, no fim, o seu governo representava uma fuga para a frente, era óbvio que tinha a grande maioria contra ele: não se poderia agüentar muito tempo.

O ambiente, a atmosfera, os meios que normalmente emolduram os exílios não são bons conselheiros: a ausência do inimigo é, por vezes, suprida pela necessidade de inventar "inimigos". As afinidades e as discrepâncias vêm mais vorazmente ao de cima, há ciúmes e rancores. Como administrou tudo isso, mesmo sabendo-se que pugnava por ser, antes do mais, um elemento aglutinador?

Julgo que muito bem. Não fiz nenhumas ondas nos meios da emigração política, não tive polêmicas praticamente com ninguém. Fui, como desejava, um fator de pacificação e de diálogo entre as forças da oposição. Repare que o meu livro *Portugal amordaçado*, publicado em 1972, foi muito bem recebido e, praticamente, não mereceu críticas de ninguém.

Julgo que foi nesses anos de exílio que aderiu à maçonaria. Por quê? Através de quem? O que o fez tomar essa decisão?

Entrei para a Grande Loja de França pela mão do escritor Jorge Reis, com quem nesse tempo me dei muito. A maçonaria, em França, era uma escola de humanismo e das chamadas "virtudes republicanas". Tinha ainda alguma influência em certos meios e permitia excelentes contatos, baseados na fraternidade maçônica. Mas tudo isso, não tardaria a descobrir, era mais teórico do que prático. Constituiu, entretanto, uma experiência humana interessante, mas que não quis repetir no meu regresso a Portugal, apesar de bastante solicitado. Nunca me dei com o ritual e havia certas práticas simbólicas que sempre me pareceram um pouco ridículas...

Vivia sozinho. Nesses anos entre 70 e 74, apesar de viajar, de poder contar com amigos, vivia só. Alguma vez lhe pesou a solidão?

Tenho uma grande tendência para esquecer o que me é desagradável e recordar apenas o que é bom...

Se me perguntar pelos tempos de São Tomé, o que guardo na memória são os bons momentos, experiências ou episódios risonhos e agradáveis, e no entanto... houve também maus momentos. A Maria de Jesus diz-me sempre que eu esqueço rapidamente, que quase só transmito a idéia de que as piores coisas não passaram de meros aspectos pitorescos.

E não é verdade?

Nem sempre passei bem no exílio, havia a insegurança e a incerteza que me rondavam, sem saber até quando. Que vida me esperaria em Portugal e, sobretudo, quando? Havia sobretudo períodos mais tristes, as festas eram sempre dolorosas, o Natal, o Ano-Bom, a Páscoa. É certo que a minha família vinha de Portugal, mas era desagradável, nós os quatro, num quarto de hotel, no Saint-Pierre, num sexto andar da Rue École de Médecine ou na Rue Violet, num rés-do-chão... Era penoso, dado os nossos hábitos, passar numa pastelaria e comprar uma

Galette du Roi — o bolo-rei deles — e festejar essas datas num quarto de hotel, sem ninguém ao pé de nós: era muito triste!

Que dizia aos seus filhos do exílio? Como os acompanhava? Como pensava neles?

Não precisava de dizer-lhes nada: eles viveram o meu exílio, solidariamente, sem um queixume, com imensa coragem, como a minha mulher, de resto. A Isabel e o João freqüentavam a universidade; quando podiam, iam visitar-me com a mãe. Mas as férias passávamo-las sempre juntos, em família, exceto quando a Isabel teve um desastre de automóvel em Espanha, indo ao meu encontro para Paris. Foi um susto terrível, teve de regressar a Lisboa numa ambulância. Mas, felizmente, ficou bem!

Entretanto, como olhava o que ia ocorrendo em Portugal? Como se processava a comunicação?

Tinha sempre imensos portugueses a visitarem-me em Paris: traziam-me mensagens, livros, jornais, recados. Julgo que estive sempre bem informado...

Em 70, surgiram duas organizações revolucionárias rivais: a ARA, nascida sob o sopro e a influência do Partido Comunista, como resposta do PC à pressão constituída pelas Brigadas Revolucionárias — de Isabel do Carmo e Carlos Antunes —, vincadamente esquerdista e radical. De Paris, da universidade, do exílio, como encarava a evolução do regime de Marcello Caetano? Como avaliava a saúde do regime?

Sentia, intuía, apercebia-me que o caetanismo estava a esgotar-se e que o regime entrava em verdadeira agonia. Conheci o Carlos Antunes em Paris. Da ARA, tive conhecimento pelo Gabriel Pedro, pai do Edmundo, que, em Paris, me informou das suas intenções e projetos. Pelo Hermínio Palma Inácio, antes de ele entrar clandestinamente em Portugal e voltar a ser preso, sabia o que preparava a LUAR. Tinha também algumas informações vindas do que se projetava em Argel, na Frente Patriótica, por via do Fernando Piteira Santos. Repito-lhe: estava bem informado, não perdia nada de vista.

E que reflexão fazia sobre um Partido Comunista — o Português — que tinha um braço armado, a ARA, ao contrário do que ocorria com o Italiano, o Espanhol, o Francês? Como olhava essa distinção entre o PCP e os seus "irmãos" da Europa Ocidental?

Foi uma concessão do PCP à pressão das bases e dos *compagnons de route* que desejavam menos palavras e mais ação: estavam fartos de uma oposição demasiado bem comportada! Mas a verdade é que nunca se empenharam a fundo na via da luta armada.

Em 19 de abril de 1973, o Partido Socialista nasceu na cidade de Bad Munstereifel, na Alemanha Federal: o parto foi polêmico, os delegados ao congresso não estavam de acordo entre si, Lisboa votou contra a formação do partido, os restantes núcleos — do Porto, de Coimbra e do estrangeiro — votaram a favor. Mário Soares ganhou por vinte votos contra sete e tinha pressa. Por quê?

O núcleo de Lisboa sabia que, se a ASP passasse a partido, aqueles que fossem apanhados pela PIDE como "membros" poderiam sofrer dois a oito anos de prisão maior. Enquanto membros de uma mera associação cívica, juridicamente defender-se-iam com mais facilidade. Como membros de um partido, necessariamente clandestino, o risco era mil vezes maior. Eu não corria perigo nenhum, uma vez que vivia fora do alcance da PIDE. Mas eu percebia que, como representante do partido, disporia de um instrumento para falar de igual para igual com os restantes delegados da Internacional Socialista e que teria outros apoios. É verdade: Coimbra, Porto e os núcleos do estrangeiro votaram a meu favor; Lisboa, contra. Estive quase a perder: o meu grande antagonista foi o Mário Mesquita, tomou à letra as instruções que trazia de Lisboa, particularmente do Zenha...

...Justamente, Mário Mesquita estava mandatado para desempenhar esse papel e dizer o que disse!

Até ao fim, bateu-se para que o partido não se formasse. A minha própria mulher votou contra, segundo indicação que lhe fora dada em Lisboa. Não fiz pressão, votou como entendeu. A partir do momento em que me vi secretário-geral do PS, fiz três relatórios — para os suecos, os ingleses e os alemães — pedindo maior ajuda para ações concretas da oposição ofensivas do regime. James Callaghan confessou-me depois — já após o 25 de Abril — que nunca o leu. Os alemães também não o devem ter lido. E o Palme, creio que o leu, mas não me ajudou especialmente. Mais tarde, também já após a Revolução de 74, falou-me no relatório e penitenciou-se de não me ter ajudado como eu pedia. Eu solicitara ao Olof Palme meios financeiros para levar a cabo uma iniciativa que partira de uma idéia do Tito de Morais: queríamos que os nossos amigos suecos nos financiassem um barco para navegar nas águas internacionais, ao longo da costa portuguesa, com o objetivo de emitir diariamente para Portugal. Palme mandou-me dizer pelo Brent Carlsson, secretário internacional do Partido Social-democrata — mais tarde secretário-geral da Internacional Socialista — que não tinham disponibilidades para isso. Mas, depois de abril de 74, confessou-me que nunca acreditara que nós deitássemos a ditadura abaixo, no seu tempo! Não fora isso, disse-me ele, e ter-nos-ia arranjado o dinheiro!

Vou insistir outra vez: julgo que a sua pressa em formar o Partido Socialista poderia também ter outra razão de ser: a urgência — a sua — radicada na necessidade de dispor de um partido para poder fazer o "seu" programa comum com o PC de Álvaro Cunhal. Alguns militantes — sobretudo os de Lisboa — opunham-se a esta idéia.
A data da formação do PS foi também uma cortina de fumo sobre desentendimentos de natureza estratégica? Qual era a verdadeira razão da sua pressa?

Nada disso. Você está sempre a sobrevalorizar a importância do PCP, que, nessa época, não tinha tanta como julga.

O Partido Socialista era essencial — como foi — na perspectiva de um derrube rápido da ditadura, para marcarmos posições no momento da corrida eleitoral, que necessariamente haveria de ter lugar, e como instrumento de penetração e captação de pessoas, uma vez destruído o regime.

Ocorreu-lhe que as reticências avançadas pelos representantes do "interior" quanto à fundação do PS tivessem origem na pouca fé com que olhavam a concretização do PS? Por que é que uns queriam fundá-lo, outros não?

Nada disso, repito. As diferenças de pontos de vista tinham apenas a ver com diferentes apreciações táticas quanto à solidez do regime e à perspectiva de uma transformação radical que, a mim, vista de longe, me parecia óbvia...

Considerou "radical" o programa do PS — escrito por Sottomayor Cardia, António Reis, Marcelo Curto, entre outros. Tão radical que sentiu a necessidade de se demarcar numa introdução que redigiu, antecedendo o texto do programa. A história da redação desse programa está recheada de lutas homéricas!

O programa do PS — tal como havia sido redigido o projeto vindo de Portugal — pareceu-me excessivamente radical e irrealista, tendo em conta o contexto político europeu da época. Por isso o tentei emendar quanto pude. No que toca aos capítulos econômicos, foi quase uma batalha campal: passei três dias em Paris, metido numa casa com o Sottomayor Cardia, o António Reis, o Marcelo Curto e o Ramos da Costa. Foram horas infindas de trabalho e discussão, com o objetivo de dar a esses capítulos uma versão mais moderada. Não foi fácil, de cada vez o queriam radicalizar mais: havia a pressão dos esquerdistas, de toda uma atmosfera que os envolvia e, simultaneamente, os atirava para esse radicalismo. Eu tentava ganhar um espaço de manobra, por saber que no plano eleitoral não era assim. E, quando imprimimos o programa do PS, em Itália, redigi ainda uma introdução com uma linguagem e um conteúdo bem diferentes. Mas os meus amigos do "interior" não gostaram: ficaram furiosos, começaram até por não querer distribuir o programa, acharam que eu o havia subvertido!

No dia 9 de setembro de 73, 136 oficiais reuniram-se em Évora. Era o embrião do MFA — Movimento das Forças Armadas — a tomar corpo. Seguiram-se outras reuniões. Quando e como ouviu, pela primeira vez, falar no MFA?

No MFA, como tal, só no trem que me trouxe de Paris quando, depois de passada a fronteira, li no *Século* o "Programa do MFA". Mas, antes de 16 de março, tinha já algumas informações acerca de movimentações tendentes a acabar com as guerras coloniais e ao derrube da ditadura.

Eleições legislativas de 73: a oposição — concorrendo com listas conjuntas — não chegará às urnas, optando pela desistência. O ambiente civil não é o mesmo de 1969, a repressão recrudescera de novo, mas a revolta confunde-se, porém, com a apatia e o alheamento. Que reflexão fazia sobre a prática política da oposição? As listas eleitorais com o PCP faziam parte do pacote de iniciativas conjuntas combinado com Álvaro Cunhal em Paris? A unidade antifascista era outra vez "boa"?

Não negociei com Álvaro Cunhal a "unidade antifascista". As pseudoeleições de 1973 foram uma farsa total em que a oposição — e bem — não quis participar. Por quê? Porque sabia, com o saber da experiência feita, que não eram sérias. Foram tão-só aproveitadas para denunciar o governo: sem mais.

Na primavera de 74, quem acreditava no senhor? Em Portugal, a Gulbenkian recusou-lhe uma bolsa. Na Europa, os seus parceiros não liam os seus relatórios e, entre si, confessavam que não deitaria abaixo o regime de Lisboa. Quem apostava no seu nome?

Havia muitas centenas, senão milhares, de portugueses que me conheciam e que me tomavam por referência. O meu livro, publicado em cinco línguas, tinha sido lido e representava uma denúncia tremenda da ditadura. Era uma fonte e uma referência da imprensa internacional que se interessava por Portugal e pelas guerras coloniais. Era secretário-geral do PS, partido membro da Internacional Socialista e, como tal, reconhecido e respeitado. Poderá parecer pouco, mas não era tão pouco como isso. Viu-se quando surgiu o 25 de Abril: fui imediatamente procurado pela grande imprensa internacional e pelos governos europeus que queriam saber o que pensava e como reagia. Entrei triunfalmente em Portugal no "trem da liberdade". Não creio que julgue que foi por acaso que isso aconteceu. Foi por aquilo que eu representava e, de fato, já era mesmo antes do 25 de Abril: só que muita gente não tinha ainda dado por isso, como tantas vezes sucede em casos semelhantes.

REVOLUÇÃO

1974 • 1975

I.

25 de abril de 1974

No dia 24 de abril de 1974, estava em Bonn. Horas depois, ocorria em Portugal o "25 de Abril". Como soube?

Estava em Bonn com a minha mulher, o Francisco Ramos da Costa e o Tito de Morais, a convite do Partido Socialdemocrata.

Tínhamos uma audiência com Willy Brandt, na altura chanceler da Alemanha, marcada para o próprio dia 25. Na véspera, fora-nos oferecido um jantar pelo então ministro da Defesa, Georg Leber. Estavam ainda previstos encontros com alguns elementos da Fundação Ebert.

Para lhes dizer o quê?

Para os sensibilizar para o fato de estar a preparar-se uma revolução em Portugal. Eram as minhas informações e era, sobretudo, a minha própria apreciação da realidade.

Tal como escrevera no jornal *Le Monde*, num artigo publicado a seguir ao "16 de março", onde comentava a revolta dos capitães das Caldas da Rainha e "avisava" que esse movimento de descontentamento militar iria ter seguimento. Escrevi-o em função da apreciação que fazia da situação.

Qual o rigor das informações que tinha?

Tinha informações de várias fontes: de membros do Partido Socialista — Jaime Gama e António Reis, por exemplo, que eram oficiais milicianos. E, indiretamente, de gente que participava ou sabia das reuniões do MFA, que tinha contatos com o *República* e com Raul Rêgo, diretor do jornal. O próprio Spínola foi uma vez ao *República*. Houve alguma troca de correspondência entre Spínola e Raul Rêgo, através do meu sobrinho José Manuel Barroso, que foi assessor do general enquanto ele esteve na Guiné. O *República* veiculava algumas posições do general que encontraram sempre bom acolhimento por parte de Raul Rêgo. Vítor Direito, então chefe de redação do jornal, foi convidado pelo próprio Spínola a fazer uma reportagem na Guiné. No escritório do Magalhães Godinho, reuniram, algumas vezes, militares como, por exemplo, o comandante Contreiras, da Marinha. E também do Porto, através do António Macedo e do Cal Brandão, me chegavam informações do que, entretanto, estava em preparação.

Quando é que, intimamente, começou a acreditar? Qual o seu grau de convicção?

A análise que fazia da situação é que era inevitável haver uma revolta das Forças Armadas: não suportavam mais o peso da guerra colonial e a sucessão de "comissões de serviço" no chamado Ultramar. Era já esta a minha apreciação quando se criou o Partido Socialista, tanto que a escrevi no relatório que apresentei ao congresso de fundação do PS, na Alemanha, em abril de 73. A pressa que eu tinha em criar o PS repousava fundamentalmente no fato de achar que ia dar-se uma ruptura do sistema. Para isso, tínhamos de estar organizados, ter um partido, com dirigentes reconhecidos, capazes de poderem falar em nome dele e ser ouvidos. Era essa a minha percepção estratégica fundamental.

Ocorrera, aliás, no início de 74, uma reunião na Galícia com representantes do PS do interior e do exterior.

Foi a primeira grande reunião depois do congresso da fundação do partido. Vieram militantes de Coimbra, do Porto e de Lisboa. E, em março, houve igualmente um encontro em Paris entre alguns membros do Partido Socialista no exílio — Ramos da Costa, Jorge Campinos, Coimbra Martins e eu próprio — com membros do Partido Comunista, entre os quais Álvaro Cunhal, onde elaboramos um documento conjunto que deveria ter sido dado a conhecer em 25 de abril.

Esse comunicado não mencionava nem apelava a que o PCP e o PS celebrassem em conjunto o 1º de Maio. Por quê?

Não nos ocorreu nessa altura. Essa efeméride ainda vinha longe. Aliás, o Partido Comunista não nos reconhecia então qualquer relevância entre a classe trabalhadora...

Mas eu insisto: Mário Soares não gostava dos comunistas, tinha-se demarcado deles, estava a construir uma alternativa, mas a verdade é que o fazia encostado ao PC.

Encostado, não. Quando fui para o exílio, quis ser um federador e não um divisor. Bati-me por uma unidade de ação com o Partido Comunista — mas em nada semelhante ao Programa Comum, entretanto posto em prática em França. Não desejava um programa comum, queria uma unidade de ação — o que é diferente. E foi nessa base que, enquanto estive exilado em França, entre 70 e 74, se fizeram duas reuniões formais entre os socialistas e os comunistas, como representantes dos seus respectivos partidos.

Que combinou com Álvaro Cunhal?

Nada de muito especial. Fizemos uma análise da situação portuguesa, convergente nos aspectos econômico, social e político, e falamos da guerra colonial. Concluímos que era possível que houvesse uma ruptura do sistema, o marcelismo estava apodrecido e esgotado. Reivindicamos eleições sérias, novo recenseamento eleitoral, fim da guerra colonial, temas sobre os quais os dois partidos estavam de acordo e que nos abririam as portas para uma democracia o mais pluralista possível. Mas, confesso-lhe, nunca pensei vir a ter acesso imediato ao poder. Nem nós, socialistas, nem muito menos ainda os comunistas.

Álvaro Cunhal estava mais ou menos informado do que os socialistas sobre o Movimento das Forças Armadas?

Não notei que soubesse mais do que nós. Fiquei com a noção de que ambos sabíamos mais ou menos o mesmo.

Voltando a Bonn, no dia 24 de abril de 74.

Passei a noite a tentar convencer os meus anfitriões de que iria ocorrer uma revolução em Portugal. Foi quase impossível: baseados nas informações que tinham ao nível do governo, das informações confidenciais veiculadas pela OTAN, pelos serviços secretos alemães e pelos diplomatas que estavam em Portugal, diziam-me que Marcello Caetano estava de pedra e cal, não pensavam haver qualquer hipótese, a curto prazo, de derrube do regime. O próprio ministro da Defesa usou de enorme convicção e, ao mesmo tempo, de algum paternalismo. Olhava-me com simpatia, mas ia dizendo que eu era um idealista, que me preparasse para ficar ainda longos anos no exílio. Mas, na madrugada seguinte, telefonou-me a secretária do Serviço Internacional do SPD: acabara de ouvir o noticiário alemão, havia movimentações de natureza revolucionária em Lisboa.

Que fez?

Foi a Maria de Jesus que atendeu o telefone, depois passou-mo para eu ouvir diretamente as notícias do que ocorria em Portugal. Em pijama, corri ao quarto do Ramos da Costa e do Tito de Morais e acordei-os. Fomos imediatamente para a sede do SPD, donde telefonamos para Lisboa.

Para quem?

Para os meus filhos e para o Raul Rêgo. O João estava eufórico, foi logo para a rua. Naquela fotografia histórica tirada no Largo do Carmo, junto à coluna comandada por Salgueiro Maia, em que figura o Sousa Tavares, com um megafone, o João está ao lado. Rêgo disse-me que se "passavam coisas" na rua, que não ia mandar o jornal à censura, mas que não tinha ainda a certeza de que espécie de golpe se tratava. Vasco da Gama Fernandes — que estava com Raul Rêgo — recomendou-me que me deixasse estar onde estava, que dariam notícias... Era bom de dizer e mau de fazer! A partir do momento em que soube que os militares estavam na rua, não podia ficar longe. Voltei para Paris, decidido a viajar para Lisboa. Expliquei aos alemães que, dadas as circunstâncias, cancelava a entrevista com Willy Brandt. De Lisboa chegavam, entretanto, mais telefonemas e vários telexes, numa catadupa de notícias sobre os acontecimentos. Em Paris, tinha a minha casa invadida!: Jorge Campinos, Fernando Oneto, Coimbra Martins, Adolfo Ayala, muita outra gente da emigração, diversos jornalistas, televisões. A casa estava transformada num verdadeiro centro de informações e comunicações!

Falamos do nono andar do número 17 do Boulevard Garibaldi?

Sim. Morava na minha terceira residência na capital francesa. Do Hotel Saint-Pierre, na Rue École de Médecine — onde passei quase dois anos —, mudei-me depois para a Rue Violet: um rés-do-chão horrível onde o banheiro e a cozinha eram no mesmo sítio.

E, finalmente, aluguei um estúdio com uma grande sala e uma pequena cozinha — onde a Maria de Jesus confeccionou grandes almoços e jantares — e um bom banheiro, coisa que em Paris era um luxo. Era um nono andar de um prédio novo, com um pequeno balcão-varanda e uma vista linda sobre Paris. A minha mulher vivia em Lisboa, mas ia freqüentemente a Paris, os meus filhos também, e muita gente me visitava. Recordo-me de que, nesse dia, voltei a falar para Lisboa: para Raul Rêgo, para José Ribeiro dos Santos, para casa, uma vez mais. A Isabel, entusiasmada, quisera ir para a rua, mas o irmão não a deixara, com medo do que se pudesse passar. Passei o dia ao telefone neste "vamos-não-vamos". Até que decidimos regressar, apesar de o Zenha, o Rêgo, o Magalhães Godinho e outros nos dizerem insistentemente para aguardar. Ainda não tinham sido libertados os presos políticos. Não havia avião, o aeroporto estava encerrado. Viajamos de trem. Antes, tínhamos telefonado para Lisboa pedindo-lhes que montassem um sistema de forma a que, se as coisas andassem para trás, fosse alguém a Salamanca avisar-nos.

Ainda no dia 26, o seu partido emitiu, a partir de Paris, um comunicado — assinado pela direção externa — onde apoiava a Junta de Salvação Nacional, solicitava a abertura imediata de negociações com os movimentos nacionalistas e proclamava que "a hora impõe serenidade, mas também audácia". Foi redigido pelo senhor?

Não me lembro, com segurança. Mas, certamente, participei na redação.

Embarcaram no dia 27 no Sud-Express para Lisboa. Com o senhor viajavam a Maria de Jesus, Fernando Oneto, Ramos da Costa e a mulher, e Tito de Morais. Lembrou-se de Lenin regressando a Petrogrado, de trem, em abril de 1917?

Que idéia... Não havia qualquer comparação.

...Álvaro Cunhal regressou de avião, não podia atravessar a Espanha de trem...

...e chegou dois dias depois. Ignorava qual era a relação de forças em Lisboa, para ele era ainda mais difícil do que para mim meter-se na boca do lobo. Eu servi de cobaia, os outros exilados políticos só chegaram nos primeiros dias de maio. Desembarquei na manhã de 28, era um domingo — o que proporcionou grandes manifestações populares desde a fronteira —, e da estação fui diretamente falar com o general Spínola.

A viagem, quando o trem entrou em Portugal, foi um tumulto e uma emoção: muita gente, algumas paradas — uma em Alfarelos, para saudar o filho da terra, Ramos da Costa —, viveu-se um clima entusiástico, dentro e fora do vagão. Surpreendeu-se?

Estava surpreendido e emocionado. Mas o exemplo de Lenin não me veio à cabeça. Havia uma grande diferença: é que o Lenin fizera a viagem num trem blindado, em cumplicidade com os alemães, inimigos, em guerra com os russos. Estava na Suíça e, quando quis voltar à Rússia — onde se dera a revolução liberal — com o auxílio dos alemães, estes arranjaram-lhe um *wagon* selado onde seguiu até Petrogrado, atravessando toda a Alemanha de trem até à Rússia. Foi muito criticado pela gente do Kerensky e pela socialdemocracia européia.

Por um lado, Lenin arranjou-se com os alemães para concretizar esse percurso; por outro, os alemães utilizaram-no porque sabiam que iria criar um grande problema no seio de uma potência que estava a fazer-lhes a guerra ao lado dos aliados. Foi um encontro de interesses. Não foi o meu caso. Por outro lado, eu tinha para Portugal uma idéia muito diferente da que Lenin tinha para a Rússia. Em termos simbólicos, quem veio a fazer a tentativa de tomar o Palácio de Inverno foi Álvaro Cunhal. Mas fui eu que regressei de trem. Ironia do destino: Cunhal fez a viagem de avião...

Por que diz "veio a fazer"?

Porque continuo convencido de que Cunhal só concebeu o plano da tomada do Palácio de Inverno, isto é, de tomar o poder, *a posteriori*, depois de em Portugal assistir ao desagregar de todas as defesas do Estado. Não antes. Quando falei com Cunhal, nessa reunião realizada em Paris, em março de 74 — e que fora, como já mencionei, antecedida de outra, ocorrida também em Paris, em setembro de 73 —, apercebi-me, de forma muito nítida, da perspectiva dos comunistas: quando muito, queriam obter o estatuto da legalidade. Era o máximo que ambicionavam naquela altura: terem um estatuto de respeitabilidade para poderem vir a ser um partido legal. E eu também: tinha, quando muito, a ambição de poder vir a ser deputado do PS, mas na oposição. Era, sinceramente, o máximo que eu julgava possível. Surpreendi-me muitíssimo quando cheguei a Lisboa e fiz o primeiro discurso às massas, na varanda de Santa Apolônia, após ter entrado em apoteose na estação, nos braços de toda aquela gente que nos aguardava! Jamais pensara ter aí o meu primeiro grande banho de multidão. Quando me levaram para o primeiro andar da estação, para dar uma conferência de imprensa, cá embaixo, na rua, a multidão era tal que tive de vir à janela, pegar num megafone e falar às massas. Quando estava empoleirado a fazer esse discurso, com o Dias Lourenço ao meu lado — viera esperar-me em representação do PCP —, José Magalhães Godinho tocou-me no ombro e segredou-me: "Acabe o discurso, está aqui um oficial do MFA para o vir buscar. O general Spínola está à sua espera."

Em resumo: espantou-se quando subiu para a varanda da estação e viu aquela gente na rua, suspensa da sua palavra?

Fui aceitando o que me estava a ser concedido. Tudo o que eu antevira era chegar a Lisboa de uma maneira pacata e, na melhor das hipóteses, ter meia dúzia de amigos à minha espera. Depois — imaginava eu —, contar-me-iam o que estava a acontecer e iríamos conspirar para casa de um deles. Era o que esperava. Mas, quando me receberam em apoteose, pensei: "Se é assim, vamos a isso!" À medida que as coisas foram surgindo, fui-me adaptando a elas à velocidade da luz...

II.

O MFA

Quando, no trem, leu o programa do MFA que lhe foi mostrado por um jornalista, teve o primeiro sobressalto: o programa não falava em partidos, mas em associações cívicas.

Li, criticamente, o programa: examinei-o à lupa. O que é que os militares queriam e quem eram?

Contava falar com os meus amigos e ouvir o que eles — imaginava eu — sabiam. Mas, surpreendentemente, fui chamado à Cova da Moura, onde, no meio da confusão, fui recebido por Spínola, que se deixou abraçar por mim.

Nesse seu sentimento de alegria e perplexidade, houve também lugar para a desconfiança?

Naturalmente. Não conhecia pessoalmente Spínola! Limitara-me a ter com ele alguns contatos indiretos, através do meu sobrinho José Manuel Barroso, que lhe entregou o meu livro *Portugal amordaçado*, que me mandou depois o livro do general, *Portugal e o futuro*; e do presidente Senghor, quando este pretendeu, em janeiro de 73, organizar um encontro entre o general — estava ele ainda em comissão de serviço na Guiné — e eu próprio, exilado em Paris.

O que impediu a sua concretização?

O assassinato de Amílcar Cabral, ocorrido no dia 20 de janeiro em Conakry. Telefonei imediatamente a Senghor, pedindo-lhe para pôr de parte a idéia, invocando-lhe essa razão. Conhecera Senghor nas reuniões da Internacional Socialista e, além disso, encontrara-o na embaixada do Senegal em Paris, o que explica o convite para visitar o Senegal.

Mas, quanto ao general Spínola, as informações que tinha eram sobretudo desencontradas, para não dizer contraditórias.

Lera o seu livro?

O livro em si, no seu conteúdo, para lhe dizer a verdade, não me agradou nada. Propunha uma solução para o problema colonial que me parecia ultrapassada, uma solução federalista, que eu sabia que já não era exeqüível. Era um livro prolixo, pouco claro e nada explícito. Na altura, considerei que era bom apenas pelo simples fato de existir: pelos efeitos de desgaste que provocou no regime. Havia, finalmente, um general no ativo capaz de se assumir como crítico da política colonial do governo de Marcello Caetano. Como ocorrera, vinte anos antes, com o general Delgado. Mas eu não sabia quem era António de Spínola. Quando entrei na Cova da Moura, a minha primeira preocupação foi tentar perceber ou intuir como poderia lidar com aquela gente. Na mesma altura, conheci Vasco Gonçalves. Apresentou-se-me como presidente da Comissão Coordenadora do Programa do MFA e fez-me um discurso simpático e extremamente moderado. Quanto ao general Spínola, recordo-me que as suas idéias eram confusas, disse-me que queria falar outra vez comigo, estava preocupado com o 1º de Maio, temia que houvesse desacatos ou mesmo derramamento de sangue. Respondi-lhe que se festejaria a liberdade reconquistada, pacificamente, que o 1º de Maio seria uma jornada de alegria, consagradora da Revolução e da liberdade. E pedi-lhe que nos deixasse, a nós socialistas e aos outros oposicionistas, ir à televisão fazer um apelo nesse sentido.

Quando entrou na Cova da Moura, concordava já com grande parte do programa do MFA. As palavras de Spínola pareceram-lhe — nesse dia — estarem dessincronizadas com o programa?

Concordei de imediato com o programa nas questões da censura, da liberdade de imprensa, dos presos políticos: era a parte positiva do programa, tão positiva que bastou para que eu aderisse ao MFA e ao seu programa. Mas, quando falei com o general Spínola, vislumbrei por detrás da sua atitude a intenção de concretizar uma transição supercontrolada, o que explicava, aliás, a ausência de referência aos partidos políticos no programa. Pelo contrário, para mim, o que havia a fazer era, sem demora, legalizar os partidos, para podermos começar a falar e a agir em seu nome. Quando saí da Cova da Moura, já tarde, fui para casa. E combinei com os meus amigos uma reunião para essa noite, creio que em casa do Zenha, onde me encontrei com praticamente toda a direção do Partido Socialista. Éramos uma quinzena de pessoas que continuavam a debater-se com informações contraditórias: Raul Rêgo dizia umas coisas; Magalhães Godinho, outras; Salgado Zenha, outras ainda. Curiosamente, as indicações que o Magalhães Godinho me deu sobre os militares, que ele pensava estarem politicamente mais próximos de nós — por exemplo, o Vasco Gonçalves ou o Almada Contreiras —, estavam completamente erradas. Ainda não sabíamos, mas tratava-se de militares comunistas. Magalhães Godinho foi enganado pelo tom extremamente moderado, a linguagem usada por alguns deles. Achamos — imagine —, durante bastante tempo, que o próprio Vasco Gonçalves, em quem os meus amigos diziam que podíamos ter confiança, era um aliado nosso.

Não conhecia nenhum dos militares que iam surgindo?

Sim, conhecia o Melo Antunes. Estivera na última campanha eleitoral em que eu participara, em outubro de 69. Encontrei-o uma ou duas vezes, foi ao meu escritório, falamos. Tratava-se de um militar no ativo, um homem decidido, que enfrentava os problemas e colocava questões. Assumia já nessa época uma posição radical. Colaborara no programa do Partido Socialista, na questão militar. Um capítulo que eu, aliás, emendara por me parecer bastante absurdo e radical.

O que é que isso significa exatamente? Por que emendou a colaboração de Melo Antunes no programa do PS?

Nos seus textos, havia a preocupação — permanente — em distorcer e alterar a realidade das Forças Armadas, ou seja, a hierarquia militar. Lembro-me, por exemplo, que queria que o Colégio Militar e os Pupilos do Exército fossem a mesma coisa — uma das instituições destinava-se aos filhos dos sargentos, a outra, aos dos oficiais. Discordei da sua intenção de pôr em causa a hierarquia militar, de a subverter, introduzindo critérios de eleição que, na altura, me pareciam perigosos. Provavelmente, pensava já em democratizar em profundidade as Forças Armadas, questão que não me parecia prioritária, por vir abrir uma nova frente de luta, politicamente inconveniente. Mas era uma discordância tática e não estratégica.

Na celebração do 1º de Maio, sabe-se que não apreciou o comportamento de Álvaro Cunhal e, ainda menos, o modo como a manifestação estava organizada pela Intersindical. E, dias antes, sei que também não gostara do que vira, quando fora ao aeroporto esperar o líder do PCP.

Não gostei, com efeito, nem de uma coisa nem de outra: primeiro, chocou-me o fato de Cunhal chegar a Lisboa — após tantos anos de exílio, perante uma revolução tão bela e pacífica — e, em vez de o ouvir pronunciar um discurso caloroso e espontâneo, vê-lo a ler um discurso sem chama nem emoção e a debitar meia dúzia de teses políticas ultra-racionalizadas. Foi frio, insípido, convencional, sem alma! Depois, no regresso do aeroporto, não gostei quando os comunistas me colocaram num carro — que seguia atrás do de Álvaro Cunhal — e me enquadraram de modo a que a multidão não me pudesse ver nem aplaudir. Quando o carro passou pelo Campo Grande, perto da minha casa, mandei-o parar, apeei-me e saí.

E, dias depois, ficou com a pulga atrás da orelha, na manifestação do 1º de Maio?

Evidentemente: combinamos mobilizar os socialistas na Duque de Ávila, frente à nossa cooperativa, e, de lá, rumar para a Alameda Afonso Henriques, local anunciado para a concentração dos manifestantes. A dado momento, estava eu com a minha mulher e os meus camaradas, sindicalistas encarregues da organização vieram dizer-me que eu devia ir para a frente, para o lado do Cunhal. Fui, acompanhado apenas por dois elementos da Lisnave — socialistas já desde o tempo da Ação Socialista —, ficando a Maria de Jesus e todos os outros socialistas muito mais atrás. Desde a alameda até ao Estádio 1º de Maio, fui sempre ao lado do Cunhal, com os dois elementos da Lisnave atrás de mim.

Que lhe disse Álvaro Cunhal nessa caminhada?

Falávamos muito pouco, mas, naturalmente, com cordialidade. No estádio, estava um enorme mar de gente: foi para ambos uma agradável surpresa! Quando subimos ao estrado, os elementos da Intersindical, que eram, teoricamente, os organizadores, indicaram-me a ordem dos discursos. Eu seria o penúltimo a falar, Cunhal encerraria o comício.

Quando perguntei por quê, alegaram-me o fato de ele ser o mais velho. Achei bem...

Não, sabe-se que não achou. Tanto que perguntou por quê.

Conformei-me com a idéia, que tinha lógica, e optei por não abrir ali uma questão. Mas o meu discurso foi o mais espontâneo e o mais empolgante para as pessoas. Ao contrário dos outros, falei de improviso, sem ler e com emoção. Através das minhas palavras, pretendi essencialmente comunicar uma mensagem: era ali, naquela imensa manifestação popular, que estava a ser criada uma legitimidade de natureza civil e se iniciava verdadeiramente o processo democrático a que a Revolução deu lugar. Logo a seguir, para cortar os aplausos que me eram dirigidos, tocaram a *Portuguesa*. E, finalmente, falou Álvaro Cunhal, pronunciando um discurso em tudo oposto ao meu, entre um marinheiro e um soldado que ele chamou emblematicamente: era a aliança do Povo-MFA a germinar... com ressonâncias subliminares de Petrogrado em 1917. Desagradou-me profundamente. As coisas começavam a parecer-me menos claras do que julgava.

Voltando a essa manifestação, quero insistir num ponto: o PS não tinha sindicatos nem, como frisou há pouco, "preponderância na classe operária". Coloco-lhe a pergunta ao contrário: o PCP, ao convidar Mário Soares para intervir antes de Cunhal — certamente contra a opinião da própria Intersindical —, não estava, de certa forma, a dar-lhe uma mão? Não viu nesse gesto um sinal claro de unidade de ação? Um apelo?

Não desvalorize tanto a importância do PS e dos socialistas. Infere-se da sua pergunta que julga que só os comunistas tinham influência. Não era assim. Por alguma razão, quando regressamos do exílio — o Ramos da Costa, o Tito, o Oneto, a minha mulher e eu próprio —, tínhamos uma expressiva manifestação espontânea à nossa espera em Santa Apolônia. Quero apenas dizer-lhe que não me fizeram nenhum favor ao dar-me o penúltimo lugar na ordem dos discursos... Todos os outros oradores acharam isso natural. Não se esqueça que já era o secretário-geral do PS.

Nesse discurso que fez no Estádio 1º de Maio, mencionou de novo a guerra colonial: "Este movimento foi feito porque necessitamos de liquidar imediatamente a guerra colonial." Pretendeu, intencionalmente, estabelecer uma ligação entre a ocorrência e a razão do movimento com a guerra colonial. O MFA foi feito por causa da guerra colonial?

Absolutamente. Então, o que é que levou os militares à revolta? A guerra colonial e as sucessivas comissões de serviço em África foram a mola fundamental da revolta: sentiam que a guerra estava perdida, sabiam que não havia solução militar para um tal conflito e que a única saída era política. Os militares deram muito tempo — demasiado tempo! — ao governo de Marcello Caetano para encontrar essa saída, acreditaram que ela surgisse com o marcelismo. Não surgiu: forçaram-na, fazendo o 25 de Abril.

Era fácil subir para um palanque, dizer que se ia acabar com a guerra, debitar dois ou três *slogans* sobre o assunto. Do outro lado estava, mal ou bem, um império.

O que era importante no "império", como diz — a língua portuguesa, o afeto criado entre povos, o encontro de culturas, caldeado ao longo de séculos de história comum, a cooperação econômica possível —, só se preservava e podia mesmo desenvolver-se em paz e em liberdade. Eu sabia que se vivia uma tragédia em Portugal: portugueses e africanos morriam numa guerra sem sentido nem solução, muitos portugueses desertavam, outros regressavam estropiados e feridos, depois de lá terem passado muito maus bocados. Isto é, estávamos a fazer gerações de sacrificados e uma sementeira de ódios. E eu, que estava no estrangeiro, ia encontrando muitos desses jovens — dos dois lados, de resto — que fugiam da guerra. Encontrava-os um pouco por toda a parte, geralmente nas universidades, onde fazia conferências sobre a situação portuguesa. Em toda a parte, ia recebendo apoios e incitamento de jovens mestiços, brancos e negros, que chegavam fugidos da guerra. Havia uma recusa do melhor da consciência portuguesa em relação a essa guerra. Ao mesmo tempo, havia da parte dos militares do contingente e da parte dos milicianos um grande cansaço, cimentava-se também a idéia de que a guerra não tinha solução, se agravava cada vez mais. Por outro lado, ocorrera já na Guiné a independência unilateral, reconhecida, de resto, por dezenas de países, enquanto, ao mesmo tempo, o isolamento de Portugal e o seu desprestígio internacional eram cada vez maiores no mundo. Chocava-me muito quando um delegado português ia às Nações Unidas e falava para uma sala vazia. Estávamos já expulsos da UNESCO e de várias organizações internacionais. Quem eram os aliados de Portugal? Os países da OTAN e alguns — poucos — países sul-americanos, como o Brasil. Sabe-se que, desde 1961, houve tentativas conjuntas dos americanos e dos brasileiros, junto de Salazar, para encontrar uma solução; foram tentativas a que a ditadura portuguesa não deu seguimento, o que foi gravíssimo, imperdoável, criminoso, para o futuro de Portugal. E também se sabe hoje que Marcello Caetano tentou — sem o conseguir — negociar com o PAIGC, através de conversações ocorridas em Londres. O regime deixou apodrecer a situação sem honra nem sentido. Foi esse imobilismo que o matou.

Que sabia desse encontro de Londres entre Portugal e o PAIGC? É tido como certo que o embaixador José Manuel Villas-Boas, na altura o interlocutor português nesse primeiro encontro com o PAIGC, o procurou no seu gabinete do Palácio das Necessidades — após a sua tomada de posse como titular dos Estrangeiros, em maio de 74 — para o informar do teor dessas conversações. Foi assim?

Não. Nunca me informou de tal coisa. Só recentemente tomei conhecimento dessas conversações, quando o próprio as revelou e foram noticiadas na imprensa. Depois do 25 de Abril, houve já uma boa dezena de ministros dos Negócios Estrangeiros e nenhum deles, que eu soubesse, tinha conhecimento de tais negociações. Bem vê, trata-se de uma revelação importante, porque destrói toda a argumentação dos ultras quando nos acusam de termos negociado a paz. Afinal, o que aconteceu é que nós conseguimos negociar a paz onde eles (os do antigo regime) falharam, embora tivessem tentado...

III.

A Formação dos Partidos Políticos

A sua preocupação prioritária quando chegou a Portugal, em abril de 74, era a legalização e a implantação dos partidos políticos. Que fez nesse sentido?

Falei nisso a Spínola logo na primeira conversa que com ele tive na Cova da Moura. Depois, ainda no próprio dia da minha chegada, reuni, como lhe disse, com a direção do PS e emitimos um comunicado onde se expunham os objetivos que julgávamos mais urgentes: pôr termo às guerras coloniais, através da abertura de conversações com os movimentos nacionalistas africanos; libertação dos presos políticos, também nas colônias; luta contra a economia corporativa; inteira liberdade de organização de partidos, de sindicatos e estudantil (associações acadêmicas), acompanhada da liquidação do corporativismo e das reminiscências fascistas (Mocidade Portuguesa, Legião, Censura, União Nacional); novo recenseamento e realização de eleições livres, por sufrágio universal e democrático, para as Juntas de Freguesia, Câmaras Municipais e para a Assembléia Constituinte; estabelecimento de relações diplomáticas com todos os países. Nos últimos dias de abril, dei uma conferência de imprensa na Cooperativa de Estudos e Documentação, na Duque de Ávila — que pertencia ao PS —, onde especifiquei a orientação geral do partido. A minha idéia era não só afirmar a existência, à luz do dia, do partido, como definir e especificar a sua linha estratégica e tornar clara a sua mensagem e orientação prática. Para captar novos aderentes e simpatizantes...

Nessa conferência de imprensa elogiou o PCP, disse que o PS "se organizará na base da classe operária"; que "no esquema do socialismo democrático ninguém se poderá considerar mais à esquerda que o PS"; e que "a extrema-esquerda

também tinha o seu lugar na vida nacional"; e usou de um tom radical e de um vocabulário revolucionário.

É necessário compreender o clima da época e situarmo-nos no contexto daqueles dias históricos. O PS tinha um espaço a disputar. E, sobretudo, não esquecer que alguns socialistas eram vistos e apresentados — entre as pessoas que tinham voz, nessa altura — como os que estariam mais à direita no leque político de então.

Vestiu outra pele?

Nunca vesti uma pele diferente da minha! Nesse aspecto, peço meças quanto à coerência. Simplesmente, dado que os meus competidores, nessa época, estavam todos à esquerda, vi-me algumas vezes obrigado, para me fazer entender, a utilizar um vocabulário talvez um pouco mais radical.

Mas nunca transigi em matéria de princípios fundamentais. E isso é que foi importante! Por razões táticas, fui, algumas vezes, tentado a certas concessões de vocabulário. Não podia deixar-me isolar, perdendo a oportunidade que se abria para a democracia. Tinha de disputar ao Partido Comunista e à extrema-esquerda um eleitorado que, pela força das circunstâncias, estava muito radicalizado; era, por isso, necessário mostrar que pertencia ao espaço da esquerda e que, legitimamente, representava os socialistas portugueses. Não houvera ainda eleições — depois foi tudo diferente —, mas, até aí, foi imperioso, para o PS, ganhar eleitorado e demonstrar que tinha peso e força.

O que nem era fácil nem sequer verdadeiro!

Não era fácil. Mas verdadeiro era! A idéia que os portugueses tinham de mim — e que os esquerdistas tentavam projetar — era a de um homem político moderado que, em 1969, liderando a CEUD, obtivera um resultado fraco. Assim, foi necessário usar uma linguagem política atrativa, embora no contexto de um discurso coerente: o essencial era que o PS não se deixasse marginalizar do processo em curso e que se tornasse audível por todo o país. Era a análise que fazia da realidade de então. Julgo que não me enganei.

Ainda nessa sua primeira conferência de imprensa, apelou a que o próximo governo viesse a incluir na sua formação "as

três grandes correntes políticas: os centristas, os socialistas e os comunistas". Quem eram os centristas?

As personalidades que eu sabia existirem ao centro — que começavam a surgir em entrevistas dispersas — e que eu desejaria que se organizassem em partidos consistentes, situados à direita do PS. Por isso saudei o aparecimento dos partidos que foram surgindo, sucessivamente, nessa área. Com alguma reserva em relação ao PPD, porque queria disputar-nos a área de centro-esquerda, que eu considerava zona de expansão natural do PS.

Atardemo-nos na formação dos partidos. Sabe-se hoje que Spínola fomentou quanto pôde o aparecimento de partidos políticos à direita do PS. Por sua indicação, João Almeida Bruno — chefe da Casa Militar de Spínola — avistou-se por mais de uma vez com Sá Carneiro, Magalhães Mota e Francisco Balsemão ainda antes da formação — em 6 de maio — do PPD, prosseguindo desta forma os contatos com este grupo, iniciados já, por indicação de Spínola, em 1972. Foi ainda o mesmo Almeida Bruno quem, por ordem do general, procurou Diogo Freitas do Amaral e o estimulou para que fundasse o CDS, o que veio a ocorrer a 19 de julho. E, finalmente, foi o próprio Spínola quem, no início de maio, convocou o general Kaúlza de Arriaga ao Palácio de Belém, pedindo-lhe que formasse um "partido conservador". Que sabia Mário Soares desta intervenção dos militares na formação dos partidos? Como a interpretou?

A idéia inicialmente expressa no programa do MFA apontava para "associações políticas", mas não incluía qualquer referência a "partidos". Quando os militares perceberam que os partidos eram inevitáveis e que existiam já dois estruturados, o PS e o PCP — para não falar dos grupos de extrema-esquerda, o MRPP, a FEC/ML etc. —, tentaram então formar alguns partidos "à pressão", à direita do PS. Mas não acompanhei em detalhe essas tentativas, nem as complicadas negociações a que, em alguns casos, deram lugar...

Como olhou para o PPD, nascido a 6 de maio de 74?

Assumia-se como uma força política muito próxima de nós, concorrente no plano ideológico. As diferenças resultaram essencialmente da enorme diversidade das respectivas bases de apoio. Foi um partido que procurou ocupar o espaço político do PS. Como se sabe, a social-democracia, socialismo democrático e trabalhismo são designações equivalentes e coexistentes na grande família da Internacional Socialista, dependendo a sua adoção da tradição do movimento operário e social de cada país. Em Portugal, desde o século XIX — com Antero de Quental e José Fontana — criou-se a tradição socialista e jamais foi utilizada a expressão socialdemocracia. No pós-25 de Abril, surgiram duas ou três efêmeras formações que se reclamavam do nome "social-democrata", uma delas dirigida pelo Prof. Palma Carlos e pelo advogado Armando Adão e Silva. Por isso, o partido fundado por Sá Carneiro teve de se chamar Partido Popular Democrático, o que realmente estava certo, porque acabou por ser um partido populista e democrático. Mas reclamava-se da socialdemocracia e pretendeu entrar na Internacional Socialista, o que nunca conseguiu. Entre outras razões, porque o PS lhe barrou a porta. Mas sempre foi, até pela sua composição social, um partido populista e liberal, onde — não o nego — haverá socialdemocratas sinceros...

O CDS entrará em cena, bem mais tarde, a 19 de julho. Não considerou bizarro que o partido mais conotado com a direita fosse o último a surgir?

Pareceu-me uma conseqüência lógica de tudo o que acontecera: a queda clamorosa do regime salazar-caetanista, sem ninguém que o defendesse, e a surpreendente viragem à esquerda, mesmo radical, de todo o Portugal, com voz para se fazer ouvir. Eu conhecia pouco Diogo Freitas do Amaral. Encontrara-o apenas uma ou duas vezes em Belém, quando ele era membro do Conselho de Estado. E, depois, numa ou noutra recepção. Tinha a idéia de um homem correto, um professor de Direito com uma cabeça muito bem organizada, que queria viver a nova situação democrática — que ele aprovara e a que aderira —, embora proviesse de uma família conservadora, estreitamente ligada à ditadura.

Conheci Adelino Amaro da Costa um pouco mais tarde. Comecei por notar os seus artigos nos jornais e, depois, fixei-o no Parlamento, dadas as suas brilhantes intervenções. Era temperamentalmente exuberante, alegre, redondo, extrovertido. Extremamente simpático, o que nele não era nunca incompatível com alguma truculência verbal, relativamente aos seus adversários.

Não se surpreendeu que a direita, em vez de ter surgido unida num único grande partido, se tivesse fragmentado em diversas pequenas formações?

Volto a dizer-lhe: resulta isso do tremendo traumatismo que representou a queda da ditadura, sem ninguém que a defendesse ou sequer que se assumisse como seu partidário.

A direita estava toda comprometida com o antigo regime e, ou se remeteu ao silêncio (à espera de melhores dias), ou procurou mudar de pele, apressando-se a aderir aos partidos emergentes. Nesse movimento de fuga, quantos não chegaram mesmo a inscrever-se no Partido Comunista?

Em contrapartida, os "patrões" organizaram-se depressa. A CIP — Confederação da Indústria Portuguesa — nasceu a 10 de julho, dez dias antes do CDS. Falou com alguém da sua direção? Procurou algum entendimento? Vou recordar-lhe que, na altura, as suas palavras não eram amáveis para os patrões da indústria nem para os homens do dinheiro!

Não faça juízos superficiais. Lembre-se, uma vez mais, da conjuntura em que eu atuava e em que procurava implantar o Partido Socialista. Naturalmente que tive contatos com a CIP, através do seu presidente, o engenheiro Vasco de Melo, que desempenhou então um papel de grande coragem e visibilidade. Ele lhe dirá quanto o ajudei... Permita-me que lhe cite Políbio, numa transcrição que dele faz Octavio Paz em *El peregrino en su patria*: "É impossível formular um juízo válido, para bem ou para mal, sobre qualquer fato histórico, se não se tem em conta o momento em que se produz. Se a situação muda, os juízos dos historiadores, por mais penetrantes e justos que pareçam, resultam desatinados e inadmissíveis." É este qüídam que você parece não ter em conta em algumas das suas perguntas...

Voltando aos militares e falando de divisões: não foi claro, para o senhor, o fato de haver desde o início uma clivagem no seio do próprio MFA?

De maneira nenhuma. Reportando-me aos últimos dias de abril e aos primeiros de maio, confesso-lhe que não percebi muito bem o que se passava no MFA.

Tanto assim é que em 6 de maio, quando a revista *Der Spiegel* lhe apontou as tensões nas Forças Armadas e o fato de Spínola "se situar muito menos à esquerda do que os capitães", questionando-o "sobre uma luta de poder entre os militares", Mário Soares respondeu-lhe apenas que "essas tensões não eram graves" e que "Spínola possuía uma grande autoridade".

Repare que estava a falar para uma revista alemã: teria sempre de defender a Revolução. Mas é verdade que, nesses primeiros dias, sabia pouco acerca das tensões internas do movimento militar e ignorava que havia lutas internas já então explícitas. Não tive essa percepção senão a partir do fim de maio. Até à formação do governo, julguei que a unidade entre Spínola e Costa Gomes era perfeita, estava até convencido de que o general Spínola dominava completamente a situação. O próprio Partido Comunista só começa a ganhar força depois. O regime, aparentemente, tinha caído nas mãos de uns senhores que formavam a Junta Militar, na qual sobressaía a figura do general Spínola. Todo o resto era nebuloso...

Hoje, sabemos que havia clivagens e que o programa que veio a ser apresentado não era afinal aquele que Spínola teria querido.

É exato. Mas nessa época a clivagem não era ainda com os comunistas, por amor de Deus! Evidentemente que sabemos, hoje, que Vasco Gonçalves tinha, desde o início, uma ligação clara com os comunistas. Mas tinha uma postura moderada, tal como sucede com qualquer comunista quando não sente força ou o vento à feição. Esse vento só soprou depois. Ao princípio, foram-se instalando, timidamente e sem fazer grandes ondas... Não, a minha tese é de que o PC aproveitou a onda. O que não quer dizer que não tivesse antenas aqui e ali. Já lhe referi que o Cunhal só depois de chegar a Portugal e de se aperceber do clima criado, que lhe era muito favorável, é que começou a maturar o seu plano, que consistia em ir atirando o barro à parede, a ver se pegava, servindo-se dos extremistas da esquerda como ponta-de-lança.

Ainda antes de ser empossado como titular dos Negócios Estrangeiros, o general Spínola encarregou-o de algumas missões. Quais eram as prioridades de Spínola?

Tinha duas preocupações nessa matéria: a primeira era o reconhecimento da Revolução por parte dos países ocidentais. Recordo, por exemplo, que havia o medo de que a Espanha — que vivia em ditadura — pudesse ser tentada a intervir direta ou indiretamente no curso dos acontecimentos em Portugal. A outra questão era o 1º de Maio: que houvesse violência ou mesmo sangue a propósito do 1º de Maio. Tranqüilizei-o: disse-lhe que iria à televisão apelar ao povo para que o vermelho fosse apenas a cor dos cravos de abril e não a do sangue, o que fiz no dia 30 de abril. Foi a minha estréia na televisão portuguesa...

IV.

A Descolonização

Ia começar a descolonizar. Sentia-se com capacidade, conhecimento, envergadura para colaborar ativamente no fim dos domínios portugueses em África?

Eu não via a questão como o fim da nossa presença em África: via-a, antes, como o termo da guerra colonial — o que, para mim, era muito diferente. Sabia que existia uma situação terrivelmente difícil — uma guerra prolongada, sangrenta, sem saída, inglória, em três frentes: Guiné, Angola e Moçambique. E que era indispensável, quanto antes, pôr fim à guerra, como condição prévia indispensável para, justamente, assegurar a presença possível de Portugal em África.

Mas não ignorava que essa guerra fora já mais intensa e mais mortífera. Na altura, sabia-se de boa fonte que ela estava ganha em Angola, que em Moçambique se circunscrevia ao Norte, e que só a Guiné era considerada um caso perdido.

Não se pode dizer isso. A guerra não estava ganha em Angola, mas amortecida: a guerrilha era apenas menos intensa do que fora antes. Em Moçambique estava, é certo, circunscrita ao Norte e, na Guiné, perdida. Mas isso não significava que não surgisse noutro sítio, que não recrudescesse em Angola e em Moçambique. Este tipo de guerra não se ganha. Enquanto o assunto não estivesse politicamente resolvido, por uma negociação de paz, a guerra não era suscetível de ser ganha. Nunca tive qualquer ilusão a esse respeito. E por isso tudo é que disse, logo a seguir ao 25 de Abril: "É preciso chegar ao cessar-fogo, rapidamente." Não elaborei qualquer teoria, nessa época, acerca do que iríamos fazer às ex-colônias no futuro imediato. Nunca me passou pela cabeça que se fizesse uma descolonização com a rapidez com que se concretizou, particularmente em Angola e Moçambique. Muito menos em Cabo Verde, em São Tomé ou em Timor.

Tinha pelo menos uma "teoria", a da descolonização, entendida nos termos das resoluções das Nações Unidas: independência para as colônias, negociando diretamente com os movimentos de libertação africanos. Depois, mas só depois, ver-se-ia o modo e o ritmo. Ou não partilhava desta teoria?

Com certeza que sim. Essa era a meta a atingir. Mas o modo, o ritmo e as condições seriam a negociar com os movimentos nacionalistas com real implantação no terreno — os que nos faziam a guerra —, sem excluir a ajuda das Nações Unidas e dos nossos aliados e amigos (os Estados Unidos, os países da Europa Ocidental, o Vaticano, o Brasil) e mesmo — por que não? — dos países de Leste com os quais estávamos a restabelecer relações diplomáticas.

Os países de Leste? Concretamente, que tipo de ajuda esperava deles? De quais e por quê?

As pretensões soviéticas em relação às colônias portuguesas só despertaram depois, quando compreenderam a desagregação do Estado português e a nossa incapacidade de conduzir, por forma gradual e controlada, o processo da descolonização.

Alguns países de Leste, especialmente a Iugoslávia e a Romênia, deram-nos inicialmente algumas pistas importantes para negociar com os movimentos de libertação que, em alguns casos, conheciam bem.

Insiste em que a sua prioridade era chegar a um cessar-fogo. Mas eu reli dezenas de entrevistas suas, dadas entre maio e dezembro de 74 a jornais internacionais, onde só profere a palavra "independência", para além de diversos escritos seus, redigidos antes do 25 de Abril de 74, onde também só emprega essa palavra. O próprio comunicado da última reunião com o PCP, ocorrida em março de 74, em Paris, diz a dado passo: "A única possível solução do problema colonial reside na abertura imediata de negociações, no fim da guerra, no reconhecimento da República da Guiné-Bissau e no direito à completa e imediata independência de Moçambique e de Angola." Perante tudo isto, como poderia ser outro o estatuto?

Nunca duvidei, com efeito, que caminhávamos no sentido do reconhecimento da independência. A independência seria o termo do processo, como havia sucedido no Brasil, felizmente, diga-se. Independência que fora já unilateralmente proclamada na Guiné. Contava que em Angola e Moçabique teríamos de fazer negociações complexas, passando por fases intermédias de preparação, mais ou menos prolongadas. E nem sequer pensava em Cabo Verde e São Tomé e Príncipe. Nunca me ocorreu que pudessem tornar-se independentes com tanta rapidez.

No dia 1º de maio, logo após a manifestação da Intersindical, partiu para uma volta por diversas capitais européias. Viajou por iniciativa de quem? Sua? De Spínola? Como embaixador da Junta de Salvação Nacional? Como se processou essa digressão?

Viajei a pedido de Spínola e, se quiser, como enviado da Junta de Salvação Nacional. Estive em Paris, onde, para além de ver François Mitterrand, me avistei também com o presidente Senghor, com quem apalavrei o encontro de Dacar. Em Bruxelas, avistei-me com elementos do Partido Socialista e do governo belga — Henri Simonnet, por exemplo —, e com Agostinho Neto. Em Londres, estive no número 10 da Downing Street, com o primeiro-ministro, Harold Wilson, e o ministro dos Negócios Estrangeiros, James Callaghan, que, imediatamente a seguir ao nosso encontro, reconheceram a Revolução Portuguesa, fato que considerei determinante, dado o Reino Unido ser o mais velho aliado de Portugal. Fui à Holanda, onde estive com o primeiro-ministro, Joop Den Uyl, e onde recebi uma chamada telefônica pedindo-me, com insistência, que me deslocasse também a Helsinque, a fim de encontrar aí os primeiros-ministros dos quatro países nórdicos: o sueco Olof Palme, o finlandês Kalevi Sorsa, o norueguês Tygrevie Brateli e o dinamarquês Anker Jorgensen, que se encontravam reunidos. Eram todos socialdemocratas e meus amigos da Internacional Socialista. Cheguei às duas da manhã a Helsinque, receberam-me com enorme entusiasmo e expectativa, levaram-me para uma sala que, àquela hora, estava já cheia de fumo e onde estavam também representantes de diversas centrais sindicais escandinavas. Para os nórdicos, era absolutamente inimaginável que tivesse havido uma revolução em Portugal e que aquele amigo, que haviam conhecido como exilado, estivesse diante deles quase como ministro dos Negócios Estrangeiros.

Lembro-me de que estavam, de fato, eufóricos. Em Bonn, no dia seguinte, encontrei-me com Willy Brandt. Fui ainda a Roma, onde encontrei o vice-primeiro-ministro Nenni; e ao Vaticano, onde fui recebido pelo cardeal Casarolli, uma espécie de primeiro-ministro da Santa Sé que, depois, se revelaria tão amigo de Portugal e tanto me ajudaria nas mais diversas situações.

O que disse aos seus amigos da Europa?

Que houvera uma revolução em Portugal, feita por militares, desiludidos com as guerras coloniais, que tinha um sentido claramente democrático; que o presidente da junta era o general António de Spínola, o mesmo que escrevera um livro, *Portugal e o futuro*, que punha em causa a política colonial de Marcello Caetano; que o outro homem forte era o general Costa Gomes, que eu mal conhecia, sabendo apenas que fora secretário de Estado de Salazar, embora crítico da sua política, e que assumira, nessa altura, que a guerra colonial não se resolvia por via militar.

Disse-lhes que a Revolução fora feita essencialmente por capitães, alguns deles próximos da extrema-esquerda e do Partido Comunista, mas que a maioria não o era. E, ainda, que o povo viera para a rua, aderindo entusiasticamente à Revolução, que os presos políticos tinham sido libertados, a censura levantada, e que o antigo regime aluíra, como um castelo de cartas, sem resistência.

Seja: e África? A descolonização foi seguramente o tema forte desta sua digressão!

Toda a gente me falava de África, claro. Eu respondia sempre com a garantia da autodeterminação, assegurando aos meus interlocutores que a Revolução iria cumprir as resoluções das Nações Unidas.

Aí, não falava em independência?

Não era necessário. Bastava afirmar o nosso reconhecimento do direito à autodeterminação e a vontade política de pôr fim às guerras coloniais, em curto prazo.

Tem a certeza, Dr. Soares? Era em "independência" que pensava, falava — e escrevia — havia muitos anos!

Quantas vezes será necessário repetir-lhe a mesma idéia, apesar de o ter feito sempre por forma tão direta e clara? Repito: a minha idéia era, primeiro, chegar rapidamente ao cessar-fogo e à paz; o que passava, necessariamente, em segundo lugar, pelo reconhecimento do direito à autodeterminação dos povos sob domínio colonial, decorrente da Carta das Nações Unidas e das repetidas resoluções aprovadas na ONU sobre a matéria; terceiro, que daí resultariam, necessariamente — ao fim de 13 anos de guerras cruentas e inúteis e do reconhecimento internacional dos movimentos nacionalistas existentes, até por Sua Santidade o Papa, lembre-se! — inevitáveis independências, cujo calendário e condições deveriam ser negociados, com realismo e rigor, tendo em conta os interesses portugueses legítimos e o imperativo (para mim absoluto) de assegurar a continuidade da nossa presença em África, não pela força, mas em função da língua, do afeto e da cooperação — no respeito mútuo, na igualdade e na reciprocidade de vantagens. Entendeu, finalmente, o meu ponto de vista?

Portugal ia começar a descolonizar. E, como referiu, "toda a gente lhe falava de África". De que maneira? Que lhe foram dizendo sobre a questão africana os seus diversos interlocutores? Que compromissos fez com eles? Que garantias, promessas ou apoios obteve deles?

Com os movimentos africanos de libertação, excetuando o PAIGC, relativamente à Guiné, discuti sempre e tão-só as questões do cessar-fogo, que eram as mais urgentes e, por assim dizer, prévias. No pressuposto, reafirmado nas Nações Unidas, de que Portugal reconhecia — e respeitaria no futuro — o direito à autodeterminação das populações africanas sob sua dominação. Relativamente à Guiné, fui mais longe, visto que, em Argel, negociei a independência — a qual, recordo-lhe, tinha já sido proclamada unilateralmente e reconhecida por largas dezenas de países soberanos. Quanto aos meus outros interlocutores, no quadro das Nações Unidas, no plano bilateral — e mesmo na OTAN —, o que me pediam era uma posição firme e não ambígua de Portugal relativamente ao reconhecimento do princípio de autodeterminação, aprovado pelas Nações Unidas. Essa garantia foi dada, publicamente, por mim, logo no primeiro discurso que fiz na

Assembléia Geral da ONU e, depois, foi reiterada, no mesmo local, pelo general Costa Gomes, já na sua qualidade de presidente da República. Foram essas garantias — note — que permitiram que o ambiente internacional mudasse cento e oitenta graus, relativamente a Portugal, que passou a ser respeitado e readquiriu voz e algum protagonismo na cena internacional. Restabeleceu relações diplomáticas com todos os países do mundo, regressou às organizações internacionais, donde fora expulso, e ganhou apoios que se revelariam de grande importância quando começaram as dificuldades internas de Portugal. A descolonização não se pode entender desligada de todas as outras componentes, extremamente complexas, do processo revolucionário português.

Em França, Mitterrand não estava no poder. O diálogo com ele foi, necessariamente, de natureza diferente daqueles que manteve nos países onde os seus amigos socialdemocratas eram primeiros-ministros.

Naturalmente. François Mitterrand, nesses primeiros anos da Revolução, estava na oposição: era primeiro-secretário do PS francês e vice-presidente da Internacional Socialista. Mas tinha muita influência não só na opinião pública francesa como internacional. Interessou-se bastante pela nossa Revolução e foi de uma solidariedade sem falhas com o PS português. Visitou-nos uma boa dezena de vezes. Participou em vários comícios do PS. Mais tarde, falaria com muita clareza a Brejnev no caso português. Mas não antecipemos!

Encontrou Senghor em Paris, com quem falou do encontro que viria a ter com Aristides Pereira em Dacar, dias depois. Em que termos conversaram os dois? Que lhe pediu?

Quando encontrei Senghor em Paris, a minha ida a Dacar foi apenas uma possibilidade admitida. Eu não era ainda ministro dos Negócios Estrangeiros, nem sabia se viria a ser. Falamos da Revolução, naqueles primeiros dias, em termos, necessariamente, muito genéricos. Não lhe pedi nada: ele é que me ofereceu, generosamente, a sua total e absoluta solidariedade. Mantivemos, depois, um contato telefônico permanente. O encontro com Aristides Pereira foi combinado pelo telefone, quando Senghor estava de partida para uma visita de Estado à China. Por isso fui recebido pelo então primeiro-ministro Abdu Diouf.

O presidente Senghor informou-o de que recebera — na véspera — em sua casa dois enviados do general Spínola, Carlos Fabião e João Diogo Nunes Barata? Mário Soares sabia desta iniciativa de Spínola?

Não tive, nessa altura, qualquer informação a esse respeito. Senghor referiu-me vários encontros com Spínola, mas nada me disse desses emissários...

Encontrou-se também com Agostinho Neto, então líder do MPLA, numa entrevista "secreta" em Bruxelas, no dia 2. Este específico encontro ocorreu com o conhecimento de Spínola? Ou deu-se por sua iniciativa?

Encontrei-me, de fato, com Agostinho Neto, por minha exclusiva iniciativa, mas não se tratou de uma "entrevista secreta", quando passei por Bruxelas, nessa viagem às várias capitais européias. Foi um encontro que surgiu como uma possibilidade inesperada — nem sequer sabia que Neto estava em Bruxelas — por diligência dos Padres Brancos e do cônego François Houtard. Informei, naturalmente, no meu regresso a Portugal, o general Spínola; mas o general não me disse que havia mandado dois emissários à Suíça ao encontro de Agostinho Neto. Só tomei conhecimento dessa ocorrência, bastante tempo depois, pelo embaixador Nunes Barata, então assessor diplomático de Spínola.

Que se passou nessa sua entrevista com Agostinho Neto?

Encontramo-nos em casa de um amigo belga, por sugestão do cônego Houtard, da Universidade de Lovaina, que me convidara já várias vezes a realizar conferências na Bélgica, organizadas pela Comunidade dos Padres Brancos de Bruxelas — os quais estavam também muito ativos em Moçambique e em Angola. Fora, aliás, ao lado do padre Adrian Hastings — da mesma comunidade — que realizei, no verão de 73, uma conferência de imprensa em Londres, para denunciar os bombardeamentos de Wiriamu, ocorridos na zona de Tete, em Moçambique, em dezembro de 72. Em Bruxelas, expliquei, sobretudo a Agostinho Neto, que houvera uma autêntica Revolução em Portugal e não um simples golpe de Estado ou uma intentona militar. Disse-lhe que o povo estava na rua a legitimar a Revolução e a vitoriar os capitães de Abril e que eu acreditava que iríamos ter uma democracia em Portugal. E que, como país democrático, iríamos, necessariamente, negociar com os movimentos nacionalistas para chegar rapidamente ao cessar-fogo e à paz. Não era possível democratizar sem descolonizar e vice-versa. A descolonização só poderia ser feita em democracia, mas não era possível consolidá-la sem, previamente, descolonizar. Foi isso que tornou inevitável o resto. Agostinho Neto sabia muito pouco do que estava a ocorrer em Portugal. A Revolução fora, para ele, uma agradável surpresa. Pediu-me imensas informações e explicações sobre tudo o que ocorria.

E que sabia Mário Soares do MPLA? Agostinho Neto estava isolado, e o MPLA dividido entre a facção de Daniel Chipenda, a Revolta Ativa de Pinto de Andrade e, finalmente, o grupo do próprio Agostinho Neto.

Tinha alguma informação sobre o que se passava em Angola, não só do lado do MPLA, como da FNLA ou da UNITA. Dificuldades, divisões e intrigas ocorrem em todos os movimentos de libertação. É dos livros. Daí a pensar que Angola estava a caminho de ser pacificada, vai um abismo. Nunca partilhei o otimismo ostentado, *a posteriori*, quanto à situação de Angola por certos meios militares portugueses...

Mas que conhecimento tinha — nessa altura — da FNLA, de Holden Roberto, e da UNITA, de Jonas Savimbi?

Não era, seguramente, um especialista nesse tipo de informações, nem tinha tido ainda acesso, nessa época, às informações de que dispunham os nossos serviços militares. Mas sabia mais do que o comum das pessoas, porque tinha muitos contatos indiretos com todos esses movimentos, através dos meios da emigração política, nomeadamente de Argel. Recorde-se que no meu livro *Portugal amordaçado*, que é de 1972, traço uma panorâmica bastante completa da situação, em especial no capítulo intitulado "A Aventura Colonial".

Que prometeu a Agostinho Neto no decurso desse encontro?

Que iria haver contatos e negociações entre nós para chegarmos rapidamente ao cessar-fogo e, depois, à paz.

E ele pediu-lhe alguma coisa?

Pediu-me informação, precisões sobre pontos para ele obscuros, quem era quem no MFA... Sabia muito bem quem eu era, tínhamos estado presos ao mesmo tempo no Aljube, embora nunca nos tivéssemos, antes, encontrado pessoalmente. Mas eu conhecia a sua mulher do escritório do advogado Abranches Ferrão.

Agostinho Neto falou-lhe em independência? Em autodeterminação?

Não. Pediu-me garantias quanto ao sentido da Revolução. Disse-lhe que íamos iniciar um processo democrático, necessariamente complexo, mas que iríamos com certeza negociar e acabar com as guerras coloniais. Não fomos além disso.

Que significava negociar? Negociar o quê, e como?

Negociar o estatuto dos movimentos nacionalistas, em liberdade, dentro dos respectivos territórios. E, antes de mais nada, o cessar-fogo e a paz.

Na sua perspectiva, como é que isso se fazia?

Entabulando rapidamente contatos informais e, depois, negociações; reconhecendo-os, dando-lhes condições de liberdade e de segurança para poderem atuar nos respectivos territórios. Era tão simples como isso.

Agostinho Neto acabou essa conversa convencido de que tinha no senhor um aliado?

Não tão convencido que me tivesse informado de algo que, como já lhe disse, só vim a saber muito mais tarde: no dia seguinte, viajaria para a Suíça, onde, em Genebra, se encontraria com um enviado de Spínola, Nunes Barata. Sabia-o, certamente, mas não mo disse. Eu não era tanto da sua confiança que se sentisse na obrigação de me informar...

Também não parecia ser da confiança de Spínola: Nunes Barata começara, tal como Mário Soares, por ver Senghor.

Depois, a pedido de Agostinho Neto — conforme revelaria o próprio Nunes Barata, em entrevista ao *Expresso*, em outubro de 93 —, encontraria também o líder do MPLA. Isto é, Mário Soares e Nunes Barata faziam o mesmo e tinham os mesmos interlocutores!

Assim o quis o general Spínola, presidente da Junta de Salvação Nacional. Por que razão procurou estabelecer, simultaneamente, duas linhas de contato paralelas? Só ele a poderá esclarecer. Dividir para reinar, neste caso, para melhor decidir? Ou uma concepção ingênua e insegura do caminho a seguir, num terreno armadilhado? Talvez, um pouco, as duas coisas...

Teria procedido de outra maneira se soubesse que, horas depois, Agostinho Neto iria ver enviados do general Spínola?

Teria procurado pôr, desde logo, os pontos nos ii... Fiquei, como é natural, desagradado, *a posteriori*, quer com o general Spínola, quer com o próprio Agostinho Neto. Certamente que ele já sabia, quando me encontrou, que ia ter esse outro encontro. Foi uma deslealdade ter-me omitido o fato. Desnecessária, aliás, tendo eu conversado com ele com a abertura com que falei...

Informou os seus amigos europeus do teor das conversas mantidas com Senghor e Neto?

Obviamente que não. Os meus amigos europeus eram, como diz, amigos e aliados, mas não parceiros nessas negociações ou, melhor dito, nesses contatos preliminares. Não me sentia, por isso, minimamente obrigado a prestar-lhes contas...

Disse-lhes que contava vir a ser ministro dos Estrangeiros?

Informei-os, com efeito, que havia sido sondado por Spínola para titular dessa pasta no próximo governo, mas que tudo estava ainda muito nebuloso. Contei-lhes ainda que o dirigente máximo do Partido Comunista, Álvaro Cunhal, tinha entrado em Portugal, dois dias depois de mim, e que não só não fora preso, como fora recebido apoteoticamente; que as prisões estavam agora vazias de presos políticos; que a censura fora abolida de fato e que tínhamos total liberdade de informação, um passo extraordinário; que tentávamos avançar rapidamente no sentido do reconhecimento do princípio da autodeterminação, para pôr fim às guerras coloniais. Informei-os da extraordinária adesão popular à Revolução. Disse-lhes estar plenamente convencido de que os socialistas, que representava, tinham força bastante para estruturar uma democracia pluralista de tipo ocidental. Como tal, precisávamos que apoiassem a nossa Revolução, pedindo-lhes, concretamente, que dessem orientações, nesse sentido, às suas chancelarias. Manifestei-lhes ainda a minha preocupação quanto à Espanha de Franco e à África do Sul. Como reagiriam? Por isso, insisti para que, se necessário, atuassem através das respectivas embaixadas, a fim de prevenir e evitar qualquer intervenção. Foi esta a mensagem. Em Bonn, por intermédio do secretário internacional para as questões do Oriente Médio e de África, do SPD, Wischnewki, obtive uma apresentação para o cardeal Casarolli que, como já lhe disse, me recebeu no Vaticano. Em toda a viagem, fui acompanhado por uma equipe da televisão portuguesa que foi fazendo reportagens para Portugal de todos estes encontros, o que, julgo, provocou um grande choque de surpresa na população: foi, inclusivamente, uma das razões iniciais da popularidade que rapidamente ganhei. O país estava pouco habituado a ver os seus dirigentes serem recebidos da maneira como fui. Todas as portas se me abriram sem dificuldade! Antes mesmo de ser ministro, ganhara já as esporas de ouro como titular dos Negócios Estrangeiros...

Que tipo de perguntas, inquietações ou dúvidas lhe suscitaram os seus amigos europeus?

Quiseram saber se havia perigo de um contragolpe reacionário. Perguntaram-me onde estavam os salazaristas e, sobretudo, tentavam compreender como fora possível ter ocorrido uma revolução com aquela simplicidade, sem derramamento de sangue... Para eles, convencidos como estavam da solidez do antigo regime, resultava completamente incompreensível a facilidade com que Caetano fora deposto e se rendera. Mas entendiam muito bem que o derrube da ditadura portuguesa, com Franco a viver os seus anos de agonia e o coronéis gregos em sérias dificuldades, representava uma viragem histórica na Europa Ocidental.

V.

A Guiné

Falemos das suas conversações com o PAIGC, efetuadas já como ministro dos Negócios Estrangeiros, cargo no qual fora empossado — a 16 de maio —, no próprio dia em que viajou para Dacar.

Como ministro dos Negócios Estrangeiros, entendi que devia, em primeiro lugar, mostrar às Nações Unidas que iríamos enveredar pelo caminho da autodeterminação para podermos restabelecer relações com todos os países do mundo, quebrar o isolamento internacional — estávamos reduzidos a um gueto — e recuperar o prestígio de Portugal na cena internacional. Pensava que o contraponto da democratização da República portuguesa passava por uma solução da questão colonial. As duas questões estavam, na minha opinião, intimamente ligadas. Por outro lado, também não duvidava que, se Portugal ia encontrar uma solução para as suas antigas colônias, essa solução, a obter num prazo mais ou menos longo, terminaria na autodeterminação e na independência. E, nessa altura, acreditava ainda que os novos países pudessem vir a ficar ligados, afetiva, cultural e economicamente — de uma maneira mais ou menos intensa e mais ou menos política — a Portugal.

Em Dacar — para onde viajou no avião privado de Senghor —, nessa tarde do dia 16 de maio, sentou-se diante de Aristides Pereira. Ao seu lado esteve sempre o spinolista João Almeida Bruno, que testemunhou o seu diálogo com Aristides Pereira. Almeida Bruno recorda hoje que Spínola o encarregara da missão de vigiar Mário Soares: "Eu desconfio desse Soares! É um exilado que nada percebe de África e deve estar feito com os comunistas." E recordemos que o mesmo Spínola enviara também homens seus falar com Agostinho Neto e Senghor. Insisto: em matéria de des-

colonização, Mário Soares não se movimentava sozinho. Como reagia perante esta desconfiança evidente?

Claro que não me movimentava sozinho! Compreendi muito bem, desde o primeiro momento, essa imensa desconfiança de Spínola. Procurei, como se diz, "viver com ela", tentando geri-la o melhor que sabia e podia. Spínola era o chefe militar visível da Revolução, com toda a legitimidade que lhe advinha da rendição de Caetano e da confiança, até então sem mácula, dos militares de abril. Eu, um exilado, de regresso à pátria, secretário-geral do PS, que então ninguém se atreveria a profetizar a força que viria a ter. Ministro por convite e vontade de Spínola, não podia recusar as suas orientações, visto que o general era o verdadeiro chefe do Executivo, presidindo algumas vezes aos próprios Conselhos de Ministros. Palma Carlos e os ministros eram, por assim dizer, emanações de Spínola. Apesar disso, procurei agir por minha conta e risco, pensando pela minha cabeça, com as minhas convicções, e tomando iniciativas próprias. A ida a Dacar foi uma delas, embora tivesse previamente informado Spínola. Foi uma iniciativa de alto risco, porque Spínola era particularmente cioso da Guiné, que considerava o "seu" território e que julgava, com alguma razão, conhecer melhor do que toda a gente. Por isso mandou Almeida Bruno com o encargo de me vigiar de perto. Fizemos uma camaradagem excelente e não tivemos o mínimo problema. Para mim, foi ótimo Almeida Bruno ter ido.

Quando partiu para Dacar, o general Spínola, embora se tratasse de um encontro exploratório, disse-lhe que era necessário negociar o cessar-fogo, salvaguardando os guinéus que haviam combatido sob a bandeira portuguesa. Segundo sei, Aristides Pereira comprometeu-se a cumprir, prometeu o cessar-fogo, mas pronunciou a palavra "independência" como contrapartida dessa promessa. E aprazou-se uma nova reunião. Pode recordar com detalhe este primeiro encontro com o PAIGC?

Posso. Chegamos tarde a Dacar. Tínhamos a esperar-nos o primeiro-ministro, Abdu Diouf. Senghor já tinha partido para a China. Fomos imediatamente para um hotel, onde, de noite, nos reunimos com Aristides Pereira, presidente do PAIGC. Foi uma reunião de boa vontade e exploratória. Decidimos o imediato cessar-fogo, o que foi uma grande vitória para Portugal e um esplêndido sinal para o mundo. Aristides Pereira — simpatiquíssimo, diga-se! — falou logo, como é óbvio, da independência, visto que a tinham já proclamado unilateralmente, e muitos países, como o Senegal, a tinham reconhecido. Eu retorqui, reafirmando-lhe o nosso respeito pelo direito da Guiné à autodeterminação. Ficamos por aí. Marcamos uma nova reunião para Londres. As notícias desse encontro, divulgadas em todo o mundo, tiveram uma enorme e benéfica repercussão.

Essa nova reunião com o PAIGC teve, como disse, lugar em Londres. Quem escolheu esta cidade? E por quê?

A sugestão foi minha. Ao deslocar o centro dos encontros para a Europa, invoquei a facilidade das comunicações. O PAIGC, entalado entre o Senegal e a Guiné-Conakry, num primeiro tempo não achou má a mudança.

Como se passaram as coisas no dia 25 de maio na capital britânica?

Quando cheguei a Londres, acompanhado por Almeida Santos, Jorge Campinos e Manuel Monge para a primeira rodada de negociações entre Portugal e o PAIGC, encontrei-me com uma delegação deste movimento na embaixada da Argélia. Como eu era amigo do embaixador da Argélia — que conhecera em Paris, no meu exílio —, ele confessou-me que se espantara pela forma como nós, por um lado, e os nacionalistas africanos, por outro, éramos afetuosos uns para com os outros, como nos falávamos facilmente e, às vezes mesmo, com intimidade. O que, aliás, não tinha nada de estranho, visto que fomos aliados objetivos no mesmo e longo combate contra o fascismo e o colonialismo. Quando eles, argelinos, na época da descolonização da Argélia, só apertaram a mão aos franceses, pela primeira vez, no ato de assinatura da independência, muito tempo depois do início das negociações.

Não terá sido assim tão afetuoso: nessa segunda rodada, Aristides foi substituído por Pedro Pires. Além disso, esteve também presente José Araújo — sentado à direita de Pires —, o homem forte do PAIGC, considerado um "duro". No primeiro dia, o ambiente toldou-se; nas horas seguintes,

a intervenção de Almeida Santos desanuviou esse ambiente. Contudo, as negociações não avançaram: os textos do PAIGC não só tinham à cabeça a palavra "independência", como a questão de Cabo Verde era, para o PAIGC, indissociável da Guiné. A reunião foi interrompida por iniciativa da parte portuguesa. Mário Soares desabafou perante a sua delegação que "não estava mandatado por Spínola para, naquelas condições, poder prosseguir as conversações e, muito menos, assinar o que quer que fosse". E alvitrou que fossem a Paris falar de novo com Senghor, o que aconteceu. Que lhe disse, em Paris, o presidente do Senegal?

As negociações foram efetivamente cerradas, mas nunca deixaram de ser cordiais e, mesmo, afetuosas. Para isso contribuiu muito Almeida Santos, que fez uma boa relação com Pedro Pires — que ainda hoje existe — e com José Araújo. Depois de Dacar, era difícil fazer avançar as negociações, dadas as hesitações de Spínola. Mas não só dele, note. Quanto a Senghor, exerceu sempre um poder moderador, com grande amizade por Portugal.

No regresso a Lisboa, no decurso de um encontro com Spínola, Mário Soares ameaçou demitir-se quando o general o criticou porque se "avançara demais". E ouviu mesmo Spínola acusá-lo de que não era "patriota". Pelo contrário, Almeida Bruno mantém, hoje, que Mário Soares ia cumprindo sempre e sem exceção as diretivas de Spínola nas conversações com o PAIGC.

O general Spínola não queria autorizar-nos a fechar o acordo com o PAIGC: pretendia ainda algum espaço de manobra. Mas nós não podíamos perder a credibilidade ganha: era uma corrida desesperada contra o tempo. Em Londres, havíamo-nos limitado a discutir os termos do projeto de acordo, não passáramos disso. Voltamos para Lisboa trazendo na algibeira, por indicação de Spínola, uma margem de discordância e de indefinição quanto ao eventual acordo. Na verdade, no meu regresso, enfrentei o general, dizendo-lhe que comprometera já a minha palavra quando anunciara ao mundo que iríamos descolonizar seriamente e que o primeiro passo seria dado na Guiné. Perante a desautorização que Spínola queria infligir-me, não teria outro remédio senão demitir-me do governo. Fiquei tanto mais chocado quanto encontrei muito pouco eco no Conselho de Ministros. Recordo-me mesmo de ter ouvido o próprio Cunhal dizer que era "prematuro" falar em independência da Guiné — que havia sido proclamada unilateralmente e já reconhecida por dezenas de países! — e que se deveria avançar, com prudência, na questão da descolonização! Álvaro Cunhal queria tudo menos que fosse eu a realizar a descolonização. Salgado Zenha, também, por mais de uma vez, me recomendou calma. Mas Almeida Santos, que devia acompanhar-me dias depois a Argel, pediu-me que não me precipitasse na minha decisão de abandonar o governo. Conseguiu, com o apoio de Veiga Simão, grande amigo de Spínola, um texto que nos deixava larga margem para negociar. Era o que eu desejava!

Entretanto, o general enviara Carlos Fabião para a Guiné e foi Almeida Bruno — já empossado no cargo de conselheiro de Estado — que se deslocou à Guiné para, em representação de Spínola, dar posse a Fabião como governador. Spínola, à beira do desespero, jogava a sua última carta.

O general dizia-me que o problema da Guiné seria resolvido pelo Carlos Fabião, um militar da sua máxima confiança. Spínola incumbira-o de preparar a visita que ele projetara fazer ao território e de distribuir milhares de cartazes seus, pensando que esse gesto provocaria um movimento que subverteria o PAIGC. E, sobretudo, que lhe seria ainda possível fazer o referendo, instrumento ao qual permanecia agarrado com ambas as mãos. Mas, mal Fabião chegou ao território e deparou com a situação no terreno — Forças Armadas desmotivadas e manipuladas pelo MFA local, atrasos na rendição de tropas, contestação de milicianos também enquadrados pelo MFA local —, pressionou Lisboa para que Portugal apressasse o epílogo das conversações com o PAIGC. E recusou vivamente a ida do general. Spínola ainda enviou Manuel Monge à Guiné falar com Carlos Fabião, mas Monge, no seu regresso a Lisboa, tirou — julgo que definitivamente — as ilusões a Spínola. Não foi fácil: o general continuava a alimentar a convicção de que o seu prestígio era suficiente para inverter a situação. Pelo contrário, eu achava que era preciso chegar, quanto antes, a um acordo na base do reconhecimento da independência. Era a única forma de ganhar credibilidade internacional para podermos negociar com as outras colônias nas melhores condições. A guerra na Guiné estava perdida. Para muitos países, a Guiné era já vista e auxiliada como um país independente.

Em setembro de 1973, quando a Guiné declarou unilateralmente a independência, Mário Soares, de Paris, enviou um telegrama de felicitações a Aristides Pereira. Por que fez este gesto?

Era o meu dever de militante antifascista e anticolonialista. Inseria-se na lógica do meu combate contra a ditadura e o colonialismo.

Disse algumas vezes ao longo da vida — e escreveu-o — que Portugal oprimia os povos africanos nas diversas colônias. Afirmava-o com sinceridade? Que sabia Mário Soares da colonização portuguesa, qual o conhecimento real que tinha da situação social e política em cada um dos territórios?

Sempre reconheci os acertos e os desacertos da colonização portuguesa. Conheço bem a gesta heróica dos portugueses em África — os seus feitos, realizações, lacunas e insuficiências. Nunca condenei a colonização portuguesa em bloco. O liberalismo e a I República deram passos importantes e positivos. Condenei, sim, o colonialismo de Salazar e de Caetano — e as políticas ziguezagueantes em que se traduziam —, sobretudo após a Segunda Guerra Mundial. Conduziram uma política antinacional, porque condenada ao fracasso, contra a história e contra o tempo.

Nunca me foi concedida autorização para ir a África, durante a ditadura. Fui apenas deportado para São Tomé. Mas procurei informar-me objetivamente da situação social, econômica, cultural — e das discriminações raciais que lá existiam — e documentar-me sobre tudo isso.

Regressando à Guiné. Em 15 de junho, realizou-se em Argel a segunda fase das negociações. Antes disso, Mário Soares propusera que a nova rodada fosse em Estocolmo em vez da capital da Argélia, lugar onde Portugal não tinha representação diplomática e onde, além disso, à data destas conversações, decorria a reunião de cúpula da Organização de Unidade Africana. Mário Soares não gostou nada e tentou que as coisas não se passassem assim. Por que ganhou Argel e não Estocolmo?

Os dirigentes do PAIGC tinham cedido, na primeira rodada, quanto à escolha de Londres. Era normal que nós cedêssemos, na segunda rodada, aceitando Argel em vez de Estocolmo. Não foi nada mau, para nós, que as conversações finais se tivessem realizado em Argel.

Dias antes da partida para Argel, o então ministro dos Negócios Estrangeiros, Mário Soares, convocara para o Palácio das Necessidades o embaixador britânico em Lisboa, Nigel Trench, a quem pediu o apoio logístico da embaixada inglesa em Argel. Com que objetivos? Em que se traduzia concretamente este apoio? Utilizou-o?

Foi apenas uma medida cautelar, para o caso de ser necessário. Como a primeira rodada de conversações teve lugar em Londres, foi também uma maneira de manter os ingleses ligados ao processo. Uma vez que não tínhamos ainda embaixador, para efeito de comunicações seguras era conveniente ter um apoio em Argel. Não foi preciso.

Em Argel, a delegação portuguesa contava desta vez com Manuel Monge, que substituíra Almeida Bruno, então já conselheiro de Estado. Segundo recorda hoje Manuel Monge, o ambiente era tenso e hostil. Os portugueses — instalados numa vivenda do governo argelino — não possuíam informação, não tinham liberdade de movimentos e apenas falavam entre si no jardim que rodeava a casa. Toda a delegação foi unânime em reconhecer um extraordinário endurecimento na atitude e nas posições do PAIGC. Mário Soares continuava a não assinar a declaração de independência. As conversações foram, uma vez mais, suspensas.

Em Londres e em Argel, os nossos interlocutores compreenderam que nós lhes exigíamos um cessar-fogo, antes de obterem a garantia de que o PAIGC seria o único movimento de libertação a ser reconhecido como tal; temiam, além disso, que Portugal pretendesse ainda realizar uma consulta popular, utilizando movimentos fantoches; queriam uma simples transferência de poder. Essa transferência foi o grande salto qualitativo, um salto que não estávamos em condições, políticas e no terreno, de poder recusar. Esse foi o ponto fundamental. Não tínhamos força — nem militar nem política — para continuar a guerra. Nem as Forças Armadas a queriam fazer; no terreno, existia a confraternização entre as nossas tropas e o PAIGC; e, em Portugal, havia uma impaciência brutal: depois de tantos anos de guerra, era enorme a pressão para se chegar à paz. E, entretanto, o PAIGC dizia que, se não o reconhecêssemos como o único interlocutor na Guiné — dado que a sua legitimidade provinha da luta armada, do mesmo modo que a nossa vinha da Revolução de 25 de abril —, não assinariam a paz e continuariam a guerra.

Confirma que em Argel o PAIGC, por pressão da reunião de cúpula da OUA na mesma cidade, pretendeu que Portugal se comprometesse ali mesmo a reconhecer a Frelimo e o MPLA como os seus dois únicos interlocutores em Moçambique e Angola? Isto é, que Mário Soares e a delegação portuguesa se encontraram frente a uma posição global que envolvia todos os territórios de Portugal em África?

Admito que isso possa ter sido insinuado, mas não que tenha sido explicitamente proposto. Em Argel, não nos comprometemos com nada que dissesse respeito a Angola, Moçambique ou qualquer outra colônia, ressalvando a Guiné.

Esse "salto" que referiu que Portugal não tinha condições de recusar — a transferência de poder — foi "oficialmente" possibilitado pela saída da Lei 7/74. A partir daí, os portugueses passaram a dispor de um instrumento legal que lhes possibilitava pôr a sua assinatura nos acordos de Argel. Segundo o seu articulado, Portugal abandonava a obrigatoriedade de consultas diretas às populações, passando a permitir negociações diretas com os movimentos de libertação, através de acordos assinados pelo presidente Spínola e pelos dirigentes desses movimentos. Essa lei foi a porta que possibilitou o reconhecimento da independência da Guiné, assinada em novo encontro, em Argel, no dia 26 de agosto de 74.

Repito: a Guiné era um caso especial, um Estado já reconhecido como independente por muitos países membros da ONU. Spínola, e bem, acabou por reconhecer que assim era e procedeu em conformidade, não só através da lei que refere, mas também na autorização escrita que me deu, anteriormente, para negociar, obtida por intermédio de Almeida Santos e Veiga Simão. Fez aliás, no mesmo sentido, um discurso ao país. Era inevitável! Note, contudo, para a História, que não fui eu que tratei das questões de Cabo Verde, de São Tomé ou de Timor; mesmo relativamente a Angola, ou a Moçambique, as minhas intervenções foram pontuais e ocorreram no início ou já no fim dos processos, visto que participei, no que se refere a Angola, na Conferência de Alvor. Em matéria de descolonização, as minhas responsabilidades são totais apenas no que se refere à Guiné. Assumo-as em absoluto. Em Argel, assinamos um acordo com o PAIGC, sob a bênção do presidente Boumedienne. Ficamos satisfeitos porque tínhamos, finalmente, eliminado um dos focos principais das guerras em África, dando um sinal importantíssimo para as Nações Unidas e criando melhores condições para negociar, com credibilidade, com Angola e Moçambique, as outras duas colônias onde havia frentes de guerra.

Que constava dessa "autorização escrita" que Spínola lhe dera?

A autorização expressa para negociar com o PAIGC, no quadro do projeto de acordo a que se tinha chegado. Nada de muito diferente do que foi explicitamente assumido, depois, na Lei 7/74 e no discurso de Spínola sobre o reconhecimento do princípio de autodeterminação, com todas as suas conseqüências.

Ficaram "satisfeitos", disse. Mas gostaria de o ouvir agora sobre a questão dos soldados guineenses que haviam combatido ao lado dos portugueses e sobre Cabo Verde. Que garantias obteve — se é que obteve alguma — sobre a questão dos soldados? E qual foi a última palavra dita pelo PAIGC sobre Cabo Verde, já que sempre ouvi Mário Soares dizer que "nada tivera a ver" com esse território.

Em Argel, não abordamos a fundo o problema de Cabo Verde. Utilizamos a técnica de separar as questões a resolver, procedendo por fases: negociamos tão-só o caso da Guiné. Quanto à situação dos soldados, observo-lhe que, enquanto negociávamos, os soldados portugueses e guineenses confraternizavam no terreno, em total camaradagem.

Disse-me que a Guiné era um caso particular. Angola e Moçambique não eram. Mas a Guiné foi, em certo sentido, a matriz da descolonização que se seguiu. Isto é, a "singularidade" tornou-se exemplar, quando Portugal repetiu em Angola e Moçambique o ocorrido na Guiné. Dispensou-se qualquer tipo de consulta, não se abriram essas consultas a mais ninguém, nem sequer às populações.

Dada a situação a que se tinha chegado, nos quadros de guerra, as consultas de tipo plebiscitário eram particularmente difíceis de aceitar pelos movimentos que nos faziam guerra. A Guiné terá sido a matriz. Concedo! Mas, a esse propósito, dir-lhe-ei, em todo o caso, que poderia ter sido de forma diferente — e um processo mais fecundo, variado e criativo — se a relação de forças político-militares internas e o evoluir do processo revolucionário português tivessem sido diversos...

Mas ainda sobre as consultas às populações: relendo hoje inúmeras entrevistas suas, dadas nos meses iniciais da descolonização, recortam-se de forma nítida duas características na sua atuação na questão africana: pressa e contradições. Tanto emprega a palavra "independência", como "independência pura e simples", como "autodeterminação". Isto, por um lado. Por outro, há declarações suas onde, como titular dos Estrangeiros, promete, por mais de uma vez, para Cabo Verde, São Tomé e Príncipe e Timor, "consultas à população sobre o seu próprio destino", o que nunca veio a ocorrer.

A situação era em si mesma contraditória, mas as minhas idéias eram claras, como lhe tenho vindo a demonstrar. Pressa, tinha, relativamente aos teatros de guerra — e para chegar à paz, quanto antes —, ou seja: relativamente à Guiné, a máxima, e depois, por ordem, em relação a Moçambique (onde havia combates sérios, sobretudo no norte) e a Angola (mais ou menos pacificada, mas com focos de guerra latentes, nessa época). Por alguma razão, como reconhece, eu usava uma linguagem diferente relativamente a Cabo Verde, São Tomé e Timor. Quanto a certas imprecisões terminológicas, não pode fazer fé em entrevistas de jornais, quase exclusivamente estrangeiros, e que eu não revi. Mas uma certa imprecisão, observo-lhe, abarcando realidades complexas e diferenciadas, dava uma maior flexibilidade à ação diplomática portuguesa.

Não se trata de imprecisões. Dou-lhe um exemplo no que toca a Cabo Verde: em outubro de 74, em entrevista ao *Expresso*, alguma coisa o fez declarar que "não é necessário que em Cabo Verde a independência se processe sob a égide do PAIGC". E acrescentar: "Eu sei que há movimentos, que há pessoas, que há cabo-verdianos que não têm essa posição."

Essa entrevista ocorreu depois de uma visita que fiz aos Estados Unidos, onde contatei com uma emigração cabo-verdiana qualificada e muito poderosa, economicamente, na área de Boston sobretudo, e que me advertiu quanto à falta de representatividade do PAIGC relativamente a Cabo Verde. Mas o certo é que, no plano interno, de Cabo Verde, não aparecia, que eu tivesse conhecimento, nenhum outro interlocutor para além do PAIGC...

Não aparecia ou estava proibido de aparecer? Recordo-lhe que o general Spínola publicou, no seu livro *País sem rumo*, que o PAIGC — com a conivência das autoridades militares locais — fez transportar para a cidade da Praia, a bordo de um avião da Força Aérea Portuguesa, o líder e futuro chefe do Comitê do PAIGC em Cabo Verde, major Pedro Pires, pertencente ao exército guineense. Que os mesmos aviões transportaram da Guiné elementos do PAIGC com o objetivo de perturbar a reunião do Sal, realizada nessa ilha entre Spínola e o presidente Mobutu. Ou ainda que, por denúncia do PAIGC, foram presos no Tarrafal, pelas autoridades portuguesas, diversos cabo-verdianos acusados de pertencer a partidos "reacionários envolvidos no 28 de setembro de 74".

Salienta a responsabilidade dos militares nesse processo — e eu entendo que é justo fazê-lo. Pelo lado português, quem detinha ainda algum poder, tanto na Guiné como em Cabo Verde, eram as autoridades militares. Exclusivamente! Se Pedro Pires, que aliás é cabo-verdiano, foi para Cabo Verde, onde nunca houve guerra, foi porque os militares portugueses o autorizaram a ir, bem como aos seus companheiros. Se houve perturbações na reunião do Sal, foi porque as autoridades militares portuguesas não tiveram força ou meios para as evitar. E assim por diante, até às negociações da independência, em que não participei, e aos presos cabo-verdianos nas prisões do Tarrafal...

VI.

Moçambique

No dia 6 de junho viajou para Lusaka, para o início das conversações com a Frelimo. A delegação era composta por Mário Soares, Almeida Santos, Manuel Sá Machado, Otelo Saraiva de Carvalho, em representação do MFA central, e o tenente-coronel Nuno Lousada, representando o MFA local. Uma vez mais, Spínola colocara-lhe um "guarda-costas", desta vez Otelo Saraiva de Carvalho. O cenário de Dacar repetia-se, dias depois, em Lusaka. Que dizia a si próprio por nunca ir sozinho às negociações?

Foi na própria manhã da minha partida que o general Spínola me preveniu, pelo telefone de Estado, que — na sua expressão — "os rapazes da Coordenadora" lhe tinham sugerido que o major Saraiva de Carvalho me acompanhasse a Lusaka. Comunicava-me que achara bem e que Otelo me apareceria no aeroporto. Por estranho que lhe pareça, nessa altura não sabia quem era Otelo Saraiva de Carvalho! Pedi ao meu chefe de gabinete, Victor Cunha Rego, que se informasse. Assim fez. Já no aeroporto, disse-me que Otelo era um elemento muito importante do MFA.

Partimos! Durante as longas horas de viagem, fomos conversando cordialmente. Eu, procurando saber quem tinha diante de mim. Achei-o simpatiquíssimo. Contou-me o seu papel decisivo no 25 de Abril, que eu ainda não conhecia, nem, praticamente, ninguém. Perguntei-lhe sobre as suas inclinações políticas. Disse-me, sem hesitações, que era socialista. Que tipo de socialista?, insisti. Ficou perplexo. Assim do gênero de Olof Palme — continuei — ou mais o estilo do Dr. Cunhal? Refletiu e respondeu-me: antes do tipo de Olof Palme. Ficamos entendidos! Quando chegamos a Lusaka, no dia seguinte, éramos amigos. Quase íntimos. Se Spínola o tinha enviado para me vigiar, estava seguro de que de Otelo não viria uma traição.

Quando partiu para a capital da Zâmbia, sabia que a Frelimo estava numa baixa? Que o 25 de Abril a apanhou num mau momento — militar, político e psicológico — da sua existência? Isto é, que Portugal não corria, nessa precisa altura, o risco de um colapso militar em Moçambique?

Mas a análise política era muito diversa. Ao contrário do que afirma, Portugal corria o risco de um colapso a prazo, mais ou menos longo, em Moçambique. Porque o resultado de uma guerra de guerrilha avalia-se em termos políticos e não estritamente militares, como deve saber. Ainda hoje há americanos que afirmam que a guerra do Vietnã estava praticamente ganha, quando se chegou à paz. Que ilusão!

Mário Soares começou as conversações com um abraço a Samora Machel. Um abraço dado — antes mesmo do abrir do diálogo — pelo representante do país colonizador não era o mesmo que assinar dez acordos de paz? Não enfraquecia à partida — e gratuitamente — a posição de Portugal?

Não! As suas perguntas revelam uma incompreensão total da realidade: o "abraço" foi um sinal de fraternidade e de vontade de paz entre os povos que tinham lutado, cada um a seu modo, contra o fascismo e o colonialismo das ditaduras salazarista e caetanista. Nos pressupostos das suas perguntas, a realidade de base — o colonialismo português — nunca é tida em conta... Esse "abraço" de Lusaka ajudou a preservar o bom entendimento, para o futuro, dos dois povos. Foi esse o seu significado simbólico: dois combatentes do mesmo lado da barricada e não dois inimigos — um dos quais, nesta hipótese, se apresentaria como vencido... e seria, necessariamente, o português. Ora, não era o caso! Transmiti a idéia de que não eram os povos que se tinham combatido. Quem fizera a guerra — e fora vencido — foi o regime colonialista, ao arrepio da vontade popular, simultaneamente contra os nacionalistas africanos e os oposicionistas portugueses. Nunca Portugal.

Mário Soares abraçou Samora Machel. Mas Otelo, no decurso do diálogo inicial com a Frelimo, foi mais longe: advogou — sem previamente falar com nenhum dos portugueses — a entrega de Moçambique à Frelimo. Falemos nisso. Até onde estava mandatado para negociar? E como reagiu aos avanços de Otelo?

Não foi precisamente assim que as coisas se passaram. Quando começamos, frente a frente, a negociar o cessar-fogo em Moçambique — o meu cavalo de batalha de sempre —, Samora procurava argumentar que, enquanto não reconhecêssemos a Frelimo como o único interlocutor e não aceitássemos o princípio da independência, não haveria nenhum cessar-fogo. Eu, que chefiava a delegação portuguesa, respeitando as instruções de Spínola, sustentava a posição contrária: antes de tudo, acordamos no cessar-fogo. Depois, veríamos. Estávamos num impasse! Foi então que Otelo, voltando-se para mim, me interrompeu e disse na presença de todos: “Não insista, Dr. Soares, as nossas tropas e as da Frelimo já estão a confraternizar em vários teatros de operações!” Fiquei espantado. Pedi, de imediato, a interrupção das conversações para falar com Otelo e com a delegação portuguesa, a sós. Assim aconteceu. Verberei a posição de Otelo e ameacei-o de, ali mesmo, abandonar as negociações. Deu-me razão e desculpou-se, embora insistindo que a situação no terreno, por ele descrita, era verdadeira. Voltamos à sala. As negociações prosseguiram, mas nenhuma das partes cedeu. Ficamos por aí e regressamos a Portugal. O mais curioso é que, quando chegamos a Lisboa, tínhamos um carro à nossa espera para nos conduzir diretamente a Belém. Spínola recebeu-nos, aos dois, de imediato. Descrevi-lhe o impasse a que tínhamos chegado, omitindo a intervenção de Otelo. Spínola perscrutava-me com o olhar, desconfiado. Otelo interveio: “O sr. ministro não referiu um ponto.” Spínola olhou-me, triunfante: tinha ali a confirmação das suas suspeitas. Mas não... Otelo, tranqüilamente, referiu-lhe a intervenção intempestiva que tivera.

Spínola ficou, por um momento, interdito. E depois rebentou numa diatribe, aos berros, incontrolável. Otelo permaneceu impávido. À saída, disse-me: “O general julga que tem mais força do que efetivamente tem!”...

Em 16 de agosto, deslocou-se a Dar-es-Salaam, na companhia de Almeida Santos e de Melo Antunes. Que retém de mais essa viagem?

Essa segunda conferência com a Frelimo foi já, praticamente, dirigida por Melo Antunes.

Por quê?

Nessa altura estávamos já no segundo governo, a situação mudara: Palma Carlos fora substituído por Vasco Gonçalves, Melo Antunes já era ministro, coordenava essa área, o poder estava crescentemente na mão dos militares da chamada, então, Comissão Coordenadora do MFA. Os spinolistas estavam a ser, progressivamente, eliminados...

Disse-me já que "pouco teve a ver com a descolonização de Angola e Moçambique". Considera que esse fato não deve, então, ser dissociado da substituição de Palma Carlos por Vasco Gonçalves? Quem liderava a delegação portuguesa em Dar-es-Salaam?

A competência específica estava no Almeida Santos, mais do que em mim: era ele o ministro da Coordenação Interterritorial; Melo Antunes era uma espécie de superministro coordenador, mas, sobretudo, era o representante do MFA, o verdadeiro detentor de toda a legitimidade. Afinal, nós éramos ministros por quê? Porque houvera uma revolução que tinha querido partilhar o poder político com alguns civis, é bom não o esquecer.

Durante a vigência do primeiro governo, Melo Antunes pedira ao general Spínola para se encontrar em Roma com a Frelimo. O general opusera-se. No segundo governo, Melo Antunes entrara para o Executivo como ministro sem pasta. Não pedindo desta feita autorização ao então presidente da República, foi avistar-se com um representante da Frelimo em Dar-es-Salaam, em julho, fazendo-se acompanhar pelo comandante Almeida e Costa.

Não estou ao corrente desse encontro. Nunca tive qualquer informação sobre o assunto.

Em agosto, que ocorreu, então, em Dar-es-Salaam?

Nessa reunião em Dar-es-Salaam, sucedeu uma história extraordinária. Chegamos de madrugada, fomos dormir um pouco e combinamos encontrar-nos, os três, na piscina do hotel. Mas o Melo Antunes não aparecia. O Almeida Santos e eu esperamos, ficamos ali a nadar, e acabamos por almoçar. Só então surgiu Melo Antunes: estivera a falar com Nyerere. "A que propósito?", perguntei-lhe. Respondeu-me que o presidente o mandara chamar, queria ouvir-nos a cada um separadamente. Logo a seguir, um funcionário do protocolo tanzaniano veio dizer-nos que o presidente estava à espera do Almeida Santos e, a seguir, me receberia a mim. Tratou-se de um mero estratagema diplomático para justificar a conversa a sós que acabara de ter com Melo Antunes? É possível! A verdade é que Melo Antunes tinha, repito, a sua própria política, que procurava executar com autonomia, nem sempre nos dando conhecimento do que fazia. Essa reunião, em Dar-es-Salaam, confirmou-me a idéia de que Melo Antunes queria dirigir, sem partilha com os elementos políticos civis, a política de descolonização. Queria, numa palavra, avançar na descolonização — com as suas próprias idéias —, como realmente veio a acontecer.

Mas a política de Mário Soares também era a de "avançar no sentido da descolonização". O que é que a distinguia?

O que nos distinguia era a representatividade política que exigíamos. Eu pensava ainda ser possível avançar, gradualmente, por fases, diferenciando as colônias consoante as situações no terreno, e envolver nos processos as populações através de personalidades representativas, negras, mestiças e mesmo brancas. Em Moçambique, havia outros movimentos — como o Gumo, da Joana Simeão; o Mimo ou o FICO, mais ou menos fantoches, é certo —, mas que foram logo suprimidos após o acordo de independência. E havia também um forte componente branco associado a alguns africanos. Perante este quadro, que Almeida Santos conhecia bem, teríamos desejado que houvesse maior gradualismo no desenrolar do processo, uma maior busca de consensualidade, menos unilateralidade. Mas, nessa altura, o MFA — que se considerava ele próprio um movimento de libertação de Portugal — sentia-se a falar com os seus homólogos da libertação de Angola e de Moçambique. E, naturalmente, privilegiava-os em absoluto.

Voltamos ao mesmo: por que não foi consultada essa série de movimentos que havia em Moçambique e que seriam "suprimidos" após a independência? Alguma vez sugeriu que fossem consultados?

Você faz-me perguntas com os olhos e as concepções prevalecentes em 1995. Como se ignorasse a situação política e psicológica e a relação de forças político-militares existentes em Portugal em fins de 1974 e 1975. Aqui vivia-se uma revolução, com o poder nas mãos dos militares e em vias de cair na rua... Por mais lúcidos e avisados que os políticos fossem — e eu prezo-me de o ter sido, bem como o meu amigo e colega do governo, Almeida Santos —, não podíamos abstrair desta realidade...

A propósito desses outros "componentes brancos": numa entrevista ao *Der Spiegel*, dada em maio de 74, julgou útil avisar que "se em África se chegasse a um separatismo, a um Estado racista de colonos portugueses brancos, teríamos provavelmente, um dia, o nosso Vietnã em África". À *Newsweek*, também em maio, repetiu: "Devo avisar os separatistas brancos que queiram seguir esse rumo que devem estar preparados para novos Vietnãs." E em nova entrevista ao mesmo *Der Spiegel*, em agosto, quando interrogado sobre a eventualidade de uma solução rodesiana em Angola, dirá textualmente: "O Exército não permitirá que mercenários brancos ou grupos semelhantes se levantem contra as Forças Armadas. O Exército não hesitará, não pode hesitar." O jornalista insistiu na pergunta, Mário Soares respondeu: "Suponhamos então essa hipótese. Que faríamos? Iríamos combater essa solução com todas as nossas forças, porque tal seria para África e para o mundo uma aventura insuportável. Não permitiremos de modo algum uma solução rodesiana em Angola ou em Moçambique, combatê-la-íamos com todos os meios de que dispomos." Por que este encarniçamento?

Era preciso travar as tentações racistas sul-africanas, muito perigosas, como se viu, relativamente a toda a África Austral. Governos de minorias brancas, em Moçambique, com o perigo de contágio para Angola, gerariam, necessariamente, uma dinâmica antiportuguesa em África. Seria o pior que nos poderia acontecer, como remate de 13 anos de infelizes guerras coloniais. A presença portuguesa em África, que sempre procurei salvaguardar num diálogo fraterno com os africanos — em igualdade, na reciprocidade de vantagens e em liberdade —, ficaria definitivamente comprometida. Seria um completo desastre!

Era a sua opinião. Mas que fez para acautelar e garantir os interesses dos portugueses em Moçambique quando, por mais de uma vez, conversou com a Frelimo? Ou melhor, quando, a 7 de setembro, Portugal e a Frelimo assinaram o Acordo de Lusaka, que disse Mário Soares a si próprio?

A insistência das suas perguntas revela que você abstrai dos 14 anos de guerras coloniais cruentas — como se nada fosse! Dos crimes do colonialismo e das legítimas revoltas que suscitaram e, finalmente, do isolamento internacional tremendo em que se encontrava Portugal quando os militares de abril, praticamente sem resistência, derrubaram a ditadura. Ignora o cansaço profundo e mesmo a hostilidade às guerras coloniais que traduziam o estado psicológico da maioria dos portugueses, nesses meses da primavera e do verão de 1974. Nas ruas das principais cidades gritava-se, sem contestação: "Abaixo as guerras coloniais!", "Nem mais um soldado para África." Esta era a opinião que se exprimia quanto à questão colonial. Só depois do regresso dos chamados "retornados", em princípios de 1976, o estado de espírito das pessoas começou a mudar. Que disse a mim próprio — ou que pensei — em 7 de setembro, quando Portugal e a Frelimo assinaram o acordo de Lusaka? Que, dadas as contingências da situação e do tempo, se tinha chegado à solução possível, tentando salvaguardar os interesses portugueses, tão ameaçados pelos anos de guerra. Alguns (poucos!) empresários portugueses, em Moçambique, compreenderam isso, ficaram e ainda hoje lá estão. Não esqueça que nesse mesmo dia, 7 de setembro de 74, na então ainda Lourenço Marques, houve uma tentativa de sublevação branca, que terminou da pior maneira, com a fuga para a África do Sul de alguns dos quadros comprometidos...

Que opinião tinha, em 74, de Jorge Jardim? Quem era para o senhor Jorge Jardim?

Nunca o conheci pessoalmente. Mas, claro, conheci muitas histórias dele, da sua ligação política a Salazar, que o obrigou a usar chapéu quando foi secretário de Estado... Dizem-me amigos meus, que o conheceram, que era simpático e corajoso. Sempre o considerei como um aventureiro dos tempos modernos, concedendo-lhe o benefício das boas intenções. Mas a sua ação, em concreto, em Moçambique, e depois de deixar Moçambique, foi sempre muito atribiliária e altamente controversa.

Para terminar: parece-me que a razão essencial da sua pressa na descolonização residia, afinal, no seguinte: enquanto a descolonização se arrastasse, os militares continuariam fatalmente no poder em Portugal. Ou seja: quanto mais depressa se arrumasse o assunto, melhor para o senhor e para os seus objetivos. Julgo que pensou isto com muita clareza e executou com espírito de decisão. Pergunto: Mário Soares tinha — teve — afinal uma estratégia muito coerente para a questão africana?

Penso, sinceramente, que sim. Tinha — e tenho — "uma idéia para Portugal", que implicava uma estratégia coerente para a resolução das guerras em África, assegurando, num futuro não muito distante, a presença portuguesa nessa região do mundo — em liberdade e em paz. Mas essa idéia nunca teve nada a ver com interesses pessoais — ou mesmo, sequer, partidários —, mas com valores fundamentais e com a ambição que sempre tive para Portugal: uma pátria livre, aberta, generosa, fraterna — em consonância com os valores do humanismo universalista português, que nos fez grandes e reconhecidos no mundo. Descolonização e democracia eram duas vertentes indissociáveis do mesmo projeto: uma implicava necessariamente a outra. Sem consolidar ambas, nunca poderíamos ter acesso à Europa Comunitária. Passava por aí, também, a indispensável modernização de Portugal. E a construção — em liberdade — sobre os escombros de um sonho imperial obsoleto, irrealista e inviável de uma verdadeira Comunidade dos Países de Língua Portuguesa. Às vezes, como se diz, é-se obrigado a escrever direito por linhas tortas. Quando as circunstâncias do tempo, do lugar, e os erros dos homens, vindos de trás, assim o exigem...

VII.

Descolonização a Quatro Mãos

Tudo o que me tem vindo a dizer prova que havia fatalmente mais do que uma política de descolonização. Quem conduzia, afinal, esta questão?

A partir do momento em que o processo da paz se desencadeou, depois do 25 de Abril, depois de surgir a Lei 7/74, houve, efetivamente, mais do que uma política ou, se quiser, marcadas *nuances* da mesma política. Em primeiro lugar, deixe-me referir-lhe a minha própria. Como lhe disse, estabeleci contatos com os movimentos nacionalistas das três colônias em guerra: Angola, Guiné e Moçambique. Por quê? Porque, tendo o pelouro das relações internacionais, achava que, para furar o isolamento internacional em que Portugal se encontrava e restabelecer o seu prestígio no mundo, tinha de dar garantias sérias — como dei — aos Aliados e às Nações Unidas que íamos descolonizar. Era, no fundo, o que, de nós, todos reclamavam. O primeiro grande discurso em português que se fez nas Nações Unidas após o 25 de Abril, como já lhe disse, foi feito por mim: falei para uma sala cheia e perante uma platéia que, desde então, começou a acreditar em Portugal.

Estabeleceu contatos com os movimentos nacionalistas da Guiné, Angola e Moçambique e "não com os outros", como referiu. Por quê? Porque considerava que não existiam? Porque não tinham legitimidade? Ou porque nem sequer os conhecia?

Conhecia alguns, obviamente: em São Tomé, em Cabo Verde (conhecia as pretensões do PAIGC) e em Timor. Mas, como essas colônias não estavam em guerra, não me pareceu urgente, desde logo, ocupar-me delas. Foi uma opção intencional.

Voltando às outras políticas de descolonização...

Havia o general Spínola que tinha as suas idéias muito próprias, embora um tanto confusas, senão mesmo contraditórias, dada a situação entretanto criada.

Essas idéias eram muito simplesmente as que Spínola anunciara no seu livro *Portugal e o futuro*.

A tese da federação dos países de expressão portuguesa era já então completamente ultrapassada e irrealista. Spínola oscilou, aliás, entre essas idéias e a autodeterminação pura e simples, que veio depois a reconhecer no célebre discurso de 27 de julho. Existia ainda a Comissão Coordenadora do MFA, que tinha contatos diretos com os movimentos nacionalistas.

E também, não esqueça, o Partido Comunista, que tinha a sua própria política de descolonização. E fazia-a. Não de forma pública, mas através dos contatos que mantinha com os movimentos nacionalistas.

Pode ser mais explícito?

Não é difícil de entender. Os comunistas e os movimentos africanos tinham relações privilegiadas.

Aliás, quase todos os movimentos nacionalistas africanos recebiam ajudas substanciais dos países do Leste e, sobretudo, da URSS. Só a UNITA recebia auxílio da China.

Então, o que o distinguia do PC? Mário Soares também dialogava apenas com esses mesmos movimentos. A fórmula não era, afinal, a mesma?

Não. Eu procurava fazer uma descolonização de acordo com as resoluções aprovadas pelas Nações Unidas e apoiando-me nos aliados tradicionais de Portugal. Não me agradava nada, mas mesmo nada, que as nossas colônias se libertassem da tutela colonial portuguesa para caírem na esfera de influência soviética, um outro tipo de colonialismo que não seria, seguramente, melhor do que foi o nosso...

Finalmente, a que se refere quando menciona os contatos da Comissão Coordenadora do MFA com esses mesmos movimentos de libertação?

Foram os militares de abril, opositores de Spínola e mais próximos de Costa Gomes, que, finalmente, conduziram a política de descolonização levada a cabo por Portugal nas suas fases mais decisivas.

Se tudo era assim como diz, por que é que não informou o país? Por que não nos disse: "Há um só ministro dos Negócios Estrangeiros, mas há mais que uma política de descolonização"?

O fato de ser titular dos Estrangeiros não me tornava único responsável da política do país. Além disso, se eu o tivesse feito, talvez a minha boa amiga estivesse hoje a viver em ditadura. Nessa altura, teria sido eliminado do processo sem dificuldade maior. Sabia que era alguém que apenas liderava um pequeno partido — que se estava a constituir —, alguém que tentava, com persistência, levar a água ao seu moinho. Outros partidos tentavam o mesmo. E havia os militares que tinham a sua própria estrutura, a força e as suas idéias, embora por vezes confusas. Alguns estavam mesmo a sofrer um processo de autêntica revolução mental.

Em resumo: calou-se e esperou até ter força? Isto é, até dispor de um partido forte, tropas, poder?

Não. Agi sempre da maneira que me pareceu a mais adequada e inteligente, relativamente aos meios e à influência de que dispunha. A diferença que há entre um homem político e um moralista é que, em face de uma revolução — e era disso que se tratava —, o homem que se move por meras atitudes morais demite-se, à primeira contrariedade, ao fim de 15 dias. Assim que depara com uma dificuldade maior, demite-se! O autêntico homem político vai fazendo a sua caminhada, sem renegar as suas convicções e sem jamais transigir no essencial. Não se tratou nunca de ver e calar. Nunca me calei ou estive inativo. O processo político português, no seu primeiro ano, orientou-se todo num sentido: há ou não há eleições? Legislativas ou presidenciais? Esta era a grande questão política que se punha, desde o primeiro dia em que cheguei ao I Governo Provisório.

Conforme: a descolonização não era a grande questão? Ou uma grande questão?

Era, claro. Mas dependia da relação de forças internas. A descolonização, nas suas diversas variantes, era mais ou menos consensual. A realização — ou não — de eleições é a primeira grande questão que divide o bloco de apoio à Revolução e surge como incontornável na nossa política interna portuguesa. Era preciso chegar às eleições! O ato realmente fundador da democracia portuguesa foram as eleições de 1975. Do mesmo modo que o ato transformador de uma revolta militar em revolução foi a primeira grande manifestação do povo de Lisboa, em maio de 1974, quando, na rua, esse mesmo povo legitimou o 25 de Abril. Perante essa legitimação, os militares podiam ter — ou não — feito eleições. Era vitalmente importante, para Portugal e para a democracia, que as fizessem — e eu tudo fiz nesse sentido. Todo o meu comportamento em matéria de descolonização, de política externa e de política interna tem de ser visto, compreendido e lido à luz desta prioridade essencial. Mas, entretanto, não esperei, como lhe disse, que me dessem um mandato, dentro do governo, para estabelecer contatos com os africanos e avançar com as negociações relativas ao cessar-fogo nas colônias em guerra. Avancei por mim próprio. E quando o presidente da República ou as forças militares — que haviam feito o 25 de Abril e detinham a legitimidade revolucionária — me chamavam a atenção para o que ia fazendo, eu tinha de dialogar, de me entender com eles. Não podia dizer: "Não, não, quem faz a descolonização, em exclusivo, sou eu!" O que aconteceu, realmente, é que eu cavalguei a questão africana e comecei a correr à desfilada para ser eu a resolvê-la: na convicção de que poderia solucioná-la melhor do que os outros ou, pelo menos, com menos estragos para o país. Não foi o caso, infelizmente. Reconheço-o.

Começou a correr à desfilada porque sabia que o processo da descolonização tinha de estar tão avançado quanto possível antes das eleições de 75: como já me referiu, o problema da descolonização era indissociável da questão da democratização!

Indissociável, sim; mas o calendário poderia ter sido diferente. O que procurava não pôr em causa era a minha participação — e sobretudo do PS — no processo político em curso, tão complexo. Estive para me demitir em 11 de março de 1975; antes, em junho de 74, também o estivera já, conforme referi. Houve avanços e recuos, situações dramáticas. Mas fui sempre persistente, agarrado ao terreno, de forma a não perder capacidade de intervenção. Era facílimo, em 1974, eliminar o senhor Mário Soares do processo revolucionário. Mais tarde, em 1975, isso já não seria assim tão fácil... Tornara-me uma referência e liderava um partido bem implantado no terreno.

VIII.

A Água e o Moinho

Quando aterrou em Lisboa, na madrugada de 3 de maio de 74, após a sua primeira digressão européia, acabara de viver um grande momento na sua vida. Como reagiram os militares a essas incursões européias?

Estavam atônitos quando regressei. Álvaro Cunhal tinha muitos contatos internacionais, mas só com o Leste; quem dominava as relações com o mundo ocidental era — como se viu — o PS. Não havia mais nada. Os militares e o povo compreenderam isso. Não havia democracia cristã organizada, não havia qualquer partido liberal, com ligações interessantes, nem personalidades com impacto internacional. Era o vazio total. Preenchi-o no momento próprio.

E, além disso, gostara certamente de impressionar os seus amigos europeus. Houve fatalmente uma pequena vaidade...

Nenhuma vaidade, creia. Satisfação, sim: começava finalmente a colher os primeiros frutos — para o PS e para o projeto que representava — da longa sementeira de solidariedade que persistentemente lançara à terra em muitos anos de ininterrupta atividade política. O resultado de muitos anos de luta fora, finalmente, coroado por um sucesso público. Um êxito que me impôs ao país — as pessoas ficaram a conhecer-me — e ao meu próprio partido: oito dias antes, eu era o dirigente simbólico de um partido clandestino, que vivia exilado em Paris. Mas não esqueçamos que o partido fora organizado pelos militantes que estavam em Portugal! E havia alguns — os mais novos — que vieram para o PS depois da fundação, como o António Reis, o Mário Cardia, o Marcelo Curto e tantos outros, que não tinham razões especiais para me manifestar particular simpatia. Começaram então, porventura, a perceber que eu era indispensável ou, pelo menos, muito útil, naquele momento histórico, ao PS...

> **Não sei se começaram, justamente. Mas o que me diz é significativo: apercebeu-se depressa que tinha duas frentes de combate: lá fora, no mundo, como titular dos Negócios Estrangeiros; e, em Portugal, no seu próprio partido. Uma organização pouco implantada no país e que contava meses de vida.**

Não tínhamos ainda tido tempo nem oportunidade para nos contarmos. Ninguém sabia qual era a nossa força. No primeiro ano, à medida que íamos fazendo umas reuniõezinhas modestas pelo país, o Partido Comunista fazia concentrações maciças, no Campo Pequeno e noutros locais, mobilizando milhares de pessoas e de bandeiras. Isso contribuiu para que se pensasse, generalizadamente, que a força estava sobretudo do lado do PC. Nós aparecíamos, nos primeiros meses, como uma força política menor, com uma organização deficiente e algumas contradições internas muito visíveis...

> **Não só não tinham força política, como Mário Soares era contestado. Falemos um pouco mais nisso.**

Havia em certas áreas do Partido Socialista um entusiasmo excessivo, algum fascínio — e mesmo subserviência — relativamente aos militares no poder. Eu concordava que os capitães de abril haviam prestado um serviço inestimável a Portugal. Mas advertia que a Revolução tinha de ser essencialmente democrática e civilista. Teríamos de nos encaminhar, rapidamente, para um regime pluripartidário, respeitador dos direitos do homem, das liberdades, da tolerância, onde não houvesse retaliações nem saneamentos e que fosse capaz de restabelecer a concórdia nacional, após meio século de ditadura. O que logo tornou o meu discurso muito diferente do dos comunistas: o PC não só agitava a aliança povo/MFA, como punha o acento tônico na Revolução, ao mesmo tempo que insistia na originalidade da nossa "Revolução popular", que ultrapassava o formalismo da representatividade democrática. Isto é, as liberdades, a tolerância, os grandes valores da democracia pluralista e representativa iam ficando para trás. E começava a reclamar saneamentos. No Partido Socialista, havia responsáveis que percebiam claramente estas distinções essenciais e outros que não as entendiam ou eram menos sensíveis a este tipo de temática.

Quem é que percebia e quem é que não percebia?

Não quero fazer processos de intenção, nem sou capaz de me armar em juiz de ninguém, menos de camaradas que hoje muito prezo. Digo-lhe apenas que, desde logo, me comecei a sentir pouco compreendido, por bastantes socialistas, em algumas destas matérias.

Insisto: quem é que estava indiscutivelmente com o senhor? Salgado Zenha?

Relativamente à consolidação do poder político, sim. Mas o Zenha preocupou-se sempre muito com as nossas relações com os militares, com o que resumia numa fórmula lapidar: nós, socialistas, éramos "a panela de barro" — e os militares, "a panela de ferro"; se houvesse colisão, dizia ele, ficaríamos em cacos... Insistia que os militares tinham uma legitimidade própria pelo fato de terem derrubado a ditadura. Eu respondia que a legitimidade, a partir das eleições, resultaria apenas do voto popular. Uma mudança qualitativa que deveríamos assumir. Quando conseguimos que nos fosse atribuída uma sede, em S. Pedro de Alcântara, graças aos esforços de Magalhães Godinho junto dos militares, começamos a organizar-nos, a erguer uma estrutura. Foi um trabalho hercúleo, no qual Tito de Morais teve um papel fundamental. Logo nas primeiras semanas, milhares de pessoas aderiram ao Partido Socialista, o qual, no dia 25 de abril de 74, não contaria, porventura, mais do que cerca de um milhar de militantes, que como tal se consideravam.

Tudo o que vinha à rede era peixe?

Toda a gente achou que era ótimo que as pessoas se inscrevessem, era um bom sinal, no sentido de que o PS ia crescer e avançar...

Seja: que avançasse. Embora sempre com Mário Soares a avisar — em diversas entrevistas e intervenções — que havia três correntes principais dentro do PS: um socialismo humanista; um socialismo de inspiração marxista; um socialismo cristão. Estas correntes correspondiam ao seu íntimo desejo, ou tratava-se de um ardil para disfarçar um tom e um projeto que à data não eram uniformes?

Os nossos militantes provinham dessas três matrizes ideológicas: socialistas da antiga "União Socialista" e da velha SPIO, como Macedo, Magalhães Godinho ou Lafayette Machado e outros; ex-comunistas, desiludidos da prática stalinista do PC e heterodoxos em relação ao dogmatismo marxista, como o Ramos da Costa, o Zenha, o Cardia, ou eu; e católicos, formados nas Juventudes Católicas e imbuídos de preocupações sociais, como o João Gomes, o Sousa Gomes, o António Guterres e outros... E, depois, havia a avalanche dos que chegavam ao partido, sem referências ideológicas claras, atraídos pela palavra mágica "socialismo", soprada pelo ar do tempo. Para mais, era claro que urgia unificar o discurso e dar consistência doutrinal ao PS, por forma a esbater as "correntes" ou — como eu dizia — as "sensibilidades"... A unificação do discurso não foi tarefa fácil. Mas é extraordinário como tudo ocorreu rapidamente, num curso acelerado de um ano! Aparecia-nos gente das mais diversas procedências: desde o Paradela de Abreu, passando pelo Daniel Proença de Carvalho, até à Vera Lagoa! Vieram ter conosco, porque o PS, sendo de esquerda, se demarcava do Partido Comunista, por forma claríssima; porque me haviam visto iniciar, com êxito, os contatos internacionais e aparecer com o apoio da Europa. O PS surgiu como um enorme guarda-chuva, debaixo do qual muita boa gente se procurava abrigar... Começaram a surgir sedes, por todo o país apareciam pessoas a dizer: "Somos representantes do Partido Socialista em tal sítio..." E ninguém os conhecia! Houve núcleos que se autoconstituíram de maneira espontânea. No PS, repito, o Tito era o responsável encarregado de organizar e estruturar essa avalanche. Prestou um serviço inestimável e demonstrou uma rara capacidade de trabalho e organização. Eu, depois de ter sido empossado como ministro, tinha a descolonização, andava pelo mundo, aparecia freqüentemente na televisão portuguesa, mas não deixava de participar em comícios, um pouco por todo o país.

Queria implantar o Partido Socialista. Qual? O moderado ou o radical? Lembro-lhe, a propósito, uma coisa interessante: no dia 25 de maio, um mês depois da Revolução, num comício no Coliseu de Lisboa, o PCP "denuncia a onda de greves que só servem o fascismo"; três dias depois, o MDP também as criticava; ambos fizeram, repetidas vezes, estes apelos. E, no dia 1º de junho, a Intersindical, com o apoio do PCP, promoveu uma manifestação em Lisboa contra a vaga de greves. Pelo contrário, o seu partido foi, durante muito

João Lopes Soares, pai de Mário Soares, com 90 anos, na sua Casa das Cortes. "... constituiu, até ao fim, um exemplo..."

Elisa Nobre Baptista, mãe de Mário Soares, em 1954. "Uma mulher sólida, enérgica, de trabalho, com quem se podia contar. (...) Dirigia tudo: o colégio, a casa, a família."

Mário Soares em Madri, em 1973. "Um homem na força da vida, com o máximo de vigor, algum prestígio no país e uma certa experiência..."

João Soares, ao centro, Governador Civil de Braga. Novembro de 1913. "...uma estrutura intelectual e moral muito sólida, uma generosidade e simpatia humana excepcionais..."

caminho da Figueira da Foz. Outubro de 1931. Mário
ares com os pais, os dois irmãos, Tertuliano e Cândido, e
na prima, Maria da Conceição Lopes. "Fui uma criança
spreocupada e feliz, embora sempre ultraprotegido pelos
eus pais e pelos meus meio-irmãos..."

Com os pais na casa de Amadeu Gaudêncio, Nazaré, verão de 1943. "Nos dois vi sempre uma complementaridade essencial..."

1970. A caminho do exílio. "Os meus filhos regressariam à universidade, a minha mulher ocupar-se-ia do colégio, e eu ficaria exilado. Mas como? Em que condições?"

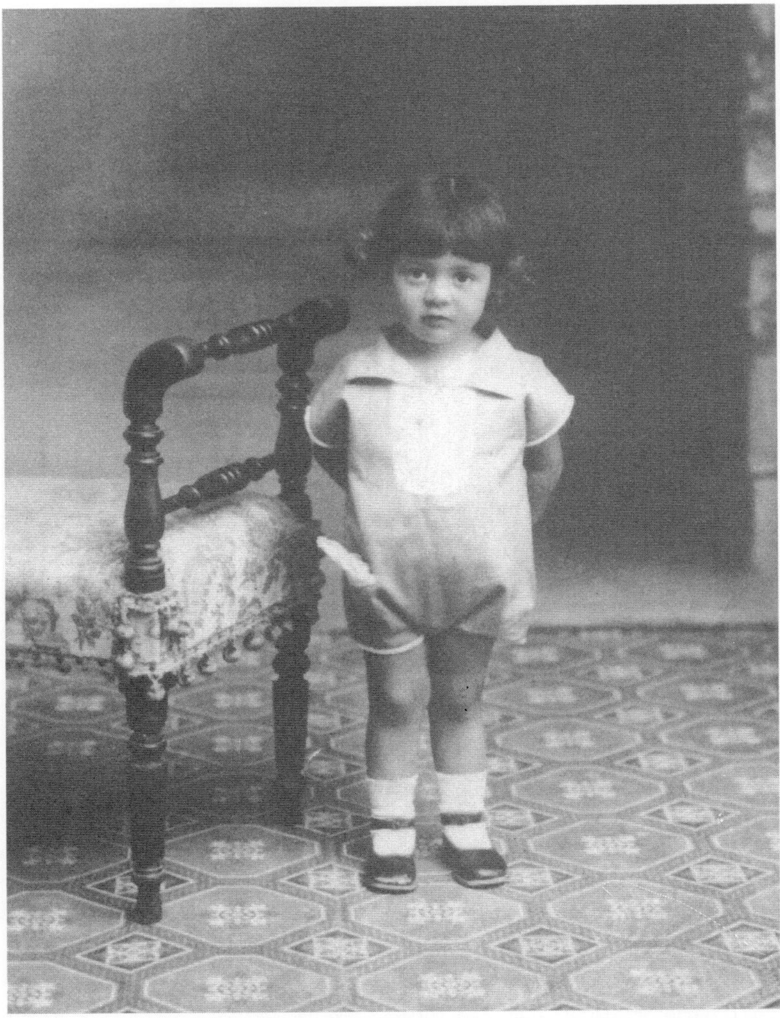

Gigi com três anos. "O meu pai tinha o hábito de inventar nomes carinhosos ou alcunhas. (...) Chamava-me Gigi, outras vezes tratava-me por Licas..."

Mário Soares, aos quatorze anos, posando entre os pais. "Uma das minhas grandes sortes na vida — e tive várias — foi ter uns pais excepcionais..."

Em 1936, no Externato D. Diniz. Mário Soares, de camisola branca, sentado na primeira fila, freqüentava o primeiro ano. Tinha doze anos. "Era um péssimo aluno..."

O Colégio Moderno, no Campo Grande, fundado por João Soares em 1936. "A minha vida estudantil só se estabilizou (...) quando entrei para o Colégio Moderno..."

Mário Soares, no verão dos seus dezoito anos, com os pais e uma prima, em Felgueira: "Entrara para a faculdade e mudara de vida."

O curso de Românicas de 1941-1946, da Faculdade de Letras de Lisboa: "Na faculdade, a Maria de Jesus movia-se no grupo de Lindley Cintra, Sebastião da Gama e Maria de Lourdes Belchior...

Maria de Jesus Barroso. "Eu conhecia-a mal. Sabia que era atriz, que trabalhava no Teatro Nacional..."

Álvaro Cunhal. "Sei que o camarada 'Fontes' tenciona ir para a Suíça. Nós entendemos que não deves ir. Estás a desempenhar muito bem a tua missão..."

Mário Soares na década de cinqüenta. "Foram anos calmos no plano da intervenção política, mas fecundos na reflexão e na aprendizagem teórica..."

"Cartaz eleitoral do general Norton de Mattos para as eleições presidenciais de 12 de fevereiro de 1949.

Anos cinqüenta. Oliveira Salazar e Marcello Caetano, então Ministro da Presidência.

Mário Soares, advogado em Lisboa: "Terminei o curso com os mesmos treze valores com que o iniciara."

No Parque das Caldas da Rainha: Mário Soares, Maria de Jesus e Francisco Ramos da Costa

Aspectos da propaganda do general Humberto Delgado na campanha eleitoral para as eleições presidenciais de 1958.

O casal Soares em 1957, no Colégio Moderno. "Éramos um verdadeiro clã, tínhamos uma vida de família muito intensa."

Mário Soares, professor de Filosofia com a turma do 7º ano no Colégio Moderno, 1955.

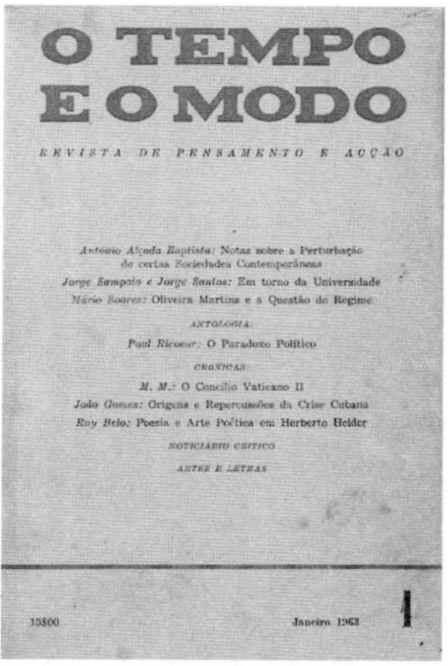

O TEMPO E O MODO

REVISTA DE PENSAMENTO E ACÇÃO

António Alçada Baptista: Notas sobre a Perturbação de certas Sociedades Contemporâneas

Jorge Sampaio e Jorge Santos: Em torno da Universidade

Mário Soares: Oliveira Martins e a Questão do Regime

ANTOLOGIA:

Paul Ricoeur: O Paradoxo Político

CRÓNICAS:

M. M.: O Concílio Vaticano II

João Gomes: Origens e Repercussões da Crise Cubana

Ruy Belo: Poesia e Arte Poética em Herberto Helder

NOTICIÁRIO CRÍTICO

ARTES E LETRAS

10$00 Janeiro 1963 1

"Sentia-me satisfeito de estar no *Tempo e o Modo*. Era outra geração e outra realidade..."

Mário Soares com Ramos da Costa. "Além de homem de convicções, era um *bon vivant,* gostava de mulheres, interessava-se pelas coisas da arte, tinha um certo espírito aventureiro e uma curiosidade insaciável..."

Diario de Lisbôa

Foi dominada uma tentativa de assalto a Infantaria 3, em Beja

Durante as operações de repressão foi morto o subsecretário do Exército

e ficou ferido o capitão Varela Gomes que chefiava o grupo dos revoltosos

APELO AO BOM SENSO

A COMUNICAÇÃO DA MORTE

Primeira página do *Diário de Lisboa* de segunda-feira, 1º de janeiro de 1962. “Quando Humberto Delgado conseguiu chegar a Beja, tudo estava já perdido...”

Maria Lamas e Mário Soares, em Paris, 1964.

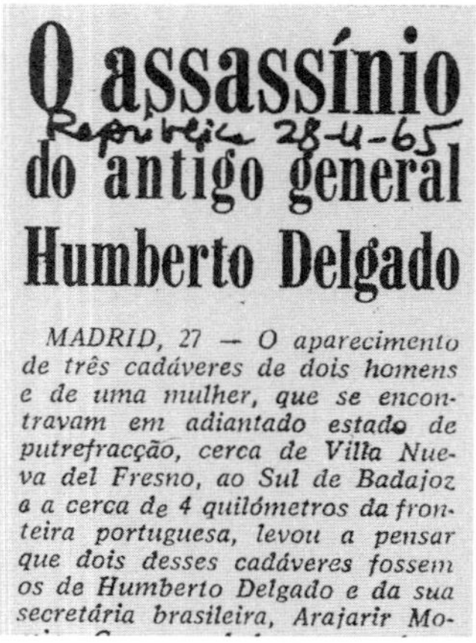

O assassínio do antigo general Humberto Delgado

República 28-4-65

MADRID, 27 — O aparecimento de três cadáveres de dois homens e de uma mulher, que se encontravam em adiantado estado de putrefracção, cerca de Villa Nueva del Fresno, ao Sul de Badajoz a a cerca de 4 quilómetros da fronteira portuguesa, levou a pensar que dois desses cadáveres fossem os de Humberto Delgado e da sua secretária brasileira, Arajarir Mo-

Notícia em *A República*, do dia 28 de abril de 1965, sobre o assassínio de Humberto Delgado.

Mário Soares com Tierno Galván. “Não conhecia nenhum advogado em Espanha. Lembrei-me do Tierno Galván. Sabia quem ele era através do *Le Monde*...”

Mário Soares em São Tomé, no verão de 1968. “Ir para São Tomé? Eu nem sabia ao certo onde estava São Tomé no mapa...”

Uma das prisões de Mário Soares, pela PIDE, em maio de 1961. “Sempre que fui preso, a minha principal preocupação foi ‘portar-me com dignidade’, não falar...”

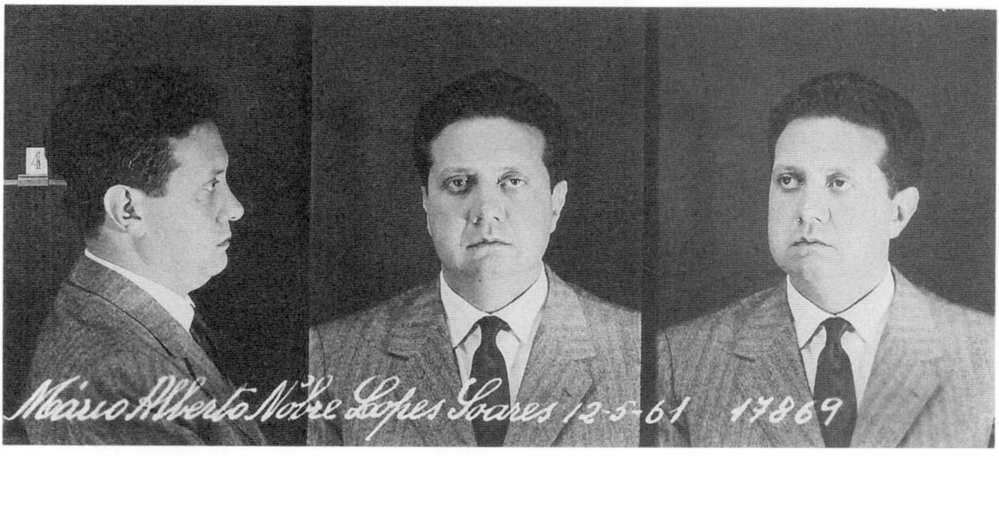

Mário Soares na varanda de sua casa em São Tomé . "Eu trabalhava em casa, escrevia, tinha os movimentos muito vigiados..."

Maria de Jesus com seu filho João, em 1968. "O João desde sempre foi mais parecido psicologicamente com a Maria de Jesus..."

Mário Soares com seu filho, João, em 1968. "A vida dos meus filhos não foi fácil, no plano emotivo, devido à vida politicamente agitada que sempre tive..."

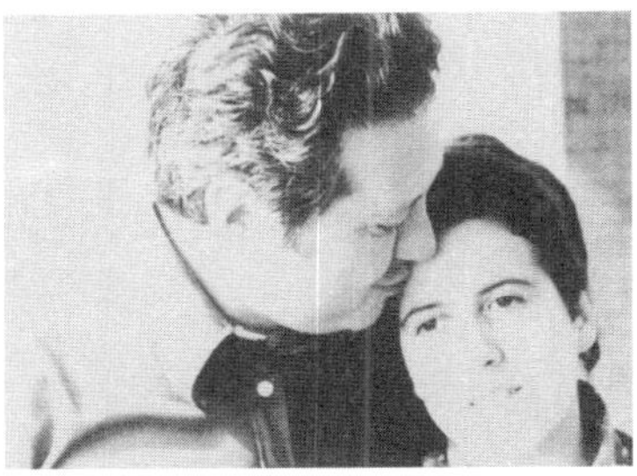

Mário Soares com a sua filha Isabel, em 1968. "A Isabel, mais expansiva e direta, dizendo sempre e logo o que pensa, mais extrovertida, por vezes também colérica como eu sou..."

João Soares com os seus netos, João e Isabel. "Da mesma forma que meu pai me marcou a mim, marcou-os também a eles..."

A capa da edição portuguesa do *Portugal Amordaçado.*

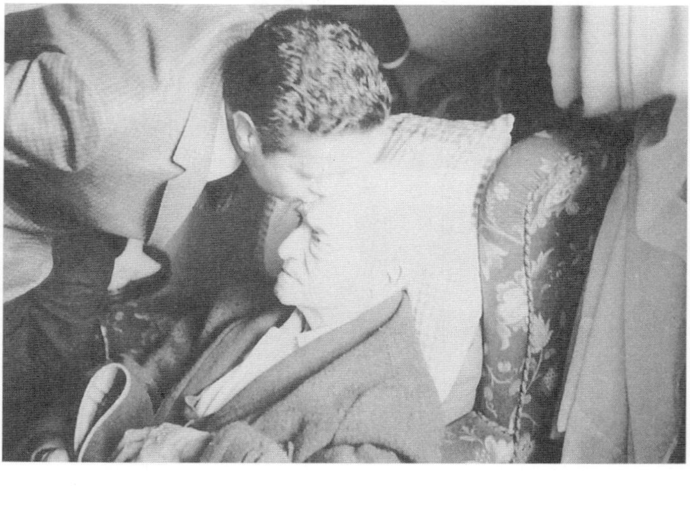

Mário Soares no dia de aniversário de seu pai, em 17 de novembro de 1968. "O meu pai festejou os seus noventa anos, cinco dias após o meu regresso de São Tomé."

MEMÓRIA = SUCESSO

Diario de Noticias

Director — Augusto de Castro

CARABINAS «BSA»

ANTERO LOPES, LTD.ª

"Palavras breves, mas necessárias, num momento particularmente grave e difícil"

O CHEFE DO ESTADO FALOU À NAÇÃO

NOMEADO O PROF. MARCELLO CAETANO

PARA SUBSTITUIR O PROF. OLIVEIRA SALAZAR

A QUEM SÃO MANTIDAS TODAS AS HONRAS INERENTES AO CARGO DE PRESIDENTE DO CONSELHO

PALAVRAS DO PRESIDENTE SOBRE O PROF. SALAZAR

«PORTUGUÊS INCONFUNDÍVEL NO PENSAMENTO E NA ACÇÃO E BENEMÉRITO DA PÁTRIA, POR ELE SERVIDA GENIALMENTE, COM TOTAL E PERMANENTE DEDICAÇÃO DURANTE MAIS DE QUARENTA ANOS E QUE, PARA MELHOR A SERVIR, DE TUDO ABDICOU, NUMA RENÚNCIA COMPLETA E ÚNICA EM TODA A NOSSA HISTÓRIA DE MAIS DE OITO SÉCULOS»

PROF. MARCELLO CAETANO: O NOVO CHEFE DO GOVERNO TOMA HOJE POSSE DO CARGO E PROFERE (ÀS 17 HORAS) UM IMPORTANTE DISCURSO COM AS LINHAS DOMINANTES DO SEU PROGRAMA POLÍTICO

O NOVO GOVERNO

A DOENÇA DO PROF. SALAZAR

O PROGNÓSTICO CONTINUA RESERVADO

O PROF. MARCELLO CAETANO ESTEVE NO HOSPITAL DA CRUZ VERMELHA

(NA 7.ª PÁGINA)

Primeiras páginas do *Diário de Notícias* de 8 e 27 de setembro de 1968.

PRIMEIRO BOLETIM MÉDICO

ÀS 9 HORAS:

«Em consequência de uma queda na sua residência de Verão, no Estoril, o sr. Presidente do Conselho apresentou sintomas que levaram o seu médico assistente a recorrer á colaboração de dois colegas neurocirurgiões.

Sua Ex.ª foi operado esta noite de um hematoma, sob anestesia local, encontrando-se bem.»

SEGUNDO BOLETIM MÉDICO

ÀS 21 HORAS:

«O sr. Presidente do Conselho, que, como dissemos no 1.º boletim, foi operado com êxito de um hematoma intracraniano, subdural, continua a melhorar progressivamente.

Auscultações cardíaca e pulmonares — normal.

Pulso — 80 p.p.m.

Tensão arterial — 16/9.

Glicemia e uremia — valores normais.

Hemograma — normal.

Não há alteração da função renal, nem perturbações metabólicas.

Tudo indica que o pós-operatório se processa normalmente.»

Em Lisboa, em 1968, passeando na Alameda da Universidade...

Retrato de família na casa do Campo Grande, no regresso de São Tomé.

Matar saudades dos livros, da casa do Campo Grande.

Mário Soares e a empregada de sempre, Olinda Alves da Silva.

1969. Mário Soares na campanha eleitoral para as eleições legislativas.

1969. Em campanha, no II Congresso Republicano.

Na campanha eleitoral de 1969 com Zenha e Isabel na casa de Campo Grande.

A Comissão Eleitoral de Unidade Democrática nasceu no dia 29 de setembro de 1969. Mário Soares à janela da sede da CEUD, um terceiro andar da rua dos Fanqueiros.

Mário Soares em 1969, em campanha nas ruas.

Mário Soares no ato de votar, em 1969. "Pela primeira vez no momento eleitoral eu surgia como o líder dessa corrente socialista autônoma: todo o país percebeu que aquele homem, um advogado chamado Mário Soares, era o líder da CEUD..."

A caminho do exílio, uma pausa em Blois. "Percebi que à minha frente se abriam uns largos anos de travessia do deserto..."

Grafite numa parede de Lisboa. 'Portugal estava bloqueado por uma ditadura obsoleta, retrógrada e imobilista. Era preciso derrubá-la."

Com François Mitterrand. "A partir de Paris, comecei a ir aos congressos dos Partidos Socialistas ou Sociais-Democratas. E, entretanto, aprendia, e fiquei a saber como era..."

No exílio em Paris, na primavera de 1973, Mário Soares na sua casa do Boulevard Garibaldi.

Em Paris com Maria Barroso. "Havia sobretudo períodos mais tristes, as festas eram sempre dolorosas... Era penoso, dado os nossos hábitos, passar numa pastelaria e comprar uma *Galette du Roi*..."

Mário Soares com seu filho João numa visita à Alemanha. "Viveram o meu exílio, solidariamente, sem um queixume..."

19 de abril de 1973. Na pequena cidade alemã de Bad Munstereifel, foto de família dos fundadores do Partido Socialista.

República

2.ª EDIÇÃO

As Forças Armadas tomaram o poder

O GOVERNO RENDEU-SE ÀS CINCO DA TARDE E AS TROPAS DO MOVIMENTO ENTRARAM NO CARMO

OS GENERAIS SPÍNOLA E COSTA GOMES DEVEM VIR A FORMAR UMA JUNTA MILITAR

PELO POVO E PELAS SUAS LIBERDADES

PROCLAMAÇÃO DO MOVIMENTO DAS FORÇAS ARMADAS

ESTE JORNAL NÃO FOI VISADO POR QUALQUER COMISSÃO DE CENSURA

Diário de Lisboa

O MOVIMENTO DAS FORÇAS ARMADAS PROSSEGUIRÁ NA SUA ACÇÃO LIBERTADORA

afirma-se num comunicado transmitido ao País

OS COMUNICADOS DO MOVIMENTO

2.ª EDIÇÃO

O CERCO AO QUARTEL DO CARMO

O Presidente do Conselho e membros do Governo entregam-se às Forças Armadas

O GENERAL SPÍNOLA NO PODER

A CAPITAL

EDIÇÃO ÀS 12 HORAS

GOLPE MILITAR

"MOVIMENTO DAS FORÇAS ARMADAS" DESENCADEIA ACÇÃO DE MADRUGADA

Diario de Noticias

GOLPE DE ESTADO ÀS PRIMEIRAS HORAS DE ONTEM

O MOVIMENTO DAS FORÇAS ARMADAS TRIUNFOU E ANUNCIA A ENTREGA DO GOVERNO A UMA JUNTA DE SALVAÇÃO NACIONAL PRESIDIDA PELO GENERAL ANTÓNIO DE SPÍNOLA

MOMENTO HISTÓRICO

PROCLAMAÇÃO AO PAÍS

MARCELLO CAETANO SEGUIU PARA A MADEIRA

Expresso

Moçambique: Esperança no futuro ensombrado pela África do Sul

Abril 1974 Portugal 25

Contra-relógio para a intervenção de Spínola na rendição do Carmo

Eleições francesas

O Almirante Américo Tomás detido na sua residência

ENTREGUE O GOVERNO DO PAÍS A UMA JUNTA DE SALVAÇÃO NACIONAL

JN JORNAL DE NOTÍCIAS

RENDIÇÃO INCONDICIONAL DE MARCELO CAETANO AO GENERAL SPÍNOLA

O POVO COMPORTOU-SE COM EXEMPLAR CIVISMO

MANIFESTAÇÕES DE APOIO AOS MILITARES

JÁ NA MADEIRA O EX-PRESIDENTE DO CONSELHO

DESENVOLVIDA REPORTAGEM NAS PÁGINAS INTERIORES

O SECULO

MEDITAÇÃO RESPONSÁVEL

Triunfou o Movimento das Forças Armadas

O GENERAL ANTÓNIO DE SPÍNOLA PRESIDE À JUNTA DE SALVAÇÃO NACIONAL

Marcello Caetano e alguns ministros exilados nas Ilhas Adjacentes

Sob custódia, em local desconhecido, o almirante Américo Thomaz e vários membros do Governo deposto

SITUAÇÃO DRAMÁTICA NA PRISÃO DE CAXIAS

Primeiras páginas de jornais.

magazine

fixe

1º DE MAIO

O POVO EM LIBERDADE

Soube por telefone o que ocorria em Portugal..."

A chegada à casa do Campo Grande, no dia 28 de abril de 1974.

Mário Soares e Maria Barroso à chegada a Lisboa. "Desembarquei na manhã de 28, era um domingo, o que proporcionou grandes manifestações populares... Estava surpreendido e emocionado..."

Magalhães Mota, Sá Carneiro e Pinto Balsemão, na formação do PPD, em 6 de maio de 1974.

Diogo Freitas do Amaral na fundação do CDS, em julho de 1974.

Costa Gomes com o MFA. "Nos primeiros dias, confesso que não percebi muito bem o que se passava no MFA..."

António Almeida Santos.
"A competência específica estava no Almeida Santos, mais do que em mim: era ele o Ministro da Coordenação Interterritorial."

Vasco Lourenço: "Os militares de Abril, muito pressionados pela sociedade que os envolvia e adulava..."

O I Governo provisório. "Fomos para o Governo quase sem nos conhecermos uns aos outros..."

O Ministro dos Negócios Estrangeiros, Mário Soares, com D. António Ribeiro, em 20 de maio de 1974. "Foi um gesto simbólico, espontâneo, que pratiquei por mera intuição política..."

Cartaz da manifestação de 28 de setembro de 1974. "Deparei com um país em choque, próximo do estado de sítio..."

Com Giscard d'Estaing. "Dizia sempre a mesma coisa: que a Revolução seria democrática, pluralista, e não sairia do campo ocidental...

O Congresso do PS. "Estávamos decididos a jogar por tudo..."

Momentos da Cimeira de Alvor, em janeiro de 1975, com os líderes angolanos. "Quando cheguei, percebi que os dados estavam lançados e o jogo praticamente feito..."

O 1º de maio de 1975, em Lisboa. "Entramos no estádio de roldão, em puro confronto físico, no meio de uma confusão indescritível."

"As preocupações de Maria de Jesus foram sempre mais ético-culturais que políticas..."

Vasco Lourenço ("O mais decidido a lutar fisicamente no terreno..."), Melo Antunes ("O mais elaborado ideologicamente") e Vítor Alves ("O mais direto e o de mais fácil convivência").

6 de novembro de 1975. Debate na RTP entre Mário Soares e Álvaro Cunhal. "A minha primeira linha de ataque baseou-se no conhecimento que tinha de Cunhal: um militante frio, ultracontrolado, racionalista, incapaz de se deixar arrastar pelas emoções..."

Lisboa, 17 de novembro de 1975. Manifestação de apoio ao VI Governo provisório.

Otelo no QG do COPCON na noite de 21 de novembro de 1975.

O 25 de novembro de 1975 em Lisboa.

Vasco Lourenço e Ramalho Eanes. "... E uma resposta, ou se quiser, contragolpe do setor democrático..."

tempo, mais extremista e mais radical do que o PCP. Tinha a noção disso?

Tinha. Repito-lhe: não houve um discurso coerente e unificado dentro do Partido Socialista senão depois de janeiro, depois do I Congresso na legalidade e, sobretudo, depois de iniciarmos a campanha eleitoral. Nos nossos comícios, eu era sempre o último a falar. Ouvia os oradores que me antecediam — o Manuel Serra, por exemplo, ou outros elementos da chamada ala esquerda do PS — dizerem verdadeiras barbaridades, ao gosto da época, completamente insensatas, que eu depois corrigia, dizendo exatamente o contrário. O mais curioso era que os dois tipos de discurso eram igualmente aplaudidos pelas multidões. Sinais do tempo: os diques do antigo regime tinham cedido, abruptamente, e os rios da indignação popular extravasavam por todo o lado, incontidos e incontíveis... O Partido Socialista tinha de recrutar, com rapidez, uma base operária sólida, necessitava de gente à esquerda para não se deixar empurrar — conforme a pressão e a vontade política do PCP — para a área de centro-direita. Esse foi sempre o sonho do PC e, por isso, queríamos disputar-lhe esse terreno, para podermos vir a ser eficazes como fomos. Disputamos bravamente a esquerda, vindo a ter conosco, mais tarde, uma grande parte da classe operária. Mas muitos dos meus camaradas tinham, nessa época, uma posição muito radicalizada, perdendo o norte da democracia pluralista — a nossa meta essencial —, no que foram acompanhados por alguns membros da direção do partido, felizmente poucos. Nunca me esqueço de que, uma vez, à saída de uma reunião, encontrei alguém que me contou que "a sua adesão ao PS lhe fora recusada com o argumento de que era doutor". E, pior, teriam acrescentado: "Se é doutor, vá para o PPD; o PS não é um partido de doutores." Isto repetiu-se em vários lugares. Fiquei preocupadíssimo! Queriam que o PS deixasse que os doutores fossem todos para o PPD e ficasse com os ignorantes? A luta foi titânica, complexa e difícil. Obrigou-nos a ter nervos de aço, à prova de bala!

Recordo-lhe que o PCP entrou com "pezinhos de lã", sem levantar ondas — a luta contra as greves insere-se nessa estratégia —, e foi, depois, num crescendo, usando e abusando das manifestações e das greves. Nós quisemos que o ministro do Trabalho fosse um comunista, justamente por pensarmos que os comunistas poderiam conter o radicalismo emergente na sociedade portuguesa, após quase meio século de ditadura. Teria sido esse o seu papel histórico. Como o PCF, em França, após a libertação. Nos primeiros meses houve uma radicalização do PS, que ocorreu ao mesmo tempo que tentávamos implantar o partido, disciplina-lo e, sobretudo, enquadrá-lo através de militantes de confiança, que íamos recrutando e formando. Muitas vezes enganamo-nos, como não podia deixar de ser! Mas a tarefa fez-se. Toda a gente sabe isso.

Enganaram-se com quem?

Com muitos dos que vieram a sair: o Manuel Serra, por exemplo, e toda a gente que o acompanhou nessa altura, umas centenas de militantes. Mais tarde, o Aires Rodrigues, a Carmelinda Pereira — e outros mais.

Foi o melhor que lhe podia ter acontecido?

Visto *a posteriori*, foi. Mas iam tomando conta do partido! A oposição que então me fizeram era muito forte. Lembro-me do Mário Sottomayor Cardia me ter dito antes do congresso de dezembro — e Cardia estava do meu lado — que talvez "o melhor seria eu não me recandidatar a secretário-geral, dar o lugar a outro e passar o testemunho à geração seguinte". Achei isto tão estranho que não esqueci o conselho, dado, aliás, com a melhor das intenções. Percebi que havia uma corrente no PS que tentava isso, por boas e más razões. Procurei contrabalançá-la através dos meus companheiros de sempre, que tinham outra solidez política e ideológica.

Julgo que não encontrou apenas oposição interna no grupo de Manuel Serra — o Movimento Socialista Popular, que integrou o PS no dia 22 de maio para logo o abandonar após o Congresso Socialista de dezembro de 74. Para além do grupo de Serra havia quem, parecendo estar ao seu lado, estava realmente contra o senhor...

É verdade. Estavam em jogo interesses contraditórios e a situação era, em si, extremamente complexa e confusa. Todos os pescadores de águas turvas julgavam que era o momento de lançar as suas redes... Os serviços secretos estrangeiros começavam a atuar em Portugal. Os militares de abril, muito pressionados pela sociedade que os envolvia e adulava, também não se dispensavam de procurar intervir no interior dos partidos e, em especial, no interior do PS, porventura o mais vulnerável e também o mais decisivo na ulterior condução do processo democrático. Muitos camaradas que, nessa época, entraram em conflito comigo, aberto ou surdo, fizeram-no, porventura, convencidos de que procediam no interesse do partido e da Revolução. Alguns vieram a ser, pouco tempo depois, meus entusiásticos defensores. A política é assim: há que dar às coisas o valor relativo que têm e continuar em frente, contra ventos e marés.

Está a falar-me de quem? Vasco Lourenço? Militares do PC? Falemos com algum detalhe dessas pressões militares exercidas sobre o PS nesses meses até ao congresso de dezembro.

Vasco Lourenço, que sempre esteve próximo do PS, foi dos que se permitiu dar-nos conselhos em tom cominatório. Tive de lhe dizer numa reunião em Belém, sob a presidência de Costa Gomes, que, "da mesma maneira que não temera as ameaças da PIDE, também não temia as pressões mais ou menos ameaçadoras do MFA"... No célebre comício contra a unicidade sindical, Manuel Alegre gritava: "Não tememos o sobrolho carregado de certos militares que nos censuram." Houve muitas outras tentativas de interferência, diretas e indiretas. Dada a bonomia tradicional dos socialistas, alguns militares terão pensado que éramos "uma pêra doce". Não fomos. A democracia pluralista, pluripartidária e civilista foi uma linha que traçamos, desde o início, e que nunca consentimos que fosse posta em causa, fosse a que pretexto fosse...

IX.

O Jogo de Xadrez

O governo foi empossado no dia 16 de maio. Como foram os bastidores da formação do I Governo Provisório?

O general Spínola, quando me pôs a questão de quem devia ser o primeiro-ministro, falou-me no Raul Rêgo. Fiquei espantado! Disse-lhe que teríamos de discutir essa possibilidade no seio do PS — de que o Rêgo era um dos dirigentes —, mas, antes que lhe desse qualquer resposta, Spínola mudou de idéias.

Por que se espantou? Raul Rêgo não era de modo nenhum um desconhecido para Spínola, ambos comunicavam entre si e Raul Rêgo fora, antes do 25 de Abril, uma espécie de porta-voz do general para a imprensa. Não pensou nisto?

Raul Rêgo foi um resistente estimabilíssimo, de uma coragem a toda a prova, um homem de convicções e um grande jornalista. Auxiliou Spínola e manteve no *República* contatos estreitos com militares abrilistas. Tudo isso é indiscutível. Mas isso não faria dele, necessariamente, um bom primeiro-ministro, designadamente no momento tão complexo que então vivíamos. De qualquer modo, quando o general Spínola me comunicou aquela sua idéia — como uma mera possibilidade, diga-se —, aliás na presença de Raul Rêgo, eu limitei-me apenas a dizer-lhe, com a aquiescência do Rêgo, que, como ele era um dirigente assumido do PS, a questão teria de se pôr, previamente, no interior do próprio partido. Foi também uma fórmula de lhe vincar, desde a primeira hora, a prevalência da vontade coletiva do partido sobre as opiniões pessoais dos seus dirigentes...

Antes de se fixar em Palma Carlos, o general pensou em Pereira de Moura e Miller Guerra.

Pensou no Prof. Pereira de Moura para primeiro-ministro, mas, igualmente, desistiu — houve aí influências cruzadas que se fizeram sentir — e virou-se, em seguida, para Miller Guerra. Nessa altura, Miller Guerra ainda não era membro do Partido Socialista — fora convidado para o PPD, que entretanto nascera, mas recusara! E veio a inscrever-se no PS bastante mais tarde. Julgo saber que Miller Guerra falou a Spínola na questão colonial, na inevitabilidade das independências e na necessidade de, para isso, se encetarem negociações com os movimentos nacionalistas, a fim de terminar, quanto antes, com as guerras coloniais. Spínola recusou-se a caminhar nesse sentido. E apareceu então o nome de Palma Carlos. Penso que alguém o sugeriu ao general, talvez gente da maçonaria. Ainda hoje não sei como surgiu o seu nome. Não levantei a menor objeção. Até achei bem.

Achou?

Achei bem. Conhecia-o desde miúdo, era grande amigo do meu pai, de quem fora defensor no Tribunal Militar de Santa Clara. Fora meu professor na Faculdade de Direito. Era uma figura muito prestigiada e respeitada no país. No entanto, como logo depois compreendi, embora Palma Carlos fosse um homem de toda a respeitabilidade e um democrata sem mácula, não só possuía pouca experiência política, como estava totalmente arredado das clivagens internas da oposição e conhecia mal as questões concretas e emergentes da governação e da administração. Quando, na fase da distribuição das pastas, reclamei de Spínola a entrada para o Ministério da Justiça do meu camarada Salgado Zenha, não foi fácil de conseguir.

Por quê?

Houve de início grande resistência da parte de Spínola, nunca soube por quê. Foi mais simples com Raul Rêgo, adquirido, desde o início, como ministro da Comunicação Social. Quanto à entrada de Álvaro Cunhal, não só concordei com ela, como tornei claro que o PS não entraria no governo sem a participação dos comunistas. Se os deixássemos de fora, nós, socialistas, ficaríamos numa posição política muito vulnerável, com o PC a tirar, na oposição, todos os dividendos de uma situação que, obviamente, seria muito difícil. Por isso eu queria Cunhal no governo. Entrou como ministro sem pasta, por recusar assumir a pasta do Trabalho, que eu tinha sugerido a Spínola.

Falou com Spínola sobre o seu colega Francisco Sá Carneiro?

Nunca falei a Spínola, nessa época, de Sá Carneiro. Só o conheci pessoalmente, de resto, no governo. A minha idéia inicial era que ele entrasse para o PS, visto que, numa célebre entrevista dada em 11 de janeiro de 1972 a Jaime Gama, no jornal *República*, se assumira como socialdemocrata, muito próximo, portanto, da corrente que, segundo Jaime Gama, eu representava em Portugal. Pouco antes da tomada de posse do governo, Sá Carneiro comunicou-me, abruptamente, que ia criar um partido socialdemocrata. Perguntei-lhe por quê. Se era socialdemocrata, bastar-lhe-ia entrar para o PS. Recusou, alegando que o Partido Socialista tinha um programa marxista. Depois, vim a ler o programa do PPD e verifiquei que era também de inspiração marxista...

O PPD teria um programa de "inspiração marxista". Mas o do seu partido, o programa do PS, começou por assustá-lo ao senhor mesmo.

Não me assustou nada. Nunca atribuí muita importância aos programas, que são meras declarações de intenção. Fui crítico, o que é diferente. Como sabe, os programas dos partidos têm a importância que a prática política lhes confere.

Começou a olhar Sá Carneiro de soslaio?

Não. Mas, entretanto, fui surpreendido porque Adelino da Palma Carlos — sem eu também saber por quê — teve a idéia de colocar Sá Carneiro como seu adjunto. Ficou como ministro sem pasta e ministro adjunto do primeiro-ministro, tendo, portanto, uma posição de relativa superioridade no Governo. Os meus camaradas não gostaram nada da situação. E questionaram-me: por que aceitara eu ser ministro dos Negócios Estrangeiros e não reivindicara ser ministro sem pasta, como ocorria com os outros líderes de partido? Disse-lhes que não atribuía qualquer importância ao fato. No fundo, tratava-se de uma questão formal e os Negócios Estrangeiros convinham-me muito mais por todas as razões: desenvolveria a minha rede de contatos internacionais; interviria nas questões da descolonização; e, por outro lado, seria muito mais fácil adquirir notoriedade aos olhos do povo português através da maior visibilidade da pasta, conferida pela televisão. Embora a minha posição no governo fosse, formalmente, subalterna em relação aos ministros sem pasta, essa situação relativa nunca foi muito notada. A minha aposta, como se revelou depois, foi certa.

Os seus camaradas não gostaram. Teriam preferido vê-lo como primeiro-ministro?

Jorge Campinos, numa reunião do PS, defendeu que eu deveria ter reivindicado o cargo de primeiro-ministro. Cortei cerce a idéia. Não me sentia minimamente seguro, nessa altura, para assumir tal responsabilidade. Não conhecia os mecanismos da administração pública, ignorava algumas das questões fundamentais da governação, bem como as dificuldades que necessariamente envolve, sobretudo em momento de crise.

E o país, conhecia?

Tinha uma idéia para Portugal, o que não significava que, nessa altura, conhecesse profundamente alguns segmentos importantes da população portuguesa. Conhecia bem o chamado "reviralho", as pessoas "do contra" e o mundo político em geral. Ignorava quase tudo dos círculos empresariais, dos meios militares, diplomáticos, ou da vida interna da Igreja; conhecia, razoavelmente, os círculos intelectuais e universitários. E sabia o que se pensava de Portugal na Europa e no mundo. Mas tinha a consciência das minhas grandes limitações e insuficiências no plano administrativo. Seria, portanto, uma tarefa profundamente difícil, para a qual não me sentia ainda suficientemente preparado. Fiz, por isso, prevalecer a idéia de que era melhor assim. Como foi.

O PS reivindicou também a pasta da Administração Interna, que ficou para o PPD. Uma pequena derrota.

Houve alguns problemas na formação do governo! Pela nossa parte, começou por haver a necessidade de impormos o Zenha; depois, queríamos o José Magalhães Godinho como ministro da Administração Interna, por causa das eleições. Aliás, as coisas estavam bem encaminhadas nesse sentido, Magalhães Godinho era muito bem visto nos meios militares abrilistas. Mas recusou o cargo, deixando-nos desamparados. Ainda tentei a possibilidade do Teófilo Carvalho dos Santos, que tinha condições e experiência para o lugar. Não foi possível: foi nomeado o Joaquim Magalhães Mota. Fomos para o governo quase sem nos conhecermos uns aos outros. Acho até que o Palma Carlos me menosprezou um pouco: eu fora aluno dele, conhecia-me de rapaz...

O general Spínola, já vimos, desconfiava do senhor. E Palma Carlos tratava-o com displicência?

Não direi bem isso...

...não o levava a sério?

Também não é assim. Reconheceu sempre que eu era um excelente ministro dos Negócios Estrangeiros — disse-o publicamente várias vezes —, mas, parece-me, não me via como chefe de partido. Ter-se-á sentido um tanto ofuscado e surpreendido com as minhas relações internacionais, quando nos deslocamos ao estrangeiro, e com a minha capacidade para me mover nos meios diplomáticos. Fiz uma única viagem com ele quando, em 28 de junho, fomos ambos a Bruxelas comemorar os 25 anos da OTAN. Palma Carlos percebeu a riqueza e variedade dos contatos que eu tinha com ingleses, americanos, e com os meios europeus em geral. Julgo que terá ficado mesmo bastante impressionado. Mas não relacionou isso com o fato de eu ser o líder reconhecido do PS na Internacional Socialista.

A propósito dessa viagem, façamos um parêntesis: Palma Carlos defendeu em Bruxelas posições ultraconservadoras na questão da descolonização, especialmente junto dos ingleses. Que fez quando o ouviu expressar tais propósitos? Não só já se comprometera com os mesmos ingleses, dias antes, em Londres, a ir mais longe nessa questão, como era inconveniente que Portugal expusesse na Europa dois conceitos de descolonização através do seu primeiro-ministro e do seu titular dos Negócios Estrangeiros. Lembra-se disso?

Lembro-me muito bem. Como lhe disse, quando fui a Londres como representante da Junta de Salvação Nacional, limitei-me a transmitir aos meus camaradas trabalhistas ingleses — por sinal, o primeiro-ministro e o ministro dos Negócios Estrangeiros de Sua Majestade — a apreciação positiva que fazia da Revolução dos Cravos e da sua evolução previsível. Não tomei, nem podia tomar, qualquer compromisso. Quanto ao jantar na embaixada britânica, em Bruxelas, onde se deu esse curioso episódio que refere, da acalorada defesa, feita por Palma Carlos, da chamada política ultramarina do regime anterior, o incidente — chamemos-lhe assim — não teve, nem de longe, a gravidade que lhe atribui. Foi apenas divertidíssimo. Deu-se no fim de um dia muito cheio de reuniões, cerimônias várias e recepções, uma das quais, muito concorrida, dada pelo presidente Nixon na embaixada americana de Bruxelas. Depois de tudo isso, fomos jantar à embaixada inglesa. Harold Wilson e Palma Carlos tinham bebido ambos bastante. Callaghan e eu — ministros dos Negócios Estrangeiros — estávamos completamente sóbrios. De repente, no meio de uma conversa amistosíssima e divertida, algo feriu a corda patriótica de Palma Carlos. Levantou-se num ímpeto e travou-se de razões, bravamente, com Wilson, que lhe respondeu no mesmo tom, furioso. Mas tudo acabou em bem, graças às intervenções moderadoras de Callaghan e minha. O jantar terminou, tarde na noite, entre abraços e novos brindes à "mais velha Aliança" e à amizade, selada naquele tão agradável jantar, entre os dois primeiros-ministros...

Em 31 de maio, dias após a formação do I Governo Provisório, é empossado o Conselho de Estado, que viria a ter vida efêmera. Integravam-no o presidente da República, general Spínola, a Junta de Salvação Nacional, alguns oficiais spinolistas — Almeida Bruno, Rafael Durão —, a Comissão Coordenadora do Programa do MFA e alguns civis: Isabel Magalhães Colaço, Azeredo Perdigão, Henrique de Barros, Diogo Freitas do Amaral, Ruy Luís Gomes. Sei que, nessa altura, conversou com Isabel Magalhães Colaço. Como viu, politicamente, este Conselho? Atribuía-lhe importância política?

Não falei só com a Prof.ª Magalhães Colaço. Conversei com todos os membros civis, com alguns dos quais tinha relações de amizade e solidariedade muito estreitas, como Henrique de Barros, Azeredo Perdigão e Ruy Luís Gomes. Consideramos a criação do Conselho de Estado — órgão de acompanhamento da atividade do presidente da República e do governo — como algo de positivo, com um peso, no evoluir da Revolução, necessariamente moderador. Interessava-me conhecer como prosseguiam os trabalhos, de que se ocupava e quais as posições relativas dos militares que compunham o conselho.

Que retém da primeira reunião do Conselho de Ministros?

Foi em S. Bento, onde reunia o Conselho de Ministros no tempo de Salazar...

...lembrou-se disso?

Claro. Mas o fantasma de Salazar esteve pouco presente nesses dias, tão exaltantes e cheios, do início do I Governo Provisório... Impressionou-me mais o fato de Sá Carneiro começar a viver no mesmo lugar onde vivera Salazar. Com o pretexto de que não tinha casa em Lisboa, Palma Carlos ofereceu-lhe a residência oficial de S. Bento, que estava desocupada, e nem um nem outro atribuíram qualquer importância ao fato. Não perceberam que, politicamente, isso tinha um certo valor simbólico. Logo na primeira reunião do governo, a nossa atenção foi atraída pelos problemas sociais e acadêmicos, muito agudos, que desabaram sobre nós: houve imediatamente greves na educação, o Prof. Eduardo Correia, titular da pasta, sem experiência política, embora grande penalista e democrata de sempre, iria governar sob a pressão dos acontecimentos, praticamente às apalpadelas no escuro. Dias depois, foi obrigado a sair do Ministério dentro da mala do automóvel... Era um professor catedrático tipicamente coimbrão, estimabilíssimo, mas não se entendia com os tempos revoltos que vivia. Interessante, nessas primeiras reuniões do I Governo Provisório, foi a descoordenação do governo em si mesmo, composto por fortíssimas personalidades, cada um com idéias muito próprias, sem que se dessem ao trabalho de as articular entre si: um complexo jogo de xadrez onde cada um colocava as peças no tabuleiro, sem que os outros se apercebessem bem do que estava a acontecer em cada ministério. O Prof. Freitas do Amaral escreveu, nas suas recentes *Memórias*, que redigiu, a pedido de Spínola, o programa do I Governo Provisório. Não ponho em dúvida a sua afirmação. Mas, curiosamente, posso asseverar que nunca ouvi falar em tal programa — nem eu, nem o Zenha, nem o Rêgo, que éramos os ministros socialistas desse I Governo Provisório. Perguntei ao Vasco Vieira de Almeida, que detinha uma pasta-chave no governo — a Economia —, e também nunca ouviu falar nesse programa... Nunca foi discutido em Conselho de Ministros e, seguramente, a ação desenvolvida em cada ministério só por mera e fortuita coincidência poderá ter tido a ver alguma coisa com o referido programa...

Que ocorria no dia-a-dia do governo?

Havia, de um lado, Cunhal e Avelino Gonçalves; do outro, Sá Carneiro e Joaquim Magalhães Mota; do outro, Pereira de Moura; e ainda Salgado Zenha, Raul Rêgo e eu — como representantes dos quatro partidos presentes. Fora disso, Vasco Vieira de Almeida — na Economia — tinha uma percepção política viva, mas começou logo a ser submerso pelos problemas econômicos que caíam em catadupa. Fora, em jovem, membro do Partido Comunista e pertencera ao MUD Juvenil, mas então era independente e trabalhava em estreita cooperação com o primeiro-ministro, que o tinha em grande apreço. Tinha sido um aluno brilhante da Faculdade de Direito e fizera depois uma carreira fulgurante no Banco Português do Atlântico. Era aliás, desde sempre, um grande amigo nosso, da minha mulher e meu. Almeida Santos, grande advogado, velho amigo do Zenha e meu, independente, entrara no governo sem sabermos bem como. Só mais tarde viemos a saber que fora sugerido a Spínola por Veiga Simão, uma das *éminences grises* que estiveram na base da formação do governo, o que também só soubemos depois. Por mim, ao princípio, ignorava em absoluto que Veiga Simão tinha influência em Spínola e que, inclusivamente, o ajudara na feitura do seu célebre livro *Portugal e o futuro.*

Como era tratada, à mesa do Conselho de Ministros, a descolonização? Passava ela pela mesa de S. Bento? E qual era a posição de Sá Carneiro nessa matéria? Quais as preocupações que manifestava a propósito do futuro das colônias? Nunca discutiu com ele a questão africana?

Com Sá Carneiro, especificamente, não. Por que razão o haveria de fazer? Em Conselho de Ministros, sim. Várias vezes a questão foi discutida, por iniciativa de Almeida Santos ou minha. A necessidade urgente de pôr termo às guerras coloniais, na base do reconhecimento do princípio da autodeterminação, consagrado na Carta das Nações Unidas, era pacífica e unanimemente adotada por todos. Só, porém, se desceu à dimensão das modalidades concretas da aplicação do princípio no primeiro governo, a propósito das negociações que decorriam em Londres com o PAIGC sobre o cessar-fogo na Guiné-Bissau. Foi um Conselho de Ministros que se realizou em Belém — e foi tempestuoso — sob a presidência do general Spínola.

Referiu que não sabia como pensava Vieira de Almeida, mas, poucas semanas depois, Sá Carneiro, Firmino Miguel e o próprio Vieira de Almeida estarão ao lado de Palma Carlos na sua tentativa de alterar a Lei Constitucional. Tratou-se do célebre "Golpe Palma Carlos". Falemos nisso...

Um dia, não havia decorrido um mês sobre a formação do governo, fui convidado pelo Palma Carlos a ir ao Restelo a sua casa, onde já estava também o Almeida Santos. Palma Carlos estava eufórico — nessa altura bebia bastante uísque — e a velha criada, familiarmente, mostrava-se muito renitente em lhe servir mais... É preciso recordar que Palma Carlos fora meu professor em Direito, assim como do Vieira de Almeida, de Cunhal e de Sá Carneiro. Costumava até dizer-nos que o governo lhe parecia uma aula irrequieta de antigos alunos. Tratava-nos a todos com a confiança carinhosa e um pouco paternal do velho professor. Eu, pelo menos, sentia que, nas suas relações comigo, estava sempre subjacente a velha relação professor-aluno, aliás afetuosa. Nesse fim de tarde, logo que me sentei, disse-me: "Mário, estou aqui com um projeto que lhe quero expor. A promessa do MFA é que deve haver eleições legislativas a um ano de vista. Mas o presidente da República e eu achamos que não é possível esperar tanto tempo, em face do agravamento da situação interna, e que se deve aprovar uma lei segundo a qual o primeiro ato eleitoral — a realizar rapidamente — seja a eleição do presidente da República. Para que o general Spínola tenha uma legitimidade própria e, a partir daí, a legitimidade do governo decorra da própria legitimidade da eleição presidencial."

Recordemos que, por essa altura, o general Spínola começava a levar a cabo pelo país — Coimbra, Porto, Abrantes, Évora, Santarém, Tomar, Ota — alguns comícios onde era maciçamente aclamado pelas populações...

Tinha êxito, boa presença, sabia falar ao povo, impunha-se, incontestavelmente, e tinha muita popularidade. Mas a nós, socialistas, parecia-nos que tudo se encaminhava no sentido de plebiscitar, através de uma eleição, o presidente Spínola — e o exemplo nefasto de Sidónio Pais, presidente plebiscitado, tínhamo-lo bem presente. A legitimidade que daí adviesse abafaria, necessariamente, os partidos políticos. Ora, numa democracia pluralista, os partidos teriam de se afirmar, o que só poderia acontecer através de eleições legislativas prévias, como estava previsto — e bem! — no programa do MFA. Não gostei, portanto, nada da idéia exposta pelo Prof. Palma Carlos e disse-lho logo abertamente: "Não concordo." Ainda não há Constituição, são necessárias eleições legislativas prévias para haver um mandato popular, a fim de se elaborar, com legitimidade, uma nova Constituição. Será a nova Constituição a determinar se haverá um presidente da República eleito diretamente ou indiretamente pelo povo. Só nessa altura é que se poderá realizar a eleição do presidente. Chamei a atenção do Prof. Palma Carlos para os perigos de inverter o processo, colocando a questão ao contrário. Corria-se o risco de adulterar a evolução democrática do país, criando uma legitimidade plebiscitária assente num homem, por mais simpático e democrata que fosse. Isso iria funcionar como um grande contrapeso negativo em relação aos partidos, que não estavam ainda suficientemente implantados. A afirmação dos partidos políticos era, para mim, a questão fundamental.

Palma Carlos reagiu mal?

Queria, simultaneamente, conter a Comissão Coordenadora do Programa do MFA — que estava já a fazer exigências e a ganhar peso político — e impor uma única legitimidade, a de Spínola. E, como é óbvio, daí avançar-se-ia para "domesticar" o Partido Comunista, conter a Revolução e, quem sabe, o Partido Socialista iria, muito provavelmente, atrás do Comunista. Respondi-lhe que não podia estar de acordo com isso.

Almeida Santos acompanhou-o nessa discordância?

Estávamos ambos certos de que não era aquela a via. Estivemos em casa do Prof. Palma Carlos umas horas a discutir. Quando saímos, trocando impressões, estávamos convencidos de que o assunto era mesmo grave. Compreendemos que se tratava da vontade política de Spínola — ou de alguém por detrás dele — e que o primeiro-ministro estava sincronizado com o pensamento do general. Dois ou três dias depois, Palma Carlos, numa reunião do Conselho de Ministros, insistiu no que, segundo ele, se devia fazer: queria aprovar uma lei que permitisse desde logo a eleição do presidente da República. E, naturalmente, queria obter a opinião favorável do conselho sobre a sua idéia. Primeiro, falou Firmino Miguel, ministro da Defesa, que se declarou de acordo — aliás, tinha sido, obviamente, prevenido por Spínola — e tanto Sá Carneiro como Vasco Vieira de Almeida se manifestaram de acordo. Depois, seguindo a ordem da mesa, interveio Raul Rêgo, dando igualmente o seu assentimento. Eu, que não tivera tempo de o prevenir, fiquei perplexo, tentando manifestar-lhe, por sinais, o meu desagrado.

Sabendo que a idéia estava em curso e tinha adeptos, como entender que não tenha falado com os ministros socialistas?

Falei com o Zenha, mas não com o Rêgo. Ignorava, de resto, que a matéria iria ser objeto de discussão naquele Conselho de Ministros. Quando chegou a minha vez, opus-me firmemente, o mesmo fazendo o Zenha e, depois, todos os outros. E, quando Rêgo viu — e compreendeu — as nossas posições, voltou com a palavra atrás: "Não me apercebi do que estava em jogo, mas agora, ponderando os argumentos dos meus colegas, também não estou de acordo com esse projeto." Palma Carlos foi então acometido de uma grande fúria, classificou pejorativamente a atitude do Rêgo, exaltou-se: "O senhor não presta", disse, "muda de opinião ao sabor dos ventos." Raul Rêgo devolveu a injúria nos mesmos termos. Os ânimos exaltaram-se, foi uma cena verdadeiramente patética. Palma Carlos chegou a apresentar ao general Spínola um projeto de lei presidencialista. Pretendia-se que o poder político se repartisse entre o presidente da República e o primeiro-ministro, devendo o presidente ser plebiscitado e, sobretudo, deixando para depois as eleições para a Assembléia Constituinte, fazendo-as preceder de eleições diretas presidenciais, a curto prazo. Quando, porém, o general Spínola verificou não ter os apoios que pensava e sentiu uma resistência generalizada ao projeto, que, porventura, não esperaria — nem o Conselho de Estado, reunido a 8 de julho, nem a Comissão Coordenadora do Programa o deixaram passar —, recuou e viu-se constrangido a deixar cair Palma Carlos e, com ele, os ministros que o acompanharam: Firmino Miguel, Vieira de Almeida e Sá Carneiro. Daí a queda do I Governo Provisório.

E, com os seus amigos militares spinolistas, falou? Tentou que eles demovessem o general Spínola dessa idéia?

Não. Nessa altura, verdadeiramente, ainda não tinha militares spinolistas amigos. Nem essa clivagem entre os militares de abril estava clara no meu espírito. Conhecia Almeida Bruno e Manuel Monge, como conhecia Vasco Gonçalves, Vítor Alves, Vasco Lourenço e Melo Antunes, mas ignorava por completo as divisões que já então se desenhavam entre eles.

Opôs-se à idéia de Spínola. Mas a saída desse grupo de moderados vinha desequilibrar as forças políticas.

Foi, de fato, um primeiro grave erro de Spínola (e de Palma Carlos e de Sá Carneiro) que desequilibrou o processo. Mas a alternativa proposta, se vingasse, desequilibrá-lo-ia em sentido contrário, o que seria pior. A nossa preocupação era que não se criasse uma dinâmica de regresso ao passado. A partir do momento em que saíram aqueles que tinham posições mais próximas de Spínola, percebi que entráramos numa nova fase, em que os mais expostos passavam a ser o PS e eu próprio. Não gostei da situação. Começaram a surgir ataques ao general Spínola, a Sá Carneiro e ao PPD. Não alinhei neles. Pelo contrário. Apoiamos Magalhães Mota para que permanecesse no governo. Sá Carneiro não podia ficar, para ele era uma questão de honra. Vasco Vieira de Almeida bateu com a porta: era-lhe impossível pôr um pouco de ordem e de racionalidade econômica num país que começava a navegar à vista, ao sabor das pressões contraditórias do momento. Caminhava-se para um sistema de descontrole. Vasco Vieira de Almeida teria alguma razão, embora em política nunca se deva abandonar posições.

E esse "sistema de descontrole" não o afligia ao senhor também?

Afligia, mas não era ainda um assunto que me dissesse diretamente respeito. A correlação de forças no plano político interessava-me bem mais.

"Ainda"?

As coisas tratam-se por partes. Não nos podemos ocupar de tudo ao mesmo tempo. Nessa altura, não me afligia com os males do mundo — nem, especialmente, com a economia portuguesa —, mas sim com as coisas que tinha a tratar, que eram da minha estrita responsabilidade. Sempre tive essa capacidade de, perante uma situação, saber separar o que é essencial do que é acessório. Naquela altura, o que julgava essencial era a política: afirmar o Partido Socialista na sociedade portuguesa como instrumento de intervenção futura, velar pela consolidação do processo democrático e, tanto quanto possível, contribuir para que se fizesse a descolonização, nas melhores condições possíveis, garantindo rapidamente a paz. Quanto à economia, havia outros que se ocupavam dela, além de eu não me sentir então com especiais competências na matéria... Era tarefa para os economistas. Acredite: naquela especial conjuntura política, eu queria lá saber da economia!...

X.

O Ministro dos Negócios Estrangeiros

Tomara posse como ministro dos Negócios Estrangeiros em 16 de maio. Creio que a sua primeira prioridade foi constituir uma equipe.

Eu não conhecia a carreira diplomática e não sabia sequer como se usava fazer um simples despacho na administração pública. Comecei por convidar para meu chefe de gabinete Victor Cunha Rego, que conhecera em Roma e que, depois do 25 de Abril, após ter estado exilado alguns anos no Brasil, na Iugoslávia e em Itália, voltara a Lisboa, onde o reencontrei.

Era um grande amigo de Tito de Morais, pertencera à Ação Socialista Portuguesa e, agora, pertencia ao PS. Foi por sua sugestão que convidei para meu principal assessor o diplomata Manuel Sá Machado, um homem excepcional — trabalhador, inteligente, informado, com extremo bom senso — que me ajudou muitíssimo e que, infelizmente, veio a morrer cedo. Quer um quer outro foram dois colaboradores extraordinários.

O meu secretário de Estado foi Jorge Campinos e, muito próximo de mim, trabalharam ainda Bernardino Gomes, Alfredo Barroso, que dirigia os Serviços de Imprensa, Alfredo Duarte Costa e alguns outros.

Conhecera Victor Cunha Rego em Roma. Quando e em que circunstâncias?

Conheci-o em condições burlescas, em Itália, no final dos anos 60, onde ele vivia, então, exilado. Eu ia muito a Roma, nessa época, pois, com a ajuda do Prof. Giuliano Vassalli, grande penalista, mais tarde ministro da Justiça, conseguira abrir um processo para a investigação do crime que vitimara Humberto Delgado, com o pretexto de que os atos preparatórios do crime haviam sido cometidos em Itália. Foi então que conheci Victor Cunha Rego, apresentado por Tito de Morais ou Mário Ruivo. Em maio de 67, estava eu, mais uma vez, em Roma, acompanhado pela D. Iva Delgado, viúva do general, que depôs no processo — e podia ter sido recebida pelo papa Paulo VI, em audiência especial, se à última hora não se tem recusado, com medo das represálias de Salazar —, encontrei-me com o Prof. Emídio Guerreiro, outra das testemunhas, que se hospedara no mesmo hotel que nós, o Hotel Minerva, perto do Panteão. Ele estava eufórico. E perguntava-me: "Que me diz você da LUAR?" "Não acha que a LUAR é a grande esperança para o nosso país?" Eu não entendia. Nunca, ainda, tinha ouvido falar da LUAR como organização de ativistas anti-salazaristas, criada, tempos antes, por Palma Inácio, que acabava de levar a cabo o assalto à agência do Banco de Portugal na Figueira da Foz. Emídio Guerreiro disse-me então que era o chefe político da organização e, como notasse alguma incredulidade minha, começou-me a falar com detalhe da "operação". Como eu, vindo de Lisboa, onde não se falava de outra coisa, o olhasse com claros sinais de dúvida, ele meteu a mão ao bolso de trás das calças, retirou um enorme maço de notas de conto, pousou-as sobre a mesa e perguntou-me: "E, agora, acredita ou não?" Fiquei atônito! Pedi-lhe, por amor de Deus, que tornasse a meter as notas no bolso; afiancei-lhe que acreditava, não se falava mais nisso. Então, como se nada tivesse acontecido, convidou-me para almoçar num magnífico restaurante, onde, a seu convite, estava também o jornalista Victor Cunha Rego, que eu mal conhecia. O Victor, que já então tinha estado exilado na Iugoslávia, descreveu-me a sua evolução política e conversamos, pela primeira vez, bastante. E, de repente, o Prof. Guerreiro disse-me que tinha um documento que gostaria que eu assinasse. Tirou uma folha de papel selado, português, de uma pasta e deu-me para ler e, depois, rubricar. Era um texto dirigido a ele próprio, Prof. Guerreiro, no qual se dizia que, após o assassinato de Humberto Delgado, a figura máxima da oposição portuguesa era ele, Emídio Guerreiro, fazendo-se, de seguida, encomiásticos elogios à sua figura e ação revolucionária. O papel continha, entre outras assinaturas, a de Cal Brandão, António Macedo e vários outros amigos meus do Porto. À medida que ia lendo, enfurecia-me mais. Quando terminei, disse-lhe, claro, que não assinava. Perguntei-lhe, muito irritado, por quem me tomava? Eu era incapaz de elogiar alguém por conta de outrem. Além disso, o texto continha uma série de dislates políticos. Não assinaria, em caso nenhum. Guerreiro, lívido, levantou-se aos berros. Disse-me que já sabia muito bem que eu era seu inimigo político e que me quisera apenas pôr à prova. Eu levantei-me também a gritar, perante o espanto dos comensais italianos, que nos olhavam perplexos, sem compreender nada daquela tão acalorada discussão em língua estranha.

E Cunha Rego?

Desaparecera. Mas o mais surpreendente é que, subitamente, Emídio Guerreiro caiu em si, agarrou no papel, meteu-o outra vez na pasta e disse-me: "Bem, o senhor não assina, mas podemos almoçar na mesma." Voltamos a sentar-nos e recomeçamos a almoçar. Foi então que reapareceu Victor Cunha Rego, explicando que se afastara por discrição, mas, vendo que nos acalmáramos, regressava para almoçar conosco. Findo o almoço — que a partir daí foi penoso —, quis falar comigo a sós: confessou-se admirado pela forma corajosa e frontal como enfrentara Emídio Guerreiro; disse-me que gostaria de colaborar comigo no futuro e, sobretudo, que, a partir daquele momento, eu poderia contar com ele para tudo. Como aconteceu, realmente.

O que o enfureceu nessa história não foi o assinar um autoelogio de outrem, mas confrontar-se com alguém que se apresentava, perante o senhor, como o líder da oposição, contando para isso com o beneplácito dos seus próprios amigos!

Não seja cruel. Foram as duas coisas. Não estava disposto a passar um atestado daqueles a ninguém. Era, politicamente, incorreto. E também não me agradou, confesso, a fraqueza dos meus amigos do Porto. Foi desta forma que fiquei amigo do Victor Cunha Rego, que, depois, encontrei várias vezes no Brasil e reencontrei com gosto em Portugal. Foi, aliás, ele que me aconselhou, logo no dia da minha tomada de posse, que fizesse um discurso no Ministério, antes de partir para Dacar, para onde eu viajaria horas depois. O que fiz. Percebi, nos olhos dos diplomatas presentes, que estavam muito inquietos e ansiosos, que me olhavam como um bicho raríssimo. Tranqüilizei-os: iniciar-se-ia uma política externa que se situava nos antípodas da que fora praticada pelo antigo regime — embora permanecêssemos fiéis às nossas alianças tradicionais —, mas que, comigo, não haveria saneamentos. Os que não quisessem aceitar a nova política, o que compreendia, que mo dissessem frontalmente, analisar-se-ia a situação. Não haveria represálias. Mas aos outros, que ficassem, exigiria absoluta lealdade. Iríamos entrar num período novo, exaltante, mas muito difícil, que não admitia tergiversações nem reticências. Quando terminei, por entre fortes aplausos, comecei a subir a escada para o meu gabinete, verifiquei que havia um outro grupo de funcionários da casa que se aglomerava no primeiro andar. Voltei a dizer algumas palavras. E quando, finalmente, entrei no meu gabinete, vi que se tinham concentrado lá os diretores-gerais. Repeti-lhes um discurso equivalente. Julgo que pacifiquei o Ministério! Com as minhas palavras, ganhei não só a confiança dos funcionários mais reticentes, como o seu desejo de trabalhar comigo com lealdade. Como aconteceu.

No dia 20 de maio, encontrou-se com o núncio apostólico em Lisboa. Fez questão de o visitar, pessoalmente, na Nunciatura, em vez de, como mandava o protocolo, receber monsenhor Giuseppe Maria Sensi no Palácio das Necessidades. Por quê?

Justamente, foi um gesto simbólico, espontâneo, que pratiquei por mera intuição política, contra a praxe e sem consultar o protocolo de Estado. Sabia que necessitava do apoio da Igreja, quer na consolidação da democracia, quer na descolonização. Hoje posso dizer que devo à Igreja de Roma — ao Vaticano — alguns dos contatos que vim a estabelecer, internacionalmente, ao longo dos anos. O meu encontro com o núncio caiu bem, foi entendido como um sinal, agradou aos meios diplomáticos. Mas fui mais longe: propus-me também, em Conselho de Ministros, visitar o cardeal patriarca de Lisboa, para apaziguar a opinião católica e evitar que a Revolução caísse no tremendo erro de deixar que ressurgisse a questão religiosa, um dos erros funestos que está na origem da destruição da I República. "Por que hás-de ir ao cardeal?", interrogou-me Salgado Zenha, manifestando uma dúvida que era comum a alguns dos meus colegas do conselho. Não houve oposição, mas ninguém se mostrou entusiasmado com a idéia. Finalmente, o primeiro-ministro Palma Carlos decidiu ir também, o que deu outro peso à minha iniciativa. Embora, ao princípio, também se mostrasse renitente.

Já conhecia D. António Ribeiro?

Numa das minhas idas a Roma, no início do ano de 73 — estava eu ainda exilado em França —, o arquiteto socialista madeirense Gil, um homem simpático, católico, que pertencia à ASP e vivia então em Itália, perguntou-me se eu não gostaria de conhecer o cardeal. Tito de Morais, por natureza anticlerical, não gostou da idéia. Fiz-lhe ver a importância que poderia ter tal encontro, numa altura em que o papa Paulo VI acabara de receber Agostinho Neto, Amílcar Cabral e Marcelino dos Santos como representantes máximos dos movimentos nacionalistas de Angola, Guiné e Moçambique. Disse-lhe que sim, embora duvidasse que o cardeal me recebesse. Mas, com surpresa minha, acedeu a falar comigo no Colégio de Santo Antônio, em Roma. Estivemos umas duas horas a conversar, cordialmente. Expliquei-lhe a minha posição sobre a guerra colonial, que ele me disse compreender e com a qual me pareceu até concordar; falei-lhe na necessidade de mudança de regime, por o considerar esgotado e paralisado, com o que ele igualmente me pareceu concordar. Criamos, assim, o princípio de um bom entendimento.

Com que estatuto se apresentou ao cardeal?

Eu representava para ele uma corrente da opinião pública portuguesa e, embora ignorasse a sua expressão, foi assim que me recebeu. A conversa foi excelente, ficamo-nos a conhecer reciprocamente. Mais tarde, mandei-lhe o meu livro, *Portugal Baillonné*, com uma dedicatória amável, e o mais extraordinário é que a PIDE não só teve conhecimento do envio do livro, como fotocopiou a dedicatória e ainda a carta de agradecimento do cardeal, o que prova que o cardeal estava sob vigilância e não era, porventura, uma *persona grata* para a polícia! Em maio de 74, pareceu-me oportuno dar esse outro passo. Não queria que houvesse conflitos com a Igreja, que devia ser uma nossa aliada em termos de consolidação da democracia. O primeiro-ministro Palma Carlos e eu próprio explicamos ao cardeal que queríamos boas relações com todas as Igrejas, embora reconhecêssemos o peso indiscutível da Igreja Católica em Portugal. Também lhe falei no anticlericalismo da I República, um erro que não queríamos ver repetido. Foi de novo um diálogo cordialíssimo, no decurso do qual ele me disse que a Igreja não iria interferir na Revolução, que considerava a democracia como uma boa coisa para o país, bem como os passos que então se iniciavam para obter a paz nas colônias.

D. António não o questionou sobre os pormenores da descolonização?

Não. Quem é que descia a pormenores nessa altura? Estamos a referir-nos a maio de 1974!

A partir desse momento, considerou que podia também contar com a Igreja. Por outro lado, podia contar também com a maçonaria. Qual era a sua relação com a maçonaria, agora que vivia de novo em Portugal? Falemos nisso.

A maçonaria portuguesa, forçada à clandestinidade e dissolvida em 1934, sempre se manifestou ativamente contra a ditadura. Saudou, portanto, a Revolução dos Cravos com o maior entusiasmo. Por meu lado, sempre tive boas relações com a maçonaria portuguesa — e, principalmente, com os maçons, onde sempre contei muitos amigos —, embora nunca pertencesse aos seus quadros.

Conversando com pessoas que o acompanharam, nessa época, retive que havia duas embaixadas que, como titular dos Negócios Estrangeiros, particularmente o preocupavam: a Espanha e a África do Sul.

Tinha já do meu lado as principais embaixadas européias e ganhara também a simpatia da embaixada dos Estados Unidos. O embaixador Scott, um homem já de idade, simpático, amigo de Nixon, viera para Portugal para se reformar, mas manifestava-se curioso, divertido e encantado com a Revolução, julgo mesmo que foi um dos grandes entretenimentos que teve na vida. Criamos uma excelente relação de amizade, que o embaixador teve a possibilidade de me manifestar em diversas ocasiões, durante e depois de deixar de ser embaixador. A minha preocupação cingia-se de fato à Espanha e à África do Sul. Temia que a Revolução, malvista por Franco, desse ensejo ou despertasse nos espanhóis a vontade de apoiarem uma intervenção dos salazaristas que viessem, acaso, a fugir para lá, como sucedeu com as incursões monárquicas no início da I República.

Chegou a recear isso?

Claro que sim, era uma preocupação que importava ter em conta, prever e evitar. O meu pai, que foi governador civil na Guarda e em Braga, falava-me dessas incursões, vindas de Espanha, e do mal que fizeram à estabilidade política republicana. Era uma preocupação que não podia menosprezar, apesar de os tempos serem outros. Falei longamente com o embaixador de Espanha, António Poch, e, ao contrário do que temia, também aí recebi garantias que me tranqüilizaram e criei um bom relacionamento. Numa ida a Londres, aproveitei a amizade que me unia — e une — a Fernando Morán, então cônsul-geral de Espanha em Londres, e tive um encontro cordialíssimo com Fraga Iribarne, então embaixador junto de Sua Majestade. Referiu-me o pensamento do *establishment* espanhol quanto à Revolução portuguesa — não-intervenção e boa vizinhança —; é daí, de resto, que datam as minhas boas relações com o atual presidente da Junta da Galícia.

Considera que recebeu então garantias?

Disse-me o embaixador — e repetiu-me Fraga Iribarne — que respeitariam a Revolução, qualquer que fosse o seu caminho, e que, em nenhum caso, se intrometeriam no processo português. Mais: tinha ordens explícitas do seu governo para nos dizer que a Espanha não cobriria nenhuma operação, nenhum gesto de natureza contra-revolucionária partido de Espanha e tentado por portugueses ou mesmo com espanhóis associados. Mas, em troca, o embaixador pediu-me que não nos manifestássemos contra Franco, nem fôssemos agressivos em relação ao franquismo. Se vir as minhas declarações dessa altura, eu tenho o maior cuidado em iludir a questão, apelando a que convivamos como bons vizinhos, independentemente da diferença dos regimes.

É um fato: numa conferência de imprensa que virá a realizar no Ministério dos Negócios Estrangeiros, em 13 de setembro, terá ocasião de tecer referências muito elogiosas à "presença do novo embaixador espanhol em Lisboa", sublinhando mesmo que, "desde o 25 de Abril, Portugal não teve o mais pequeno problema com a Espanha, prosseguindo os dois países a sua tradicional política de boa vizinhança". Não se podia ser mais amigo. E quanto à África do Sul?

Era diferente. Tratava-se de um país racista onde vigorava o *apartheid*. Eu estava comprometido com inúmeras declarações pronunciadas contra esse sistema, participara em manifestações em Paris, encontrava-me numa situação difícil. Além disso, o embaixador sul-africano em

Lisboa, R. J. Montegomery, não era um homem simpático. Pedi então a James Callaghan que insistisse com o governo sul-africano no sentido de que, a propósito da descolonização, não viesse a ocorrer nenhuma intervenção da África do Sul em Angola ou Moçambique. Recordo que, pelas mesmas razões, também me preocupei com o Malawi — caso em que pedi apoio aos americanos e, de novo, aos ingleses.

James Callaghan ajudou-o, foi um bom amigo e aliado. Falou-me só muito fugazmente dele. Conhecia-o melhor do que o então primeiro-ministro Harold Wilson?

Sempre tive mais contato com Callaghan. Foi justamente no início da nossa Revolução que Harold Wilson manifestou os primeiros indícios da doença que o obrigaria a renunciar ao poder. Mas jamais esquecerei a impressão que Wilson me produziu quando o vi atuar — nos tempos do meu exílio — num congresso do seu partido. A idéia que tinha, até então, de um primeiro-ministro fora-me transmitida por Salazar, distante, rígido, sempre vestido de preto, com um eterno sobretudo sobre as costas, de chapéu debruado e botas. Quando vi Harold Wilson, primeiro-ministro da Grã-Bretanha e de Sua Majestade britânica, em mangas de camisa, com uns suspensórios como os meus, os amigos a baterem-lhe nas costas e ele, impassível, afável, dialogante, a fumar o seu cachimbo, recordo-me de que foi para mim um choque extraordinário! Lembro-me de ter pensado que aquela era a perfeita ilustração da verdadeira democracia e da dessacralização do poder, que sempre apreciei. Ficamos amigos; mas quando Wilson se retirou, por decisão sua, unilateral, foi com James Callaghan — que entretanto saíra dos Negócios Estrangeiros e assumira o cargo de primeiro-ministro — que vim a tratar de todos os problemas sérios que se nos colocaram durante os tempos da Revolução e, depois, no chamado "verão quente".

Nesses diversos encontros que manteve com os seus amigos trabalhistas, como se entendia com eles? Quando lhes foi pedir o reconhecimento da Revolução, fê-lo em que língua?

Arranjaram-me um intérprete. Mas eles haviam insistido sempre comigo para aprender inglês. Em julho de 72, fui a Londres dar uma conferência de imprensa na Câmara dos Comuns, sob o patrocínio dos trabalhistas britânicos e da Internacional Socialista. Nessa ocasião, James

Callaghan foi categórico: "Mário, tens de aprender a falar inglês. Falas bem francês — ele, coitado, falava muito mal! —, mas não chega. Para a tua vida, o inglês é indispensável. Vais passar aqui dois meses a aprender a nossa língua." Cerca de um ano depois, através da Fundação Bevan, atribuíram-me uma pequena bolsa e matricularam-me num curso intensivo. A convite deles, instalei-me num hotel na Oxford Street, onde estive cerca de um mês e meio. Mas o fato de, por essa mesma altura, Marcello Caetano ter ido a Londres, em visita oficial, obrigou-me a desenvolver uma intensa atividade política: preparar a manifestação, encontrar-me com os sindicatos ingleses, com o núcleo local da ASP. Enfim, estudei pouco. Escrevi depois a Callaghan, contando-lhe que ficara a poder ler os jornais ingleses — embora com dificuldade e, às vezes, recorrendo ao dicionário — e informando-o de que fizera um mau uso da bolsa, mas que, em compensação, organizara uma excelente manifestação contra a ditadura portuguesa e contra o colonialismo!

A propósito: na manifestação que organizou contra a visita de Marcello Caetano a Londres, pisou ou não pisou a bandeira portuguesa, frente à embaixada de Portugal? Há, ainda hoje, um número considerável de portugueses que pensam que sim.

Se eu acusar alguém, você ou qualquer outra pessoa, de que cometeu um assassínio, é muito difícil fazer a prova negativa em como não cometeu esse ato. Nunca ninguém foi capaz de afirmar de forma cabal onde é que isso se deu e como. Não há uma única fotografia, um filme, um documento. Em contrapartida, há o depoimento do enviado de um jornal de Lisboa — o jornalista Hernâni Santos, que julgo não ser suspeito de simpatizar comigo — que, quando chegou a Portugal, foi acusado de ter "perdido a notícia de Soares a pisar a bandeira nacional"! O jornalista garantiu que cobrira a visita de Marcello Caetano, de uma ponta a outra, e que, obviamente, não vira nada disso. Pelo meu lado, fui desmentindo sempre essa imbecilidade. Note, aliás, que não é sequer necessário ser muito inteligente para compreender que um patriota e um republicano, como eu sou e sempre fui, não iria pisar a bandeira da República, que nunca foi a bandeira do salazarismo, mas sim de Portugal. Seria um ato de rematada estupidez, completamente insensato. Mas a calúnia é viscosa, vai fazendo o seu caminho. Na altura da minha primeira campanha eleitoral para presidente da República, houve uma senhora, Teresa Melo Ribeiro, que me confrontou com a questão. Agradeci-lhe: "Ainda bem que me coloca o problema, que afirma que sabe e tem provas. Irá agora apresentar essas provas em tribunal."

E então?

No processo que lhe movi, acabou por reconhecer que não lhe era possível provar nada. A senhora reconheceu que não dispunha de provas. Não podia tê-las, de resto: tratou-se de uma pura calúnia.

Voltando ao ministro dos Negócios Estrangeiros: o Brasil, de início, também não foi um país fácil para o então titular do Palácio das Necessidades.

É um fato. Foi durante algum tempo uma questão muito delicada. Levei, pelo menos, dez anos a conquistar os comendadores portugueses que lá vivem e são tão influentes. A Revolução caiu mal nos meios da emigração portuguesa, foram muito intoxicados, não compreenderam nada. Valeu-me em Lisboa, curiosamente, o embaixador brasileiro, o general Fontoura, que se revelou um bom aliado. Era ele nada menos que o militar que organizara os serviços secretos da ditadura brasileira. E, por isso, foi muito contestado nos meios da esquerda. Mas, conosco, portou-se muito bem: procurou estabelecer as tradicionais relações de grande amizade entre os nossos dois Estados, independentemente das colorações políticas. A propósito do general Fontoura, conto-lhe uma história divertida, passada no Palácio das Necessidades: Kurt Waldheim, então secretário-geral da ONU, visitou Portugal em agosto de 74. Ainda hoje há inscrições em algumas paredes: "*Waldheim go home!*" Como eu desconhecia o uso do protocolo — era a primeira vez que oferecia uma recepção nas Necessidades —, pedi ao embaixador Helder Mendonça e Cunha, chefe do protocolo, que me organizasse essa recepção. Disse-lhe que queria convidar os meus colegas do governo, alguns militares de abril importantes, e que agisse de acordo com as regras habituais do protocolo de Estado. Correu tudo muito bem. Waldheim ficou muito bem impressionado — era um homem encantador, um austríaco requintado, de cultura, de enorme sutileza e com uma vivíssima inteligência. Mas, no final do almoço, surgiu-me Álvaro Cunhal, zangado: vinha agradecer, com cara de poucos amigos, o lugar que lhe tinham reservado à mesa! Por quê?, perguntei, espantado. Cunhal tinha ficado sentado entre o general Fontoura, embaixador do Brasil — que ele não ignorava ter sido o chefe da polícia brasileira! —, e o núncio apostólico. Chamei o embaixador Mendonça e Cunha e pedi-lhe que nos explicasse — ao Cunhal e a mim próprio — a razão de tal lugar. O embaixador ficou aterrado, nervosíssimo, mas deu uma explicação convincente: como ministro de Estado, Cunhal ficara entre o decano do corpo diplomático e o embaixador do Brasil, que tem sempre um lugar destacado em Portugal. O critério de precedências que seguiu pareceu-me acertado; agradeci ao embaixador e disse-lhe que agira da melhor maneira. Álvaro Cunhal deu meia-volta, furioso, e retirou-se, com o mesmo semblante carregado, como se tivesse sido gravemente ofendido. Mendonça e Cunha, atemorizado, titubeava. Voltei a tranqüilizá-lo. Então, num grande esforço, rematou: "Mas, senhor ministro, eu tenho tanto medo deste cavalo branco!" Foi a primeira vez que ouvi esta expressão, aplicada a Álvaro Cunhal! Mas não foi a última vez que me vi obrigado a tranqüilizar o competente chefe do protocolo do Palácio das Necessidades: duas ou três vezes, enquanto estive como ministro dos Estrangeiros, me apareceu no meu gabinete, aterrado, a dizer-me que considerava que "ia tudo de mal a pior, que não suportava mais a Revolução, que se via obrigado a expatriar-se para o estrangeiro!". Eu dizia-lhe, de cada vez: "Enquanto eu for ministro, não foge, deixe-se estar. O senhor só foge do país quando me vir na cadeia." E antes de eu sair das Necessidades, após o 11 de março, chamei-o, avisei-o de que ia ser substituído, mas que antes disso o nomeava embaixador na Grécia. O que fiz. Disse-me que levava tudo, as pratas, os livros, a pintura! "Leve tudo", repeti-lhe eu, "mas só se demite do seu posto quando me vir na prisão!" Ficamos grandes amigos, de tal forma que, muito mais tarde — estava eu na oposição —, ele me confidenciou que "o seu sonho era acabar a carreira no Vaticano". Respondi-lhe que, quando tivesse de novo poder para aceder a tal pedido, o faria certamente. O que concretizei, entre 83 e 84, quando no chamado "Bloco Central" fui de novo primeiro-ministro. Helder Mendonça e Cunha veio a prestar-me, como veremos, inestimáveis serviços junto da Santa Sé. Era um grande chefe do protocolo, com obra feita e publicada, e um grande embaixador.

Quando foi a Ottawa, em 21 de junho de 74, participar na Conferência Ministerial da OTAN, o objetivo do seu discurso era também o de tranqüilizar os nossos parceiros da Aliança Atlântica?

Era. Fiz um longo discurso — "Portugal, a Democracia, a Descolonização e a Aliança Atlântica" —, no qual dei conta da essência e dos objetivos das transformações que se tinham operado, entretanto, em Portugal. E tranqüilizei-os ao dizer-lhes, no final, que para eles, Aliança Atlântica, a existência de um Portugal livre e progressivo, mas fiel aos valores que nos eram comuns, traduzia afinal, muito melhor do que uma velha e retrógrada ditadura, a garantia de uma fecunda colaboração e de um bom entendimento.

Pouco tempo depois, Adelino da Palma Carlos era substituído por Vasco Gonçalves no cargo de primeiro-ministro, na seqüência do então chamado "Golpe Palma Carlos". Com ele, abandonam também o Executivo Francisco Sá Carneiro, Vasco Vieira de Almeida e o ministro da Defesa, Firmino Miguel. A passagem do primeiro para o segundo governo foi como se se saltasse do 25 de Abril para outra coisa?

Foi um ponto de viragem. A queda do primeiro governo provocou a primeira aceleração da Revolução. Percebeu-se, a partir daí, que havia dentro das Forças Armadas uma certa clivagem: os que eram a favor de Spínola e os que estavam contra ele, pretendendo catapultar Costa Gomes para a chefia suprema do Estado.

Mas quando, no dia 13 de julho, o país se preparava para ouvir a nomeação do coronel Firmino Miguel no cargo de primeiro-ministro, ouviu, estupefato, pronunciar o nome de um militar "desconhecido": o coronel Vasco Gonçalves. Mário Soares também ficou estupefato?

Depois da saída de Palma Carlos, eu falara com Spínola e falara com o meu partido sobre a questão do nome do futuro primeiro-ministro. O consenso fizera-se à volta de Firmino Miguel, com quem fui falar, algumas vezes, acompanhado do Zenha, quando das negociações para a formação do governo. Recordo-me que o encorajamos. Dissemos-lhe que podia contar com o apoio do PS.

Que via na figura de Firmino Miguel que concitasse ou justificasse esse apoio socialista?

O fato de estarmos em desacordo com a tentativa de Palma Carlos e de Spínola não pressupunha a nossa vontade de que o general Spínola caísse ou saísse de cena. Queríamos agüentá-lo. Mário Firmino Miguel era um homem moderado, correto, da confiança de Spínola e, por isso, mereceu o nosso apoio. Pensávamos que seria menos traumático para o país que a passagem se fizesse através de um homem como Firmino Miguel.

Não fez. O general Spínola conta no seu livro *País sem rumo* que Firmino Miguel teria sido ameaçado pelos militares da Comissão Coordenadora do Programa de lhe criarem instabilidade.

Firmino Miguel sentiu que não tinha nem força, nem peso, nem poder; compreendeu que a relação de forças lhe era adversa, o núcleo vital do MFA — a Comissão Coordenadora do MFA — não o apoiava, o que nós, socialistas, ignorávamos na altura. E, como não estava na natureza de Firmino Miguel correr grandes riscos, desistiu de formar governo, apesar de — não o esqueçamos — ter o apoio de Spínola, dos socialistas e do PPD. O homem da Comissão Coordenadora do Programa chamava-se Vasco Gonçalves, que, aliás, se nos apresentava então como muito consensual e moderado.

Que pensou quando se viu perante essa troca?

Nessa altura, Vasco Gonçalves tinha ainda uma boa imagem, de pessoa cordata e moderada. Quando, semanas antes, o vira na Cova da Moura, quando lá fui pela primeira vez, dissera-me que considerava que os dois grandes partidos estruturadores da nova República deveriam ser o PS e o PC e, como tal, tínhamos, todos, de nos entender.

Há aí uma contradição: Vasco Gonçalves surgia aos seus olhos como um moderado, mas defendia-lhe um entendimento entre o PS e o PC, excluindo, aparentemente, todo o resto. Era possível estruturar uma democracia sem lado direito?

Lembro-lhe que, nesse momento, o PPD ainda não existia, nem nenhum outro partido mais à direita. Para mim, obviamente, a futura democracia teria de assentar numa base pluripartidária! Disse isso a Vasco Gonçalves. Mas não podia ser eu a inventar os partidos. O MFA tentou fazê-lo, mas em política as soluções artificiais dificilmente vingam. As coisas são o que são...

Participou na formação do segundo governo?

Sim, com Salgado Zenha. Mas o que retenho de essencial é que nada fazia prever então o coronel Vasco Gonçalves, que viríamos a conhecer depois, na altura dos discursos patéticos no Sabugo e em Almada, conotado com os comunistas ou talvez pior: mais papista que o papa! No início do governo, porém, apresentava-se como moderado, alguém que falava sempre na necessidade de consenso e que procurava ser muito simpático com os socialistas...

XI.

Kissinger e a Revolução Portuguesa

Em 17 de agosto, o general norte-americano Wernon Walters vem a Portugal. Avista-se com Vasco Gonçalves, Costa Gomes e Mário Soares. Que retém dessa conversa?

Chegou a Portugal precedido da fama de ser um homem da CIA, terrivelmente influente e muito bem informado. Julgo que era. Era um homem muito alto, extrovertido, muito simpático, que falava bem português, com um agradável sotaque brasileiro, e que falava muitas outras línguas. Era vivo, enérgico, um *bon vivant*. Pretendia informar-se sobre a situação portuguesa e, por isso, falou muito aberta e francamente comigo. Dei-lhe o meu ponto de vista, objetivamente. Falei-lhe da pressão dos comunistas; mas lembro-me que acrescentei que, em virtude da vontade do povo português e com a ajuda do PS, iríamos ser capazes de dominar a situação.

Pedi-lhe, sobretudo, compreensão e apoio político dos norte-americanos: que não auxiliassem aventuras nem se pusessem primariamente contra a Revolução. Foi esse o meu pedido — que ajudassem a Revolução dos Cravos a ser verdadeiramente democrática e, ao mesmo tempo, que contivessem os ultras em Espanha e na África do Sul, por forma a não haver intervenções armadas nos nossos territórios, tanto metropolitanos como africanos.

No dia 23 de setembro, o ministro dos Negócios Estrangeiros, Mário Soares, discursou na abertura da 29ª sessão da Assembléia Geral da ONU. Depois, em Washington, avistou-se com Kissinger. O secretário de Estado estava nervoso e inquieto: pouco tempo antes, Nixon, no salão oval da Casa Branca, fora obrigado — devido ao escânda-

lo do Watergate — a renunciar ao seu cargo de presidente. Talvez por isso, Kissinger tenha sido parco de palavras. Sobre Angola, não tranqüilizou os portugueses: a questão "era entre russos e chineses". E, quando a delegação portuguesa lhe falou na possibilidade de um cenário comunista para Portugal, Kissinger, aludindo a três fortes pontos de apoio que excluíam Portugal, respondeu: "Os Estados Unidos têm a Pérsia, a RFA e a Espanha." Manuel Sá Machado, Cunha Rego e o embaixador Hall Themido saíram deste encontro preocupadíssimos, Mário Soares foi passear a pé para as bordas do rio Potomac e deliciar-se com a paisagem.

As suas fontes de informação parecem ser mais precisas do que a minha memória: já não me lembrava desse passeio a pé nas margens do Potomac... Mas lembro-me da conversa com Kissinger e do seu pessimismo (ou ceticismo) a respeito do futuro de Portugal. Não me abalou nem me fez afastar um ápice da rota que traçara. Kissinger, felizmente, não era a única voz da América...

De qualquer modo, insisto: que retém mais desse encontro com Kissinger?

O seu ceticismo relativamente à evolução da política portuguesa e, também, um certo ostensivo desconhecimento — ou distância — das realidades que se viviam em Portugal. Pareceu-me, nesse primeiro encontro, desconfiado, pouco interessado, senão mesmo desatento. É certo que não me conhecia e que presumo que teria, quanto ao socialista que eu era, as maiores dúvidas.

Nesta sua visita encontrou-se também com George Meany, o grande patrão da AFL-CIO, catedral do sindicalismo norte-americano, dona de um colossal poder financeiro e de grande influência junto da opinião pública norte-americana. O encontro é frutuoso: Meany disponibiliza-se para ajudar o PS — o que veio, aliás, a fazer mais tarde — e acompanhou a delegação portuguesa na sua preocupação sobre a ameaça comunista em Portugal. Diante dele não estava já o ministro dos Negócios Estrangeiros português, mas o sempre preocupado secretário-geral do PS.

Nesse tempo, não fazia distinção entre as duas qualidades. O que me interessava era assegurar o futuro democrático de Portugal, que passava pelo fortalecimento e pela decidida ação do PS. Meany encorajou-me e, com o apoio concreto do sindicalista Brown, que conhecia bem as questões européias, criamos um esquema de cooperação que, mais tarde, levaria à formação da UGT, com o generoso contributo e a solidariedade dos sindicatos europeus e da CISL (Confederação Internacional de Sindicatos Livres).

Voltando a Kissinger: o então secretário de Estado teve, a seu respeito — e a respeito de Portugal! — mais do que uma visão. De início, nas primeiras semanas, houve, da parte dos Estados Unidos, uma expectativa benévola. Mas muito depressa Kissinger foi o símbolo da preocupação com que os americanos encaravam a Revolução portuguesa. Em outubro, quando Mário Soares regressou a Washington, com Costa Gomes, o ambiente toldara-se: Kissinger não escondia a desconfiança e o receio com que via a Revolução, chegou mesmo a acenar-lhe com um lugar de professor numa universidade norte-americana para, quando voltasse a Portugal, não ser preso ou morto, o que, segundo ele, necessariamente iria acontecer. E, num almoço que ofereceu, no State Department, à delegação portuguesa, recordou as figuras de Masarick e de Kerensky e, quando o Dr. Soares lhe asseverou que "não seria um Kerensky", acrescentou com ironia: "Kerensky também não queria ser Kerensky — e foi." Finalmente, após o PREC, teceu-lhe, publicamente, um grande elogio. Como era Kissinger? Que retrato faz dele?

Dei-lhe sempre, da realidade portuguesa, a mesma idéia: nem era o Kerensky, nem iria ser fuzilado, porque os comunistas jamais tomariam o poder em Portugal. As aparências, projetadas para o exterior, eram ilusórias. Insisti junto de Kissinger que tinha a solidariedade dos meus amigos socialdemocratas europeus e que contava com ela, que os nórdicos, os britânicos e os alemães desenvolviam diversos esforços em prol da democratização da Revolução portuguesa. Recordo que Kissinger nunca dissimulou o seu ceticismo e, ostentando uma atitude um pouco distante, quase irônica, me disse em francês: "*Bonne chance, Europe!*" Subentendido: coitados deles que não sabem o que vai acontecer... Depois, em novembro, numa digressão que me levou ao Zaire, à Líbia e à Tunísia, voltei a encontrá-lo, em Túnis, no palácio presidencial de Burguiba. Kissinger encontrava-se ainda mais preocupado com Portugal e com o meu próprio destino. Não duvidava que Portugal caíra definitivamente sob a órbita comunista. E dizia-me: "Quando um país tem um presidente da República e um primeiro-ministro dominados pelo Partido Comunista; quando as forças militares estão sob o domínio comunista; e quando a comunicação social se encontra igualmente dominada, a situação não é reversível." Recordo que acrescentou: "Talvez não seja mau que Portugal se torne comunista: será uma vacina para toda a Europa." E quando, ainda em 75, por altura da formação do sexto governo, voltei aos Estados Unidos para convencer os americanos a emprestarem-nos dinheiro — vivia-se em Portugal uma situação de quase bancarrota —, encontrei de novo Kissinger. Recebeu-me num gabinete imenso e fiquei surpreendido, quando entrei, por ver na sala uma correnteza de cadeiras. De pé, estavam vários dos seus mais importantes colaboradores. Com um misto de ironia e seriedade, disse-me: "Estes senhores sabem que eu nunca me engano. Chamei-os aqui, hoje, para lhe dizer ao senhor, Mário Soares, diante deles, que, com o senhor, enganei-me!" Que retrato faço eu de Kissinger? Um homem brilhante, extremamente inteligente e informado, mas demasiado seguro dele próprio e das suas idéias. Era ao mesmo tempo insinuante e um pouco arrogante, intelectualmente. Houve sempre entre nós a barreira da língua, mas, apesar disso, foi possível fazer passar uma corrente de confiança e, creio, de respeito mútuo. Para Kissinger, Portugal era, como direi, uma *quantité négligeable* — habituado como estava às megaconstruções geoestratégicas planetárias e aos jogos das superpotências. Talvez esquecesse que, em determinadas circunstâncias, as pequenas potências podem mudar o curso da História e das relações entre as grandes...

Entretanto, o ministro dos Negócios Estrangeiros, Mário Soares, tivera, em relação aos Estados Unidos, um gesto invulgar: manter em funções, em Washington, o embaixador Hall Themido. Seria um bom sinal. Houvera uma revolução em Portugal, o representante diplomático de Lisboa foi mantido no seu posto!

Interessava-me tranqüilizar os americanos e considerei que a manutenção do embaixador Hall Themido seria um bom sinal. Não o conhecia pessoalmente, ouvira apenas falar dele. Tratava-se de um homem empenhado e esforçado defensor da chamada "política ultramarina" do

Estado Novo, conservador, sério, bom diplomata, próximo de Franco Nogueira. Logo após a minha posse, convoquei-o a Lisboa, onde falamos na importância crucial dos Estados Unidos. Disse-lhe que estava na disposição de o manter em Washington, se aceitasse servir com lealdade a nova política externa de Portugal, que mudara 180 graus. Teria de me informar, obviamente, com todo o rigor e escrúpulo do que diziam e pensavam os americanos. Pedi-lhe que os informasse que a nossa Revolução era democrática e pluralista e que necessitávamos do seu apoio e compreensão; e que, finalmente, ele fosse um elo na consolidação dessas relações. Hall Themido foi um embaixador no mais estrito sentido do termo e, comigo, procedeu sempre de forma leal, correta, profissional. Hall Themido e Veiga Simão — então nosso representante na ONU — foram dois embaixadores com quem contei sempre, que me auxiliaram muitíssimo, com total lealdade e isenção, tornando-se pilares importantes da política externa que procurei desenvolver, apesar de um ter sido ministro de Marcello Caetano e, o outro, um homem cuja carreira e convicções estavam ligadas ao anterior regime.

Veiga Simão não foi uma escolha sua!

Não. Eu pensei, primeiro, em mandar Jorge Sampaio para a ONU. Parecia-me que faria um bom lugar, conhecia o país, falava bem inglês, estávamos sintonizados na política a fazer. Mas o general Spínola — que considerava Jorge Sampaio um esquerdista, de quem desconfiava — opôs-se frontalmente. Ao cabo de umas semanas de impasse, transigi em nomear Veiga Simão, que não conhecia, devido à intervenção de Almeida Santos, que organizou uma longa conversa, entre nós, que correu muito bem. Não me arrependi. Ficamos amigos!

Julgo ser essa apenas uma parte da verdade: Mário Soares insistiu com Spínola sobre a nomeação de Jorge Sampaio, o general terá ficado hesitante. Mas o MES — ao qual Sampaio pertencia — discordou da ida daquele seu dirigente para a ONU, com o argumento de que o cargo era "burguês". Recorda-se certamente disto...

É a primeira vez que ouço tal versão. Ignoro o que se passou no MES. Spínola, em definitivo, não me autorizou a nomear Jorge Sampaio. Como depois compreendi, queria que a escolha recaísse em Veiga Simão, em quem tinha plena confiança, de quem era amigo e que admirava muito.

Seja como for, em junho de 74, Jorge Sampaio, no pressuposto de que viria a ocupar esse cargo, ainda se deslocou — mandatado pelo senhor — a Nova York, com o fim de explicar na ONU o novo quadro político que se vivia em Portugal e desenvolver uma série de contatos relacionados com a descolonização. Antes da sua partida, foi convocado por Spínola que, durante uma hora, lhe falou de África, da Guiné em particular, mencionando-lhe inclusivamente a sua intenção de enviar em breve milhares de cartazes seus para aquele território. "Se eu puser lá o meu cartaz, aquilo muda...", disse-lhe o general. Mas Sampaio deparou, nas Nações Unidas, com um ambiente que em tudo desmentia as ilusões de Spínola. Tendo-se avistado com o presidente do "Comitê dos 24" e com os representantes de um conjunto de países de alta relevância geográfica e política, regressou com uma certeza: a de que a ONU "apenas" aceitaria uma descolonização feita sem "hesitações" e tendo como interlocutores os movimentos de libertação da Guiné, Moçambique e Angola.

Isso é evidente. O ambiente nas Nações Unidas era esse e não outro. Porém, desde as primeiras intervenções na Assembléia Geral da ONU, ganhamos muitos apoios e a situação modificou-se totalmente a nosso favor. Se a evolução interna portuguesa tivesse sido outra, podíamos tê-los aproveitado por forma muito mais construtiva. Spínola, é verdade, tinha muito pouca informação do que se passava no plano internacional. E muitas ilusões quanto à sua real influência na Guiné. Também me falou a mim na história dos cartazes e das esperanças que depositava no seu ex-adjunto Carlos Fabião...

Voltando ao embaixador português em Washington: teve uma boa relação com Hall Themido?

Desde o início. Foi uma relação sem falha nem pontos de conflito. Lembro-me de que, quando fui pela primeira vez a Nova York como ministro, me aguardavam cerca de trinta seguranças no aeroporto, enormes, armados e ostentando *walkie-talkies*. Eu não estava habituado, não gostei nada daquele aparato e pedi ao embaixador que me tirasse aquela gente da frente! Hall Themido ficou aflito: eram as regras, ele nada poderia fazer. Como eu insistisse, o embaixador acabou por obter, depois de muitas tratações, uma espécie de moeda de troca: para eu circular à vontade e sem segurança, deveria assinar três declarações — uma para o FBI; outra para a Polícia Federal; e a terceira para a Polícia de Nova York! Assinei os três documentos, o que me deu a possibilidade de andar à vontade nas ruas, de me deslocar em táxi, visitar velhos amigos do tempo do exílio, ir aos museus e jantar numa cervejaria popular com a minha amiga Victoria Kent, uma velha republicana espanhola no exílio, mulher interessantíssima, embora já então de avançada idade.

Como titular dos Negócios Estrangeiros, viu Spínola vetar-lhe mais algum nome?

Não. Mas foi também por sua iniciativa que nomeei Ernâni Lopes para Bonn, uma escolha que, na altura, não o conhecendo, também não me entusiasmou: era chanceler Helmut Schmidt, e a Alemanha era um país onde eu tinha muito boas relações — políticas e de amizade pessoal — com os socialdemocratas, então no poder. Mas, certamente, influenciado por Sá Carneiro e por outros dirigentes do PPD, Spínola fez absoluta questão em que Ernâni Lopes seguisse para a capital da então RFA. Como tinha relações diretas e fáceis com os alemães, transigi. Reconheço, porém, que fez também um excelente trabalho em Bonn. Mas, para além disso, não deixava de ser de grande utilidade para o partido de Sá Carneiro: foi através de Ernâni Lopes e com a sua ajuda preciosa que o PPD iniciou as suas relações com o Partido Liberal e mesmo com o SPD. Sá Carneiro pediu a Rui Machete — grande amigo de Ernâni Lopes — que o convencesse a abrir o diálogo com os alemães.

Numa das suas viagens aos Estados Unidos — em outubro de 74 — teve, nas Nações Unidas, dois encontros de grande importância, a propósito de Macau e de Timor. Avistou-se com os indonésios, para falar de Timor, e com os chineses, para debater Macau. O ministro dos Negócios Estrangeiros, Adam Malick, avisou Portugal de que não viam com bons olhos que Timor fosse descolonizado. Sabe-se que Mário Soares anuiu. Os chineses — através também do seu titular para a pasta dos Negócios Estrangeiros, Ji Peng Fei — disseram mais ou menos o mesmo sobre Macau: "Macau não é

uma colônia." O ministro português, novamente, concordou. A quem referiu estes diálogos no seu regresso a Lisboa?

Ao presidente Costa Gomes e à Comissão de Descolonização. Tanto a Indonésia como a China viam com preocupação o rumo que a política interna portuguesa ia assumindo, dada a influência crescente que nela tinha o Partido Comunista, que sabiam muito próximo dos soviéticos. Daí a desconfiança dos ministros que citou e o significado das conversas que tiveram comigo. Quanto a Macau, o ponto de vista chinês foi tido em conta; infelizmente, o mesmo não sucedeu relativamente a Timor. A influência decisiva da Fretilin, então muito próxima (como quase todos os outros movimentos de libertação) dos comunistas, serviu de pretexto para a invasão ilegal de Timor pela Indonésia, com todo o cortejo de violências e de horrores que se viriam a verificar.

XII.

O Fim das Ilusões

Falemos agora, com mais detalhe, do 28 de setembro: a maioria dita "silenciosa" tentara manifestar-se, Lisboa estivera cercada de barricadas, o país dera um salto para o radicalismo. Spínola renunciara ao poder e fora substituído por Costa Gomes. Mário Soares é avisado de tudo isto quando chega a Lisboa, a 29, vindo dos Estados Unidos e, depois, de Estrasburgo.

Tomei conhecimento do 28 de setembro em Estrasburgo, quando usava da palavra na Assembléia Parlamentar do Conselho da Europa, vindo, na noite anterior, de Nova York. Um parlamentar, em face das notícias alarmantes que chegavam de Portugal, perguntou-me se "tinha a certeza de que era ainda ministro dos Estrangeiros de Portugal". Respondi-lhe francamente que, de momento, não, mas que isso não me impedia de falar de Portugal e de afirmar as minhas idéias sobre a evolução da Revolução portuguesa.

Seja: mas que significou para o senhor o 28 de setembro? Como analisou, no seu regresso a Lisboa, a tensão e o descontrole que então se viveram?

Deparei com um país em choque, próximo do estado de sítio. Foram buscar-me ao aeroporto, queriam que eu passasse de imediato à clandestinidade, antes que viesse a ser preso. Bernardino Gomes chegou, inclusivamente, a oferecer-me um pistolão para a minha defesa pessoal!, o que recusei, claro. Percebi que, perante o perigo de um golpe de direita, real ou fictício, houvera uma mobilização popular enorme para acelerar a Revolução. Lembro-me de que pensei: "Spínola e os seus conselheiros estão a oferecer um pretexto de bandeja aos comunistas para avançarem!" Por outro lado, apercebi-me de que o sacrifício político do general Spínola parecia irreversível e que teria, como preço, radicalizar a Revolução, correndo-se o risco sério de a colocar numa direção errada.

Achou um alívio ver-se livre de Spínola?

Não, não achei. Sempre gostei do general Spínola, mas não percebia o que ele queria. Sempre lhe dei a compreender que o seu aliado privilegiado deveria ser o PS. Nunca o entendeu assim. Infelizmente!

Mas não lhe ocorria que era por causa de África? Spínola teria gostado de acreditar que era possível outro desfecho, Mário Soares estava no campo oposto. O general desconfiava do senhor. Recorde-se que, no ato da assinatura da independência da Guiné, no início de setembro de 74, no Palácio de Belém, ele se manteve hirto e de semblante fechado, proibindo os microfones dos jornalistas na sua mesa, para que o país não o ouvisse mencionar a independência da "sua" Guiné.

Era tarde para o desfecho que ele queria. Havia que ser realista. Estive contra ele no chamado "Golpe Palma Carlos": Spínola podia, mesmo sem o desejar, vir a transformar-se num outro marechal Gomes da Costa, o do 28 de maio, que polarizava, de início, forças muito diversas e contraditórias e que acabou por perder em favor da pior reação. Spínola compreendeu que não teria o apoio do PS e tomou uma certa distância em relação a nós. Mas, enquanto exercia ainda o cargo de presidente da República, empenhei-me no seu reconhecimento internacional, pelas Nações Unidas, preparei uma sua ida, que seria triunfal, à Assembléia Geral da ONU e dispus-me a acompanhá-lo a Nova York quando fosse discursar na ONU, em setembro. Nunca me ocorreu que, quando veio a concretizar-se a viagem, Spínola já não estaria no poder. Quem, finalmente, me acompanharia seria o já então presidente Costa Gomes. E, após a resignação do general, os socialistas não tiveram alternativa: aproximaram-se de Costa Gomes, que representava ainda uma certa garantia de racionalidade e de ordem.

E Mário Soares é um deles. Mas, entretanto, ocorrera um fato de inegável importância no seio das Forças Armadas: em agosto, o general Costa Gomes, então chefe do Estado-

Maior General das Forças Armadas, ordenara a distribuição, por todas as unidades militares, de um texto — que ele próprio assinara — que ficaria conhecido por Documento Hugo dos Santos, embora tivesse sido redigido por Engrácia Antunes. Nele se teciam rudes críticas à Comissão Coordenadora do Programa do MFA e se consubstanciava a resposta dos militares moderados ao então estado de coisas no setor militar. Pressionado pelo setor progressista do MFA e pela referida comissão, Costa Gomes manda retirar de circulação tal documento, denunciando "manobras reacionárias" contra os militares que se haviam distinguido no 25 de Abril. Em muito pouco tempo, o chefe do Estado-Maior General deu o dito por não dito. Mário Soares e o PS chegaram a ter disto conhecimento?

Certamente. Começavam as contradições e os ziguezagues de muitos militares — não só de Costa Gomes — a que a dinâmica revolucionária, pensavam, os obrigava. Conheceríamos, no futuro, muito mais exemplos do mesmo, bem mais chocantes, o que não nos impedia de pensar que, nessa altura, Costa Gomes nos dava algumas garantias importantes...

Referiu-me que alguns socialistas se chegaram a Costa Gomes. Mas outros iriam começar a visitar o general Spínola em Massamá.

É verdade. Semanas depois. Houve sempre contatos, principalmente através de Victor Cunha Rego, Jaime Gama, Manuel Alegre e Edmundo Pedro...

Faziam-no por sua sugestão? O objetivo era, como dizia, "agüentar o general"?

Por sugestão, não. Com meu conhecimento. Iam a Massamá para ficarem ao corrente do que se pensava e projetava no setor dos militares chamado spinolista. Os jogos não estavam ainda feitos. O PS só tinha vantagem em ter uma informação completa do que se passava, como se desenvolviam as clivagens no interior do poder militar. Iam — digo-lhe — por vontade própria. Sempre tive uma posição mais prudente e reservada do que a deles nesse particular.

Está a dizer-me que nunca lá foi?

Não só nunca lá fui, como, a partir da renúncia de Spínola — que nunca entendi —, joguei sinceramente o jogo com Costa Gomes. Nunca fiz a *navette* entre um e outro. Quando Spínola renunciou, o PS não podia fazer outra coisa: apostou em Costa Gomes e, repito, fê-lo sinceramente, com plena convicção e no entendimento de que era, naquele momento, a melhor solução para Portugal. E eu estava convencido de que a simpatia íntima do presidente Costa Gomes também ia nessa direção...

Mas não cortara os seus contatos com o general Spínola?

Nunca mais o vi até ao seu regresso do Brasil, era eu já primeiro-ministro. Não cortei, embora não julgasse indispensável — ou sequer conveniente — deslocar-me a Massamá. Por isso não desaconselhei esses contatos e, com o meu silêncio, admito até que os tivesse estimulado. Mas, por outro lado, tive sempre a prudência de não participar em nenhuma reunião com Spínola ou com a sua gente. A situação parecia-me demasiado complexa e, no ambiente que se vivia, havia tantas suspeições que toda a prudência era pouca para alguém que tinha a responsabilidade máxima de liderar o PS e que, além disso, continuava a ser membro do governo.

Sabia que Sá Carneiro e Freitas do Amaral também visitavam o general?

Na altura, não tive qualquer conhecimento disso. Porém, volto a dizer-lhe, o PPD e o CDS, nessa época, tinham realmente muito pouco peso específico. Eram as movimentações de rua e as pressões sociais sobre os militares o que mais contava. Os partidos não se tinham ainda medido através dos votos. Ninguém sabia ao certo o que valiam se não tivessem força no terreno das lutas sociais...

Foi também nessa altura que o PCP — aproveitando a tremenda ressaca do "golpe" de 28 de setembro — aumentou e consolidou as suas posições no aparelho de Estado, aproveitando para atirar para a frente o MDP-CDE. Ora, o MDP fora já um delicado e controverso pomo de discórdia com o PS.

Delicadíssimo! O MDP foi o primeiro grande espinho que houve entre o PS e o PC, após abril de 1974. A primeira grande questão entre Álvaro Cunhal e eu próprio, ocorrida num intervalo de um Conselho de Ministros, em julho de 74. Disse a Cunhal que precisava de falar com ele. Fomos passear para os jardins de S. Bento. Disse-lhe então, frontalmente, que era necessário acabar com o MDP. Quanto a mim, não tinha sentido continuar um movimento unitário, quando já tínhamos partidos a atuar legalmente. O tempo não era propício, pensava o PS, para movimentos unitários. Tratava-se agora de implementar os partidos, enquanto tais. Era a lógica de um regime que eu pretendia pluripartidário. Outras formações partidárias tinham aparecido já ou se anunciavam. No início de julho, o PS tinha emitido um comunicado onde se insurgia contra qualquer tentativa de "institucionalizar uma frente única orgânica das forças democráticas, ainda que aparentemente suprapartidária". Um movimento unitário representava um entorse à regra democrática do pluripartidarismo.

Que respondeu Álvaro Cunhal?

Foi de uma clareza total. Respondeu-me frontalmente: "Você ainda não compreendeu, Mário Soares, que, para nós, o MDP é muito mais importante do que o Partido Socialista?" Fiquei edificado! A minha intuição estava certa: o PC iria ajudar e soprar, quanto pudesse, o MDP como uma força política satélite. A partir daí, iniciamos uma campanha, perante o país, denunciando os heterônimos do PC, os seus disfarces, os seus filhotes, procurando desmascarar o jogo comunista...

Que disse a Cunhal no fim desse encontro a sós?

Disse-lhe que a confissão que acabava de me fazer era gravíssima, demonstrava que os comunistas não iriam jogar o jogo democrático e pluripartidário e, ainda menos, respeitar as suas regras. Foi a nossa primeira confrontação. Não seria a última. O PS, quando o MDP declarou querer concorrer às eleições, emitiu, em agosto de 74, um outro comunicado onde lhe retira o seu antigo apoio, incitando os socialistas e os sem partido a saírem do MDP, em virtude de se ter convertido num puro disfarce do PC... Poucos meses depois, em novembro, o MDP passou a partido político.

O seu partido — muito radical nos primeiros meses da Revolução de 74 — ficou quase irreconhecível após 28 de setembro. Muita gente dentro dele — embora, porventura, não de forma clara e nítida — defendia uma aliança com o MFA; outros, um entendimento com o PCP. Recordo-lhe a realização de uma reunião da Comissão Política do PS — alargada a outros membros — ocorrida logo a seguir ao 28 de setembro, onde Mário Soares quis tirar o pulso ao partido e colocar uma questão fundamental: "Era ou não a altura de fazer um pacto de regime com o PPD?" O desnorteio foi evidente: Jaime Gama proferiu a mais brilhante e politizada defesa de uma aliança com o MFA; Cunha Rego e Jorge Campinos pugnaram por esse pacto com o PPD; Salgado Zenha falou pouco, mas repudiou o PPD. Houve tudo ou quase tudo. Lembra-se disto?

O PS era então, como já lhe disse, uma espécie de nebulosa, com evidentes contradições internas: um conjunto de militantes que aderira em catadupa, por razões emocionais, de puro idealismo ou de interesse, que eu não sabia ainda distinguir, nem de onde vinha ou o que realmente queria. A mudança, o verdadeiro ponto de viragem do Partido Socialista, só ocorreu a partir do congresso de dezembro, esse decisivo e histórico I Congresso do PS na legalidade, onde houve uma verdadeira cristalização política e tudo se tornou claríssimo. Quanto a essa específica reunião da Comissão Política, foi apenas um prévio terçar de armas, uma discussão muito rica e esclarecedora quanto às eventuais estratégias a seguir pelo PS, em que alguns dos meus contraditores de então, como o Jaime Gama, por exemplo, viriam bem cedo, por força das próprias clivagens entretanto ocorridas no MFA, a mudar de posição. Compreenda que a Revolução, com os seus avanços, saltos qualitativos e contradições, constituiu um curso político acelerado em que todos fizemos, rapidamente, a nossa aprendizagem...

Eu compreendo. Mas que pretendia Mário Soares com semelhante pergunta sobre a oportunidade de um pacto de regime com o PPD? Observar como se dividiam os seus companheiros? Preparar o terreno?

Pretendia tomar o pulso à situação e contrariar uma tendência, muito generalizada no PS, de fazer alianças à esquerda — com o PC ou, passando por cima do PC, com a extrema-esquerda — ou, ainda, de privilegiar acordos com o chamado MFA.

XIII.

O Congresso

Na véspera do I Congresso Socialista do PS na legalidade, foram presas — às ordens do Copcon — diversas pessoas, entre elas alguns capitalistas, como Jorge de Brito e os dois irmãos Silva, da Torralta, Agostinho e José. Tratou-se de uma manobra intimidatória que visava influenciar o clima para o "dia seguinte". Como reagiu?

Reagi pessimamente, como calcula. Apesar de membro do governo, só tomei conhecimento das prisões que, aliás, atingiram mais pessoas, para além das citadas, pelos jornais da própria manhã do congresso. Tratava-se de mais um passo — e muito grave, pelas suas repercussões na economia do país — na escalada da progressiva radicalização da Revolução. Para mim, não vinha nada a propósito: a minha posição no congresso, moderada mas realista, ficava enfraquecida; pelo contrário, o setor radical do Serra e dos seus amigos sentiu-se muito encorajado.

Falemos, então, desse congresso. Sabe-se que, antes dele, levou a cabo pelo país uma grande *tournée* onde deparou com uma "diversidade" que o horrorizou. Nos dias 13, 14 e 15 de dezembro, na Aula Magna da Reitoria de Lisboa, viveu-se o mais crucial dos congressos socialistas, num ambiente de alta tensão e mesmo de coação física. Nos bastidores e na preparação dessa reunião magna, três homens desempenharam um papel determinante: Victor Cunha Rego, que dirigiu a comissão encarregue de organizar o congresso, Lopes Cardoso e Marcelo Curto, que tinham a seu cargo a área sindical e o setor do trabalho. No palco, Mário Soares e, sobretudo, Manuel Alegre encarregaram-se de incendiar a platéia, enquanto Salgado Zenha teve por tarefa dirigir os trabalhos.

Antes disso, corri — como disse — todo o país a tomar o pulso à situação. Victor Cunha Rego igualmente, antes de mim, devido à tarefa que lhe atribuíra de organizar o congresso. Percorreu todas as seções, conheceu os delegados, discutiu com eles a linha política que importava aprovar. Com o seu pessimismo habitual, chegou a Lisboa, semanas depois, e disse-me que "estava tudo perdido!": "Havia gente organizada que se preparava para tomar o PS de assalto e por dentro." Quando cheguei à Aula Magna — onde entrei ao empurrão, depois de uns meus desconhecidos, que se diziam da segurança, me pedirem para me identificar —, o ambiente era de cortar à faca, havia gente armada, sentia-se no ar a coação psicológica e mesmo física, e eu estava numa situação que parecia muito difícil! Tinha, claro, os meus apoios habituais — Tito de Morais, Ramos da Costa, Gustavo Soromenho, Raul Rêgo, Salgado Zenha, Magalhães Godinho, Joaquim Catanho de Menezes, Álvaro Monteiro, Vasco da Gama Fernandes, António Macedo. Uma rede fundamental de gente firme que sempre considerei como o quadrado essencial de defesa do partido.

Uma redinha!

Não, era a estrutura, o núcleo duro e indomável. Tratava-se de pessoas respeitadas e conhecidas que estavam ali perante uma massa de gente praticamente desconhecida, excitada e excitável, sem experiência política, de propensão radical e que ninguém sabia de onde vinha e o que efetivamente queria. Os nossos adversários, capitaneados pelo Manuel Serra, estavam totalmente infiltrados por alguns oficiais da Comissão Coordenadora do MFA — Vasco Lourenço, Pinto Soares, Almada Contreiras —, pela 5ª Divisão e, indiretamente, pelo Partido Comunista. Pretendiam, claramente, tomar o poder dentro do PS, apoiados por essa rede de cumplicidades. Valeram-nos a reação salutar — e de bom senso — da maioria dos delegados. Manuel Alegre, com a sua oratória inflamada, produziu um discurso memorável que pesou nas decisões de muitos congressistas. Nas intervenções finais, valeram-nos Lopes Cardoso e Marcelo Curto. E Zenha, que presidiu com pulso forte. Bem como o GAPS (Grupo Autônomo do Partido Socialista), onde se integravam os meus filhos, e em que se destacou, pelo seu discurso virulento e eficaz, um operário da Lisnave, conhecido por Manuel 25. Eu conhecia mal o Manuel Alegre — não era sequer delegado ao congresso! —, fora-me apresentado em Paris no tempo do exílio. Para mim, ainda era um destacado militante antifascista, bem relacionado com o Partido Comunista ou próximo dele, embora tivesse acabado de aderir ao PS. O próprio Lopes Cardoso aderira ao PS uns meses antes, estava longe de ser uma pessoa da minha total confiança. Tudo isto fazia com que vivesse aquele congresso, procurando sobreviver como secretário-geral, numa situação delicadíssima. O grupo do João, o GAPS, nas movimentações que ocorreram imediatamente antes e durante o congresso, teve uma particular relevância.

Que objetivo tinha esse grupo?

Estava sintonizado com a direção do partido, no essencial, mas procurava, de uma forma mais enérgica, autônoma e mais direta e com uma certa implementação na juventude e na classe operária, fazer avançar as nossas posições. Tinham a sua própria lógica, reuniam separadamente — coisas com que eu embirrava —, mas eram umas centenas de militantes determinados e ativos que foram preciosos, naquele momento. Findo o congresso, aceitaram dissolver-se como grupo autônomo.

Houve outro grupo que pesou: à roda de Manuel Monge, juntaram-se outros oficiais spinolistas que se sentaram também na Aula Magna durante esses três dias. Foi a missão do MFA spinolista no Congresso do PS.

É exato. Victor Cunha Rego e Mário Cardia tinham pedido auxílio a Manuel Monge. Procuraram-no uns dias antes, descreveram-lhe a situação e pediram-lhe que estivesse presente ao congresso com uma delegação de companheiros seus do MFA, como assistentes, claro. Manuel Monge não hesitou — chegou até a perguntar se poderia levar consigo "trezentos camaradas da linha pura" — e surgiu na Aula Magna acompanhado de trinta oficiais, à paisana, entre os quais se contavam Salgueiro Maia e Jaime Neves. Recordo-me, a propósito, do caso de Amadeu Garcia dos Santos, que se levantou da sua cadeira — tinham-no colocado junto aos oficiais radicais — e se foi sentar na fila dos spinolistas, dizendo que era, naquela sala, o lugar que lhe competia!

Houve outros nomes que também lhe foram preciosos: um grupo constituído por Francisco Sousa Tavares, Victor Cunha Rego, Fernando Abecassis, José Cutileiro, Alfredo Barroso e Vasco Pulido Valente. Redigiram um documento, "Uma

proposta socialista para o presente português", onde se assumiram como socialdemocratas e, como tal, não só cobriram a direita do PS, como lhe deixaram as mãos livres para se poder assumir contra a socialdemocracia. Numa palavra, imolaram-se pelo senhor!

Não creio que essa fosse a intenção. Talvez *a posteriori* tenha resultado assim. Mas a verdade é que, na altura, não lhes achei graça nenhuma... Atrapalharam bastante, porque os delegados julgaram que tinha sido eu a empurrá-los. Faço um juízo objetivo, reportando-me à conjuntura então vivida. Sabe que, para mim, não há diferença nenhuma, de ordem ideológica, entre o socialismo democrático e a socialdemocracia. Tenho-o dito e repetido várias vezes. Mas, no início da Revolução, o epíteto de socialdemocrata tinha uma conotação pejorativa, uma espécie de "socialtraidor". Os socialistas citados, ao assumirem-se como socialdemocratas, tiveram evidente coragem, mas não o sentido da oportunidade. Além disso, não tiveram em conta a relação de forças existente no interior do PS, nem isso lhes interessava sobremaneira, porque nenhum deles era verdadeiramente "homem de partido", como os percursos que viriam a fazer demonstrou. Todos eram, efetivamente, meus amigos. As suas intenções eram as melhores, sem dúvida. Mas a divulgação do documento que elaboraram enfraqueceu as minhas posições. Refiro-me àquele momento e aos meses seguintes; a mais longo prazo, porventura, não. Leve à minha conta que me bati por eles, que não os deixei cair e que não permiti que fossem expulsos, como alguns delegados chegaram a propor.

Assustou-se no congresso?

Não, obviamente. Preocupei-me e irritei-me muito. O que estava em jogo era decisivo, não só para o PS como para Portugal. O congresso representou uma primeira derrota do projeto unitarista e hegemônico do PCP. Também ajudou a refletir muitos elementos do MFA. Mas houve outras questões como, por exemplo, a que ocorreu com os meus camaradas do PSOE espanhol. Convidara todos os meus amigos europeus — trabalhistas ingleses, noruegueses e holandeses, socialdemocratas alemães e nórdicos, socialistas italianos, austríacos, franceses e espanhóis — e também alguns dirigentes comunistas do leste da Europa, fora da órbita de Moscou — romenos e iugoslavos, sobretudo —, mas também o meu amigo Santiago Carrillo. Queria aproveitar o seu contributo para neutralizar a vaga comunista interna, que tanto pressionava os portugueses na altura.

De Espanha, vieram Felipe González, Alfonso Guerra, Tierno Galván, Raul Morodo e também Santiago Carrillo, líder do PC espanhol. Quando chegaram, apercebi-me de que o ambiente, entre as delegações do PSOE e do PCE, não era o melhor, o que me causou alguns embaraços, sobretudo com González, um jovem líder afirmativo e determinado...

...um líder, nessa época, muito mais "Isidoro" — o seu nome de guerra na Espanha franquista — do que González?

Nada González e completamente Isidoro! A dada altura procurou-me, com o Alfonso Guerra, para me avisar que, se eu desse a palavra a Santiago Carrillo, sem que ele, González, também interviesse no congresso, abandonaria a sala. Expliquei-lhe, pacientemente, que as intervenções estrangeiras estavam muito limitadas, por falta de tempo, e que mais do que o apoio do PSOE, desde sempre adquirido, para o PS, era fundamental a solidariedade e o apoio de Carrillo. A imprensa esperava, com curiosidade, o discurso de Carrillo. Inclusivamente, Álvaro Cunhal recusara-se a receber o secretário-geral dos comunistas espanhóis! Felipe González tinha o seu próprio ponto de vista e não apreciou o nosso critério. Retorquiu: "Pois é, os comunistas dos outros são sempre melhores do que os nossos!", e foi-se embora. Abandonou o congresso antes do seu termo!

Como reagiram as diversas delegações estrangeiras e os seus amigos europeus ao que se passou?

Muitos deles já cá tinham vindo e participado em comícios diversos, principalmente no verão de 74. Mas o congresso teve outra dramaticidade. Os nossos amigos estrangeiros perceberam muito bem o que estava em jogo e os perigos que então corríamos. Ficaram muito impressionados e reforçaram a sua solidariedade para conosco. Foi a partir de então que nos meios políticos europeus se começou a entender, com preocupação e espanto, que Portugal se poderia converter, por mais incrível que pudesse parecer, numa espécie de "Cuba européia". Perceberam que os socialistas portugueses, com a sua determinação, estavam na ponta desse combate, que se revelava, então, incerto e desigual. Daí o respeito, a admiração e o apaixonado interesse com que nos passaram a tratar...

Apresentou o seu longo relatório ao congresso, aprovado por 850 votos contra 3. Ganhou esmagadoramente a reeleição para o cargo de secretário-geral. A vitória da sua lista para a Comissão Nacional foi, porém, muito mais difícil: Mário Soares ganhou com 466 votos, contra os 271 da lista de Manuel Serra. Alguma vez pensou que ia perder?

Apesar de preocupado, sempre tive esperança de ganhar. Mais uma vez, fui muito ajudado por Lopes Cardoso, Manuel Alegre e Marcelo Curto, que discursaram em defesa da lista apoiada pela direção que conduzira o partido até ao congresso, com intervenções que muito impressionaram os delegados. Devo ainda destacar o papel de Fernando Oneto e de Francisco Calheiros junto de Manuel Serra, no sentido de que o próprio congresso pudesse chegar ao seu termo. A ambos se deve também que não tenha havido uma ruptura interna; esteve-se, por mais de uma vez, à beira dela.

Após o congresso, os nossos adversários cometeram o erro terrível — para eles — de fundar um partido alternativo, que nunca veio a eleger um único deputado, nem chegou a ser coisa nenhuma. Foi satelitizado pelo PCP, como era inevitável. Deu-se então a primeira grande sangria sofrida pelo Partido Socialista. No futuro, haveria outras, menos importantes. Mas acabou afinal por ser útil e, até, vantajosa: a parte do PS, ideologicamente inquinada, saiu com Serra...

Mencionou-me os nomes que mais o ajudaram, mas esqueceu-se de Francisco Salgado Zenha, que não se limitou a dirigir o congresso. Fez mais: apercebendo-se de que as palavras de Manuel Serra — proferidas em defesa da sua lista — haviam contribuído para elevar ainda mais o nível da emoção na sala, propôs que, a partir daí, as próximas intervenções não fossem entrecortadas por aplausos ou ruídos, já que, nesse terreno meramente emocional, Manuel Serra tinha o congresso ganho. Isto é, Salgado Zenha compreendeu o essencial: Mário Soares iria ganhar a sua reeleição como secretário-geral do PS, mas as comissões Nacional e Diretiva do partido ficariam nas mãos de Manuel Serra. Esteve por um fio.

Não esqueci, nem poderia esquecer, a ação relevantíssima de Francisco Zenha, antes, durante e depois do congresso. Chamei-lhe, um dia, "a consciência moral do PS" e não me arrependo de o ter feito, apesar das divergências políticas que depois tivemos. No momento do I Congresso, todos os históricos do PS estiveram estreitamente unidos e solidários. Se citei Lopes Cardoso, Marcelo Curto, Alegre e o Manuel 25 — entre tantos outros que poderiam ser referidos —, foi para salientar o contributo específico que deram e que se veio juntar ao "quadrado de resistência" que vinha desde a ASP e que esteve sempre unido e solidário.

Numa palavra: apercebeu-se de que o congresso fora a "machadada" no plano da satelitização do Partido Socialista, encabeçado pelo setor gonçalvista? E insisto: apercebeu-se de que essa satelitização esteve por um fio?

Não direi por um fio... A consistência do que chamei o "núcleo duro", ou o "quadrado de resistência" do PS, era mais sólida do que parecia. Aí, nunca houve fissuras nem hesitações. Se Serra, por hipótese absurda, tem ganho o partido, não cruzaríamos os braços nem desistiríamos de lutar. O nosso lema sempre foi, desde os tempos da CEUD, "só é vencido quem desiste de lutar". Nós não desistiríamos. Dentro do partido ou fora dele, se viesse a ser o caso. Levaríamos conosco o reconhecimento internacional, disso não tenho dúvidas, e o apoio, nessa altura ainda surdo e ultradiscreto, mas que transcendia as próprias opções partidárias, da maioria do país. O PC e a parte do MFA então encabeçada por Rosa Coutinho — mas não só! — menosprezaram a nossa força e, sobretudo, não mediram bem a nossa determinação, que era total. Estávamos decididos a jogar tudo por tudo. Cometeram, assim, um erro tremendo de apreciação, que lhes seria fatal.

Conhecia bem Manuel Serra. Espantou-se com o seu comportamento político?

Permita-me que lhe fale um pouco do Manuel Serra, que eu estimava sinceramente. Fora um corajoso combatente contra a ditadura. Conhecia-o desde a candidatura de Humberto Delgado. Depois do julgamento do "Golpe de Beja" — em que participei como advogado —, Serra cumpriu, em Caxias, alguns anos de cadeia. Quando saiu em liberdade, anos depois, já eu estava exilado em Paris. Foi ver-me. Conversamos longamente e, como é natural, falei-lhe da constituição do PS. Nessa altura, Serra não quis aderir: só o interessava a ação revolucionária. Foi já depois do 25 de Abril que Manuel Serra — e os seus amigos — entraram para o PS. Tive algumas dificuldades a vencer, junto dos meus camaradas, para o conseguir... Serra nunca foi comunista. Teve mesmo, na prisão, sérias divergências com eles. De formação católica, após a Revolução deixou-se ganhar por um grande radicalismo: revelou-se um orador fogoso e demagógico que fazia estragos sérios nos auditórios... Acabou, talvez sem disso ter consciência, por fazer o jogo do PC e de uma certa ala do MFA. Dominique Pouchin, o jornalista do *Le Monde* que seguiu a nossa Revolução, chamou-lhe "um submarino do PC dentro do PS". Hoje está pacificado. Converteu-se à economia de mercado e é um pequeno empresário, com algum sucesso. Há tempos, encontrei-o (já era presidente da República). Disse-me simpaticamente: "Sabe, estou a pensar em regressar ao PS. Mas só o farei se for você, de novo, a propor-me." "Oh, diabo", respondi-lhe, "tem de esperar, pelo menos, até ao fim do meu mandato..."

Poucos dias após o congresso, vestiu de novo a pele de ministro dos Negócios Estrangeiros e partiu para uma longa e longínqua viagem que o levou à Índia, URSS, Romênia, Iugoslávia e, finalmente, França. O ministro dos Negócios Estrangeiros coabitava agora com um secretário-geral do PS mais tranqüilo e mais seguro?

Engana-se redondamente: não estava nada tranqüilo. Saí na convicção de que, apesar de ter ganho o congresso, o partido continuava muito minado por dentro. Não existia ainda a decisão do Serra e dos seus amigos de saírem do PS, o que constituiria, para nós, um imenso alívio. Afligia-me a idéia de que no interior do PS pudesse vir a estabelecer-se uma espécie de guerra civil permanente. Lembro-me de, no avião, ter escrito no meu caderno de apontamentos um breve resumo do congresso, onde destacava o papel determinante do Marcelo Curto, do Manuel Alegre e do Lopes Cardoso. Mas também me recordo, durante essa viagem, de ter pensado qual deles poderia vir, num futuro não longínquo, a pôr em causa, novamente, a linha política do partido. Manuel Alegre acabava de aderir ao PS; Lopes Cardoso tinha, já então, idéias muito determinadas quanto à necessidade de se proceder a uma reforma agrária; o Marcelo Curto, muito metido nas questões sindicais, tinha uma visão própria do PS que, mais tarde, viria a identificar como "Esquerda Laboral". Repito-lhe: a situação era muito difusa, os nossos parâmetros ideológicos e partidários não estavam ainda solidamente definidos, embora o congresso tivesse constituído uma primeira e enorme clarificação. Não tinha, portanto, grandes razões para estar tranqüilo...

Por que desconfiava de Manuel Alegre e de Lopes Cardoso?

Não desconfiava. Não tinha era nenhuma certeza quanto às suas evoluções políticas ulteriores. Nessa altura, não tínhamos ainda estabelecido laços sólidos de companheirismo político. Depois, fizemos todo um caminho em comum e travamos grandes batalhas juntos, inesquecíveis! Devo dizer-lhe que o Manuel Alegre, desde que entrou para o PS, esteve sempre, indefectivelmente, do que julgo ter sido o lado certo. Lopes Cardoso, que se bateu bravamente no PREC, veio a abrir, com a criação da UEDS, a segunda cisão socialista. Foi uma segunda tentativa de viragem à esquerda, embora com menos alcance e, sobretudo, menos força. Nessa altura, era inquestionável que eu já dominava o partido.

XIV.

Kadhafi, Indira, Gromyko, Ceausescu, Tito, Giscard...

Começou o ano de 75 com uma nova série de deslocações: Índia, URSS, Iugoslávia, Romênia, França. E, logo depois da grande reunião socialista, viajara até Trípoli, onde se encontrou com Kadhafi. Vamos começar pela Líbia?

Antes da Líbia, fora também à Argélia, à Tunísia e, depois, a Marrocos — porque queria abrir a Portugal as portas do Norte de África e desenvolver contatos com os países árabes, com vista a um rápido restabelecimento de relações diplomáticas. Depois da Líbia, fui à Somália. Na Líbia, fui recebido como uma espécie de herói. Nessa altura vivia-se o início da chamada Revolução Verde e eu era ali o representante de uma outra revolução, que tivera uma enorme repercussão em toda essa área do mundo. Visitei Kadhafi, não em Trípoli, mas num quartel afastado da capital, já quase no deserto. Encontrei-o numa espécie de *bunker*, uma guarnição medonha, repleta de militares armados até aos dentes. Levaram-me junto dele, através de múltiplos e compridíssimos corredores, e, quando entrei na sala onde se encontrava, que era imensa, vi um homem a rezar, virado para Meca, prostrado no chão, com a cabeça recolhida. Lembro-me de que era ao pôr-do-sol e que durante um longo minuto Kadhafi permaneceu imóvel, a rezar. Fiquei incomodado: que razão levaria o chefe líbio a fazer-me assistir às suas orações? A seguir, levantou-se, dirigiu-se para mim com uma atitude de iluminado e disse-me: "Pelas fotografias que vira do senhor, estava quase certo; agora já não duvido: Você é árabe!" Expliquei-lhe que era bem possível, os árabes haviam ocupado por alguns séculos a Península Ibérica e, porventura, eu teria ainda sangue árabe. Por que não? Mas, ironizando, resolvi contar-lhe uma pequena história: quando era perseguido por Salazar, um dia a PIDE escrevera em algumas paredes: "Abaixo

Soares, o cão judeu." Quem sabe se não teria também umas gotas de sangue judeu? Julguei que ele acharia graça à facilidade com que assumia sangues diversos. Enganei-me! Não achou graça nenhuma ao meu desabafo. Para Kadhafi, chamar-me árabe era fazer-me um grande elogio. A conversa começou mal...

Quem tinha diante do senhor? Um visionário?

Tinha, diante de mim, um homem com uma mentalidade que se situava nos antípodas da minha. Uma mistura de místico e de político, com um temperamento autoritário e um projeto de poder pessoal que passava pela hegemonização da Grande Líbia e me pareceu disposto a tudo para o alcançar. Um crente em Alá e no islamismo, messiânico, no sentido de que se julgava investido numa missão transcendente e, ao mesmo tempo, um político determinado e frio, com evidente sentido estratégico. O seu principal inimigo eram os norte-americanos e o seu imperialismo. Mostrou simpatia pela Revolução portuguesa e considerou que poderia ter em mim um aliado.

Deixou-o com essa ilusão?

Nem lhe tirei as ilusões, nem lhas criei. Limitei-me a conversar com ele, com enorme curiosidade — ouvi-o mais do que falei —, e dei-lhe depois, brevemente, a minha versão da Revolução portuguesa e das perpectivas que se nos apresentavam, identicamente ao que fiz com todos os outros chefes de Estado e de governo que então encontrei por esse mundo fora.

Que podia juntá-los?

Praticamente nada. Mas havia um ponto de contato: Kadhafi não só não era comunista, como não gostava deles. Apesar de nesse tempo ter relações privilegiadas com a URSS — por força da sua confrontação com os Estados Unidos —, não via com prazer que a influência comunista se alargasse à Península Ibérica, nem a Angola ou a Moçambique. Em Angola, curiosamente, auxiliava a UNITA. Uma das razões que, de resto, me levaram a Trípoli foi encontrar um representante da UNITA, adjunto de Savimbi, que aí tinha o seu quartel-general. Estávamos a preparar o encontro de Alvor, era necessário conversar.

Janeiro de 75. No seu mapa de viagens, consta a Índia, onde será acolhido por Indira Gandhi; a URSS, onde dialogará com Gromyko. Na Iugoslávia, falará com Tito e, na Romênia, com Ceausescu. Antes de falarmos deles, uma questão: em abril de 74, estava no exílio; em janeiro de 75, era recebido ao mais alto nível. Que reflexão fazia sobre o curso do seu destino?

A adaptação das pessoas às novas circunstâncias é rapidíssima. Parecia-me normal ser assim recebido. Não era a mim que eram dirigidas as deferências, mas a Portugal. Tinha perfeita consciência disso. Limitava-me a ser um dos agentes de uma Revolução que impressionara e marcara a Europa e o mundo. Toda a imprensa mundial falava de Portugal nessa época. Eu era apenas um dos representantes desse novo Portugal. Parecia-me normal a curiosidade que manifestavam em me conhecer e em falar comigo. Mas julgo que mantive sempre a cabeça fria e sem ilusões. Além disso, pensava muitas vezes que, no dia seguinte, podia estar, outra vez, na oposição ou, mesmo, na cadeia. Pelo menos, em sérias dificuldades...

Um pé na certeza, outro na incerteza?

Exatamente. Ou seja: a dúvida metódica, que ensinava Descartes, e um sentido agudo das próprias limitações. O bom senso camponês, herdado da minha mãe... Conto-lhe, a propósito, uma história que jamais esqueci: numa viagem que fiz — muito mais tarde — à Suécia, encontrei o ministro dos Negócios Estrangeiros do Irã. Fora a Estocolmo a uma reunião da Internacional Socialista fazer uma exposição sobre a Revolução portuguesa. Esse ministro de Khomeini — havia ocorrido já a revolução do Irã — fez a sua própria exposição, à porta fechada, analisando a situação dificílima que atravessava o seu país, numa sala onde se encontravam alguns líderes mundiais. Disse-nos: "Hoje sou ministro, amanhã não sei onde estarei." Ao ouvi-lo, pensei que a minha situação talvez não tivesse sido muito diferente da dele... Tempos depois, viria a ser preso e, depois, morto pela revolução iraniana. Danton dizia: "A revolução devora os seus filhos." Nunca perdi isso de vista!

Pela primeira vez na sua vida, fazia a manchete dos jornais, abria noticiários nas telas da televisão, falava nas rádios, era procurado por jornalistas do mundo inteiro. Que esperava

que dissessem sobre o senhor? Que retrato seu procurava nessas linhas e nessas imagens? Que reflexo queria ver nesse espelho?

Pela primeira vez, não. Desde os tempos em que fui advogado da família Delgado que isso me acontecia. Naturalmente, após o 25 de Abril, esses contatos ocorreram numa escala incomparavelmente maior. Que esperava que dissessem de mim? A verdade. Que informassem, objetivamente, sobre o que estava fazendo, ouvindo e dizendo. Sempre considerei os meios de comunicação social como um instrumento de trabalho, para esclarecimento, informação e contato com as opiniões públicas. Nunca procurei, narcisicamente, que a imprensa refletisse o meu retrato. Sempre estive suficientemente seguro de mim para que isso me pudesse interessar em termos prioritários. Permita-me aqui, sim, esta pequena vaidade... Como ministro dos Negócios Estrangeiros procurei, por múltiplas formas, definir e executar uma política externa coerente para Portugal. Vasco Pulido Valente, 15 anos depois, diria, com o seu habitual exagero, numa conferência que fez no Ministério dos Negócios Estrangeiros, que "depois da política delineada pelo duque de Palmela, terá sido a única coerente...". Não direi que fosse a única; mas que foi coerente e diferente, isso reivindico. O que esperava da mídia? Muito simplesmente: que reportassem, com objetividade e rigor, sobre a política que estava levando a cabo. Era o que mais me interessava...

E também que acendessem holofotes sobre o senhor? Se me permite um parêntesis, julgo que o 25 de Abril, para além de outras grandes alegrias, trouxe-lhe também essa: de um dia para o outro, passou a viver rodeado de jornalistas, câmaras de televisão, microfones de rádio!

E acha que isso é uma grande alegria? Não há política sem isso, compreendi-o desde o início. Sem esse contato permanente com a mídia, não se transmite ao público nem o que dizemos, nem o essencial da nossa mensagem. Corre-se o risco de ser excelente sem que ninguém o saiba. Sempre tive essa noção. Mas fui, porventura, uma exceção no PS: nunca deixei a ninguém os contatos com a imprensa, que sempre privilegiei. Nunca gostei de delegar o que considero essencial.

Em Belgrado, Tito estava à sua espera. Era um dos últimos dinossauros.

Não o conhecia, pessoalmente, antes. Gostei dele. Impressionou-me. Era, indiscutivelmente, uma figura, uma grande personalidade histórica. Mais tarde visitou Portugal, acompanhei-o nessa visita. Tive a oportunidade de conversar muito com ele sobre uma infinidade de assuntos, e não só sobre política. Eu seguira toda a sua trajetória. Conhecia bem a sua vida pública. Celebrizara-se na última guerra, como indomável guerrilheiro na guerra contra os nazis. Antes, estivera em Espanha e participara na guerra civil. Quando acabou a guerra, o único país do Leste a abrir uma delegação em Lisboa foi a Iugoslávia. A embaixada iugoslava — tal como ocorrera depois com a embaixada cubana — entrou em contato com a oposição. Lembro-me de ter lá ido, algumas vezes, levado pelo meu amigo Manuel Mendes, e ter tido grandes conversas com o embaixador e com o conselheiro da embaixada. Conheciam muito bem a situação portuguesa. Pretenderam até aliciar alguns elementos do MUD Juvenil — como Mário Ruivo, por exemplo — para colaborarem com eles na construção de uma ferrovia internacional, na Iugoslávia, projeto que não chegou a concretizar-se em virtude do conflito com a URSS.

Tenho de o interromper: nunca me falou de contatos com os iugoslavos. Ocorreram quando? Já tinha saído do PC? Esses contatos produziram-se antes ou depois do início dos anos 50?

Logo a seguir à guerra, na altura em que era dirigente do MUD Juvenil e militante do PC. Convivi bastante com os membros da embaixada iugoslava, quando Tito era ainda considerado um herói pelo mundo comunista. Por isso me custou tanto a compreender, depois, os ataques da União Soviética: de um dia para o outro, Tito passou dos píncaros da fama para o inferno da traição. Como no tempo dos romanos: do Capitólio (das honras) para a Rocha Trapéia (das ignomínias)...

Voltando a Tito...

A minha visão de Tito é que fora capaz de levar a cabo uma revolução original, não importada, executada com os seus próprios meios, ao contrário do que ocorrera com as outras "democracias populares".

Quando em 1947 se iniciam as purgas nas democracias populares, Tito foi o único que resistiu, entrando em dissidência com Stalin. Nessa mesma altura, surgiu um homem que muito admirei — e de quem li todos os livros —, Milovan Djilas, um dirigente iugoslavo corajoso e lúcido que denunciou, pela primeira vez, a nova classe dirigente criada nos países totalitários — as nomenclaturas, como depois seriam chamadas — e que pôs a nu a hipocrisia intolerável dos sistemas comunistas. Djilas, companheiro de Tito, não escapou, apesar disso, a estar vários anos preso e, depois, em liberdade vigiada. Não obstante, sempre achei que a chamada experiência iugoslava constituía algo de diferente, embora a célebre autogestão, tão propagandeada, se viesse a revelar um fracasso total. Quando lá voltei em 1975, confirmei a impressão anterior, que era, afinal, muito igual ao resto. Ou parecido... Uma ditadura pessoal, embora talvez ligeiramente mais aberta, mas com a mesma orientação de base. De qualquer maneira, nessa deslocação, em janeiro de 75, olhei para Tito com imensa curiosidade e vi nele um aliado. Mantinha-se relativamente distante dos soviéticos. Disse-me, claramente, que era um erro tentar fazer em Portugal uma revolução copiada a papel químico da soviética de 1917. Não só se liquidaria o processo democrático português, como iria comprometer a transição em Espanha, um país para o qual olhava com muito interesse. Tito apoiou o PS, indiscutivelmente. Além disso, não gostava nada de Cunhal, que conhecia bem. Acaso não esquecia que tinham estado em lados opostos da barricada, quando da cisão iugoslava, e que Cunhal o apelidara de "víbora ao serviço da CIA". Tito fazia já parte da História, era um gigante. E, desse naipe de gigantes do tempo da guerra, foi o único com quem me avistei pessoalmente. Não conheci Churchill, nem De Gaulle, nem Roosevelt, nem Stalin, nem Kruschev, nem Mao Tsé-tung. Conheci Tito. Era um homem forte, sólido, imponente, conversador, extrovertido, mas com algumas fraquezas que me chocaram: usava os cabelos pintados de ruivo, o que lhe dava um toque grotesco, quando o sol lhe batia na cabeça; deslocava-se com pompa e aparato, ostentando uma pose demasiado rebuscada, cheio de medalhas, mesmo vestido à civil, maquiado, o que punha em destaque os traços envelhecidos de um belo rosto, de feições nobres e fortes. Por um lado, era para mim um herói da guerra, uma grande personalidade e, quando falava de um assunto que o interessava, com a intensidade de uns olhos muito azuis e uma segurança e força enormes, forçava a admiração e o respeito; por outro, apetecia-me ironizar com o seu excessivo gosto por aquelas mundanidades ridículas...

Que andava Mário Soares a dizer pelo mundo?

Sempre a mesma coisa: que a Revolução seria democrática, pluralista, e que não sairia do campo ocidental; que nós, socialistas, defendíamos o pluripartidarismo e os direitos humanos, que não consentiríamos que o país caísse numa via terceiro-mundista, nem, muito menos ainda, comunista. Sublinhava sempre o problema colonial, mencionando a nossa intenção e disponibilidade de o resolver por negociações com os movimentos nacionalistas africanos e de acordo com as resoluções aprovadas nas Nações Unidas. Deixava sempre o mesmo recado político: se não nos apoiassem, correríamos o risco de entrar num período de grande instabilidade, o que teria obviamente repercussões negativas em toda a Europa, a começar por Espanha.

Essa mensagem era a mesma em todo o lado?

Não variava no essencial, apesar de conter algumas *nuances*. Junto dos iugoslavos e romenos, insisti muito no perigo comunista de tipo soviético, isto é, na possibilidade de haver em Portugal uma derrapagem da Revolução num sentido perverso e totalitário. O totalitarismo, claro, impressionava-os pouco. O que não queriam é que Portugal caísse na órbita da União Soviética. Em Moscou, fiz ver que essa derrapagem poria necessariamente em causa a negociação que a URSS levava a cabo, em Helsinque, para conseguir uma *détente* duradoura na Europa.

Em Moscou, foi apenas recebido pelo titular dos Negócios Estrangeiros, Andrei Gromyko. Que espécie de diálogo manteve com ele?

Só fora uma vez à URSS, antes do 25 de Abril, já lhe contei. Após a Revolução, Álvaro Cunhal, como ministro de Estado, foi antes de mim, com o pretexto de desenvolver o comércio bilateral, e fez-se acompanhar pelo secretário de Estado da Comunicação Social, salvo erro. Foi lá vender sapatos, e a visita foi apresentada, nos jornais portugueses, como um grande sucesso. Como ministro dos Negócios Estrangeiros, fiz questão de também me deslocar a Moscou: em primeiro lugar, para mostrar que quem conduzia a política externa de Portugal era eu; em segundo, para dizer frontalmente ao senhor Gromyko — e, por seu intermédio, ao governo soviético — que Portugal não iria transformar-se numa nova Cuba da Europa. Andrei Gromyko era um homem que falava pouco, supercontrolado, rígido, de uma frieza glacial. Achei-o detestável. A mulher era, pelo contrário, muito simpática: falava de literatura clássica russa comigo, pareceu-me uma mãe de família típica, interessada pelos filhos e pelas coisas triviais. Mais tarde, quando reencontrei Gromyko — era já ele presidente e eu também —, notei-lhe uma grande diferença: parecia outro, estava solto, falador, mais cordial. Contou-me muitas histórias divertidas dos tempos heróicos, inclusivamente da era Gorbatchov. Ultimamente conheci o filho, que vive hoje em Genebra, que me disse que a mãe se lembrava bem de mim e se declarou... socialdemocrata!

Qual foi, em Moscou, em janeiro de 75, o teor da sua conversa com ele?

Falei a Gromyko da Revolução portuguesa, repeti-lhe a nossa fidelidade à Aliança Atlântica e, quando lhe sublinhei a importância de Helsinque, ele ouviu-me com uma atitude grave e respondeu-me: "Não lhe direi que da parte dos dirigentes do nosso Partido Comunista não haja quaisquer conversas ou entendimentos com o Partido Comunista Português de que eu não tenha conhecimento. Mas, ao nível do Estado, posso garantir-lhe que não haverá qualquer intervenção nossa no sentido de favorecer e privilegiar o Partido Comunista Português."

Acreditou?

Era a política dúplice, em dois registos, que a Rússia sempre utilizou com o Ocidente Europeu: por um lado, a política do Estado soviético, levada a cabo com prudência, sensatez, e de modo a permitir os recuos necessários, em caso de as coisas correrem mal ou ameaçarem catástrofe; por outro, a do partido, executada, neste caso, por Ponomariev e por Suslov — auxiliando a fundo o PC português — e atirando, como se diz, o "barro à parede", para ver se pegava! Se pegasse, o Estado soviético adaptar-se-ia, como tantas vezes acontecera. Disso mesmo me viria a prevenir o marechal Tito, que me explicou muito bem esse tipo de duplicidade, no encontro que lhe referi.

Percebi a mensagem de Gromyko. Mas ele também ficou prevenido por mim da nossa determinação de lutar e dos apoios internacionais que tínhamos. Confessou-me que houvera pressões de diversos países ocidentais, denunciando os propósitos dos comunistas portugueses. O próprio Mitterrand, quando mais tarde se avistou com Brejnev, fez-lhe idêntica advertência.

A favor das suas teses?

A favor da democracia pluralista em Portugal.

Quando reconheceu os países do Leste europeu, estabeleceu relações diplomáticas com a Romênia, a seguir com a Iugoslávia, e só depois com a União Soviética. Não quis fazer a vontade a Cunhal?

Fiz ponto de honra em demonstrar, desde o início, que não nos dispúnhamos a ser súditos daquele império...

Esse "ponto de honra" não foi fácil: custou-lhe — em Conselho de Ministros — uma forte discussão com Álvaro Cunhal. O dirigente comunista insistiu com o senhor que a URSS deveria ser reconhecida antes de qualquer das outras democracias populares. Mário Soares não lhe fez a vontade. Costuma referir que o seu primeiro grande desentendimento com Cunhal se deveu à questão do MDP. Não terá sido, afinal, devido à URSS?

Foi uma pequena escaramuça, em Conselho de Ministros, sem conseqüências. Cunhal limitou-se a chamar a atenção para a necessidade de dar um sinal à União Soviética de especial consideração, abrindo primeiro as relações diplomáticas. Eu, por idênticas razões, tinha a posição oposta: pretendia dar um sinal contrário, privilegiando os países de Leste que não eram completamente satélites. Foi o que aconteceu!

Nesta galeria de retratos falta Nicolau Ceausescu, que encontrou, também em janeiro de 75, na Romênia.

Era, como se viu, um paranóico, um tirano abominável. Mas tinha uma política externa diferente da das outras democracias populares. Queria ser eqüidistante em relação à URSS e à China, promovendo uma política externa com pretensões de independente. Nesse sentido, foi-lhe fácil entrar em sintonia comigo contra as posições de Cunhal. Percebia com muita clareza que, quanto mais nações comunistas alinhadas pelos soviéticos houvesse na Europa, menos independência ele alcançaria em relação ao centro, Moscou. E ele queria essa independência. Foi, por isso, extremamente agradável e cortês comigo. Ao seu lado estava o seu ministro dos Negócios Estrangeiros e um colaborador diplomático, Stephan Andreas, muito inteligente, aberto, com idéias claras, que eu encontrara já na ONU e com quem me tinha entendido bem. Após a queda e morte violenta de Ceausescu, em 1989, Stephan Andreas, então vice-primeiro-ministro, foi preso. Mandou-me pedir, da cadeia, um depoimento a seu favor, que eu redigi com gosto e lhe enviei de imediato. Acho que hoje vive em Bucareste, em liberdade.

Gosto dessa idéia de Ceausescu ser um tirano abominável, embora amável com o senhor. E depois?

Não são coisas incompatíveis. O presidente do Brasil, e grande democrata, Kubitschek de Oliveira, também achava Salazar, que foi incontestavelmente um tirano, uma pessoa encantadora. E, para ele, talvez tivesse sido! Ceausescu procurou ser amável comigo — e foi-o —, mas possuía reflexos ditatoriais evidentes, que obviamente nunca me agradaram. A partir dessa altura, passou a convidar-me para passar férias na Romênia. Nunca aceitei. Mas alguns socialistas — Tito de Morais, Catanho de Menezes e outros — foram... Iam para umas praias privadas, rodeadas por uma vedação de arame farpado que entrava pelo mar dentro! Recordo-me que um dia voltei à Romênia e levei comigo Joaquim Catanho de Menezes e o Fernando Medeiros. Era verão e Ceausescu estava instalado no seu palácio de férias, erguido nas margens de um imenso lago. Sentamo-nos à mesa para almoçar, mas, curiosamente, do lado de Ceausescu só ele usava da palavra, apesar de estar presente o seu ministro dos Estrangeiros. De cada vez que o Catanho de Menezes ou o Fernando Medeiros tentavam dizer qualquer coisa, intervir na conversa, o Ceausescu fuzilava-os com o olhar e nem sequer lhes respondia. Nem o seu ministro se atrevia a abrir a boca! No final do almoço, fomos convidados para dar um passeio de barco no lago. Eu esperava entrar numa pequena embarcação de recreio, mas enganei-me. Afinal, era um paquete, com almirante, imediatos e uma grande tripulação. O mais curioso é que, quando entramos, sentamo-nos, o Ceausescu e eu, com as nossas mulheres, numas cadeiras de verga, no *deck* principal, e os outros — como imediatamente verifiquei — tinham desaparecido! Perguntei ao intérprete onde estavam os membros da minha comitiva. Foi-me dito que o Catanho de Menezes se encontrava no andar de baixo, com o ministro dos Estrangeiros, e que o Fernando Medeiros estava instalado num piso ainda inferior, quase no porão, com os secretários de Ceausescu! Pareceu-me um critério deplorável. Mas era assim, incrivelmente, que as coisas se passavam na Romênia. Nunca se estabeleceu qualquer corrente de simpatia entre nós. A conversa era difícil. Embora, por razões políticas e de Estado, Ceausescu tivesse sempre manifestado interesse em cultivar relações cordiais comigo.

Como ocorreu o seu primeiro encontro com Indira Gandhi em Nova Déli?

Não lhe direi que tenha havido um amor à primeira vista, mas houve, seguramente, um entendimento fácil. Não esqueça que as nossas relações diplomáticas com a Índia estavam cortadas desde os acontecimentos de Goa. Fui eu que tomei a iniciativa do nosso encontro, depois de as ter restabelecido: ela acolheu-me, não sabendo, talvez, que espécie de pessoa seria. Herdara de seu pai um contencioso incômodo com Portugal e estava disponível para me ouvir e abrir uma nova página nas seculares relações entre Portugal e a Índia. Cheguei e imediatamente sintonizamos posições. Na data desse encontro, era já para mim claro que Nehru fora muito pressionado para nos atacar, influenciado, por um lado, pelos movimentos nacionalistas africanos, por outro, pelo seu próprio ministro dos Estrangeiros, Cristian Menon. Um ataque que Salazar, com a sua intransigência, tornara inevitável, mas que fora sentido por Nehru — um pacifista — como uma opção muito difícil de tomar. Disse a Indira Gandhi que sempre tivera apreço pela figura de seu pai, contei-lhe que estava preso na altura da invasão de Goa, que fui amigo de nacionalistas indianos, igualmente presos, como Tristão Bragança da Cunha, e pedi-lhe para ir prestar uma homenagem ao túmulo do pai. Falei-lhe com simpatia e usei de uma abertura à qual ela foi sensível. Pude ir a Goa, onde fui recebido com grandes mostras de carinho. Retomaram-se os contatos interrompidos entre populações que sempre se apreciaram.

É natural que Indira Gandhi tenha sido sensível à sua linguagem. Mas não esqueçamos que Portugal e a União Indiana — em 24 de setembro de 74 — haviam já estabelecido relações diplomáticas. E que, um mês depois, Portugal concluiu um acordo com a mesma União Indiana, através do qual

reconhecia a plena soberania deste país sobre os territórios de Goa, Damão, Diu, Dadrá e Nagar Aveli.

...Sim, houvera já tudo isso. Por minha iniciativa, de resto, aprovada pelo Governo Provisório. Foi certamente uma das razões pelas quais a senhora Gandhi quis ser tão simpática comigo: ofereceu-me as obras do pai, conversamos longamente, permitiu que eu fosse a Goa, onde me instalou no mesmo local onde estivera o último governador, general Vassalo e Silva. O requinte foi ao ponto de ser conduzido no velho carro de Vassalo e Silva e pelo seu próprio motorista — um velhote bem simpático, por sinal, que me contou histórias saborosíssimas — e de me oferecerem um jantar no palácio do governador, onde comi numa baixela que tinha escrito: "Estado Português da Índia".

Comoveu-se?

Não. Senti mágoa pelos estragos que fez a ditadura de Salazar nesse imenso capital de simpatia que os portugueses semearam pelo mundo. Considerei tudo como sinais discretos da velha sabedoria hindu. Conservaram de uma maneira extraordinária o legado português, com evidente carinho: as louças, a baixela, os arquivos, os retratos dos antigos governadores. Fiquei com a sensação de ter sido recebido, dignamente, como um representante de Portugal — democrático e prestigiado. Dei comigo, mais de uma vez, a pensar na insensibilidade de Salazar em relação ao fenômeno magnífico do cruzamento de culturas a que a ação civilizadora de Portugal dera lugar. E como, no nosso século, só a liberdade e a fidelidade ao humanismo universalista português têm sentido e eficácia no contato com as outras etnias...

Percebeu Indira Gandhi?

Criamos um bom entendimento. Falamos com cordialidade e sem constrangimentos, embora eu nunca percebesse por que razão pendia claramente para o lado soviético, se bem que nunca o admitisse ou confessasse. Dizia-se neutralista, mas inclinava-se claramente para o lado dos soviéticos. Era conhecida a desconfiança que mantinha em relação à China, e talvez fosse isso que a fazia inclinar-se para a URSS. Mas o que me parecia normal era que ela fosse apoiada pelos americanos, como começou por ser a Índia no tempo de Kennedy e do embaixador americano Galbraith. Julgo que houve aí uma dupla e infeliz inclinação: os soviéticos aproximaram-se da Índia para diminuir o papel da China; e os americanos aproximaram-se da China pela mesmíssima razão. Talvez tenha sido essa questão entre as superpotências, que aparentavam estar como que trocadas, nessa contradança de interesses, que pode explicar a posição de Indira Gandhi.

Dias depois desta longa digressão, Mário Soares iria encontrar os líderes dos três movimentos nacionalistas angolanos na reunião de cúpula do Alvor. Quer os soviéticos e seus satélites, quer os americanos eram os tutores destes mesmos movimentos. África foi assim, seguramente, um dos pontos fortes da sua agenda. Como abordou a questão angolana com os seus diversos interlocutores? Que lhe disse Tito — que ajudava e armava o movimento de Neto — sobre o MPLA e a descolonização de Angola? E Ceausescu? E Gromyko? Qual era a posição de cada um deles sobre a descolonização angolana? E a dos norte-americanos?

Com os americanos, praticamente, só falei de Angola meses depois de Alvor. Com os soviéticos — e em especial com Gromyko —, nunca passamos das generalidades do tipo a que os franceses chamam *langue de bois*... A independência dos povos e o princípio sacrossanto da não-intervenção... Com Tito e Ceausescu, curiosamente, a conversa foi mais interessante: temiam uma excessiva intervenção soviética que desse lugar à satelitização de Angola.

Concluiu esse périplo em França, numa viagem relâmpago que efetuou a Paris, certamente para falar sobre a descolonização de Angola e a reunião de cúpula do Alvor. Precisava da bênção dos franceses? Quem foi o seu interlocutor? Que disseram um ao outro?

Fui recebido por Giscard d'Estaing com muitas mostras de simpatia, mas com um ceticismo evidente relativamente à evolução que começava a desenhar-se em Portugal. Ao contrário do que pensa, Angola não foi o tema central da nossa conversa. Incidiu muito mais sobre o futuro de Portugal e da emigração portuguesa em França.

XV.

Alvor

Quando regressou dessa digressão, aterrou na Portela, não chegou a sair do aeroporto e entrou no helicóptero de Costa Gomes, que o levou ao Algarve, onde então se iniciava a Conferência de Alvor. À mesa sentavam-se os líderes dos três movimentos nacionalistas angolanos: Agostinho Neto, MPLA; Jonas Savimbi, UNITA; e Holden Roberto — FNLA. Em frente, António Almeida Santos, Ernesto Melo Antunes, Mário Soares, Silva Cardoso, Rosa Coutinho, Vasco Gonçalves, Costa Gomes. Este encontro fora precedido de um outro entre os três movimentos nacionalistas, após o reconhecimento da FNLA e da UNITA pela OUA. Mas, muito antes disso, o próprio general Spínola tivera a idéia de promover uma reunião de cúpula semelhante nos Açores.
Para tanto, pedira a Nunes Barata que, no seu encontro de maio de 74 com Agostinho Neto, informasse o líder do MPLA deste ensejo. Agostinho Neto faz depender a sua resposta de uma reunião com os órgãos do seu movimento. A resposta não chegará nunca, mas sabe-se hoje que Holden Roberto se mostrara disponível — Nunes Barata avistara-se com ele em Kinshasa a pedido de Spínola — e que a UNITA, dado o silêncio de Neto, nunca chegou a ser sondada. Spínola informou-o, na altura, destas iniciativas?

Não. Um dos grandes defeitos de Spínola foi nunca ter confiado no governo que ele próprio formara e manter canais distintos de comunicação, sem entender que tal prática só serviria para enfraquecer as posições portuguesas. Quanto a Alvor, que se realizou quando Spínola já não tinha quaisquer responsabilidades, os negociadores, pelo lado português, foram, sobretudo, Melo Antunes e Almeida Santos (e eu próprio, embora com outras grandes preocupações, na altura). Costa Gomes instalou-se no Hotel Algarve, na Praia da Rocha, e não participou praticamente nas negociações. Vasco Gonçalves também não, só chegou no fim. E Silva Cardoso e Rosa Coutinho, que estiveram sempre presentes, tinham um grau menor de responsabilidade, digamos técnico-militar e não política. Permita-me que lhe note que Alvor, apesar de tudo, representou um grande esforço de Portugal e acabou por ser o melhor possível — na minha opinião — nas condições extremamente complexas e difíceis em que nos encontrávamos.

Mas, entretanto, o general Spínola fizera também já duas reuniões de cúpula com vista à descolonização: uma, nos Açores, com o presidente Nixon, em 19 de junho de 74. Curiosamente, o então presidente da República fizera-se acompanhar por Francisco Sá Carneiro — ministro de Estado — e não pelo seu ministro dos Negócios Estrangeiros. Como reagiu Mário Soares? E que informações colheu — e junto de quem — sobre as conclusões deste encontro com Nixon?

Reagi mal, como calcula. Aliás Spínola, nessa reunião, fez-se acompanhar por Sá Carneiro, mas, curiosamente, não lhe permitiu assistir à conversa com Nixon, que decorreu a dois, apenas acompanhados pelos intérpretes. Tanto quanto sei — e aceito que saiba pouco —, a conversa foi inconclusiva e, sobretudo, não teve qualquer seguimento útil.

Meses depois, no dia 14 de setembro, Spínola encontrou o presidente do Zaire na Ilha do Sal. Na agenda portuguesa havia um único ponto: Angola. Depois daquilo que Spínola entendera como um "fracasso" — a independência da Guiné —, o general agarrava-se com ambas as mãos à possibilidade de salvar Angola. Conforme ele próprio escreveu no *País sem rumo*: "Entretanto, era necessário salvar Angola." Uma vez mais, o ministro dos Negócios Estrangeiros não estará presente. Mas, logo a seguir, Mário Soares encontrou-se em Paris com Leopoldo Senghor. Com que objetivo? Ser informado por Senghor do teor da reunião de cúpula da véspera em Cabo Verde? Pedir auxílio?

Senghor é um *sage* africano, um humanista de rara cultura e inteligência. Durante esse período, encontrei-o bastantes vezes, tendo-me dado bons conselhos e propiciado excelentes contatos. Os encontros sobrepostos que refere foram pura coincidência. Não tive, na verdade, qualquer conhecimento do que se passou entre Spínola e Mobutu, que eu próprio também encontrei, por essa altura, para, por seu intermédio, tranqüilizar os catangueses que ameaçavam criar perturbações em Angola.

Falemos então, agora, do Alvor.

Quando cheguei, percebi que os dados estavam lançados e o jogo, praticamente, feito. Embora veladamente, *les jeux étaient faits*. Eu trabalhara muito para a realização daquela conferência, falara com Agostinho Neto, com Holden Roberto e com Jonas Savimbi. Era necessário pô-los em contato para, em conjunto, procurarmos uma solução. Mas quando lá cheguei e vi como a situação se desenhava — particularmente através do próprio Rosa Coutinho, ex-alto comissário em Luanda —, percebi que a visão dominante, naquela sala, era pró-MPLA. Os outros dois movimentos deixaram-se colocar, talvez pela força inelutável das coisas, numa posição secundária. Naquele preciso momento pelo menos...

"Trabalhou muito" para a realização da Conferência do Alvor. Atrás havia-me dito, porém, que "pouco ou nada tivera a ver com a descolonização de Angola e Moçambique". Trabalhou até certa altura? Até quando e fazendo o quê?

Justamente na preparação da conferência: concretizei os contatos iniciais, bati-me para os levar a reunir e a dialogar. Com um único fito: meter na cabeça dos líderes dos movimentos nacionalistas que, a bem de Angola, era importante que se entendessem. Pensava também, confesso, que a circunstância de haver mais do que um movimento de libertação favorecia uma descolonização gradual, feita com tempo e controlada, que eu pensava poder ser seguida, com vantagem, por Angola!

Conhecera Agostinho Neto em Bruxelas, em maio de 74. Onde e quando se encontrara com os outros dois? Lembro-me de que Jonas Savimbi, quando o visitei na Jamba, em 88, me contou que ficara "chocado" quando ouviu Mário Soares dirigir-se-lhe em francês. Não sabia que Savimbi falava português?

Não tenho nenhuma idéia disso. Mas é possível. Encontrei Savimbi e Holden Roberto em Kinshasa, onde me desloquei em novembro de

74 para falar com Mobutu, numa viagem onde fui acompanhado por Firmino Miguel. Foi aí que conheci Holden Roberto e Savimbi, em contatos separados e não muito profundos. Foi lá que sugeri que Portugal poderia ser um bom ponto de encontro entre os representantes dos três movimentos de libertação angolanos. Para que se entendessem conosco quanto à descolonização gradual de Angola.

Que lhe disse Mobutu sobre a descolonização de Angola?

Disse-nos que era necessário descolonizar, obviamente, mas recomendou-nos cuidado e prudência. Nessa altura, não me pareceu interessado em que Angola se convertesse num campo de batalha, alimentado pelos conflitos próprios da guerra fria. Falou-nos nas especificidades dos vários movimentos, nas suas *nuances*, nas sensibilidades que os dividiam. Mobutu era um homem de fidalguia e fino trato, inteligente e vivo, para lá dos defeitos que lhe são conhecidos e que, nesse tempo, eram menos visíveis. Gozava de certo prestígio, tinha autoridade, era reconhecidamente o "homem forte" do Zaire, apoiado então pelos franceses e pelos americanos. Instalou-nos numa tenda magnífica, com ar condicionado, serviu-nos com talheres de ouro, convidou-nos, a Firmino Miguel e a mim, para passear no seu barco. E prometeu-nos que, após a realização do seu comício — aprazado para o dia seguinte —, nos faria encontrar Savimbi e Holden Roberto.

Precisemos: que queria Mobutu para além de "cuidado e prudência"? Que advogava? Que informações tinha? Recordo-lhe que, um mês depois desse encontro, Mário Soares se sentaria no Alvor com os três movimentos africanos.

Mobutu queria ter uma posição de algum modo tutelar relativamente a Angola. Era aparentado com Holden Roberto, que dele dependia militar e financeiramente. Tinha uma velha relação com Savimbi, a quem igualmente auxiliava. E, mesmo em relação aos combatentes do MPLA que atuavam na frente leste — como Iko Carreira, por exemplo —, tinha uma certa influência. Queria, portanto, ser ouvido e entendia que tinha uma palavra a dizer na descolonização de Angola.

Disse-me já que Mobutu lhe falara dos catangueses, as tropas compostas por soldados do Catanga e por dissidentes da FNLA, situadas entre o Zaire e Luanda, que os portugue-

ses haviam acolhido e que constituíam uma séria preocupação para o presidente do Zaire. Mobutu temia ações hostis? Falaram ambos da necessidade do seu desarmamento? Em que moldes?

Foi exatamente por causa dessa questão — com antecedentes complicados que vinham do tempo das guerras coloniais — que levei comigo Firmino Miguel. Ele conhecia bem o problema nos seus aspectos técnico-militares. Finalmente, apesar de algumas ameaças explícitas, chegou-se à conclusão que a questão dos catangueses não tinha a importância que lhe queriam atribuir: revelou-se um fantasma sem consistência efetiva, que não nos chegou a criar nenhuma complicação.

Com que idéia voltou de Jonas Savimbi e de Holden Roberto?

Eu tinha um grande preconceito contra Jonas Savimbi, pelo fato de saber que, no passado, houvera negociações (que estavam documentadas no nosso Ministério dos Negócios Estrangeiros) entre os nossos militares, a polícia portuguesa (PIDE) e o movimento que liderava. Lera a esse respeito um dossiê que existia no Ministério dos Negócios Estrangeiros. Claro que também sabia que Lenin viajara num trem selado pelos alemães — já falamos disso — no seu regresso a São Petersburgo. São coisas que, às vezes, acontecem: um revolucionário pode ser constrangido a servir-se de apoios suspeitos para melhor alcançar os seus objetivos. É dos manuais. No entanto, a impressão que retive do nosso primeiro encontro foi a de que ele era um verdadeiro chefe africano: autêntico e incontornável! E, apesar de julgar que iria encontrar-me com um impostor, fabricado pelo governo português, de ter esse preconceito desfavorabilíssimo contra ele, percebi, de imediato, que estava diante de um grande chefe africano e de um homem com certa sofisticação intelectual.

E Holden Roberto?

Era indiscutivelmente um líder mais fraco, falava mal português, era uma espécie de protegido de Mobutu; havia, aliás, na altura uma ligação de parentesco entre as duas respectivas mulheres, creio que eram irmãs.

Que retém de essencial desse encontro com os dois líderes africanos?

Retive que era necessário o diálogo, que importava que os líderes nacionalistas africanos começassem a falar uns com os outros. Foi por isso que, ainda no Zaire, propus que Portugal servisse de palco para esse diálogo multilateral.

Conhecia os três dirigentes nacionalistas africanos. No Alvor, Mário Soares estava mais preocupado e mais tenso com a situação do PS e com o estado de coisas em Portugal — onde, entretanto, se iniciara o combate pela unicidade sindical — e menos com Angola. Apercebeu-se que os jogos estavam feitos e escolheu salvar Portugal. Mas por que é que Angola já não podia ser salva?

Como lhe disse, quando cheguei a Alvor, percebi que os jogos estavam feitos, isto é, os responsáveis do MFA tinham feito um imenso caminho, negociando com os movimentos de libertação, e a situação em Angola tinha-se deteriorado e modificado. Tanto o Almeida Santos como eu estávamos um pouco à margem desses esquemas e a nossa contribuição na conferência, para dizer a verdade, foi mais do tipo "chá e simpatia", limando algumas arestas mais vivas que já se desenhavam, claramente, entre eles.

Por que insiste que os jogos estavam "feitos"? Aparentemente, não deveria ser assim: os três movimentos iam assinar um acordo que os colocava em situação de igualdade. O texto do acordo — não beneficiando nenhum movimento em particular — e o prazo estipulado para a independência mereceram a aprovação de ambas as delegações. O que o leva a fazer-me tal afirmação? Informações vindas de fora de Portugal? O saber que, no terreno, o MPLA fora muito ajudado por Rosa Coutinho quando, em 1974, entre julho e novembro, fora alto comissário em Luanda? O estar informado de que o mesmo Rosa Coutinho, com o apoio do MFA local, destituíra determinados comandantes militares — fazendo-os regressar à metrópole e substituindo-os por outros de cariz "progressista" — e desmotivara algumas unidades que ainda se mantinham, nessa altura, coesas e disciplinadas?

Pela parte portuguesa, a partir do 25 de Abril, deixou de haver disposição de combater. A guerra deixou de ter sentido. Por isso, era preciso negociar e, com efeito, houve alguma ajuda da parte das personalidades citadas ao MPLA, que — reconheça-se — era um movimento mais nacional angolano e menos de raiz étnica ou tribal. A Conferência de Alvor foi uma reunião a quatro — Portugal mais os três movimentos de libertação —, é certo, mas havia, até por razões históricas, uma clara preferência relativamente ao MPLA. A evolução da situação portuguesa interna também ajudou. Por isso lhe disse que, quando cheguei a Alvor, me apercebi de que "os jogos estavam feitos", nesse estrito sentido, repare.

Qual foi o seu papel, politicamente, durante os três dias no Alvor? Que guarda dessas horas?

Retenho que havia um certo triunfalismo por parte do MPLA. Retenho que Agostinho Neto se serviu muito, nessa altura, do seu amigo Arménio Ferreira, que eu conhecia desde sempre, e que sempre defendera junto de mim as teses do MPLA. É certo que eu, naquela altura, não tinha ainda a idéia sobre o MPLA que vim a ter depois. Como lhe disse, verifiquei que Savimbi era um chefe africano com boa implantação no terreno e força intrínseca. Considerei que deveria compensar um pouco uma corrente generalizada que se manifestava por inteiro a favor do MPLA, embora tudo isso se processasse ainda de modo um tanto ambíguo e com alguma reserva e sofisticação. Mas os jogos estavam feitos, no sentido em que havia da parte de algumas pessoas — Rosa Coutinho e, porventura, Melo Antunes — a convicção e o desejo de que a balança pendesse para o lado do MPLA. Ou de que ela iria forçosamente, por razões objetivas, pender para esse lado. Embora na sala se encontrasse também o general Silva Cardoso, que substituíra Rosa Coutinho em Luanda e que não parecia gostar nada do MPLA... Por outro lado, também me apercebi de que se havia já desenhado um compromisso possível — embora precário — entre os três movimentos de libertação e que era útil explorar essa via. Alvor, a meu ver, representava esse compromisso, o compromisso possível naquele preciso momento histórico.

Acreditou, na altura, que o acordo iria ser cumprido?

Tive essa esperança, sem dúvida alguma. Mas as coisas, depois, correram mal em Angola: a situação política e militar deteriorou-se imenso.

Portugal perdeu a estreita margem de manobra que, até então, ainda tinha tido...

Se não estivesse muito mais preocupado com a questão da unicidade sindical, com o estado do seu partido e com a relação de forças internas, no plano português, teria tomado outro pé nas conversações de Alvor?

É bem possível. Mas é difícil afirmá-lo, hoje, a esta distância. Nessa altura, encontrava-me numa situação muito difícil: tinha realizado, há menos de um mês, o Congresso do PS e tudo estava ainda muito difuso. Não sabia bem que partido tinha, nem como iria reagir aos desafios da sociedade portuguesa em plena ebulição. O PS começava a mobilizar-se na luta contra a unicidade sindical. No Alvor, eu recebia dezenas e dezenas de telefonemas por dia. Catanho de Menezes e Manuel Alegre decidiram ir ao Algarve falar comigo. No caminho, no Alentejo, sofreram um grave acidente de automóvel. Não chegaram ao seu destino! Além disso, estive doente no Algarve, sofri uma forte indisposição intestinal devido a qualquer alimento que comi. Aconteceram-me, assim, várias coisas desagradáveis que não contribuíram nada para uma participação nas melhores condições naquela reunião de cúpula.

Nem por uma vez se afligiu com o que podia estar ali a ocorrer de irreversível para o futuro de Angola?

Para Angola foi, como lhe disse, o compromisso possível que, *a posteriori*, como se viu, correu mal, como sucederia, anos mais tarde, em Bicesse. Havia então uma lógica de guerra imparável, que o jogo das superpotências soprava e complicava. Mas confesso que, em Alvor, estive sempre mais preocupado com o que se passava em Portugal, onde se caminhava, a grandes passos, para a deterioração grave da situação interna. Por outro lado, não lhe escondo que Angola também me preocupava muito, chegando a admitir que tudo aquilo podia vir a acabar mal. Seria uma tragédia — como foi — para Angola, mas também para Portugal. Refleti nisso todo o tempo. Porém, nessa altura, não tinha uma visão clara do que se poderia fazer de diferente, e a minha capacidade de intervenção era reduzida. Não havia grandes saídas ou outras opções a tomar, com êxito.

Da sua parte, poderia ter procurado contrariar "os jogos já feitos".

Não, não era claro que isso pudesse ser tentado. Afinal de contas, os três movimentos nacionalistas, representados pelos seus líderes máximos em Alvor, chegaram a acordo. Depois não o cumpriram e começaram aos tiros, envolvendo-se numa guerra cruenta e interminável. Havia muitos interesses contraditórios em jogo. A ditadura portuguesa, prolongando a guerra colonial, e a forma anárquica como se processaram os primeiros meses da Revolução, sem quase haver Estado organizado, contribuíram decisivamente para o apodrecimento da situação em Angola e para atiçar as cobiças internacionais. A partir daí, a situação escapou ao nosso controle... De agentes de uma transformação, passamos a meros comparsas!

Manteve-se ao corrente dos desenvolvimentos da situação? Tinha informações?

Então, não tinha! Havia ainda militares portugueses em Angola e bastante informação. Mas, depois, as coisas precipitaram-se — lá e cá — numa cavalgada imparável de acontecimentos. Sejamos claros: não se pode analisar ou sequer tentar compreender janeiro de 75 e a reunião de Alvor com os olhos e o conhecimento das questões que hoje temos. Alvor foi uma tentativa de evitar uma guerra civil em Angola. Vinte anos depois, podemos com certeza ter opiniões e avançar palpites. Na altura, poucos o terão feito, com lucidez e conhecimento de causa, e, se o fizeram, não souberam fazer-se ouvir. Participei na Conferência de Alvor. Honro-me disso. Foi uma primeira tentativa equilibrada e bem intencionada para se chegar à paz em Angola. Da minha parte, foi certamente. Teria sido possível ter sido diferente e melhor? Talvez. Estou, porém, convencido de que a maior parte dos intervenientes, mesmo os que depois vieram a renegar Alvor, agiram de boa-fé.

Qual era, nessa altura, já após a descolonização de Moçambique, a sua relação com Melo Antunes?

Sempre foi a mesma, igual à que hoje tenho. Temos relações cordiais, ainda que distantes. É uma pessoa que respeito e aprecio, embora, por vezes, tenhamos tido divergências políticas e ideológicas.

E ele respeita-o?

Não tenho nenhuma razão para pensar o contrário. Ao longo de todo o processo da democratização portuguesa, tivemos encontros e desencontros, sempre estimulantes em democracia! Em matéria de descolonização, colaboramos pouco: as nossas responsabilidades foram sucessivas e pouco coincidentes. Mais tarde, quando se formou o Grupo dos Nove, conspiramos bastante, nos meses finais do "poder gonçalvista". Fomos aliados. Depois, no final do primeiro mandato de Eanes, voltamos a afastar-nos. Melo Antunes foi, como outros militares de abril, vítima de calúnias soezes e de incompreensões. De temperamento reservado, reflexivo e mesmo ensimesmado, creio que sentiu muito as injustiças que lhe têm sido feitas. Não obstante reconhecer tudo isto, não lhe escondo que, muitas vezes, tivemos posições diferentes.

Diferentes como?

Diferenças de ordem estratégica e tática relativamente ao encaminhamento da Revolução, ao papel de Portugal no mundo e dos militares na política, à opção européia de Portugal, à valorização de certas experiências levadas a efeito no terceiro mundo — como a iugoslava, a argelina ou a peruana — e à forma como decorreu a descolonização, dos *timings* para as independências até à valorização dos processos ulteriores dos novos países africanos de expressão portuguesa e, nomeadamente, de Angola.

XVI.

A Unicidade Sindical

Antes da reunião de cúpula do Alvor, trocara de avião em Lisboa para seguir para o sul do país. Nem sequer tivera tempo de contatar com o Partido Socialista. Mas, durante toda a longa viagem que fizera antes da reunião angolana, estivera sempre informado do que ia ocorrendo em Portugal. Entre outros, por Victor Cunha Rego que, durante a sua estadia na Iugoslávia, o encontrou em Belgrado para o informar sobre o amadurecimento da situação política em Lisboa. E quando Cunha Rego, nos seus aposentos, lhe fez sinal para que fosse cuidadoso com as suas palavras, chamando-lhe a atenção para a possibilidade de haver microfones escondidos, Mário Soares, sempre igual a si próprio, insistiu para que ele continuasse a falar, com o argumento de que "os iugoslavos, se percebessem, ficariam alarmados". O que, do seu ponto de vista, seria excelente...

Fiquei a saber que o partido estava a reagir bem no pós-congresso e que a cisão aberta pelo grupo do Manuel Serra, concretizada através de uma carta onde me apresentava a demissão do PS, tinha sido bem acolhida pelo partido. Contudo, o ambiente geral estava a deteriorar-se cada dia mais. O PCP tentava construir uma unidade popular, a sério, envolvendo o MDP, o grupo do Serra e outros, para isolar cada vez mais o PS. Fiquei preocupadíssimo com o conflito suscitado a propósito da unicidade sindical. A minha intuição, quando deixara Portugal, após o Congresso do PS, infelizmente confirmava-se em absoluto...

Mas Cunha Rego deu-lhe também outras informações: Spínola regressara à cena política com uma entrevista ao *Expresso*, publicada no início desse mês de janeiro, onde se assumia como socialdemocrata. Os spinolistas começavam

a dar alguns sinais de euforia, colhida na preparação para as eleições para os Conselhos das Armas, a efetuar dois meses depois. Na *entourage* do general, murmuravam-se as suas veleidades de candidatura presidencial. Como leu estes sinais, vindos de um campo militar e político que saíra desfeito do 28 de setembro?

Com preocupação. Não acreditava que Spínola — e a corrente militar que liderava — pudesse recuperar, com a facilidade que apregoavam, o terreno perdido no MFA. Tais movimentações, a meu ver, só serviriam para unir e consolidar a corrente liderada então por Costa Gomes, onde os comunistas tinham uma penetração crescente. Parti assim para o Algarve sem sequer tomar o pulso à situação política interna, o que me inquietou tremendamente! Quando entrei no quarto do Hotel Penina, já se ouvia a campainha do telefone. Durante a conferência, estive grande parte do tempo ao telefone, com Tito de Morais, Catanho de Menezes, Manuel Alegre, Zenha, Jaime Gama, Lopes Cardoso, cuja luta — a afirmação do PS contra a unicidade sindical — nada tinha a ver com Angola.

Enquanto Mário Soares estava no Alvor, os socialistas, em Lisboa, preparavam a batalha sindical. Na véspera da manifestação da Intersindical, Manuel Alegre e Jaime Gama redigiram um comunidado — que leram "a meias" aos microfones do Rádio Clube Português — onde clamavam: "Resistiremos como resistimos ao fascismo." O gesto criou um clima que propiciou a mobilização socialista que se seguiu. Combinou-se o comício contra a Unicidade Sindical. Os mesmos socialistas, Alegre e Gama, telefonaram para o Alvor e avisaram Mário Soares de que seria no Pavilhão dos Desportos. Mário Soares hesitou: "E se o Pavilhão não encher?" Os seus amigos levaram a melhor. Lembra-se disto?

Lembro-me muito bem. Não resisti: pus dúvidas, o que é diferente. Não se esqueça que eu estava afastado de Lisboa quase havia um mês: uma eternidade em termos de aceleração revolucionária! Quando cheguei a Lisboa, no próprio dia do comício, compreendi imediatamente que tinham razão: constituiu uma das primeiras grandes vitórias do PS e a afirmação clara da sua autonomia estratégica em face do PC. Foi um comício extraordinário, inesquecível.

Na luta dos socialistas contra os comunistas, pôde contar com ajudas preciosas e com nomes de primeira linha que tinham escolhido o PS como o seu terreno de ação política, o que é tanto mais interessante quanto, entre eles, se contavam alguns dos que o tinham combatido frontalmente antes de abril de 74. Já vimos os casos de Mário Cardia — ex-militante do PC e seu comissário político na *Seara Nova*, na década de 1960; Manuel Alegre, que fizera política ao lado dos comunistas e mais tarde se aliara à extrema-esquerda, abrigando, por um tempo, a luta de Carlos Antunes e Isabel do Carmo e recebendo-os em Argel, no início dos anos 70. Há mais: o advogado Armando Bacelar, um dos seus mais ferozes opositores — que se notabilizara, nas eleições de 69, como porta-voz da CDE, no Porto, mantendo violentas diatribes contra o senhor em diversas revistas e jornais —, estava agora no PS. Eurico de Figueiredo, destacado dirigente comunista e membro do Grupo de Genebra, embora só regressasse a Portugal no verão de 74, vem a Lisboa antes disso, propositadamente, para se inscrever no seu partido. E há ainda os casos de António Barreto e de José Medeiros Ferreira — também do Grupo de Genebra — que, embora não tenham combatido Mário Soares antes do 25 de Abril, se haviam ambos recusado, em 73, a aderir ao PS. Mas, em janeiro de 75, António Barreto filiara-se já no PS — pela mão do fundador Mário Mesquita —, e Medeiros Ferreira fará o mesmo, semanas depois. Uma vitória para a razão da luta política de Mário Soares?

Nos meses finais de 1974, a situação portuguesa amadurecera muito e as opções começaram a tornar-se claras: a aliança povo/MFA começou a aparecer, cada vez mais, como a aliança do motor progressista do MFA (mais ou menos instrumentalizado pelo PC) com o Partido Comunista e seus aliados e satélites, como o MDP/CDE. O projeto político que se perfilava, por esse lado, embora não explícito, tinha a ver com o poder popular, conducente a um certo tipo de democracia popular ou de terceiro-mundismo, claramente contraposto à democracia pluralista, de tipo ocidental, proposta pelo PS. À direita do PS, havia cada vez menos força e consistência. Daí que muitas pessoas conscientes — e que desejavam que Portugal se inserisse na Europa Ocidental — optassem claramente pelo PS. As que citou e muitas, muitísssimas outras, algumas das quais, passado o perigo, nos foram abandonando na ponta dos pés...

O comício contra a unicidade sindical, que ocorreu a 14 de janeiro, foi a primeira grande bandeira do PS. Mas foi, sobretudo, uma batalha tremenda na qual Salgado Zenha teve o papel principal. Vamos falar disso.

A expressão "unicidade" foi inventada por Zenha. Os comunistas costumavam empregar a expressão "unidade dos sindicatos", mas, na nossa ótica, os sindicatos não deveriam ser regidos pelos partidos, mas sim serem independentes deles. Para isso era necessário que todos os sindicalizados — de todos os partidos — se pudessem expressar livremente, que não houvesse uma correia de transmissão direta do Partido Comunista à Intersindical. O PS reivindicava o direito de expressão dentro da Intersindical — e o direito dos trabalhadores a se sindicalizarem ou não, conforme entendessem —, o que o PC rejeitava em absoluto. Este era o segundo "grande espinho" que tínhamos atravessado na nossa garganta em relação aos comunistas... O primeiro fora a questão do MDP/CDE, que já lhe referi. Salgado Zenha, no célebre artigo publicado no *Diário de Notícias*, "Unicidade Sindical ou Medo à Liberdade", inventou a palavra "unicidade", acusando os comunistas de não quererem "unidade", mas sim "unicidade". Quando o li — o que só ocorreu depois de publicado —, achei a expressão bizarra, nem sequer a entendi bem. Mas, logo a seguir, apercebi-me de que entrara rapidamente no léxico político e que traduzia bem a realidade. Com ela conseguimos demonstrar que éramos a favor da unidade dos trabalhadores, desde que construída livremente por eles, embora rejeitássemos uma "unidade à força", a que o Zenha chamou "unicidade"! Entretanto, nos sindicatos, a nossa gente, os sindicalistas socialistas, estavam a ser escorraçados e violentados. Estavam ao rubro contra a prepotência dos comunistas. Acorreram em massa. O nosso comício, no Pavilhão dos Desportos, representa a nossa carta de alforria em matéria sindical: pela primeira vez, nós, socialistas, fizemos um colossal comício popular, com o Pavilhão completamente cheio, fremente de entusiasmo e de empenhamento militante. Foi aí, julgo, que, pela primeira vez, se gritou: "Unidade, sim; unicidade, não!" E ainda: "O Povo não está com o MFA!" Três discursos marcaram, com intervenções determinantes, a posição do PS, aliás muito simples: por que razão vinte trabalhadores — ou vinte mil! — não teriam direito a criar a sua própria estrutura sindical, se não se sentiam bem representados onde estavam? Esses três discursos foram, por ordem de importância: o de Salgado Zenha, que interveio sobre a especificidade da Lei da Unicidade Sindical — e destruiu implacavelmente a sua pseudofundamentação, com uma lógica irrefutável; o do Manuel Alegre, que desafiou claramente Vasco Lourenço — a propósito de uma frase infeliz daquele militar, condenando a atitude do PS; e, finalmente, o meu, como secretário-geral, no qual expliquei, no plano político geral, toda a movimentação social antiunicidade, denunciando a cobertura que o MFA dera à Lei Sindical. Pela primeira vez, desde abril de 74, o PS afrontava claramente o MFA como "aliado objetivo" do PCP.

Fora, de resto, tensa a discussão — no Conselho de Ministros de 17 de janeiro — com Álvaro Cunhal, a propósito da aprovação desta lei. Pela primeira vez, pairou no ar a ameaça de ruptura da coligação. Durante longos minutos, Mário Soares contestou frontalmente Álvaro Cunhal. "Este é o mais grave e o mais sério problema que a coligação governamental enfrentou até agora. Há uma divergência de fundo entre o PS e o PC, que não é de hoje, na maneira de conceber as liberdades. O PS não será um partido satélite do PC. O seu peso específico no país será decidido nas eleições." E, pela primeira vez desde o 25 de Abril, Mário Soares disse, cara a cara, a Álvaro Cunhal que "era necessário saber se se pretendia manter a democracia ou caminhar para a ditadura de esquerda ou de direita". Era raríssimo que os ministros interpelassem diretamente Álvaro Cunhal. Quase nunca ninguém o fizera até ali. Mas, nesse dia, Mário Soares não hesitou. Foi o único.

Você teve acesso a alguma ata do Conselho de Ministros, privilégio a que eu nunca cheguei... Não lhe posso garantir a data referida de 17 de janeiro, mas é indubitável que tive algumas duríssimas confrontações, nessa época, com Álvaro Cunhal. O que sempre estava em questão era o modelo a seguir: democrático pluralista ou totalitário? Nesse aspecto, a questão do MDP/CDE, o problema sindical — unidade ou unicidade? —, o papel dos militares *versus* a legitimidade democrática resultante de eleições livres foram os eternos pomos de discórdia entre nós. Não tenha dúvida que interpelei freqüentemente Cunhal e, como se diz, "sem papas na língua". Ele, nessa altura, gozava de um certo temor reverencial e, por isso, as nossas discussões ficaram na memória dos que as ouviram. Permita-me que lhe conte uma história a propósito. Vários anos mais tarde, conheci o empresário Agostinho da Silva, que me disse ter uma dívida para comigo. Surpreendido, perguntei-lhe: qual? Mostrou-me então uma ata de um Conselho de Ministros, dessa época, que eu, naturalmente, não conhecia. Nela se relatava o meu protesto, em Conselho de Ministros, contra a medida, dos empresários presos em dezembro de 1974 e a defesa que deles então fiz. Quer acreditar que eu nem me lembrava disso?

Falando de confrontações: Vasco Lourenço tivera também já um forte desentendimento com o senhor, dias antes, a propósito da questão sindical...

Vasco Lourenço é hoje um bom amigo. Mas, nessa altura, ameaçou-me. Vi-me obrigado a lembrar-lhe, numa sala do Palácio de Belém, que não tinha medo das ameaças dos militares, por mais consideração que me merecessem. Relembremos que o Conselho de Estado votou por unanimidade a Lei da Unicidade e que o próprio Conselho Superior do MFA, dito Conselho dos Vinte, também se decidiu, por unanimidade, pelo princípio da unicidade sindical. O ambiente não era fácil. Quando me chamaram a Belém para discutir o assunto, limitei-me a recordar a Vasco Lourenço que, se não me deixara atemorizar na PIDE, muito menos me iria deixar impressionar pelas ameaças verbais, completamente despropositadas, proferidas em tão solene local.

Que tipo de ameaças?

Acusavam-me de entravar a Revolução, queriam responsabilizar-me pelas dificuldades que sentiam, alegavam que a direita estava por detrás de mim a empurrar-me. Entretanto, as coisas sucediam-se a um ritmo acelerado, no país tomavam-se prédios e empresas de assalto e ocupavam-se casas!

Nisso tudo, o PS tinha, teve, altas responsabilidades.

Já lhe referi que o PS era ainda constituído por uma massa informe de pessoas, com opiniões, vontades e objetivos muito diversos. A partir do congresso, as coisas começaram a mudar. A direção eleita no congresso tornou-se uma referência. Mas não tinha ainda suficiente autoridade para se impor totalmente. Na época, havia um grande espontaneísmo das bases, militantes que agiam ao sabor das influências locais e que, simultaneamente, sofriam a pressão do clima anárquico, generoso e inconseqüente que então se vivia e que, por outro lado, era parte ativa desse estado de coisas, contribuindo para ele.

Seja. Mas isso é justamente um dos pontos fulcrais: não considera, hoje, que levou até demasiado tarde a sua benevolência? A sua contemporização com a revolução, o MFA, os comunistas?

Se não temos sabido acompanhar o movimento e contemporizar com o poder emergente, com alguma habilidade — em certos aspectos até contemporizamos mais do que eu próprio gostaria! —, teríamos sido inevitavelmente esmagados. Não tenho hoje a menor dúvida sobre isso, como quase nunca tive na altura. Por um lado, aceito que contemporizei e fui bastante paciente, uma virtude que, de resto, não possuo em alta dose. Enquanto o país ardia, num revolucionarismo inconseqüente, as reuniões do Conselho de Ministros dos governos provisórios, com permanentes discussões, eram homéricas. Não imagina, seguramente, como eram...

Mas alguns dos seus colegas no conselho foram unânimes em me dizer que Mário Soares freqüentava pouco o Conselho de Ministros. Era sobretudo Salgado Zenha quem representava os socialistas no governo. E quem trabalhava.

Não é justa essa apreciação. O Zenha assegurava a rotina; eu intervinha nas grandes questões. Depois, é verdade, nesse período desloquei-me freqüentemente ao estrangeiro, em viagens e missões oficiais. Como ministro dos Estrangeiros, ocupei-me, nos três primeiros governos provisórios, em estabelecer o cessar-fogo nas colônias em guerra e em dar os passos iniciais da descolonização. Defini e pus em execução uma nova política externa. E, nos intervalos, preocupava-me com o partido, onde passava a maior parte do tempo, com a política, em sentido lato, que nessa época se fazia mais na rua do que nos gabinetes... Acompanhava as questões da administração, um pouco pela rama, é certo. Salgado Zenha — com quem eu, previamente, discutia tudo o que era importante — participava ativamente no governo e intervinha muito mais do que eu nos Conselhos de Ministros...

...só até à meia-noite. Depois disso, Salgado Zenha, certamente fatigado devido às maratonas ministeriais, adorme-

cia quase sempre. E como diziam, na altura, alguns ministros, "o PS, no Conselho de Ministros, depois da meia-noite, fechava"...

Tanto quanto me recordo, todos dormitavam, mais ou menos, por fases. Não podia ser de outro modo, de resto: os conselhos começavam às três horas da tarde e prolongavam-se até às quatro, cinco horas da manhã, em discussões intermináveis... Zenha não era exceção. Vasco Gonçalves, por exemplo, tinha horas sagradas: dormia quase sempre das dez à meia-noite. Quando o primeiro-ministro dormia, à nossa vista, quem tranqüilamente assegurava a presidência era o ministro Vítor Alves. E fazia-o, aliás, bem! O Zenha defendia as posições do PS no governo, com rigor e brilho. Dispunha de uma pequena equipe que o ajudava na preparação do seu trabalho e nas intervenções que fazia. Quem de fato preparava e discutia as questões concretas da governação era ele, indicando-me os pontos em que eu próprio devia intervir, para além das questões da minha própria responsabilidade direta. Os Conselhos de Ministros transformavam-se, não raro, num campo de batalha. Continham agendas de 20 e 30 pontos, mas às oito horas nunca tínhamos conseguido passar do segundo ou terceiro ponto! As diferenças de opiniões eram tão grandes que não se avançava. Não interrompíamos para jantar. Vasco Gonçalves mandava vir sanduíches da cantina dos sargentos que, às vezes, comíamos no restaurante, no rés-do-chão da residência oficial. Eram reuniões intermináveis e enfadonhas — quase todos os ministros fumavam desalmadamentre, a sala ficava irrespirável —, onde Vasco Gonçalves nos projetava as suas obsessões e angústias, e Cunhal, apesar de tudo, era uma voz de relativo bom senso. Curiosamente, as suas intervenções eram mais moderadas do que as de Vasco Gonçalves. Sempre atento, ia procurando pôr as suas pedras com calma. Era mais elaborado e sabia levar melhor a água ao seu moinho. Lembro-me de que, uma ocasião, contrariou frontalmente uma proposta de Vasco Gonçalves que visava impor um limite aos vencimentos a que chamava máximos, por forma a que ninguém pudesse ganhar mais do que um certo quantitativo modesto. A questão foi introduzida em Conselho de Ministros e nós contrariamo-la frontalmente. Cunhal pôs-se do nosso lado, argumentando com a fuga dos quadros superiores para o exterior, que, aliás, já começara. E enquanto estas discussões tremendas se iam arrastando, até altas horas da noite, cá fora o PS lutava para se organizar, fortalecer e unificar, por forma a ganhar força para se opor à ocupação do aparelho do Estado, que prosseguia aceleradamente, por parte do PCP...

Dias depois do comício do PS no Pavilhão dos Desportos, o CDS, no dia 22 de janeiro, é cercado no Palácio de Cristal, no Porto, onde levava a efeito o seu primeiro congresso. Afligiu-se?

Foi mais um sinal, muito grave, dos progressos da intolerância reinante, a coberto de palavras de ordem pseudo-revolucionárias... Adelino Amaro da Costa telefonou-me do Porto a contar o que se passava e a pedir ajuda. Entrei imediatamente em contato com o presidente Costa Gomes e com o governo, para evitar os abusos da populaça enfurecida — soprada sempre pelo mesmo lado — à volta do Palácio de Cristal, onde se encontrava, aliás, a fina flor da democracia cristã européia. Lembro-me de ter falado várias vezes, nessa noite, com os dirigentes centristas, com o governo e com o presidente da República para ajudar a desbloquear uma situação que poderia ter sido dramática.

Como ia olhando para esse CDS que trazia a Portugal a "fina flor da democracia cristã européia"?

Existia. Ia tendo iniciativas, tentava afirmar-se, crescer, ganhar direito de cidade... Mas não mais do que isso. Via-o, no entanto, com simpatia. Como, aliás, Freitas do Amaral reconhece nas suas *Memórias*, quando diz, por exemplo, que, enquanto amigos e velhos companheiros o evitavam, para não se comprometerem, eu, que mal o conhecia, numa recepção qualquer, atravessava as salas de uma embaixada para ostensivamente o cumprimentar...

XVII.

O Amigo Americano

Frank Carlucci fora, entretanto, nomeado embaixador de Washington em Lisboa, em novembro de 74. Chegou em janeiro de 75. Foi desde logo um aliado?

Veio a ser, obviamente, um aliado. Conheci-o numa situação curiosa: poucos dias depois de Carlucci chegar a Portugal, antes de apresentar as suas cartas credenciais, Otelo Saraiva de Carvalho, chefe do Copcon, desabafou com os jornalistas, insinuando que suspeitava que Carlucci talvez pertencesse à CIA e que, nesse caso, ele, Otelo, não se responsabilizaria pela segurança do embaixador. Um tal comentário foi imediatamente divulgado nas rádios e nos jornais. O presidente Costa Gomes telefonou-me, aflito, pelo telefone secreto, que então ligava os ministérios. Perguntou-me se tinha ouvido as declarações de Otelo e o que pensava delas. Respondi-lhe que, em circunstâncias normais, seriam gravíssimas; mas que, dada a situação, e tratando-se de Otelo, talvez não devêssemos atribuir-lhes tanta gravidade! Costa Gomes considerava que a frase de Otelo poderia constituir um pretexto para justificar uma intervenção norte-americana, uma vez que poderiam argumentar que a vida de Carlucci poderia correr perigo. Aconselhou-me a entrar em contato com Carlucci e a apresentar-lhe, em nome do presidente e do governo, as nossas desculpas e dar-lhe todas as garantias quanto à sua segurança. Chamei o embaixador ao Palácio das Necessidades: foi assim que o conheci. E a primeira coisa que me impressionou, quando ele entrou, foi o seu aspecto físico: era um homem baixo, terra-a-terra, muito vivo e extrovertido, indiscutivelmente um latino! Um siciliano típico, embora trajando à americana e exprimindo-se com grande fluência num português abrasileirado. Verifiquei logo que estava, obviamente, ao corrente das declarações de Otelo. Mas quando lhe transmiti, laboriosamente, as desculpas do presidente da República e do próprio governo, assegurando-lhe que nos responsabilizaríamos pela sua segurança pessoal, foi ele que atalhou a conversa: "Não havia qualquer questão, já telefonara ao chefe do Copcon e até já o convidara para almoçar no dia seguinte!" Fiquei estupefato! O embaixador falou com Otelo, percebeu quem ele era e meteu-o, com a maior das facilidades, no bolso do colete... A partir daí fiquei a saber quem era Carlucci: um homem muito experiente, vivíssimo e eficaz, com uma enorme capacidade para captar o sentido das coisas, um sexto sentido e uma intuição mediterrânicos, que o levaram sempre a compreender corretamente, em Portugal, as pessoas e as situações. Foi desta forma que iniciamos as nossas relações e, com a repetição dos encontros e um melhor conhecimento recíproco, tornamo-nos amigos. Lembro-me de que, meses depois, a embaixada dos Estados Unidos convidou muita gente para a sua festa nacional, o 4 de Julho. Recordo até que Vasco Gonçalves recomendou que "ninguém do governo deveria ir a essa recepção; tratava-se de um país imperialista e Portugal assumia-se como um país que vivia uma revolução antiimperialista!". Obviamente que eu, como ministro, entendi dever ir. Disse-lhe logo. Quando cheguei à embaixada, não estariam lá mais de uma dúzia de pessoas bem contadas! O edifício estava cercado de polícia e na rua viam-se populares hostis. As pessoas tiveram medo, não foram. Os americanos não esqueceram o meu gesto. No ano seguinte, a embaixada voltou a estar cheia de gente; mas eles contaram-me que tinham fixado — e não esqueciam — as pessoas que ali se haviam deslocado um ano antes...

Mário Soares cultivou bem as suas relações com os Estados Unidos: manteve o nosso embaixador em Washington, freqüentou a embaixada norte-americana em Lisboa, quando era impopular fazê-lo, deslocou-se várias vezes aos Estados Unidos. Era o "homem dos americanos".

Sempre procurei ser tão-só o homem dos portugueses. Mas, como ministro dos Negócios Estrangeiros, tinha a noção das minhas responsabilidades. Fora já a Bruxelas, com Palma Carlos, ao aniversário da OTAN, fora à reunião de cúpula da OTAN em Ottawa e, sobretudo, quando intervinha, fazia-o em nome do governo, numa postura de Estado, responsável e serena. Os americanos sempre foram nossos aliados e amigos. Isto é, nunca deixei, nos meus contatos e viagens, que pensassem que havia em Portugal um espírito radical e extremista ou que a Revolução iria pôr em causa as nossas alianças tradicionais.

Não deixou?

Não! Enquanto fosse membro do governo, evidentemente que não. Havia, é certo, duas linguagens opostas no governo e uma óbvia ambigüidade. Vasco Gonçalves dizia em Lisboa o contrário do que eu dizia no estrangeiro. Os correspondentes internacionais emitiam para o mundo essa contradição: os jogos não estavam feitos. Que orientação iria prevalecer? Por isso me transformei rapidamente, aos olhos de europeus e norte-americanos, num dos principais pilares da democracia pluralista em Portugal.

Não sei se tão rapidamente. Voltando a Carlucci: percebeu então, desde o início, que tinha ali um aliado precioso?

Comecei por compreender que ele era um homem espertíssimo, que sabia o que queria e que compreendera que o PS — e eu próprio — lutávamos por uma causa que aos Estados Unidos convinha ajudar...

...teria sido possível que o vosso diálogo fosse tão útil e o entendimento entre ambos tão profícuo, se o embaixador não falasse português?

O fato de Carlucci falar bem o português facilitou essa recíproca compreensão. Mas não foi o fator essencial. O essencial foi Carlucci ter o espírito de finura e a sensibilidade política para entender o povo português, para além das aparências conjunturais e das contradições de um processo complexo de fim de império e de transição democrática, após ter desabado, de um dia para o outro, o Estado ditatorial, sem defensores...

Permita-me que vá mais longe: eu não ignorava que Kissinger permanecia sinceramente convencido de que estávamos a caminho de perder a nossa aposta e que Portugal se encontrava numa via que parecia então irreversível, de perversão totalitária da Revolução dos Cravos. Havia, portanto, uma longa e tensa luta de concepções entre Kissinger e o embaixador Carlucci. No final, este levou a melhor. Ou, dito por forma mais rigorosa: o povo português, com a sua luta vitoriosa pela liberdade, deu razão a Carlucci contra Kissinger. Felizmente!

Apesar de Mário Soares querer, aos olhos dos norte-americanos, ser um aluno bem comportado da democracia, havia

diversos problemas nessa época: desde a ameaça do separatismo nos Açores e na Madeira, cujos movimentos começaram a levantar a cabeça e a procurar ligações e apoios políticos e econômicos nos Estados Unidos, até às negociações para a base norte-americana nas Lajes. Deve-se, sobretudo, ao seu bom entendimento com Carlucci e ao bom trabalho realizado por Hall Themido, na nossa embaixada em Washington, a concretização dessas negociações?

Em primeiro lugar, noto-lhe que nunca fui, nem sou, "um aluno bem comportado". Opus-me frontalmente às concepções de Kissinger, como ele próprio, mais tarde, viria a reconhecer publicamente. Nunca quis agradar nem a americanos, nem a europeus. Fiz sempre a minha própria política, com sinceridade e convicções, sem enganar ninguém, nem querer vender gato por lebre. Se me entendi bem com Carlucci, foi por ele ter compreendido o sentido e a importância da luta travada pelo PS e porque, coerentemente, nos ajudou. Não o contrário! Quanto aos outros problemas que refere: o movimento separatista da Madeira nunca teve, ao que penso, qualquer autenticidade ou consistência — constituiu sempre apenas uma forma de pressão, ou de chantagem, sobre o continente. O separatismo açoriano, com outra tradição e outras raízes, foi mais sério, até pelas ligações mais do que seculares dos açorianos aos Estados Unidos. Houve tentativas para buscar apoios e estabelecer contatos políticos. Mas os Estados Unidos nunca hesitaram — honra lhes seja feita! —, quer a administração dos sucessivos presidentes, quer o Congresso. Preveni-os contra tal tentação, desde a primeira vez que lá estive como ministro dos Negócios Estrangeiros. Disse a Kissinger: "A única razão que nos poderia levar a abandonar a OTAN (nessa altura, essa mera hipótese preocupava-os) era se os Estados Unidos viessem a apoiar e estimular o separatismo açoriano." Não o fizeram, nem jamais tiveram essa intenção, há que o reconhecer! O cardeal Humberto Medeiros, de Boston, americano nascido nos Açores, de cultura e coração bem portugueses, ajudou muito Portugal nesse trabalho de clarificação. Tive com ele conversas interessantíssimas a esse respeito. Quanto às Lajes: foram negociações difíceis, mas muito vantajosas para Portugal e para os Açores. O acordo firmado então — e o embaixador Themido teve aí grande intervenção — vigorou até há muito pouco tempo.

Carlucci compreendeu que deveria apostar em Mário Soares e no Partido Socialista. E agiu em conformidade. Falando com ele em junho de 95, retive as suas palavras: "Ninguém melhor do que um homem de esquerda, combativo, corajoso e anticomunista para combater a esquerda comunista." Mas o State Department e a própria imprensa norte-americana não o pouparam nessa sua preferência. E o próprio Sá Carneiro também não a apreciou...

Julgo que Carlucci se limitou a fazer, lucidamente, um diagnóstico muito simples: quem podia salvar Portugal da ameaça totalitária que se desenhava? A vontade do povo português, liderada então pelo PS. À frente do PS, como secretário-geral, estava um homem chamado Mário Soares. Ponto final. Aliás, a grande imprensa americana, ao contrário do que diz, sempre me foi favorável. Lembre-se da frase premonitória de André Malraux, dita numa das suas últimas entrevistas: "Os socialistas portugueses estão a demonstrar ao mundo, pela primeira vez na História, que os mencheviques também podem vencer os bolcheviques."

A luta então travada em Portugal teve uma dimensão nacional e como tal foi, e é, reconhecida por toda a parte. Mas também uma dimensão internacional. O historiador americano Samuel Huntington, autor de *A terceira vaga*, sustenta que a Revolução portuguesa, vencendo a tentativa comunista, iniciou uma nova época democrática no mundo, influenciando decisivamente a transição espanhola, a democratização de toda a América Latina, passando pelo Paquistão e pelas Filipinas para chegar ao coração do totalitarismo, com a queda do muro de Berlim, a conversão democrática dos chamados países do Leste Europeu, e terminando em Moscou!...

Em que se foi traduzindo esse apoio? Diplomacia, antes do mais?

O apoio de Carlucci — diplomático, antes de tudo — foi o mais importante: convenceu os americanos de que o PS tinha, naquele momento, importância decisiva e, principalmente, disse-lhes para não cometerem erros nem se equivocarem em relação a nós. Isto é, explicou-lhes que não poderiam auxiliar os movimentos separatistas nas ilhas, nem mais tarde o MDLP, nem Spínola, nem nenhum dos setores, direta ou indiretamente, ligados à contra-revolução. Em suma, que tivessem uma expectativa benévola em relação à Revolução e a todos os que, no interior — e no próprio governo —, lutavam pela democracia, através de diversos programas de apoio, como veio a ocorrer em relação às Forças Armadas, a programas de fomento da habitação, alimentares e outros.

Carlucci convidava-me com alguma freqüência para almoçar com ele no zimbório que existe no quinto andar da embaixada, à Lapa, um terraço com uma vista soberba, de 180 graus, sobre Lisboa, onde ele estava seguro de não haver microfones e de poder falar à vontade.

Era alguém com quem desabafava?

Não, não desabafava. Nunca houve, entre nós, intimidade para isso. Conversava sobre temas de interesse comum, tratando-o como o representante diplomático norte-americano, objetivamente meu aliado naquele preciso momento. Eu era ministro dos Negócios Estrangeiros e líder dos socialistas, em luta contra o gonçalvismo e o Partido Comunista; ele, o embaixador dos Estados Unidos em Portugal. Nunca fizemos qualquer abstração destas qualificações, nem saímos da reserva que elas reciprocamente nos impunham.

Havia, é certo, "uma luta do PS contra os comunistas". Como entender então algumas declarações suas que vão no sentido totalmente oposto? Cito duas: a primeira, feita a Dominique Pouchin, no livro *Portugal, que revolução?*, publicado em 1976. Depois de situar politicamente o PS como próximo dos socialistas franceses, confessava Mário Soares: "Se não estamos hoje em Lisboa num programa comum, a culpa é exclusivamente dos comunistas, que rejeitaram todos os antigos convites para progredir nesse sentido." A outra, anterior a esta, foi feita numa entrevista dada em Lisboa, e publicada no *Le Monde*, em dezembro de 74. Diz Mário Soares: "Nós, socialistas, sugerimos várias vezes aos comunistas o estabelecimento de um programa comum do tipo do que foi elaborado em França com Mitterrand e fixando objetivos bem precisos." São duas declarações idênticas, embora proferidas em alturas distintas do tempo. Que significam elas? Será que foi, afinal, o PCP que rejeitou os insistentes convites do PS para um programa comum, fato que Mário Soares tem levado as páginas deste livro a negar?

Como lhe disse, estou convencido de que o PCP, antes do 25 de Abril, nunca ousou prever que a ditadura cairia como um "fruto maduro", digamos a palavra "sorvado", e que, em conseqüência, se lhe abririam tantas possibilidades — e tão rapidamente — de penetrar o aparelho do Estado, em plena desagregação. Vários erros, de que já falamos, cometidos pelos militares convenceram a direção do Partido Comunista de que era possível — como diziam — "fazer a economia de uma revolução". Começaram, pois, como se diz, a "atirar o barro à parede" — com resultados surpreendentes e muito encorajadores. Perante as cedências e o vazio, foram ocupando o terreno, até à grande confrontação do "verão quente" entre socialistas e comunistas. Muito antes disso, e a partir dos encontros realizados em Paris entre os dois partidos, na perspectiva de uma revolução "democrática, nacional e burguesa", como os comunistas a designavam, nós falávamos em "unidade de ação" — não propriamente em programa comum — para assegurar a destruição da ditadura, do seu aparelho repressivo (PIDE, censura, Legião, Mocidade Portuguesa) e do sistema corporativo e colonialista vigentes. A situação era muito diferente da francesa. A confusão entre unidade de ação e "programa comum" só aparece em jornais franceses. Em textos escritos diretamente pelo meu punho, creio que não a encontrará. Aliás, quando o PC inicia a sua escalada totalitária, falar-lhes em unidade de ação ou em programa comum, no quadro de uma democracia pluralista burguesa, era travar-lhes o *élan* revolucionário e obrigá-los a definirem-se. É necessário distinguir bem as fases, vividas nos primeiros tempos da Revolução — e os conceitos —, para não estabelecer confusões no espírito dos nossos eventuais leitores.

XVIII.

A Luta Continua

Entrou fevereiro. O ambiente adensou-se, o PC e a extrema-esquerda subiam o tom de voz. Ao mesmo tempo, os dirigentes socialistas, em conferência de imprensa, divulgavam que o PS concorreria às eleições em listas próprias e proclamaram o seu apoio ao Programa de Política Econômica e Social, coordenado por Melo Antunes e recém-aprovado no Conselho de Ministros. Noutra intervenção, feita num comício no Campo Pequeno, Mário Soares mobilizou o seu partido em "defesa das liberdades". Numa palavra: era claro que as liberdades públicas estavam ameaçadas, o projeto de uma democracia pluralista tinha pela frente "a via revolucionária", apoiada na aliança explícita entre trabalhadores e militares, vulgo, do povo com o MFA. Um MFA cada vez mais "motor" e mais "vanguarda", a caminho de se institucionalizar e de celebrar um pacto com os partidos. Por onde começamos? Pelo Programa de Política Econômica e Social, conhecido como Plano Melo Antunes?

Fui desde o início um apoiante desse programa. O PS agarrou-se a ele com unhas e dentes, tanto mais que, em algumas reuniões do Conselho de Ministros, ocorridas antes do 11 de março, havia-se discutido a questão da nacionalização de diversos setores da economia, idéia que o plano reduzia a proporções sensatas e razoáveis, contra a vontade do primeiro-ministro e de Álvaro Cunhal. Contudo, o chamado Plano Melo Antunes acabou por ser aprovado em Conselho de Ministros, depois de uma ampla discussão, em diversas reuniões dos ministros. Chamava-se assim, porque Melo Antunes fora incumbido de liderar uma equipe, composta por Rui Vilar, ministro da Economia, Silva Lopes, das Finanças, e Maria de Lourdes Pintasilgo, ministra dos Assuntos Sociais, mas onde entraram também Victor Constâncio e outros economistas. Sabíamos que se refugiaram em Sesimbra para trabalhar, embora Melo Antunes não fosse homem que dialogasse muito com os socialistas. Dizia-nos apenas o que entendia dever dizer e pouco mais. Nunca trabalhou abertamente conosco, como um aliado, a não ser no "verão quente", quando as circunstâncias assim o impuseram. De qualquer forma, apoiamos o seu plano, por vermos nele um instrumento precioso, de bom senso, dadas as circunstâncias, equilibrado e bem orientado. Eu próprio tive ocasião de o defender, erguendo a voz no Conselho de Ministros e dizendo que se tratava de um plano importantíssimo. Entretanto, os setores mais radicais do MFA — através do seu *Boletim* — vinham, desde dezembro, lançando sobre esse texto as piores suspeitas e criticaram-no ferozmente, numa tentativa de impedir a sua aprovação. Eu defendi-o quanto pude. Ao contrário de Vasco Gonçalves, que queria ir muito mais longe a caminho da estatização completa da economia, e de outros militares do MFA, quer integrassem ou não o governo.

Nesse mesmo fevereiro, o Conselho Superior do MFA — mais conhecido por Conselho dos Vinte — levou à assembléia do movimento um pacote de propostas com um único objetivo: institucionalizar o MFA através de um acordo com os partidos políticos. Para tal, houve uma primeira reunião entre esta estrutura e os partidos. De um lado da mesa, uma comissão encarregue pelo Movimento das Forças Armadas de negociar com os partidos: Vasco Gonçalves, Melo Antunes, Rosa Coutinho, Pinho Freire, Pereira Pinto, Almada Contreiras, Costa Martins, Vasco Lourenço; do outro, os dirigentes do PS, PPD, CDS, PCP e MDP. Horas depois, o então primeiro-ministro Vasco Gonçalves fez o seu primeiro discurso de "dinamização cultural" — no Sabugo —, onde explicitamente teceu um hino à aliança povo-MFA. Pergunto: estavam a arrancar-lhe a alma? Até onde estava disposto a ir?

Creio que não estive presente nessa reunião, embora compreendesse muito bem o sentido do caminho preconizado: era o início da estruturação do MFA como uma espécie de movimento de libertação. Ou seja, o MFA começava a organizar-se como um superpartido, para tutelar os outros partidos, em aliança preferencial e direta com o povo, que os comunistas se propunham representar. Um caminho muito perigoso, que poderia levar, no fim do processo, ao partido único... Na lógica do acordo, intrinsecamente, punha-se em causa a importância fundamental do voto, como fundamento da legitimidade política e dos partidos políticos como elementos constitutivos essenciais de uma democracia pluralista e pluripartidária. O próprio princípio da liberdade, conducente a eleições livres, de acordo com o programa inicial do MFA, poderia vir a ser comprometido. Importa dizer que os partidos — falo obviamente pelo PS — negociaram a chamada Plataforma de Acordo Constitucional com alguma reserva mental e entendendo-a como uma ação de retardamento (para ganhar tempo) e de pura sobrevivência... O acordo veio a ser assinado em 11 de abril de 1975.

Mas esse acordo dava ao MFA o poder de fiscalizar o funcionamento da Assembléia Constituinte através de uma comissão de vigilância; o poder de sancionar as leis emanadas desse futuro parlamento; e ainda o de influir diretamente na eleição do presidente da República. O bastante para causar arrepios.

É exato! Mas insisto: foi uma pura questão de sobrevivência. Pense na situação que se veio a viver no país, após o 11 de março... E, tudo visto e ponderado, acho que fizemos bem em assinar. Pudemos chegar incólumes às eleições. O objetivo principal era esse.

O mês de março iniciou-se de forma curiosa: logo nos primeiros dias, realizaram-se eleições nos Conselhos das Armas e nos Serviços do Exército, os órgãos consultores do chefe do Estado-Maior do Exército. Os resultados eram contra a maré. Por exemplo: Melo Antunes ou Otelo não foram reeleitos, a vitória foi em cheio para os oficiais spinolistas "oficialmente" caídos em desgraça. Mário Soares continuava a manter contatos indiretos com o general Spínola, através dos "mensageiros" socialistas. Que pensou quando teve conhecimento do resultado destas eleições?

Achei esses resultados encorajadores, mas considerei-os "sol de pouca dura". Spínola, ao abandonar a Presidência, pela forma como o fez, sem rede e no convencimento de que provocaria no país uma reação, que não se verificou, havia perdido, quanto a mim, a oportunidade histórica que o destino lhe conferira. Em março de 1975, a dinâmica revolucionária ia num sentido completamente oposto ao preconizado por Spínola e pelos seus amigos. Os próprios socialistas — tinha plena consciência disso — deviam preparar-se para viver dias difíceis.

Um deles foi o próprio 11 de março, que o apanhou desprevenido no seu gabinete do Palácio das Necessidades?

Na manhã desse dia, recebi um ministro nórdico, o que me impediu de estar presente no princípio do Conselho de Ministros dessa manhã. A meio da audiência, surgiu Victor Cunha Rego, avisando-me: "Desta vez é que é, Mário. Andam uns aviões a bombardear Lisboa!" Minutos depois, o Zenha telefonou-me do Conselho de Ministros: estaria a haver um golpe militar, Cunhal abandonara precipitadamente a reunião, após alguém ter irrompido na sala para o chamar. Pedi desculpa ao ministro, finalizamos o encontro. Pouco tempo depois, Zenha, acompanhado por Maria de Lourdes Pintasilgo, Rui Vilar e Almeida Santos, vieram ter comigo ao meu gabinete. O conselho terminara abruptamente. Falavam de uma tentativa de atentado muito suspeita — e que nunca veio a apurar-se o que fosse — a Vasco Gonçalves. As opiniões dividiam-se: uns achavam que se tratava de um golpe de direita — dirigido por Spínola, provavelmente —, outros desconfiavam de uma montagem...

...e Mário Soares?

...Eu não sabia, as informações eram contraditórias e obscuras. Porventura, inclinava-me para que a autoria do golpe fosse de gente ligada ao general Spínola, com ou sem o seu beneplácito. Parecia-me uma tentativa infantil e completamente insensata. Ainda hoje, olhando para trás, acho a história confusa, ignorando quem empurrou ou manipulou quem... Mas, naquela manhã, obviamente, estava preocupado com o partido: não dispunha de locais para reunir e resguardar os nossos dirigentes, com alguma segurança. Não se tratava ainda de "passar à clandestinidade", mas, de toda a evidência, era preciso cuidado. Naquela ocorrência, uma morada recatada fazia-nos falta. Tito de Morais mudara de casa — morava agora no Arco do Cego, numa casa da sogra, que ninguém conhecia. Sugeri que nos reuníssemos ali, uma hora mais tarde, procurando colher, entretanto, o máximo de informações sobre o que se estava realmente a passar. Antes, porém, como me encontrava com uma espécie de otite, fui ao Instituto de Oncologia para ser observado por um médico meu amigo, conforme tinha combinado. No caminho, cruzei-me com Franco Charais, que me disse tratar-se de um "golpe de Spínola". Em casa de Tito de Morais, as informações continuavam a chegar-nos de forma difusa e desordenada, mas iam todas no sentido indicado por Charais. Ao princípio da tarde, já o PCP cantava vitória porque — conforme diziam — "a contra-revolução fora esmagada!". Reunimos então o Secretariado do PS, em S. Pedro de Alcântara, de uma forma um pouco atrabiliária, com os dirigentes que lá se encontravam. Não foi uma reunião fácil: pairava uma intensa emoção e incerteza, acentuando as divergências...

...Mário Soares, Sottomayor Cardia, Manuel Alegre consideraram que era um imperativo denunciar o golpe, alegadamente atribuído a Spínola. Outros, como Salgado Zenha, por exemplo, foram de opinião contrária...

Zenha evitou pronunciar-se sobre o fundo da questão. Defendeu a opinião de que, mesmo que estivéssemos perante uma manobra ou uma montagem política, para forçar e acelerar o processo revolucionário, não nos deveríamos precipitar com atitudes irreversíveis, que nos conduziriam, quanto a ele, necessariamente, ao adiamento ou, mesmo, à não-realização das eleições. A meio da reunião, ponderando os argumentos táticos do Zenha, mudei de opinião e dei-lhe razão: era preciso agüentar tudo o que fosse preciso para conseguir chegar às eleições! Se nos tivéssemos oposto, naquele momento emocional, seríamos facilmente excluídos do processo e, provavelmente, não se realizariam as eleições. Tínhamos o dever de manter a cabeça fria e não podíamos arriscar! Entretanto, o PCP havia-nos convidado a integrar uma manifestação prevista para o fim dessa mesma tarde. Uma vez tomada a opção, entendi que deveria ir. Curiosamente, Álvaro Cunhal não compareceu. Começamos na Rotunda, descemos a Avenida da Liberdade, terminamos no Rossio. Falei às massas da janela de um primeiro andar por cima do Nicola...

E gritou-lhes que o "capitalismo estava morto e enterrado".

Nunca disse tal coisa, por essa forma explícita. Mas falei ao gosto do momento, admito: era necessário agüentar e inserirmo-nos na corrente, para termos peso e capacidade para impor a realização de eleições. Passou a ser essa a questão crucial.

Justamente, era esse o grito de Manuel Alegre, Salgado Zenha e Mário Soares, quando desciam a avenida, encabeçando a ala socialista da manifestação: "Queremos eleições!" Mas que

pensou Mário Soares quando, a seu lado, ouviu o MES gritar: "O golpe falhou, o PS disfarçou!"?

Essa eu tive de engolir. Era um *slogan* que retratava um pouco a nossa situação e que me feria no ponto mais sensível da minha maneira de ser: apetecia-me reagir logo e desassombradamente. Mas engoli... guardando-me para outras ocasiões que, felizmente, não faltaram.

Queria resistir, as eleições eram um imperativo, mas percebeu que ia perdendo terreno e que as batalhas eram cada vez mais difíceis. Não era esse o sentido do seu pensamento quando, no decurso dessa manifestação, se virou para Manuel Alegre e murmurou: "Isto é um dobre a finados"?

Foi o Alegre que lhe referiu essa frase? Não sei se a proferi, mas traduz, realmente, aquilo que na altura sentia...

Dois dias depois, surpresa: Mário Soares avistou-se com os comunistas. No início de março, o PCP convocara o PS para um "encontro de alto nível". Os socialistas aceitaram o repto. Mário Soares dirigiu-se para a António Serpa, então sede nacional do Partido Comunista, na tarde do dia 13. Na sua cabeça dançavam imagens e sentimentos contraditórios. Diante do senhor, estava o sorriso de vitória dos comunistas; e, em frente, a Revolução a queimar etapas e a acelerar vertiginosamente.

Na António Serpa, estavam Álvaro Cunhal, Jaime Serra e Octávio Pato. Pelo PS, estavam Salgado Zenha, Manuel Alegre, Marcelo Curto, Lopes Cardoso e eu próprio. Álvaro Cunhal, embora tenso...

...Os seus companheiros que testemunharam esse encontro recordam hoje que, tanto Cunhal como Mário Soares, se encontravam "muito tensos"...

...Mas a diferença é que, além de tenso, Cunhal estava muito seguro de si, eufórico, e tudo na sua atitude denotava um sentimento indisfarçável de vitória! Foi a única vez, no decurso da Revolução, que o vi assim. Fora até aí sempre ultra-reservado, controlado e sóbrio. Nesse dia, usou de uma franqueza inabitual: "Vocês (nós, os socialistas) têm ainda um longo caminho a percorrer conosco. O melhor, para todos, é que o PS se junte a nós. Caso contrário, ocorrerá com os socialistas o mesmo que se passou já com a direita: serão implacavelmente eliminados!" E fazia com ambas as mãos um gesto peremptório, de quem afasta importunos. A dinâmica revolucionária parecia-lhe totalmente irreversível. Álvaro Cunhal acabara de ganhar, principalmente por culpa dos seus adversários militares, uma batalha decisiva e sabia-o.

E Mário Soares acreditava nessa versão?

Admitia vários cenários: falava-se então muito de que haveria uma lista de pessoas "a abater", denominada a "matança da Páscoa" — na qual nunca acreditara —, porque um tal boato se situava nos antípodas dos métodos tradicionais do Partido Comunista.

Sempre pensei tratar-se de uma história posta a circular pela direita, para excitar os militares moderados e os precipitar no abismo. Também nunca acreditei no pseudo-atentado dirigido contra Vasco Gonçalves. Repito: o 11 de março ainda hoje continua, para mim, envolto em mistério. Julgo-o provocado por intoxicações cruzadas, alimentadas pelos serviços secretos estrangeiros que então se digladiavam em Portugal.

Mas há uma coisa que não me suscita a menor dúvida: Cunhal aproveitou o 11 de março com mestria para dar uma enorme aceleração à Revolução. Quando o ouvi falar na Rua António Serpa, com a franqueza com que o fez, fiquei completamente edificado. Foi, de resto, o comentário que fiz aos meus camaradas quando saímos da sede do PCP...

A propósito de moderados: quando, nesse encontro com o PC, mencionou a Álvaro Cunhal a vitória dos spinolistas no Conselho das Armas, ocorrida nesse mesmo mês de março, terá ouvido o secretário-geral comunista repetir "isso foi chão que deu uvas" e insistir na "irreversível dinâmica revolucionária".

No decorrer de uma assembléia extraordinária do MFA, realizada na madrugada do dia 11 de março, no anfiteatro do Instituto de Altos Estudos da Defesa Nacional, foram dissolvidos os Conselhos das Armas em cujas eleições os spinolistas haviam averbado essa vitória; o MFA foi institucionalizado; nasceu o Conselho da Revolução — que absorvia a Junta de Salvação Nacional, a Comissão Coordenadora do Programa e o Conselho dos Vinte — que passava a exercer as funções legislativas até aí atribuídas ao Conselho de Estado e se preparava para "dirigir a Revolução"; e os bancos e as seguradoras foram expeditamente nacionalizados, atirando para o cesto dos papéis o Plano Melo Antunes. Menos de um ano depois do 25 de Abril, a Revolução dera um salto gigantesco e o PCP surgia, à luz do mundo, como o principal aliado do MFA. Nessa assembléia selvagem do MFA, chegou-se a pedir a pena de morte contra mim... O clima emocional era propício a tais desvarios. Não sei se o fato de me eliminarem fisicamente seria suficiente para lhes resolver os problemas, não obstante me considerarem, então, como um dos maiores entraves à revolução com que sonhavam. Sabiam que constituía, como líder do PS, uma referência para o país, que tinham vantagem em eliminar, para desobstruir o caminho, assegurando o avanço desnorteado e irresponsável da Revolução. Foi apenas no dia 12 de manhã, pelos jornais, que soube que os bancos e as seguradoras haviam sido nacionalizados, como outras empresas, só escapando os bancos estrangeiros... Ninguém se incomodou, sendo eu membro do governo e titular da pasta dos Estrangeiros, a informar-me previamente. Entre a euforia e o radicalismo dos militares ditos progressistas, o MFA, nessa assembléia extraordinária, dera mais esse salto imenso. Julgo que o único membro do governo que ouviram foi o ministro das Finanças, Silva Lopes, e, mais tarde, também, Almeida Santos, por causa das conseqüências (que não tinham previsto!) da aplicação de tais medidas em África. Chamaram Almeida Santos à pressa para encontrar uma solução jurídica para os bens e as empresas, com delegações no Ultramar, que acabavam de ser nacionalizados...

Almeida Santos não tentou opor-se? Não manifestou discordância?

Seria completamente irrealista. Estava-se perante um fato consumado. E quem é que você viu ou ouviu protestar? Qual foi o agente político ou o partido que ergueu nessa altura a voz em sinal de protesto?

Alguns partidos criticaram as nacionalizações. Pelo contrário, o PS emitiu, horas depois da sua notícia, um comunicado concordando com elas!

Quais partidos? Você, com essas perguntas, até parece que estava em Sírius, nessa época! Tempos depois, talvez se erguessem alguns protestos. Na altura, não. O CDS, coitado, ainda não estava refeito do cerco ao Palácio de Cristal. Além disso, acabara de fazer uma coligação eleitoral com o Partido da Democracia Cristã, o PDC, do major Sanches Osório, um dos militares que fugira com Spínola 24 horas antes. O PPD estava escondido atrás de nós. Francisco Sá Carneiro continuava doente no estrangeiro. E Francisco Balsemão chegou a anunciar-me, um dia, que estava a pensar em ir-se embora, viver em Londres. "Então nós estamos aqui nesta luta e você vai para Londres?", observei-lhe. Ele encarou-me, a medir bem a minha determinação. Teve o bom senso — e a coragem — de não ir. A verdade é que o PPD não contava muito, possuía pouca força no terreno. Não contava no mundo laboral, não tinha expressão na imprensa — tinha dificuldades no próprio *Expresso* —, o jornal de que Balsemão, fundador do PPD, era proprietário. O *Expresso*, sim, foi um jornal que fez um trabalho importante.

Na euforia revolucionária dessa assembléia do MFA, Costa Gomes, já quase de madrugada, impôs a realização das eleições. Os partidos políticos preparavam-se, em desespero e com a corda na garganta, para assinar o texto dessa Plataforma de Acordo Constitucional com o MFA, com o único objetivo de chegar até esse porto. Acreditou que as eleições viessem a ter lugar?

Acreditei. E mais: bati-me como um leão para que assim acontecesse. Estava disposto a aceitar tudo, desde que houvesse eleições. Era a condição *sine qua non*. Foi o que disse a Costa Gomes, diversas vezes. Sem eleições, não teria sentido permanecer no processo. Nessa hipótese, então, teria razão Spínola: mais valeria combater de fora a loucura revolucionária que ia tomando conta do país...

O momento era tão crucial e dramático que é admissível que tivesse, na altura, mantido alguns contatos com o PPD sobre o pacto com o MFA, sobre a realização das eleições, sobre a aceleração revolucionária.

Tinha alguns, poucos, nessa altura. Individualmente, com membros do partido. Mas não com a direção do PPD. Não pesava quase nada. Sá Carneiro estava ausente e a direção do PPD, nessa altura, era pouco consistente.

O PS era, na altura, a única voz que se erguia contra o rumo das coisas?

Éramos a resistência que, nessa altura, começava a assumir-se. O povo começava a compreender que representávamos a barreira contra a loucura e os desvios totalitários, não contra a Revolução. Até ao verão, o PS deu a cara quase sozinho.

E o país?

O país resistia. Os bem pensantes e bem instalados, alguns deles fugiram para o estrangeiro. Sem o povo, nada teria sido possível. Mas, de início, surdamente; mais tarde, cada vez por forma mais explícita.

Na noite do 11 de março, ainda não. O país estava atônito e receoso. Uns dias depois, fui afastado, quando da passagem do terceiro para o quarto Governo, retiraram-me a pasta dos Negócios Estrangeiros, o que significava que ficava cortado da continuação das negociações para a descolonização e sem nenhuma função específica no governo.

E sem poder?

Sem nenhum. Já tinha pouco, nos últimos tempos, quando ainda era ministro dos Negócios Estrangeiros; como ministro sem pasta, fiquei ainda com menos. Fui progressivamente perdendo força dentro do Executivo: os outros ministros tinham pelouros distribuídos, eu não. Percebi que havia a intenção de me isolar e diminuir do ponto de vista político. Tivera até aí o bastião das Necessidades, que me dera visibilidade e uma sólida base de influência nas relações externas. Tornara-me conhecido no país. Portugal fazia a manchete de inúmeros jornais europeus e norte-americanos. E eu aparecia, aos olhos do mundo, como a voz da revolução moderada. Essa situação esbateu-se com o meu afastamento: nem por isso perdi a visibilidade externa, é certo; mas diminuíam os meus contatos institucionais com os diferentes países. Foi um golpe inteligente e certeiro. Uma espécie, quase, de xeque-mate...

Dado por quem?

Pelo MFA, pelo Partido Comunista, porventura por Vasco Gonçalves. É possível também que Melo Antunes quisesse ser ministro dos Negócios Estrangeiros. Foram essencialmente os militares que fabricaram o quarto governo, depois do 11 de março e em seu seguimento. Não foram, certamente, nem os socialistas, nem os PPDs: foram os comunistas, o MDP, o MFA, a Comissão Coordenadora, o Novo Conselho da Revolução. Marginalizaram-me.

Falei com Melo Antunes, na primavera de 95, e recordo que ele me negou que se tivesse pessoalmente empenhado em ser ministro. Pelo contrário, foi, naquela altura, "uma exigência do MFA".

Não tenho quaisquer provas para o poder desmentir. Talvez tenha sido assim, de fato. Seja como for, fui afastado e Melo Antunes substituiu-me nesse quarto governo, presidido por Vasco Gonçalves. A minha posição tornou-se quase insustentável. Sem que mo dissessem francamente, era considerado suspeito de contra-revolucionário.

Mas por que é que o PS não teve uma palavra a dizer de mais consistente na formação desse governo? Por que aceitou ficar ministro sem pasta?

O PS, nessa altura, como lhe disse, lutava pela sobrevivência. Quanto a mim, confesso-lhe que hesitei bastante. Acabei por considerar que, aproximando-se o período de campanha eleitoral, para realizar a grande digressão que projetava fazer pelo país — e que fiz percorrendo-o concelho a concelho — e para a nossa propaganda, era, apesar de tudo, muito melhor continuar a ser ministro *in nomine*! Fiquei com um gabinete no Parlamento, perto do Vítor Alves, praticamente sem funções. O meu chefe de gabinete continuava a ser o Manuel Sá Machado, que se mudou das Necessidades para S. Bento, com armas e bagagens. Por mim, dediquei-me a trabalhar quase exclusivamente para as eleições. Pouco ia às reuniões do governo nessa altura; Salgado Zenha, que se mantinha como ministro da Justiça, representava os socialistas no governo. Virei-me ainda mais para o partido, lançando-me a fundo na batalha da campanha eleitoral, no terreno. Um trabalho exaustivo, infernal.

Sentia como que uma tenaz que se apertava sobre o PS, sobre o senhor mesmo?

Não tenha a menor dúvida! A parte radical do MFA emergira à luz do dia e dominava tudo, de mão dada com os partidos da esquerda, sobretudo com o PCP. Manuel Serra e o seu partido diziam incessantemente que eles é que eram os verdadeiros socialistas e nós, uns pobres burgueses com medo da Revolução, eventualmente traidores... O MES começava a apelar ao voto em branco, uma idéia que Rosa Coutinho, além de acarinhar, propagava pelo país! Os marxista-leninistas não nos podiam ver. Estávamos a ser muito fortemente atacados, sem aliados à vista. Só havia uma solução: dialogar diretamente com o povo, fazermonos compreender e ouvir pelo povo. Foi assim que parti para a minha primeira grande volta a Portugal, no pós-25 de Abril! A minha filha Isabel era o meu motorista. Não tínhamos segurança. Utilizávamos o meu próprio automóvel, um Renault 16, vermelho, e fomos acompanhados, muitas vezes, pelo Manuel Alegre e pelo Vicente Jorge Silva, que cobria a campanha pelo lado do *Expresso*. Foi um esforço tremendo, altamente gratificante e com alguns lances dramáticos.

XIX.

25 de Abril de 1975

O presidente da República, Costa Gomes, no dia 19 de março mudara a data das eleições — previstas para 12 de abril — para o dia 25, devido a atrasos na organização do processo eleitoral. O MFA comprometera-se a fazê-las no prazo de um ano após a Revolução: o dia 25 de abril, data-limite para honrar esse compromisso, era, simultaneamente, uma data simbólica. Costa Gomes defendera-as intransigentemente e vencera os seus companheiros radicais. Foi com esta certeza que, em abril de 75, Mário Soares percorreu Portugal — e as ilhas — de norte a sul. Que país encontrou?

Um país confuso e atordoado. Com esperança e, ao mesmo tempo, desconfiança. Mas se, ao partir para essa digressão, estava inseguro, com um discurso por vezes hesitante, em face de certos auditórios mais impenetráveis, regressei seguríssimo: o país estava a aderir à mensagem do PS, entendia o que os socialistas representavam e dava grandes mostras de simpatia pelo PS e por mim próprio. A corrente passara... De norte a sul de Portugal, ocupei-me da organização das listas a deputados — tarefa ingratíssima —, do discurso e do *marketing* da campanha eleitoral. Havia locais onde mal conhecia as pessoas; senti dificuldades medonhas com algumas estruturas locais; lutei, gritei, gesticulei, tive fúrias homéricas. Até na organização dos percursos da campanha. Um inferno! E tudo sem preparação, nem grande experiência. Praticamente, improvisando sempre. Vivi um mês fora de casa, percorri o país todo, incluindo as ilhas, travei, quanto possível, os radicalismos da minha gente. Bati-me, sobretudo, para transformar uma massa informe de entusiasmos num coro uniforme. Por vezes, encontrei reticências, não gostavam de mim, achavam-me pouco revolucionário e tentavam rejeitar a minha linguagem moderada, como pouco ajustada ao gosto do tempo. Outras, pelo contrário, concordavam comigo, sentiam-se perto do que representava, reviam-se no meu discurso. Havia apreciáveis diferenças de região para região. No Alentejo, por exemplo, os socialistas ou eram muito moderados, demasiado mesmo, ou se situavam muito à esquerda, procurando ultrapassar o PC. Em Murça, fui quase espancado. Quando falava em socialismo, havia gente, em certos lugares, que me confundia com os comunistas e vinha contra nós de varapau em riste! Tanto era contestado à esquerda como à direita... Mas fiz a campanha com otimismo, com energia e, até, com muita alegria: encontrei idealismos em absoluto desinteressados e entusiasmos tocantes. Não esqueço a fraternidade dos encontros, os almoços, aqueles comícios, as noitadas em conversas amenas, quando a faina terminava... Comi manjares excelentes, encontrei gente extraordinária, derammme a beber vinhos soberbos, quase sempre fora de horas, dormi em casas particulares, em hotéis e em modestas pensões... Enfim, guardo dessa primeira campanha uma recordação única! Quando cheguei a Lisboa, não só tinha o PS na mão, como a quase certeza da vitória eleitoral! Embora se tornasse, dia a dia, mais estreita a via para atingir essa meta!

Não sei se tinha o PS na mão. Na própria direção do seu partido, o tom continuava dissonante, alguns dirigentes continuavam o namoro com o MFA, e alguns pugnavam ainda pela aliança com o PCP.

É verdade que havia ainda vozes dissonantes, mesmo na direção do PS. Lembro-me do Tito de Morais que, embora um "indefectível" — esteve sempre do bom lado —, se colocava mais à esquerda e algumas vezes se bateu pela unidade com o PC, era uma idéia que vinha de longe e a que se conservou fiel um certo tempo. Mantendo sempre uma amizade fraterna e leal comigo, achava, porém, que eu tinha uma linguagem demasiado à direita. Pelo contrário, eu pensava que a via que ele defendia nos conduziria a um beco sem saída. Note que o Tito queria unidade com o PC, mas como parceiros iguais, nunca em subordinação estratégica. Haveria outros que, porventura, aceitavam essa subordinação.

Quando chegou, bem disposto e cansado, dessa maratona pelo país, antes das eleições, Vasco Gonçalves pediu-lhe a sua opinião sobre o próximo ato eleitoral.

Chamou-me no fim de um Conselho de Ministros e perguntou-me como é que eu "via as coisas". Disse-lhe que pensava que o PS iria ganhar as eleições. Discordou de imediato: disse-me que tivera acesso a pesquisas. Quem iria vencer, seguramente, era o MDP/CDE, um partido muito bem colocado na corrida eleitoral e altamente conhecido e conceituado no país. Em segundo lugar, surgiria o PC. Ao PS, concedia um terceiro lugar honroso. Enganou-se, felizmente!

Enganou-se. Felizmente para o senhor. Mas não ignorava que o Centro de Estudos de Administração e Desenvolvimento (CEAD) fizera, em janeiro, uma grande sondagem — a primeira feita em Portugal após o 25 de Abril, que levou semanas a fazer e a interpretar. Nesse diálogo, Vasco Gonçalves mencionou-lhe a origem dessas "pesquisas"? Tratar-se-ia da mesma?

Não. Nunca me falou em tal pesquisa. Limitamo-nos a trocar impressões, informalmente, e a confrontar os nossos palpites recíprocos. Felizmente, eu acertei.

E que apostava quanto aos outros partidos? Que percentagem julgava que iriam obter o PPD, o CDS, o PCP? E a extrema-esquerda?

Confesso que a grande surpresa veio do MDP/CDE: esperava que tivesse muito mais votos. A nossa propaganda acerca dos partidos satélites do PC convenceu o eleitorado, correspondia, de resto, à verdade. O PCP também ficou abaixo do que eu pensava. Em compensação, o PPD teve um resultado muito maior do que eu julgava. A conclusão que retirei dessas eleições e das subseqüentes — mesmo quando me foram desfavoráveis — é que o povo português demonstrou ter uma grande maturidade política e votou globalmente bem, com muito sentido do equilíbrio.

Apesar de a extrema-esquerda considerar que a realização das eleições era incompatível com o momento histórico que o país vivia e de a maioria do Conselho da Revolução advogar a sua não-realização, apesar dos insistentes apelos ao voto em branco, as eleições são, para os socialistas, um farol no fundo do túnel. Após uma campanha eleitoral, onde o

PS amadureceu o seu discurso político-ideológico, se afirmou solidamente e entoou *slogans* compostos por Manuel Alegre, no dia 25 de abril, à noite, os socialistas venceram. O PS ganhara o escrutínio com 37,87% dos votos expressos por cerca de 90% dos portugueses. Seguiu-se o PPD com 26,38%, sendo o grande derrotado o MDP com 4,2%, enquanto o PCP averbara 12,53%, e o CDS 7,65%. Qual fora para o senhor a maior dificuldade? O apelo ao voto em branco? A pressão quase ditatorial dos militares do Conselho da Revolução? O choque que se anunciava entre uma legitimidade eleitoral e outra revolucionária?

O apelo e a propaganda ao voto em branco foram concretizados pelos militares — Rosa Coutinho, sobretudo —, mas também por membros do MES, César de Oliveira e José Manuel Galvão Teles, por exemplo, e ainda por alguns rapazes esquerdistas, que insistiam no mesmo mote de sempre: não se reviam na democracia representativa, demasiado formal para o gosto deles. Conservavam — ainda! — na cabeça a nostalgia de Maio de 68 e pretendiam agir, politicamente, de acordo com um certo pensamento então posto em voga. Era uma concepção à qual pareciam amarrados, da qual não se separavam. Diziam apostar na democracia direta...

...que Mário Soares continuava a não perceber bem o que significava?

Naquele contexto, não. Não percebia bem o que queriam e, sobretudo, pensava que estabeleciam muita confusão inútil! Via a ação que desenvolviam com a maior das desconfianças: porque levava a água ao moinho do PC e punha em causa a consolidação de uma democracia pluralista e pluripartidária.

Mas foi essa a sua maior dificuldade eleitoral? O espectro do voto em branco? Os militares? A ditadura do MFA?

A minha maior dificuldade foi quando cheguei a temer que o MFA viesse a não respeitar a legalidade saída das eleições. Toda essa esquerda militar e civil fizera o que pudera para que elas não se realizassem: lançara a propaganda do voto em branco; tentara descobrir desesperadamente um partido "verdadeiramente" socialista; pretendera, enfim, convencer os portugueses de que o PS era a pior das opções... Não podiam ter sido mais claros quando proclamaram — e escreveram — que as eleições seriam um perigoso travão da Revolução...

Perante o quadro eleitoral saído das urnas — PS vencedor, PPD em segundo lugar —, que estratégia de alianças previu?

Objetivamente, não havia condições para uma aliança PS/PPD, como então algumas vozes, timidamente, chegaram a defender. A relação de forças político-militares e a situação social, muito agitada, não o permitiriam. Daí que definíssemos uma estratégia, mais uma vez, bastante prudente. Nem sequer reclamamos uma imediata mudança de governo, como seria natural depois de um ato eleitoral com o significado e a magnitude que teve. Assumimos a vitória, sem fazermos qualquer reivindicação política, dando tempo ao tempo e acumulando capital de queixa. Esperamos que o país reagisse como, realmente, reagiu. Foi melhor assim.

XX.

Sombras e Suspeitas

O 11 de março, para além de marcar irreversivelmente o país, deixara-lhe também ao senhor algumas marcas. Quando, algumas semanas depois, se criou um Tribunal Militar Revolucionário, com o objetivo de julgar os implicados nesse "golpe", Mário Soares foi acusado de conivência com os golpistas. Vasco Gonçalves informou-o pessoalmente de que "havia a suspeita" de ter tomado parte ativa na preparação do "golpe".

Vasco Gonçalves chamou-me no final de um Conselho de Ministros, um dos poucos aonde ainda fui. E, surpreendentemente, disse-me, com aparente inocência e num tom neutro, que "havia uns rapazes no MFA que estavam convencidos de que eu e outros dirigentes do PS estivéramos metidos na conspiração de 11 de março". E acrescentou: "Terá de ir depor num processo que lhe estão a organizar." Invoquei a minha prerrogativa de ministro. Como tal, tinha direito a recebê-los no meu gabinete. Vasco Gonçalves ficou "de pensar". Dias depois, insistiu: queria então que eu fosse ouvido no seu gabinete, em S. Bento. Acedi, com a condição de que ele também, primeiro-ministro, que assim me convocava, estivesse presente. Quando entrei no gabinete, estavam lá dois militares, cujos nomes não fixei, à paisana, que me começaram a interrogar, em jeito de conversa. Espantei-me: "Tratava-se de um interrogatório ou de uma conversa?", perguntei. Se era um interrogatório, em função de um inquérito aberto, exigi perguntas que fossem transcritas em auto e respostas igualmente ditadas, por mim, para os autos. Até na PIDE, disse, se procedia assim. Gerou-se alguma confusão. Os inquiridores saíram da sala com o argumento de que iam ponderar como haveriam de proceder. Momentos depois, regressaram com uma máquina de escrever e começou então o interrogatório em forma: como é que eu explicava que, em 11 de março, tivesse recebido uma chamada telefônica do major Casanova Ferreira? Enfureci-me com a pergunta e ditei uma resposta breve: "Queria saber qual a razão da pergunta feita: acaso haveria escutas telefônicas registando as chamadas que me faziam? Nessa hipótese, quem fazia as escutas e ao abrigo de que lei?" Obriguei-os a escrever as minhas respostas, com a ameaça de que, se o não fizessem, não assinaria os autos. Só assinaria se concordasse com o texto e depois de lido por mim. Nunca a PIDE me fizera assinar o que eu não queria, nem sequer sob tortura, voltei a avisar. Ditei depois a minha resposta à pergunta formulada: "Nunca recebera tal chamada telefônica." Segunda questão: "Como explicava eu que, no jornal francês *Canard Enchainé*, tivesse surgido a notícia do meu envolvimento no 11 de março?" Retorqui-lhes: "Se faziam tanta fé nesse jornal francês, então deviam saber que, na mesma edição, se afirmava que o primeiro-ministro, Vasco Gonçalves, era membro inscrito, com número e cartão, do Partido Comunista." Eu achava isso uma calúnia, mas se entendiam que o *Canard Enchainé* era uma fonte de confiança, era caso para ficar perplexo... Quanto à pergunta em si, neguei-a obviamente. Quando quiseram que assinasse o auto, propus que Vasco Gonçalves o assinasse também, dada a referência que lhe fizera. Vasco Gonçalves levantou-se de um salto, clamando em tom irado que eu o estava a insultar! Calmamente, respondi-lhe que, se havia insulto, era idêntico ao que me faziam a mim. O inquérito acabou aí, uma vez assinado o auto. Nunca mais me falaram de nada.

Qual era, nessa altura, a sua relação com o primeiro-ministro?

Inicialmente foi, como disse, uma boa relação. Parecera-me um homem moderado, simpático, afável mesmo. No seu espírito havia sempre a idéia — que repetia à saciedade — de que o PS e o PCP tinham de se unir por serem os verdadeiros representantes da democracia portuguesa, como dizia. Mas, à medida que o tempo avançou e fui percebendo o seu enfeudamento à ideologia comunista e a cumplicidade que tinha relativamente ao PCP, fui-me preocupando cada vez mais. As relações tornaram-se difíceis. Cheguei à conclusão de que agia sempre como se fosse comunista, pertencendo ou não ao partido. Às vezes até aparentava ser mais papista que o papa. E, entretanto, fui sabendo que, depois dos Conselhos de Ministros, Álvaro Cunhal tinha encontros secretos com Vasco Gonçalves, a altas horas da noite. Os conselhos terminavam às três, quatro horas da manhã, Álvaro Cunhal abandonava a residência oficial e, depois, regressava. Havia informações nesse sentido, dadas por pessoas que o viam entrar.

Estalara o verniz da unidade que até aí cobrira o MFA. Foi o próprio Mário Soares quem o reconheceu quando disse a Dominique Pouchin que "havia agora quatro alas dentro do MFA". E enumerou-as: a radical, cuja bandeira era Otelo Saraiva de Carvalho, chefe do Copcon; a pró-comunista, liderada por Vasco Gonçalves e os militares da 5ª Divisão; a "moderada", que gravitava em torno de Melo Antunes, e, finalmente, a "conservadora", integrada pelos oficiais próximos do general Spínola. Para o senhor era, de fato, assim mesmo?

A apreciação é um pouco esquemática e datada. Na altura, seria essa uma boa chave para um estrangeiro perceber o fenômeno complexo do MFA. A maior parte dos militares de abril não tinha à partida qualquer formação política e, portanto, fizera a sua aprendizagem aceleradamente, oscilando entre influências contraditórias, e muito condicionada pelas diferentes conjunturas que se foram vivendo...

Se a apreciação é "esquemática e datada", qual é a que faz hoje, mais de vinte anos depois?

Havia, obviamente, chefes de fila dos grupos citados, com projetos diferentes e até contraditórios. Mas a grande massa do MFA era gente generosa e idealista, que sofrera nas guerras de África os erros da ditadura e que não tinha partido político, nem ideologia estruturada. Atuava segundo a pressão dos acontecimentos e a influência dos ventos, fazendo a sua aprendizagem democrática aceleradamente. Era uma época difícil, contraditória, complexa, que explica alguns desvarios a que assistimos e muitas das reviravoltas inesperadas que tanto me impressionaram nessa altura.

Amarrado a uma plataforma constitucional e tendo como pano de fundo uma revolução, o PS, apesar de vencedor das eleições, irá todos os dias deparar com maiores e mais incontornáveis dificuldades. A primeira delas surgiu logo no dia 1º de maio, quando as hostes do Partido Comunista impediram os socialistas de entrar no Estádio Primeiro de Maio.

Ao ganhar as eleições, o PS tivera o cuidado de ser extremamente prudente. Falando em nome do PS, logo na noite inesquecível das eleições, na Fundação Gulbenkian, salientei que os resultados eleitorais deviam ser interpretados, antes de mais, como uma consagração da democracia pluralista, não reivindiquei mudanças radicais de política e defendi que o governo se deveria manter, no imediato, tal qual estava.

Que pretendia com esse comportamento?

Dar tempo ao tempo. Dar ao país o espectáculo de um PS triunfador, mas responsável e sereno. No meu íntimo, estava preparado para a luta, sabia que o MFA manipulado pelos comunistas e pelos esquerdistas não iria engolir facilmente os resultados eleitorais, nem, muito menos, reconhecer a nossa vitória. Preparei-me para tudo. O cerco apertava-se. Telefonavam-me para casa, de dia e de noite, a insultar-me, ameaçando-me de morte, exigindo que abandonasse o país e fosse para o estrangeiro! Mas quando tinha de sair, devido aos meus compromissos, no aeroporto as pessoas abraçavam-se a mim e choravam a pedir que não as abandonasse, que não me fosse embora! Os campos extremaram-se de tal modo que toda a gente sentia que o PS era a única proteção possível. Foi nesta atmosfera que, logo no dia 1º de maio, houve a primeira grande confrontação de rua, entre socialistas e comunistas, após a realização das eleições. Na preparação da manifestação, compreendemos que o PC queria ganhar na rua o que perdera nas urnas: as eleições tinham sido um travão à Revolução — pensavam e diziam —, o que, portanto, contava era a dinâmica revolucionária, a rua, a força das massas populares organizadas... Os socialistas, que haviam saído vitoriosos dos votos, representavam — segundo eles — apenas uma maioria relativa, dispersa, silenciosa e insignificante em comparação com o caudal impetuoso da dinâmica popular. Pediram-me que seguisse à frente da manifestação, ao lado de Álvaro Cunhal, como no ano anterior. Recusei. Tudo tinha, entretanto, mudado. Resolvi seguir com a minha gente. Salgado Zenha e eu encabeçamos a manifestação socialista. Quando chegamos ao estádio, impediram-nos o acesso, com o argumento de que o recinto já estava cheio! Não era assim! Forçamos a entrada e deu-se, inevitável, a confrontação. Na tribuna encontravam-se já Costa Gomes, Vasco Gonçalves, Álvaro Cunhal, Manuel Serra, Costa Martins, o ministro do Trabalho, dirigentes da Intersindical, militares do Conselho da Revolução. Os discursos haviam já começado. Estragamos a festa. Entramos no estádio de roldão, em puro confronto físico, no meio de uma confusão indescritível.

Teve medo?

Não houve tempo para isso. Aliás, fizemos todos a mesma coisa, não fui exceção. Limitei-me a estimular o mar de gente que nos acompanhava e impelia. Zenha, Tito, Manuel Alegre, Lopes Cardoso e tantos outros estivemos sempre juntos, na linha da frente. Felizmente, a televisão filmou tudo em direto. Atravessamos o relvado do estádio, abrindo caminho ao empurrão, ao soco e aos encontrões. Em certa altura, houve alguém que pretendeu esfaquear-me pelas costas — as imagens da televisão mostraram bem essa cena! — e foi impedido por um soldado e um popular, desconhecidos, que seguiam logo atrás de mim. Não dei por nada. Tentamos romper até à tribuna. Quando lá chegamos, o Zenha e eu, ambos ministros do governo, fomos impedidos de entrar por elementos da Intersindical que nos disseram que “os traidores da classe operária não tinham acesso à tribuna”! Impossibilitados de entrar e de usar da palavra, voltamos pelo mesmo caminho, numa confusão ainda maior, atravessamos de novo o campo e saímos pelo portão por onde entráramos, desfilando pela Avenida de Roma abaixo... com a consolação de lhes termos estragado completamente a festa! Nenhum comunista nem ninguém do MFA previu que fôssemos capazes de romper o serviço de segurança instalado pela Inter. Não era para brincadeiras... A manifestação prosseguiu, engrossada por muita gente que se nos juntara. Eu estava tão exausto que pedi a uma senhora — que me batia histericamente palmas, de uma janela — para entrar no rés-do-chão onde ela morava e descansar uns momentos. Sentei-me num sofá e telefonei à minha mulher. A Maria de Jesus, nessa tarde, julgou que eu ia ser morto, assistira a tudo pela televisão. Essa transmissão ficou, aliás, histórica. Recordo-me que um dia, anos mais tarde, fui a Amarante e aí conheci o comendador Abreu, um conhecido industrial que fora presidente da Câmara no tempo de Salazar, um homem influente na região e, naturalmente, conservador. Mal o conheci, contou-me logo uma história: “Não sou socialista, mas tenho pelo senhor muita estima. Vi-o na televisão, quando deram em direto a reportagem do 1º de Maio de 75. Assisti a tudo! Chamei a minha mulher e os meus filhos, que eram adolescentes, e disse-lhes: ‘Venham ver este homem a bater-se por nós e a salvar Portugal.’”

Por uma vez achou que ia perder?

Também não. Nessa noite cheguei a casa e, entre outros amigos, tinha para jantar uma intelectual italiana de esquerda de grande renome, diretora do *Il Manifesto*, Rosana Rossanda, que na altura estava ligada ao *Nouvel Observateur* e a um dos seus editorialistas, K. S. Karol. Ambos haviam seguido com a minha mulher, pela televisão, os incidentes dessa tarde. Estavam muito inquietos. Não o disseram, mas, de toda a evidência, pensavam que estávamos a viver horas gravíssimas. Só me falavam de Praga, perguntando-me, com alguma ansiedade, se tencionava sair do país...

A Maria de Jesus também partilhava dessa opinião?

Explicitamente, não. Mas estava muito aflita, preocupava-se imenso. Várias vezes me disse que tudo terminaria numa desgraça. Acordava sempre antes de mim, lia os jornais e ficava, cada dia, mais inquieta. Como referi, as ameaças e os telefonemas eram constantes para a minha casa do Campo Grande. Recordo-me que, uma vez, a Isabel veio ter comigo, nervosa: "Pai, estão ali uns homens em baixo, à porta. Parecem-me suspeitos, é melhor chamarmos o Oneto." Naquela altura conturbada, o Fernando Oneto, um grande amigo, montara um sistema de segurança, um tanto ou quanto folclórico, que nunca chegou a provar a sua eficácia, mas, enfim, era o que havia, com Nicolau Breyner e uma rapaziada do Parque Mayer, cheia de boa vontade. Falou-se para o Fernando Oneto, era já madrugada. Quando ele apareceu, descobriu, afinal, que os homens que a Isabel achara suspeitos, um deles cunhado de um velho amigo meu, tinham ouvido dizer que nessa noite se iria dar um assalto a minha casa e, espontaneamente, por sua alta recreação, acudiram para me defender. Não tinham sequer uma arma, era um gesto quixotesco, embora revelador da insegurança e do ambiente de dramatismo em que se vivia. Um ambiente onde uns pensavam em matar-me e outros em defender-me... De outra vez, convidaram-me para o Rádio Clube, a fim de conceder uma entrevista, sem tempo fixo, com a antena aberta aos ouvintes, para responder a perguntas que me quisessem fazer. Fui sem preparação especial, sem mesmo saber quem eram os jornalistas. Aconteceu-me isto muitas vezes na vida: sem preparação prévia, com confiança em mim próprio, acreditando tão-só na minha boa estrela... Mais tarde, aprendi a ser um pouco mais prudente e retive como, em certos casos, é importante ter algum rigor. Nesse dia, diante de mim, sentaram-se uns jornalistas que, de imediato, iniciaram, com algumas perguntas insidiosas, misturadas com acusações explícitas, o que viria a ser um autêntico julgamento popular, acusando-me de tudo, sem recuar perante insinuações de tipo insultuoso. Veio à baila a CIA, o MDLP, o MRPP, insinuando haver, da minha parte, ligações suspeitas que importava esclarecer.

A intenção era transparente: estavam de peito feito para me desacreditar perante os ouvintes. Reagi com um misto de paciência, de agastamento contido e uma vontade indômita de fazer frente. E, como sempre sucede quando me vejo acossado, reagi, atacando-os frontalmente e pagando-lhes com a mesma moeda, numa emissão que durou mais de duas horas. De repente, ouviu-se um grande alarido fora das instalações do Rádio Clube: era uma verdadeira multidão anônima, motoristas de táxi, público em geral que, ouvindo pela rádio o programa, afluiu espontaneamente à Rua Sampaio e Pina, numa impressionante manifestação. Não contra mim, como teriam porventura pensado — ou desejado — os jornalistas, mas a meu favor. Para me defenderem...

E os seus filhos? Nunca o aconselharam a sair?

Nunca! O João estava empenhado na mesma luta, funcionava em sintonia comigo, embora sempre guardando as suas distâncias: nunca se afligiu demasiado, nem é pessoa para isso, valha a verdade. Apoiava-me discretamente e ia fazendo o que podia, que não foi pouco. A Isabel, também. Acompanhava-me muito, fez comigo e com o Manuel Alegre toda a volta a Portugal, na campanha eleitoral de 75. Era ela que guiava o carro; é, aliás, uma condutora habilíssima. Além disso, habituou-se sempre a acompanhar-me nas minhas deslocações à televisão ou à rádio, um costume que ainda hoje mantém. Nunca a Isabel ou o João me pediram para abrandar a luta ou me ir embora. Pelo contrário! Lá em casa, nunca se mencionou tal hipótese. Quem me aconselhava nesse sentido eram, sobretudo, os meus amigos estrangeiros, políticos, jornalistas e intelectuais.

A tensão da sua vida, a vertigem dos dias do PREC impediram-no de prosseguir o seu velho hábito das tertúlias com

os seus amigos escritores, os pintores, os intelectuais que sempre freqüentaram a casa do Campo Grande? Ou a vida continuava?

Houve, obviamente, uma mudança. Por um lado, tinha menos tempo, estava muitíssimo mais ocupado. As intermináveis discussões e os longos convívios, com vagar e tempo para tudo, acabaram. Por outro, houve alguns amigos do peito que se afastaram, insensivelmente, ou por não concordarem com as minhas posições — como o Carlos de Oliveira, o Manuel da Fonseca, o José Gomes Ferreira, o Lopes-Graça, o Mário Dionísio —, ou porque, embora concordando, não se queriam envolver diretamente naquele permanente combate e agitação, tão absorvente e incômodo. Mas, por outro lado, o meu convívio intelectual diversificou-se muito. Foi a época em que desembarcavam em Lisboa, quase todos os dias, eminentes escritores, filósofos, sociólogos, economistas, políticos, jornalistas de alta qualidade, de toda a parte, curiosos de entender a Revolução dos Cravos e de conhecer os seus principais atores. Encontrei-os quase todos e, a muitos, abri as portas da minha modesta casa no Campo Grande, organizando convívios com a participação dos meus amigos portugueses, escolhidos a dedo. De alguns, fiquei amigo...

Fernando Oneto foi um desses seus grandes amigos. E, porventura, um personagem. Julgo que o PS desses tempos lhe deve alguma coisa.

Sem dúvida. Não era um intelectual: era um homem de ação, corajoso e determinado, pronto a embarcar em todas as aventuras em favor da causa; obviamente, "um revolucionário civil", como ele próprio se considerava. Tinha um sentido lúdico da vida excepcional, era espontâneo, generoso, divertido, imprevisível, assomadiço, com o culto da amizade à flor da pele. Sem dúvida que o PS lhe deve muito. Durante o PREC, dedicou-se-lhe de corpo e alma.

Voltando ao dia 1º de maio em sua casa...

Nessa noite, expliquei tranqüilamente aos meus convidados estrangeiros que não nos dávamos por vencidos. O PS iria resistir! E, de imediato, a direção política do PS decidiu organizar uma manifestação de protesto para o dia seguinte. "Enquanto está quente é que se bate o ferro", pensamos, e bem! Até aí, nunca tínhamos descido à rua sozinhos. Fizéramo-lo sempre em manifestações mais ou menos unitárias, com toda a gente, comunistas incluídos. Mas, após aquela afronta pública, pensamos: ou avançamos agora, ou, se recuamos, estamos perdidos. Decidimos avançar!

XXI.

Na Rua e no Parlamento

Percebera, no dia 1º de maio, que o eco socialista no país era já grande?

Intuí isso mesmo. Mas na sede do PS, em S. Pedro de Alcântara, no dia 2, havia uma preocupação dominante: como convocar as massas para esse mesmo dia, como dar-lhes a conhecer a hora e o local da manifestação. Foi Manuel Alegre que fez a convocação. A minha tese era, justamente, a de que na véspera se dera um salto qualitativo importante: houvera um apoio popular que se manifestara por forma espontânea e inesperada. Havia que aproveitar a vaga. Parar seria morrer.

Foi uma decisão sua?

Foi uma decisão coletiva da direção do PS. Não gosto de me enfeitar com penas de pavão... Naquela altura, as principais decisões eram tomadas pelo grupo dirigente: Zenha, Tito, Manuel Alegre, Sottomayor Cardia, Lopes Cardoso, Catanho de Menezes, Marcelo Curto...

Jaime Gama?

Sim, claro. Mas Jaime Gama nunca foi grande entusiasta de manifestações de rua, embora tivesse participado em quase todas. Havia muitos mais — Fernando Oneto, Palma Inácio, Raul Rêgo, Gustavo Soromenho, Magalhães Godinho, Machado Rodrigues e tantos, tantos outros. Não pertenciam, porém, ao núcleo decisório. Redigimos rapidamente um comunicado que mandamos para os jornais e para as rádios: uns divulgaram-no; outros, não. O tempo tinha sido escasso. Depois do almoço, começamos a descer o Chiado e a distribuir o comunicado, apelando à manifestação. Ainda me lembro de, no Loreto, ter entrado, numa farmácia ou numa barbearia, e de ter sido interpelado, aos berros, de "miserável" e de "traidor da Revolução" por um editor que conhecia bem. Tinha aderido ao PC após a Revolução e estava com o entusiasmo dos recém-conversos! Mas a maioria das pessoas às quais distribuíamos o comunicado manifestava-se receptiva e apoiava-nos. À medida que descíamos o Chiado, uns aplaudiam, o maior número, e outros apupavam. Ninguém ficava indiferente! Por ali fomos, num glorioso improviso, até ao Rossio. Já estávamos então acompanhados de um mar de gente. Começamos a subir a Avenida da Liberdade até ao Marquês de Pombal. Era já uma manifestação colossal! Junto ao *Diário de Notícias*, manifestamo-nos ruidosamente contra a substituição do diretor, José Ribeiro dos Santos, pelo escritor José Saramago. Foi quando nesse jornal, antes tão oficioso e bem comportado, se defendeu a pena de morte para os ditos "sabotadores" da Revolução! Cortamos pela Braancamp e regressamos, pelo Príncipe Real, até à nossa sede em S. Pedro de Alcântara. Estávamos estafados! À porta, espraiando-se pelo jardim em frente, havia uma multidão monstra. No mesmo clima de improviso, montamos uns alto-falantes, compreendemos que as pessoas queriam ouvir-nos. Ninguém arredava pé! Magalhães Godinho fez um discurso extraordinário, mas interveio de uma forma tão emotiva e entusiástica que teve um princípio de enfarte! Eu falei em último lugar, como era hábito, de uma janela do segundo andar. Foi nesse dia que ouvi, pela primeira vez, a multidão a gritar: "A foice e o martelo na cabeça do Otelo!" Gritei, pelo meu lado, quanto pude: "Não se enganem de inimigo! O Otelo é um epifenômeno. Quem nos faz frente e tenta fazer reverter a vontade popular, expressa nas eleições, é o Partido Comunista, a Intersindical e aquela parte do MFA, como a 5ª Divisão, que eles manipulam. Não, Otelo Saraiva de Carvalho está longe de ser o adversário principal."

O PS revelava-se e independentizava-se?

O dia 2 de maio representou uma enorme viragem. O PS, sozinho, conseguiu fazer descer à rua milhares e milhares de pessoas, assumindo a liderança da oposição ao gonçalvismo. O povo gritou nas ruas: "É preciso respeitar a vontade popular! O povo não está com o MFA!" O país, estupefato, começava a perceber isso mesmo: dera-se uma enorme libertação da sociedade. Voltou a haver razões de esperança. As eleições, afinal, tinham servido para alguma coisa. Viu-se, nesse dia histórico, que tinham sido decisivas.

Costuma dormir bem. Nessa noite, dormiu ainda melhor?

Antes disso, festejei alegremente os anos da Maria de Jesus e do Francisco Zenha, que celebravam ambos o seu aniversário a 2 de maio. Fomos para o restaurante Solmar, ocupando umas seis ou sete mesas, perante os aplausos frenéticos dos outros comensais. No final da noite, surgiu o Francisco Sousa Tavares que, entretanto, estivera um pouco afastado do PS, devido ao documento socialdemocrata, apresentado ao Congresso Socialista de dezembro. Estava eufórico e juntou-se, de novo, ao PS. Nem outra coisa podia fazer um homem generoso e entusiasta como Sousa Tavares.

Enquanto, no início de maio, o então primeiro-ministro se entretinha a inflamar o país com discursos revolucionários, Mário Soares e o PS irão confrontar-se com a tomada do jornal *República* pelos comunistas: o símbolo de uma luta que durara décadas, a bandeira da resistência socialista, era arreado numa célebre manhã do dia 19 de maio de 1975. A luta pelo domínio dos órgãos de comunicação era de vida ou de morte — os comunistas dominavam já *O Século*, o *Diário de Notícias* e o *Diário Popular* —, o bastião do *República* tornara-se indispensável na estratégia do PCP...

Após a Segunda Guerra Mundial, o *República* foi a única voz abertamente de oposição democrática ao regime ditatorial. O *Diário de Lisboa* era também um jornal não-alinhado, digamos, independente, mas não claramente de oposição, como o *República*. Uma voz republicana e liberal, aberta a todas as correntes e matizes da oposição, incluindo os próprios comunistas. Já lhe contei como os socialistas, ainda no tempo da ditadura, haviam salvo o *República* da asfixia financeira.

Como se processou, no interior do jornal, a passagem de um regime político para outro?

Nunca se registaram grandes sobressaltos. Mas recordo que, já depois do 25 de Abril, me vi obrigado, por mais de uma vez, a discutir com o diretor, o meu querido amigo Raul Rêgo: o jornal, que então era propriedade — a quase cem por cento! — dos socialistas, continuava a ter um espírito unitário e abria, demasiadas vezes e com demasiada generosidade, as suas páginas aos comunistas, que não disfarçavam o seu apetite em hegemonizar a comunicação social portuguesa. Entretanto, haviam sido recentemente aprovados novos estatutos, que vinculavam o *República* à sua vocação socialista, pluralista e independente. Nas horas que se seguiram aos acontecimentos do 1º de Maio, deu-se o último assalto comunista: os tipógrafos não só impediram os redatores socialistas de estamparem a sua versão desses mesmos acontecimentos, como publicaram uma edição em cujo cabeçalho figurava como diretor Álvaro Belo Marques, homem muito conotado com os setores comunistas.

Um choque?

Apesar de termos sido o partido mais votado, menos de um mês antes, tínhamos um acesso muito dificultado à comunicação social, onde a asfixia e a manipulação começavam a ser praticamente gerais. Restava-nos o *República*, como disse, um baluarte e uma tradição. Desde o início de maio que estávamos em dificuldades, de dia para dia, o cerco apertava-se um pouco mais. Não ignorava o que se passava nas assembléias do MFA, os majores Almeida Bruno, Manuel Monge e Casanova Ferreira continuavam detidos por suposta implicação no 11 de março, eu próprio fora objeto de um absurdo inquérito. À minha volta, sentia uma hostilidade e um radicalismo crescentes... Entre nós, socialistas, discutíamos a degradação da situação e recordo que nos interrogávamos: como pôr termo a este estado de coisas? A nossa primeira grande reação foi a 2 de maio, quando, sozinhos, enchemos as ruas de Lisboa. A partir daí — devido ao apoio popular que nos rodeara —, vislumbramos que poderíamos elevar o tom de voz porque estávamos a ser compreendidos e apoiados pelas massas populares. Talvez por isso, 15 dias depois, quando se deu o caso *República*, consideramo-lo um golpe intolerável, que não podia passar sem resposta. Entretanto, várias vezes já, no PS, tínhamos discutido a eventualidade de sairmos do governo. Passada a barreira das eleições e, aliás, vitoriosamente, nada obstava a que o fizéssemos. Bem pelo contrário: aceitar permanecer no quarto governo seria acorrentar-nos a uma orientação política e social completamente oposta à nossa e, ainda por cima, ao arrepio da vontade popular expressa. A partir do momento em que as eleições se haviam realizado — e que o PS ganhara uma indiscutível legitimidade democrática —, estávamos em situação de cortar com o gonçalvismo e de fazer a nossa própria política.

Percebeu que esse tempo chegara com o assalto ao *República*?

Percebi, mal o Rêgo me telefonou do *República* para o meu gabinete ministerial, a comunicar que estavam seqüestrados e impedidos de publicar o jornal. Ele e os jornalistas que o acompanhavam — João Gomes, Vítor Direito, Jaime Gama, Arons de Carvalho, Álvaro Guerra, Mário Mesquita, Rui Camacho, Helena Marques, Eduardo Paz Ferreira e alguns mais... Era uma situação intolerável! Reuni imediatamente o Secretariado Nacional do PS: todos compreendemos, sem dificuldade, que tinha chegado o momento. Mesmo o Zenha, curiosamente, que, em reuniões anteriores, tinha sido sempre o mais renitente a encarar o rompimento... Começamos por fazer ouvir o nosso protesto; depois, pusemos as nossas condições para ultrapassar a crise aberta pelo caso *República* e, finalmente, como tudo permanecesse num impasse, semanas depois, em julho, abandonamos o governo. Fizemo-lo, unilateralmente, porque o PPD permaneceu no Executivo ainda por uns dias. No dia do seqüestro, começamos por protestar contra a ocupação do *República* junto do primeiro-ministro Vasco Gonçalves, depois, do presidente da República, Costa Gomes, e, finalmente, do chefe do Copcon, Otelo Saraiva de Carvalho, que tinha sob o seu controle direto os meios de intervenção. Em vão! Perante as portas a fecharem-se, decidimos, o Zenha e eu, como membros do governo, e toda a direção do PS, organizar uma manifestação — ou melhor, uma movimentação de rua, de natureza diferente — porque não tinha como objetivo apenas protestar, mas sim libertar o jornal, pelos meios ao nosso alcance e utilizando a força da indignação popular!

Poderia ter acabado mal...

...Poderia ter sido uma tragédia! Por um lado, tínhamos plena consciência de que se tratava de um recurso ao poder da rua; por outro, não tínhamos alternativa, uma vez que o Estado, através dos seus mais altos representantes, se demitia das suas próprias funções e se recusava a aplicar a legalidade por ele próprio instituída. Fomos para a rua gritando *slogans*, como: "O *República* é do povo, não é de Moscou!", "Fora do jornal os lacaios do Cunhal!" Era um caudal de gente, disposta a tudo, em que havia milhares de socialistas, mas também muitos outros democratas e milhares de populares, anônimos e indignados. Cercamos as instalações do *República*, na Rua da Misericórdia. Não esqueço o Raul

Rêgo à janela, de punho erguido, intrépido e determinado, saudando a multidão. Por sinal, enganou-se de punho e levantou o direito... Nessa altura, os socialistas ainda não sabiam bem qual levantar. Admirável Rêgo! Homem de inabaláveis convicções, inteiro, vertical, transmontano de rija têmpera, resistente como poucos, igual a si mesmo em todas as as circunstâncias. Nesse dia, a sua imagem, naquela janela do *República*, ficou registada na história. Correu mundo. Ficou um dos símbolos cívicos de amor pela liberdade e da intransigente independência dos jornalistas perante o poder político. Valeu-lhe a Pena de Ouro do jornalismo europeu, que lhe seria atribuída em Itália, meses depois. Tentamos arrombar a porta e libertar os seqüestrados. A intervenção da Polícia Militar frustrou esse objetivo. Interpôs-se entre os manifestantes em fúria e os tipógrafos e pseudotrabalhadores que se barricaram no rés-do-chão, assegurando o seqüestro dos jornalistas, encerrados no primeiro andar. A situação permaneceu longo tempo num impasse: nem nós conseguimos entrar, nem eles saíam.

E assim continuaram toda a noite!

Caía uma chuva miudinha. Escureceu. Mantivemos o cerco toda a noite, sem arredar pé, com vagas sucessivas de gente que ia chegando, visto que as rádios iam dando, minuto a minuto, o evoluir da situação. Lembro-me de uma senhora que me chamou da sua janela de um primeiro andar e me ofereceu um café, com uma solidariedade total. Era uma casa modesta, mesmo em frente ao *República*, onde bebemos um café muito quente e a dona da casa queria que eu repousasse um pouco. Em determinada altura, fui pessoalmente protestar junto do posto de comando das operações instalado perto da igreja de S. Roque. Pelo rádio de um jipe militar, ouvi uma voz dizer: "Varram-me tudo isso à metralhadora!" O comandante, embora estivesse numa atitude de agressividade para comigo, respondeu ao comando vindo da rádio: "Vem cá tu fazer isso, se és capaz!" Teria sido uma matança! Mais uma vez, felizmente, imperou o bom senso: no meio de todas as loucuras por que passamos, nunca se chegou ao irreparável. Às seis da manhã, houve finalmente uma espécie de compromisso com o MFA: comprometiam-se a evacuar os tipógrafos e a libertar os jornalistas seqüestrados, e nós, em contrapartida, desmontamos a manifestação. Mas o jornal permaneceu selado, ou seja, silenciado! Ficamos sem o *República*. Logo a seguir, a 29 de maio, surgiu um novo jornal, *O Caso República*, dirigido, obviamente, por Raul Rêgo e integrado pelos jornalistas socialistas da casa. Ninguém desistiu. Continuaram a trabalhar, reunindo na Rua da Emenda, na casa do Gustavo Soromenho, administrador do *República*, a mesma casa onde tantas vezes tinha reunido a Ação Socialista Portuguesa. Por forma quase espontânea, apareceu o dinheiro para financiar o novo jornal, um sinal evidente do apoio que crescia à nossa roda. No dia 22 de maio, em nova manifestação socialista, ouvia-se pela primeira vez: "Não tenham ilusões, somos mais de dois milhões!" Entretanto, foi nessa mesma manifestação que eu próprio avisei da nossa indisponibilidade para nos mantermos no governo, se a situação do jornal se mantivesse num impasse. Apesar das promessas, do Conselho da Revolução, de devolução do jornal aos seus proprietários, e de nós, embora protestando sempre, continuarmos a marcar uma presença condicionada no Conselho de Ministros, da carta aberta que então escrevi a Costa Gomes, muito dura, e dos protestos internacionais que iam chegando em crescendo de todos os lados e quadrantes — até mesmo de Enrico Berlinguer e de Santiago Carrillo, secretários-gerais dos Partidos Comunistas italiano e espanhol, que estiveram conosco! —, nada se conseguiu. Saímos do governo. Dias depois, dá-se a ocupação da Rádio Renascença, era o PREC a aumentar de intensidade, de violência e de amplitude. O que o meu querido amigo Barradas de Carvalho, comunista dos tempos da clandestinidade, classificava, com ironia e tristeza, em francês: "*La fuite du PCP vers la lune*"...

Considera que os efeitos do caso *República* atingiram a esfera militar?

Só nessa altura, verdadeiramente, os militares se deram conta de que o povo não estava mais com o MFA, compreendendo que, para além de uma legitimidade eleitoral conquistada nas urnas, o PS ganhara a rua, tinha um imenso apoio popular, que transcendia em muito os votos socialistas e, sobretudo, tinha a força da razão. Por outro lado, as campanhas de dinamização cultural, levadas a cabo no norte do país por militares radicais da 5ª Divisão, revelavam-se, de dia para dia, um fracasso maior. As populações, horrorizadas, rejeitavam-nas por completo. Os "heróis" — assim considerados aos olhos da esmagadora maioria dos portugueses — da Revolução de 25 de Abril começaram a compreender que muitas portas se lhes iam fechando, toda a sociedade civil os olhava já com desconfiança ou com aberto repúdio. O apoio popular estava, cada vez mais, do lado do PS, cada vez menos com os militares. Do estrangeiro, os sinais que chegavam eram, igualmente, alarmantes: a Revolução de Abril, que fora saudada pela Europa e pelo mundo com imensa simpatia, era agora olhada com preocupação e tristeza, como um caso perdido. A ocupação do *República* jogou, nessa mutação psicológica, um papel decisivo: a história desse assalto ocupou as primeiras páginas dos principais jornais internacionais, foi a primeira grande "campainha de alarme" tocada no exterior, anunciando que a democracia portuguesa estava em perigo.

Recordo-me, entre outros textos, de um editorial assinado pelo diretor do *Nouvel Observateur*, Jean Daniel, onde ele dizia que era necessário apoiar e ajudar "um homem simples, que luta pelo socialismo, pela liberdade, e por nós, chamado Mário Soares". Mas, antes, houvera já outros. Como o magnífico texto de Jean François Revel publicado no *Express* de fevereiro desse ano, onde o editorialista francês apelava para que a Europa ajudasse Portugal e, sobretudo, um homem chamado Mário Soares.

Houve inúmeros artigos desse tipo, assinados pelos mais prestigiados jornalistas e comentadores, de quadrantes político-ideológicos muito diversos.

O caso português foi estudado à lupa e comentado em todo o mundo: era a última tentativa de uma revolução leninista, copiada a papel químico dos acontecimentos de São Petersburgo, em outubro de 1917, que ocorreu. Coincidiu, curiosamente, com o zênite do expansionismo soviético que, a partir de então, entrou em imparável declínio.

No dia 2 de junho, com pompa e circunstância, a Assembléia Constituinte abriu as suas portas. Duzentos e cinqüenta deputados recém-eleitos tomaram os seus lugares no hemiciclo de S. Bento. Como preparou o seu grupo parlamentar para a batalha constituinte? Quem era o líder parlamentar do PS? Tivera alguma interferência na sua eleição?

Tínhamos um grupo parlamentar esplêndido nas constituintes. Henrique de Barros foi o presidente da Assembléia. Todos os grandes nomes do PS eram deputados. Lopes Cardoso foi o presidente do grupo parlamentar, coadjuvado por José Luís Nunes, José Magalhães Godinho, Jaime Gama e outros que, depois, saíram para o VI governo. Mas, primeiro que a assembléia fosse tomada a sério e se transformasse no centro da vida política, demorou o seu tempo. O essencial da batalha política, nesses primeiros tempos, travou-se nas ruas, nas empresas e nas conspirações político-militares em que esse período foi fértil.

Nessa mesma altura, Álvaro Cunhal dera uma entrevista à jornalista italiana Oriana Fallacci, onde prometera que nunca haveria uma democracia parlamentar em Portugal. O líder comunista fez tal afirmação por julgar ainda que iria ganhar a Revolução?

Acho que ele alimentou essa ilusão a partir do 11 de março, mas que a conservou por pouco tempo. Foi justamente no período de tempo em que vivia essa ilusão que confessou à jornalista italiana que jamais viveríamos em democracia parlamentar. A partir de certa altura — e com muita surpresa sua, seguramente —, verificou o eco que o PS estava a ter em todo o país, que as nossas manifestações e a nossa capacidade de mobilização eram tão fortes e tão grandes, ou maiores, do que as deles. A partir daí, impressionou-se. E, finalmente, recuou. Note que Álvaro Cunhal teve, a cada passo, um comportamento tático delineado de modo a poder sempre recuar nos momentos decisivos. Como já uma vez disse, foi sempre um homem de grande rigidez estratégica e de uma enorme maleabilidade tática. Mas não antecipemos...

Na rua, o PS exibia a imagem moderada da Revolução, enquanto no decorrer das suas intervenções parlamentares — e, depois, no próprio texto do projeto constitucional — adotou uma postura e um tom mais extremista e radical. Tratava-se de um discurso em sintonia com a retórica dos dias e de uma semântica em consonância com o ar do tempo? Ou, pelo contrário, de não perder terreno e espaço de manobra em face da esquerda radical e mais implantada?

Engana-se. No Parlamento, consagramos os direitos dos cidadãos e os direitos econômico-sociais dos trabalhadores, travando grandes combates contra uma certa demagogia então à solta. Leia o *Diário da Assembléia Constituinte*. O grupo parlamentar do PS foi o grande paladino da liberdade, considerando embora que a Constituição não podia deixar de traduzir a relação de forças existente ao tempo e o compromisso possível que daí, necessariamente, decorria. As constituintes reuniram-se em 1975, que foi o ano de todas as ilusões e de todos os radicalismos. Não lhe escondo que as bases do PS, em certas regiões, também estavam condicionadas pelo radicalismo reinante. O grupo parlamentar do PS terá tido isso em conta — ou terá sido, algumas vezes, o reflexo disso —, não serei eu a negá-lo. Mas, nessa altura, já não havia dois discursos políticos no partido, como você insinua na sua pergunta. A luta travada no Parlamento, para assegurar no texto constitucional as garantias do pluralismo e os direitos e liberdades fundamentais, honra o PS, e a História apreciá-la-á como altamente positiva. Não tenho dúvidas quanto a isso. O que não exclui que a Constituição tenha traduzido a relação de forças existente ao tempo.

O caso *República* dividiu os militares. No dia 19 de junho, surgira um novo documento, o Plano de Ação Política, aprovado pelo Conselho da Revolução. O PS apressou-se a apoiar publicamente esse documento, numa manifestação que promoveu em Lisboa. Dois dias depois, surgiu novo texto, em clara contradição com o anterior. Tratava-se do documento Guia Aliança Povo/MFA, aprovado pela assembléia do MFA. E só então o PS saiu do Executivo. Pergunto: os socialistas ousaram o gesto de abandonar o governo por saberem que tinha havido uma ruptura nos militares, confirmada pela publicação dos dois documentos? É impossível não relacionar politicamente as duas coisas...

Como lhe disse, a saída do PS do governo resultou, fundamentalmente, do caso *República* e inscreveu-se na lógica das coisas. Tendo ganho as eleições — e, com elas, adquirido uma legitimidade política incontestável —, que poderia fazer o PS num Executivo que procurava, todos os dias, afirmar a sua legitimidade revolucionária, acelerando o processo revolucionário, em contradição manifesta com a expressão da vontade popular? Até às eleições realizadas em 25 de abril de 75, agüentamos a nossa presença no governo para não dar qualquer pretexto que fundamentasse o adiamento das eleições; depois de elas realizadas — e tendo-as ganho —, permanecer no governo seria avalizar gratuitamente uma política em absoluto contrária à nossa orientação.

O PPD não acompanhou o PS na saída do governo. Fê-lo apenas dias mais tarde. Mário Soares falou com a direção do PPD sobre a saída do governo? Que se passou nos bastidores desta decisão?

Falei com o Joaquim Magalhães Mota e com outros ministros independentes. O PPD hesitou em tomar uma posição clara, imediatamente após a nossa demissão. Só se resolveu quando os membros ditos independentes do governo, dias depois, decidiram acompanhar o PS.

Tem-me vindo a afirmar que o apoio popular estava por detrás do PS. O povo não começava também a juntar-se ao PPD?

Não. Peço-lhe desculpa, mas o PPD, nessa época, politicamente era ainda uma *quantité négligeable*. Não existia na rua! E o CDS ainda existia menos... Não tinham expressão. Era nas ruas e nas praças de Lisboa e do Porto que tudo se jogava. A política baixara das salas do Conselho de Ministros e do Palácio de Belém para os quartéis e para a rua.

O Estado quase não existia. A relação de forças media-se entre as manifestações e nas lutas mais ou menos surdas e nas clivagens de que falamos e que começavam a ver a luz do dia nos quartéis...

Mas, quando me fala do PPD, esquece que, enquanto Mário Soares mantinha — ainda que com dificuldades — o controle estratégico da maioria do PS, Sá Carneiro estava ausente, e o partido tinha como líder Emídio Guerreiro. Possuía então uma orientação tática e estratégica diferente e que terá mesmo provocado algumas inesperadas cumplicidades com os militares. Como olhara o PPD de Sá Carneiro e como olhava, agora, o partido de Emídio Guerreiro?

Sem qualquer menosprezo — e com todo o respeito —, a liderança de Emídio Guerreiro foi meramente circunstancial e episódica no PPD. Não só durou pouco tempo, como não chegou a criar raízes. Mais do que isso: foi um sintoma da crise que o PPD atravessou durante a ausência, em Londres, de Sá Carneiro.

A "resistência" era, então, um exclusivo do PS? Os socialistas lutavam sozinhos?

Até julho, certamente. Se não fosse o PS, é importante que se diga, a própria Igreja não teria assumido as posições que tomou, sobretudo no Norte, e no seio da instituição militar não se teriam produzido as clivagens de que falamos e que levaram à constituição do Grupo dos

Nove. Historicamente — importa reconhecê-lo —, a posição do PS, liderando um impetuoso movimento popular, foi perfeitamente determinante e decisiva. Mudou o curso dos acontecimentos...

Manuel Alegre, recordando hoje esse tempo, considera que o PS conseguiu ser a alma e o motor dessa resistência, porque era feito de uma tensão *sui generis*: aquela que congregava a política, a afetividade e a ideologia. Concorda com isto?

Sem dúvida. Manuel Alegre está bem colocado para dar um testemunho insubstituível. Com a sua sensibilidade de grande poeta e a sua formação de resistente, viveu intensamente esse período histórico e participou, na primeira linha, em todos os combates...

Foi necessário, nessa altura, a Mário Soares ter coragem. E exibi-la. Sentiu alguma vez a solidão dessa coragem? A solidão da luta, a solidão da resistência?

Nesse momento, pelo contrário, não senti qualquer sentimento de solidão. O PS estava unido, solidário, mobilizado, como nunca, e disposto a correr todos os riscos. Foi o intérprete de um sentimento popular generalizado, que o impelia à ação, calorosamente. Nunca me senti tão apoiado e carinhosamente envolvido como nessa época, tanto pelas massas populares, como pelos militantes de base do meu partido. Porventura, muitos portugueses não terão tido consciência plena do que se jogou em Lisboa, nesse "verão quente" de 75. Lisboa tornou-se um laboratório político experimental. A chusma de jornalistas estrangeiros que aqui se instalaram, como bem se lembra, foi um dos sinais de interesse — e de paixão — com que a experiência portuguesa foi seguida. Mas os socialistas foram vítimas de algumas graves incompreensões. A nossa atitude determinada dividiu a esquerda européia: contra nós ficaram os comunistas pró-soviéticos, ortodoxos, os eternos *compagnons de route*, mais ou menos complexados, alguns marxista-leninistas e a chamada "esquerda festiva", mundana e de bom-tom... Vencemos. E, para usar uma terminologia marxista, acrescentarei: "O nosso combate ia no sentido da História."

XXII.

O Apoio Interno

Que influência teve junto do senhor a sua mulher na luta da resistência contra os comunistas e o radicalismo do PREC? Sabe-se que é uma personalidade com um agudo sentido político, que possui uma forte intuição.
Como em alguns outros casos — lembro o do general Eanes, alguns anos depois —, ela viu primeiro?

A minha mulher participou ativamente nessa luta, a meu lado, como tinha sucedido sempre antes e ocorreria depois, até hoje. Não teve a sombra de uma hesitação.

Considera que o fato de ter tido o caminho político que teve inibiu, ou impediu, a sua mulher, Maria de Jesus Barroso, de ter, pelo seu lado, seguido uma caminhada política?

A minha mulher nunca quis fazer uma carreira política propriamente dita. Sempre atuou por meros imperativos cívicos e por um grande impulso de solidariedade em relação aos mais pobres, aos discriminados e aos injustiçados. As suas preocupações foram sempre mais eticoculturais do que políticas.

Antes de chegarem outros apoios — a partir de julho de 75 —, Arnaldo Matos estendeu-lhe a mão, numa clara oferta de ajuda, por entre a extrema-esquerda hostil que queria a sua pele.

É verdade. O MRPP esboçou, na altura, um movimento de aliança conosco, através de um encontro secreto que eu tive com Arnaldo Matos.

Onde, como, quando?

Não lhe posso precisar bem a data, mas talvez em julho. Ele estivera preso em maio, salvo erro, saíra da cadeia e estava, então, numa semiclandestinidade. A mulher procurou-me, dizendo-me que Arnaldo Matos se queria encontrar comigo.

Achou normal?

Normal ou não, fui ouvi-lo. A sua mulher foi buscar-me à minha casa do Campo Grande. No automóvel, além de nós, ia um militante MRPP barbudo e armado com uma G3, sentado no banco de trás. A dada altura, pediram-me que vendasse os olhos e andaram às voltas com o carro. Lembro-me de ter achado toda aquela *mise-en-scène* talvez um pouco ridícula, mas vendei os olhos e não fiz perguntas. Não valia a pena: a situação era em si mesma insólita e divertida. Quando chegamos, tiraram-me a venda, mas não compreendi bem, logo, onde estava: o carro havia dado demasiadas voltas. Quando me apeei, um miúdo que por ali estava gritou: "Olha o Mário Soares!" E, logo a seguir, uma senhora idosa perguntou-me, amavelmente: "O senhor, doutor, por aqui?" Segundos depois, compreendi que estava em Paço de Arcos, numa rua que descia para a estação, perto do local onde morava o coronel Aventino Teixeira. Encontrei Arnaldo Matos numa moradia cuja sala deitava para um pequeno jardim, situado por detrás da casa. Lembro-me que lhe pedi que mandasse sair desse quintal alguns militantes de G3 que, teoricamente, protegiam a casa, mas de forma demasiado ostensiva para meu gosto. Saíram. Começamos então a falar, tranqüilamente, sentados em dois confortáveis sofás e bebendo uísque que, com muita gentileza, me ofereceu. Pediu-me a análise da situação feita pelo PS e perguntou-me quais os nossos planos e objetivos. Disse-lhe que resistiríamos até ao fim, mas que tudo o que eles pudessem fazer contra o socialfascismo — como diziam — seria bem-vindo. Objetivamente, éramos aliados e estávamos de acordo no combate essencial contra o gonçalvismo. A partir daí, participaram em algumas das nossas manifestações.

Não conhecia bem Arnaldo Matos? Talvez recordasse apenas aquela arenga entoada por ele, nas eleições de 69, e que tanto incomodara Mário Soares na altura: "É tudo a mesma melodia, Mário Soares e a socialdemocracia."

Conhecia-o mal, embora retivesse essa divertida manifestação organizada contra mim, numa garagem da Avenida do Brasil, antes das pseudo-eleições de 1969, em pleno consulado de Marcello Caetano. Em 1975, Arnaldo Matos levava-se muito a sério, sentia-se de fato "o grande educador da classe operária", uma espécie de Mao Tsé-tung para uso caseiro. Para o PS, o MRPP tinha algum interesse, na medida em que juntava à sua volta uns tantos jovens aguerridos — como o José Manuel Durão Barroso — que davam a cara e tinham coragem, enquanto a juventude socialista era mais timorata e mal existia nas universidades. Não tinha ainda suficiente capacidade de presença nem de mobilização. A verdade é que os jovens do MRPP foram objetivamente úteis ao PS.

Julgo que está a esquecer outros apoios. Por exemplo, o do PCP-ML manifestado pelo seu dirigente Eduíno Vilar e por Manuel Guinote, então presidente do Sindicato dos Químicos, que engrossavam as manifestações do PS, gritando "Nem Praga, nem Chile". E porque os últimos serão os primeiros, a Igreja. Falemos desse determinantíssimo, inestimável, precioso auxílio...

A Rádio Renascença fora ocupada também em maio e, cerca de um mês depois, quando o conflito da Emissora Católica se agudizou, houve uma manifestação diante do Patriarcado de Lisboa, promovida pela extrema-esquerda — UDP e companhia — contra alguns católicos aflitos que se tinham refugiado no Patriarcado, ao Campo de Santana. O PS foi avisado por pessoas que estavam no interior do Patriarcado e fez acorrer ao local inúmeros militantes seus, numa vigorosa contramanifestação, para proteger os sitiados, sinal inequívoco de apoio às posições da Igreja.

Foi o início de um "diálogo franco e compreensivo entre a Igreja Católica e o PS", conforme expressou na altura?

Esse diálogo tinha-se estabelecido muito antes, baseado no respeito mútuo e no reconhecimento do papel da Igreja na sociedade portuguesa. O PS — onde sempre houve alguns católicos importantes, diga-se — teve sempre a preocupação de impedir que se desse uma cisão, que seria de conseqüências imprevisíveis e certamente indesejáveis, entre o Estado e a Igreja. Foi uma das minhas preocupações constantes, como já lhe expliquei: evitar a cisão entre a Igreja e o Estado ocorrida na I República. Esse diálogo fora aliás iniciado, como lhe referi, um ano antes, com as minhas visitas ao núncio apostólico e ao cardeal patriarca de Lisboa. Sempre percebi que a afirmação da liberdade religiosa deveria ir de par com uma atitude de cooperação e respeito do Estado relativamente às Igrejas. Mais tarde, voltei a ter contatos mais estreitos com a hierarquia através da Maria de Lourdes Pintasilgo, católica praticante que, por mais de uma vez, me pôs em contato com o senhor cardeal, através de entrevistas totalmente confidenciais, ou secretas, se quiser.

Totalmente secretas, onde?

Digamos: sem publicidade. Normalmente, ocorreram num lar de religiosas situado perto do Largo das Duas Igrejas, no Chiado, em pleno centro de Lisboa.

Ia sozinho?

Quase sempre. Batia à porta, as religiosas sabiam que eu era esperado. Lá dentro, D. António Ribeiro aguardava a minha chegada. Conversávamos sobre a situação política, sobre o país. Eu pedia-lhe apoio, pedia-lhe que, através das diversas organizações religiosas, das missas, dos sermões, dos padres, a Igreja apelasse a que as pessoas estivesssem presentes nas nossas manifestações. Tratou-se de um apoio vital. Por si só, os socialistas jamais poderiam ter tido centenas de milhares de pessoas mobilizadas nas ruas...

D. António Ribeiro estava preocupado?

Nunca o vi amedrontado, mas sim consciente da gravidade da situação. Aliás, quando eu insistia em saber se Costa Gomes era efetivamente católico — como se proclamava —, o cardeal remeteu-me para determinado padre, o padre Abranches, diretor espiritual do presidente...

Mas falou também com o padre Abranches?

Pois falei! Perguntei-lhe o que queria saber: se Costa Gomes era efetivamente católico. Deu-me uma resposta que me deixou perplexo: "É cumpridor do rito como ninguém, comporta-se comigo como um verdadeiro crente. Mas se o é ou não, só Deus o poderá saber!"

Na altura mantive também um diálogo permanente com o bispo do Porto. D. António Ferreira Gomes foi das primeiras vozes a levantar-se contra o estado de coisas que nos afligia e, com muita clareza e coragem, contra as ambições comunistas de tomada do poder.

Vale a pena falar com mais detalhe dos seus diálogos com o bispo do Porto. Sabe-se que conhecia bem D. António Ferreira Gomes. De onde vinha esse conhecimento?

Conheci o senhor D. António em Roma, quando já estava exilado e participava no Concílio Vaticano II. Fui-lhe apresentado pela senhora D. Maria Pia de Bragança. Produziu-me uma profunda impressão: de austeridade, de firmeza de convicções, de generosidade. Voltei a visitálo mais tarde, em Lourdes, duas ou três vezes, e, depois, num convento em Tormes, perto de Salamanca. Esta última visita, em que estive acompanhado por Raul Rêgo, deu-se depois do meu regresso de São Tomé e quando o senhor bispo do Porto ainda estava no exílio, em pleno consulado de Marcello Caetano. Depois do 25 de Abril, voltei a reencontrar D. António no Porto, tendo tido com ele grandes conversas políticas. Era a favor da democratização, mas bem cedo viu a ameaça que se projetava na sociedade portuguesa — de uma nova ditadura, de sinal contrário —, tendo-a denunciado com lucidez, vigor e muita coragem.

Conhecia também o arcebispo de Braga? E o cônego Melo?

Com o anterior arcebispo de Braga, nunca falei. Com o atual, D. Eurico Nogueira, sim. E, claro, com o cônego Melo, que só conheci, de resto, depois dos acontecimentos em que terá estado envolvido.

Falava com o cardeal de Lisboa e com o bispo do Porto sobre os incêndios das sedes do PC, que, entretanto, começavam a ocorrer nesse verão?

Não. Foram fatos que — julgo — ocorreram à revelia da Igreja. Tratava-se de outra coisa, de preparar o povo para uma resistência firme, mas ordeira. Como sabe, os bispos obedecem diretamente ao papa, mas são senhores nas suas dioceses. Portanto, aí havia diferenças de sensibilidade muito grandes. E era importante falar com o maior número. Foi o que tentei fazer.

Qual era a sua posição perante as sedes comunistas a arder no norte de Portugal? Como olhava para isso?

Com desagrado e apreensão. Quando eclodiram os incêndios, não fiquei satisfeito, pensei que poderiam dividir o campo moderado e que, em conseqüência, a Revolução ficaria ainda mais radicalizada.

Temia duas radicalizações opostas?

Não era partidário de nada que se pudesse virar contra nós, porque nunca pensamos — ou sequer admitimos — abandonar o campo da Revolução. A nossa posição era delicada e muito difícil nessa época; mais uma vez, estávamos entre dois fogos. Evidentemente que não podíamos aprovar os incêncios nas sedes comunistas! Não éramos — e sempre repudiamos — os incendiários, que claramente alteravam a ordem pública. Nunca pensamos que os comunistas devessem ser tratados com violência, mas sim vencidos — como o foram — pelos meios legais. Por outro lado, não desejávamos que daí se partisse para uma repressão indiscriminada contra a direita, que ninguém saberia, depois, como parar. O original aqui — e o decisivo! — foi que a resistência tivesse partido, conosco, de dentro da Revolução e do lado do antifascismo militante. O pior que poderia ter sucedido a Portugal era que a resistência viesse de fora e fosse organizada do exterior, isto é, ter sido concretizada pelos setores mais extremistas e direitistas do país: teriam sido esmagados impiedosamente. Como sucedeu em alguns países do Leste europeu.

Entretanto, quem eram os incendiários que deitavam fogo às sedes do PC? Quem os enquadrava? Agiam por conta de quem?

Foram reações espontâneas de massas populares em fúria. Não digo que não tivessem sido atiçadas por mãos ocultas. Mas a indignação popular genuína, que pairava no ar, como o ar que se respira, era-lhes propícia. O fato de não terem percebido isso a tempo foi o que perdeu os comunistas...

Julga que a Igreja patrocinava, "abençoava" ou acolhia esses incendiários? Ou que colaborava com o MDLP, o movimento entretanto formado por Spínola em Espanha?

Sinceramente, acho que não. Considero que a hierarquia religiosa compreendeu lucidamente que o combate era cá dentro. E por outros métodos! A Igreja institucional, o conjunto dos bispos, percebeu que era imperioso lutar cá dentro, estimulando o movimento cívico liderado pelo PS. Há muitos sinais de que assim foi. Uma coisa foi a posição da Igreja, outra a do MDLP, do general Spínola, e das forças pró-spinolistas, sopradas do estrangeiro, que se moviam na sombra, clandestinamente, e foram de um total desacerto: quanto mais se agitaram, mais força deram aos nossos adversários...

Poderia ter realizado o que fez se não tivesse atrás do senhor essa onda popular feita da ambígua mistura de credos, objetivos e ideologias?

Naturalmente que, atrás da nossa resistência, estava, de uma maneira informe, não-articulada, um país inteiro. A maior parte do país não queria o comunismo, era alérgico às formas que o gonçalvismo revestia, rejeitava frontalmente o caminho que tomava a Revolução. A boa vontade vinha de todo o lado e de todos os setores da população portuguesa. Às vezes, dos mais desfavorecidos, curiosamente. Sabíamos isso. Mas note que os socialistas também tinham anticorpos em muitas áreas. Senti isso, muitas vezes, no norte do país e no Alentejo. A verdade é que os campos se extremaram de tal modo que — como já lhe tenho dito — o PS, sem querer, se transformou, de repente, no chapéu-de-chuva do país moderado. A maior parte das adesões que tivemos nessa altura foram de pessoas que vieram ter conosco, porque o PS aparecia como o último reduto da resistência contra o gonçalvismo...

XXIII.

O Grupo dos Nove

No mês de junho desse mesmo verão, partiu para Moçambique, para assistir às cerimônias de independência do país. Viajou com Melo Antunes, Álvaro Cunhal, Vasco Gonçalves, Manuel Alegre, Otelo, Pereira de Moura, Magalhães Mota. Pretendia-se um sinal com tamanha delegação?

Julgo que Vasco Gonçalves quis, precisamente, envolver todos os responsáveis políticos nas festas da independência. Fizemos uma escala em Luanda, sem sair do aeroporto, e seguimos para Maputo. Na capital moçambicana, instalaram-nos numa casa que, embora contivesse alguns móveis, estava praticamente desabitada, onde ficamos durante horas sem que ninguém nos tivesse aparecido. Na cidade encontravam-se inúmeras delegações estrangeiras, os moçambicanos estavam totalmente ultrapassados pelas questões do protocolo que, visivelmente, não dominavam. Vítor Crespo, então alto comissário, fora ao aeroporto, mas, em seguida, não nos foi possível voltar a vê-lo nesse dia. No trajeto pela cidade, apercebi-me de que, curiosamente, eu era, da delegação oficial portuguesa, um dos mais conhecidos e aplaudidos. Cunhal era conhecido junto de quem detinha o poder, mas não junto das massas; o próprio Vasco Gonçalves nunca lá fora durante as negociações. Eu aparecera inúmeras vezes na televisão, houvera o abraço de Lusaka; enfim, os moçambicanos conheciam-me e, simpaticamente, aplaudiram-me. O que não deixava de ser curioso, dada a posição inconfortável em que ali me encontrava...

Inconfortável?

Claro. Havia em Portugal uma situação de crise aguda quanto ao caminho a seguir e de competição política evidente entre o PS e o PC.

Começavam a manifestar-se clivagens entre os próprios militares. Além disso, existia também algum inconforto em relação aos dirigentes moçambicanos, dado que a Frelimo, nessa altura, se encontrava bastante sintonizada com as posições dos comunistas e de Vasco Gonçalves.

Meses antes, em Lusaka, achara que ainda não?

As coisas não eram ainda tão claras. Portugal estava em guerra e eu aparecia a defender a paz. Como verifiquei depois, Samora Machel não era um líder enfeudado, tratava-se de um verdadeiro chefe africano que, embora aliado dos soviéticos, tinha alguma autonomia, gostava de pensar pela sua própria cabeça e gostava mesmo de exibir algumas reações muito pró-portuguesas. Quando lhe dei o célebre abraço, ainda não tinha a idéia que dele vim a ter depois. Abracei-o, como lhe disse, por se tratar do chefe da resistência que, tal como eu, lutara contra o fascismo e o colonialismo. Entretanto, chegados a Maputo, a nossa estadia ia-se eternizando na casa para onde nos haviam conduzido, o tempo passando lentamente. Já ao fim da manhã, Otelo descobriu que havia uns ovos na cozinha e dispôs-se, com a ajuda das senhoras presentes, a confeccionar umas omeletas. Mas as horas iam correndo sem que ninguém nos dissesse onde cada um devia ficar. Recordo que depois, já à tarde, surgiu à nossa porta um grupo de manifestantes quase todos portugueses, para saudar os líderes políticos de Portugal. Vasco Gonçalves agarrou no Cunhal e em mim — apenas nos dois —, levou-nos para a porta, diante dos manifestantes, e clamou: “Eis os líderes do PCP e do PS!” — com regozijo dos manifestantes.

Nenhum membro da delegação portuguesa estranhou o comportamento das autoridades de Moçambique?

Álvaro Cunhal e Vasco Gonçalves defendiam que os nossos amigos moçambicanos estavam certamente muito ocupados e aconselhavam-nos paciência e calma. Tinham naturalmente tendência a desculpá-los e a compreendê-los. Mas como, justamente, a paciência não é o meu forte, avisei o resto da delegação de que ia à procura dum hotel, não suportava mais aquela espera. Meti-me ao caminho a pé, com a minha mulher e o Manuel Alegre, até ao Polana, que era relativamente próximo. No hotel havia um mar de gente e a confusão era indescritível. No átrio deparei com um homem que me abraçou e logo se identificou como simpatizante socialista. Era o gerente, a quem de imediato pedi dois quartos, o que, na circunstância, o deixou totalmente atrapalhado! Não tinha quartos! Insisti quanto pude, e a simpatia do gerente do Polana obteve o impossível... Tomei uma duche, descansei um pouco e, ao fim da tarde, dirigi-me de novo à casa onde se encontrava a delegação portuguesa: tudo continuava na mesma, toda a gente permanecia à espera! Depois, soube que Cunhal acabara por se instalar em casa de um camarada do Partido Comunista Português, mas que os outros foram esperando até alguém se interessar pela sua sorte!

No dia seguinte, encontrei um cunhado meu, Fernando Barroso, irmão mais novo da minha mulher, nascido em Moçambique, e que me disse estar disposto a continuar a residir em Maputo. Fiz-lhe ver que era uma loucura, devia vir-se embora quanto antes. Quer dizer que não tinha ilusões quanto ao que se passaria a seguir. O que, aliás, ele veio a fazer, quase logo a seguir. Por vezes, ainda hoje me menciona que, se não fosse o meu conselho, teria certamente feito um erro de conseqüências graves. Seguiram-se, depois, as diversas cerimônias da festa da independência, que culminaram, à noite, na zona baixa da cidade, com um grande banquete presidido por Samora Machel, onde se encontravam milhares de pessoas. Mas toda a nossa delegação, à exceção de Vasco Gonçalves — sentado junto do presidente moçambicano, de Nyerere e de outros chefes africanos —, ficou, surpreendentemente, colocada nas últimas mesas. Achei uma atitude estranha da parte do poder político moçambicano. Mas, de súbito, logo no início do banquete, ouviu-se o presidente Samora Machel bradar do seu lugar: "Eu quero aqui ao meu lado os dois homens que se bateram contra o colonialismo português." Perante o olhar perplexo — e algo despeitado — de todos os representantes do MFA, foram buscar-nos, a Cunhal e a mim, para a mesa de honra, onde ficamos até ao final do banquete e ouvimos o pitoresco e interminável discurso de Samora Machel.

Como é que reagiu perante esse gesto do presidente moçambicano?

Pareceu-me justo. Considerei que era o reconhecimento explícito e público, por parte de Samora Machel, da nossa luta comum contra o colonialismo, ao contrário do que ocorrera com os militares revolucionários do 25 de Abril que, até à Revolução, haviam participado, no seu conjunto, nas guerras coloniais. Após o jantar, dirigimo-nos para o grande estádio onde, em clima de grande euforia, de confraternização e de alguma confusão, ocorreu a cerimônia do descer da bandeira portuguesa e do hastear da moçambicana. Chovia a potes. Não direi que o espetáculo, para mim, fosse entusiasmante. Mas sabia que era a regra do jogo. Naturalmente que teria gostado que tudo tivesse decorrido noutras condições. As coisas são, porém, o que são, e a vaga de intransigência salazarista não podia conduzir a outros resultados...

Poderia ter sido de outra maneira?

Claro que sim, se tivéssemos sabido descolonizar a tempo e horas. Por mim, digo-lhe em consciência, fiz o que pude para salvaguardar as posições portuguesas, mesmo quando o processo da descolonização deixou de passar diretamente por mim. Recordo-lhe — agora a propósito de Angola — que um dia, em pleno Conselho de Ministros, manifestei a minha estranheza pela nomeação de Rosa Coutinho para alto comissário em Angola, quando ouvi o primeiro-ministro Vasco Gonçalves informar o conselho dessa decisão. Perguntei por quê, quis saber qual a razão de essa decisão não ter sido discutida em conselho. Vasco Gonçalves limitou-se secamente a dizer-me que se tratava de uma decisão da Comissão Coordenadora do Programa do MFA e, apesar das minhas insistências, não julgou útil acrescentar mais nada. Rosa Coutinho foi investido nessas funções para apoiar o MPLA e toda a sua estratégia, nessa altura já enfeudada à estratégia internacional dos soviéticos, que, inequivocamente, queriam colocar um pé no continente africano. Mas a verdadeira questão radica sempre no mesmo: chegamos tarde à descolonização — nunca o esqueçamos! — devido à obstinação de Salazar e de Marcello Caetano. Deixaram apodrecer a situação em Angola. E, após o 25 de Abril, o Estado desabou, desagregou-se num anarcopopulismo comandado por militares impreparados para resistir às imposições da rua e de forças populares pseudo-revolucionárias. E se o PS se conseguiu finalmente impor e inverter a situação a favor da democracia pluralista, em Portugal, foi justamente porque também desceu à rua. Não por razões ideológicas ou porque detivéssemos lugares no aparelho de Estado. Impusemo-nos com a força das nossas convicções, em manifestações de rua, apelando ao bom senso do povo português.

Lutaram, impuseram-se e ganharam. Não teria sido possível a mesma consciência e o mesmo vigor em África?

Como? Os portugueses de bom senso que lá viviam regressaram precipitadamente ao continente. Não podiam então, porventura, fazer outra coisa. Como nos seria possível a nós, se tínhamos aqui em Portugal uma batalha totalmente incerta e aleatória na qual estávamos vitalmente empenhados?

Essa batalha pela democracia teve um ponto alto na manifestação de 19 de julho na Fonte Luminosa, que fora, na véspera, precedida de outra, na cidade do Porto, cuja realização as forças revolucionárias haviam tentado impedir, barricando os acessos à cidade. Recordo que dias antes, enquanto a direção do PS se inclinava para a escolha de recintos de dimensão mais modesta, Mário Soares bateu com o punho na mesa e clamou: "Mandem já marcar a Alameda!" Que retém dessa noite? Há ainda hoje quem tenha como certo que a violenta diatribe feita por Mário Soares contra Vasco Gonçalves foi o balão de oxigênio que permitiu ao então primeiro-ministro durar mais umas semanas. Foi?

Acho que foi exatamente o contrário. O comício da Alameda foi o princípio do fim de Vasco Gonçalves e marcou o ponto de viragem da cavalgada revolucionária insensata que, se não fosse detida como foi, arrastaria Portugal para o abismo. A manifestação do Porto, que precedeu a de Lisboa, foi acompanhada de uma grande dramatização. Os jornais e as rádios afirmavam que os trabalhadores estavam mobilizados para não me deixar chegar ao Porto. Os ferroviários chegaram a ameaçar paralisar a linha para o Norte. Por isso fui de avião, acompanhado pelo Manuel Alegre e pelo Raul Rêgo, e, no aeroporto de Pedras Rubras, tínhamos a esperar-nos o António Macedo e alguns militantes do Porto. As entradas para a cidade — disseram-nos — estavam bloqueadas: seguimos, por isso, por umas azinhagas, que por completo desconhecia, alojando-nos no velho Hotel Batalha. Um oficial da polícia, que nos apareceu no hotel, aconselhou-nos a não sair, porque havia uma grande agitação na cidade. Deitaram fogo a um pavilhão de propaganda do PS na Praça Humberto Delgado... Como de costume, resolvi deitar-me a descansar, enquanto esperava que chegassem os meus camaradas. Fui despertado pelo Manuel Alegre, que ouvira um enorme barulho, qualquer coisa como uma manifestação que se aproximava. Descemos ao átrio do hotel, de ouvido à escuta. Afinal, eram os pescadores da Afurada, todos socialistas, que tinham ultrapassado e varrido as barreiras dos militantes comunistas que procuravam impedir o trânsito na ponte e que se aproximavam da Praça da Batalha.

Fomos ao encontro deles e encabeçamos a manifestação, que atravessou a cidade do Porto, sempre engrossando, até ao Estádio das Antas, onde já se encontrava um mar de gente. Foi a reação da cidade invicta e sempre leal e liberal: uma autêntica catarse coletiva de libertação do medo! No dia seguinte, em Lisboa, assistimos ao mesmo fenômeno. A partir daí, o vento mudou, aprofundando por forma irreversível a clivagem entre os militares que se reclamavam do MFA...

No dia 19 de julho, estavam em Portugal alguns amigos seus franceses — Michel Rocard, Jacques Attali, Alain Touraine, Giselle Halimi —, que se encontravam em Lisboa para assistir a um colóquio. Almoçou com Rocard em Sintra, a quem falou longamente de vinhos portugueses. À noite, todo esse grupo o rodeava na tribuna da Alameda Afonso Henriques. Como reagiram eles ao espetáculo da Fonte Luminosa?

Foi um colóquio internacional sobre o socialismo democrático organizado pelo PS e que teve lugar na Universidade de Lisboa. Estavam muitas outras figuras, além das citadas, como Gilles Martinet e Jean Daniel. Que me disseram eles em privado? Estavam preocupadíssimos: comparavam a situação portuguesa à situação de Praga em 1948.

Muitos temiam que a batalha da liberdade estivesse já perdida. Mas, depois de assistirem ao comício da Alameda — espetáculo por eles nunca visto! —, recobraram outro ânimo. Mediram a nossa determinação e compreenderam que nunca desistiríamos de lutar. É daí, de resto, que data a admiração da Europa democrática pelo PS português!

Dias depois, a 25 de julho — enquanto Jaime Neves era "saneado" do Regimento de Comandos da Amadora —, institucionalizara-se o diretório: uma *troika* composta por Costa Gomes, Otelo Saraiva de Carvalho e Vasco Gonçalves, que, por decisão da assembléia do MFA, decidira concentrar em si o poder político-militar, passando o Conselho da Revolução a simples órgão consultivo daquele triunvirato.
Melo Antunes recorda hoje que viu a constituição do diretório como a tentativa de marginalização do setor moderado do MFA, mas que, desde logo, lhe previu o epílogo clássico que a História geralmente destina aos triunviratos: um triste fim... Como leu esta aliança que pretendia unir os gon-

çalvistas e a 5ª Divisão aos setores mais radicais das Forças Armadas, congregados em torno de Otelo, sob a bênção do próprio presidente da República?

Com apreensão e mal. Mas também, conhecendo cada um dos protagonistas, com a secreta esperança de que o entendimento entre eles estabelecido fosse sol de pouca dura... Como foi.

Agosto trouxe uma súbita reviravolta na correlação de forças militar. No dia 7 foi apresentado ao presidente da República um texto — o "Documento dos Nove" — que viria também a ser conhecido como Documento Melo Antunes e que o *Jornal Novo*, no dia seguinte, daria a conhecer ao país. Entretanto, também o PS difundira um documento do seu Secretariado Nacional — "Vencer a Crise, Salvar a Revolução" —, enquanto o próprio Mário Soares escrevera uma carta aberta a Costa Gomes. Procurou-se uma articulação entre estes atos?

Houve, se quiser, uma articulação tácita, não explícita. O "Documento dos Nove" foi um sinal importante, mas em si mesmo é um texto prolixo e algo confuso. Mas a reação que provocou é que havia militares que não estavam de acordo com o sentido que a Revolução tomava, ainda que, para o dizer, se servissem de uma arrevesada terminologia marxizante. Foi este o sentido que as pessoas deram ao "Documento dos Nove" e, por isso, foi tão positivo. Os textos do PS, bem mais explícitos e claros, punham os pontos nos ii e diziam claramente não à marcha que as coisas estavam a tomar. Nesse sentido, foram iniciativas convergentes ou, se preferir, paralelas.

Nunca gostou de militares. Além disso, alguns dos signatários do "Documento dos Nove" haviam estado contra o senhor no Congresso do PS, em dezembro de 74; depois, na questão da unicidade sindical. Agora, por força das circunstâncias, eram seus aliados?

Desde que o PS saíra do governo, no dia 10 de julho, devido à crise do *República*, que nos começamos a entender com o grupo de oficiais que viria a assinar esse documento. Depois do 11 de março, Melo Antunes e os seus amigos ganharam uma outra consciência da situação e, a partir dessa data, foi para eles evidente que a Revolução entrava em derrapagem. Soubera, por exemplo, que, depois disso, Melo Antunes conversara diversas vezes, e com muita clareza, com Costa Gomes sobre a necessidade imperiosa que se cumprisse o ato eleitoral de 25 de abril de 75. As eleições fizeram-se, o PS ganhou uma legitimidade democrática e eleitoral, as águas foram-se separando no MFA.

Após os meses iniciais de confronto de alguns desses militares com o PS, as circunstâncias aproximaram-nos. O PS provocou um movimento de opinião, um sobressalto de consciência que lhes abriu caminho nos meios militares. O Grupo dos Nove foi assim capaz, no lado militar, de explorar — e obter — a relação de forças que lhe veio a permitir inverter o rumo das coisas. Atuara, no plano militar, por forma complementar do que fizera o PS na sociedade civil. Passei então a contatar regularmente com Vítor Alves, Vasco Lourenço, Melo Antunes, Sousa e Castro, Vítor Crespo. Do meu ponto de vista, o que provocou a clivagem fundamental no Movimento das Forças Armadas — e o que levou o Grupo dos Nove a aproximar-se de nós — foi justamente o fato de o PS ter sabido liderar, com coragem, a resistência. Ao fazê-lo, criamos as condições para que um texto daquela natureza fosse possível. A importância e o significado político desse grupo de oficiais ganhou verosimilhança e coerência, justamente através desse documento.

Segundo julgo saber, Álvaro Cunhal, quando foi informado de que os nove oficiais que assinaram o documento se haviam recusado, por essa mesma altura, a comparecer a uma reunião do Conselho da Revolução convocada por Costa Gomes, perguntou apenas: "E esses oficiais foram presos?" Quando lhe responderam negativamente, o líder comunista terá exclamado: "Isso significa então que a força está agora com eles." Isto é, Cunhal compreendeu de imediato que o vento começara a rodar e que a correlação de forças se alterava irreversivelmente.

Cunhal terá compreendido o alcance dessa clivagem que opunha agora uma parte do MFA a outra, cada vez mais enfeudada à estratégia da extrema-esquerda e do PCP. Era a parte favorável à democracia pluralista e que reconhecia o PS como seu principal aliado civil. Foi assim que iniciei algumas reuniões com o Grupo dos Nove, ao princípio muito discretas. Comecei por ser convidado para almoçar no restaurante Chocalho, a Santos. Encontrávamo-nos no primeiro andar e conspirávamos horas a fio. Almocei lá com muita freqüência no início do "verão quente". Depois, encontrei-me com alguns dos "Nove" em casa do Jorge Campinos, perto da Praça das Águas Livres, e, uma ou outra vez, em casa de Melo Antunes, num apartamento próximo da Avenida de Roma.

Estávamos então mais ou menos sintonizados e, sobretudo, partilhávamos um objetivo comum. Nunca houve propriamente uma aliança clara, explícita, havia uma cumplicidade e essa meta — a democracia pluralista — que nos era comum. Em política devem ter-se objetivos muito claros e muito precisos e só um adversário de cada vez. Quando percebi que o PC tinha um projeto totalitário de conquista de poder e que, servindo-se da extrema-esquerda como ponta-de-lança, ia avançando quanto podia e como podia, a minha tarefa prioritária foi vencê-lo.

Quem era o seu principal interlocutor nesse grupo de militares?

Nunca houve apenas um. Mas, se quer uma definição, eu dir-lhe-ei que o mais direto e o de mais fácil convivência era o Vítor Alves. Ideologicamente, Melo Antunes era o mais elaborado, o mais estruturado intelectualmente, embora julgue que ele sempre quis reservar para si um espaço de decisão e atuação próprios, dentro do Conselho da Revolução. Mas o militar que sempre me pareceu mais decidido a lutar fisicamentre no terreno — como se viu — foi Vasco Lourenço. A minha amizade por ele nasceu quando vi o empenho decidido e corajoso com que se dispôs a lutar.

Pareceria normal que Melo Antunes fosse "naturalmente" o seu interlocutor: Mário Soares era o líder o PS, Melo Antunes, o mentor do Grupo dos Nove. Nunca foi assim. Apesar de pontualmente aliados agora, continuavam ambos com reservas mentais recíprocas?

Não. Pela minha parte, nunca foi esse o caso. Tínhamos algumas diferenças temperamentais — de maneira de ser — que contam muito nas relações humanas. Melo Antunes é introvertido e um pouco secreto. Eu sou expansivo e direto... Só isso. Muitas vezes, as afinidades temperamentais sobrepõem-se às ideológicas, ainda que, nesse campo, e nessa altura, também houvesse acentuadas diferenças entre nós.

Reconheceu-se no "Documento dos Nove"? Ou não teve outro remédio senão agarrar-se a ele com unhas e dentes?

Nunca me reconheci nesse documento: seria mesmo incapaz de o subscrever. Apoiei-o — o que é muito diferente — por me parecer importante pela leitura que se fez dele: surgiu como uma certa heterodoxia relativamente à ortodoxia comunista do tempo. Era uma voz contra um certo MFA tutelado pelos comunistas, que utilizava uma terminologia intragável, plena de ideologismos e de referências a um marxismo de cartilha. Pareceu-me sempre um texto de leitura difícil. Simplesmente, foi-nos útil naquela altura, e como tal o encaramos e divulgamos. Era preciso dividir um MFA seguidista do PC e, para isso, o PS aliou-se com quem combatia os nossos adversários.

Horas depois da sua publicação no *Jornal Novo*, todo o país o aplaudia, o que era um sinal inequívoco.

Melo Antunes, então ministro dos Negócios Estrangeiros, redigiu-o em poucas horas, sozinho, no seu gabinete do Palácio das Necessidades. E, tal como me afirmou na primavera de 95, considera hoje que, se não fosse esse texto e a alteração da correlação de forças que ele pressupunha dentro do MFA, não teria sido possível ao PS continuar sozinho à frente da resistência civil? Na opinião de Melo Antunes, o que marcou a ruptura, virando simultaneamente e energicamente a opinião pública, foi o "Documento dos Nove". Pelo contrário, há socialistas que sustentam que a publicação do documento só foi possível justamente porque o PS preparara o terreno quando, sozinho, começara a virar o estado das coisas.

A interpretação desses socialistas, que refere, coincide inteiramente com a minha. O PS liderou um imenso movimento popular — amplíssimo — contra a perversão totalitária da Revolução de Abril. Ganhou esse combate, sem efusão de sangue, nas ruas das cidades e vilas de Portugal, nas empresas, nas universidades e nos campos. Hoje, retrospectivamente, estou convencido de que o ganharia sempre, em qualquer caso, com mais ou menos sofrimentos. O "Documento dos Nove" foi uma contribuição útil, como muitas outras, vindas dos setores mais diversos. É a minha opinião, mas não quero entrar em polêmicas: a História se pronunciará, se o não fez já.

Julgo que data dessa época o seu primeiro encontro com Ramalho Eanes. Como o conheceu?

Não o vi muito nessa primeira fase, enquanto ele esteve na televisão, como presidente do Conselho de Administração da RTP. Conheci-o melhor, mais tarde, quando veio a integrar o grupo operacional de militares ligados ao Grupo dos Nove. Eram dois grupos que, embora articulados entre si, funcionavam separadamente e tinham, no PS, interlocutores distintos. Digamos que com uns e com outros se conspirava separadamente. O Manuel Alegre contou-me uma vez que, por essa altura — junho, julho —, Eanes, num encontro ocorrido em casa de Edmundo Pedro, se mostrara aflito, manifestando a sua intenção de abandonar o país: "A situação estava perdida, ele preferia ir para o estrangeiro." Já falara com a mulher, estavam ambos decididos a partir. Manuel Alegre interpelou-o vivamente e intimou-o a refletir. Disse-lhe que íamos vencer. Foi — com outros — um dos homens que o convenceu a ficar. Dias depois, Eanes encontrou-o e disse-lhe que ele, Alegre, era o responsável por a mulher ter comprado uma mobília de sala com o dinheiro destinado para a viagem! A partir de dado momento, Eanes passou a colaborar com Manuel Alegre e Edmundo Pedro nas questões de segurança do PS. Ainda conservo, nos meus papéis, um plano feito por ele, manuscrito, embora julgue que nunca chegamos a utilizá-lo. No princípio desse verão, quando comecei a falar com os militares, o objetivo dos meus contatos era político, as questões operacionais não eram o meu domínio. Recordo-me que, na altura, havia muitos deles — políticos ou operacionais — que telefonavam incessantemente para S. Pedro de Alcântara e para a Rua da Emenda e utilizavam sempre o mesmo nome de código: "Óscar". Eram vários que se escondiam por detrás desse pseudônimo. De cada vez que ouvia o nome "Óscar", sabia que era alguém que pertencia à rede da conspiração militar! Foi um tempo de intensa preparação, de discussões, troca de informações, planos, um período exaltante.

Ficou certamente a conhecer um pouco melhor Ramalho Eanes quando, um dia desse verão, ele o visitou em sua casa. Fê-lo acompanhado por Álvaro Guerra. Que impressão guarda desse encontro?

Não me lembro desse encontro. Muito mais tarde, sim, jantei um dia em casa do casal Eanes, à Madre de Deus, quando já pensávamos nele como candidato a presidente da República. Em 1975, com Álvaro Guerra, sinceramente, não me lembro, nem guardo qualquer nota disso nos meus cadernos desse tempo...

Que sabia das ligações — que na época se tinham como certas — entre o MDLP e o então major Eanes? Nunca acreditou nisso? Ou fechou os olhos por considerar, porventura, que as questões operacionais não lhe diziam, ao senhor, respeito?

Só muito mais tarde ouvi falar disso, mas não conheço nada de concreto sobre o assunto. Eanes, até ao 25 de novembro, nunca foi um militar em evidência. Mas, para satisfazer a sua curiosidade insaciável de jornalista, sempre lhe acrescentarei que considerei, desde o início, o MDLP como um disparate pegado, podendo mesmo vir a ser altamente contraproducente para o nosso combate pela liberdade, no interior de Portugal. Disse-o em várias circunstâncias, em algumas chancelarias de países aliados e, concretamente, disso lembro-me bem, a Valéry Giscard d'Estaing.

Entretanto, que pensava para consigo próprio? Alguma vez, no seu íntimo, duvidou? Houve no senhor lugar para a inquietação ou o susto? Até quando continuou a acreditar que sairia vencedor?

Nunca me convenci que o PS poderia perder. De vez em quando, a Maria de Jesus dizia-me que ainda voltaríamos ao exílio. Por brincadeira, respondia-lhe que só à força, sem contudo nunca ter acreditado nessa hipótese! Sei que houve gente que se afligiu muito, pessoas que pensaram em sair do país.

Há na natureza humana pessoas que são ultra-sensíveis a este tipo de aflições ou receios, outras, mais serenas, que encaram as coisas com mais otimismo, pelo lado positivo. Pertenço ao segundo grupo: fui deixando correr os acontecimentos, determinado a fazer-lhes frente e na certeza de que melhores dias viriam. Como vieram!

Diz-me isso, hoje. Gostava que se colocasse na sua própria pele de há vinte anos... Alguma vez dormiu fora de casa, por exemplo?

Se falar com amigos meus, com a minha mulher, os meus filhos, dir-lhe-ão o mesmo que lhe acabo de dizer: sempre estive sereno e confiante, embora, muitas vezes, preocupado. Um dia fui visitado por um jornalista italiano muito versado nas questões do Leste europeu que me disse: "Isto assemelha-se muito aos acontecimentos de Praga, em 68, vai acabar da mesma maneira, Você vai ser necessariamente preso." Eu respondia sempre do mesmo modo: estávamos a milhas dos exércitos soviéticos, um movimento comunista só vingaria em Portugal contra a vontade do povo e imposto pela força de exércitos estrangeiros. Não me parecia possível que o exército português, ou uma fração desse exército, desorganizado como estava, fosse capaz de tal tarefa. Tratava-se de uma análise racional, mais do que de uma convicção, baseada nos meus desejos ou emoções. Para lhe responder mais concretamente: nunca usei uma arma, dormi apenas duas ou três vezes fora de casa, em Algés, em casa de um cunhado meu, o José Manuel Duarte, ou da minha cunhada Fernanda Barroso. Foram as raríssimas exceções à regra de dormir na minha casa do Campo Grande. Circulava por toda a parte, ia por vezes pernoitar a Nafarros, sozinho, com a minha mulher, onde uma vez por outra nos aparecia o Fernando Oneto, sempre preocupado com a nossa segurança. Mas ele acabava invariavelmente por dormir mais profundamente do que nós! Estou a lembrar-me, por exemplo, de uma reflexão que fiz um dia, com a Maria de Jesus, no mais aceso do "verão quente". Estava muito calor, era domingo, decidimos ir passear até Nafarros. Fui a guiar, uma coisa que faço quando estou bem disposto. "Vamos pela costa, para ver o mar", sugeri a minha mulher. Fomos os dois, devagar, por ali fora. Perto do mar, começamos a ver cachos e cachos de automóveis e, na areia, uma multidão de pessoas. As praias e os parques de automóveis estavam literalmente a abarrotar! "Como é possível", pensei, "com esta classe média tão forte, com toda esta gente nas praias, que se venha a dar aqui um golpe comunista?" Não era.

XXIV.

O Pronunciamento de Tancos

A luta não abrandava: horas depois da publicação do "Documento dos Nove", surgia a resposta de Otelo, com o chamado "Documento Copcon": uma alternativa de esquerda entre o PCP e os gonçalvistas de um lado, e o Grupo dos Nove do outro. Isto é, com estas e com outras, Otelo não fazia senão dividir e enfraquecer o campo dos adversários de Mário Soares e da democracia. Foi por sempre ter tido a noção disto mesmo que sempre poupou Otelo?

Esse documento era quase tão prolixo quanto o outro! Muitas vezes comparei Otelo com o marechal Saldanha, salvas as devidas proporções. Era um homem simpático, extrovertido, inconseqüente, inconstante, totalmente imprevisível: reagia sempre ao sabor dos acontecimentos e tanto ia para um lado como para o outro.

Está-me a definir um cata-vento. O que lhe pergunto é se, quando percebeu tudo isso, tentou levá-lo para o seu lado, se pretendeu negociar algo com ele. Apesar de tudo, quer Mário Soares, quer Otelo lutavam contra os comunistas de Álvaro Cunhal e de Vasco Gonçalves!

Nessa altura, era impossível estabelecer com ele qualquer espécie de compromisso. Via-se como um Fidel Castro europeu. Mas é verdade que sempre tive a intuição, e a convicção, de que Otelo não era um inimigo da democracia. Não lutou ao nosso lado, não defendeu a mesma democracia pluralista cara ao PS, mas foi inegavelmente um *trouble-fête* e, com as suas hesitações, enfraqueceu o campo dos nossos adversários. É verdade que nunca esteve de alma e coração com Vasco Gonçalves ou com o Partido Comunista, mas com outro projeto que nem ele próprio sabia bem definir e que se situava algures nas fronteiras de uma extrema-esquerda radicalizada, revolucionária, generosa, mas totalmente inconseqüente.

O diretório suspendera os oficiais que haviam assinado o "Documento dos Nove"; Vasco Gonçalves assustava o país com o teor do seu discurso em Almada, pronunciado no decurso de uma sessão promovida pela Intersindical. E Carlos Fabião renunciara a formar governo, tarefa da qual fora encarregue pelo próprio presidente da República, Costa Gomes. Um governo — apoiado por Otelo e pelo Grupo dos Nove — que significava a tentativa de saltar por cima de Vasco Gonçalves. Tudo más notícias.

Quando Vasco Gonçalves começou com os seus discursos torrenciais, a partida ficou muito facilitada para os socialistas. Fabião, com quem falei a pedido de Melo Antunes, encorajando-o a formar governo, pareceu-me confuso e pusilânime. Sob esse aspecto, as notícias não eram assim tão más, porque a situação ia amadurecendo rapidamente.

A mesma extrema-esquerda de que temos vindo a falar conseguiu, porém, um feito, no final desse agosto quentíssimo: quando se criou a FUR — integrada pelo PRP, MES, FSP, MDP, LUAR, LCI, com o objetivo de apoiar o quinto governo de Vasco Gonçalves —, o PC, surpreendentemente, aderiu: Carlos Brito foi o principal interlocutor comunista para a entrada do PC nessa frente, numa seqüência de reuniões de duríssima negociação, ocorridas no Centro de Sociologia Militar. A FUR, para além de anunciar "a tomada de poder pelo proletariado", reivindicava "a dissolução da Assembléia Constituinte e um Governo de Unidade Revolucionária". A aliança entre o PC e a FUR durou apenas 48 horas, mas existiu. Encarou-a como uma aliança contranatura?

Dadas as circunstâncias, não era totalmente ilógico. Todas essas siglas citadas representavam forças políticas objetivamente aliadas: o PC necessitava da força e da loucura febril da extrema-esquerda, precisava da agitação que ela desencadeava, através dos seus vários grupos, como de uma ponta-de-lança para, posteriormente, eles, comunistas, ocuparem o terreno. Mas, desde o início, olhei essa aliança como algo de inconsistente. Por isso não me assustei com essa ameaça da tomada do poder pelo proletariado! Foi certamente uma iniciativa de alguns entusiastas, executada à revelia de Álvaro Cunhal que, supostamente, se encontraria no estrangeiro. E tanto assim é que, poucas horas depois, o PC abandonava a FUR. Não tenho dados objetivos, mas continuo a julgar ainda hoje que se tratou de algo feito à revelia de Cunhal! Ele sabia bem os estragos que uma tal aliança lhe faria no plano internacional. Quanto à FUR, com ou sem o PC, nunca lhe dei importância. A extrema-esquerda agitava-se desde muito tempo. Quando me chamavam a atenção para isso ou quando diante de mim as pessoas se mostravam preocupadas — Vasco Gonçalves tinha uma verdadeira obsessão contra os esquerdistas! —, dizia-lhes que se tratava de um epifenômeno sem grande importância. Quem nos devia preocupar era o PC: tratava-se de uma força estruturada, organizada e beneficiava de importantes apoios externos.

Mas o PC emitira alguns sinais que, aparentemente, iam contra o ar do tempo: num comício do Pavilhão dos Desportos, apelara de novo para a "unidade dos democratas numa frente antifascista". E, na sua célebre Conferência de Alhandra, o mesmo PCP pareceu disposto a deixar cair Vasco Gonçalves. Muito mais revelador, porém, foi o fato de os comunistas não desistirem de falar com o senhor: conhecedores da sua velha amizade por Octávio Pato, Álvaro Cunhal enviou-lhe, por mais de uma vez nesse verão, à sua casa, esse seu amigo. Que lhe dizia Octávio Pato?

Foi duas ou três vezes ao Campo Grande falar comigo, os comunistas sabiam que eu nunca lhe fecharia a porta. Telefonava-me e perguntava se poderia passar por lá. Chegava, sentava-se e conversávamos. Levava-me recados do Cunhal. Quando compreenderam que as coisas começaram a virar, quando a correlação de forças se alterou no seio da instituição militar, o PC pretendeu de novo criar pontes com o PS. Não fechar portas, não fossem as coisas correr mal... Tinham sempre em mente aquela velha idéia — que queriam agora de novo reavivar — do diálogo entre socialistas e comunistas. Mas a lógica e a posição do PS eram já radicalmente outras. O PC desejava um diálogo, desde que realizado como sempre o fora até aí. Historicamente, a relação dos comunistas com os socialistas foi sempre a busca da dominação. Nem o PS nem eu estávamos dispostos a ser dominados. Esses diálogos foram sempre muito firmes, quer da parte dele, quer da minha. Que tinha ele para me oferecer, naquelas circunstâncias? Por que haveria eu de aceitá-lo? Era a última coisa de que me lembraria. Mas ele insistia: "O processo revolucionário podia ganhar um novo *élan* se os socialistas e os comunistas se unissem..." Ora, naquela altura, esse processo revolucionário era para mim qualquer coisa que conduziria ao hegemonismo comunista e à chamada ditadura do proletariado... Não fazia qualquer sentido! Recusei sempre, mas interessava-me ouvir Octávio Pato, para medir a avaliação que faziam da situação. Os comunistas são sempre muito lineares...

Andando para a frente. O Dr. Soares acreditava na sua boa estrela, diz-me hoje que estava sereno, tinha a certeza da vitória. Mas agosto ardia no fogo revolucionário; o país dividia-se em manifestações da FUR e contramanifestações, realizadas pelos partidos democráticos; o quinto governo teria o seu epílogo no termo desse mesmo mês. E Costa Gomes nomearia Vasco Gonçalves chefe do Estado-Maior General das Forças Armadas. Numa palavra, continuava o combate entre as duas legitimidades: a democrática, conquistada pelo senhor, meses antes, nas urnas, e a revolucionária.

Ainda antes do final do quinto governo, o general Costa Gomes chamou-me um dia a Belém. Fiquei espantado! Respondi que só iria acompanhado por Salgado Zenha. Mas manifestei-lhe a minha estranheza por tal convite: no estado a que tudo havia chegado e sendo conhecida a posição do PS e a minha, que iria eu fazer a Belém? O general queria ouvir-me sobre a situação política. Desconfiei e lembro-me, até, de ter dito ao Zenha que tinha a impressão de que iríamos ser presos...

Dr. Soares, achou que ia ser preso nesse dia, no Palácio de Belém, pelo general Costa Gomes?

Pois claro que achei! Tomamos então algumas precauções, avisando os camaradas do Secretariado do PS de que, se não saíssemos ambos de Belém à hora do almoço, anunciassem esse fato às agências estrangeiras. Na sala, quando entramos, encontravam-se o presidente Costa Gomes e o almirante Pinheiro de Azevedo. Quem usou sempre da palavra foi o almirante. Costa Gomes manteve-se sempre mais ou menos silencioso. Ouvimos então Pinheiro de Azevedo dizer-nos que fora encarregue pelo presidente de formar um governo para substituir o de Vasco Gonçalves. E voltando-se para mim: "Quero dizer-lhe que nada percebo de política, sou um militar, sou pão-pão, queijo-queijo. Mas, como você é político, quero que seja meu vice-primeiro-ministro. Quero um governo onde haja muitos socialistas, alguns comunistas e um ou dois elementos do PPD. O resto não interessa. Mas desde já lhe digo que, se o PPD recusar, o governo far-se-á só com socialistas e comunistas." "E Vasco Gonçalves", interroguei, "que é ainda primeiro-ministro em exercício?" Pinheiro de Azevedo respondeu-me de chofre: "Vai para chefe do Estado-Maior General, até já está designado!" Fiquei atônito: "Então", respondi-lhe, "não aceito de modo algum! Não posso consentir na sovietização geral das Forças Armadas. O PS saiu do governo por causa do general Vasco Gonçalves, a nossa luta é contra ele e contra o que ele representa, o meu partido não aceita em caso algum esse convite." O almirante levantou-se, indignado. Disse-me, aos gritos, que sempre havia pensado que "eu não era de confiança". Chamou-me traidor à Revolução. Também me levantei. Iniciamos então uma discussão tremenda, aos berros, os dois, perante o silêncio total de Costa Gomes e de Zenha. Palavra puxa palavra, ouço Pinheiro de Azevedo dizer-me: "Você é um traidor, vou prendê-lo!" Virei-me para o Zenha e disse-lhe: "Eu não te dizia que era para isto que nos tinham convocado?" Expliquei aos meus interlocutores que nos podiam prender à vontade, tínhamos ambos tomado todas as precauções! Nessa altura, ouço o Zenha dizer numa voz quase inaudível: "Parece-me que o senhor almirante, para primeiro-ministro, não serve. Lá dizia o Mao Tsé-tung que quem não sabe ouvir não sabe governar." O almirante, subitamente, acalmou. Sentou-se, bateu-me numa perna e disse: "Ele é capaz de ter razão, vamos conversar com calma." Mas a conversa ficou por aí, num impasse, perante a nossa recusa em falar de um novo governo, caso se mantivesse a nomeação de Vasco Gonçalves para a mais alta chefia das Forças Armadas. Voltei para o PS e redigi uma nova carta a Costa Gomes, onde — cito de cor — lhe dizia parecer-me evidente que a superação da crise teria inevitavelmente de passar pela urgente clarificação da situação político-militar e que o poder civil, mais do que nunca, necessitava da força de um braço militar leal à democracia pluralista. Dias depois, voltaram a chamar-nos ao Palácio de Belém. O almirante estava atrapalhado: "Aqui o Costa Gomes disse-me que eu, há dias, cheguei a dar-lhe voz de prisão! Não tomou isso a sério, pois não?" "Claro que não, almirante", respondi eu, a rir. Depois informaram-nos que, após algumas consultas efetuadas nas Forças Armadas, se revelara impossível manter a nomeação de Vasco Gonçalves.

Costa Gomes voltaria, como até aí, a acumular o cargo com o de presidente da República.

Gostaria de insistir num ponto: nessa sua carta a Costa Gomes, referia a dado passo: "O PS pensa que a Revolução pode perder-se. Não é de momento a ditadura comunista que teme, ou a irresponsabilidade de certos esquerdistas, porque as sabe, uma e outra, inviáveis a médio prazo. É a contra-revolução." Pergunto: por que é que Mário Soares temia menos a "ditadura comunista", que parecia estar ali a dois passos, e mais "a contra-revolução"? Por temer que a primeira vingaria apenas no "curto prazo", e a outra, a contra-revolução, poderia instalar-se para ficar? Que o fazia afirmar isto?

Sempre acreditei, com efeito, que, se os comunistas podiam vencer em Lisboa, Setúbal e no Alentejo, seria seguramente uma vitória precária, porque não tinham condições para dominar o resto do país. Uma vitória transitória da aliança MFA-PCP criaria grandes reações em toda a Europa Ocidental e a URSS não poderia intervir, mesmo indiretamente. Pelo contrário, daria algum alento às forças de direita e fomentaria uma dinâmica anti-25 de Abril que só seria útil aos saudosistas do passado. Por isso o PS preconizou sempre "vencer a crise para salvar a Revolução", impedindo, do mesmo passo, a sua perversão totalitária. Foi o que acabou por acontecer: a Revolução democrática, pluralista e pluripartidária triunfou em toda a linha.

A não-manutenção de Vasco Gonçalves no cargo de chefe do Estado-Maior General das Forças Armadas só foi possível devido à atitude de Vasco Lourenço — um dos signatários do "Documento dos Nove" — numa célebre assembléia do MFA, ocorrida em Tancos, a 5 de setembro. Na véspera dessa assembléia, houvera uma reunião muito discreta, entre alguns militares comunistas e alguns oficiais esquerdistas, com a presença de Álvaro Cunhal. O objetivo era "apreciar a situação". Cunhal preocupou-se tanto com as contradições com que deparou ("estão minados de contradições!", terá dito) que o PCP emitiu a seguir um comunicado, apelando uma vez mais à unidade. Nada feito: Vasco Lourenço opôs-se violentamente a Vasco Gonçalves, enfrentando os oficiais mais radicais que mantinham o seu apoio ao general Vasco

Gonçalves. Melo Antunes ajudou, proferindo um discurso, também ele violentíssimo. Não só o general foi obrigado a resignar desse cargo, como esta assembléia — que ficaria conhecida como o "pronunciamento de Tancos" —, ao alterar profundamente a composição do Conselho da Revolução, deu uma inequívoca vitória à linha de Melo Antunes e dos seus companheiros dos "Nove". Abriu-se assim uma via, no seio da instituição militar, para que fosse possível caminhar-se para a constituição do sexto governo. Foi a partir daí que se forjou a idéia da necessidade de um plano militar, numa decisão coletivamente assumida por Eanes, Tomé Pinto e Garcia dos Santos. Foi só depois disso que nada mais foi deixado ao acaso. A César o que é de César.

Não nego a importância histórica do que chamou o "pronunciamento de Tancos", que acentuou as clivagens no seio do MFA, reforçando a ala moderada, nem a valentia de Vasco Lourenço, que é conhecida. O Grupo dos Nove e os oficiais citados — Eanes, Tomé Pinto e Garcia dos Santos —, além de outros, deram um contributo inestimável, que obviamente reconheço. Não obstante tudo isso, repito-lhe, o PS abandonou o quarto governo e forçou a sua queda. O quinto governo foi uma fuga para a frente, completamente insensata, que não teve um mínimo de base de apoio em nível nacional: foi um nado-morto. Foi em função desse fracasso — reconhecido por Costa Gomes e por Pinheiro de Azevedo — que fomos convidados, nas condições que lhe contei, para ajudar o primeiro-ministro indigitado — Pinheiro de Azevedo — a formar o sexto governo. Recusamos fazê-lo enquanto Vasco Gonçalves mantivesse qualquer responsabilidade e, designadamente, a de chefe de Estado-Maior General das Forças Armadas. Isso acabou por ser aceite. Doutra forma, não haveria sexto governo, porque, sem a participação socialista, não teria qualquer viabilidade.

Fale-me, então, da formação do VI Governo Provisório...

Quando compreendi que estava aberto o caminho para a constituição do sexto governo, limitei-me a dizer: "Nesse caso, vamos lá trabalhar para que o novo governo seja viável e sólido." Mas acrescentei uma condição: não ficar no governo e manter-me no partido. Vi-me obrigado a forçar a ida do Zenha para o Ministério das Finanças, dado que o nosso principal problema era, na altura, uma situação financeira próxima da bancarrota. Salgado Zenha estava hesitante e renitente, não conhecia bem as questões, preocupava-o a idéia de ser titular de um tal ministério. Sosseguei-o, dizendo-lhe que a sua tarefa incidiria sobre as decisões políticas, e lembrei-lhe que fora também esse o percurso de Afonso Costa: começara na Justiça e seguira para as Finanças... Zenha, contudo, não se deixou convencer facilmente. Insistia que não se sentia suficientemente preparado. Ajudei-o a formar uma excelente equipe, composta por Artur Santos Silva, António Sousa Gomes, Victor Constâncio e Henrique Medina Carreira, a que se juntaria também Sousa Franco. Mas o pior é que eles também estavam muito renitentes. Lembro-me de que foi precisa muita persuasão para os convencer. Recordo uma longa conversa que com eles mantive nesse sentido — e na presença do Zenha — no átrio do Hotel Altis. Prometi-lhes que iria ao estrangeiro tentar que nos dessem os apoios financeiros necessários e que, certamente, quer os americanos (com o presidente Carter), quer Helmut Schmidt nos ajudariam. Assim fiz e assim aconteceu. Mas a feitura deste sexto governo foi dificílima, verdadeiramente homérica: o PC não queria o PPD, e este não participaria se os comunistas tivessem assento no novo Executivo. O PS desempenhou um verdadeiro papel de charneira, negociando com os dois partidos que aceitavam sentar-se à mesma mesa do Conselho de Ministros, mas que, nas negociações prévias para decidir da composição do governo, não se falavam entre si! Eu mantive então reuniões separadas com os drs. Sá Carneiro e Álvaro Cunhal, em dois gabinetes que Costa Gomes pusera à minha disposição no Palácio de Belém. As negociações foram duríssimas, com muitas exigências de parte a parte. Um inferno!

E com Sá Carneiro, como foi? Sabe-se que, pelo menos até ao final do ano de 75, as relações entre ambos foram sempre delicadas, se não mesmo muito difíceis. Mário Soares tinha tendência a ignorar o PPD. Recordo que considerava até que as figuras da maçonaria que o tinham integrado eram, como dizia, "de terceira". E, sobretudo, que preferiu sempre dialogar com Rui Machete ou escolher Magalhães Mota para seu interlocutor. Sá Carneiro desconfiava do senhor?

Para lhe ser franco, julgo até que simpatizava comigo. E eu com ele. Mas, com ele, as negociações eram sempre duríssimas. Era um negociador exigente e difícil. Não era fácil convencê-lo do que quer que fosse, quando tinha uma idéia contrária na cabeça. De início, de resto, nada foi fácil: o PS representava um determinado espaço e não aceitávamos que Sá Carneiro e o PPD o quisessem permanentemente invadir. Mas não é exato que preferisse Magalhães Mota a Sá Carneiro. Apenas tive muito mais contato com ele porque, durante a ausência de Sá Carneiro, foi ele que assegurou a representação do PPD nos governos provisórios. Quanto a Rui Machete, só muito mais tarde, no IX Governo Constitucional, ganhei intimidade com ele.

Quando Francisco Sá Carneiro chegou a Portugal, em setembro de 75, regressado da sua longa convalescência em Londres, Victor Cunha Rego sugeriu a Mário Soares que se encontrasse a sós com o líder do PPD, com o objetivo de reatar a idéia de uma aliança entre os dois partidos. O encontro teve lugar nesse mesmo mês, num andar que na altura se encontrava desabitado, perto da Estrela. Mal Sá Carneiro entrou na sala, Mário Soares — que havia chegado primeiro — disse-lhe que o PS passara dificuldades e maus momentos, que a luta contra os comunistas ainda não estava ganha, que o combate fora — e se mantinha — difícil. Com alguma secura, Sá Carneiro limitou-se a dizer-lhe: "Mas, em parte, a culpa do que ocorreu foi sua. Contemporizou até demasiado tarde com os comunistas e com a revolução!" O encontro foi totalmente inconclusivo, durou apenas 11 minutos e nenhum dos dois líderes se sentou sequer. Mas, já depois de Sá Carneiro ter partido, Mário Soares virou-se para Cunha Rego e exclamou: "Sabe o pior de tudo isto? É que você concorda com ele!"

Não me lembro se nos sentamos ou não, é possível que sim. Recordo que Sá Carneiro, nessa altura, tinha um certo complexo de culpa por não ter estado cá nos piores momentos do embate com os comunistas. Depois, isso esbateu-se. Voltei a falar com Sá Carneiro duas ou três vezes. Retive, desse período, que não era um interlocutor nada fácil. Depois do 25 de novembro, viemos a entender-nos melhor.

Um negociador difícil, mas sobretudo um político que o constrangia e irritava.

De certo modo, talvez. Tinha aquele modo cortante e assomadiço de colocar as questões que me irritava um pouco, parecia que se estava sempre a pôr na ponta dos pés, reivindicava tudo, era agressivo e hostil. Além disso, na época, o PPD era, repito-lhe, um partido fraco, que não estivera na primeira linha da resistência. As suas fileiras, salvo honrosas exceções, eram constituídas por gente sem passado político ou vinda do antigamente!

Relembro-lhe que, por essa altura, o Norte do país — onde o PPD beneficiava de grande implantação, conforme demonstravam os votos obtidos nas eleições de abril de 75 — havia já reagido para essa mesma resistência. Recordo-lhe que, a partir do momentos em que regressou à atividade política, Sá Carneiro se desdobrou em comícios, manifestações, intervenções, entrevistas. Mas, antes dele, o PPD levara também a cabo diversas outras manifestações e fizera já ouvir a sua voz. E recordo-lhe ainda que Francisco Balsemão, fundador do PPD, obtivera uma esmagadora vitória sobre Abranches Ferrão nas eleições para a presidência do Automóvel Clube de Portugal, ocorridas em julho de 74. Ou seja, numa palavra, o PPD tinha expressão, manifestava-se, existia.

Não o nego. Escusa de pôr tanto ardor na defesa do PPD! Mas a posição do PS e a minha própria eram muito mais sólidas e incomparavelmente mais firmes junto dos militares, do povo português e no seio do próprio governo. O PPD existiria, mas era fraco. Sá Carneiro queria afirmar-se a todo o custo, sem ter, na altura — como mais tarde veio a ter — condições objetivas para isso. E mais: o PS beneficiava já, na altura, de um grande reconhecimento internacional, e o PPD não tinha nenhum. Não deixava no entanto — reconheço-o — de ser o segundo partido!

Mas — quando lhe foi preciso, ao senhor — não hesitou em surgir ao lado de Sá Carneiro, em diversas manifestações de apoio ao sexto governo! Grandes comícios onde, curiosamente, o PCP nunca estava. Cito apenas o de Lisboa, ocorrido em finais de setembro. Uma no cravo, outra na ferradura?

Se as manifestações foram organizadas pelo PS e pelo PPD conjuntamente, para libertar Pinheiro de Azevedo — e o sexto governo — das pressões comunistas, que todos os dias se faziam sentir, como queria que o PC estivesse? E como poderia não estar o PPD, co-responsável por elas?

Melo Antunes, em 1995, recordou-me um fato interessante: quando começou aquilo a que chama "resistência", quando se iniciaram, no começo do verão, as conversações entre o PS e os militares afetos aos "Nove", Melo Antunes lembra-se também de falar nessa altura — por mais de uma vez — com Joaquim Magalhães Mota e Júlio Castro Caldas, este último responsável pela segurança do partido. E recorda-se ainda de perceber, ao longo desses diálogos, que o PPD estava, na Revolução, indiscutivelmente do lado da democracia pluralista.

Mas disso eu não tenho a menor dúvida. Como, aliás, o CDS. Nunca tive dúvidas que quer o PPD, quer o CDS queriam a democracia pluralista. Mas repito-lhe: para além de gente boa como Sá Carneiro, Magalhães Mota, Pinto Balsemão, Carlos Mota Pinto, Alfredo de Sousa, Miguel Veiga, Sousa Franco, Castro Caldas, Jorge Sá Borges, para só citar os que mais facilmente me ocorrem, e doutra que eu conhecia já da velha oposição — Cunha Leal, Rodrigues dos Santos, Emídio Guerreiro, Artur de Andrade, Santos Silva (pai) etc. —, quem engrossou o PPD, um pouco por toda a parte, foi gente do antigo regime.

O que quer significar com isso? Refere-se a quem?

A imensos quadros médios da província, principalmente no Centro e no Norte do país.

XXV.

Os Apoios Externos

Vamos voltar um pouco atrás. No fim do mês de julho, viajara ao Norte da Europa para participar numa reunião de cúpula de partidos socialistas e socialdemocratas da Europa Ocidental. Sabe-se que os alemães o ajudaram financeiramente — através da Fundação Ebert — na sua campanha eleitoral. Refiro-me agora ao apoio político.
Olhando hoje para trás, ressaltam de forma muito clara os apoios internacionais com que contou dos seus amigos da Internacional Socialista na sua luta pela democracia. Vale a pena falarmos nisso. Comecemos por Estocolmo.

Nessa reunião de Estocolmo, que se seguiu ao Acordo de Helsinque, toda a socialdemocracia européia, com a presença de vários primeiros-ministros, criou um comitê de apoio à democracia portuguesa, que dirigiu uma séria advertência aos soviéticos.

E decidiu, é verdade, apoiar a fundo o PS! No plano político-diplomático e também no que se refere à preparação de quadros. Quanto aos apoios para a campanha, é exato que houve apoios do SPD, mas os liberais e os cristãodemocratas também apoiaram os seus partidos homólogos, PPD e CDS, para não falar dos apoios da Alemanha Oriental ao PCP.

A maior parte dos seus amigos vieram a Portugal, por diversas vezes, entre 74 e 75. Mas, no início de 75, Manuel Alegre viajou a Paris, para alertar a direção dos socialistas franceses de que o PS se propunha "cortar com os comunistas" e dar-lhes conta da situação política que se vivia em Portugal. Manuel Alegre foi recebido por Lionel Jospin e, depois, pelo próprio François Mitterrand. Por que é que Mário Soares teve de avisar Mitterrand de que ia cortar com os comunistas?

Não tinha nenhuma obrigação de o fazer. Foi um gesto de cortesia para com um partido irmão, o PSF, que nessa altura tinha um "programa comum" com o PCF. Foi, aliás, sensato e importante fazê-lo, pois que, mais tarde, houve uma corrente no PSF — o CERES —, que nunca compreendeu a nossa estratégia, nem realmente o que estava a jogar-se em Portugal, e nos atacou publicamente. François Mitterrand — como aliás Lionel Jospin — sempre esteve solidariamente ao nosso lado, o que pesou na esquerda européia.

Nas suas *Memórias*, publicadas em 1989, Willy Brandt, depois de referir que "no outono de 74 teve ocasião de ver em Lisboa como os cravos começavam a murchar" e como "a direção do PC tentava tomar o poder e pôr fim à recém-conquistada democracia", escreve: "Como os meus companheiros ideológicos apelavam para mim de forma angustiante e como eu próprio estava alarmado pelas informações que tinha, considerava preocupante a situação portuguesa." E depois: "No princípio do verão de 75, viajei pessoalmente a Moscou para advertir Brejnev das conseqüências que teria uma avaliação errada da situação no Sul da Europa. Entreguei-lhe uma carta de Mário Soares e tentei descrever-lhe o grave que seria para as relações Leste-Oeste que a direção soviética julgasse poder pôr o pé no ocidente da Península Ibérica." Que dizia Mário Soares na carta que escreveu a Brejnev?

O que disse sempre: que o PS era a favor da Revolução dos Cravos e que lutava por um projeto de democracia pluralista avançada no plano social e cultural. Mas que nunca aceitaríamos qualquer tipo de democracia popular e que, se esse fosse o objetivo do PCP, como temíamos que fosse, o combateríamos por todos os meios ao nosso alcance e o denunciaríamos internacionalmente, com os apoios da Internacional Socialista, a que pertencíamos.

Para além de Willy Brandt, também Mitterrand dialogou com Brejnev, em Moscou, antes do início da Conferência de Helsinque. Esse diálogo foi previamente articulado com o senhor?

Foi e não foi. Eu explico-lhe: Mitterrand conhecia bem o que eu pensava e as condições da luta que então se travava em Portugal. Conhecia as pessoas, de todos os quadrantes, os meios em presença, as divisões no seio dos militares e, sobretudo, a nossa determinação. Quando esteve com Brejnev, no quadro de uma visita que fez à então URSS, como primeiro-secretário do PSF, resolveu alertar o Partido Comunista da União Soviética para os perigos de uma guerra civil em Portugal, que, a dar-se, bloquearia toda a esquerda européia e poria em causa os Acordos de Helsinque. Não me disse previamente que abordaria este ponto, mas informou-me *a posteriori* das reações de Brejnev, que de nenhuma maneira defendeu o Partido Comunista Português...

Não foram apenas os seus amigos europeus que colaboraram com o senhor em 75. Ainda a propósito da ameaça comunista em Portugal, escreve Willy Brandt: "Pedi aos presidentes do México e da Venezuela que enviassem uma mensagem a Brejnev. Fizeram-no logo em seguida e com gosto, pois, para eles, a perspectiva de que pudesse vir a ocorrer o mesmo em Espanha tinha um peso especial." A quem recorreu mais?

Por mim, não recorri a ninguém. Mas sabia ter muitos aliados objetivos, não só na Europa, como no resto do mundo. Mesmo em partidos comunistas europeus, como o italiano ou o espanhol. Na América Latina, em grande parte submetida a ditaduras militares de direita, a nossa derrota seria a completa tragédia: bloquearia as transições para a democracia por algumas décadas. Vou contar-lhe mais uma história. Um dia, no início dos anos 80, no Egito, viajei num barco no Nilo. Encontrei aí um pequeno grupo de turistas que pareciam vir de um país de Leste. Eram, como depois soube, polacos. Um deles reconheceu-me e veio falar-me, num francês escorreito. Certificou-se se eu era de fato quem ele julgava. Disse-lhe que sim. Embora um pouco a medo, abraçou-me, comovido, e disse-me que eu era para ele — como para muitos dos seus compatriotas — um herói. Espantado, perguntei-lhe por quê. Respondeu-me: "A televisão polaca todos os dias o apresenta como o inimigo por excelência da Revolução e entoa loas a Cunhal. Percebemos que você é contra o sistema comunista e que o evitou em Portugal. Por isso o admiramos..." A Revolução portuguesa teve um alcance mundial. E a luta do PS também. Por isso não era sequer preciso solicitar apoios internacionais: eles surgiam, espontâneos, de toda a parte, por interesse próprio, e, às vezes, foram os mais inesperados.

Que queriam os soviéticos? Abençoar a tomada de poder pelo PC em Portugal? Fazer duplo jogo?

Acho que os soviéticos tiveram, quanto a Portugal, duas políticas: a do Estado, que, confessadamente, era de não-intervenção; e a do partido, solidário sempre com o PCP, um filho querido e servidor. Limitaram-se a deixar "deitar o barro à parede", a ver se pegava. Como não pegou — e o PCP recuou —, tudo bem, prosseguiram na sua política de Estado...

Em agosto de 75, realizou-se a Conferência de Helsinque. A eventual dissociação — por parte dos governos representados na Internacional Socialista — dessa conferência foi utilizada pelos seus amigos da IS como uma ameaça perante Brejnev?

Foi, de uma maneira formal e categórica. Todos o fizeram. Os que estavam no governo: James Callaghan, Helmut Schmidt, Olof Palme, Bruno Kreisky e outros. E os que estavam na oposição, como François Mitterrand. Muitas outras personalidades, de resto, dos mundos cultural, universitário, político e religioso. Mas não creio, finalmente, que fosse isso o que decidisse o destino da nossa Revolução: foi a vontade determinada do povo português. Os apoios internacionais ajudaram a neutralizar a URSS, quando se convenceu que o PCP não conseguiria nunca chegar ao poder por via pacífica...

Seja. Mas a vitória da democracia teria sido possível sem este auxílio internacional? Que importância teve, afinal, esta dimensão externa no êxito da Revolução portuguesa?

Já lhe respondi: penso que foi a determinação do povo português que impôs em Portugal uma via democrática e pluralista, através de um muito amplo movimento de massas, liderado pelo PS. Os apoios externos ajudaram muito: mostraram ao PCP, ao contrário do que inicialmente pensaria, que um passo mais em direção ao abismo os arrastaria sem remissão para um desastre fatal. Por isso recuaram a tempo — mas *in extremis* —, honra lhes seja...

XXVI.

O 25 de Novembro

Voltemos a Portugal. 6 de novembro foi também uma data que ficou célebre. A seguir ao jantar, Mário Soares e Álvaro Cunhal ocuparam a tela da televisão. Durante quase quatro horas, o país assistirá ao primeiro grande debate político da história da democracia portuguesa. No dia seguinte, ninguém teve dúvidas: Mário Soares ganhara o confronto. Como se preparou para ele?

É verdade que esse debate assinalou uma viragem. Até aí, Álvaro Cunhal infundia aos jornalistas, e julgo que à grande maioria dos portugueses, uma espécie de temor reverencial. E, nesse dia, pela primeira vez desde o 25 de Abril, chegou à casa de todos os portugueses a imagem de um político que interpelava Cunhal com à-vontade e segurança, enfrentando-o, dizendo-lhe, inclusivamente, o que pensava dele e, simultaneamente, denunciando, com argumentos tão claros quanto pesados, a estratégia comunista. Preocupei-me muito com esse debate. Era decisivo. Pensei longamente na maneira como o abordar. Mas preparei-o sozinho, debatendo comigo próprio a melhor forma de agir, tanto no plano formal como político. Recordo que a minha primeira linha de ataque se baseou no conhecimento que tinha da personalidade de Cunhal: um militante habituado aos chavões ideológicos, frio, ultracontrolado, racionalista, incapaz de se deixar arrastar pelos humores de momento ou pelas emoções que acaso tentasse provocar-lhe. Sabia que ele estava ali para despejar a *cassette* — os pontos da mensagem que tinha preparado —, com uma compostura que era a que tinha programada e que, portanto, não responderia às minhas "provocações" ou aos meus desafios, fossem eles quais fossem. Por isso resolvi atacá-lo sem contemplações, dizendo-lhe cara a cara, frontalmente, tudo o que eu próprio — e também os portugueses seus adversários — pensavam, sentiam e tinham para lhe dizer. Foi assim que, nessa noite, ganhei e tive ao meu lado, ativamente, toda a população portuguesa não-comunista ou simpatizante. Definida a estratégia, fiquei à vontade. A situação do país era crítica. Conhecia bem os receios, as angústias e as preocupações das pessoas simples — dos jovens, dos idosos, dos trabalhadores, dos empresários, dos intelectuais, dos funcionários, mulheres e homens. Bastou-me deixar falar a inteligência e o coração, dizendo alto e bom som aquilo que uma boa maioria já pensava, mas não ousava ainda dizer. Sabia que Cunhal nunca diria nada sem antes pesar e medir as conseqüências. Não lhe deixei tempo para isso: limitou-se, pois, a repetir os *slogans* que trazia preparados... Enquanto ele foi, para mim, um adversário totalmente previsível, eu fui, para ele, um adversário imprevisível. Nunca esperou que o atacasse de uma forma tão direta, pondo os pontos nos ii e chamando os bois pelo nome. Por isso reagiu na defensiva: "Olhe que não, olhe que não", "Está a deturpar as posições do meu partido", "Não é bem assim, não é essa a nossa idéia"... Não passou disto, numa forma contida e cordata, como tinha seguramente programado. Durante esse dia, estive toda a manhã ocupado na sede do PS, com várias questões partidárias. Ao almoço, como o Victor Cunha Rego se mostrasse muito preocupado com o debate, convidei-o a vir para minha casa, para fazermos uma espécie de sabatina. Dissuadiu-me: "O melhor que você tem a fazer é ir para casa e dormir." Assim fiz. Deitei-me por volta das cinco horas. Dormi. E tomei depois, ao fim da tarde, um banho quente — coisa que faço rarissimamente! — e fui para a televisão, bem disposto e determinado.

No decurso do próprio debate, apercebeu-se de que estava a ganhá-lo?

Absolutamente. Álvaro Cunhal esteve sempre na defensiva; eu, sempre ao ataque. Mas, se tivesse dúvidas, tê-las-ia perdido: à saída do estúdio, havia uma imensa multidão, entusiasmadíssima, agitando bandeiras, que me obrigou, depois, a segui-la até à sede do PS na Rua da Emenda.

Nessa noite houve outras razões de preocupação...

É exato. O ministro Almeida Santos foi seqüestrado no Palácio Foz, sede do seu ministério, por uma manifestação de esquerdistas conduzidos por Isabel do Carmo e Carlos Antunes, empurrando Otelo Saraiva de Carvalho a "assumir as suas responsabilidades". Almeida Santos contou-me isso com muita graça. Otelo estava hesitante e os manifestantes pretendiam conduzi-lo para Belém, onde julgavam que seria fácil proclamar o advento do "poder popular". O presidente Costa Gomes estava no estrangeiro e era seu substituto o almirante Pinheiro de Azevedo. Depois de muitas peripécias, abandonaram Almeida Santos à sua sorte e dirigiram-se a Belém. Mas o "almirante sem medo", prevenido por telefone por Almeida Santos — este fora deixado sozinho no seu gabinete do Palácio do Foz rodeado por telefones! —, recebeu-os com uma palavra vernácula e desarmou-os, apresentando-lhes as armas de S. Francisco...

O almirante Rosa Coutinho — num plenário de trabalhadores da CUF — considerou verosímil compará-lo a Hitler e a Mussolini.

Não sei se foi tão longe... Mas, por essa época, mimoseou-me com algumas amabilidades desse tipo. Falei com ele várias vezes, quando o almirante dirigia um serviço instalado na Rua Castilho. Fui lá a seu pedido, por sua convocação, e manifestei-lhe sempre a minha preocupação pelo que então ocorria em Angola e, claro, também em Portugal. Lembro-me de que o Jorge Campinos me dizia sempre: "Este homem é muito inteligente e, por isso mesmo, é um adversário perigosíssimo." Nunca achei que fosse assim tanto, mas, falando com ele, tomava um pouco o pulso à situação e procurava compreender melhor as intenções do poder militar, para lá das aparências. Rosa Coutinho tentava sempre persuadir-me a que tivesse uma posição mais "revolucionária". Pretendia convencer-me de que a posição do PS se devia aproximar mais da do PCP. No fundo, julgo, tentava amedrontar-me, de modo a fazer-me alterar a minha visão sobre os acontecimentos e a linha estratégica do PS. Nunca foram encontros fáceis. Guardo até a impressão de que ele se propunha proceder a investigações sobre o grau de "revolucionarismo" do PS e do meu próprio, usando por vezes de um tom entre o conselho e a ameaça velada, totalmente deslocado.

Falava com o almirante sobre Angola. Preocupava-o agora mais? Afligiam-no as condições em que iria ocorrer a independência prevista para breve?

Como já lhe disse, a minha primeira prioridade era evitar que se consumasse em Portugal a perversão totalitária da Revolução de Abril, que tornaria impossível a consolidação de uma democracia pluralista, à européia. Mas, obviamente, a sorte de Angola sempre me interessou, embora reconhecendo que, nesse tempo, as possibilidades que eu tinha de poder intervir, de forma positiva, eram praticamente nulas.

É neste mesmo mês de novembro que o clima chega ao rubro. O Estado desintegrava-se, Lisboa continuava palco de manifestações e contramanifestações — cito duas: a do Terreiro do Paço, a 9 de novembro, de apoio ao sexto governo, promovida pelo PS e pelo PPD; a da cintura industrial, de apoio ao "poder popular", realizada a 16 e apoiada por toda a extrema-esquerda. O emissor da Rádio Renascença — ocupado por elementos radicais da extrema-esquerda — havia sido destruído à bomba por ordem de Pinheiro de Azevedo; os SUV haviam já entrado em cena, embora escapando ao controle e à vontade do PCP. E, a 12, dera-se o seqüestro dos deputados na Assembléia Constituinte, com o cerco ao Parlamento, bem como o seqüestro do próprio primeiro-ministro, em S. Bento, realizado sob um mero pretexto salarial que não lhe passou, ao senhor, despercebido. Num artigo escrito em 19 de novembro para o *Portugal Socialista*, Mário Soares interrogava: "Que se pretendia obter com a agitação desencadeada contra o sexto governo, a pretexto de um problema de tabelas salariais de trabalhadores da construção civil, senão aproveitar a energia reivindicativa dos trabalhadores para exercer uma chantagem sobre o governo e o Conselho da Revolução?"

É exato, nessa época o poder estava em plena desagregação e era influenciado pelas manifestações de rua, de sinal contrário, que ocorriam, principalmente, em Lisboa e no Porto. O Norte estava em fúria contra a agitação comunista e o Alentejo — bem como a península de Setúbal — praticamente dominados pelo "poder comunista", que se manifestava pelas ocupações das herdades, a que se chamou "reforma agrária". Os SUVs foram mais um degrau na escalada revolucionária e uma óbvia tentativa de sovietização do Exército, que precederia naturalmente a destruição da instituição militar, para sobre ela edificar um outro poder. O ambiente toldava-se cada dia mais. Comecei a admitir que Lisboa pudesse ser igualmente dominada, embora sem nunca acreditar que o país, como um todo, pudesse vir a ser controlado pela aliança MFA/PCP. Nisso, nunca acreditei. Foi nessa altura que surgiu a idéia de reunir o Parlamento no Porto. Mas, antes disso, falemos do cerco a S. Bento. Foi algo de insólito, que jamais esquecerei. Nesse dia pronunciei o meu primeiro discurso no hemiciclo de S. Bento. Quando abandonei os governos provisórios — que até aí me haviam impedido de me sentar na bancada socialista —, tomei o meu lugar de deputado na Assembléia da República. Para esse dia, precisamente, estava agendado um discurso meu sobre Angola que, horas antes, celebrara a sua independência. Quando estava no uso da palavra, alguém me fez chegar um papelinho com umas palavras escritas pelo Jaime Gama: "Acabe o mais depressa possível, o Parlamento está quase cercado." Inventei um fecho para o discurso e terminei. Porém, em vez de me dirigir ao meu lugar, fui à janela do salão nobre — com o Manuel Alegre e o Jaime Gama — e, como possuo uma larga experiência de manifestações, visto que desde os 17 anos as organizo e tenho o hábito de fugir à polícia, compreendi que iam mesmo cercar o edifício. A única coisa a fazer era sair pelo jardim que dá para a residência do primeiro-ministro. Com o Manuel Alegre, comecei a correr, atravessamos o jardim de trás, subimos à residência de S. Bento e saímos pelo portão do palácio do primeiro-ministro. Nesse momento, já os manifestantes se apressavam a fazer a curva e a entrar na Rua da Imprensa à Estrela. Milagrosamente, surgiu um táxi que nos levou à sede do PS na Rua da Emenda. O Gama, com aquele sentido pachorrento, quando nos viu começar a correr, disse-nos para irmos "andando". Acabou por já não sair! No PS, falei telefonicamente com o primeiro-ministro. Pinheiro de Azevedo, aparentemente tranqüilo, disse-me ter chamado os fuzileiros que, depois, como se verificou, não compareceram. Apelou a outras unidades: nenhuma respondeu. O nervosismo começou a crescer. Pinheiro de Azevedo, à medida que o tempo ia passando, começou a ficar muito inquieto, com vários ministros bloqueados na sua residência. Apelei a Costa Gomes, com quem contatei por diversas vezes. Manifestava-se incapaz de agir. Dizia-me que "não tinha forças suficientes". Jaime Neves, para intervir, pusera como condição autorizarem-no a "limpar tudo". Na sua perspectiva, tratava-se de "começar por S. Bento e terminar na RTP e nas redações dos jornais", condição que nem o presidente Costa Gomes nem o Conselho da Revolução se dispunham a aceitar. Foi, finalmente, através de negociações complexas e com a cedência do primeiro-ministro a algumas das reivindicações salariais, colocadas pelos manifestantes, que a ordem se repôs. A partir desta experiência traumática — e das imagens transmitidas, a que o país, atônito, assistiu — comecei a encarar, com seriedade, a idéia que, entretanto, começara a germinar, da necessidade de a Assembléia se deslocar para o Porto. Entendia-se que era de lá que se poderia organizar uma resistência articulada e bem estruturada. Mas abandonar Lisboa, onde reinavam a agitação permanente, a desordem e o caos, era consagrar a divisão do país e caminhar a passos largos para uma confrontação violenta. De um lado, Lisboa, Setúbal e parte do Alentejo; do outro, o resto do país — com fronteira em Rio Maior —, o Algarve e as Ilhas Atlânticas.

Diz-me que começou a circular a idéia de separar politicamente o país em dois, com a transferência para a capital do Norte dos líderes partidários, do Parlamento e da maioria dos deputados. Mas fez-se mais: as divisas do Banco de Portugal também viajaram para o Porto — repartidas entre notas e ouro —, por deliberação do seu Conselho de Administração e numa ação concertada com o major Eanes. No entanto, Mário Soares nunca terá estado totalmente convencido da bondade desta "divisão"...

É um fato. Era uma hipótese que só *in extremis* considerei. Nunca fui entusiasta de reunir a Assembléia no Norte. O gesto equivaleria a dividir o país em dois, também no plano político, excluindo a extrema-esqueda e os comunistas do processo em curso. Os "bons" iriam para o Porto, os "maus" ficariam acantonados no Sul. Não! Se era necessário combater os comunistas e a extrema-esquerda, para salvar a Revolução e evitar o caos, não desejava — nem concordava — que fossem metidos num beco sem saída ou excluídos do processo. Isso desencadearia uma dinâmica incontida da extrema-direita de enorme gravidade. O que eu queria era vencer os comunistas num combate em que eles perdessem as veleidades de tomar o poder, mas nunca aproveitar este confronto para os empurrar de novo para a clandestinidade. Fazê-lo, teria sido provocar uma crise da qual não se afigurava possível a sobrevivência da democracia pluralista em Portugal.

Mas quando, oito dias antes do dia 25 de novembro, Lisboa se afogava nos rumores de que estaria iminente a instalação de uma "comuna", Mário Soares viajou para o Porto, o mesmo fazendo, de resto, os líderes do PPD e do CDS.

Fui ao Porto, por diversas vezes, nessa altura, efetuar múltiplos contatos políticos e mesmo com as autoridades militares da Região Norte, cujo comandante era Pires Veloso, um amigo, bem determinado por sinal. Mas regressava sempre a Lisboa. Considerava que, enquanto não houvesse fatos concretos, em absoluto impeditivos, não devia permanecer fora de Lisboa. Só fui para o Porto, preparado para tudo — e, portanto, também para ficar —, na própria noite de 25 de novembro, onde cheguei cerca da uma da manhã de 26. Fui diretamente para o Quartel-General da Região Militar Norte, onde se encontravam Pires Veloso e Lemos Ferreira. Este tinha trazido para Cortegaça todos os aviões disponíveis...

Essas diversas viagens, esses contatos, numa palavra, o que iam fazendo era sempre articulado com as direções do PPD e do CDS?

Não! Repito-lhe que o PPD e o CDS contavam muito pouco, nessa época. O PS estava concertado com os militares e com alguns serviços estrangeiros que sabíamos que nos apoiariam em caso de necessidade, especialmente os serviços secretos britânicos. Como conta o Prof. Freitas do Amaral nas suas *Memórias*, quem preveniu o CDS para se deslocar para o Porto fui eu. O mesmo fiz com o PPD.

Pelo contrário, julgo saber que houve, nessa altura, alguns contatos entre Magalhães Mota, do PPD, e Edmundo Pedro, do PS, por exemplo. Como houve, também, entre Júlio Castro Caldas e Manuel Alegre.

É perfeitamente natural que isso tivesse acontecido. Ao nível da Assembléia Constituinte e mesmo entre os dirigentes partidários, os contatos eram múltiplos e, por assim dizer, diários. Mas propriamente na conspiração com os militares, que se opunham ao golpe esquerdista e comunista, não creio que elementos do PPD e do CDS, como tais, tenham participado.

Entre os primeiros boatos de que Lisboa iria ser cercada — no fim de semana de 16 de novembro — e o dia 25 de novembro, Mário Soares esteve ainda na origem de uma decisão política inusitada: a greve do sexto governo. Que achava que iria lograr com este expediente? Forçar Costa Go-

mes a tomar, de uma vez por todas, a dianteira dos acontecimentos?

A idéia nasceu também no restaurante Chocalho, onde eu continuava a encontrar-me com os oficiais do Grupo dos Nove. Desde que se haviam aproximado de nós, nunca deixei de os ver e de falar com eles. Dada a situação de total impasse político em que se encontrava o país, surgiu a idéia de que o governo, como forma de protesto — e para alertar a opinião pública —, entrasse em greve. No final desse almoço, comprometi-me a falar imediatamente aos ministros socialistas e alguns militares foram de imediato procurar Pinheiro de Azevedo. Dirigi-me ao Ministério das Finanças. Recordo-me que o Zenha ficou perplexo com a idéia! Disse-me que a achava insólita e algo despropositada. Respondi-lhe com o argumento de que me parecia excelente criar um choque na opinião pública. No seu gabinete do Ministério das Finanças, no Terreiro do Paço, reunimos os ministros socialistas e, depois, os outros — independentes e mesmo do PPD. Quando deles recebi o apoio necessário, dirigi-me a S. Bento e falei pessoalmente com Pinheiro de Azevedo, o qual, já ao corrente da nossa idéia, se mostrou totalmente disponível para a apoiar. Era natural: naquela fase, mostrava-se pronto para tudo. Pinheiro de Azevedo, quando dias antes ficara seqüestrado em S. Bento, soltara o célebre desabafo de que "o chateava ser seqüestrado!", mimoseando os manifestantes com a palavra de Cambronne...

Reportemo-nos agora ao essencial, isto é, à contestação que entretanto começava a germinar à roda de Otelo Saraiva de Carvalho. Posto diretamente em causa pelas principais unidades da Região Militar de Lisboa, com o argumento de que fora incapaz de solucionar os seqüestros ao Parlamento e ao primeiro-ministro, originar-se-á outra crise no Conselho da Revolução e na própria Região Militar da capital. O PCP e a FUR reagem e nova manifestação unitária rumará a Belém. Quase em simultâneo, o governo concretizava a sua referida greve. Politicamente, porém, essencial foi a troca de Otelo por Vasco Lourenço no comando da Região Militar de Lisboa: uma substituição no termo de três dias de tensas trocas de comunicados, de reuniões e ameaças disparadas entre a FUR e o Grupo dos Nove. Amparado e fortificado por esta vitória, o PS — e também o PPD — levará a cabo inúmeros comícios em quase todas as capitais de distrito,

enfrentando diretamente Costa Gomes e exigindo-lhe que cumprisse com as suas responsabilidades. Estes comícios ocupam de tal modo o país que, praticamente, passará despercebido o juramento de bandeira revolucionário ocorrido no Ralis, nesse mesmo fim de semana de 22 de novembro. E, entretanto, o Copcon distribuía milhares de armas a milhares de civis, da FUR...

O juramento de bandeira, de punho cerrado no ar, não passou nada despercebido. Foi retransmitido pela televisão e impressionou o país inteiro. As pessoas compreenderam que estávamos à beira do irreparável. Mas o mais extraordinário foi que a cerimônia decorreu perante o olhar impassível do então chefe do Estado-Maior do Exército, Carlos Fabião, sem qualquer reação conhecida do presidente da República, Costa Gomes, então, igualmente, chefe do Estado-Maior das Forças Armadas. Quanto à troca de Otelo por Vasco Lourenço, dir-lhe-ei que foi extremamente importante, se não mesmo decisiva. Vasco Lourenço, quanto a mim, no plano estritamente militar, era o mais determinado dos elementos do Grupo dos Nove.

Também nas vésperas do dia 25 de novembro ocorreu um fato que ainda hoje permanece intrigante: em plena efervescência política e militar, Costa Gomes chamou de novo Mário Soares ao Palácio de Belém. Motivo: convencer Mário Soares e o PS a conversar com os dirigentes comunistas, com o objetivo de obter a solução da crise. E, segundo creio, Costa Gomes terá mesmo afirmado que "não haveria outra possibilidade senão um governo PS-PC". Ao longo de três horas, Mário Soares disse a tudo que não. E pôs o PS nas ruas de todas as capitais de distrito em fortíssimas manifestações populares, que culminariam no Porto e em Lisboa, com a direção do partido desdobrando-se em múltiplas intervenções. Que queria, de fato, Costa Gomes? Agiu, na sua opinião, a pedido do PCP? Sabe-se que o PC, ao longo de todo o "Prec", nunca quis opor-se a Costa Gomes. A inversa era também verdadeira? Que pode Mário Soares acrescentar, hoje, àquele estranho pedido?

Não tenho por hábito mover processos de intenção a ninguém. Realmente, nessa fase, as posições de Costa Gomes foram demasiado ambíguas. Procuraria ganhar tempo? Terá sido excessivamente timorato perante o poder demonstrado pelo PC? Não lhe sei, em consciência, responder. Nessa fase, as relações entre o PS e Costa Gomes não eram nada boas. No país, havia uma desconfiança generalizada relativamente a Costa Gomes. Ele sabia, creio, que estávamos à beira da guerra civil e terá manobrado no sentido de a procurar evitar. Algumas das suas hesitações e mesmo tergiversações poderão, talvez, explicar-se assim. É uma hipótese benigna e provável. Mas não estou absolutamente seguro que corresponda à realidade.

Chegamos ao dia. É conhecido o teor do relatório preliminar sobre o dia 25 de novembro de 75. Posteriormente, a publicação de alguns livros jorrou mais alguma luz sobre esses acontecimentos. Resumamos, no entanto, o essencial dessas horas: Melo Antunes, numa entrevista a um semanário francês, avisara que "era tempo que o Grupo dos Nove retomasse a ofensiva política". Vasco Lourenço fora confirmado pelo Conselho da Revolução no cargo de comandante da Região Militar de Lisboa. Em Rio Maior, trinta mil agricultores, com o pretexto oportuno de uma reivindicação salarial, bloqueavam as estradas, cortando o acesso a Lisboa. E, já na madrugada de 24 para 25, os pára-quedistas de Tancos ocupavam algumas bases aéreas — Montijo, Ota, Monte Real —, fazendo prisioneiro o general Pinho Freire, em Monsanto, base da qual era comandante. Simultaneamente, o Ralis avançara sobre os acessos à auto-estrada do Norte e ao aeroporto de Lisboa, enquanto a Escola Prática de Administração Militar ocupava os estúdios da televisão, na capital. Tudo se precipitara. Qual é hoje, antes do mais, a história de Mário Soares? Que versão é a sua?

Não difere do que é conhecido e que coincide com os pressupostos da sua pergunta. Houve uma tentativa de golpe, animado pela esquerda militar e pelo PCP, e uma resposta ou, se quiser, contragolpe da parte do setor democrático, isto é, militares moderados, Grupo dos Nove e PS, liderando um amplo movimento da sociedade civil. Algures na madrugada de 25 para 26 de novembro, Álvaro Cunhal deu ordem para que o PC se retirasse de qualquer das movimentações que ocorriam desde a tarde da véspera. O PCP teve, nessas horas, três gestos tão fundamentais quanto reveladores das suas intenções: fez regressar os seus militantes que, na sua maior parte, se encontravam no cinturão industrial de Lisboa em diversas unidades fabris —

UTIC, Cabo Ruivo, Baptista Russo —, perto do Ralis. Terá pensado que essa súbita ordem de desmobilização necessitava de um enquadramento e, por isso, os fez voltar aos Centros de Trabalho do partido. Em segundo lugar, mandou retirar as betoneiras da entrada dos Comandos da Amadora. E, finalmente, impediu — através do tenente José Miguel Judas — que os fuzileiros do Alfeite saíssem rumo a Lisboa. No terreno ficaram apenas os esquerdistas — abandonados pelo PC e também por Otelo, que passou todo esse dia 25 no Palácio de Belém —, que viriam a ser facilmente contidos pelo coronel Jaime Neves e pelo Regimento dos Comandos. No Copcon, as atuações foram confusas: Varela Gomes, que para lá se havia deslocado, teve dificuldade em fazer-se obedecer pelos oficiais revolucionários que não obedeciam às suas ordens de comando. A ausência de Otelo fragilizou a vontade dos homens do Copcon e desmobilizou as movimentações previstas. Apesar disto, viveu-se uma situação típica de golpe, com determinadas forças militares agindo concertadamente para forçar o presidente Costa Gomes a entregar-lhes o poder. Era preciso, a todo o custo, destruir — e, sobretudo, inverter — o que, entretanto, se conseguira pôr em marcha através do sexto governo e da clivagem operada nos militares. Era preciso cortar o processo democrático iniciado nas urnas e que iria culminar com a aprovação de uma nova Constituição. Tratou-se de um golpe efetivo. Costa Gomes tinha, na Revolução, procurado pairar acima dos conflitos, tentando reduzir os estragos. Mantivera sempre uma postura hesitante e até ambígua naquele longo e tumultuoso jogo de contrários que se prolongou entre as eleições de abril de 1975 e o dia 25 de novembro do mesmo ano. E, embora transigindo muitas vezes com o PC, contemporizava também, como podia, com o PS. Mas quando, finalmente, se apercebeu, ao longo desse dia, que se estava numa fuga para a frente que poderia ter conseqüências trágicas para o país e, em seguida, quando compreendeu que a balança pesava para o lado democrático, procurou evitar que tanto comunistas como esquerdistas avançassem. E deu ordens ao almirante Rosa Coutinho e ao comandante Martins Guerreiro que atuassem nesse sentido. Os comunistas obedeceram, os esquerdistas, apesar da ausência de Otelo, resistiram, insistindo nas suas posições, até à intervenção decisiva de Jaime Neves.

Sabe-se que o PC nunca deixou de contatar o Grupo dos Nove: julgo saber que Álvaro Cunhal e Carlos Brito falavam com

Melo Antunes; Carlos Costa procurava Vítor Alves; e Aboim Inglês dialogava com Vasco Lourenço. Estes contatos nunca abrandaram. A correlação de forças foi medida milimetricamente.

Não tenho conhecimento desses contatos. Não estou, portanto, em condições de afirmar quem falou com quem nesse período. Não creio que houvesse negociações explícitas, embora pudesse ter existido alguma margem para um certo entendimento tácito. Os comunistas jogaram também com bastante ambigüidade. Deitaram o barro à parede, a ver se pegava, mas não queriam, pura e simplesmente, ser varridos do processo. No dia 25 de novembro, conseguiram o que era possível: ficarem dentro do processo e não fora. Devo acrescentar que, apesar de ter sido publicamente severo com o PC, logo a seguir ao 25 de novembro, concordei com a tese de Melo Antunes na sua célebre ida à televisão, na própria noite dos acontecimentos, quando afirmou que os comunistas eram indispensáveis para que se cumprissem as regras do jogo democrático e de uma democracia entendida no sentido pluralista. Não fui previamente informado da sua intenção nem do teor da sua intervenção. Nem sequer soube que ele iria nessa noite à RTP. Mas as suas palavras pareceram-me sensatas: se se criasse na mente dos portugueses a idéia de promover uma caça às bruxas, contra os comunistas e a extrema-esquerda, é evidente que a situação poderia vir a desembocar numa ditadura de direita. Era um grande risco que importava saber evitar!

Álvaro Cunhal sustenta, ainda hoje, que o 25 de novembro foi um golpe e não um contragolpe. Isto é, que do lado dos comunistas não havia nem cadeia de comando, nem plano, nem organização, nem, sobretudo, poder — político, militar e popular — para avançar. Alega que a direita se serviu, com grande júbilo, do pretexto de algumas movimentações militares descoordenadas para agir. Sabemos hoje que, a partir da neutralização dos pára-quedistas, o campo ficou aberto e propício a quem, no terreno, estivesse melhor preparado para o ocupar.

O Dr. Álvaro Cunhal dirá o que entender, mas a sua tese permanece hoje historicamente indefensável. Nós sabíamos que iria ser tentado um golpe militar, apenas não sabíamos quando. Se não tivesse havido uma reação tão pronta e bem estruturada, não era impossível que se tivesse vivido em Portugal uma situação semelhante à cubana. Era o que muitos comunistas tinham na cabeça!

Como viveu o seu dia 25 de novembro?

Estive em Lisboa, na sede do PS, a receber e a trocar informações com os meus camaradas e recolhendo dos militares as precisões possíveis. Na Amadora, instalara-se um posto de Comando Operacional, coordenado por Eanes — junto do qual estavam Tomé Pinto e outros oficiais que tinham vindo de Angola, após a independência, e que estavam, como nós, em absoluto decididos a combater um golpe comunista.

No Palácio de Belém, montara-se um posto de informações chefiado pelo tenente-coronel Ferreira da Cunha. Diversas informações vindas daí chegaram até ao PS. Ao fim da tarde, já após ter sido decretado por Costa Gomes o "estado de emergência", mas quando a situação militar era muito confusa e Lisboa estava cercada, decidiu-se, numa reunião da direção do partido, que alguns de nós iríamos para o Porto, conforme pudéssemos. Ainda reunimos — alguns de nós — numa casa que Victor Cunha Rego tinha no Estoril, onde se assentou no percurso a seguir para evitar a estrada do Norte, controlada pelas milícias populares. Recordo que Salgado Zenha ficou em Lisboa e que o Tito de Morais passou essa noite, sozinho, com a Maria Emília, sua mulher, a guardar a sede do PS, na Rua da Emenda. Era necessário prever uma situação em que se desse a divisão Norte-Sul e estar preparado para ela. No Estoril, lembro-me de ter visto, na tela da televisão, Duran Clemente ser abruptamente substituído pelo ator Danny Kay, e soube depois que, nessa providencial substituição, João Soares Louro, que trabalhava então na RTP, e o grupo socialista da empresa tiveram um papel determinante: concertado com a gente do Porto, cortou a emissão em Lisboa e transferiu-a para os estúdios do Norte. Segui para o Porto de automóvel — na companhia da minha mulher, do Manuel Alegre, do Jorge Campinos e do Cardia, julgo —, do Estoril para Sintra, indo sempre pela estrada da costa, até às Caldas da Rainha. Dali seguimos pela Nazaré e S. Pedro de Muel até ao Porto, aonde chegamos de madrugada. A meio do caminho, lembro-me de que ouvimos um fado na rádio. Pareceu-nos o sinal de que a situação mudara irreversivelmente. No Porto, deixamos a Maria de Jesus no Hotel Batalha — era o meu velho hotel do tempo da clandestinidade —, dirigindo-nos para o Quartel-General do Norte, onde nos fomos pôr à disposição de Pires Veloso e Lemos Ferreira.

Quando chegamos, estes dois militares ainda não se encontravam tranqüilos, embora as informações recolhidas fossem positivas. Jaime Neves e os comandos haviam já começado a atuar e os fuzileiros não haviam saído. Pouco tempo depois, tudo começou a regressar à normalidade...

Sabe-se hoje que Mário Soares poderia, se necessário, contar com a colaboração dos serviços secretos britânicos. Como?

Talvez uma semana antes do dia 25 de novembro, o então primeiro-ministro James Callaghan enviara-me um oficial do Intelligence Service, que eu, através de Jorge Campinos, apresentei aos militares operacionais que, entretanto, tinham começado a gizar o seu plano militar — conforme Callaghan conta nas suas *Memórias*. A consumar-se a divisão entre o Norte e o Sul do país, o Reino Unido não só nos apoiaria politicamente, como colaboraria ainda com Portugal através de apoios concretos. Prometeram-nos fazer chegar rapidamente ao Porto combustível para os aviões e também armamento.

Só isso?

Mais nada, que eu tivesse conhecimento. Recordo-lhe que não sou militar nem operacional: sou político. E os políticos não têm que entrar nesse tipo de detalhes. Neste caso, limitei-me a estabelecer os laços políticos, decorrentes da Conferência de Estocolmo, uma reunião que já lhe referi, realizada pela Internacional Socialista, nesse mesmo verão de 75, para apoiar a democracia portuguesa. Houve uma oferta concreta, da parte de James Callaghan, então primeiro-ministro de Sua Majestade. Quando cheguei a Lisboa, comuniquei-a a quem de direito: os militares operacionais. Contatava, além disso, com diversos embaixadores, como o americano Carlucci. Os meus amigos europeus da Internacional Socialista, no governo em vários países, estavam ao corrente das minhas preocupações e da tensão que se vivia em Portugal. Entre todos os embaixadores acreditados em Lisboa com quem falava, na altura, aquele que via menos era o da França. Quando, nesse ano, falei com Giscard d'Estaing, numa deslocação a Paris, fiquei com a impressão de que, tal como Kissinger, ele considerava que Portugal era um caso perdido. O que faria sentido, na sua perspectiva, era ajudar Spínola e as forças que se encontravam já no exterior do país. Não acreditava muito na nossa capacidade de resistência...

Giscard d'Estaing ajudou o general Spínola?

Não sei se concretizou ou não essa ajuda. Retenho que me deu a entender que era, no estado a que as coisas tinham chegado, o que, na sua opinião, fazia sentido. Disse-me claramente que via com extrema preocupação a conjuntura político-militar que então se vivia em Portugal...

Entre os dias 26 e 27, Jaime Neves voltou a entrar em cena, tomando o Regimento da Polícia Militar; os pára-quedistas de Tancos render-se-ão, o mesmo fará o Ralis, tendo porém Diniz de Almeida, major dessa unidade, apresentado a sua própria rendição, horas antes, no Palácio de Belém, confessando a sua implicação nos acontecimentos; Otelo demitiu-se do Copcon e Carlos Fabião, de chefe do Estado-Maior do Exército. A situação normalizava-se. Mário Soares respirou fundo?

Regressei de imediato a Lisboa, depois de mais uma memorável manifestação, na Praça Humberto Delgado, a que assistiu Pires Veloso. Não era ainda claro, para mim, que a situação estivesse totalmente invertida a favor da democracia. Tinha a convicção de que uma batalha fora ganha, mas que a guerra ainda não terminara. Era vital dar outro folêgo ao sexto governo, proporcionar condições ao ministro das Finanças, Salgado Zenha, para resolver algumas questões financeiras prementes, com vistas a estabilizar econômica e socialmente a situação do país. As duas grandes batalhas políticas que se anunciavam eram cruciais: a aprovação da Constituição e as eleições legislativas e presidenciais. Considero, aliás, que houve cinco grandes datas marcantes na nossa Revolução: o próprio dia 25 de abril; o dia 1º de maio, com a ratificação popular da Revolução; as eleições para a Assembléia Constituinte, que legitimaram nas urnas, em 25 de abril de 1975, o processo político iniciado um ano antes; o dia 2 de abril de 76, com a aprovação da Constituição. A quinta data marcante teve a ver com as primeiras eleições legislativas, em 25 de abril de 1976, ganhas de novo pelo PS, que iniciaram um processo de normalização democrática, que decorreu durante todo o ano de 1976, com as eleições presidenciais, regionais e autárquicas. No meu horizonte estavam ainda duas grandes preocupações: a situação econômico-financeira do país, à beira da bancarrota, e a situação social nas empresas, de enorme instabilidade. Foi a época em que começaram a chegar, em força, os chamados "retornados" de África, para os quais foi necessário encontrar alojamento, trabalho e um mínimo — que se revelaria um máximo! — de solidariedade...

Considera que o 25 de novembro foi o fim da Revolução?

Não. Foi, obviamente, um ponto de viragem, que marcou — como dizer-lhe? — o fim da desfilada em que estávamos a correr para o abismo. Foi um recomeço; um regresso à pureza inicial do 25 de Abril; um rasgar de novos horizontes de esperança, com a consolidação da democracia pluralista, num ambiente político de convivência cívica, de alguma paz social e de concórdia nacional.

Notas Biográficas

Abecassis, Fernando (1922): engenheiro e professor universitário. Membro do PS (em 74).

Abelaira, Augusto (1926): jornalista e escritor. Diretor da *Seara Nova* (70). Presidente da Associação Portuguesa de Escritores (78).

Abranches, João (1912): sacerdote da Companhia de Jesus.

Abreu, António (1923): engenheiro e professor. Militante comunista. Membro da Comissão Central do MUDJ (46-49).

Abreu, José Joaquim Gonçalves (1914): industrial e publicista. Presidente da Câmara Municipal de Amarante (67).

Abreu, Rodrigo de: membro do MUD e da Comissão Central dos serviços de candidatura de Norton de Matos.

Abreu, Waldemar Paradela de (1932): jornalista e editor. Redator do *República* (55). Editor de *Portugal e o futuro*. Liderou o movimento Maria da Fonte (75).

Afonso, Almino (1929): político brasileiro. Ministro do Trabalho e Previdência Social (62). Afastado pela ditadura (64). Oposicionista. Exilou-se no Peru.

Ala, René (1934): diplomata francês. Segundo-secretário da embaixada em Lisboa (64-67).

Alegre, Manuel (1936): poeta e político. Membro do PCP até 70. Exilado em Argel (64-70). Dirigente da FPLN (64-70). Locutor da Rádio Voz da Liberdade. Membro (74) e dirigente do PS. Deputado (desde 75). Secretário de Estado da Comunicação Social (76-78).

Allende, Salvador (1908-1973): político chileno. Secretário-geral do Partido Socialista Chileno (43). Presidente da República (70). Morreu na seqüência do golpe de Estado de 73.

Almeida, Diniz de (1944): oficial do Exército. Membro do MFA. Comandante operacional do RALIS (74-75), teve uma ação preponderante no dia 11 de março. Preso na seqüência do 25 de novembro (75-76). Passado compulsivamente à reserva (80). Reintegrado no ativo (82).

Almeida, Francisco Vieira de (1888-1962): professor universitário. Colaborou na revista integralista *Nação Portuguesa* (14-16) e na *Seara Nova* (21). Monárquico. Presidente da Comissão Nacional de apoio à candidatura de Delgado (58).

Almeida, José Miguel Ramos de (1930): médico pediatra. Oposicionista. Presidente da Sociedade Portuguesa de Pediatria. Diretor dos Serviços de Pediatria da Maternidade Alfredo da Costa.

Almeida, Pedro Ramos de (1932): publicista. Membro do PCP.

Almeida, Vasco Vieira de (1932): advogado. Ministro da Coordenação Econômica (74). Titular da Economia no Executivo de Transição de Angola (75).

Alves, José da Felicidade (1925): teólogo e publicista. Pároco de Santa Maria de Belém (56-68). Oposicionista.

Alves, Márcio Moreira (1935): jornalista, escritor e político brasileiro. Deputado federal (66). Destituído. Oposicionista. Exilou-se em Paris e depois em Portugal.

Alves, Mário Lima (1906-1970): advogado. Fez parte da Comissão Central do MUD (46-47). Apoiou a candidatura presidencial de Norton de Matos (49).

Alves, Vítor (1935): oficial do Exército. Membro da Comissão Coordenadora do MFA. Ministro sem pasta (74-75) e da Educação (75-76). Fez parte do Grupo dos Nove. Porta-voz do Conselho da Revolução (79-82). Membro do Conselho de Estado (83). Candidato independente pelo PRD às eleições legislativas (85), Câmara Municipal de Lisboa (86) e Parlamento Europeu (87).

Amado, Jorge (1912): escritor e jornalista brasileiro. Membro do Partido Comunista do Brasil. Deputado (45-48). Prêmio Stalin (51).

Amado, Luís Dias (1901-1981): médico e professor universitário. Demitido da universidade por motivos políticos (47). Fundador da US, Munaf, MUD. Membro da Comissão Central da candidatura de Humberto Delgado à Presidência da República (58). Grão-mestre do Grande Oriente Lusitano (74-81).

Amado, Luísa Irene Dias (1925): professora liceal. Membro do MUDJ.

Amaral, Diogo Freitas do (1941): professor universitário e político. Procurador da Câmara Corporativa (69). Fundador do CDS e seu presidente (74-82; 88-91). Membro do Conselho de Estado (74-75). Vice-primeiro-ministro (80, 81) e ministro dos Negócios Estrangeiros (80). Primeiro-ministro interino (4.12.80-9.1.81). Ministro da Defesa (81-83). Presidente da União Européia das Democracias Cristãs (81-83). Candidato à Presidência da República (86). Abandonou o CDS (92). Presidente da Assembléia Geral da ONU (95-96).

Amaral, Keil do (1910-1975): arquiteto e urbanista. Membro do MUD. Candidato a deputado pela CEUD (69). Participou no Congresso da Oposição de Aveiro (73).

Andrade, Artur (1913): arquiteto. Oposicionista. Principal promotor da candidatura de Humberto Delgado no Porto. Várias vezes preso.

Andrade, Joaquim Pinto de (1926): político angolano. Vice-presidente do MPLA (74), que abandonou depois da independência (76). Fundador e dirigente do Partido Renovador Democrático (91-92).

Andrei, Stefan (1931): político romeno. Membro do Partido Comunista Romeno (54-89), do Comitê Central (72), secretário do Comitê Central (72-78), membro do Bureau Político (74-84). Ministro dos Negócios Estrangeiros (78-85). Vice-primeiro-ministro (87-89).

Andresen, Sophia de Mello Breyner (1919): poeta. Membro do PS (74-79). Deputada (75-76).

Antunes, Carlos (1938): político. Membro do PCP. Colaborou na Rádio Portugal Livre (64). Abandonou o PCP (71). Fundador das Brigadas Revolucionárias e do PRP.

Antunes, Ernesto Melo (1933): oficial do Exército e político. Membro do MFA. Ministro sem pasta (74-75) e dos Negócios Estrangeiros (75; 75-76). Membro do Conselho de Estado (74). Membro do Conselho da Revolução (75-82). Fez parte do Grupo dos Nove. Presidente da Comissão Constitucional (76-83).

Antunes, Manuel Engrácia (1930): oficial do Exército. Membro do MFA.

Araújo, Cândida Mota Pereira (1912): ex-professora de piano e canto coral no Colégio Moderno.

Araújo, José (1933-1992): político cabo-verdiano. Membro do Comitê Executivo de Luta do PAIGC (73), e seu secretário (75-80). Fundador do PAICV. Ministro da Educação e da Justiça em Cabo Verde nos governos de Pedro Pires. Membro do Supremo Tribunal.

Araújo, Rogério (1917): licenciado em Direito. Diretor do Colégio Moderno (64-68).

Arnaut, António Duarte (1936): advogado e político. Membro da ASP (64). Candidato a deputado pela CDE (69). Fundador e dirigente do PS. Deputado (75). Vice-presidente da Assembléia da República (76-78). Ministro dos Assuntos Sociais (78). Apoiou a candidatura de Salgado Zenha à Presidência da República (86).

Arriaga, Kaulza de (1915): oficial do Exército e político. Secretário de Estado da Aeronáutica (55-62). Comandante-chefe das Forças Armadas em Moçambique (70-73). Presidente do Movimento Independente para a Renovação Nacional — MIRN (77).

Arrillaga, Josefina: advogada. Militante socialista. Membro da Alianza Obrera Socialista. Ocupou-se do processo aberto em Espanha sobre o crime de homicídio praticado contra Delgado.

Ascensius, Diego: diplomata norte-americano. Secretário da embaixada em Lisboa (67-72).

Attali, Jacques (1943): professor universitário e político francês. Conselheiro da Presidência da República (81-95). Conselheiro de Estado (89).

Ayala, Adolfo (1912-1994): empregado de escritório. Membro do PCP até ao início da década 1950. Membro do MUD. Apoiou a candidatura de Delgado (58). Participou no golpe de Beja (61). Membro da FPLN.

Azevedo, Fernando de (1923): pintor, decorador, publicitário e crítico de arte.

Azevedo, J. Pinheiro de (1917-1983): oficial da Marinha e político. Chefe do Estado maior da Armada (74). Membro da Junta de Salvação Nacional, do Conselho de Estado e do Conselho da Revolução. Primeiro-ministro do VI Governo Provisório (75-76). Candidato à presidência da República (76). Membro do PDC.

Azevedo, Julião Soares de: historiador.

Babo, Alexandre (1916): dramaturgo e advogado. Membro do PCP (43), Munaf e MUD. Fundador do Teatro Experimental do Porto e do Teatro Moderno do Clube Fenianos Portuenses (60).

Bacelar, Armando (1919): advogado e ensaísta. Militante da FJCP (38). Membro do Munaf, MUD, FPLN. Candidato pela CDE (69). Fundador do PS. Secretário de Estado da Justiça (74-75).

Balsemão, Francisco Pinto (1937): jornalista, empresário e político. Deputado independente da Ala Liberal (69-73). Fundador e proprietário do *Expresso* (73) e da SIC (92). Fundador do PPD e seu presidente (80). Vice-presidente da Assembléia Constituinte (75-76). Ministro-adjunto do primeiro-ministro (80). Primeiro-ministro (81-83).

Baptista, António Alçada (1927): escritor e jornalista. Apoiou a candidatura de H. Delgado à Presidência da República (58). Candidato a deputado pela oposição (61). Fundador e diretor da revista *O Tempo e o Modo* (63). Fundador da Cooperativa Pragma (65).

Baptista, Cândido Nobre (1907-1993): contabilista e funcionário do Colégio Moderno. Irmão de Mário Soares.

Baptista, César Moreira (1915-1982): advogado e político. Presidente da Câmara Municipal de Sintra (53-57). Deputado à Assembléia Nacional (57-61). Dirigente da UN. Diretor do Secretariado Nacional de Informação (58). Subsecretário de Estado da Presidência do Conselho (68). Secretário de Estado da Informação e Turismo (68-73). Ministro do Interior (73-74).

Barata, João Diogo Nunes (1941): diplomata. Chefe de gabinete do general Spínola na Guiné (72). Adjunto da Junta de Salvação Nacional (74). Adjunto diplomático do Gabinete do presidente da República (74). Assessor diplomático do primeiro-ministro (83-85). Chefe de gabinete do presidente da República (86-93). Embaixador em Roma (93).

Barreiros, Almeida: administrador da roça de Jorge de Mello em S. Tomé.

Barreto, António (1942): sociólogo e político. Participou na crise acadêmica de 62. Exilado na Suíça (63-74). Membro do PCP (63-68). Membro e dirigente do PS (75-78, 85-91). Deputado (75-78; 85-91). Ministro do Comércio e Turismo (76-77) e da Agricultura e Pescas (76-78). Membro da Comissão Política do MASP I e II.

Barros, Henrique de (1904): engenheiro agrônomo, professor universitário e político. Candidato a deputado pela oposição (69). Fundador e dirigente do PS. Membro do Conselho de Estado (74). Presidente da Assembléia Constituinte (75-76). Ministro de Estado (76-77). Presidente da CNARPE. Abandonou o PS (81).

Barros, João de (1881-1960): escritor e político. Republicano. Membro do Grande Oriente Lusitano. Membro da Academia de Ciências (13). Ministro dos Negócios Estrangeiros (24-25). Vogal da Junta Consultiva do MUD.

Barroso, Fernanda (1921): engenheira química. Cunhada de Mário Soares.

Barroso, José Manuel Durão (1956): político. Membro da Federação dos Estudantes Marxista-leninistas. Membro (80) e dirigente do PSD. Secretário de Estado da Administração Interna (85-87). Secretário de Estado dos Negócios Estrangeiros e da Cooperação (87-92). Ministro dos Negócios Estrangeiros (92-95). Deputado (95)

Bártolo, Maria de Lurdes (1924): museóloga e historiadora da arte. Diretora do Museu Abade do Baçal (56) e do Museu de Arte Contemporânea (70).

Belchior, Maria de Lurdes (1923): filóloga e professora universitária.

Belo, Manuel (1913): diplomata. Fundador do PS. Presidente da RTP depois do 25 de Abril. Representante permanente de Portugal na OCDE.

Ben Bella, Ahmed (1918): político argelino. Fundador do Movimento para a Independência da Argélia (40). Primeiro-ministro (62-63). Presidente da República (63-65). Derrubado e preso (65-79). Preside ao Movimento para a Democracia na Argélia (90).

Bentley, Robert (1938): diplomata e consultor internacional norte-americano. Segundo-secretário da embaixada dos EUA em Lisboa (67-71).

Berlinguer, Enrico (1922-1984): político italiano. Membro do Partido Comunista Italiano (43), do Comitê Central (45) e do Secretariado (60). Vice-secretário-geral (69-72) e secretário-geral do PCI (72-84).

Blanco, Raúl Amado: diplomata cubano. Conselheiro encarregado dos Negócios Interinos em Lisboa (63-67).

Bloise, Carmen (1937-1994): política espanhola. Membro das Juventudes Socialistas (52) e do PSOE (57).

Boas, José Manuel Vilas (1931): diplomata. Promovido a embaixador (79). Representante de Portugal junto da OTAN em Bruxelas (79). Embaixador em Pretória (84) e Pequim (89).

Borges, Jorge Sá (1933): advogado e político. Dirigente estudantil (61). Membro fundador da SEDES e seu secretário-geral e presidente. Fundador e dirigente do PPD. Deputado (75). Ministro dos Assuntos Sociais (75) e do Trabalho (79-80). Abandonou o PPD em dezembro de 75.

Borrego, José : arquiteto do Porto. Membro da Comissão Central do MUDJ (46-49). Preso e julgado em Tribunal Plenário.

Botelho, Carlos (1899-1982): artista plástico.

Boulhosa, Manuel (1905): empresário, ligado ao setor petrolífero, mais tarde com interesses na banca e na edição.

Boumedienne, Houari (1925-1979): político argelino. Membro do Movimento de Independência (55). Chefe do Estado-maior (60). Ministro da Defesa (62). Derrubou Ben Bella (65). Presidente da República (65-79).

Braga, Luís de Almeida (1890-1970): advogado, escritor e político. Combateu ao lado de Paiva Couceiro (11-19). Membro fundador da Junta Central do Integralismo

Lusitano (16-32). Apoiou a candidatura de H. Delgado à Presidência da República (58).

Bragança, Maria Pia de (1907-1995): presumível filha de D. Carlos. Bateu-se desde 50 pelo estatuto de herdeira da Casa de Bragança.

Bragança, Nuno de (1929-1985): escritor e crítico de cinema. Colaborou em *O Tempo e o Modo*, *Seara Nova* e *Vértice*. Membro do Movimento de Ação Revolucionária — MAR (63).

Brandão, Margarida: licenciada em Letras pela Universidade de Lisboa. Discípula de António Sérgio.

Brandão, Mário Cal (1910-1996): advogado e político. Dirigente estudantil no início dos anos 30. Membro da União Socialista, do Movimento de Unidade Nacional Antifascista — Munaf, do MUD, e do Movimento Nacional Democrático — MND. Apoiou as candidaturas de N. de Matos (49) e H. Delgado (58) à Presidência da República. Candidato a deputado (61; 69). Fundador da ASP e do PS. Governador civil do Porto (74-80; 83-85). Deputado (75-80; 83-91).

Brandt, Willy (1913-1992): político alemão. Membro do Partido Socialdemocrata Alemão — SPD (30) e seu presidente (64-87). Chanceler federal (69-74). Presidente da Internacional Socialista (77-92).

Bratteli, Trygue Martin (1910): jornalista e político norueguês. Presidente do Partido Socialista dos Trabalhadores (65). Presidente do Conselho de Ministros (71-72; 73-76).

Braudel, Fernand (1902-1985): historiador e professor universitário francês.

Bravo, Adolfo (m.1973): advogado e publicista.

Brejnev, Leonid (1906-1982): político soviético. Membro do Comitê Central do Partido Comunista da União Soviética — PCUS (50) e seu secretário (56). Chefe de Estado da URSS (60-64; 77-82). Secretário-geral do PCUS (66-82).

Breyner, Nicolau (1940): ator.

Brito, Carlos (1933): político. Membro do MUDJ (51). Membro do PCP (53), do Comitê Central (67) e da Comissão Política (70). Deputado e presidente do Grupo Parlamentar do PCP (76-91). Candidato à Presidência da República, desistiu antes da eleição (80). Diretor do *Avante!* (91).

Brito, Jorge de (1928): empresário. Proprietário de um vasto grupo econômico nos anos 60 e 70, do qual se destacava o Banco Intercontinental Português (70). Preso por alegada sabotagem econômica (74-75).

Brotas, António (1930): físico e professor universitário. Secretário de Estado do Ensino Superior e Investigação Científica no VI Governo Provisório (75-76).

Brown, Irving: sindicalista norte-americano. Dirigente da American Federation of Labor — Congress of Industrial Organizations — AFL-CIO.

Bruno, J. Almeida (1935): oficial do Exército. Membro do MFA. Preso a 16 de março de 74. Chefe da Casa Militar do presidente da República (74). Membro do Conselho de Estado (74). Presidente do Supremo Tribunal Militar (94).

Cabanas, Manuel (1902-1995): ferroviário, jornalista e ilustrador. Membro do MUD e da ASP. Fundador do PS.

Cabeçadas Junior, José Mendes (1883-1965): oficial da Marinha e político. Membro do Grande Oriente Lusitano (11). Pertenceu aos partidos Unionista, Liberal, Nacionalista e à União Liberal. Colaborou na revolta de 19 de julho de 25. Foi o chefe militar em Lisboa da revolta de 28 de maio de 26. Presidente do Ministério (26). Passou à oposição.

Cabral, Amílcar (1924-1973): engenheiro agrônomo e político guineense. Fundador e líder do PAIGC. Foi assassinado em Conakry.

Cabral, Fernando da Costa: médico e professor de Lisboa. Republicano.

Caetano, Marcello (1906-1980): político e professor universitário. Comissário nacional da Mocidade Portuguesa (40-44). Ministro das colônias (44-47). Presidente da Câmara Corporativa (49-55). Ministro da Presidência (55-58). Reitor da Universidade de Lisboa (59-62). Presidente do Conselho (68-74). Exilou-se no Brasil (74).

Caldas, Júlio Castro (1943): advogado e político. Fundador da SEDES e do PPD. Chefe de gabinete de Sá Carneiro no I Governo Provisório (74). Mandatário da candidatura presidencial de Eanes (76) e consultor jurídico do presidente da República (76-79). Deputado e vice-presidente da bancada parlamentar do PSD (79-85). Vogal do Conselho Superior de Magistratura (80-92). Bastonário da Ordem dos Advogados (92).

Caldeira: juiz presidente do Tribunal Plenário nos anos 50.

Calheiros, Francisco (1929): administrador de empresas e político. Membro (74) e dirigente do PS. Autarca (desde 80).

Callaghan, James (1912): político britânico. Membro do Partido Trabalhista. Ministro do Interior (67-70) e dos Negócios Estrangeiros (74-76). Primeiro-ministro (76-79).

Calvo Serrer, Rafael (1916-1988): escritor e professor universitário espanhol. Delegado do Conselho de Relações Culturais com a Europa Ocidental (46-49). Exilou-se em França (71).

Calzadilla Nuñez, Francisco: diplomata cubano. Conselheiro encarregado dos Negócios Interinos em Lisboa (60-63).

Camacho, Rui (1936): jornalista.

Campinos, Jorge (1937-1993): jurista e político. Dirigente da Casa dos Estudantes do Império (56-59). Dirigente da ASP (68-73). Fundador e dirigente do PS. Secretário de Estado dos Negócios Estrangeiros (74-75). Ministro do Comércio Externo e do Turismo (75-76) e sem pasta (77-78). Membro da Comissão Constitucional (79-81) e do Tribunal Constitucional (83-85).

Campos, António (1938): político. Membro da ASP (64). Candidato a deputado pela oposição (69). Fundador e dirigente do PS. Deputado (75-76; 78-83; 85-94). Secretário de Estado do Fomento Agrário (76-77), da Estruturação Agrária (78) e adjunto da Presidência do Conselho (83-85). Membro da Comissão Política do MASP I e II. Deputado ao Parlamento Europeu (94).

Campos, José Moreira de (1898-1967): oficial da Marinha e escritor. Republicano, combateu os monárquicos do Norte (19). Passou compulsivamente à reserva (40). Oposicionista.

Candal, Carlos (1938): advogado e político. Membro da ASP (68). Candidato a deputado pela oposição (69). Fundador e dirigente do PS. Deputado (75-95). Deputado ao Parlamento Europeu (95).

Caraça, Bento de Jesus (1901-1948): matemático e professor universitário. Presidente da Sociedade Portuguesa de Matemática Aplicada à Economia. Dirigente do Munaf e do MUD. Expulso da universidade por motivos políticos (46).

Cardia, Mário Sottomayor (1941): professor universitário, ensaísta e político. Dirigente estudantil na crise acadêmica de 62. Candidato a deputado (65, 69). Membro (73) e dirigente do PS. Diretor do *Portugal Socialista* (74-76). Deputado (75-76; 78-95). Ministro da Educação e Investigação Científica (76-77) e da Educação e Cultura (78).

Cardoso, A. da Silva (1928): oficial da Força Aérea. Alto Comissário em Angola (75). Subchefe do Estado-maior da Força Aérea (75-77). Comandante operacional da Força Aérea (77-81). Comandante militar dos Açores (81-84). Diretor do Instituto de Altos Estudos da Força Aérea (84-86). Presidente do Supremo Tribunal Militar (87-91).

Cardoso, António Lopes (1933): engenheiro agrônomo e político. Dirigente estudantil (54). Participou no golpe de Beja (61). Membro da FPLN (62-68). Fundador do MAR. Membro (74-77) e dirigente do PS. Deputado (75; 76-79; 80-95). Presidente do Grupo Parlamentar do PS (75). Ministro da Agricultura e Pescas (75-76). Fundador e dirigente da UEDS. Regressou ao PS (86). Assessor do presidente da República (96).

Cardoso, Fernando Henrique (1931): sociólogo e político brasileiro. Opositor à ditadura militar, exilou-se (64-68). Membro do Movimento Democrático Brasileiro — MDB (74). Senador (83-92). Fundador do Partido Socialdemocrata Brasileiro (88). Ministro das Relações Exteriores (92-93) e da Fazenda (93-94). Presidente da República (94).

Carlos, Adelino Palma (1905-1992): advogado, professor universitário e político. Mandatário nacional da candidatura de N. de Matos à Presidência da República (49). Membro da Ordem dos Advogados (51-56). Procurador à Câmara Corporativa (53-69). Diretor da Faculdade de Direito de Lisboa (65-70). Primeiro-ministro do I Governo Provisório (74). Mandatário nacional da candidatura de R. Eanes à Presidência da República (80).

Carlos, Manuel João Palma (1915): advogado e político. Por motivos políticos foi-lhe negada a nomeação para a magistratura (40). Fundador do MUD. Apoiou a candidatura de Norton de Matos à presidência da República (49). Defendeu vários presos políticos. Militante do PS. Embaixador em Cuba (77-80).

Carlson, Bernt (1938-1988): político sueco. Secretário internacional do Partido Social-democrata Sueco (70-76). Secretário-geral da Internacional Socialista (76-83). Embaixador responsável pelas relações com as Organizações Não-governamentais (83-85). Secretário de Estado da Agricultura (85-87). Vice-secretário-geral da ONU e comissário para a Namíbia (87-88). Morreu no atentado de Lockerbie.

Carlucci, Frank (1930): diplomata, político e gestor norte-americano. Embaixador em Lisboa (75-77). Diretor-adjunto da CIA (78-81). Secretário-adjunto da Defesa (81-82). Secretário de Estado da Defesa (87-89).

Carmo, Isabel do (1940): médica e política. Militante do PCP, participou na crise acadêmica de 62. Candidata pela CDE (69). Saiu do PCP (70). Fundou as Brigadas Revolucionárias e posteriormente o PRP.

Carmona, Óscar Fragoso (1869-1951): oficial do Exército e político. Ministro da Guerra (23). Foi um dos apoiantes do 28 de maio de 1926. Ministro dos Negócios Estrangeiros (26). Presidente do Ministério e presidente da República interino (26-28). Presidente da República (28-51). Marechal (47).

Carneiro, Francisco de Sá (1934-1980): advogado e político. Fez parte da Ala Liberal. Deputado independente (69-73). Membro da SEDES. Ministro sem pasta (74). Fundador, secretário-geral (74-75) e presidente (76-80) do PPD. Primeiro-ministro (79-80).

Carreira, Henrique Medina (1931) advogado e político. Fundador do PS. Subsecretário de Estado do Orçamento (75-76). Ministro das Finanças (76-78). Abandonou o PS (78). Administrador da EXPO'98 (95).

Carreira, Iko — pseudônimo de Henrique Teles Carreira (1933): político e militar angolano. Membro do MPLA (61) e do seu Bureau Político (74-79). Ministro da Defesa (75-79). Promovido a general (86). Embaixador em Argel (87).

Carrillo Solares, Santiago (1915): político espanhol. Secretário-geral da Juventude Socialista Unificada (36). Durante a Guerra Civil ingressou no Partido Comunista Espanhol — PCE. Exilou-se. Secretário-geral do PCE (60-82).

Carter, Jimmy (1924): político norte-americano. Membro do Partido Democrático. Senador (63-67). Governador da Georgia (71-75). Presidente dos EUA (77-81). Candidato à Presidência (80).

Carvalho, Alberto Arons de (1949): jornalista, político e professor universitário. Membro (69) e dirigente da ASP. Fundador e dirigente do PS e da Juventude Socialista (74-78). Deputado (75-76; 87-95). Secretário de Estado da Comunicação Social (95).

Carvalho, Álvaro Pereira de: diretor de serviços da PIDE.

Carvalho, Daniel Proença de (1941): advogado. Delegado do procurador da República (65-67). Inspetor da Polícia Judiciária (67-68). Membro do PS (74-75). Diretor do *Jornal Novo* (76-78). Presidente da Torralta (78). Ministro da Comunicação Social (78-79). Presidente da RTP (80-83).

Carvalho, Joaquim Barradas de (1920-1980): historiador e professor universitário. Membro do PCP. Lecionou na Universidade de São Paulo (64-69). Trabalhou no Centre National de la Recherche Scientifique de Paris (70-76).

Carvalho, Mário de: agente da PIDE envolvido no caso Delgado.

Carvalho, Otelo Saraiva de (1936): oficial do Exército e político. Chefe militar operacional no golpe militar de 25 de Abril. Comandante da Região Militar de Lisboa (74) e comandante-adjunto do Copcon (74). Membro do Conselho da Revolução (75). Candidato à Presidência da República (76 e 80).

Carvalho, Ribeiro de (1889-1967): oficial do Exército. Membro do Grande Oriente Lusitano. Combateu na Primeira Guerra. Várias vezes deputado nos anos 20. Ministro da Guerra (23-24). Participou em várias conspirações militares na década de 1930. Preso, expulso do Exército e exilado. Reintegrado no Exército (60).

Carvalho, Vasco de (1888-1961): oficial do Exército. Combateu em França na Primeira Guerra Mundial. Colaborou em vários jornais e revistas. Implicado na tentativa de golpe de 47.

Casaroli, Agostinho (1914): eclesiástico italiano. Nomeado bispo (67). Elevado a cardeal (79). Secretário de Estado (79).

Castanheira, Armando: operário. Oposicionista. Dirigente dos centros republicanos Cândido dos Reis e António José d'Almeida.

Castro, Ernesto de Sousa: elemento de que a PIDE se serviu para armar a cilada que levaria ao assassinato de Humberto Delgado.

Castro, Fidel (1926): político cubano. Dirigiu o movimento que tomou o poder em 59. Comandante das Forças Armadas e primeiro-ministro (59). Primeiro-secretário do Partido Comunista Cubano (65). Presidente do Conselho de Estado e chefe de Estado (76).

Castro, Francisco Lyon de (1914): editor. Membro do PCP (32-53). Fundador (45), proprietário e administrador da Editora Europa-América.

Castro, José Ferreira de (1898-1974): escritor precursor do neo-realismo. Anarquista. Colaborou na *Imprensa Livre* e *A Batalha*.

Castro, José Guilherme de Melo e (1914-1972): advogado, jornalista e político. Subsecretário de Estado da Assistência (54-57). Provedor da Misericórdia de Lisboa (57-63). Dirigente da União Nacional. Juiz conselheiro do Tribunal de Contas (55).

Castro, Mário de (1901-1977): advogado e escritor. Republicano e membro do Grande Oriente Lusitano. Membro do Munaf, US e MUD. Membro do Conselho Superior da Ordem dos Advogados (45-53).

Castro, Paulo — pseudônimo de Francisco de Barros Cachapuz (1914): jornalista e historiador. Oposicionista. Exilou-se no Brasil e Argel. Fundador do PS.

Castro, Rodrigo Sousa e (1944): oficial do Exército. Membro do MFA. Membro do

Conselho da Revolução. Fez parte do Grupo dos Nove. Presidente da Comissão de Extinção da PIDE/DGS. Apoiante das candidaturas de Eanes (76; 80) e Pintasilgo (86) à Presidência da República.

Cavalieri, Luigi: jurista italiano. Membro da Liga dos Direitos Humanos. Veio a Portugal inquirir sobre o desaparecimento ou morte do general Delgado. Falecido.

Ceausesco, Nicolae (1918-1989): político romeno. Membro do Partido Comunista (36). Secretário da União das Juventudes Comunistas (44-45). Membro do Comitê Central do Partido Comunista (54), e seu secretário-geral (65). Chefe de Estado (67-89).

Cerqueira, Henrique: elemento que vivia em Marrocos e participou na organização da viagem de Delgado a Espanha, onde seria assassinado pela PIDE.

Cesariny, Mário (1923): poeta e pintor. Um dos impulsionadores do movimento surrealista.

Charais, Manuel Franco (1931): oficial do Exército. Membro da Comissão Coordenadora do Programa do MFA. Prestava serviço no gabinete do chefe do Estado-maior General das Forças Armadas quando integrou o Conselho de Estado (74-75). Membro do Conselho da Revolução (75). Fez parte do Grupo dos Nove.

Chaves, José Castelo Branco (1900): jornalista e crítico literário. Monárquico e integralista (17-24). Aderiu ao grupo da *Seara Nova* (27).

Chipenda, Daniel (1931): político angolano. Membro (63) e dirigente do MPLA. Organizou e chefiou o MPLA na Frente Leste (66-74). Abandonou o MPLA (75). Secretário-geral da FNLA (75), que abandonou (77). Radicou-se em Portugal (78-87). Embaixador no Egito (88). Regressou ao MPLA (91) e integrou o Bureau Político do Comitê Central, de que se desvinculou (92). Candidato às eleições presidenciais (92).

Cidade, Hernâni (1887-1975): filólogo e ensaísta. Docente das Faculdades de Letras do Porto (19) e de Lisboa (31-57). Oposicionista.

Cintra, Luís Lindley (1925-1991): filólogo e professor universitário. Destacou-se durante a crise acadêmica de 62 pela solidariedade prestada ao movimento estudantil.

Claudin Pontes, Fernando (1913-1990): político e historiador espanhol. Membro das Juventudes Comunistas (34). Membro do Comitê Central (37-47), do Bureau Político (47-56) e do Secretariado (56-64) do Partido Comunista Espanhol — PCE. Expulso do PCE (64).

Clemente, M. Duran (1942): oficial do Exército. Membro do MFA. Colocado na 5ª Divisão. Comandou as tropas da Escola Prática de Administração Militar que ocuparam a RTP em 25.11.75. Exilou-se em Angola.

Cochofel, João José (1919-1982): poeta e ensaísta. Foi um dos organizadores do *Novo Cancioneiro*. Militante do PCP até meados dos anos 50.

Coelho, Pedro (1941): engenheiro químico e político. Dirigente associativo no Instituto Superior Técnico. Membro fundador da Juventude Socialista (68). Membro da ASP. Fundador e dirigente do PS. Secretário de Estado das Pescas.

Colaço, Amélia Rey (1898-1990): atriz e empresária teatral.

Colaço, Isabel Magalhães (1926): jurista e professora universitária. Membro do Conselho de Estado (74-75). Presidente da Comissão de Reestruturação da Faculdade de Direito de Lisboa. Presidente do Conselho Científico da Faculdade de Direito de Lisboa (94).

Constâncio, Vítor (1943): economista, professor universitário e político. Participou na crise acadêmica de 62. Fundador da SEDES. Secretário de Estado do Plano (74) e do Orçamento e Planeamento (75-76). Membro (75) e dirigente do PS. Deputado (76-77; 80-82; 87-90). Ministro das Finanças (78). Governador do Banco de

Portugal (85-86). Secretário-geral do PS (86-88).
Contreiras, C. de Almada (1941): oficial da Marinha. Membro da Comissão Coordenadora do Programa do MFA, do Conselho de Estado e do Conselho da Revolução.
Correia, A. Ferrer (1912): professor universitário e político. Professor da Faculdade de Direito da Universidade de Coimbra (40) e seu reitor (76-82). Membro (56) e presidente (93) do Conselho de Administração da Fundação Gulbenkian.
Correia, Eduardo (1915-1991): professor universitário e político. Diretor da Faculdade de Economia da Universidade de Coimbra (73). Ministro da Educação (74), e da Justiça (78-79).
Correia, Joaquim Alves (1886-1951): missionário da Congregação do Espírito Santo. Animador do jornal *Era Nova* (anos 30). Um artigo no *República* em 23.10.45 levou-o ao exílio nos EUA.
Correia, Manuel Alves (1881-1948): sacerdote da Ordem dos Franciscanos Menores. Fez parte do grupo da chamada oposição intelectual que se reunia na Bertrand.
Cortesão, Armando (1891-1977): historiador e professor universitário.
Cortesão, Eduardo Luís (1919-1991): médico psiquiatra e professor universitário. Afastado da universidade por motivos políticos. Diretor do Hospital Miguel Bombarda.
Cortesão, Jaime (1884-1960): médico, historiador e político. Deputado pelo Partido Democrático (15-17). Diretor da Biblioteca Nacional (19-22). Fundador da *Seara Nova* (21). Exilado (27-57). Presidente da Sociedade Portuguesa de Escritores (58).
Costa Filho, Afonso (1900-1990): advogado. Membro da US, Munaf e MUD.
Costa, A. Celestino da (1884-1956): médico e professor universitário. Diretor da Junta Nacional de Educação (34). Diretor da Faculdade de Medicina de Lisboa (46-49). Afastado do ensino por motivos políticos (54).
Costa, Adelino Amaro da (1943-1980): engenheiro civil e político. Fundador do CDS, seu secretário-geral (74-75) e vice-presidente (75-80). Deputado (75-80). Presidente do Grupo Parlamentar do CDS (76). Ministro da Defesa (80).
Costa, Alfredo Duarte (1946): diplomata. Diretor dos Serviços de Informação e Imprensa do Ministério dos Negócios Estrangeiros (76-77). Conselheiro de imprensa na embaixada de Madri (77). Administrador da ANOP (depois de 25.11.75). Chefe de Divisão da Direção de Serviços da Europa (90). Consultor para as Relações Internacionais da Casa Civil do presidente da República (91).
Costa, Almeida e (1932): oficial da Marinha. Membro da Comissão Coordenadora do MFA — Moçambique. Participou nas negociações de Lusaka. Foi responsável pela organização das eleições constituintes. Ministro da Administração Interna (75-76). Membro do Conselho da Revolução (75-81). Governador de Macau (81-86).
Costa, Augusto M. Sá da (1913): matemático e professor universitário. Foi afastado do ensino por razões políticas. Investigador na Suíça (43-46). Diretor do Grêmio Nacional dos Livreiros e Editores (59).
Costa, Carlos (1928): político. Membro do PCP (43). Fundador e membro da Comissão Central do MUDJ. Integrou o Secretariado do Comitê Central do PCP (60). Membro da Comissão Central de Controle e Quadros. Deputado (87-91).
Costa, Francisco Ramos da (1913-1982): economista e político. Membro do Comitê Central do PCP, que abandonou (51). Membro do MUD. Conselheiro econômico de N. de Matos (49) e de H. Delgado (58). Fundador e dirigente da FPLN. Participou nos golpes da Sé (59) e de Beja (61). Exilado em França (61-74). Funda-

dor e dirigente da ASP e do PS. Embaixador em Belgrado (74-77) e Copenhague (77-79).

Costa, João Bénard da (1935): ensaísta e crítico de cinema. Presidente da JUC (57). Chefe de redação (63-69) e diretor (69-70) de *O Tempo e o Modo*. Candidato a deputado pela CDE (69). Fundador do MES e do GIS. Subdiretor (80-91) e diretor (91) da Cinemateca Portuguesa.

Costa, José Luís Mota (1920-1988): professor de Matemática e diretor do Colégio Moderno (68-88).

Costa, Nataniel (1922-1995): diplomata e crítico literário. Fundador do Estúdio Cor. Diretor-geral das Relações Culturais Internacionais.

Coutinho, António Rosa (1926): oficial da Marinha e empresário. Comandante da fragata *Almirante Pereira da Silva* (72-74). Membro da Junta de Salvação Nacional (74). Presidente da Junta Governativa de Angola (74).

Crespo, Rodolfo (1942): político. Exilado. Membro da ASP. Fundador do PS. Fundou em Paris o jornal *Unidade* (73). Deputado ao Parlamento Europeu (85-87).

Crespo, Vítor (1932): oficial da Marinha. Membro do MFA. Alto comissário e comandante das Forças Armadas em Moçambique (74-75). Fez parte do Grupo dos Nove. Ministro da Cooperação (75-76). Membro do Conselho da Revolução.

Cruz, Liberto da (1935): escritor. Oposicionista. Fundou a revista *Sibila* (61). Assistente da Universidade de Rennes e Vincennes (67-88). Fundador do PS. Adido cultural da embaixada de Portugal em Paris (75-88).

Cunha, Celso Ferreira da (1917-1989): ensaísta e professor universitário brasileiro. Diretor da Biblioteca Nacional do Rio de Janeiro (56-60).

Cunha, Helder Mendonça e (1921-1992): diplomata. Chefe do protocolo do Estado (71-75). Embaixador em Atenas (75-80), Buenos Aires (80-82) e Vaticano (83-85). Chefe do Protocolo (82-83).

Cunha, J. Ferreira da (1928): oficial do Exército. Chefe de gabinete de Costa Gomes no Estado-maior General das Forças Armadas e na Presidência da República. Secretário de Estado da Comunicação Social no VI Governo Provisório (75-76).

Cunha, Maria da Graça Amado da: pianista. Colaboradora de Lopes-Graça. Oposicionista.

Cunhal, Álvaro (1913): político. Membro do PCP (31). Secretário-geral das Juventudes Comunistas (35). Membro do Comitê Central (36). Participou na reorganização do PCP (40-41). Secretário-geral do PCP (61-92). Ministro sem pasta (74-75). Presidente do Conselho Nacional do PCP (92-96).

Cunhal, Avelino (1887-1966): advogado, pintor, desenhador e dramaturgo. Colaborador da *Seara Nova* e *Vértice*. Oposicionista.

Curto, Francisco Marcelo (1937): advogado e político. Participou nas lutas estudantis (60). Candidato a deputado pela oposição (69 e 73). Colaborou no movimento intersindical desde 70 e na criação da UGT. Fundador e dirigente do PS. Secretário de Estado do Trabalho (75). Deputado (75; 77-87). Ministro do Trabalho (76-77).

Curto, Ramada (1886-1961): advogado, escritor e político. Membro do Grande Oriente Lusitano. Participou na preparação do 5 de outubro. Ministro das Finanças (19) e do Trabalho (20). Membro do Partido Socialista Português (19). Oposicionista.

Cutileiro, José (1934): diplomata. Conselheiro cultural na embaixada de Portugal em Londres (74-77). Representante permanente de Portugal no Conselho da Europa (77-80). Embaixador em Maputo (80-83), Estocolmo (84), na OCDE (85-87) e África do Sul (89-91). Secretário-geral da UEO (94).

Daniel, Jean (1920): jornalista e escritor francês. Fundador e diretor do *Nouvel Observateur*.
De Martino, Francesco (1907): jurista e político italiano. Dirigente do Partido Socialista Italiano — PSI. Deputado (48-82). Vice-primeiro-ministro (68-72). Secretário-geral do PSI (72-76). Senador (83).
Delgado, Humberto (1906-1965): oficial da Força Aérea e político. Diretor-geral da Aeronáutica Civil (44). Chefe da Missão Militar Permanente de Portugal na OTAN em Washington (52-58). Candidato à Presidência da República (58). Afastado do serviço militar ativo (59) e demitido (60). Pediu asilo político ao Brasil (59). Assassinado por agentes da PIDE.
Delgado, Iva (1940): licenciada em Filosofia. Filha de Humberto Delgado. Diretora de serviços na Secretaria de Estado da Cultura.
Den Uyl, Johannes Marten ("Joop") (1919-1987): político holandês. Membro (46) e dirigente do Partido do Trabalho. Deputado (56-65; 67-73). Ministro dos Assuntos Econômicos (65-66). Primeiro-ministro (73-81). Vice-primeiro-ministro e Ministro dos Assuntos Sociais (81-82). Líder da oposição no Parlamento (82-86).
Dias, Alberto (1892): operário anarcossindicalista. Afastou-se da CGT (34). Membro da Comissão Central do MUD (46-48). Falecido.
Dingels, Hans-Eberhard (1930): político alemão. Membro do Partido Socialdemocrata Alemão — SPD e seu secretário internacional (61-95). Conselheiro do presidente da Internacional Socialista.
Dionísio, Mário (1916-1993): escritor, ensaísta e professor universitário. Membro do PCP até 52.
Diouf, Abdou (1935): político senegalês. Membro da União Progressista Senegalesa (61). Ministro do Plano e da Indústria (68-70). Primeiro-ministro (70-81). Membro da Comissão Política do PS do Senegal (78). Presidente da República (81).
Direito, Victor Norberto Lopes (1930): jornalista e empresário. Chefe de redação do *Diário de Lisboa*. Colaborador do *República* e de *A Luta*. Fundador do *Correio da Manhã* (79).
Domingues, Manuel (m.1951): operário vidreiro e político. Membro do PCP desde o início dos anos 30. Fez parte do grupo dos reorganizadores (40-41). Membro do Comitê Central. Apareceu morto em condições ainda por esclarecer.
Duarte, Jaime Carvalhão (1897-1972): professor primário e jornalista. Afastado do ensino por motivos políticos. Diretor do *República* (41-71).
Duarte, José Manuel (1924-1992): advogado e político. Oposicionista à ditadura. Depois do 25 de Abril, foi deputado e governador civil de Lisboa. Membro e dirigente do PS. Cunhado de Mário Soares.
Durão, Rafael Ferreira (1931): oficial do Exército. Membro do Conselho de Estado (74). Então coronel pára-quedista, foi preso por envolvimento no 11 de março.
Duroselle, Jean-Baptiste (1917-1994): historiador e professor universitário francês. Diretor do Centro de Estudos de Relações Internacionais (58-69).

Eanes, António Ramalho (1935): oficial do Exército e político. Membro do MFA. Chefiou as operações militares no 25 de novembro de 75. Chefe do Estado-maior do Exército (75-76). Chefe do Estado-maior General das Forças Armadas (76-81). Presidente da República (76-86). Presidente do PRD (86-87).
Erlander, Tage Fritiof (1901-1985): político sueco. Presidente do Partido Social-democrata. Primeiro-ministro (46-68).
Erzog Mugica, Enrique (1932): político e advogado espanhol. Antigo membro do PCE. Membro do Comitê Executivo do PSOE. Ministro da Justiça (88-91).
Esperança, A. Assis (1892-1975): escritor. Fundou e dirigiu o semanário teatral *A Crítica* (17). Fundador da Sociedade Por-

tuguesa de Escritores (56). Precursor do neo-realismo. Oposicionista.

Fabião, Carlos (1930): oficial do Exército. Governador da Guiné nomeado pela JSN (74). Chefe do Estado-maior do Exército (74-75). Membro da JSN, Conselho de Estado, Conselho dos Vinte e Conselho da Revolução.
Fafe, José Fernandes (1927): poeta, ensaísta e diplomata. Colaborador da *Seara Nova* e *Vértice*. Embaixador em Havana (75-77), Cidade do México (77-81), itinerante para a Área da Cultura (84-86), Cidade da Praia (86-90) e Buenos Aires (90).
Faria, Estrela da Liberdade Alves (1910-1976): pintora. Oposicionista.
Feio, Areosa (1922): engenheiro. Membro do PCP, MUDJ, MND e CEUD.
Fernandes, A. Gomes Pastor: oficial do Exército. Presidiu ao Movimento Militar Independente, que procurou levar a cabo a Revolta da Sé (59). Preso e deportado.
Fernandes, Vasco da Gama (1908-1991): advogado, escritor e político. Oposicionista. Fundador do Partido Trabalhista (45). Fundador e dirigente do PS. Presidente da Assembléia da República (76-77). Fundador do PRD.
Ferrão, Carlos (1898-1979): professor e jornalista. Trabalhou no *Século*, *Vitória*, *Capital*, *Pátria* e *Diário de Lisboa*. Oposicionista. Destacou-se como cronista internacional durante a Segunda Guerra Mundial. Diretor da *Vida Mundial* (68).
Ferrão, Fernando Abranches (1908-1985): advogado. Oposicionista. Dirigiu o *Jornal do Foro* (37-74). Membro do Conselho Geral da Ordem dos Advogados (52-71) e seu vice-presidente (60-71). Militante do PS.
Ferraz, José Joaquim de Freitas (1921): historiador.
Ferreira, Alberto (1920): escritor, ensaísta e professor universitário. Colaborou na *Seara Nova* e *Vértice*. Militante comunista. Professor da Faculdade de Letras (77).
Ferreira, Arménio (1920): médico e político luso-angolano. Militante do PCP (41-74). Fundador da Casa dos Estudantes de Angola (43) e da Casa dos Estudantes do Império (44). Membro fundador do MPLA e seu representante máximo em Portugal (74-77).
Ferreira, Eduardo Paz (1953): jurista e professor universitário. Membro do PS. Integrou o Movimento Reformador (79).
Ferreira, Eurico (1912): advogado em Santarém e depois em Lisboa. Fundador da RRS e da ASP.
Ferreira, José Gomes (1900-1985): escritor. Colaborou na *Presença*, na *Seara Nova* e no *Novo Cancioneiro*. Cônsul na Noruega (25-30). Militante do PCP (79).
Ferreira, José Lemos (1929): oficial da Força Aérea. Subchefe (75-77) e chefe (77-84) do Estado-maior da Força Aérea. Chefe do Estado-maior General das Forças Armadas (84-89).
Ferreira, José Medeiros (1942): historiador, político e professor universitário. Dirigente estudantil na crise acadêmica de 62. Candidato a deputado pela oposição (65). Exilado na Suíça (68-74). Membro e dirigente do PS (75-78). Deputado (75, 79, 85, 95). Secretário de Estado dos Negócios Estrangeiros (75-76). Ministro dos Negócios Estrangeiros (76-77). Fundador e dirigente do PRD (85-87). Deputado ao Parlamento Europeu (86-89). Regressou ao PS (91).
Ferreira, Luís Casanova (1931): oficial do Exército. Membro do MFA. Participou no 16 de março de 74, sendo libertado no dia 25 de abril. Comandante da PSP (74-75). Preso no 11 de março.
Ferro, António (1895-1956): jornalista, escritor e político. Diretor do SPN/SNI (33-50).
Figueiredo, Eduardo (1904): advogado. Oposicionista. Vice-presidente do Conselho Geral da Ordem Advogados (54-56). Falecido.

Figueiredo, Eurico (1938): médico, professor universitário e político. Membro do MUDJ (55) e do PCP (58-68). Dirigente estudantil na crise de 62. Exilado na Suíça (65-76). Membro do PS (74). Deputado (desde 83).

Figueiredo, Fernando Homem de: ferroviário. Membro da RRS e da ASP. Falecido.

Figueiredo, Nuno Fidelino de: economista. Membro da Comissão Central do MUDJ (46-48). Expatriou-se para o Brasil. Professor da Universidade de São Paulo.

Fogaça, Júlio (1907-1980): político. Militante do PCP desde o princípio dos anos 30. Membro do Secretariado (35). Dirigiu a reorganização do PCP (40-41). Expulso (61).

Fonseca, A. Branquinho da (1905-1974): escritor. Fundador da revista *Presença* (27) e *Sinal* (30).

Fonseca, Fernando da (1895-1974): médico e professor universitário. Foi afastado da universidade por motivos políticos (47). Vogal da Junta Consultiva do MUD.

Fonseca, Manuel da (1911-1993): escritor. Fez parte do grupo do *Novo Cancioneiro*. Membro do PCP desde final dos anos 30 até meados de 50, regressando depois do 25 de Abril.

Fontoura, Carlos Alberto da (1912): militar e diplomata brasileiro. Chefe do Serviço Nacional de Informações (69). Embaixador em Lisboa (74-76).

Ford, Gerald (1913): político norte-americano. Membro do Partido Republicano. Membro do Congresso (49-73) e líder da Minoria Republicana (65-73). Vice-presidente (73-74) e presidente dos EUA após a demissão de Richard Nixon (74-77).

Fraga Iribarne, Manuel (1922): político espanhol. Ministro da Informação e Turismo (62-69) e do Interior (75-76). Embaixador no Reino Unido (73-75). Fundador (76) e dirigente da Alianza Popular, posteriormente Partido Popular. Deputado ao Parlamento Europeu (87-89). Presidente da Junta Autônoma da Galícia (89).

França, José-Augusto (1922): historiador de arte, ensaísta e professor universitário. Membro dos primeiros grupos surrealistas de Lisboa.

França, Olívio da Silva (1901-1981): advogado e político. Membro do Grande Oriente Lusitano. Membro da US, Munaf, MUD e DDS. Membro do Conselho Distrital da Ordem dos Advogados (50). Deputado pelo PPD (75-79). Fundador da ASDI (79).

Franco, António Sousa (1942): jurista, professor universitário e político. Participou na crise estudantil de 62. Dirigente da JUC (63-65). Membro (74) e dirigente do PPD. Secretário de Estado das Finanças (76). Deputado (76-79; 80-81). Abandonou o PSD (79). Fundador da ASDI. Presidente do Conselho Diretivo da Faculdade de Direito de Lisboa (79-85). Ministro das Finanças (79-80; 95). Presidente do Tribunal de Contas (86-95).

Freire, A. Pinho (1935): oficial da Força Aérea. Membro do MFA. Membro da JSN e do Conselho da Revolução. Comandante da I Região Aérea (75).

Freitas, Custódio Maldonado (1917-1994): médico. Membro da FJCP, PCP, Munaf e MUDJ.

Galbraith, John Kenneth (1908): economista e professor universitário norte-americano. Conselheiro de J. F. Kennedy. Embaixador na Índia (61-63).

Galvão, Henrique (1895-1970): oficial do Exército, escritor e político. Governador de Huíla (29). Diretor da I Exposição Colonial (34), da Emissora Nacional (35) e da Exposição Colonial dos Centenários (39-40). Deputado (46-49). Chefiou uma tentativa de golpe militar (52). Expulso do Exército (58), comandou o assalto ao Santa Maria (61).

Gama, A. Sebastião da (1924-1952): poeta. Colaborou nas revistas *Távola Redonda* e *Árvore*.

Gama, Jaime (1947): político. Membro (68) e dirigente da ASP. Candidato a deputado pela CEUD (69). Fundador e dirigente do PS. Deputado (75-78; 79-83; 85-95). Membro da Comissão Política do MASP I e II. Ministro da Administração Interna (78) e dos Negócios Estrangeiros (83-85 e 95).

Gamito, José Noronha (1922): diplomata. Ministro plenipotenciário em Montevidéu (72-74), Lima (74-79) e Túnis (79-81). Inspetor diplomático e consular (81-84). Embaixador em Estocolmo (84).

Gandhi, Indira (1917-1984): política indiana. Filha de Nehru. Membro do Partido do Congresso da Índia (38) e sua presidente (59). Ministra da Informação e Radiodifusão (64-66). Primeira-ministra (66-77; 80-84). Foi assassinada.

Garção, Fernando Mayer (1903-1987): advogado e político. Membro da US, Munaf e da Comissão Central do MUD.

Gasparian, Fernando: escritor, editor e político brasileiro. Membro do Movimento Democrático Brasileiro — MDB. Fundador do Partido Socialdemocrata Brasileiro.

Gaudêncio, Amadeu (1890-1980): construtor civil. Republicano democrático e membro do Grande Oriente Lusitano.

Giscard d'Estaing, Valéry (1926): político francês. Ministro da Economia (62-66; 69-74). Presidente da República (74-81). Candidato à Presidência da República (81). Presidente da União para a Democracia Francesa — UDF (88).

Godinho, José Magalhães (1909-1994): advogado e político. Fundador do Munaf, US, MUD e ASP. Apoiou as candidaturas de N. de Matos (49), Q. Meireles (51) e H. Delgado (58) à Presidência da República. Fundador e dirigente do PS. Deputado (75-76). Presidente da Comissão do Livro Negro sobre o Regime Fascista (76-85). Provedor de Justiça (76-80). Vice-presidente do Tribunal Constitucional (83-89).

Godinho, José Marques (1881-1947): oficial do Exército. Comandante militar dos Açores (41-42). Vogal do Conselho Superior de Disciplina do Exército (47). Preso por envolvimento no golpe de 10 de abril de 47. Morreu na prisão.

Godinho, Vitorino Magalhães (1918): historiador e professor universitário. Membro da US, Munaf e MUD. Afastado por motivos políticos da universidade (62), exilou-se em França. Ministro da Educação (74). Diretor da Biblioteca Nacional (84).

Gomes, Alfredo Pereira: matemático e professor universitário. Demitido da Universidade do Porto. Trabalhou como investigador na Suíça e em França e foi professor da Faculdade de Ciências de Lisboa.

Gomes, António Ferreira (1906-1989): eclesiástico. Bispo do Porto (52). Enviou uma carta a Salazar criticando a situação política e social (58). Exilado (59-69). Participou na preparação do Concílio do Vaticano II.

Gomes, António Sousa (1936): engenheiro e político. Presidente da JUC e da Federação Européia de Estudantes Católicos (60). Fundador da SEDES e seu presidente (74). Administrador da RTP (74-75). Ministro do Plano e Coordenação Econômica (76-78) e da Habitação e Obras Públicas (78).

Gomes, Bernardino (1944): político. Membro da ASP. Fundador e dirigente do PS. Adjunto do gabinete do ministro dos Negócios Estrangeiros (75) e do ministro sem pasta (75). Diretor do Gabinete de Estudos e Planeamento do Ministério dos Negócios Estrangeiros (77-82). Chefe do gabinete do primeiro-ministro (83-85). Presidente da Associação Tratado do Atlântico (88).

Gomes, Francisco da Costa (1914): oficial do Exército e político. Subsecretário de Estado do Exército (58-61). Comandante da Região Militar de Moçambique (67-69). Comandante-chefe das Forças

Armadas em Angola (70-72). Chefe do Estado-maior General das Forças Armadas (72-74; 74). Presidente da República (74-76). Marechal (80).

Gomes, Gualdino (1858-1958): jornalista e crítico de artes e letras.

Gomes, Jaime Pereira: engenheiro civil. Membro do PCP.

Gomes, João (1934): jornalista. Membro do PS. Deputado (75-78). Trabalhou no *República* e em *A Luta*. Diretor do *Diário de Notícias* (76-78). Secretário de Estado da Comunicação Social (78).

Gomes, João Varela (1924): oficial do Exército. Participou na Revolta da Sé (59). Candidato pelo oposição (61). Chefe militar do golpe de Beja (62). Reintegrado nas Forças Armadas (74). Participou no 25 de novembro. Exilado em Moçambique (75-79).

Gomes, Mário de Azevedo (1885-1965): silvicultor e político. Professor catedrático do Instituto Superior de Agronomia (15-46; 51-59). Ministro da Agricultura (23-24). Membro do MUD e do DDS.

Gomes, Rui Luís (1905-1984): matemático, professor universitário e político. Demitido por razões políticas da Universidade do Porto (47). Fundador do MUD e do MND. Viu a sua candidatura à Presidência da República rejeitada (51). Exilado na Argentina e no Brasil (58-74). Membro do Conselho de Estado (74).

Gomes, Soeiro Pereira (1909-1949): escritor neo-realista. Membro do Comitê Central do PCP.

Gonçalves, Avelino Pacheco (1939): sindicalista e membro do PCP. Ministro do Trabalho (74). Deputado (75-76). Membro suplente do Comitê Central (desde 76).

Gonçalves, José Carlos: funcionário do PCP. Membro do MUDJ.

Gonçalves, Vasco (1921): oficial do Exército e político. Participou na preparação do 25 de Abril, sendo o militar mais graduado do movimento. Membro da Comissão Coordenadora do MFA e do Conselho da Revolução (75). Primeiro-ministro do II, III, IV e V Governos Provisórios (74-75).

González Márquez, Felipe (1942): político espanhol. Membro das Juventudes Socialistas (62) e do Partido Socialista Operário Espanhol — PSOE (64). Secretário-geral do PSOE (74). Primeiro-ministro (82-96). Vice-presidente da Internacional Socialista (82).

Gorbachov, Mikhail (1931): político soviético. Membro do PCUS (52), do Comitê Central (71). Secretário dos Assuntos Agrícolas (79-85). Secretário-geral do PCUS (85-91). Presidente da URSS (90-91). Prêmio Nobel da Paz (91). Candidato à Presidência da Federação Russa (96).

Goulão, João (1934): engenheiro agrônomo. Conselheiro da OCDE. Secretário de Estado da Agricultura (79-80).

Gouveia, Acácio (1900-1974): advogado. Membro da Comissão Nacional da candidatura presidencial de Delgado (58). Membro do DDS e da ADS. Candidato a deputado (61, 65). Dirigente do PPD (74).

Grácio, Rui (1921-1991): pedagogo e político. Membro do PCP (anos 40) e da Comissão Central do MUD (46-48). Apoiou as candidaturas de N. de Matos (49) e H. Delgado (58) à Presidência da República. Fundador e dirigente do PS. Secretário de Estado da Orientação Pedagógica (74-75).

Gravas, Costa (1933): cineasta grego.

Gregório, José (1908-1961): operário vidreiro. Membro do PCP (33). Dirigiu a insurreição operária da Marinha Grande (34). Participou na reorganização do PCP (40-41). Membro do Secretariado do Comitê Central (43-55).

Gromiko, Andrei (1909-1989): político soviético. Membro do PCUS (31), do Comitê Central (56), do Politburo (73). Embaixador nos EUA (43-46) e no Reino Unido (52-53). Representante no Conselho de Segurança da ONU (46-49). Ministro dos Negócios Estrangeiros (57-85). Chefe de Estado da URSS (85-88).

Grunwald, Günter (1924): político alemão. Membro do Partido Socialdemocrata Alemão — SPD e seu dirigente. Diretor da Fundação Friedrich Ebert (57-86).
Guedes, Manuel (1909-1983): político. Membro da Organização Revolucionária da Armada e do PCP (31). Participou na reorganização do PCP (40-41). Membro do Secretariado do Comitê Central (43-52).
Guerra González, Alfonso (1940): político espanhol. Membro das Juventudes Socialistas (60) e do Partido Socialista Operário Espanhol — PSOE (64). Deputado (77). Vice-secretário-geral do PSOE (79). Vice-primeiro-ministro (82-91).
Guerra, Álvaro (1936): escritor e diplomata. Redator do *República* (72-75). Fundador de *A Luta* (75). Assessor do presidente da República (76-77). Embaixador na Iugoslávia (77-84), no Zaire (84-88) e na Índia (88-92). Representante junto do Conselho da Europa (95).
Guerra, J. P. Miller de Lemos (1911-1993): médico, professor universitário e político. Deputado pela Ala Liberal (69-72). Membro e dirigente do PS. Deputado (75-76).
Guerreiro, Emídio (1900): político e empresário. Combateu na Guerra Civil de Espanha e na Segunda Guerra Mundial em França, onde ficou exilado até 74. Fundador da LUAR (67). Secretário-geral do PPD (75), que abandonou (75).
Guerreiro, M. Martins (1941): oficial da Marinha. Membro do MFA. Chefe do Estado-maior da Armada (75). Membro do Conselho da Revolução.
Guillén, Nicolás (1904-1989): poeta e escritor cubano. Exilado em Paris durante a ditadura de Fulgencio Baptista (52-58).
Guisado, Alfredo Pedro (1891-1975): jornalista e poeta. Colaborou no *Orpheu*. Membro do Partido Republicano. Governador civil de Lisboa. Oposicionista. Vice-diretor do *República*.
Guterres, António (1949): engenheiro e político. Membro da JUC e da SEDES (72). Membro (74) e dirigente do PS. Deputado (76-83; 85-95). Membro da Comissão Política do MASP I e II. Secretário-geral do PS (92). Presidente do Grupo Parlamentar do PS. Primeiro-ministro (95).

Hastings, Adrian (1929): sacerdote e professor universitário britânico. Trabalhou em vários países africanos. Em julho de 73 denunciou no *Times* o massacre de Wiriamu — Moçambique (de dezembro de 72).
Heleno, M. Domingues (1894-1970): arqueólogo e professor universitário. Diretor do Museu Etnológico (29). Fundou o Instituto de Arqueologia, História e Etnografia e a revista *Ethnos*.
Houtard, François: cônego belga da Universidade de Lovaina.
Howe, Marvin: jornalista norte-americana. Trabalhou no *New York Times*. Vários anos correspondente em Lisboa.

Inácio, Hermínio da Palma (1922): empresário e político. Sabotou aviões militares no golpe de abril de 47. Autor do desvio do avião comercial da TAP (61). Dirigente da LUAR. Comandou o assalto à agência do Banco de Portugal da Figueira da Foz (67). Militante do PS (76)
Inês, Artur Lopes (1898-1968): jornalista e escritor. Oposicionista. Fundador e diretor de *O Diabo* (34-35). Chefe de redação do *República* (45).
Inglês, Carlos Aboim (1930): político. Membro e dirigente do MUDJ (46-52). Aderiu ao PCP (46). Membro suplente do Comitê Central (58), membro efetivo (74). Eleito deputado ao Parlamento Europeu (89).
Inglês, Maria Isabel Aboim (1902-1963): professora e política. Fundadora do Colégio Fernão Magalhães, encerrado pelo regime (49). Afastada da universidade (42).

Membro da Comissão Central do MUD. Candidata a deputada pela oposição (61).

Janeiro, António (1945-1986): empregado de escritório, sindicalista e político. Membro (75) e dirigente do PS. Presidente do Sindicato dos Trabalhadores de Escritório, Comércio, Serviços e Turismo — Sitese (78-86). Fundador e dirigente da UGT. Deputado (80-86).

Ji Peng Fei (1910): político chinês. Ministro dos Negócios Estrangeiros (72-74). Vice-primeiro-ministro (75). Responsável pelas Relações Internacionais do Comitê Central do Partido Comunista da China (75).

Joanides, Alleco: jornalista grego. Diretor da Reuters. Foi nos últimos anos de governo de Salazar correspondente em Lisboa.

Jorgensen, Anker (1922): político dinamarquês. Líder do Partido Socialdemocrata (73-87). Primeiro-ministro (72-73; 75-82).

Jospin, Lionel (1937): político francês. Membro do Partido Socialista (71) e seu primeiro-secretário (81-88). Ministro da Educação (88-92). Candidato à Presidência da República (95).

Judas, José Miguel (1948): oficial da Marinha. Membro da Comissão Coordenadora do Programa do MFA e do Conselho da Revolução.

Kadhafi, Muamar Al (1941): militar e político líbio. Chefiou o golpe militar que derrubou o rei Idris (69). Presidente do Conselho Revolucionário. Representante do pan-islamismo.

Karol, K. S. (1924): jornalista de origem polaca. Cronista do *Nouvel Observateur*. Especialista em questões do Leste europeu.

Kent, Victoria (1898-1987): política e jurista espanhola. Durante a República foi diretora-geral das prisões. Deputada (31-36). Posteriormente exilou-se em França, México e Estados Unidos.

Kissinger, Henry (1923): político e professor universitário norte-americano de origem alemã. Consultor da Presidência para a Política Externa (69). Secretário de Estado (73-77). Prêmio Nobel da Paz (73).

Kreisky, Bruno (1911-1990): político austríaco. Ministro dos Negócios Estrangeiros (59-66). Presidente do Partido Socialista Austríaco (67-87). Chanceler federal (70-83).

La Feria, Ramon de (1919): médico. Membro do MUDJ. Participou no golpe de Henrique Galvão (52). Apoiou a candidatura de H. Delgado à Presidência da República (58). Presidente da comissão de unidade entre a CEUD e a CDE (69). Membro do PS. Grão-mestre do Grande Oriente Lusitano (90-93).

La Pira, Giorgio (1904-1977): jurista e político italiano. Deputado pela Democracia Cristã (48-58). Membro do governo (48).

La Rose, Conde François de (1910): diplomata francês. Embaixador em Lisboa (64-69).

Lacombe, Gabriel: jornalista francês. Foi vários anos correspondente da France-Presse em Lisboa. Falecido.

Lagoa, Vera — pseudônimo de Maria Armanda Falcão (1917): jornalista. Oposicionista. Apoiou H. Delgado (58). Precursora da crônica social. Depois do 25 de Abril colaborou no *Tempo*. Foi subdiretora de *O País*. Fundou e dirigiu *O Sol* e *O Diabo* (desde 76).

Lamas, Maria (1893-1983): escritora e pedagoga. Membro do MUD e do MND. Presidente do Conselho Nacional de Mulheres Portuguesas (46-47). Membro do PCP (50). Exilou-se em França (62-69).

Lapa, Manuel Rodrigues (1897-1989): ensaísta e professor universitário. Demitido por motivos políticos da universidade (35). Exilou-se no Brasil.

Leal, Artur Cunha (1918): advogado e político. Oposicionista. Membro da

ADS. Membro do PPD (74-79). Deputado.

Leal, Francisco da Cunha (1888-1970): engenheiro militar e político. Ministro das Finanças (20-23). Chefe do governo e ministro do interior (21-22). Reitor da Universidade de Coimbra (24-25). Líder do Partido Nacionalista (23). Fundador da União Liberal Republicana (25). Oposicionista.

Leber, Georg (1920): político alemão. Membro do Partido Socialdemocrata — SPD. Ministro dos Transportes (66-69), dos Transportes e Telecomunicações (69-72), e da Defesa (72-78).

Leclerc, Henry: advogado e jurista francês. Membro da Liga dos Direitos Humanos. Veio a Portugal inquirir sobre o desaparecimento ou morte de Humberto Delgado. Presidente da Liga dos Direitos Humanos em França.

Leiria, Mário Henrique (1923-1981): poeta e pintor. Fez parte do grupo surrealista (49).

Leite, José Pedro Pinto (1932-1970): advogado e político. Colaborador de *O Tempo e o Modo*. Líder da Ala Liberal. Deputado (69).

Lima, Henrique Ferreira de (1882-1949): oficial do Exército. Diretor do Arquivo Histórico Nacional.

Lima, Joaquim Pires de (1938): advogado. Oposicionista.

Lima, Sílvio (1904): ensaísta e professor universitário.

Lins, Álvaro (1912-1970): escritor e político brasileiro. Professor da Faculdade de Letras de Lisboa (52-54). Embaixador do Brasil em Portugal (56-59). Chefe da casa civil do presidente Kubitschek de Oliveira.

Lisboa, Eurico (1915): dramaturgo. Professor do Conservatório Nacional de Lisboa.

Llopis, Rudolfo (1895-1983): pedagogo e político espanhol. Durante a Guerra Civil foi secretário da Presidência do governo de Largo Cavallero. Exilado em França, foi dirigente do Partido Socialista até 74.

Lombardi, Nicola: jurista italiano. Ocupou-se do processo aberto em Itália sobre o crime de homicídio praticado contra Humberto Delgado.

Lomelino, António (1899-1981): funcionário público. Dirigente dos Centros republicanos Almirante Reis, Fernão Boto Machado, Alexandre Braga. Foi um dos principais organizadores das romagens do 5 de outubro ao Alto de São João. Membro do PS.

Lopes, Ernâni (1942): economista, professor universitário e político. Membro do PPD (74-79). Embaixador em Bonn (75-79) e junto das Comunidades Européias (79-83). Ministro das Finanças (83-85). Consultor do Banco de Portugal (85-89).

Lopes, Humberto (1918-1984): advogado. Membro do PCP. Colaborador de *O Diabo*, *Vértice* e *Sol Nascente*.

Lopes, J. da Silva (1932): economista. Fundador da SEDES. Secretário de Estado das Finanças (74). Ministro das Finanças (74-75; 78) e do Comércio Externo (75). Governador do Banco de Portugal (75-80). Deputado independente pelo PRD (85-87). Administrador residente do Banco Europeu para a Reconstrução e o Desenvolvimento — BERD (91-93). Presidente do Conselho Econômico e Social (96).

Lopes, Óscar (1917): ensaísta e professor universitário. Diretor da Faculdade de Letras da Universidade do Porto (74-76). Militante do PCP (47), membro do Comitê Central.

Lopes, Serra (1934): advogado.

Lopes-Graça, Fernando (1906-1994): compositor e musicólogo. Membro do PCP. Participou no Congresso Mundial dos Intelectuais pela Paz (48).

Loureiro, Fernando (1935): médico, sindicalista e político. Fundador do PS. Membro do Conselho Nacional da CGTP-IN (83).

Lourenço, António Dias (1915): político.

Membro do PCP (32), do Comitê Central (43), da Comisão Política (76).

Lourenço, Vasco (1942): oficial do Exército. Membro da Comissão Coordenadora do Programa do MFA. Membro do Conselho de Estado (74-75) e do Conselho da Revolução (75-82). Fez parte do Grupo dos Nove. Comandante da Região Militar de Lisboa (75-76). Governador Militar de Lisboa (76-78). Membro do MASP II.

Louro, João Soares (1933): profissional da comunicação social. Funcionário da RTP. Membro do PS (74). Deputado (76). Subsecretário de Estado da Comunicação Social (76-78). Presidente da RTP (78-80). Presidente da RDP.

Lousada, Nuno (1929): oficial do Exército. Membro do MFA de Moçambique.

Lowdon, Bruce: jornalista do *Sunday Times* que veio a Lisboa e denunciou no seu jornal o escândalo dos "Ballets Rose".

Lucena, Manuel de (1938): sociólogo. Membro da JUC. Participou na crise acadêmica de 62. Fundador de *O Tempo e o Modo*. Dirigente do MAR e da FPLN. Conselheiro político de Soares Carneiro (79-80).

Luís, Agustina Bessa (1922): escritora.

Luís, Alberto (1922): advogado. Membro do Conselho da Ordem dos Advogados de Lisboa.

Luz Junior, José Vieira da (1895): professor e conferencista. Dirigente do Centro Católico. Representante do Centro de Informação Pro Deo (44). Membro dos serviços de apoio à candidatura de Delgado (58). Falecido.

MacDonald, Ian: jurista britânico. Membro da Liga dos Direitos Humanos. Veio a Portugal inquirir sobre o desaparecimento ou morte de Humberto Delgado.

Macedo, A. Ferreira de (1887): matemático e professor catedrático da Universidade Técnica de Lisboa. Diretor da Universidade Popular (19). Secretário da Junta Consultiva do MUD (46). Falecido.

Macedo, António (1906-1989): advogado e político. Presidente do Centro Republicano Acadêmico em Coimbra (29). Membro do Munaf, US e MUD. Candidato a deputado pela oposição (57 e 65). Fundador e dirigente da ASP e do PS. Deputado (74-87). Membro do Conselho de Estado. Presidente honorário do PS.

Macedo, Jorge Borges de (1921-1996): historiador e professor universitário. Militante do PCP nos anos 40. Diretor da Faculdade de Letras da Universidade de Lisboa (64). Diretor do Arquivo Nacional da Torre do Tombo (90-96).

Machado, Fernando Utra (1882-1949): oficial do Exército. Governador-geral de Angola (15). Ministro das colônias (20). Membro do Partido Republicano e da União Liberal Republicana. Chefiou a insurreição militar de agosto de 31. Exilado em Espanha (31-39).

Machado, Lafayette (1902-1993): jornalista. Oposicionista ativo desde 26. Colaborou em *A Batalha*. Dirigente do Partido Socialista — SPIO. Membro do MUD e ASP. Fundador do PS.

Machado, Manuel Sá (1935-1976): diplomata. Fez parte do corpo diplomático português no Brasil (64-73).

Machel, Samora (1933-1986): político moçambicano. Membro da Frelimo (62), secretário da Defesa do Movimento (67) e seu presidente (69). Presidente da República Popular de Moçambique (75-86).

Machete, Rui (1940): advogado, professor universitário e político. Fundador da SEDES. Membro (74) e dirigente do PPD/PSD. Diretor do *Povo Livre* (74-75). Secretário de Estado da Emigração (75). Ministro dos Assuntos Sociais (75-76) e da Justiça (83-85). Administrador do Banco de Portugal (81-83). Vice-primeiro-ministro e ministro da Defesa (85). Presidente da Fundação Luso-americana para o Desenvolvimento (88).

Madariaga, Salvador (1886-1978): diplomata e professor universitário. Embaixador em Washington e Paris (31-34). Ministro da Justiça e Instrução Pública (34). Fundador da Internacional Liberal (47-52). Presidiu à Seção Cultural do Movimento Europeu (48-64).

Magalhães, J. M. Barbosa de (1879-1959): jurisconsulto e político. Ministro da Justiça (15), da Instrução Pública (17) e dos Negócios Estrangeiros (22). Bastonário da Ordem dos Advogados (33-36). Demitido por motivos políticos da Faculdade de Direito de Lisboa (41).

Magalhães, José de: médico. Membro da Junta Consultiva do MUD.

Maia, Fernando Salgueiro (1944-1992): oficial do Exército. Membro do MFA. Comandou as tropas da Escola Prática de Cavalaria que ocuparam o Terreiro do Paço e cercaram o Quartel do Carmo no 25 de Abril.

Malick, Adam (1917-1984): político indonésio. Ministro dos Negócios Estrangeiros (66-77). Presidente da Assembléia Geral das Nações Unidas (71-72). Vice-presidente da Indonésia (78-83).

Malveiro, Aprígio: secretário da Câmara de São Tomé. Aluno do Colégio Moderno, onde foi colega de Mário Soares.

Manso, Joaquim (1878-1956): jornalista. Governador civil de Vila Real. Fundou e dirgiu o *Diário de Lisboa* (21).

Manta, Abel (1888-1982): pintor da primeira geração do modernismo português.

Manuel 25 — alcunha de Manuel Ferreira Jerónimo (1930): operário e sindicalista. membro da Comissão de Trabalhadores da Lisnave (69). Membro e dirigente do PS. Fundador e dirigente da UGT e do Sindicato dos Metalúrgicos.

Marques, Álvaro Belo (1931): escritor e revisor.

Marques, Bernardo (1899-1964): pintor e desenhador. Artista da segunda geração do modernismo português.

Marques, Helena (1935): jornalista. Colaborou no *Diário de Notícias do Funchal* (57-71). Participou na campanha eleitoral oposicionista (69). Redatora de *A Capital*, *Jornal do Comércio*, *República* (74-75) e *A Luta* (75-78). Diretora-adjunta do *Diário de Notícias* (86-92).

Marques, Manuel Pedroso (1934): oficial do Exército e empresário. Participou no golpe de Beja (62). Exilado no Brasil. Fundador do PS.

Marques, Ofélia (1909-1952): pintora e ilustradora.

Martinet, Henry Gilles (1916): jornalista e político francês. Chefe de redação da France-Presse (44-48). Administrador do *Nouvel Observateur* (64). Membro do Partido Socialista Unificado — PSU (60)

Martins, Alfredo (1910-1989): licenciado pelo Instituto Superior de Ciências Econômicas e Financeiras. Funcionário superior do Colégio Moderno.

Martins, António Coimbra (1927): ensaísta, professor universitário e político. Fundador e dirigente da ASP e do PS. Embaixador em Paris (74-79). Ministro da Cultura (83-85). Deputado (85-86). Deputado ao Parlamento Europeu (86-94).

Martins, F. Rocha (1879-1952): jornalista e escritor. Membro do Grande Oriente Lusitano (06) e republicano (08). Após a proclamação da República tornou-se monárquico. Aderiu ao sidonismo. Vogal da Junta Consultiva do MUD (46).

Martins, J.I. da Costa (1938): oficial da Força Aérea. Apoiou H. Delgado (58). Participou na preparação do 25 de Abril. Membro da Comissão Coordenadora do MFA, do Conselho de Estado, do Conselho dos Vinte, do Conselho da Revolução. Ministro do Trabalho (74-75).

Mateus, Rui (1944): político e empresário. Exilado (64-74). Membro da ASP (70). Fundador e dirigente do PS. Secretário para as Relações Internacionais do PS (76-86). Assessor do primeiro-ministro (76-78). Deputado (79-87). Abandonou o PS (90).

Matos, Arnaldo (1939): advogado e político. Fundador e secretário-geral do MRPP, posteriormente PCTP/MRPP (70-80).

Matos, José Norton de (1867-1955): oficial do Exército e político. Governador-geral de Angola (12-15). Ministro das colônias (15) e da Guerra (15-17). Alto comissário para Angola (20-24). Embaixador em Londres (24-26). Grão-mestre do Grande Oriente Lusitano (29-35). Presidente do Conselho Nacional do Movimento de Unidade Nacional Antifascista — Munaf (43-45). Presidente da Junta Consultiva do MUD (45). Candidato à Presidência da República (49).

Matos, Nuno Godinho de (1949): advogado. Candidato pela CEUD (69). Membro da ASP. Fundador do PS.

Meany, George (1894-1980): sindicalista norte-americano. Presidente da American Federation of Labor — Congress of Industrial Organizations — AFL-CIO (55-79).

Medeiros, Fernando (1943): político. Exilado em Paris (64-70) e em Londres (70-74), participou na manifestação contra M. Caetano (73). Militante (75) e funcionário do PS. Responsável pela mobilização do PS em Lisboa (75) e pela campanha eleitoral (76). Membro da Assembléia Municipal de Lisboa (76-79). Funcionário do Parlamento Europeu (desde 83).

Medeiros, Humberto de Sousa (1915-1983): eclesiástico norte-americano de origem portuguesa. Bispo de Brownsville (66-70) e de Boston (70-73). Cardeal de Boston (73-83).

Megre, José Carlos (1937): gestor e homem de letras. Participou na crise acadêmica de 62. Vogal da Junta Central de Ação Católica (67-69). Candidato pela CEUD (69). Membro do GIS e do PS (78).

Meireles, Manuel Quintão (1880-1962): oficial da Armada e político. Participou no movimento de 28 de maio. Ministro dos Negócios Estrangeiros (28-29). Vogal do Supremo Tribunal Militar. Candidato oposicionista à Presidência da República (51).

Mello, António Vasco de (1938): empresário. Presidente do Conselho de Administração e diretor-geral da Companhia Portuguesa de Trefilaria (72-85). Fundador e presidente da CIP (74-80). Deputado pelo CDS (85-87). Membro do Conselho Diretivo da Fundação Luso-americana para o Desenvolvimento (85).

Mello, Jorge de (1921): empresário. Presidente do Grupo CUF e de várias empresas ligadas ao grupo (66-75). Exilou-se (75-80).

Mello, Maria Cristina de (1920): irmã de Jorge e José Manuel de Mello.

Melo [Peixoto], Eduardo de (1928): eclesiástico. Cônego da Sé Metropolitana e Primacial de Braga. Assistente da Ação Católica e delegado da Mocidade Portuguesa nos anos 60. Destacou-se na luta contra o comunismo em Braga (75).

Melo, Manuel da Costa e (1913): advogado. Membro do MUD, US, RRS e ASP. Foi um dos impulsionadores dos congressos de Aveiro. Fundador e dirigente do PS. Governador civil de Aveiro (76).

Mendes, Manuel (1906-1969): escritor e escultor. Membro da Comissão Central do MUD (45-47). Fundador da ASP.

Mendès-France, Pierre (1907-1982): político francês. Ministro da Economia (36). Primeiro-ministro (54-55). Fundador da União das Forças Democráticas. Membro do Partido Socialista Unificado.

Menez — nome artístico de Maria Inês Carmona Ribeiro da Fonseca (1926-1995): pintora.

Menezes, Joaquim Catanho (1926-1985): advogado e político. Membro do MUD. Apoiou a candidatura de H. Delgado à Presidência da República (58). Fundador e dirigente da ASP e do PS. Deputado (75-85). Administrador do *República* e de *A Luta*.

Mesquita, Mário (1950): jornalista e professor universitário. Membro da ASP. Fundador e dirigente do PS. Jornalista do *República* (71) e do *Jornal Novo*. Diretor do *Diário de Notícias* e do *Diário de Lisboa*.

Miguéis, José Rodrigues (1901-1980): es-

critor. Colaborador da *Seara Nova*. Membro do PCP desde o início dos anos 30. Radicou-se nos EUA (35).
Miguel, Firmino (1932-1991): oficial do Exército. Ministro da Defesa (74; 76-78). Chefe do Estado-maior do Exército (87-91).
Mitterrand, François (1916-1996): político francês. Deputado (46-58; 62-81). Ministro dos Antigos Combatentes (47-53), do Ultramar (50-52), do Interior (54-55) e da Justiça (56-57). Presidente da União Democrática e Social da Resistência — UDSR (53-58). Candidato à Presidência da República (65; 74). Fundador da Federação da Esquerda Democrática e Socialista (66). Secretário-geral do PSF (71-81). Presidente da República (81-95).
Mobutu, J. D. (1930): político zairense. Membro do exército colonial belga (48-56) e do Movimento Nacionalista do Congo (59). Chefe do Estado-maior do Exército após a independência. Presidente da República (desde 65) e do Conselho de Ministros (66).
Mollet, Guy (1905-1975): político francês. Secretário-geral do Partido Socialista (46-69). Primeiro-ministro (56-57).
Monge, Manuel (1937): oficial do Exército. Membro da Comissão Coordenadora do MFA. Participou no 16 de março de 74. Assessor de Spínola (74). Preso no 11 de março de 75. Comandante do Corpo de Intervenção da PSP (82). Assessor da Casa Militar do presidente da República (86-95).
Monjardino, Pedro (1910-1969): médico. Oposicionista.
Montegomery, R. J.: diplomata sul-africano. Embaixador em Lisboa (72-76).
Monteiro, Adolfo Casais (1908-1972): poeta, ensaísta e professor universitário. Em 31 entrou para a direção da *Presença*. Demitido do ensino liceal por motivos políticos (33). Radicou-se no Brasil (54).
Monteiro, Álvaro (1909-1982): advogado e político. Membro da US, Munaf e MUD. Candidato a deputado pela oposição (65 e 69). Membro da ASP. Fundador do PS.
Monteiro, Casimiro: agente da PIDE, considerado em julgamento autor material do assassinato de Humberto Delgado. Dado como desaparecido na África do Sul.
Monteiro, Domingos (1903-1980): escritor e advogado. Fundador da Editora Sociedade de Expansão Cultural (48).
Morais, Jaime (1882-1973): oficial da Armada. Membro do Grande Oriente Lusitano. Participou no 5 de outubro. Governador do Distrito do Congo (14-17). Governador-geral interino de Angola (17-18). Governador-geral da Índia (19-25). Participou na revolta de fevereiro 27. Membro do grupo dos Budas. Exilou-se em França, Espanha e no Brasil.
Morais, Manuel Tito de (1910): engenheiro e político. Dirigente do MUD. Fundador e dirigente da FPLN e da ASP. Fundador e Diretor do *Portugal Socialista* (67). Fundador e dirigente do PS. Secretário de Estado do Emprego (75-78). Deputado (75-89). Presidente da Assembléia da República (83-84). Membro da Comissão Política do MASP I e II. Presidente do PS (86-88).
Morais, Tito Augusto de (1880-1963): oficial da Marinha e político republicano. Combateu no 5 de outubro (10). Ministro da Marinha (19). Encarregado do governo do Estado da Índia. Vogal da Junta Consultiva do MUD. Membro da Comissão Central dos serviços de candidatura de N. Matos (49).
Morán, Fernando (1926): diplomata, político e escritor espanhol. Fundador do PSI (67), mais tarde PSP (74). Membro do PSOE (78). Ministro dos Assuntos Exteriores (82-85). Representante espanhol na ONU (85-87).
Moreira, Adriano (1922): jurista, professor universitário e político. Procurador da Câmara Corporativa (57-61). Subsecretário da Administração Ultramarina (60-61). Ministro do Ultramar (61-63). Membro

(77) e dirigente do CDS. Deputado (78-95). Presidente do CDS (85-88).

Morgado Junior, José: matemático e professor universitário. Oposicionista. Demitido da universidade por razões políticas (47). Fundador do MND.

Morin, Edgar (1921): sociólogo francês.

Morodo Leoncio, Raul (1935): advogado, professor universitário e político espanhol. Fundador do Partido Socialista do Interior (66), posteriormente Partido Socialista Popular. Membro das Cortes Constituintes (77-79). Embaixador extraordinário para os Assuntos Africanos (79-81) e junto da UNESCO (83-85). Deputado ao Parlamento Europeu (87-91). Embaixador em Lisboa (95).

Mota, Joaquim Magalhães (1935): advogado, consultor jurídico e político. Dirigente da JUC. Deputado à Assembléia Nacional pela Ala Liberal (69-73). Fundador da SEDES. Fundador e dirigente do PPD (74). Ministro da Administração Interna (74), sem pasta (74-75) e do Comércio Interno (75-76). Fundador da ASDI. Membro do PRD (85-87).

Moura, Francisco Pereira de (1925): economista e professor universitário. Católico progressista. Procurador da Câmara Corporativa (57-65). Candidato pela CDE (69). Demitido por razões políticas do funcionalismo público (73). Dirigente do MDP. Ministro sem pasta (74; 75).

Moura, Helena Cidade (1923): pedagoga e política. Pertenceu ao grupo de Estudos Sociais do Padre Abel Varzim (43-48). Candidata a deputada pela CDE (73). Dirigente do MDP/CDE. Deputada (79-85).Vice-presidente da Federação Internacional dos Direitos Humanos (95).

Moura, Luciano Serrão (1912): médico. Membro do PCP. Membro da Comissão Central do MUD (46-48).

Moura, Virgínia de (1915): engenheira. Membro do PCP (33), do Comitê Central (57). Membro do Munaf e MUD. Fundadora do MND. Deputada.

Namora, Fernando (1919-1989): médico e escritor neo-realista. Iniciou a coleção *Novo Cancioneiro* (41).

Negreiros, José Almada (1893-1970): escritor e artista plástico.

Nenni, Pietro (1891-1980): político italiano. Secretário-geral do Partido Socialista Italiano — PSI (44-76). Vice-primeiro-ministro e ministro dos Negócios Estrangeiros (46-47; 63-69).

Neto, Agostinho (1922-1979): político angolano. Membro do PCP e do MUDJ. Fundador e presidente do MPLA. Presidente da República Popular de Angola (75-79).

Neto, Francisco Lino (1918): engenheiro. Católico. Várias vezes candidato a deputado pela oposição (desde 57). Apoiou a candidatura de H. Delgado à Presidência da República (58). Participou na Revolta da Sé (59). Militante do PS.

Neves, Jaime (1936): oficial do Exército e empresário. Destacou-se como comandante do Regimento de Comandos da Amadora no 25 de novembro de 75.

Neves, José (1932): empregado de escritório e político. Emigrado em Londres, aderiu à ASP (70). Fundador do PS. Dirigente e funcionário do PS.

Neves, Mário (1912-1993): jornalista. Redator do *Diário de Lisboa* (31-68) e seu diretor-adjunto (58-68). Comissário-geral e vice-presidente da FIL e diretor-geral da AIP. Comissário-adjunto de Portugal para a Exposição Universal de Bruxelas (58). Embaixador em Moscou (74-77). Secretário de Estado da Emigração (79-80). Presidente da Comissão do Livro Branco dos Negócios Estrangeiros (77-82).

Niedergang, Marcel: jornalista francês do *Le Monde*. Foi durante muitos anos responsável pela cobertura da Península Ibérica e da América Latina.

Niemeyer, Oscar (1907): arquiteto brasileiro. Militante comunista. Dirigiu os trabalhos de construção de Brasília (56).

Nixon, Richard (1913-1994): político norte-americano. Membro do Partido Republicano (45). Vice-presidente dos EUA (53-60). Candidato à Presidência (60). Presidente dos EUA (69-74). Demitiu-se em conseqüência do escândalo Watergate.

Nogueira, Alberto Franco (1918-1993): diplomata, professor universitário e político. Ministro dos Negócios Estrangeiros (61-69).

Nogueira, Eurico Dias (1923): eclesiástico. Sacerdote (44). Bispo de Vila Cabral — Moçambique (64-72) e Sá da Bandeira — Angola (72-77). Arcebispo de Braga (77).

Novais, José António: jornalista espanhol de ascendência portuguesa. Correspondente do *Le Monde* em Espanha.

Novinsky, Anita: historiadora brasileira. Especialista em temas da Inquisição. Professora jubilada da Universidade de São Paulo.

Nunes, José Luís (1941): advogado e político. Participou nas crises acadêmicas de 62 e 65. Membro (67) e dirigente da ASP. Fundador e dirigente do PS. Deputado (desde 75). Vice-presidente da Assembléia da República (83). Presidente do Grupo Parlamentar do PS (83-86).

Nyerere, Julius K. (1922): político tanzaniano. Pertenceu aos Zanaki. Fundador da União Nacional Africana do Tanganhica (52). Presidente do Conselho de Ministros (60), conseguiu a independência (61). Presidente da República (62-85). Uniu o país ao Zanzibar, constituindo a República Unida da Tanzânia (64).

O'Brien, Barry: jornalista do *Sunday Times*.

Olavo, Carlos (1881-1958): advogado, escritor e político. Participou na greve acadêmica de 1907. Membro do Grande Oriente Lusitano. Vogal da Junta Consultiva do MUD. Membro do Conselho Superior da Ordem dos Advogados (45-56).

Oliveira, Carlos de (1921-1981): escritor neo-realista. Diretor da *Vértice*. Membro do PCP até meados dos anos 50.

Oliveira, César (1941): historiador, professor universitário e político. Participou na crise acadêmica de 62 e foi expulso da universidade. Fundador do MES e da UEDS (79). Deputado (80-85). Militante do PS (85). Presidente da Câmara Municipal de Oliveira do Hospital (89-93).

Oliveira, José Gilberto (1915): empregado de comércio e político. No início dos anos 30 integrou a FJCP, fazendo parte do seu secretariado (36). Membro suplente do Comitê Central do PCP (46-52).

Oliveira, Juscelino Kubitschek de (1902-1976): político brasileiro. Deputado federal (34-37). Prefeito de Belo Horizonte (40-45). Deputado à Assembléia Constituinte (46-50). Governador de Minas Gerais (50-55). Presidente da República (55-61). Senador (61-64). Opôs-se ao regime criado em 64.

O'Neill, Alexandre (1924-1986): poeta. Impulsionador do Grupo Surrealista de Lisboa (47), do qual se desvinculou (51).

Oneto, Fernando (1929-1976): político. Participou na Revolta da Sé (59), assalto ao Santa Maria (61) e golpe de Beja (62). Membro da ASP e da LUAR. Militante e deputado do PS. Membro da Comissão de Extinção da PIDE-DGS (74-75).

Osório, José Sanches (1941): oficial do Exército, político e advogado. Membro do MFA e da 1ª Comissão Coordenadora. Porta-voz da JSN (74). Ministro da Comunicação Social (74). Secretário-geral do PDC (74-79). Exilado 11.3.75-76). Aderiu ao CDS (79), que abandonou (82). Deputado pelo CDS (79-83).

Oulman, Alain (1928-1990): empresário, compositor e encenador português. Editor de *Portugal amordaçado* de Mário Soares (72).

Palme, Olof (1927-1986): político sueco. Membro do Partido Socialdemocrata (53) e seu presidente. Primeiro-ministro (69-76, 82-86). Vice-presidente da Internacional Socialista.
Papandreu, Andreas (1919-1996): economista e político grego. Opositor à ditadura militar. Exilado (66). Fundador e presidente da Frente de Libertação Pan-helênica (68-74) e do Partido Socialista Pan-helênico — PASOK (74-96). Ministro da Defesa (81-86) e Primeiro-ministro (81-89; 93-96).
Pato, Octávio (1925): político. Membro da Federação das Juventudes Comunistas (35) e do PCP (36). Dirigiu as organizações juvenis do PCP (45-61). Membro do Comitê Central (49) e do Secretariado do Comitê Central (52). Deputado (75-91). Candidato à Presidência da República (76).
Paulo VI — nome papal de Giovanni Battista Montini (1897-1978): eclesiástico italiano. Arcebispo de Milão (54-63). Elevado a cardeal (58). Papa (63-78)
Paz, Octavio (1914): poeta e ensaísta mexicano. Prêmio Nobel da Literatura (90).
Pedro, António (1909-1966): escritor e artista plástico. Cronista da BBC em Londres (44-45). Integrou o Grupo Surrealista de Lisboa (47). Trabalhou no Teatro Experimental do Porto (53-61). Oposicionista.
Pedro, Edmundo (1918): político. Membro da FJCP (31). Abandonou o PCP quando preso no Tarrafal (36-45). Participou no golpe de Beja (62). Militante e dirigente do PS.
Pedro, Gabriel (1899-1973): operário e político. Militante do PCP e ativista sindical desde a década de 1920. Abandonou o PCP no início da década de 1950.
Perdigão, José de Azeredo (1896-1993): advogado e gestor. Professor da Universidade Popular (20-21). Membro da primeira direção da *Seara Nova*. Membro do Conselho Geral da Ordem dos Advogados (45-50). Presidente do Conselho de Administração da Fundação Gulbenkian (56-93). Membro do Conselho de Estado (74).
Pereira, André Gonçalves (1936): jurista e professor universitário. Ministro dos Negócios Estrangeiros (81-82).
Pereira, Aristides (1923): político cabo-verdiano. Fundador do PAIGC (56), membro da Comissão Política e do Comitê Central (56-70). Secretário-geral-adjunto (64-73), membro do Conselho de Guerra (65) e secretário-geral do PAIGC (73-81). Presidente da República de Cabo Verde (75-91). Fundador e secretário-geral do PAICV (83-90).
Pereira, Carmelinda (1948): política. Membro do PS (74), de que foi expulsa (76). Deputada (76-80). Fundadora (79) e dirigente do Partido Operário de Unidade Socialista — POUS. Fundadora (94) e dirigente do Movimento Unitário dos Trabalhadores — MUT.
Pereira, Domingos Leite (1882-1956): jornalista, professor e político. Membro do Grande Oriente Lusitano. Ocupou várias pastas ministeriais (19-25). Presidente do Ministério (19, 20, 25).
Pereira, Nuno Teotónio (1922): arquiteto. Católico progressista. Dirigiu a Cooperativa Pragma (65-69) e o Centro Nacional de Cultura (70-71). Fundador do MES. Presidente da Associação de Arquitetos (85).
Pimentel, João Sarmento (1888-1987): oficial do Exército. Participou no 5 de outubro. Membro da *Seara Nova* (24). Participou na revolta de fevereiro de 27. Exilou-se no Brasil (27-74). Fundador do PS.
Pintado, Valentim Xavier (1925): economista, professor universitário e político. Secretário de Estado do Comércio (69-72). Fundador da SEDES. Fundador e dirigente do CDS.
Pintasilgo, Maria de Lurdes (1930): engenheira e política. Presidente da JUC Feminina (52-56) e do Pax Romana — Movimento Internacional dos Estudantes Católicos (56-58). Membro do Movimento Internacional Católico Graal. Procuradora à Câmara Corporativa (69). Se-

cretária de Estado da Segurança Social (74). Ministra dos Assuntos Sociais (74-75). Primeira-ministra (79). Candidata à Presidência da República (86). Deputada ao Parlamento Europeu (86-89).

Pinto, A. Pereira (1929): oficial do Exército. Membro da Comissão Coordenadora do Programa do MFA, do Conselho de Estado e do Conselho da Revolução. Diretor da Arma de Transmissões (75-83). Comandante da Academia Militar (84).

Pinto, A. Tomé (1936): oficial do Exército. Chefe do Estado-maior do Quartel-general da Região Militar de Lisboa (75-77). Comandante da 1ª Brigada Mista Independente (79-81). Comandante-geral da GNR (82-88). Vice-chefe do Estado-maior do Exército (88-91). Adjunto do chefe do Estado-maior General das Forças Armadas (91). Vogal do Supremo Tribunal Militar (93-94).

Pinto, Carlos da Mota (1936-1985): professor universitário e político. Fundador do PPD. Ministro do Comércio e Turismo (76-77). Primeiro-ministro (78-79). Membro do Conselho de Estado. Presidente do PPD/PSD (83-85). Vice-primeiro-ministro e ministro da Defesa (83-85).

Pires, Abílio: subinspector da PIDE.

Pires, Arnaldo Veiga (1891-1982): médico e político. Membro do Munaf, MUD, e ASP. Fundador do PS.

Pires, Pedro Rodrigues (1934): político cabo-verdiano. Membro do PAIGC (59), do Comitê Executivo (63), da Comissão Política (64) e do Conselho de Guerra (64). Comandante Militar da Frente Sul (73). Primeiro-ministro de Cabo Verde (75-91). Secretário-geral-adjunto (80-90) e secretário-geral (90) do PAICV.

Pitta, Pedro Goes (1891-1974): advogado e político. Presidente da Câmara Municipal de Coimbra (17). Ministro do Comércio e interino do Trabalho (23). Membro MUD (46). Bastonário da Ordem dos Advogados (57-71).

Poch y Gutierrez de Caviedes, Antonio (1912): diplomata espanhol. Presidente do Conselho Superior de Assuntos Exteriores (73-74). Embaixador em Lisboa (74-76) e Atenas (76-78). Embaixador permanente junto da UNESCO (78-82).

Pomar, Júlio (1926): pintor e escultor. Membro do MUDJ. Membro do PCP até finais dos anos 50.

Ponomariev, Boris (1905): historiador e político soviético. Diretor do Instituto Marx-Engels-Lenin (43-44). Membro do Comitê Central do PCUS (55) e responsável pelas relações internacionais. Secretário do Comitê Central (61). Vice-presidente do Comitê de Controle do PCUS (83-89).

Pouchin, Dominique: jornalista do *Le Monde*. Seguiu de perto o processo revolucionário do pós-25 de Abril em Portugal.

Prezado, João Maria Sant'Iago (1883-1971): diplomata e poeta português.

Queiroga, Fernando (1909-1971): oficial do Exército. Foi demitido por razões políticas (38). Comandou a tentativa de golpe de 10 de outubro de 46. Exilou-se no Brasil (50-68). Fundou o Movimento Restaurador da Democracia (63).

Queirós, Vasco Barros (1901): advogado e publicista. Republicano.

Ralha, Eduardo Marques (1907-1988): advogado do Porto. Oposicionista. Fundador do PS.

Ramos, António: editor da Bertrand. Exilado em França.

Ramos, Orlando Lindim (1925): médico. Membro e funcionário do PCP. Membro do MUDJ.

Raposo, Hipólito (1885-1953): advogado, escritor e político. Fundou *Nação Portuguesa* (14), órgão do Integralismo Lusitano. Participou na revolta de Monsanto (19). Afastado do Conservatório, é reintegrado (26), demitido (40) e reintegrado (51).

Rebelo, José Pequito (1892-1983): agrário e político. Membro da Junta Central do Integralismo Lusitano (13). Participou na revolta de Monsanto (19). Combateu ao lado de Franco na Guerra Civil de Espanha. Candidato a deputado independente pelo distrito de Portalegre (49).

Redmont, Denis: jornalista americano da Associated Press. Esteve vários anos em Lisboa. É atualmente correspondente em Roma.

Redol, António Alves (1911-1969): escritor neo-realista. Membro do PCP. Participou no Congresso Mundial dos Intelectuais pela Paz (48).

Régio, José — pseudonônimo de José Maria dos Reis Pereira (1901-1969): poeta e escritor. Fundador da revista *Presença* (27).

Rego, Áurea (1936): apoiou em Angola a candidatura presidencial de Delgado. Membro dos centros republicanos da Ajuda e Almirante Reis. Exilada em Londres. Fundadora do PS.

Rêgo, Raul (1913): jornalista e político. Membro do MUD. Apoiante das candidaturas de N. de Matos (49), Q. Meireles (51) e H. Delgado (58) à Presidência da República. Candidato a deputado (65, 69). Diretor do *República* (71-75). Fundador e dirigente do PS. Ministro da Comunicação Social (74). Deputado (desde 76). Grão-mestre do Grande Oriente Lusitano (88-90).

Rego, Vítor Cunha (1933): jornalista e político. Exilado (58-74). Membro da FPLN. Fundador da ASP e do PS, que abandonou (78). Diretor do *Diário de Notícias* (75-76). Secretário de Estado-adjunto do primeiro-ministro (76-78). Embaixador em Madri (76-77). Presidente da RTP (80). Fundador e Diretor do *Semanário* (83-91).

Reis, António (1948): político e professor universitário. Participou no movimento estudantil (68-70). Candidato a deputado pela oposição (69). Fundador e dirigente do PS. Deputado (75-82; 95). Secretário de Estado da Cultura (78). Membro da Alta Autoridade para a Comunicação Social (90-94).

Reis, Jorge (1926): jornalista e escritor. Colaborador da *Seara Nova* e *Vértice*. Exilou-se em França por motivos políticos. Dirige a seção portuguesa da Radiotelevisão Francesa.

Reis, Luís da Câmara (1885-1961): jornalista e professor. Fundador e membro da direção da *Seara Nova* (21-61). Membro da Comissão Central do MUD e da Comissão de apoio à candidatura de N. de Matos à Presidência da República (49).

Reis, Óscar dos (1925): operário. Militante do PCP. Membro da Comissão Central do MUDJ (46-49).

Remond, René (1918): historiador e professor universitário francês. Presidente do Centro Católico de Intelectuais Franceses (65-75). Diretor da Universidade Paris X — Nanterre (71-76) e do Instituto de História do Tempo Presente (79-90).

Revel, Jean François (1924): jornalista e ensaísta francês. Chefe de redação do *France-Observateur* (60-63). Editorialista (66-78) e diretor (71-74) do *L'Express*.

Ribeiro, António (1928): eclesiástico. Sacerdote (53). Trabalhou na Ação Católica (60-67). Diretor do Instituto de Cultura Superior Católica (65-67). Bispo titular de Tigilava e auxiliar do arcebispo de Braga (67-69). Auxiliar do patriarca de Lisboa (69-71). Nomeado patriarca de Lisboa (71). Elevado a cardeal (73).

Ribeiro, Aquilino (1885-1963): escritor. Fundador da *Seara Nova*.

Ribeiro, Darcy (1922-1997): antropólogo e político brasileiro. Fundador do Museu do Índio (53). Diretor do Centro Brasileiro de Pesquisas Educacionais (57). Ministro da Educação (61). Membro do Movimento Democrático Brasileiro — MDB. Fundador e dirigente do Partido Democrático Trabalhista — PDT (80). Vice-governador do Rio de Janeiro (83-86). Senador (89-96).

Ribeiro, Hélder (1889-1973): oficial do

Exército e político. Membro do Grande Oriente Lusitano. Participou na Primeira Guerra Mundial. Ministro da Guerra (19-20 e 24-25), da Instrução (24) e do Comércio (24). Deportado (26-31). Participou na revolta militar de agosto de 31. Membro da Comissão Central do MUD.

Ribeiro, Militão (1896-1950): político. Militante do PCP (34), participou na reorganização do partido (40-41). Membro do Secretariado do Comitê Central (41-50). Morreu na prisão.

Ribeiro, Teresa Melo (1962): advogada.

Ridruejo, Dionisio (1912-1975): poeta espanhol. Prêmio Nacional de Poesia (56). Animador da União Social-democrata Espanhola (74).

Roberto, Holden (1923): político angolano. Fundador e dirigente da UPA (54). Fundador e presidente da FNLA (62-80). Primeiro-ministro do governo da República de Angola no Exílio (62). Signatário dos acordos de Alvor (75). Exilado no Zaire (75-80) e em França (80-92). Regressou a Angola (92).

Rocard, Michel (1930): político francês. Fundador e secretário-geral do Partido Socialista Unificado — PSU (67-73). Candidato à presidência da República (69). Deputado (69-73; 78-81). Membro (74) e dirigente do PSF. Ministro de Estado e do Plano (81-83) e da Agricultura (83-85). Primeiro-ministro (88-91). Secretário-geral do PSF (93-94). Deputado ao Parlamento Europeu (94).

Rodrigues, Aires: político. Membro (74) e dirigente do PS, de que foi expulso (76). Deputado (76-80). Fundador (79) e dirigente do Partido Operário de Unidade Socialista — POUS. Candidato à Presidência da República (80). Fundador (94) e dirigente do Movimento Unitário dos Trabalhadores — MUT.

Rodrigues, Amália (1920): fadista e atriz.

Rodrigues, António Machado (1942): engenheiro. Membro da CDE. Fundador da SEDES. Membro e dirigente do PS (74). Subsecretário (74-75) e secretário de Estado dos Transportes e Comunicações (75; 75-78). Vereador da Câmara Municipal de Lisboa (90).

Rodrigues, Armindo (1904-1993): médico e poeta. Membro do MUD. Colaborador da *Vértice* e do *República*.

Rodrigues, Francisco Martins (1927): político. Membro do Comitê Central do PCP, encabeçou uma cisão de tendência pró-chinesa (64). Fundador da FAP e do CMLP (64).

Rodrigues, Joaquim Ângelo Caldeira (1926): engenheiro civil. Membro do MUDJ. Presidente da Comissão Administrativa da Câmara Municipal de Lisboa (74-75).

Rodrigues, Urbano Tavares (1923): escritor. Leitor na Faculdade de Paris (52-55). Assistente da Faculdade de Letras de Lisboa (57), foi demitido por razões políticas (59). Reintegrado após o 25 de Abril.

Romão, João António de Matos (1882-1960): professor universitário e escritor.

Romero de Robledo, Robles: advogado espanhol. Ocupou-se do processo aberto em Espanha sobre o crime de homicídio praticado contra Humberto Delgado.

Rosa, Joaquim Jacobetty: economista. Membro do MUD. Alto funcionário do Banco de Portugal. Falecido.

Rossanda, Rosana (1925): jornalista italiana. Fundadora do grupo Il Manifesto, que deu origem ao jornal do mesmo nome.

Rozeira, Augusto Duarte (1946): economista, político e publicista. Vice-presidente da JUC e presidente do Centro Acadêmico de Democracia Cristã, participou na crise estudantil de 69. Exilado em França (71). Membro da ASP. Fundador do PS.

Ruas, Henrique Barrilaro (1921): ensaísta e professor. Foi presidente do Centro Acadêmico da Democracia Cristã (42-43). Membro e dirigente da Causa Monárquica. Diretor do Centro Nacional de Cultura (55). Fundador do Partido Popular Monárquico (74). Deputado (79-83).

Ruivo, Mário (1927): biólogo. Membro do MUDJ e da FPLN. Alto funcionário da FAO e UNESCO. Secretário de Estado das Pescas (74-75) e ministro dos Negócios Estrangeiros (75).

Sáa, Mário de (1893-1971): poeta. Ligado ao primeiro modernismo.

Sacarrão, Germano da Fonseca (1914): biólogo e professor universitário. Diretor da Faculdade de Ciências de Lisboa (64-71). Diretor do Museu e Laboratório Zoológico e Antropológico (64-74).

Sachetti, José: Oficial da GNR. Diretor da delegação da PIDE de Coimbra. Inspetor superior da PIDE em Lisboa.

Sacramento, Mário (1920-1969): advogado e crítico literário. Militante comunista desde os anos 30. Membro da Comissão Central do MUDJ. Membro do MND. Foi um dos impulsionadores dos congressos republicanos em Aveiro.

Saias, Luís (1924): advogado. Ministro da Agricultura e Pescas (78). Membro do PS.

Sakharov, Andrei (1921-1989): físico e ativista dos direitos humanos soviético. Participou na construção da bomba atômica soviética (47-53). Membro da Academia de Ciências. Prêmio Nobel da Paz (75). Exilado em Gorki (80-86). Reabilitado (88). Deputado (89).

Salazar, António de Oliveira (1889-1970): professor universitário e político. Ministro das Finanças (28-32). Presidente do Conselho (32-68).

Salema, Álvaro (1914-1991): ensaísta e crítico literário. Oposicionista. Dirigiu a Biblioteca Breve do Instituto de Cultura e Língua Portuguesa.

Salgado, F. Seruca (1944): jornalista. Expulso da Faculdade de Direito (64). Colaborador da Rádio de Argel e da BBC portuguesa. Fundador do PS. Jornalista da RTP e do *Jornal Novo* (76).

Salgueiro, António Prestes (1892-1950): oficial da Marinha. Combateu os monárquicos em Monsanto (19). Participou no 3 de fevereiro de 27. Membro da Liga de Paris (27-28).

Sampaio, Arnaldo (1908-1984): médico. Diretor-geral do Gabinete de Planeamento do Ministério da Saúde. Diretor-geral da Saúde após o 25 de Abril.

Sampaio, Jorge (1939): advogado e político. Secretário-geral da Reunião Intersociações — RIA (61-62). Candidato a deputado pela CDE (69). Fundador do MES e do GIS. Secretário de Estado da Cooperação Externa (75). Membro (78) e dirigente do PS. Deputado (79-83; 86-89). Membro da Comissão Política do MASP I e II. Presidente do Grupo Parlamentar do PS (87-89). Secretário-geral do PS (89-92). Presidente da Câmara Municipal de Lisboa (89-95). Presidente da República (96).

Santos, Amadeu Garcia dos (1935): oficial do Exército. Membro do MFA. Responsável pelas transmissões no 25 de Abril e 25 de novembro. Secretário de Estado das Obras Públicas (74-76). Membro do Conselho da Revolução. Chefe da Casa Militar do presidente da República (76-81). Chefe do Estado-maior do Exército (81-83).

Santos, António Almeida (1926): advogado e político. Advogado em Lourenço Marques (53-74). Ministro da Coordenação Interterritorial (74-75), da Comunicação Social (76-77) e da Justiça (77-78). Membro e dirigente do PS (77). Ministro-adjunto do primeiro-ministro (78). Ministro de Estado e dos Assuntos Parlamentares (83-85). Membro da Comissão Política do MASP I e II. Deputado (desde 85). Presidente do PS (92). Presidente da Assembléia da República (95).

Santos, Délio Nobre (1912-1977): professor catedrático da Faculdade de Letras de Lisboa. Deputado à Assembléia Nacional (49-53).

Santos, Fernando Piteira (1918-1992): político, jornalista, historiador e professor universitário. Membro suplente do Comitê Central do PCP (43-50). Membro da

Comissão Executiva do Movimento de Unidade Nacional Antifascista — Munaf (43-45). Expulso do PCP (51). Membro da Resistência Republicana e Socialista — RRS (53). Participou no golpe de Beja (61). Exilou-se em Argel (62). Membro da Frente Patriótica de Libertação Nacional — FPLN (62-70). Diretor-adjunto do *Diário de Lisboa* (76-89).

Santos, Hernani (1942): jornalista.

Santos, Hugo Rodrigues dos (1946): oficial do Exército. Membro do MFA, participou na preparação do 25 de Abril. Adido militar em Bucareste (75-76). Chefe da Região Militar do Centro (89). Comandante-geral da Guarda Fiscal (86-92).

Santos, José Domingues dos (1885-1958): advogado e político. Várias vezes ministro (19-25). Presidente do Ministério (24-25). Chefe da Esquerda Democrática (25). Participou na revolta de fevereiro de 27. Exilou-se em Paris (27-54). Membro e dirigente da Liga de Paris.

Santos, José Ribeiro dos (1908-1988): advogado e jornalista. Membro do Munaf, MUD, RRS e ASP. Fundador do PS. Chefe de redação do *República*. Diretor do *Diário de Notícias* (74-75) e da Fundação Calouste Gulbenkian.

Santos, Marcelino dos (1929): escritor e político moçambicano. Fundador da Conferência das Organizações Nacionalistas das Colônias Portuguesas (61). Secretário dos Negócios Estrangeiros da Frelimo desde a sua criação. Ministro do Desenvolvimento e Planificação Econômica (75). Presidente da Assembléia Popular (86).

Santos, Nuno Rodrigues dos (1910-1984): advogado e político. Membro da Comissão Central do MUD (45). Apoiou as candidaturas de N. de Matos (49), Q. Meireles (51) e H. Delgado (58) à presidência da República. Candidato a deputado pela oposição (53, 61, 65). Membro (74) e dirigente do PPD. Deputado (75-84). Vice-presidente da Assembléia da República (76-83). Membro do Conselho de Estado (82-84). Presidente honorário do PSD (84).

Santos, Teófilo Carvalho dos (1906-1986): advogado e político. Membro do Grande Oriente Lusitano (31). Membro da Comissão Central do MUD. Apoiou a candidatura de Norton de Matos à Presidência da República. Membro da RRS e da ASP. Candidato a deputado pela oposição (69, 73). Fundador do PS. Deputado (75-86). Presidente da Assembléia da República (78-80).

Saraiva, António José (1917-1993): ensaísta e professor universitário. Foi demitido da universidade por razões políticas (49). Investigador do Centre National de la Recherche Scientifique de Paris (61). Professor da Faculdade de Letras de Lisboa (75-93).

Saraiva, Henrique Pimentel (1900): advogado.

Saraiva, José (1881-1962): professor e historiador. Vice-secretário-geral da Academia Portuguesa de História. Fez parte da Junta Nacional de Educação.

Saraiva, José Hermano (1919): jurista, historiador e político. Ministro da Educação (68-70). Embaixador de Portugal no Brasil (72-74). Professor da Faculdade de Letras de Lisboa (87).

Saramago, José (1922): jornalista e escritor. Militante do PCP (69). Crítico literário da *Seara Nova*. Redator do *Diário de Lisboa* (72-73). Diretor-adjunto do *Diário de Notícias* (75).

Savary, Alain (1918): político francês. Primeiro-secretário do Partido Socialista Francês (69-71).

Savimbi, Jonas (1934): político e militar angolano. Membro e dirigente da União dos Povos de Angola — UPA (61-64). Tentou aderir ao MPLA (64). Fundador e dirigente máximo da UNITA. Candidato à Presidência da República (92).

Schmidt, Helmut (1918): político alemão. Membro (46) e dirigente do Partido Socialdemocrata Alemão — SPD. Ministro da Defesa (69-72) e das Finanças (72-74). Chanceler federal (74-82).

Schori, Pierre (1938): político sueco. Membro do Partido Socialdemocrata, seu vice-secretário internacional (66-68), secretário internacional (76-82) e porta-voz para as questões externas (91). Adjunto do gabinete do primeiro-ministro (73-76). Subsecretário de Estado dos Negócios Estrangeiros (82). Deputado.

Scott: diplomata norte-americano. Embaixador em Lisboa (até 75).

Sebastião, António Jorge da Silva (1919): oficial do Exército. Governador de São Tomé nos anos 60.

Sebastião, Manuel Sousa (1949): economista.

Seixas, Artur Manuel Cruzeiro (1920): pintor e ilustrador. Expressionista neo-realista. Tomou parte ativa no grupo surrealista (49-50). Oposicionista.

Selvagem, Carlos — pseudônimo de Carlos Afonso dos Santos (1890-1973): escritor e oficial do Exército. Governador de Inhambane e de Huíla (34). Comandante Militar de Cabo Verde (47). Participou no golpe de 10 de abril de 47.

Semprún Maura, Jorge (1923): escritor e político espanhol. Membro do Partido Comunista Espanhol — PCE (43). Preso em França pelas suas atividades na Resistência (43-45). Expulso do PCE (65). Ministro da Cultura (88-91).

Sena, Jorge de (1919-1978): poeta, ensaísta e professor universitário. Oposicionista. Participou na Revolta da Sé (59). Ensinou desde 59 em várias universidades brasileiras e norte-americanas.

Senghor, Léopold (1906): político senegalês. Deputado em França (46-58). Fundador do Bloco Democrático Senegalês (48). Secretário de Estado do governo francês (52). Presidente do Senegal (60-68) e do Conselho de Ministros (62-70). Ministro da Defesa (68-69). Fundador do Partido Socialista (76).

Sensi, Giuseppe Maria (1907): eclesiástico italiano. Trabalhou no serviço diplomático do Vaticano (34-76). Núncio apostólico em Lisboa (67-76). Elevado a cardeal (76). Membro da Comissão Pontifícia do Estado do Vaticano.

Sérgio, António (1883-1969): ensaísta e político. Ministro da Instrução (23). Colaborador e membro da direção da *Seara Nova* (23). Exilou-se (27). Apoiou a candidatura de H. Delgado à Presidência da República (58). Dirigiu a *Grande Enciclopédia Portuguesa e Brasileira.*

Serra, Jaime (1921): político. Militante do PCP. Membro do Comitê Central (57). Membro da ARA. Integra a Comissão Central de Controle de Quadros do Comitê Central.

Serra, Manuel (1931): político e empresário. Militante da JOC. Participou na Revolta da Sé (59) e no golpe de Beja (61). Fundador do PS, que abandonou após disputar a sua liderança no I Congresso (74). Fundador da Frente Socialista Popular (75-79).

Serra, Manuel: operário de Almada. Membro da ASP e do PS.

Serrão, Joel (1919): historiador, ensaísta e professor universitário. Dirigiu a publicação do *Dicionário de História de Portugal* (63-71). Membro do Conselho de Administração da Fundação Calouste Gulbenkian.

Sertório, Manuel (1926-1985): advogado, publicista e político. Fundador da Juventude Socialista Portuguesa (46) e da Junta Nacional de Libertação (58). Candidato a deputado pela oposição (57). Editor da *Seara Nova* (57-58). Apoiou a candidatura de H. Delgado à Presidência da República (58). Participou na Revolta da Sé (59) e no golpe de Beja (62). Exilado no Brasil e na Argélia (59-74). Fundador e dirigente da FPLN.

Servan-Schreiber, Jean-Jacques (1924): jornalista e político francês. Editor do *Le Monde* (48-53). Fundador e diretor do *L'Express* (53-70). Autor de *Défi Américain*

(67). Deputado (70-78). Presidente do Partido Radical (71-79). Ministro das Reformas (74).

Shercliff, Joe: jornalista inglesa. Correspondente do *Times* e de outros jornais britânicos. Falecida.

Silbert, Albert (1915-1997): historiador francês lusófilo. Autor de *Le Portugal Méditerranéen*.

Silva (Pai), Artur Santos (1910-1976): advogado e político. Republicano e membro do Grande Oriente Lusitano (28). Membro da US, Munaf, MUD. Apoiou ativamente N. Matos (49) e H. Delgado (58). Várias vezes candidato a deputado pela oposição. Membro do PPD (74), que abandonou (75). Deputado (75).

Silva, A. Vassalo e (1899-1985): oficial do Exército. Governador-geral de Goa (58-61). Contrariando as ordens de Salazar, apresentou a rendição às tropas indianas (61), sendo expulso do Exército. Reintegrado (74).

Silva, Agostinho (1922): empresário. Administrador da Torralta. Preso por alegada sabotagem econômica em 13.12.74.

Silva, Agostinho da (1906-1994): professor universitário e ensaísta. Afastado por motivos políticos da universidade. A partir de 47 lecionou em várias universidades do Brasil.

Silva, Alberto Vaz da (1936): advogado. Católico oposicionista. Dirigente cineclubista e do Centro Nacional de Cultura.

Silva, Aníbal Cavaco (1939): economista, professor universitário e político. Membro do PPD (74). Ministro das Finanças (80-81). Presidente do PSD (85-95). Primeiro-ministro (85-95). Candidato à Presidência da República (96).

Silva, Armando Adão e (1909-1993): advogado e político. Membro da US, Munaf, MUD e DDS. Apoiou a candidatura de Norton de Matos à Presidência da República (49). Candidato a deputado (53, 65, 69). Deputado pelo PS (74-78) e pelo Movimento Reformador (80). Grão-mestre do Grande Oriente Lusitano (81-84).

Silva, Artur Santos (1941): gestor bancário, professor universitário e político. Diretor do Banco Português do Atlântico (68-75). Membro da SEDES (71). Fundador do PPD, que abandonou (75). Secretário de Estado do Tesouro (75-76). Vice-governador do Banco de Portugal (77-78). Fundador e presidente do Banco Português de Investimentos — BPI (85). Presidente do Conselho de Administração do Banco Fonsecas & Burnay (91).

Silva, Carvalho da: oficial do Exército. Próximo de Botelho Moniz, foi na década de 1960 um ativo conspirador anti-salazarista. Falecido.

Silva, Eduardo dos Santos (1879-1960): médico e professor. Republicano e membro do Grande Oriente Lusitano. Deputado (25-26). Ministro da Instrução Pública (25-26). Oposicionista.

Silva, Fernanda (1925): licenciada em Direito. Membro da Comissão Central do MUDJ (46-49).

Silva, José (1924): empresário. Administrador da Torralta. Preso por alegada sabotagem econômica em 13.12.74.

Silva, José Sebastião e (1914-1972): matemático e professor universitário. Diretor do Centro de Estudos Matemáticos de Lisboa.

Silva, Luis Guedes: membro do PCP, ligado às atividades unitárias do MUDJ. Abandonou o PCP no fim dos anos 40.

Silva, Mário Jesus da (1939): oficial do Exército. Assessor militar do primeiro-ministro (85-95). Diretor do Colégio Militar.

Silva, Vicente Jorge (1945): jornalista. Trabalhou no *Comércio do Funchal* (67-74), e no *Expresso* (74-89), onde desempenhou o cargo de diretor-adjunto (84-89). Diretor do *Público* (89-96).

Simão, José Veiga (1929): físico, professor universitário e político. Reitor da Universidade de Lourenço Marques (62-70). Ministro da Educação Nacional (70-74).

Embaixador na ONU (74-75). Presidente do LNETI (78-92). Membro do PS (83). Deputado (83; 85-87). Ministro da Indústria e Energia (83-85).

Simões, Jacinto (1886-1958): participou nas forças republicanas em Monsanto (19). Colaborou na *Seara Nova* e *A Luta*.

Simões, João Gaspar (1903-1987): escritor e crítico literário. Fundador da revista *Presença*.

Simões, Nuno (1894-1975): advogado e economista. Ministro do Comércio e Comunicações (21, 24 e 25). Secretário-geral do Supremo Tribunal Administrativo (21), demitido por razões políticas (35).

Simonet, Henri (1931): político belga. Dirigente do Partido Socialista Belga. Presidente da Câmara Municipal de Anderlecht (66-84). Ministro da Economia (72-73) e dos Negócios Estrangeiros (77-80). Vice-presidente da Comissão das Comunidades Européias (73-77).

Skapinakis, Nikias (1931): pintor. Participou na Revolta da Sé (59). Impulsionou a criação das Juntas Patrióticas.

Soares, D. Pinto (1943): oficial do Exército. Membro da Comissão Coordenadora do Programa do MFA. Preso na seqüência do 16 de março. Membro do Conselho de Estado e do Conselho da Revolução.

Soares, Elisa Nobre (1888-1955): mãe de Mário Soares.

Soares, Isabel Barroso (1951): jornalista. Diretora do Colégio Moderno. Filha de Mário Soares.

Soares, João Barroso (1949): político. Membro e dirigente do PS. Deputado (87). Vereador da Cultura da Câmara Municipal de Lisboa (89-95). Deputado ao Parlamento Europeu (92-95). Presidente da Câmara Municipal de Lisboa (95). Filho de Mário Soares.

Soares, João Lopes (1878-1970): político, professor e publicista. Sacerdote, renunciou às funções eclesiásticas. Governador Civil da Guarda (12-13) e de Santarém (15). Vogal do Conselho Superior de Finanças (14-26). Deputado (16-26). Ministro das colônias (19). Opôs-se à ditadura e esteve envolvido em várias conspirações militares. Fundador do Colégio Moderno (35). Pai de Mário Soares.

Soares, Maria de Jesus Barroso (1925): atriz e política. Fez parte do elenco do Teatro Nacional (44), tendo sido impedida de representar por motivos políticos (48). Casou com Mário Soares (49). Candidata a deputada pela CEUD (69). Diretora do Colégio Moderno (70). Fundadora do PS. Deputada (76-83).

Soares, Pedro (1915-1975): político. Militante do PCP, participou na reorganização do partido (40-41). Membro do Comitê Central (43). Diretor da Rádio Portugal Livre (62-70).

Soares, Tertuliano Lopes (1906-1992): médico e militar. Irmão de Mário Soares.

Soromenho, Gustavo (1907): advogado e político. Membro do Grande Oriente Lusitano. Apoiou as candidaturas de N. de Matos (49) e H. Delgado (58) à Presidência da República. Fundador e dirigente do MUD, da ASP e do PS. Administrador-delegado do *República* (71-75). Fundador do jornal *A Luta*.

Sorsa, Kalevi (1930): político finlandês. Secretário-geral (69-75) e presidente (75) do Partido Socialdemocrata. Presidente de diversos governos. Ministro dos Assuntos Exteriores (72, 75-76, 87).

Sousa, Alfredo de (1932-1994): economista, professor universitário e político. Fundador da SEDES. Fundador e dirigente do PPD (74-78). Deputado (75-76). Vice-presidente do Conselho Nacional do Plano (77-78). Reitor da Universidade Nova de Lisboa (78-82). Fundador e diretor (84-85) da Faculdade de Economia da UNL.

Sousa, José de (1898-1966): operário e político. Militante do PCP (desde 21) e membro do Secretariado (29). Responsável pelo setor sindical na década de 1930. Expulso (42). Aderiu ao Partido Socialista

— SPIO (46). Fundador do Partido Social Operário (47).
Spínola, António de (1910-1996): oficial do Exército e político. Governador e comandante das Forças Armadas na Guiné (68-73). Vice-chefe do Estado-maior General das Forças Armadas (74), exonerado na seqüência da publicação da sua obra *Portugal e o futuro*. Presidente da Junta de Salvação Nacional e Presidente da República, demitiu-se em 30.9.74. Exilou-se (75-76). Marechal (81). Chanceler das Ordens Militares (87).
Suslov, Mickail (1902-1982): político e ideólogo soviético. Secretário do Comitê Central do PCUS (47). Chefe de redação do *Pravda* (49-50). Membro do Politburo (55).
Szulc, Tad: jornalista e publicista norte-americano de origem polaca. Veio várias vezes a Portugal, como correspondente do *New York Times*.

Támen, Pedro (1934): poeta. Católico oposicionista. Fundador e diretor do Cineclube Centro Cultural de Cinema (56-59). Diretor da Editora Moraes (58-75). Membro do Conselho de Administração da Fundação Gulbenkian.
Tavares, Francisco Sousa (1920-1993): advogado, jornalista e político. Apoiou a candidatura de H. Delgado à Presidência da República (58). Participou na Revolta da Sé (59). Candidato a deputado pela CEUD (69). Militante do PS (74-79). Diretor de *A Capital* (76-84). Deputado (79-84). Membro (81) e dirigente do PSD. Ministro da Qualidade de Vida (84-85).
Teixeira, Aventino Alves (1932): oficial do Exército. Membro do MFA.
Teles, Gonçalo Ribeiro (1921): arquiteto e político. Participou na Revolta da Sé (59). Candidato a deputado pela oposição (65 e 69). Fundador do Partido Popular Monárquico — PPM (74). Ministro da Qualidade de Vida (80).
Teles, José Manuel Galvão (1938): advogado. Presidente da JUC. Participou na crise acadêmica de 62. Presidente do Centro Nacional de Cultura (68-69). Fundador do MES e do GIS. Embaixador de Portugal na ONU (75-76).
Teles, Noel — pseudônimo de Manuel Teles de Carvalho (1895-1975): escritor.
Tengarrinha, José Manuel (1932): historiador, político e professor universitário. Membro do MUD. Expulso do ensino e proibido de exercer o jornalismo (61). Candidato pela CDE (69, 73). Membro dirigente do MDP/CDE.
Terra, José — pseudônimo de José Fernandes da Silva (1928): poeta e ensaísta. Oposicionista. Leitor na Sorbonne, em Paris (61-68). Professor na Universidade de Paris-Vincennes (68).
Themido, J. Manuel Hall (1924): diplomata de carreira. Embaixador em Roma (68-70) e Washington (71-81). Secretário-geral do Ministério dos Negócios Estrangeiros (81-84). Embaixador em Londres (84-88). Representante permanente junto da UEO (88-89).
Tierno Galván, Enrique (1918-1986): professor universitário e político espanhol. Expulso da universidade por razões políticas (65). Fundador do Partido Socialista do Interior (66), posteriormente Partido Socialista Popular. Membro do Partido Socialista Operário Espanhol — PSOE (78). Presidente honorário do PSOE. Presidente do Município de Madri (79-85).
Tito, Josip Broz (1892-1980): político iugoslavo de origem croata. Secretário-geral do Partido Comunista Iugoslavo (37). Combateu as Forças do Eixo na Segunda Guerra Mundial. Primeiro-ministro (45-53). Expulso do Cominform (48). Presidente da República (53-80). Fundador do Movimento dos Não-alinhados.
Tomás, Américo (1894-1987): oficial da Marinha e político. Presidente da Junta Nacional da Marinha Mercante (40-44). Ministro da Marinha (44-58). Presidente da República (58-74). Exilou-se no Brasil (74-78).

Torga, Miguel — pseudônimo de Adolfo Correia da Rocha (1907-1995): médico e escritor. Fundador das revistas *Sinal* (30) e *Manifesto* (36-38). Prêmio Camões (89).

Touraine, Alain (1925): sociólogo, ensaísta e professor universitário francês.

Trench, Nigel (1916): diplomata britânico. Primeiro-secretário da embaixada em Lisboa (46-48). Embaixador na Coréia do Sul (69-71) e em Lisboa (74-76).

Troni, Henrique (1919): oficial da Força Aérea. Chefe do estado-maior do comando-chefe de Moçambique (60). Chefe de gabinete do secretário de Estado da Aeronáutica (60-63).

Ullio, Conchita: cançonetista. Diretora de programas musicais da Emissora Nacional. Falecida.

Valadares, Manuel (1901-1982): físico e professor universitário. Militante do PCP. Exilado em Paris. Demitido da Faculdade de Ciências de Lisboa (47). Fundador do MND.

Vale, Leopoldo (1900-1974): advogado.

Valente, F. Pulido (1884-1963): médico e professor universitário. Afastado do ensino por motivos políticos (47).

Valente, Vasco Pulido (1941): historiador, jornalista e político. Participou na crise acadêmica de 62. Redator de *O Tempo e o Modo*. Membro do Movimento de Ação Revolucionária — MAR (64). Membro do PS (74-78) e do PPD (79). Secretário de Estado-adjunto do primeiro-ministro e secretário de Estado da Cultura (80). Membro da Comissão Política do MASP I. Deputado pelo PSD (95-96).

Valle, Fernando (1900): médico. Membro do Munaf, União Socialista, MUD e ASP. Apoiou as candidaturas de N. de Matos (49), Q. Meireles (51) e H. Delgado (58) à Presidência da República. Fundador do PS. Presidente da Comissão Administrativa da Câmara Municipal de Arganil (74). Governador civil de Coimbra (76-80).

Vargas Llosa, Mario (1936): escritor e político peruano. Fundador do Movimento Liberdade (87). Candidato à Presidência da República (90). Naturalizou-se espanhol (93).

Vasconcellos, Maurício (1925): arquiteto.

Vassalli, Giuliano (1915): advogado, professor universitário e político italiano. Director de *L'Umanità* (47-48). Membro da direção do PSU (49-51) e do PSI (69). Ministro da Justiça.

Veiga, Miguel (1936): advogado e político. Apoiou a candidatura de H. Delgado à Presidência da República (58). Fundador e dirigente do PPD. Deputado (75). Abandonou o PPD em 75, regressando em 80.

Vellásquez Duro, Jaime Cortero: advogado espanhol. Ocupou-se do processo aberto em Espanha sobre o crime de homicídio praticado contra Humberto Delgado.

Veloso, António Pires (1926): oficial do Exército. Membro do MFA em Moçambique. Alto comissário em São Tomé e Príncipe (74-75). Comandante da Região Militar Norte (75). Membro do Conselho da Revolução (75). Candidato à Presidência da República (80).

Vespeira, Marcelino (1925): pintor. Esteve ligado ao neo-realismo (45) e ao Grupo Surrealista de Lisboa (47).

Vicente, Arlindo (1906-1977): advogado, desenhador e político. Colaborou na revista *Presença*. Candidato à Presidência da República apoiado pelo PCP (58), desistiu a favor de H. Delgado.

Vidal, Duarte Rocha (1921): advogado. Participou em importantes julgamentos políticos do Tribunal Plenário e Militar.

Vieira, Alexandre (1885-1973): tipógrafo e jornalista. Anarcossindicalista. Colaborou em vários jornais operários, entre os quais *A Batalha*, que dirigiu (19). Membro da Universidade Popular. Vogal da Junta Consultiva do MUD.

Vieira, João Bernardo ("Nino") (1939): político e militar guineense. Membro do PAIGC (60). Chefe militar da Região de Catio (61-64). Membro do Conselho de

Guerra do PAIGC e comandante da Frente Sul (64-71). Comandante operacional das Forças Armadas Populares — Farp (71). Presidente da Assembléia Nacional Popular (73). Ministro da Defesa (74-78). Primeiro-ministro (78-80). Presidente da República (80). Secretário-geral do PAIGC (81).

Vieira, Jorge (1922): escultor.

Vilar, Emílio Rui (1939): gestor. Fundador e presidente da SEDES (70). Secretário de Estado do Comércio Externo e Turismo (74). Ministro da Economia (74-75) e dos Transportes e Comunicações (76-78). Eleito deputado pelo PS (76). Vice-governador do Banco de Portugal (75-84). Presidente do Conselho de Administração da Caixa Geral de Depósitos (89-95). Administrador da Fundação Calouste Gulbenkian (95).

Vilar, Heduíno — pseudônimo de Heduíno Santos Gomes (1945): político e empresário. Militante do PCP (61-64). Membro do CMLP (64). Exilado na Bélgica (66-74). Secretário-geral do PCP-ML (70-80). Aderiu ao PSD (84).

Vilarigues, Sérgio (1914): político. Militante da FJCP (32). Participou na reorganização do PCP (40-41). Membro do Comitê Central (43) e do Secretariado (57).

Vilela, A. Lobo (1902-1966): engenheiro, professor e escritor. Membro do Munaf e US. Membro da Comissão Central do MUD. Demitido do ensino liceal por motivos políticos.

Vilhena, Carlos de Jesus (1889-1988): oficial do Exército. Participou na Primeira Guerra Mundial. Participou no 28 de maio. Passou à oposição e participou no movimento de agosto de 31. Exilou-se (31-32). Esteve implicado em quase todas as conspirações militares contra o Estado Novo.

Viola, Sandro: jornalista italiano. Veio várias vezes a Portugal antes do 25 de Abril, e acompanhou o caso Delgado. Hoje é editorialista do *La Repubblica.*

Vitoriano, José Rodrigues (1918): operário e político. Militante e funcionário do PCP. Membro do Comitê Central e da Comissão Política.

Waldheim, Kurt (1918): político austríaco. Ministro dos Negócios Estrangeiros (51-55; 68-70). Representante permanente junto da ONU (64-68). Secretário-geral da ONU (72-82). Presidente da República (86-92).

Walters, Vernon (1917): militar, diplomata e político norte-americano. Diretor-adjunto da CIA (72-76). Conselheiro da Secretaria de Estado (81). Representante permanente junto da ONU (85-89). Embaixador na RFA (89-91).

Weiss, Peter (1916-1982): dramaturgo, romancista e pintor alemão. Escreveu *O canto do fantoche lusitano* (67) contra o colonialismo português.

Wengorovius, Vítor (1937): advogado. Membro do Centro Acadêmico da Democracia Cristã e do Pax Romana — Movimento Internacional dos Estudantes Intelectuais Católicos. Participou na crise acadêmica de 62. Fundador do MES.

Wilson, Harold (1916-1995): político britânico. Dirigente do Partido Trabalhista. Ministro do Comércio (47-51). Primeiro-ministro (64-70; 74-76).

Wischnewki, Hans-Jürgen (1922): político alemão. Membro do Partido Social-democrata Alemão — SPD (46) e seu dirigente. Deputado ao Parlamento Federal (57-90) e ao Parlamento Europeu (61-65). Ministro da Cooperação Econômica e Desenvolvimento (66-68). Ministro de Estado (74-78, 82).

Zenha, Francisco Salgado (1923-1993): advogado e político. Presidente da Associação Acadêmica de Coimbra (44-45). Fundador e dirigente do MUDJ. Membro da ASP (65). Candidato a deputado (65, 69). Fundador e dirigente do PS. Ministro da Justiça (74-75) e das Finanças (75-76). Deputado e presidente do Grupo Parlamentar do PS (76-82). Candidato à Presidência da República (85).

Organizações

ARA — Ação Revolucionária Armada: organização armada criada pelo PCP. Manteve-se ativa de 70 a 74.

ASP — Ação Socialista Portuguesa: organização política fundada em abril de 64 por Mário Soares, que foi o seu secretário-geral, Tito Morais e Francisco Ramos da Costa. Em fevereiro de 73, foi dissolvida para dar lugar ao PS.

BR — Brigadas Revolucionárias: organização armada fundada em 70 na seqüência de uma cisão na FPLN. Em 73, integrou o Partido Revolucionário do Proletariado — PRP.

CDE — Comissão Democrática Eleitoral: plataforma eleitoral criada em 69, com a participação do PCP e católicos progressistas. Após o 25 de Abril, transformou-se em partido político sob a designação de MDP/CDE.

CDS — Partido do Centro Democrático-Social: partido político fundado em 19.7.74 por Adelino Amaro da Costa, Freitas do Amaral e Basílio Horta, entre outros.

CEUD — Comissão Eleitoral de Unidade Democrática: plataforma eleitoral criada em 69 por iniciativa da ASP (ver ASP e PS).

CIP — Confederação da Indústria Portuguesa: organização patronal criada por um grupo de industriais em 10.6.74.

CMLP — Comitê Marxista-Leninista Português: organização política criada em abril de 64 a partir da FAP (ver FAP).

Copcon — Comando Operacional do Continente: estrutura militar criada em 8.7.74, cuja chefia foi entregue a Otelo Saraiva de Carvalho.

DDS — Diretório Democrático-Social: organização política da oposição republicana liberal impulsionada, a partir de 49, por Azevedo Gomes, Jaime Cortesão e António Sérgio.

FAP — Frente de Ação Popular: organização política de caráter frentista criada em janeiro de 64, na seqüência de uma cisão de esquerda no PCP liderada por Francisco Martins Rodrigues, que deu também origem ao CMLP. Foi extinta em 67.

FICO — Frente Independente de Convergência Ocidental: organização surgida em Moçambique após 25 de abril de 74.

FJCP — Federação das Juventudes Comunistas Portuguesas: organização de juventude do PCP extinta no pós-guerra.

FNLA — Frente Nacional para a Libertação de Angola: organização política nacionalista fundada em 58 por Holden Ribeiro a partir da União dos Povos de Angola — UPA. Iniciou a luta armada anticolonial em março de 61.

FPLN — Frente Patriótica de Libertação Nacional: organização política de oposição fundada em Roma, em dezembro de 62, com a participação de elementos exilados de vários quadrantes da oposição. Em setembro de 64, Humberto Delgado fundou outra organização com a mesma sigla — Frente Portuguesa de Libertação Nacional — depois de ter abandonado Argel.

Frelimo — Frente de Libertação de Moçambique: organização política nacionalista fundada por Eduardo Mondlane em 25.7.62. Iniciou a luta armada anticolonial em 25.9.64.

Frente Popular Portuguesa — projeto de organização política clandestina frentista defendido pelo secretário-geral do PCP, Bento Gonçalves, desde novembro de 35, mas não levado à prática.

Fretilin — Frente Revolucionária de Timor Leste Independente: movimento independentista constituído em setembro de 74. Proclamou unilateralmente a independência em 29.11.75. Desde dezembro de 75, resiste à ocupação do território pela Indonésia.

FSP — Frente Socialista Popular: partido político criado em 9.1.75, na seqüência da cisão no PS conduzida por Manuel Serra a seguir ao congresso de dezembro de 74.

FUR — Frente de Unidade Revolucionária: organização política de caráter frentista criada em 25.8.75, com a participação da FSP, LCI, LUAR, MDP/CDE, MES e PRP/BR.

Grupo Metanoia — grupo de reflexão social, criado em 45, animado por Joaquim Alves Correia. Em 46, iniciou-se a publicação dos *Cadernos Metanoia*.

Gumo — Grupo Unido de Moçambique: organização política surgida em Moçambique após o 25 de Abril de 74. Próxima do governo colonial anterior. Extinguiu-se por volta de junho de 74.

Intersindical Nacional — central sindical institucionalizada imediatamente após o 25 de Abril, a partir das reuniões intersindicais que se vinham realizando desde 70. Em janeiro de 77, passou a designar-se Confederação Geral dos Trabalhadores Portugueses — CGTP-IN.

JUC — Juventude Universitária Católica: organização da estudantil fundada em 33 no âmbito da Ação Católica Portuguesa.

Juntas Patrióticas — comissões de base clandestinas, criadas em 59, que abrangiam as diversas sensibilidades oposicionistas.

LCI — Liga Comunista Internacionalista: partido político de tendência trotskista criado em 73.

LP — Legião Portuguesa: organização paramilitar, criada em 30.9.36, pelo Estado Novo. Na prática, funcionou sobretudo como uma polícia de informações.

LUAR — Liga de Unidade e Ação Revolucionária: organização armada fundada em 67. Foi transformada em partido político após o 25 de Abril de 74.

MAUD — Movimento Acadêmico de Unidade Democrática: organização política surgida em 45 sob o impulso da criação do MUD. Visava enquadrar os estudantes oposicionistas das escolas superiores. Foi formalmente transformada em MUD Juvenil em abril de 46 (ver MUDJ).

MDLP — Movimento Democrático de Libertação de Portugal: organização armada de ação anticomunista formada em maio de 75 por iniciativa, entre outros, de Alpoim Galvão e com o apoio do general Spínola.

MDP — Movimento Democrático Popular (ver CDE).

MES — Movimento de Esquerda Socialista: partido político fundado em 11.5.74 por Jorge Sampaio, Ferro Rodrigues, José Manuel Galvão Teles, Luís Salgado de Matos, Agostinho Roseta, Vítor Wengorovius e João Bénard da Costa, entre outros.

MFA — Movimento das Forças Armadas: movimento que esteve na origem do golpe militar de 25 de abril de 74 e se institucionalizou depois deste. Em 11.4.74, assinou o pacto MFA-Partidos, subscrito pelo PS, PPD, PCP, CDS, MDP e FSP.

Mimo ou Molimo — Movimento de Libertação de Moçambique: organização política surgida em Moçambique após 25 de abril de 74.

MND — Movimento Nacional Democrático: organização política da oposição criada em março de 49 por inspiração do PCP. Foi presidida por Ruy Luís Gomes.

Movimento Socialista Popular — grupo político liderado por Manuel Serra que integrou o PS em 22.5.74, desvinculando-se após o I Congresso, de dezembro de 74, e dando origem à FSP.

MP — Mocidade Portuguesa: organização oficial do Estado Novo de enquadramento das juventudes das escolas, criada em 36.

MPLA — Movimento Popular de Libertação de Angola: organização política nacionalista fundada em 10.12.56 por Mário Pinto de Andrade, Agostinho Neto e Viriato da Cruz. Iniciou a luta armada anticolonial em 4.2.61.

MRPP — Movimento Reorganizativo do Partido do Proletariado: organização política de tendência maoísta fundada em 18.9.70. Depois do 25 de Abril deu origem ao Partido Comunista dos Trabalhadores Portugueses — PCTP/MRPP.

MUD — Movimento de Unidade Democrática: organização política da oposição constituída em 8.10.45. Iniciou nesse ano uma campanha pelo restabelecimento da democracia com a exigência de eleições livres. Foi oficialmente ilegalizada em março de 48.

MUDJ — Movimento de Unidade Democrática Juvenil: organização política da juventude oposicionista criada em abril de 46, que alargou o âmbito organizativo do MAUD a jovens trabalhadores.

Munaf — Movimento de Unidade Nacional Antifascista: organização política de caráter frentista criada sob inspiração do PCP em dezembro de 43, que aglutinou vários setores da oposição.

PAIGC — Partido Africano para a Independência da Guiné e Cabo Verde: partido político fundado por Amílcar Cabral em 56. Iniciou a luta armada anticolonial na Guiné-Bissau, em 1963.

Partido Nacionalista — partido político fundado em 22 por Cunha Leal. Sucedeu ao Partido Liberal Republicano.

PCP — Partido Comunista Português: partido político fundado em 21. Ilegalizado em 27, manteve-se clandestino até ao 25 de Abril.

PCP(ml): Partido Comunista de Portugal (marxista-leninista): partido político fundado em Paris, em 70 por militantes do CMLP.

PDC — Partido da Democracia Cristã: partido político fundado em maio de 74. O seu primeiro secretário-geral foi Sanches Osório.

PIDE: Polícia Internacional e de Defesa do Estado: nome atribuído em 22.10.45 à polícia política do Estado Novo. Denominada PVDE (Polícia de Vigilância e Defesa do Estado) de 33 a 45 e DGS (Direção-Geral de Segurança) a partir de 69. Foi extinta em 74, na seqüência do 25 de Abril.

PPD — Partido Popular Democrático: partido político fundado em 6.5.74 por Sá Carneiro, Pinto Balsemão e Magalhães Mota. A partir de novembro de 76, adotou a designação de Partido Socialdemocrata (PSD).

PREC — Processo Revolucionário Em Curso: designação por que ficaram conhecidas as movimentações radicais ocorridas em Portugal de finais de 74 até novembro de 75.

PRP — Partido Republicano Português: partido político fundado em 1876, afirmando-se a partir de 1880. Sob a designação de Partido Democrático, foi o partido dominante da I República. Afonso Costa foi o seu dirigente mais destacado.

PS — Partido Socialista: partido político fundado em 19.4.73, em Bad-Mustereiffel, Alemanha, a partir da ASP, que se dissolveu. O seu primeiro secretário-geral foi Mário Soares (ver ASP).

RRS — Resistência Republicana e Socialista: organização política de reflexão e intervenção criada em 55 por intelectuais em ruptura com o PCP e elementos da União Socialista.

SPIO — Seção Portuguesa da Internacional Operária: partido socialista criado em 19 que subsistiu, vaga e formalmente, durante o Estado Novo em torno de alguns dirigentes históricos como Silva Dias, Ramada Curto, Alfredo Franco e Augusto Machado.

UDP — União Democrática Popular: partido político fundado em 16.12.74 pela aglutinação de várias organizações marxista-leninistas.

UEDS — União de Esquerda para a Democracia Socialista: partido político fundado em 20.8.79, na seqüência de uma cisão no PS liderada por António Lopes Cardoso. Nas eleições de 80, integrou a Frente Republicana e Socialista — FRS.

UGT — União Geral dos Trabalhadores: central sindical criada em 28.10.78 por acordo entre as tendências sindicais socialista e socialdemocrata.

UN — União Nacional: organização política constituída em 30.7.30, destinada a exprimir o apoio civil ao regime saído de 28 de maio de 26. Em 71, passou a designar-se Ação Nacional Popular — ANP. Foi extinta em 74.

UNITA — União Nacional para a Independência Total de Angola: partido político fundado por Jonas Malheiro Savimbi em 15.3.66.

US — União Socialista: organização política criada em 44, que aglutinou elementos da antiga SPIO vindos dos recém-criados Núcleos de Doutrinação e Ação Socialista e da União Democrática. Formalmente subsistiu até 64, altura em que se integrou na ASP.

Jornais e Revistas

***Avante*!**: órgão de imprensa do PCP. Iniciou a sua publicação em 15.2.31 e manteve-se clandestino até ao 25 de Abril.

Novo Cancioneiro: coletânea de volumes de poesia publicada em 41-42 por jovens ligados ao neo-realismo.

Tempo e o Modo: publicação de caráter cultural surgida em 63 (Livraria Morais) e impulsionada por católicos progressistas como António Alçada Baptista e João Bénard da Costa.

Portugal Socialista: órgão de imprensa da ASP e, posteriormente, do PS, fundado em 67 em Roma, por Manuel Tito de Morais.

Presença: revista literária fundada em 27 por José Régio, João Gaspar Simões e Branquinho da Fonseca. Órgão do segundo modernismo português. Publicou-se até 46.

Seara Nova: revista oposicionista de "doutrinação e crítica" publicada entre 21 e 82. Entre os seus fundadores, destacaram-se Jaime Cortesão, Raul Proença e Luís da Câmara Reys.

Vértice: revista mensal cultural, publicada em Coimbra desde maio de 42. Foi dirigida, desde a sua fundação até fevereiro de 75, por Raul Gomes.

Bibliografia

Portugal amordaçado — Mário Soares. Arcádia. 1.ª edição em português em 1974.

Escritos políticos — Mário Soares. 1969. Edição do autor.

Entre militantes — Mário Soares. 1975. Bertrand.

Portugal, quelle révolution? — Dominique Pouchin. 1976. Calman Levy.

Crise e clarificação — Mário Soares. 1977. Perspectivas e Realidades.

Soares responde a Artur Portela — 1980. Edições António Ramos.

A árvore e a floresta — Mário Soares. 1984. Perspectivas e Realidades.

Revolução e contra-revolução — Documentos do 25 de Abril ao 25 de Novembro -1977. Edição Revolução.

País sem rumo — Contributo para a história de uma revolução — António de Spínola. 1978. Scire.

Contribuição para uma cronologia dos fatos Econômicos e Sociais — Portugal: 1926-1985 — João Morais, Luís Violante. Livros Horizonte.

Mário Soares: 40 anos de luta pela democracia. Reportagem de um itinerário político: 1942-1983 — Alfredo Barroso (não publicado).

Os grandes líderes: Mário Soares — Teresa de Sousa. 1988. Nova Cultural.

Salazar — Alberto Franco Nogueira. Atlântida Editora (cinco volumes).

Salazar e Caetano. Cartas secretas: 1932-1968 — José Freire Antunes. 1993. Círculo de Leitores/Difusão Cultural.

O antigo regime e a Revolução — Diogo Freitas do Amaral. 1995. Círculo de Leitores/ Bertrand. Noem.

Dez anos em Washington: 1971-1981 — João Hall Themido. 1995. Publicações Dom Quixote.

A Revolução portuguesa. O passado e o futuro — Álvaro Cunhal. 1976. Edições Avante!.

Francisco Sá Carneiro — solidão e poder — Maria João Avillez. 1982. Cognitio.

Entre palavras — Maria João Avillez. 1984. Difel.

Do fundo da Revolução — Maria João Avillez. 1994. Público.

Índice Remissivo

Este livro foi composto na tipologia
Aldine em corpo 11/13 e
impresso em papel Pólen Soft 70g/m²
no Sistema Cameron da Divisão Gráfica
da Distribuidora Record.